Guide du droit polynésien de la concurrence

Walid Chaiehloudj, Yannick Lecornu, Johanne Peyre, Vivien Terrien

I0894988

Concurrences
Paris – New York – Londres

© Institut de droit de la concurrence, Mars 2026

ISBN 978-19-54750-35-7

Cette œuvre est protégée par les dispositions du Code de la propriété intellectuelle, notamment par celles de ses dispositions relatives à la propriété littéraire et artistique et aux droits d'auteur. Ces droits sont la propriété exclusive de l'Institut de droit de la concurrence SARL. Toute reproduction intégrale ou partielle, par quelque moyen que ce soit, non autorisée par l'Institut de droit de la concurrence SARL ou ses ayants droit, est strictement interdite.

L'Institut de droit de la concurrence SARL se réserve notamment tous droits au titre de la reproduction par reprographie destinée à réaliser des copies de la présente œuvre sous quelque forme que ce soit aux fins de ventes, de location, de publicité, de promotion ou de toute utilisation commerciale, conformément aux dispositions de l'article L. 122-10 du Code de la propriété intellectuelle relatives à la gestion collective du droit de reproduction par reprographie.

Avertissement de l'éditeur : *« Toute utilisation ou traitement automatisé, par des tiers, de données personnelles pouvant figurer dans cette revue sont formellement interdits »*

DANGER

LE PHOTOCOPILLAGE TUE LE LIVRE

Le pictogramme qui figure ci-contre mérite une explication. Son objet est d'alerter le lecteur sur la menace que représente pour l'avenir de l'écrit, particulièrement dans le domaine de l'édition technique et universitaire, le développement massif du photocopillage.

Le Code de la propriété intellectuelle du 1er juillet 1992 interdit en effet expressément la photocopie à unsage collectif sans autorisation des ayants droits. Or cette pratique s'est généralisée dans les établissements d'enseignement supérieur, provoquant une baisse brutale des achats de livres et de revues, au point que la possibilité même pour les auteurs de créer des œuvres nouvelles et de les faire éditer correctement est aujourd'hui menacée.

Nous rappelons donc que toute reproduction partielle ou totale, de la présente publication est interdite sans autorisation, de son éditeur ou du Centre français d'exploitation du droit de copie (CFC, 20, rue des Grands-Augustins, 75006 Paris).

Ouvrages Concurrences

La version électronique de ces ouvrages est disponible sur le site concurrences.com.

Mélanges

Harry First – A Global Vision for Competition Law, *S. Waller, A. Gavil, D. Bush (eds.), Forthcoming 2025*

James F. Rill – A Life in Antitrust, *J. Taladay, P. Lugard, J. Antonio, 2024*

Laurence Idot – Concurrence et Europe, Vol. I & II, *Christophe Lemaire, Francesco Martucci (dir.), 2022*

Eleanor M. Fox – Antitrust Ambassador to the World, *2022*

Frédéric Jenny – Standing Up for Convergence and Relevance in Antitrust, Vol. I & II, *2021*

Herbert Hovenkamp – The Dean of American Antitrust Law, *2021*

Albert A. Foer – A Consumer Voice in the Antitrust Arena, *2020*

Richard Whish – Taking Competition Law Outside the Box, *2020*

Wang Xiaoye – The Pioneer of Competition Law in China, *Adrian Emch, Wendy Ng (eds.), 2019*

Douglas H. Ginsburg – An Antitrust Professor on the Bench, Vol. I & II, *2018 & 2021*

Ian S. Forrester – A Scot Without Borders, Vol. I & II, *Assimakis Komninos et al. (eds.), 2015*

William E. Kovacic – An Antitrust Tribute, Vol. I & II, *Nicolas Charbit et al. (eds.), 2013 & 2014*

Thèses

Intent in Antitrust Law, *M.-S. Garnier, Forthcoming 2025*

The Economics of Digital Markets: Essays in theoretical and empirical industrial organization, *E. Arnaud-Joufray, 2024*

Abuse of Platform Power: Leveraging Conduct in Digital Markets under EU Competition law and Beyond, *Friso Bostoen, 2023*

Reform of Chinese State-owned enterprises: What China Can Learn From the Practice of Competitive Neutrality Policy in Australia, *Xue Bai, 2023*

La soumission des banques au droit de la concurrence, *Antonin Pitras, 2022*

L'entreprise contrevenante en droit des pratiques anticoncurrentielles, *Etienne Thomas, 2021*

Droit de la commande publique et droit de l'Union européenne : Étude sur une dynamique commune, *Vincent Bridoux, 2021*

Competition and Regulation in Network Industries: Essays in Industrial Organization, *Jean-Marc Zogheib, 2021*

La faute lucrative en droit de la concurrence, *Godefroy de Moncuit de Boiscuillé, 2020*

The Role of Media Pluralism in the Enforcement of EU Competition Law, *Konstantina Bania, 2019*

Les accords de report d'entrée (Pay-for-delay), *Walid Chaiehloudj, 2019*

Buyer Power in EU Competition Law, *Ignacio Herrera Anchustegui, 2017*

Google, la presse et les journalistes, *Guillaume Sire, 2015*

L'Union européenne et le droit international des subventions, *Loïc Wagner, 2015*

Pratiques

Navigating The DMA: Application Across National Jurisdictions, *G. Muscolo, A. Massolo (eds.), 2025*

Compendium of International Cartels, *A. Capobianco, O. Schwartz, 2025*

Artificial Intelligence and Competition Policy, *A. Abbott, T. Schrepel, 2024*

Code de la concurrence, *C. Lemaire, 2024*

The 2023 U. S. Merger Guidelines: A Review, *Sean Sullivan (ed.), 2024*

Competition Inspections in 25 Jurisdictions 2nd Edition – A Practioner's Guide, *Nathalie Jalabert-Doury (ed.), 2024*

EU Antitrust Enforcement – Law, Economics, History, Policy & Practice, *Wouter P. J. Wils, 2024*

The EU Foreign Subsidies Regulation, *Andreas Reindl, Isabelle Van Damme (eds.), 2024*

Compendium of Antitrust Damages Actions – 2nd Edition, *John W. H. Denton AO, François Brunet, Sarina Williams, Caroline Inthavisay (eds.), 2024, in collaboration with the ICC*

Pharmaceutical Antitrust – An Analysis of US and EU Law, *Mélanie Thill-Tayara, George G. Gordon (eds.), 2023*

Innovation Paradox in Merger Control, *Professor Gönenc Gürkaynak, 2023*

Antitrust and the Digital Economy – Legal Standards, Presumptions, and Key Challenges, *Yannis Katsoulacos, 2023*

Judicial Review of Competition Cases, *Tim Eicke, Douglas H. Ginsburg (eds.), 2023*

Global Dictionary of Competition Law, *Deborah Healey, William E. Kovacic, Pablo Trevisán, Richard Whish (eds.), 2024*

Grands arrêts du droit de la concurrence – Pratiques anticoncurrentiels – Volume I : Règles de fond, Nouvelle édition, *Laurence Idot (dir.), 2022*

Grands arrêts du droit de la concurrence – Pratiques anticoncurrentielles – Volume II : Mise en œuvre, Nouvelle édition, *Laurence Idot (dir.), 2022*

Grands arrêts du droit de la concurrence – Concentrations, Nouvelle édition, *Laurence Idot (dir.), 2022*

Grands arrêts du droit de la concurrence – Aides d'État, Nouvelle édition, *Laurence Idot (dir.), 2022*

Competition Law Treatment of Joint Ventures, *Benedict Bleicher, Neil Campbell, Andrea Hamilton, Niko Hukkinen, Arshad (Paku) Khan, Alastair Mordaunt (eds.), 2022 (in collaboration with the IBA)*

Information Exchange and Related Risks – A Practical Guide, *Zoltán Marosi & Marcio Soares (eds.), 2022 (in collaboration with the IBA)*

Rulemaking Authority of the US Federal Trade Commission, *Daniel A. Crane (ed.), 2022*

The International Competition Network at Twenty, *Dave Anderson & Paul Lugard (eds.), 2022*

Competition Case Law Digest – 5th Edition, *Frédéric Jenny, Nicolas Charbit (eds.), 2022*

Perspectives on Antitrust Compliance, *Anne Riley, Andreas Stephan, Anny Tubbs (eds.), 2022 (in collaboration with the ICC)*

Turkish Competition Law, *Gönenç Gürkaynak, 2021*

Les pratiques commerciales déloyales, *Erwann Kerguelen, Jean-Louis Fourgoux, Leyla Djavadi (dir.), 2021*

Les inspections de concurrence des autorités françaises, *Nathalie Jalabert-Doury, 2e édition, 2021*

Competition Law, Climate Change & Environmental Sustainability, *Simon Holmes, Dirk Middelschulte, Martijn Snoep (eds.), 2021*

La réparation des préjudices causés par les pratiques anticoncurrentielles, *Rafael Amaro, Jean-François Laborde, 2e édition, 2020*

Competition Inspections under EU Law – A Practitioner's Guide, *Nathalie Jalabert-Doury, 2020*

Merger Control in Latin America – A Jurisdictional Guide, *Paulo Burnier da Silveira, Pamela Sittenfeld (eds.), 2020*

Gun Jumping in Merger Control, A Jurisdictional Guide, *Catriona Hatton, Yves Comtois, Andrea Hamilton (eds.), 2019*

Grands arrêts du droit de la concurrence – Régulations, *Francesco Martucci (dir.), 2019*

Grands arrêts du droit de la concurrence – Distribution & Pratiques commerciales déloyales, *Nicolas Ferrier & Frédéric Buy (dir.), 2019*

Choice – A New Standard for Competition Analysis ?, *Paul Nihoul et al., 2016*

Ouvrages généraux

Great Antitrust Enforcers – Lessons from Regulators, *William E. Kovacic, 2023*

Competition – How to Speak Like an Expert, *Emmanuel Combe, 2023*

Chroniques (décalées) d'un économiste, *Emmanuel Combe, 2022*

Women & Antitrust – Voices from the Field, Vol. I & II, *Evelina Kurgonaite & Kristina Nordlander (eds.), 2020*

Petit manuel (irrévérencieux) d'économie, *Emmanuel Combe, 2018*

A quoi sert la concurrence ?, *Martine Behar-Touchais et al. (ed.), 2014*

Guide du droit polynésien de la concurrence

Walid Chaiehloudj, Yannick Lecornu,
Johanne Peyre, Vivien Terrien

Avant-propos de Pascal Devillers, Jean-Luc Lemercier
Préface de Johanne Peyre

Sous la direction de
Walid Chaiehloudj
Yannick Lecornu
Johanne Peyre
Vivien Terrien

Table des matières

PARTIE I
LE CADRE JURIDIQUE ET INSTITUTIONNEL

LEXIQUE

A

Abus de dépendance économique : situation dans laquelle une entreprise exploite abusivement l'état de dépendance économique d'un partenaire commercial, en l'absence d'alternative raisonnable, notamment par des conditions commerciales injustifiées ou déséquilibrées.

Abus de position dominante : pratiques unilatérales émanant d'un acteur économique dominant, qui cherche à renforcer ou étendre sa position, en usant de moyens qui ne relèvent pas de la concurrence par les mérites. Ils peuvent prendre de multiples formes : clauses d'exclusivité excessives, ventes liées, prix prédateurs, rabais fidélisants, pratiques discriminatoires, dénigrement, barrières à l'entrée, etc. L'existence d'une position dominante n'est pas en soi interdite ; seul son usage abusif est prohibé.

Aides publiques : avantages économiques, financiers ou fiscaux, accordés par une personne publique (subvention, exonération, garantie, mise à disposition d'actifs, etc.) susceptibles d'affecter la concurrence entre entreprises. Les aides publiques peuvent être licites lorsqu'elles poursuivent un objectif d'intérêt général et sont proportionnées, transparentes et non discriminatoires.

Assemblée de la Polynésie française : institution délibérante de la Polynésie française, composée de représentants élus au suffrage universel, chargée de voter les lois du pays, d'adopter les délibérations relevant des compétences du Pays, et de contrôler l'action du gouvernement de la Polynésie française. Dans le champ économique, l'Assemblée de la Polynésie française fixe le cadre législatif et réglementaire applicable aux activités économiques, et intervient dans l'organisation des marchés et la régulation de certains secteurs.

Autorité de la concurrence (ADLC) : autorité administrative indépendante chargée de veiller au respect du droit de la concurrence en France (hors territoires exerçant directement la compétence économique), de rendre des avis, de sanctionner des pratiques anticoncurrentielles et de de contrôler les opérations de concentration.

Autorité de la concurrence de la Nouvelle Calédonie (ACNC) : autorité administrative indépendante chargée de veiller au respect du droit de la concurrence en Nouvelle Calédonie, de rendre des avis, de sanctionner des pratiques anticoncurrentielles, des pratiques commerciales restrictives et de contrôler certaines opérations économiques (concentrations d'entreprises, projets d'ouverture d'un magasin de commerce de détail et projets d'extension de surface de vente).

Autorité polynésienne de la concurrence (APC) : autorité administrative indépendante chargée de veiller au respect du droit de la concurrence en Polynésie française, de rendre des avis, de sanctionner des pratiques anticoncurrentielles et de contrôler certaines opérations économiques (concentrations d'entreprises, projets d'ouverture d'un magasin de commerce de détail et projets d'extension de surface de vente).

B

Barrières à l'entrée : il s'agit des conditions d'entrée sur le marché qui limitent l'entrée sur le marché ou la rendent impossible pour de nouveaux acteurs. L'analyse de l'existence et de l'ampleur des barrières à l'entrée permet d'évaluer la « contestabilité » du marché ainsi que l'existence d'un pouvoir de marché particulier de la part du (ou des) acteur(s) en place. L'existence de barrières à l'entrée sur le marché en cause est un facteur important de l'analyse de l'Autorité. Ces dernières peuvent être « structurelles » (par exemple, des contraintes réglementaires, des économies d'échelle ou encore la détention de données) ou « comportementales » (qui dépendent du comportement des entreprises présentes sur le marché).

C

Cartel : entente secrète entre entreprises, qui a pour objet ou pour effet de restreindre la concurrence. Ce type de pratiques entraîne des conséquences très dommageables pour le secteur d'activité concerné et plus largement pour l'ensemble de l'économie. Un cartel peut prendre de multiples formes : entente sur les prix de vente aux consommateurs, répartition de parts de marché, limitation concertée de la production ou encore échanges d'informations confidentielles ou stratégiques.

Cherté de la vie : phénomène économique caractérisé par un niveau élevé des prix à la consommation, souvent accentué dans les économies insulaires par l'étroitesse des marchés, les coûts logistiques et la concentration économique.

Clémence : procédure par laquelle une entreprise impliquée dans une entente peut bénéficier d'une exonération totale ou partielle de sanction pécuniaire en contrepartie de sa coopération avec l'autorité de concurrence.

Concentration économique : opération par laquelle des entreprises fusionnent ou acquièrent le contrôle d'autres entreprises, susceptible de modifier durablement la structure d'un marché.

Concurrence : situation de marché dans laquelle plusieurs entreprises proposent des biens ou des services substituables et cherchent à attirer les clients par leurs prix, leur qualité, leur innovation ou leurs conditions commerciales. Dans le droit de la concurrence, la concurrence n'est pas une fin en soi, mais un moyen de favoriser l'efficience économique, de stimuler l'innovation, et de contenir les prix et d'améliorer le choix offert aux consommateurs. Son appréciation doit tenir compte des caractéristiques structurelles du marché, notamment dans les économies de petite taille et insulaires, où la concurrence peut être limitée par des contraintes objectives sans pour autant être inexistante.

Contrôle des concentrations : procédure visant à vérifier qu'une opération de concentration ne porte pas atteinte à une concurrence effective, notamment par la création ou le renforcement d'une position dominante.

D

Défiscalisation : mécanisme d'incitation fiscale visant à encourager l'investissement privé par une réduction de la charge fiscale, destiné à compenser des handicaps structurels ou à soutenir des secteurs prioritaires.

Dominance collective : situation dans laquelle plusieurs entreprises, sans être nécessairement liées juridiquement, adoptent des comportements coordonnés leur conférant un pouvoir de marché collectif.

Droit de la concurrence contextualisé : approche du droit de la concurrence tenant compte des spécificités structurelles d'un territoire (taille du marché, insularité, dépendance aux importations, acteurs historiques).

E

Économie de petite taille (small market) : marché caractérisé par un nombre limité d'acteurs, une demande restreinte et des barrières naturelles à l'entrée, nécessitant une application adaptée du droit de la concurrence.

Effets anticoncurrentiels : conséquences négatives d'une pratique ou d'une structure de marché sur la concurrence, notamment une hausse des prix, une baisse de la qualité, un frein à l'innovation ou l'exclusion de concurrents.

Effets coordonnés : risque que la concentration facilite des comportements parallèles ou tacitement coordonnés entre entreprises restantes.

Effet horizontal : dans le cadre du contrôle d'une opération de concentration, effet concurrentiel résultant du rapprochement d'entreprises actives sur un même marché de produits ou de services concurrents. L'Autorité apprécie notamment la part de marché cumulée des parties, le degré de concentration du marché après l'opération, le niveau de différenciation des produits, la pression concurrentielle exercée par les concurrents existants ou potentiels, ainsi que la puissance d'achat des clients.

Effets unilatéraux : capacité accrue d'une entreprise, à la suite d'une concentration, à augmenter ses prix ou dégrader ses offres sans coordination avec ses concurrents.

Engagements : mesures proposées par une entreprise, acceptées par l'autorité de concurrence, visant à prévenir ou corriger des préoccupations concurrentielles identifiées, sans reconnaissance d'infraction.

Entente : accord, décision d'association d'entreprises ou pratique concertée ayant pour objet ou pour effet d'empêcher, de restreindre ou de fausser le jeu de la concurrence sur un marché de produits ou de services.

Entente horizontale : accord ou pratique concertée entre entreprises situées au même niveau de la chaîne de valeur, généralement concurrentes entre elles, ayant pour objet ou pour effet de restreindre ou de fausser la concurrence. Elle peut notamment prendre la forme de fixation concertée des prix, répartition de marchés ou de clientèles, limitation ou contrôle de la production, ou échanges d'informations stratégiques (prix futurs, volumes, stratégies commerciales).

Entente verticale : accord ou pratique concertée entre entreprises situées à différents niveaux de la chaîne de valeur (producteur, grossiste, distributeur) pouvant restreindre la concurrence (exclusivité, prix imposés, restrictions territoriales). Contrairement aux ententes horizontales, les ententes verticales peuvent, dans certains cas, produire des effets pro-concurrentiels et font l'objet d'une analyse au cas par cas.

Évaluation *ex post* : analyse *a posteriori* des effets réels d'un dispositif public, visant à mesurer son impact réel sur la structure du marché, la concurrence et la productivité.

Externalités concurrentielles positives : effets indirects bénéfiques générés par l'investissement ou l'innovation d'un acteur économique, qui améliorent le fonctionnement concurrentiel d'un marché au-delà de son seul périmètre (diffusion technologique, élévation des standards, stimulation de l'innovation).

I

Insularité économique : caractéristique structurelle des économies insulaires marquée par l'éloignement, la dépendance logistique et une forte sensibilité aux coûts de transport.

Investissement productif : investissement destiné à accroître durablement les capacités de production, de transformation ou de prestation de services d'une entreprise ou d'un territoire, en contribuant à la création de valeur, à la productivité et à la compétitivité.

L

Loi du pays : acte normatif adopté par l'Assemblée de la Polynésie française dans les matières relevant de la compétence du Pays, ayant valeur législative dans l'ordre juridique polynésien. Les lois du pays fixent notamment les règles applicables à l'organisation économique et sociale, au droit de la concurrence et à la régulation des marchés, aux interventions économiques des personnes publiques. Elles peuvent faire l'objet d'un contrôle juridictionnel spécifique, notamment par le Conseil d'État, dans les conditions prévues par le statut d'autonomie de la Polynésie française.

M

Marché pertinent : cadre d'analyse définissant le périmètre géographique et le périmètre de produits ou services dans lequel s'exerce la concurrence.

Monopole de fait : situation dans laquelle une entreprise est seule présente sur un marché sans protection juridique explicite, mais en raison de barrières économiques ou structurelles.

Monopole naturel : situation de marché dans laquelle une seule entreprise est en mesure de produire un bien ou un service à un coût inférieur à celui qui résulterait de la présence de plusieurs entreprises concurrentes, en raison de coûts fixes très élevés et de rendements d'échelle importants. Le monopole naturel ne résulte pas d'une protection juridique ou d'une pratique anticoncurrentielle, mais de la structure économique même du marché. Le monopole naturel ne doit pas être confondu avec une simple concentration élevée ou un monopole résultant de choix historiques ou réglementaires.

Mutualisation : mise en commun volontaire de ressources, d'infrastructures ou de compétences entre acteurs économiques, visant à réduire les coûts fixes et à rendre possible l'entrée ou le maintien de plusieurs opérateurs sur un marché étroit.

N

Notification de griefs : document par lequel les services d'instruction de l'autorité de concurrence informent les entreprises mises en cause des faits reprochés et de leur qualification juridique. Elle ouvre la phase contradictoire de la procédure et ne préjuge pas de la décision finale de l'Autorité.

Neutralité concurrentielle : principe selon lequel l'intervention publique ne doit pas conférer à une entreprise ou à un groupe d'entreprises un avantage concurrentiel indu par rapport à ses/leurs concurrents.

O

Opérateur économique : toute personne physique ou morale, publique ou privée, exerçant une activité économique, indépendamment de son statut juridique ou de son mode de financement.

P

Part de marché : indicateur mesurant la position d'une entreprise sur un marché, généralement calculé à partir du chiffre d'affaires réalisé rapporté à celui de l'ensemble des opérateurs du marché concerné. Elle constitue un élément central de l'analyse concurrentielle, notamment pour apprécier l'existence d'un pouvoir de marché ou d'une position dominante.

Pouvoir adjudicateur : personne morale de droit public ou entité assimilée qui, dans le cadre de ses missions, conclut des contrats à titre onéreux en vue de satisfaire des besoins en matière de travaux, de fournitures ou de services. Dans le champ du droit de la concurrence, le pouvoir adjudicateur est soumis à des exigences de transparence, égalité de traitement des opérateurs économiques, neutralité concurrentielle, afin de garantir que la commande publique ne fausse pas le jeu de la concurrence.

Pouvoir de marché : capacité d'une entreprise à influencer les prix, la production ou les conditions commerciales indépendamment de ses concurrents et de ses clients.

Position dominante : situation dans laquelle une entreprise dispose d'un pouvoir de marché lui permettant d'agir de manière indépendante de ses concurrents, clients ou fournisseurs sur un marché donné.

Pratiques anticoncurrentielles : comportements prohibés par le droit de la concurrence, incluant notamment les ententes, les abus de position dominante et les abus de dépendance économique.

R

Régulation économique : ensemble des règles et mécanismes par lesquels la puissance publique encadre le fonctionnement des marchés afin de corriger leurs défaillances.

Remèdes concurrentiels : mesures imposées à une entreprise pour prévenir ou corriger les effets anticoncurrentiels d'une pratique ou d'une concentration (cessions d'actifs, engagements comportementaux).

Rente de situation : avantage économique durable résultant d'une position acquise sur un marché, indépendamment de la performance ou de l'innovation, souvent lié à des barrières à l'entrée, à une intervention publique mal calibrée ou à une position dominante.

S

Sanction pécuniaire : amende infligée à une entreprise en raison d'une violation des règles de concurrence, proportionnée, notamment, à la gravité des faits et à la capacité contributive de l'entreprise.

Secret des affaires : protection accordée à certaines informations économiques ou commerciales présentant une valeur stratégique du fait de leur caractère non public. Dans le cadre des procédures de concurrence, ces informations peuvent être traitées de manière confidentielle afin de préserver les intérêts légitimes des entreprises.

Service public économique : activité de production ou de distribution de biens ou services assurée ou contrôlée par une personne publique afin de satisfaire un besoin d'intérêt général, pouvant être exercée en situation concurrentielle ou monopolistique.

Structure oligopolistique : marché dominé par un nombre restreint d'entreprises, particulièrement fréquent dans les économies de petite taille.

V

Vie chère : expression courante désignant le ressenti et les effets sociaux de niveaux de prix élevés, souvent au cœur des politiques publiques de concurrence et de régulation économique en Polynésie française. La vie chère n'est pas une notion juridique en tant que telle, mais constitue un enjeu transversal, auquel les politiques de concurrence peuvent contribuer par la lutte contre les dysfonctionnements de marché.

NOTE DES ÉDITEURS

Le présent guide est né d'un constat simple : le droit de la concurrence, en Polynésie française, n'est plus un territoire vierge. En dix années d'existence, il a forgé sa jurisprudence, structuré ses pratiques et trouvé sa place dans le paysage institutionnel et économique du Pays. Il restait toutefois à en offrir une lecture accessible, contextualisée et utile aux praticiens, aux décideurs publics comme aux acteurs économiques.

Fruit d'un travail collectif mené sous l'égide de l'Autorité polynésienne de la concurrence et de l'Institute for Small Markets in Law and Economics (ISLE), cet ouvrage vise à combler ce besoin en donnant à voir la logique et la portée du droit polynésien de la concurrence, tel qu'il se vit et s'applique au quotidien, dans une économie insulaire où la taille des marchés, les distances et les coûts structurent les comportements et les équilibres. En ce sens, ce travail s'inscrit en complémentarité et en déclinaison de l'ouvrage *Le droit de la concurrence face aux défis des économies insulaires : regards sur la Polynésie française et la région du Pacifique*[1].

Chaque contribution a été pensée comme un outil pratique : claire dans son propos, ancrée dans les réalités locales, et ouverte sur les comparaisons régionales et internationales. Ce guide ne prétend pas à l'exhaustivité académique ; il cherche plutôt à rendre le droit vivant, à en montrer la cohérence et les usages concrets. Le lecteur y trouvera également des outils pratiques et des conseils pour mettre en œuvre efficacement ce droit dans ses pratiques quotidiennes.

Nous espérons qu'il servira aussi de pont entre les institutions, les entreprises, les universitaires et la société civile, car la régulation économique n'a de sens que si elle est comprise, partagée et débattue.

Qu'il soit donc lu non comme un point d'aboutissement, mais comme une étape : celle d'une réflexion collective sur la justice économique dans les petits marchés, et sur la capacité des territoires à inventer leurs propres modèles de concurrence.

---

1 J. Peyre, E. Silvestro, V. Terrien, T. Emen et Y. Lecornu (dir.), *Le droit de la concurrence face aux défis des économies insulaires : regards sur la Polynésie française et la région du Pacifique*, Concurrences, Paris, 2024.

PRÉFACE

Johanne Peyre
Présidente de l'Autorité polynésienne de la concurrence

Lors de la publication de l'ouvrage *Le droit de la concurrence face aux défis des économies insulaires : regards sur la Polynésie française et la région du Pacifique*, plusieurs acteurs nous ont fait observer que ce travail appelait désormais une déclinaison plus opérationnelle, tournée vers les professionnels et le grand public. Dans la perspective de répondre à cette attente, nous avons souhaité, par ce guide, offrir aux praticiens, aux étudiants et aux décideurs publics et privés un outil pratique et accessible pour comprendre et appliquer le droit de la concurrence en Polynésie française. Rédigé par des experts aux parcours variés, il illustre la richesse des analyses et la diversité des approches, tout en mettant en lumière les spécificités locales.

Ainsi, ce guide rassemble, de manière structurée et accessible, les règles, les méthodes et les retours d'expérience qui permettront de mieux comprendre et appliquer le droit de la concurrence. On y trouvera non seulement des analyses de fond, mais aussi des repères utiles pour la pratique quotidienne, car le droit de la concurrence est une matière vivante qui ne peut se réduire à ses textes et décisions ; il est une boussole pour l'action économique. Dans un territoire insulaire, où le marché peut être à la fois ouvert et fragile, vaste comme l'océan, mais parfois étroit comme le lagon, ce droit fixe un cap : il permet à chacun – petites entreprises, grands groupes, consommateurs – de trouver sa juste place. Il constitue également un levier puissant pour stimuler l'économie et protéger le consommateur, notamment pour contribuer à la lutte contre la vie chère. La mission de l'Autorité polynésienne de la concurrence est d'y veiller, au bénéfice de tous.

Souvent perçu comme une discipline aride, faite de règles et de sanctions absconses, ce droit polynésien se révèle ici sous un jour particulier : il préserve un marché où l'innovation, la créativité et l'esprit d'entreprise doivent avoir leur chance, qu'il s'agisse de grands groupes ou de petites entreprises familiales, voire unipersonnelles. Mais plus encore, il répond à l'un des enjeux majeurs de nos sociétés en quête de repères : l'exigence d'équité. Il garantit l'équité du jeu économique : que chacun concoure selon son mérite, sans privilège ni abus.

Aujourd'hui, les institutions et les règles n'apparaissent légitimes que si elles prouvent leur utilité en répondant concrètement à cette demande de justice. Relever ensemble ce défi est la seule voie pour instaurer durablement la confiance du public, fondement de toute régulation.

À l'image de la perle de Tahiti, patiemment formée par l'huître, couche après couche, cette œuvre collective est le fruit d'un travail minutieux et persévérant. Je tiens à remercier chaleureusement les contributeurs qui, par leur expertise et leur engagement, ont rendu possible sa réalisation.

Puissiez-vous trouver dans ces pages non seulement des réponses à vos questions, mais aussi l'envie de contribuer activement, chacun à votre place, à une concurrence loyale et porteuse de prospérité pour la Polynésie française. Comme le dit fort à propos un proverbe polynésien cher aux pagayeurs : « Un vent juste ne profite qu'à ceux qui savent ramer ensemble. »

AVANT-PROPOS

Pascal Devillers

Président du tribunal administratif de la Polynésie française

En Polynésie française comme en métropole, l'action des pouvoirs publics s'exerce dans le cadre d'un État de droit et est ainsi soumise à de nombreuses règles que divers organismes, en particulier le tribunal administratif de la Polynésie française que je préside, ont pour mission d'assurer le respect.

En ce qui concerne les acteurs privés opérant dans la sphère économique, la régulation de leur action est historiquement très récente, et encore plus en Polynésie française. En effet, au-delà d'un contrôle des prix de certains produits indispensables, l'introduction d'un véritable droit de la concurrence, limitant parfois fortement la liberté d'entreprendre des opérateurs économiques, s'il a été instauré en France par des ordonnances de 1945, résulte en Polynésie française de la loi du pays n° 2015-2 du 23 février 2015 relative à la concurrence, instituant dans cette collectivité les règles classiques de cette matière à l'effet, notamment, de lutter contre les monopoles.

Comme la régulation de l'action publique, cette intervention dans le champ économique, en principe terrain de liberté, poursuit un véritable objectif d'intérêt général, car il est désormais bien acquis que l'instauration d'une vraie concurrence dans les divers secteurs d'activité profite à l'ensemble de la société et en particulier au consommateur parce qu'elle incite, pour gagner des parts de marché, tant à stimuler l'innovation qu'à réduire les marges bénéficiaires.

La loi du pays de 2015, à l'instar de ce qui existe en métropole, charge de faire respecter ces règles du droit de la concurrence une autorité administrative indépendante du pouvoir politique local : l'Autorité polynésienne de la concurrence (APC), dont l'action, réputée protégée des influences que peuvent être amenés à subir les décideurs politiques, présente les meilleures garanties de neutralité. La toute jeune APC, dont les prérogatives ont été singulièrement renforcées par l'ordonnance n° 2017-157 du 9 février 2017 étendant et adaptant à la Polynésie française certaines dispositions du livre IV du code de commerce relatives aux contrôles et aux sanctions en matière de concurrence, a démontré remplir pleinement ses missions, que ce soit dans le domaine répressif, avec des décisions marquantes sanctionnant des pratiques anticoncurrentielles dans, par exemple, le secteur de la téléphonie mobile, ou dans le contrôle des concentrations, la conduisant à n'autoriser certaines opérations que sous conditions.

Aussi, favoriser la connaissance de ce corpus de droit polynésien de la concurrence, des missions dévolues à l'APC et des outils dont elle dispose constitue une démarche indispensable de diffusion et de valorisation du droit de la concurrence. Tel est l'objectif poursuivi par cet ouvrage didactique et précis, rédigé par des spécialistes reconnus de la matière et connaisseurs du territoire, qui vise à offrir une lecture structurée et approfondie des textes applicables, de leur mise en œuvre et des jurisprudences émergentes. Il a également vocation à nourrir la réflexion des pouvoirs publics, des praticiens du droit, des opérateurs économiques et du monde académique, dans une perspective de consolidation et de modernisation de la régulation économique en Polynésie française.

AVANT-PROPOS

Jean-Luc Le Mercier*

Président de la chambre territoriale des comptes de la Polynésie française

Loin de se réduire à une mécanique technique de contrôle des marchés ou à une matière complexe et absconse, le droit de la concurrence en Polynésie française, comme ailleurs, doit incarner une conception renouvelée des rapports entre économie, puissance publique et citoyens.

Cet équilibre entre novations législatives et réglementaires, stabilité nécessaire pour les acteurs économiques et interventionnisme de la puissance publique au bénéfice de toutes et tous doit avoir un bénéficiaire identifié : le consommateur polynésien à un moment où la sensibilité au sujet de la cherté de la vie est régulièrement mise en avant.

Né notamment d'une exigence de transparence à la suite de la crise de 2008, ce droit s'est progressivement enraciné dans notre paysage institutionnel et économique, et est désormais perçu comme l'un des instruments de justice économique et de performance au service des Polynésiennes et Polynésiens.

La chambre territoriale des comptes n'est pas un acteur de la concurrence au sens strict. Sa mission première demeure la préservation de l'ordre public financier, c'est-à-dire le contrôle de la bonne gestion des ressources publiques et l'éclairage du débat démocratique par l'information des citoyens, pour lesquels elle représente un tiers de confiance.

Pourtant, à travers ce prisme particulier, essentiellement budgétaire et financier, nous rencontrons ces questions de concurrence dans nombre de nos travaux. C'est notamment le cas lorsque nous abordons des sujets tels que les marchés publics, les subventions, les délégations de service public ou encore la régulation des entreprises à participation publique.

La concurrence n'est pas une fin en soi. Elle est un instrument de justice et d'efficience, au même titre que la transparence comptable ou le contrôle démocratique. L'un et l'autre concourent *in fine* à un même objectif : la confiance du citoyen.

L'introduction d'un code de la concurrence a transformé nos environnements institutionnel et économique. Elle n'a pas seulement ouvert un espace de régulation économique ; elle a aussi imposé à la puissance publique une discipline nouvelle et au monde économique de légitimes questionnements sur ses habitudes et attitudes.

En cela, le droit de la concurrence agit comme un miroir des politiques publiques et des acteurs économiques. Il révèle les zones de dépendance lorsqu'elles existent, les possibles

* Ce propos introductif est le reflet de réflexions personnelles et ne saurait engager l'institution présidée.

effets de rente, toujours suspectés, parfois à tort, dans les économies ultramarines, ainsi que les barrières à l'entrée pouvant résulter de choix administratifs ou budgétaires. Il oblige à s'interroger sur l'allocation des moyens, sur la proportionnalité de certaines aides ou sur la pertinence des interventions publiques sur les marchés.

Les décisions de l'Autorité polynésienne de la concurrence participent de ce mouvement de responsabilisation. Leurs effets dépassent le champ économique pour atteindre le cœur même de la gouvernance publique. Lorsque la concurrence est rétablie dans un secteur, si le consommateur en bénéficie en priorité, c'est bien la collectivité tout entière qui en est bénéficiaire, l'action publique gagnant en rigueur, en lisibilité et dès lors en légitimité.

L'exemple de secteurs dits « stratégiques » comme l'énergie, les télécommunications ou le transport aérien illustre la complexité des arbitrages. Dans un marché insulaire, la concurrence ne saurait être un dogme sous peine de fragiliser les équilibres locaux. Inversement, une protection excessive des acteurs économiques peut nourrir les rentes et renchérir la vie quotidienne.

Entre ouverture et protection, la Polynésie française doit tracer un chemin d'équilibre sur une ligne de crête : une économie ouverte, mais pas vulnérable ; un marché régulé, mais pas verrouillé. C'est tout le sens du travail conjoint des institutions de régulation et de contrôle que de maintenir cet équilibre subtil entre liberté économique, indispensable au monde entrepreneurial, et cohésion sociale, fondamentale pour toute communauté humaine.

La chambre territoriale des comptes observe d'ailleurs que, souvent, les politiques publiques les plus efficaces sont celles qui articulent cette tension entre encouragement de la concurrence lorsqu'elle stimule l'innovation et préservation des mécanismes correcteurs lorsqu'elle met en péril la continuité du service public, la solidarité territoriale ou certaines spécificités locales légitimes. Sa boussole d'observateur en la matière reste, comme pour ses propres rapports, le citoyen.

En une décennie, l'Autorité polynésienne de la concurrence a atteint, après quelques péripéties inhérentes à toute institution devant s'inscrire dans un paysage économique local parfois peu habitué à la matière, une véritable maturité.

Sa jurisprudence s'est affirmée au fil des décisions rendues, créant un corpus lisible et prévisible de règles désormais connues de toutes et tous.

L'effort pédagogique dont elle a fait preuve en présentant dans un premier temps son rôle aux entreprises ou en organisant un certain nombre de colloques a permis d'asseoir son action et d'accroître l'acceptabilité de celle-ci.

Ses travaux ont également permis d'ancrer durablement un réflexe de régulation, partagé désormais aussi bien par les acteurs économiques que par les administrations territoriales et les organismes publics ou parapublics.

La concurrence n'est désormais plus seulement perçue comme une contrainte exogène, mais comme un élément constitutif d'une économie saine et d'une gouvernance tournée vers la prise en compte d'un problème majeur pour les populations, notamment les plus fragiles : la cherté de la vie.

Pour autant, cette dynamique doit être entretenue et évaluée.

Sur ce point, deux leviers paraissent essentiels :

- le parangonnage, c'est-à-dire la comparaison avec les pratiques qui existent dans d'autres territoires ultramarins ou États insulaires connaissant des situations proches ou comparables à celle de la Polynésie française afin d'identifier les leviers d'amélioration lorsque ceux-ci ont été mis en œuvre, avec succès ou non, dans ces territoires ;
- l'évaluation périodique, tous les cinq ans (voire plus, selon l'appréciation du législateur et de l'Autorité) après l'adoption d'un dispositif afin d'en mesurer les effets réels sur les prix, l'investissement, l'innovation ou l'emploi local. Dans d'autres domaines, la chambre constate que trop de dispositifs perdurent, alors même que l'évaluation de ceux-ci dans le temps n'est jamais questionnée. L'exemple du rapport récent de la juridiction sur la taxe de développement local en est une illustration. Les taux ont été empilés au fil du temps sans que l'utilité de la taxe et son influence sur les prix aient fait l'objet, jusqu'à présent, d'une étude robuste de la part des décideurs publics.

Ces deux leviers, adossés à une production continue de décisions nouvelles, sont une nécessité pour pérenniser le rôle, l'acceptabilité et la visibilité de l'institution.

Ces parangonnages et ces évaluations pourraient d'ailleurs être également envisagés de façon croisée entre institutions de régulation et de contrôle, permettant ainsi de bâtir, sur un territoire comme la Polynésie française, une culture commune de la mesure du résultat, démarche pouvant être dupliquée ailleurs.

Au fond, la concurrence, si elle répond à une attente légitime des citoyens, participe également à l'évolution de la gouvernance. Elle repose sur la même exigence que le contrôle de la juridiction, à savoir démontrer – ou non – l'efficacité de l'intervention publique.

Dans cette perspective, la transparence, qu'elle soit concurrentielle, budgétaire ou financière, sous-tend un objectif commun : la (re)construction d'une société de confiance des citoyens envers les institutions.

Cette convergence entre régulation et contrôle, entre concurrence et bonne gestion, ouvre la voie à une gouvernance plus lucide, plus responsable et plus équitable au service des Polynésiennes et Polynésiens. La régulation économique, lorsqu'elle est bien comprise, n'entrave pas la liberté : elle en garantit la durabilité.

LISTE DES CONTRIBUTEURS

Veronica Botnari

Sophie Bresny

Antoine Callot

Walid Chaiehloudh

Pascal Devillers

Sabrina Emen

Chimène Faurant

Vincent Giovannini

Maxime Hebting

Arthur Helfer

Angélique Herbez-Fontaine

Patrick Hubert

Nathalie Jalabert-Doury

Vincent Jaunet

Benjamin Jothy

Sylvain Justier

Emma Koëhl

Hervé Raimana Lallemant-Moe

Hina le Calvic

Yannick Lecornu

Jean-Luc Lemercier

Marie Minetto

Teresa Moreira

Gwenaelle Nouet

Johanne Peyre

Jérôme Philippe

Henri Piffaut

Matthieu Pujuguet

Alexandre Raguideau

Stéphane Retterer

Jacqueline Riffaut-Silk

Mélisandre Talon

Vivien Terrien

Antonino Troianiello

Lucas Verdet

Akari Yamamoto-Bonenfant

INTRODUCTION

Les fondements du droit de la concurrence

Vincent Giovannini
Maître de conférences, Droit privé et sciences criminelles,
Université Jean Monnet Saint-Étienne

> Une politique de concurrence sérieuse ne constitue pas simplement un luxe que pourraient s'offrir les pays riches, c'est une vraie nécessité pour tous ceux qui s'efforcent de bâtir des économies de marché démocratiques[1].

1. *La définition des fondements.* Étymologiquement, le terme « fondement » est emprunté au latin classique *fundamentum*, qui signifie « fondation, base[2] ». Sa définition courante corrobore cette idée, puisqu'il est défini comme la « [b]ase, [l']élément essentiel sur lequel s'appuie tout le reste », ou encore comme les « principes sur lesquels se fonde un système[3] ». Les dictionnaires juridiques ne disent pas autre chose, dans la mesure où ce terme doit être compris comme une « [v]aleur, référence de base (souvent associée à d'autres) sur laquelle repose une règle, une institution, un système juridique et qui en éclaire l'esprit[4] ». Ainsi, les fondements que nous proposons de mettre en lumière constituent les éléments, les principes de base sur lesquels le droit de la concurrence en général, et le droit de la concurrence polynésien en particulier, puise sa solidité.

2. *Le lien entre les fondements et les défis de la matière.* Mais il y a plus, car la question des fondements du droit de la concurrence polynésien est aussi celle des défis auxquels la matière doit faire face et de sa légitimité à y répondre ; défis qui ne sont pas seulement juridiques, mais aussi économiques, sociaux, politiques… Pour s'en convaincre, il suffit de mentionner à ce stade que l'avènement de règles concurrentielles spécifiques à la Polynésie française a marqué une étape cruciale dans le développement économique de ce territoire ultramarin. Cela répondait en effet à l'aspiration du gouvernement de l'époque à moderniser l'économie locale en s'inspirant des normes internationales, tout en adaptant les mécanismes déjà éprouvés aux réalités locales[5].

---

1. J. E. Stiglitz, « Competing Over Competition Policy », *Project Syndicate*, 3 août 2001, https://www.project-syndicate.org/commentary/competing-over-competition-policy (nous traduisons).
2. A. Rey (dir.), *Dictionnaire historique de la langue française*, Le Robert, Paris, 2010, v° « fondements ».
3. *Dictionnaire Larousse*, v° « fondement », sens 1.
4. G. Cornu (dir.), *Vocabulaire juridique*, 15e éd., PUF, Paris, 2024, v° « fondement », sens 1.
5. J.-C. Bouissou, « Au commencement était la détermination », dans *Le droit de la concurrence face aux défis des économies insulaires : regards sur la Polynésie française et la région du Pacifique*, J. Peyre, E. Silvestro, V. Terrien, T. Emen et Y. Lecornu (dir.), Concurrences, Paris, 2025, p. 3-6.

Partant, la présentation des fondements économiques et sociaux (I) précédera celle des fondements juridiques (II) de la matière.

I. Les fondements économiques et sociaux

3. *Les théories économiques et les objectifs inhérents au droit de la concurrence.* La mise en lumière des fondements économiques et sociaux du droit de la concurrence en général, et du droit polynésien de la concurrence en particulier, implique nécessairement de revenir sur les théories économiques avec lesquelles la matière est en partie liée et, ce faisant, sur les présupposés idéologiques qu'elles contiennent (A). Dans ce sillage, il conviendra par la suite d'examiner les objectifs assignés à cette branche du droit (B).

A. *Les présupposés*

4. *Le lien entre la concurrence et les théories économiques.* Le rapport du 12 juin 2014[6] sur le projet de « loi du pays[7] » relatif à la concurrence mentionnait à l'époque plus de 110 États s'étant inspirés des deux grands modèles américain et européen de concurrence, parmi lesquels plusieurs États insulaires (Fidji, Malte, Barbade, Islande, Îles Féroé…). Le droit polynésien de la concurrence ne fait pas exception, loin de là. Aussi est-il, à l'instar de ses homologues précités, fortement influencé par certaines théories économiques « universalistes », qui, pour reprendre une élégante formule, « n'ont pas ou peu de frontières […] [qui] valent ici et ailleurs[8] », au premier rang desquelles celles du *libéralisme*. Afin de bien le comprendre, un détour par le concept de « concurrence », objet même de cette branche du droit, s'impose. Quoique relativement difficile à définir, ce terme, dérivé du latin *concurrere* qui signifie « courir avec vers un même point[9] », est assimilé, tant par les dictionnaires juridiques[10] que par les dictionnaires usuels[11], à la « compétition », qui renvoie, en substance, à l'idée de rivalité entre acteurs sur le « marché[12] ». Au vrai, il est plus courant, et certainement plus aisé, d'appréhender la concurrence à travers ses effets, ses conséquences[13]. L'Autorité polynésienne de la concurrence (APC) ne procède pas autrement lorsqu'elle indique dans son guide pratique que la concurrence, « [e]n synthèse, c'est ce qui pousse à devenir meilleur, à innover, à offrir une plus grande variété de produits et services

---

6 APF, « Rapport sur le projet de loi du pays relatif à la concurrence », rapport n° 63-2014, 12 juin 2014, p. 2, https://lexpol.cloud.pf/.

7 Ces actes adoptés par l'Assemblée de la Polynésie française ont en réalité le caractère d'actes administratifs, d'où l'usage courant de guillemets pour les désigner.

8 D. Mainguy, M. Depincé et M. Cayot, *Droit de la concurrence*, 4e éd., LexisNexis, Paris, 2024, p. 36.

9 Cornu (dir.), *Vocabulaire juridique*, préc., v° « concurrence », sens 1.

10 Le *Vocabulaire juridique* définit la concurrence comme étant une « [c]ompétition économique ». V. *ibid.*

11 Le *Larousse* la définit pour sa part comme la « [c]ompétition, rivalité d'intérêts entre plusieurs personnes qui poursuivent un même but ». *Dictionnaire Larousse*, v° « concurrence », sens 1. Dans le même ordre d'idées, l'Académie française la définit quant à elle comme la « [c]ompétition, rivalité entre plusieurs personnes ou groupes de personnes qui recherchent un même objet, un même avantage ». *Dictionnaire de l'Académie française*, 9e éd., v° « concurrence », sens 1.

12 Ce terme est lui-même défini, en économie, comme la rencontre de l'offre et de la demande pour un bien ou un service. V. en ce sens : A. Silem, A. Gentier et J.-M. Albertini, *Lexique d'économie*, 15e éd., Dalloz, Paris, 2018, v° « marché ».

13 E. Combe, *Économie et politique de la concurrence*, 2e éd., Dalloz, Paris, 2020, p. 1.

au meilleur prix », « [c]es efforts bénérici[a]nt à l'ensemble de [la] société : consommateurs, salariés, entrepreneurs mais aussi notre secteur public[14] ». Dit autrement, la concurrence aurait de nombreuses vertus[15], en ce qu'elle contribuerait notamment à faire baisser les prix, à améliorer la qualité des biens et services, à offrir un plus grand choix aux consommateurs et à stimuler l'innovation.

5. *La théorie de la « main invisible » de Smith.* Il s'avère que cette conception bénéfique de la concurrence fait directement écho, au sein de l'économie classique, à Adam Smith[16] et à sa théorie[17] de la « main invisible ». Pour mémoire, Smith, qui concevait la concurrence comme un processus *comportemental*, pensait que les individus, en poursuivant leurs propres intérêts, étaient guidés par une force invisible qui tendait vers le bien-être collectif, l'intérêt général, les prix étant naturellement portés à un niveau proche des coûts de production. Pour être plus clair, selon lui, dans un marché libre et concurrentiel, les actions individuelles des acteurs économiques, qu'il s'agisse de consommateurs ou d'entreprises, tendent à produire des résultats bénéfiques pour la société dans son ensemble, et ce, sans qu'il soit nécessaire que l'État intervienne. En d'autres termes, il suggérait que la concurrence et la recherche de profits encourageraient les entreprises à produire des biens de meilleure qualité à des prix plus bas, ce qui profiterait aux consommateurs et stimulerait l'innovation. Cependant, la concurrence comprise comme un mécanisme de régulation naturel[18], ou comme un « ordre spontané », pour reprendre la théorie de Friedrich A. Hayek, ne peut prospérer, car elle aboutirait nécessairement au succès des plus compétitifs, qui, en l'emportant sur tous leurs adversaires, seraient alors libres de dicter leur loi aux consommateurs, donnant ainsi naissance à des situations de monopole[19]. Autrement dit, de ce point de vue, « la concurrence tue la concurrence », pour citer l'aphorisme de Proudhon[20].

6. *La théorie néoclassique de la « concurrence pure et parfaite ».* Cela a conduit les économistes néoclassiques à adopter une lecture plus *structurelle* de la concurrence ; une approche qui prévaut encore aujourd'hui, notamment en Polynésie, dont les règles

---

14 APC, « Guide pratique : le droit polynésien de la concurrence », p. 5, https://autorite-concurrence.pf/wp-content/uploads/2024/08/Guide-Pratique-Le-Droit-Polynesien-de-la-Concurrence.pdf.

15 V. en ce sens : E. Combe, « La concurrence : Quelques pistes pour sortir des idées reçues », dans *À quoi sert la concurrence ?*, M. Behar-Touchais, N. Charbit et R. Amaro (dir.), Concurrences, Paris, 2014, p. 49-54, spéc. p. 50-52 ; J. Tirole, *Économie du bien commun*, PUF, Paris, 2018, p. 481, 482 et 487 ; O. Fréget, *La concurrence, une idée toujours neuve en Europe et en France*, Odile Jacob, Paris, 2015, p. 12. Pour certains, au contraire, la concurrence serait « un facteur de désordre et se réduit à la loi de la jungle, aux antipodes d'une société civilisée ». V. C. Prieto, « L'Europe et le droit de la concurrence : des malentendus aux mérites reconnus », *JCP G*, n° 12, 21 mars 2007, doctr. 132. Elle serait également « destruct[rice] des valeurs humaines et attentatoir[e] à la "culture", voire "mortifère" ». V. Fréget, *La concurrence, une idée toujours neuve en Europe et en France*, préc., p. 8 et 10.

16 Y. Chaput, *Le droit de la concurrence*, PUF, Paris, 1988, p. 4.

17 Cette théorie est particulièrement contestée. Sa paternité est d'ailleurs parfois attribuée à d'autres, comme Petty ou Montesquieu (v. Y. Auguet, C. Galokho et A. Riéra, *Droit de la concurrence : droit interne, droit de l'Union européenne et droit international*, Ellipses, Paris, 2020, p. 17-18). Certains estiment également que parler de « théorie » peut paraître quelque peu galvaudé, l'expression n'étant employée que marginalement par Smith dans son œuvre. V. à ce propos : « J. Dellemotte, « La "main invisible" d'Adam Smith : pour en finir avec les idées reçues », *L'Économie politique*, 2009/4, n° 44, p. 28-41.

18 Auguet et coll., *Droit de la concurrence*, préc., p. 18.

19 Chaput, *Le droit de la concurrence*, préc., p. 4.

20 P.-J. Proudhon, *Système des contradictions économiques, ou la philosophie de la misère*, t. 1, Guillaumin et Cie, Paris, 1846, p. 206.

en la matière militent pour un contrôle des structures de marché afin qu'elles restent concurrentielles[21]. Selon eux, atteindre ce bien-être collectif, ou – pour employer la terminologie économique – « l'équilibre économique optimal », implique que la concurrence soit « pure et parfaite », ce qui présuppose : (i) la libre entrée et sortie sur le marché en ce sens qu'il n'existe aucun obstacle juridique ou économique, ni délai à l'entrée ou à la sortie d'un nouvel acteur sur le marché ; (ii) l'homogénéité des produits, c'est-à-dire des produits absolument identiques aux yeux des consommateurs ; (iii) l'atomicité du marché avec un nombre très élevé de vendeurs et d'acheteurs ; et (iv) la transparence de l'information accessible à tous les acteurs du marché, immédiatement et sans coût[22]. Cependant, ce modèle a également été vivement critiqué. L'on a pu en effet lui reprocher d'être par trop théorique, celui-ci étant rarement observé dans la réalité. Cela est particulièrement vrai dans le cas de petites économies insulaires. En Polynésie française, la présence d'un petit nombre d'offreurs, voire d'un seul offreur, sur les marchés, qui correspond, dans le premier cas, à une structure de marché oligopolistique et, dans le second cas, à une structure de marché monopolistique, témoigne, au contraire, de situations de « concurrence imparfaite », pour reprendre l'expression consacrée.

7. *Du modèle « SCP » de l'école de Harvard à la théorie des « marchés contestables » de l'école de Chicago.* Jugée trop abstraite, l'approche structuraliste de la concurrence s'est ensuite concrétisée, grâce au recours à l'empirisme, sous l'impulsion de l'école de Harvard avec le développement, dans les années 1950-1970, du modèle « SCP », pour « structure-comportement-performance ». Ce paradigme se caractérise notamment par un marché atomisé afin de limiter le « pouvoir de marché » des grandes entreprises – c'est-à-dire la possibilité pour elles de dicter les termes de l'échange, par exemple en les empêchant d'imposer un prix élevé et une qualité médiocre[23]. Il n'en demeure pas moins que ce modèle repose sur une vision statique de la concurrence, qui ne prend pas en compte la dynamique des structures de marché. Or, il s'avère que la concurrence peut également être envisagée de manière plus dynamique. L'APC ne dit pas autre chose lorsqu'elle affirme que la concurrence serait « la clé d'un marché dynamique[24] ». Dans cette perspective, ce qui importe n'est pas tant le nombre d'entreprises présentes sur le marché, mais plutôt la possibilité de contester la position des entreprises établies en offrant de meilleurs produits et services. En d'autres mots, selon cette approche, la concurrence implique l'absence de barrières à l'entrée et à la sortie, comme l'ont théorisée les économistes de l'école de Chicago sous le nom de « marché contestable[25] ».

8. *De la conception dualiste de la concurrence.* Ceci exposé, l'on constate que ces différentes théories économiques, ainsi que ces deux conceptions sous-jacentes et *a priori* contradictoires de la concurrence, loin d'être incompatibles en réalité[26],

---

21 V. *infra* n° 21.

22 E. Combe, *La concurrence*, PUF, Paris, 2021, p. 25.

23 Tirole, *Économie du bien commun*, préc., p. 75.

24 APC, « Garantir aux entreprises des règles de jeu équitables, Rapport annuel 2022 », 30 mai 2023, p. 2, https://autorite-concurrence.pf/wp-content/uploads/2023/07/RAPPORT-APC-2022_Compression.pdf.

25 E. Combe et M. Chagny, « concurrence », dans *Dictionnaire de droit de la concurrence*, M. Chagny, E. Combe et D. Jouve (dir.), Concurrences, Paris, 2023, art. n° 110551.

26 *Ibid.*

innervent les règles du droit polynésien dont la concurrence a nécessairement besoin[27] pour prospérer[28], étant donné qu'elle ne se trouve pas à l'« état de nature », pour reprendre une idée chère aux ordolibéraux. En atteste la loi du pays n° 2015-2 du 23 février 2015 relative à la concurrence[29], dont le préambule expose qu'elle vise, entre autres choses,à « [é]viter les monopoles et oligopoles nuisibles et autres restrictions de concurrence », ainsi qu'à « [f]aciliter l'entrée de nouveaux concurrents sur les marchés ».

In fine, l'étude des théories économiques et des présupposés idéologiques qui sous-tendent la matière laissant entrevoir, en filigrane, ses objectifs, il convient à présent de les examiner plus en détail.

B. *Les objectifs*

9. *De la création de la concurrence en Polynésie française.* S'il est courant d'affirmer que le droit de la concurrence vise à *protéger* la concurrence[30], dans les petites économies de marché comme la Polynésie française, son principal objectif économique n'est pas tant de la protéger que de la *créer*, ceci afin de stimuler une production[31] sous-optimale sur ce petit marché[32]. En effet, suivant le modèle de la théorie de la « concurrence-moyen », qui sied au droit de la concurrence de l'Union[33], la concurrence n'est pas considérée par le droit polynésien comme une fin en soi, mais plutôt comme un moyen d'atteindre certains objectifs.

10. *Le primat des objectifs économiques d'« efficacité » et de « bien-être des consommateurs ».* À cet égard, le préambule de la loi du pays du 23 février 2015 précitée prévoit que son objectif est de « promouvoir la concurrence et de favoriser ainsi l'*efficacité* du fonctionnement de l'économie polynésienne[34] ». Il s'ensuit que, à l'image d'économies plus matures, l'objectif d'« efficacité économique », que l'on doit aussi à l'école de Chicago, sous ses diverses déclinaisons – « allocative », qui implique le meilleur rapport coût-bénéfice pour la production et l'utilisation d'un produit ou d'un service ; « productive », qui est assimilable à une réduction des coûts ; et « dynamique », qui correspond, en somme, à l'innovation –, semble également être la boussole du droit polynésien de la concurrence. Le « bien-être des consommateurs », sa variante redistributive[35], qui est considéré comme l'objectif

---

27 Fréget, *La concurrence, une idée toujours neuve en Europe et en France*, préc., p. 13.

28 En effet, pour prospérer, la concurrence requiert souvent de s'éloigner du « laisser-faire ». V. en ce sens : Tirole, *Économie du bien commun*, préc., p. 58.

29 Loi du pays n° 2015-2 du 23 février 2015 relative à la concurrence, *JOPF* n° 8 NS du 23 février 2015.

30 M. S. Gal, « Market Conditions Under the Magnifying Glass: General Prescriptions for Optimal Competition Policy for Small Market Economies », SSRN, 1er avril 2001, p. 33, https://papers.ssrn.com/sol3/papers.cfm?abstract_id=267070.

31 J. Peyre, W. E. Kovacic et A. Ibarra, « Aperçu des défis en matière de droit et de politique de la concurrence dans les îles du Pacifique. L'exemple de la Polynésie française », dans *Le droit de la concurrence face aux défis des économies insulaires*, préc., p. 315-331, spéc. p. 325.

32 C. Montet et F. Venayre, *La concurrence à Tahiti : une utopie ?*, Au vent des îles, Pirae, 2013, p. 92.

33 P. Bonassies, « Les fondements du droit communautaire de la concurrence : la théorie de la concurrence-moyen », dans *Études dédiées à Alex Weil*, Dalloz-Litec, Paris, 1983, p. 51-67.

34 C'est nous qui soulignons. V. le préambule de la loi du pays n° 2015-2 du 23 février 2015 relative à la concurrence, préc.

35 N. Petit, *Droit européen de la concurrence*, 3e éd., 2020, p. 86-87.

principal de cette branche du droit[36], n'est pas en reste : bien qu'il n'apparaisse pas dans les textes, il figure en bonne place notamment dans les discours officiels[37], les rapports[38] et les avis de l'APC[39]. En tout état de cause, il faut comprendre par là que la mise en place du droit de la concurrence en Polynésie française doit permettre d'améliorer l'efficacité en créant un environnement économique dans lequel les entreprises peuvent accroître leurs performances économiques et les consommateurs peuvent bénéficier des avantages que le marché peut offrir, comme cela a déjà été indiqué, que ce soit en termes de prix, de choix ou d'innovation[40].

11. *L'objectif sous-jacent de libéralisation de l'économie polynésienne.* L'instauration du droit de la concurrence au Fenua doit, par là même, permettre d'atteindre progressivement l'objectif de libéralisation de l'économie polynésienne[41] et ainsi rompre avec un modèle de développement fondé sur une administration dirigiste de l'économie. Il est en effet important de garder à l'esprit qu'en Polynésie française, à l'origine, en l'absence de législation sur la concurrence[42], les pouvoirs publics intervenaient de manière significative au moyen de la réglementation des prix afin de limiter le coût élevé de la vie. Cela s'est toutefois avéré insuffisant, car la Polynésie française souffre de handicaps structurels qui entravent sa croissance et son développement économique. L'étroitesse du marché polynésien favorise la présence d'un nombre limité d'acteurs, ce qui conduit à la formation de monopoles et de positions dominantes. En outre, son éloignement géographique des principaux marchés d'approvisionnement génère des coûts de transport élevés, dus notamment aux surcoûts d'approvisionnement, ce qui rend l'économie polynésienne fortement dépendante des importations, à l'instar de tout modèle économique de comptoir commercial[43]. Tous ces facteurs renforcent les obstacles à la concurrence et créent des barrières à l'entrée sur le marché, ce qui se traduit par un niveau de concentration économique plus élevé qu'en France métropolitaine[44]. C'est pourquoi, dans

---

36 Peyre et coll., « Aperçu des défis en matière de droit et de politique de la concurrence dans les îles du Pacifique. L'exemple de la Polynésie française », préc., p. 316, note de bas de page n° 2.

37 V. p. ex. : J. Peyre, « Le droit de la concurrence polynésien : une barrière récifale à protéger », dans *Le droit de la concurrence face aux défis des économies insulaires*, préc., p. XV-XIX.

38 V. p. ex. : APC, « Rapport d'activité 2017 », p. 48, https://autorite-concurrence.pf/wp-content/uploads/2021/09/apc-rapport-annuel-2017.pdf ; APC, « Relever les potentiels, Rapport annuel 2021 », juin 2022, p. 47, https://autorite-concurrence.pf/wp-content/uploads/2022/06/RAPPORT-APC-2021-Version-numerique.pdf.

39 V. p. ex. : APC, avis n° 2024-A-04 du 30 mai 2024 portant sur un projet de loi du pays relatif à la régulation sectorielle en matière d'énergie, § 81.

40 V. *supra* n° 4.

41 APC, « Rapport d'activité 2015 », p. 3, https://autorite-concurrence.pf/wp-content/uploads/2021/09/apc-rapport-annuel-2015.pdf.

42 À titre exceptionnel, on peut noter l'existence de quelques mesures de libéralisation sectorielle, comme celle mise en place dans le secteur des télécommunications en 2003. V. APF, « Rapport sur le projet de loi du pays relatif à la concurrence », préc., p. 5.

43 APF, « Rapport sur le projet de loi du pays relatif à la concurrence », préc., p. 5 ; *adde* E. Fritch, « Il s'agissait d'une expérience inédite pour l'ensemble des acteurs concernés », p. 13-17 ; Y. Raffin, « La position dominante de certains grands groupes, qu'ils soient locaux ou issus de la métropole, impose une gouvernance économique fondée sur la rigueur et l'équilibre », p. 20-22 ; M. Brotherson « Je suis un fervent adepte de la concurrence et un tout aussi fervent défenseur de l'Autorité polynésienne de concurrence (APC) », p. 373-377, dans *Le droit de la concurrence face aux défis des économies insulaires*, préc.

44 B. Cœuré, « Nous partageons une vision commune avec l'APC », dans *Le droit de la concurrence face aux défis des économies insulaires*, préc., p. XIII-XIV.

les petites économies insulaires telles que la Polynésie française, la mise en place d'une réglementation en matière de concurrence n'est pas seulement nécessaire, mais « incontournable[45] » pour garantir l'efficacité et le progrès économiques.

12. *La poursuite d'objectifs sociaux parallèles.* Parallèlement, le droit polynésien de la concurrence est valorisé pour des raisons sociales et politiques. L'introduction de règles de concurrence, bien qu'elle ne soit ni le seul ni le meilleur instrument à cette fin, est susceptible de réduire certains problèmes d'inégalités sociales, en rendant les marchés plus accessibles et compétitifs. Les opportunités des petits opérateurs locaux sont ainsi préservées des grands groupes excessivement dominants. Sans compter qu'au-delà de cette équité économique, cette dynamique profite *in fine* aux consommateurs. Stimuler le processus concurrentiel est en effet de nature à améliorer leur pouvoir d'achat et à leur garantir l'accès à des biens et services de qualité, contribuant par là même à lutter contre la vie chère[46], dont le préambule de la loi du pays du 23 février 2015 a fait une priorité[47]. Il faut par ailleurs ajouter qu'à côté de cet objectif social majeur, une place est encore laissée à d'autres préoccupations ou valeurs non économiques. À titre d'illustration, les textes de droit dur accordent une attention particulière à la prise en compte de « la création ou [du] maintien d'emplois[48] », tandis que les considérations environnementales[49], et même démocratiques[50], émergent au sein des discours.

En définitive, et pour reprendre la métaphore de la « barrière récifale » employée par la présidente Peyre[51], l'économie polynésienne oscille entre protection et développement, ce qui nécessite une régulation des pratiques et des acteurs adaptée à ses spécificités insulaires. Ceci justifie à présent de s'attarder sur les fondements juridiques de ce droit.

II. Les fondements juridiques

13. *Les origines du droit polynésien de la concurrence.* D'emblée, il convient de préciser que ce sont le code de la concurrence et l'APC qui constituent les piliers de l'architecture juridique[52] et institutionnelle[53] du droit de la concurrence polynésien. Afin de bien comprendre ce dispositif, il y a lieu, au préalable, de revenir sur son avènement, ses origines : le droit de l'Union et le droit métropolitain de la concurrence n'étant pas applicables en tant que tels à la Polynésie française[54], la mise en

---

45 APC, « Garantir aux entreprises des règles de jeu équitables, Rapport annuel 2022 », préc., p. 5.

46 V. Partie VI – Enjeux et défis > Chapitre 1. La vie chère.

47 Loi du pays n° 2015-2 du 23 février 2015 relative à la concurrence, préc.

48 Art. LP 200-5 et LP 310-7-1, II, du code de la concurrence ; *adde* APC, « Rapport d'activité 2015 », préc., p. 5 ; APC, « Garantir aux entreprises des règles de jeu équitables, Rapport annuel 2022 », préc., p. 80.

49 APC « Relever les potentiels, Rapport annuel 2021 », préc., p. 44 et s. ; *adde* H. Raimana Lallemant-Moe, « L'intégration du développement durable dans le droit polynésien de la concurrence : entre incertitudes et opportunités », p. 345-356 et L. Temoana Biardeau, « Concilier concurrence et durabilité dans les économies insulaires n'est pas un simple exercice de "verdissement" des politiques existantes », p. 357-367, dans *Le droit de la concurrence face aux défis des économies insulaires*, préc.

50 APC, « Garantir aux entreprises des règles de jeu équitables, Rapport annuel 2022 », préc., p. 80.

51 Peyre, « Le droit de la concurrence polynésien : une barrière récifale à protéger », préc., p. XV-XVIII.

52 V. Partie I – Le cadre juridique et institutionnel > Chapitre 1. L'architecture juridique.

53 V. Partie I – Le cadre juridique et institutionnel > Chapitre 2. Les institutions.

54 V. Partie I – Le cadre juridique et institutionnel > Chapitre 1. L'architecture juridique.

place d'un cadre juridique dédié, propre au Fenua, et rendu d'autant plus nécessaire par sa situation particulière[55], a finalement[56] vu le jour à la suite de l'adoption par l'Assemblée de Polynésie française de la loi du pays du 23 février 2015, maintes fois évoquée. Entrée en vigueur le 1er février 2016[57], elle a introduit le droit de la concurrence sous la forme d'un code spécifique à la Polynésie, qui a depuis été modifié à plusieurs reprises[58]. Malgré son autonomie, il n'en demeure pas moins que les influences du droit de l'Union et du droit métropolitain se reflètent au sein du droit local. Le code de la concurrence s'inspire en effet largement du livre IV du code de commerce métropolitain et, par conséquent, des principes du droit de l'Union qui y sont incorporés. Ainsi, suivant le modèle du droit métropolitain, le droit polynésien de la concurrence trouve son fondement juridique général dans la *liberté*[59] ; mais une liberté encadrée ou, pour le dire autrement, un « principe de liberté ordonnée[60] » qui n'est pas sans rappeler la phrase célèbre de Lacordaire selon laquelle « c'est la liberté qui opprime et la loi qui affranchit ».

Quoi qu'il en soit, le droit polynésien s'articule plus précisément autour du principe de la libre concurrence (B), qui est consubstantiel au principe de la liberté des prix (A).

A. *Le principe préalable de la liberté des prix*

14. *L'affirmation du principe de la liberté des prix.* À l'instar de l'article L. 410-2 du code de commerce, l'article LP 110-1 du code de la concurrence affirme le principe de la liberté des prix qui, en raison de sa localisation dans ledit code[61], s'impose de façon générale. Son premier alinéa dispose ainsi que « [s]auf dans les cas où la loi du pays en dispose autrement, les prix des biens, produits et services marchands sont librement déterminés par le jeu de la concurrence » et appelle deux remarques.

---

55 V. *supra* n° 11 ; *adde* Introduction générale – Pourquoi un droit de la concurrence en Polynésie française ?

56 Le rapport accompagnant le projet de loi du pays relatif à la concurrence en date du 12 juin 2014 fait référence à la mise en place différée ou contrecarrée du droit de la concurrence en Polynésie française pendant plus de dix ans. Ledit rapport donne à cet égard l'exemple de la dernière tentative avortée en octobre 2012. Cet échec est principalement dû au fait que le projet de loi proposé ne comportait pas certains éléments essentiels, tels que la création d'un dispositif relatif au contrôle des concentrations et l'instauration d'une autorité administrative indépendante de la concurrence. V. APF, « Rapport sur le projet de loi du pays relatif à la concurrence », préc., p. 5.

57 Date à laquelle ont été réunies les conditions cumulatives de nomination des membres du collège, du rapporteur général et d'au moins un membre du service d'instruction de l'Autorité polynésienne de la concurrence.

58 Le code de la concurrence a ainsi été modifié en 2015, 2018, 2019, 2021 et 2022.

59 Aux côtés de la *liberté*, la *loyauté* est parfois présentée comme un autre fondement du droit de la concurrence, notamment lorsqu'il s'agit d'évoquer les règles de concurrence déloyale, voire des pratiques restrictives de concurrence (V. not. : Chaput, *Le droit de la concurrence*, préc., p. 68 et s. ; Auguet et coll., *Droit de la concurrence*, préc., p. 31 ; Mainguy et coll. *Droit de la concurrence*, préc., p. 29). S'agissant du droit polynésien, si les règles de concurrence, celles qui s'intéressent au marché, sont loin d'être réfractaires à toute idée de lutte contre les inégalités comme énoncé précédemment (v. *supra* n° 11), voire de loyauté (v. *infra* n° 18), on se limitera ici à préciser que la loi du pays n° 2021-40 du 7 septembre 2021 portant modification de la partie législative du code de la concurrence, *JOPF* n° 88 NS du 7 septembre 2021, et la loi du pays n° 2021-43 du 7 septembre 2021 portant création du livre IV de la partie législative du code de commerce, *JOPF* n° 88 NS du 7 septembre 2021, ont transféré du code de la concurrence au code de commerce les règles relatives à la transparence et à la loyauté. Le champ d'action de l'APC se limite donc aux pratiques anticoncurrentielles, aux concentrations et au contrôle des aménagements commerciaux, qui sont d'ailleurs les seuls domaines couverts au titre du présent ouvrage.

60 Mainguy et coll., *Droit de la concurrence*, préc., p. 29.

61 La division du code de la concurrence étant elle-même inspirée de celle du livre IV du code de commerce en vigueur en France métropolitaine (v. APF, « Rapport sur le projet de loi du pays relatif à la concurrence », préc., p. 5), l'on retrouve cette disposition dans un livre Ier également intitulé « Dispositions générales ».

15. *Les exceptions au principe de la liberté des prix.* D'une part, le principe de liberté des prix affirmé par cette disposition contraste avec le système qui prévalait avant l'entrée en vigueur dudit code et donc du droit de la concurrence en Polynésie, lequel reposait, comme décrit précédemment, sur une administration dirigiste de l'économie[62]. Il y a toutefois lieu de souligner que de nombreuses exceptions viennent tempérer ce principe. Certaines figurent dans les deux alinéas suivants de ce même texte et permettent au Conseil des ministres de réglementer les prix dans certains cas. Sont visées les situations de monopole ou d'oligopole[63], voire les situations de crise[64]. D'autres exceptions sont prévues dans des dispositions ultérieures. Celles-ci concernent le régime des produits de première nécessité, de grande consommation et de certains prix des biens et services jugés « essentiels au développement économique de la Polynésie française[65] », ainsi que la possibilité d'encadrer les hausses de prix[66], voire de conclure des accords de modération de prix[67].

16. *Le lien entre la liberté des prix et la libre concurrence.* D'autre part, l'affirmation de ce principe va de pair avec celle du principe de la « libre concurrence ». En effet, comme l'a souligné une doctrine autorisée, la concurrence présuppose sur chaque marché une pluralité d'offreurs libres de déterminer leurs prix, ce qui permet ainsi aux demandeurs d'opérer leur choix de manière tout aussi libre[68].

Le principe de liberté des prix apparaît ainsi comme un préalable indissociable du principe de libre concurrence.

B. *Le principe indissociable de libre concurrence*

17. *La consécration de la libre concurrence.* Consacré dans les traités européens[69], et bien connu du droit métropolitain, ce principe de « libre concurrence » est également mentionné, au même titre que d'autres « libertés économiques[70] », par certains travaux préparatoires de la loi du pays du 23 février 2015, évoquée à plusieurs reprises. Il constitue ainsi le socle des règles de concurrence polynésiennes.

18. *La préservation de la libre concurrence.* En somme, la libre concurrence tend « au respect d'une saine, libre, égale et loyale concurrence[71] ». Or, pour y parvenir, cette

---

62 V. *supra* n° 11.

63 Art. LP 110-1, al. 2 du code de la concurrence.

64 Art. LP 110-1, al. 3 du code de la concurrence.

65 Art. LP 110-2 du code de la concurrence.

66 Art. LP 110-3 du code de la concurrence.

67 Art. LP 110-4 du code de la concurrence.

68 L. Idot, « La liberté de concurrence en France », *LPA*, 23 mars 2000, n° 59, p. 4.

69 Art. 3 du traité instituant la Communauté économique européenne (traité CEE), Document 11957E/TXT, https://eur-lex.europa.eu/legal-content/FR/TXT/?uri=celex%3A11957E%2FTXT ; *adde* version consolidée du traité sur l'Union européenne, Protocole (n° 27) sur le marché intérieur et la concurrence, *JOUE* n° C 115 du 9 mai 2008, p. 309.

70 Est également visée la « liberté du commerce et de l'industrie », qui constitue, avec le principe de « libre concurrence » précité, des composantes de la « liberté d'entreprise ». Sur les « libertés économiques » en général, v. A. Louvaris, « Autonomie et libertés économiques – Quelques réflexions synthétiques », *Contrats, conc., consom.* 2020, n° 6.

71 S. Nicinski, *Droit public des affaires*, 9e éd., LGDJ, Paris-La Défense, 2023, n° 83 ; *adde* Louvaris, « Autonomie et libertés économiques – Quelques réflexions synthétiques », préc. : « [L]e droit de la concurrence est […] un régime juridique qui concrétise la conciliation de deux normes : la libre concurrence et le principe d'égalité des opérateurs économiques, application dans le domaine du droit du marché du principe général d'égalité. »

liberté est protégée par un corpus de règles on ne peut plus classiques, parmi lesquelles l'interdiction : des opérations de concentration qui restreignent la concurrence de manière significative[72], des pratiques anticoncurrentielles, c'est-à-dire aussi bien des ententes anticoncurrentielles[73] que des abus de position dominante[74], ainsi que, jusqu'en 2018, de l'abus de l'état de dépendance économique[75]. Afin d'en assurer l'effectivité, leur mise en œuvre est confiée à une autorité administrative indépendante, l'APC, qui, outre son rôle consultatif, dispose d'une double compétence préventive et répressive, et dont les modalités d'organisation et de fonctionnement s'efforcent de concilier non seulement souplesse, mais aussi garantie d'indépendance[76].

19. *Entre inspiration des législations étrangères et adaptation des règles de concurrence aux spécificités locales.* Les décisions rendues par l'APC dans le cadre de ses différentes missions sont d'ailleurs largement nourries des raisonnements et des principes dégagés par la pratique décisionnelle ainsi que par la jurisprudence européenne et métropolitaine ; elles servent en quelque sorte de guide à sa propre pratique décisionnelle. Au surplus, le droit polynésien de la concurrence étant largement inspiré du droit métropolitain, lui-même tributaire du droit de l'Union[77], lequel a connu un vaste mouvement de « modernisation » ou d'« économisation » à la fin des années 2000, il n'est guère surprenant que le droit local ait adopté une approche plus économique que juridique de la matière. La logique des seuils de contrôle en matière de contrôle des concentrations ou la notion de pouvoir de marché en sont des exemples probants. Il n'en demeure pas moins que si les instruments et les analyses applicables en Polynésie française sont globalement identiques, les spécificités de cette économie insulaire nécessitent toutefois certains ajustements.

20. *L'adaptation de l'analyse concurrentielle.* D'une part, en ce qui concerne l'adaptation de l'analyse concurrentielle aux spécificités locales, l'examen mené par l'APC en matière d'opérations de concentration constitue une bonne illustration. En effet, les seuils ne doivent pas être fixés à un niveau inapproprié, afin d'éviter qu'un nombre excessif d'opérations pourtant nécessaires ne soient examinées par l'APC, au risque de gaspiller des ressources déjà limitées. De même, l'APC ne doit pas autoriser systématiquement toute opération sur la base d'arguments fondés sur la taille du marché et l'efficacité, les « erreurs de type II » ou de « faux négatifs » – c'est-à-dire autoriser à tort des opérations anticoncurrentielles – pouvant causer des dommages plus graves que dans les grandes économies développées, compte tenu de la force autorégulatrice plus faible du marché. Et, à l'inverse, l'APC ne doit pas rejeter systématiquement toute opération et commettre des « erreurs de type I » ou « faux positifs » – c'est-à-dire interdire à tort des opérations pro-concurrentielles –, au risque de priver le marché de certains gains d'efficacité

---

72 V. Partie III – Le contrôle des concentrations.

73 V. Partie II – Les pratiques anticoncurrentielles > Chapitre 1. Les ententes.

74 V. Partie II – Les pratiques anticoncurrentielles > Chapitre 2. Les abus de position dominante.

75 Une loi du pays, adoptée cette année-là, l'a en effet supprimé. V. loi du pays n° 2018-31 du 9 août 2018 portant modification de la partie législative du code de la concurrence, *JOPF* n° 52 du 9 août 2018.

76 APF, « Rapport sur le projet de loi du pays relatif à la concurrence », préc., p. 9 ; *adde* Partie I – Le cadre juridique et institutionnel > Chapitre 2. Les institutions.

77 A. Decocq et G. Decocq, *Droit de la concurrence : droit interne et droit de l'Union européenne*, 9e éd., LGDJ, Paris-La Défense, 2021, p. 25-26.

productive, comme des économies d'échelle, ou dynamique, liés à cette opération et nécessaires à son développement[78]. En résumé, une erreur de jugement de la part de l'APC est susceptible d'avoir un impact plus profond et à plus long terme sur l'économie polynésienne que sur les économies développées[79].

21. *L'adoption d'instruments spécifiques.* D'autre part, concernant les instruments, outre la répression « *ex post* » des pratiques anticoncurrentielles susmentionnées, qui permet à l'autorité dûment saisie de réagir si le comportement d'un opérateur perturbe le fonctionnement du marché afin de rétablir la situation, le choix avait initialement été fait de doter l'autorité locale d'outils spécifiques inspirés de la loi « Lurel[80] », tels que l'interdiction *per se* des accords d'importation exclusifs[81] et l'injonction structurelle[82], à l'instar du droit calédonien[83]. Cependant, la loi du pays n° 2018-31 du 9 août 2018[84] les a finalement supprimés.

Pareillement, dans le cadre de son action préventive, dite aussi « *ex ante* », en vertu de laquelle l'autorité intervient avant que la situation ne survienne, l'on trouve, à côté du contrôle des opérations de concentration mentionné précédemment, un instrument là encore peu commun : le contrôle des aménagements commerciaux[85] – anciennement surfaces commerciales. Bien que fortement inspiré du contrôle des concentrations, il ne correspond pas, contrairement à ce dernier, à un contrôle de la croissance *externe* des entreprises, mais à un contrôle de leur croissance *interne*. Pour bien se figurer la singularité de ce contrôle, il convient d'ajouter que la croissance interne est en principe exclue du droit de la concurrence, car, comme le souligne l'APC, elle « participe au jeu normal de la concurrence et en constitue un élément moteur du fait de la mise sur le marché de nouveaux produits et services ainsi que des innovations généralement introduites à cette occasion[86] ».

En fin de compte, le droit polynésien de la concurrence est un savant mélange d'influences régionales, métropolitaines et locales, dont le présent guide vise à éclairer nombre de ses aspects.

---

78 Peyre et coll., « Aperçu des défis en matière de droit et de politique de la concurrence dans les îles du Pacifique. L'exemple de la Polynésie française », préc., p. 323-324. Dans un autre registre, le rapport annuel pour l'année 2022 de l'APC indique que la présence de liens sociaux étroits peut également nuire à l'efficacité des outils de détection tels que les programmes de clémence. V. APC, « Garantir aux entreprises des règles de jeu équitables, Rapport annuel 2022 », préc., p. 85.

79 Peyre et coll., « Aperçu des défis en matière de droit et de politique de la concurrence dans les îles du Pacifique. L'exemple de la Polynésie française », préc., p. 323.

80 Loi n° 2012-1270 du 20 novembre 2012 relative à la régulation économique outre-mer et portant diverses dispositions relatives aux outre-mer, *JORF* n° 0271 du 21 novembre 2012. La loi « Lurel » n'a en effet pas été étendue à la Polynésie française.

81 Partie VI – Enjeux et défis > Chapitre 4. Les accords exclusifs d'importation.

82 Partie VI – Enjeux et défis > Chapitre 3. L'injonction structurelle.

83 V. art. Lp. 422-1 et Lp. 421-2-1 du code de commerce applicable en Nouvelle-Calédonie.

84 Loi du pays n° 2018-31 du 9 août 2018 portant modification de la partie législative du code de la concurrence, préc.

85 Partie IV – Les aménagements commerciaux.

86 APC, « Rapport annuel 2020 », mai 2021, p. 74, https://autorite-concurrence.pf/wp-content/uploads/2021/09/apc-rapport-annuel-2020.pdf.

Un guide instruit par dix ans de pratique

Stéphane Retterer
Président de l'Autorité de la concurrence de Nouvelle-Calédonie

Antonino Troianiello
Maître de conférences de droit public à l'université de la Polynésie française

La création de l'Autorité polynésienne de la concurrence (APC ou l'« Autorité ») par la loi du pays n° 2015-9 du 6 avril 2015 constitue un tournant majeur dans l'histoire institutionnelle et économique de la Polynésie française[1]. Elle n'aurait pas été possible sans une modification préalable de la loi organique n° 2004-192 du 27 février 2004 portant statut d'autonomie de la Polynésie française, qui a élargi les compétences de la collectivité en matière économique, inspirant une démarche analogue en Nouvelle-Calédonie.

Très largement inspiré du modèle national, le droit de la concurrence polynésien a été conçu pour instaurer un cadre concurrentiel dans un environnement *a priori* peu propice à l'accueillir, car dominé par des oligopoles et marqué par la persistance de rentes de situation. Il ambitionnait de doter le pays d'un outil moderne de lutte contre la vie chère – enjeu particulièrement sensible outre-mer – en rendant les mécanismes de marché plus transparents et en réprimant les pratiques abusives.

Bien que le recul d'une décennie ne suffise pas à dresser un bilan définitif, il offre déjà des enseignements précieux qui légitiment la rédaction d'un guide pratique pour fournir aux praticiens, étudiants, décideurs et opérateurs économiques un outil d'analyse et de compréhension des particularités et des conditions réelles de mise en œuvre du droit de la concurrence en Polynésie française.

I. Un droit de la concurrence en économie insulaire administrée

Les particularités du droit polynésien de la concurrence tiennent avant tout au cadre et au contexte de sa mise en œuvre. La physionomie de l'économie locale n'a, en réalité, guère changé depuis la période coloniale. Le double statut de la

[1] Loi du pays n° 2015-9 du 6 avril 2015 portant création de l'Autorité polynésienne de la concurrence. On notera qu'avant la création de l'APC, l'ouverture du marché de la téléphonie, effective à partir de 2011, mit fin à une longue situation de monopole et entraîna une baisse spectaculaire des prix : divisés par deux pour la téléphonie mobile, nettement réduits pour l'internet. Pour beaucoup de Polynésiens, cette libéralisation de secteur des télécommunications a constitué la réforme qui a eu le plus d'impact sur leur vie quotidienne.

Polynésie française – pays et territoire d'outre-mer (PTOM) et collectivité d'outre-mer dotée d'une autonomie élargie – explique qu'elle soit demeurée à l'écart du vaste mouvement de libéralisation impulsé par l'Union européenne depuis le milieu des années 1980, et aux États-Unis dès les années 1970[2]. Elle continue de fonctionner comme une économie administrée, où l'initiative privée, relativement ténue, s'inscrit dans un environnement administratif dense et contraignant[3].

Les piliers de ce modèle sont bien connus : interventionnisme public massif, monopoles publics puissants, lourde fiscalité à l'importation, protection des marchés et réglementation des prix. Dans un tel paysage, l'intégration du droit de la concurrence s'apparente à une greffe sur un corps étranger. Faute de remise en cause concomitante du modèle d'économie administrée, son ambition n'était pas de transformer radicalement l'économie, mais simplement d'apporter davantage de transparence et de contribuer, à la marge, à la lutte contre la vie chère. Le législateur n'entendait pas bouleverser un ordre économique établi : le droit de la concurrence a été conçu comme un instrument supplémentaire, venant s'ajouter à l'arsenal existant, mais au prix d'une contradiction avec ses logiques fondamentales.

Depuis 2015, la Polynésie française est dotée d'une autorité de concurrence indépendante et d'un corpus réglementaire inspirés du modèle national. Mais, contrairement à la situation nationale et européenne, la greffe du droit de la concurrence ne s'accompagna pas de politiques sectorielles de libéralisation (télécommunications, énergie, transports). Les autorités polynésiennes maintinrent une économie fortement administrée en y juxtaposant un droit de la concurrence qui, à maints égards, apparaît comme une pièce rapportée. L'APC intervient ainsi dans un environnement dominé par une logique souvent antagoniste aux principes de la concurrence.

À tel point que, bien souvent, le juge administratif joue un rôle plus déterminant que l'APC. Par l'intermédiaire du contrôle de légalité, le juge administratif applique en effet les principes de la liberté du commerce et de l'industrie et de la libre concurrence, parties intégrantes du bloc de légalité administrative. Là où l'APC se heurte à son incompétence à modifier un acte réglementaire et à la prééminence du politique, le juge, saisi d'un recours pour excès de pouvoir ou d'un litige contractuel, peut imposer le respect de ces principes concurrentiels à l'administration. Cette dimension contentieuse illustre que, dans une économie administrée, la libre concurrence se déploie autant – sinon davantage – par le canal juridictionnel que par l'action de l'autorité spécialisée.

Cette action du juge administratif, laquelle a été néanmoins complémentaire à celle de l'APC dans le domaine des télécommunications en 2018[4], a notamment permis

---

[2] Sur le vaste mouvement de dérégulation dans des secteurs comme les transports aériens, les télécommunications ou l'énergie aux États-Unis, en ce sens, v. not. G. J. Stigler, « The Theory of Economic Regulation », *Bell Journal of Economics and Management Science*, vol. 2, n° 1, 1971, p. 3-21 ; R. A. Posner, « Theories of Economic Regulation », *Bell Journal of Economics and Management Science*, vol. 5, n° 2, 1974, p. 335-358 ; R. H. Bork, *The Antitrust Paradox: A Policy at War with Itself*, New York, Basic Books, 1978.

[3] Sur ce thème, nous nous permettons de renvoyer à A. Troianiello, « Interventionnisme et concurrence en Polynésie française : l'économie administrée est-elle une fatalité ? », *Comparative Law Journal of the Pacific / Journal de droit comparé du Pacifique* [anciennement *Revue juridique polynésienne (RJP)*], vol. 17, 2011, p. 1-18.

[4] APC, déc. n° 2018-PAC-01 du 6 juin 2018 relative à des pratiques mises en œuvre dans le secteur de la téléphonie mobile à destination de la clientèle résidentielle.

de suppléer les débuts difficiles de l'Autorité. Il est vrai que les premières années de fonctionnement de l'APC furent marquées par une défiance persistante – conflits récurrents au sein de l'institution, maladresses, méfiance des acteurs économiques, contestations politiques et recours juridictionnels contre ses premières décisions –, au point de susciter en réaction, fin 2018, l'adoption d'une loi du pays rognant les prérogatives de l'institution et introduisant un pouvoir d'évocation au profit du président de la Polynésie française lui permettant de reprendre à son compte une décision de l'APC en matière de concentration d'entreprises ou d'aménagements commerciaux pour des motifs d'opportunité politique[5]. Cinq ans après sa mise en place, l'APC était alors dans une impasse.

Ce n'est qu'après 2020, avec un changement de gouvernance et un effort accru de professionnalisation de son fonctionnement, que l'APC a finalement commencé à s'imposer dans l'écosystème institutionnel polynésien. La « greffe » concurrentielle aura ainsi nécessité près de cinq années pour prendre, ce qui en dit long tant sur l'ampleur des réactions immunitaires des oligopoles et du système d'économie administrée. En dépit de ses débuts difficiles, l'APC a par la suite lentement affirmé son rôle à travers quelques décisions emblématiques et surtout par la diffusion progressive d'un langage concurrentiel désormais approprié par le débat économique local.

II. Dix ans de pratique : apports et limites

En dix années d'existence, l'APC a contribué à l'installation progressive d'une véritable culture concurrentielle dans l'archipel. Dans un environnement où les notions de position dominante, d'entente ou encore de barrières à l'entrée étaient largement absentes du vocabulaire économique, ses avis et décisions ont joué un rôle pédagogique central. Plusieurs affaires emblématiques permettent d'illustrer ce processus d'acculturation.

La décision rendue en 2022 pour le secteur des pompes funèbres constitue un jalon essentiel. En sanctionnant une entente tarifaire entre opérateurs funéraires, l'APC démontrait pour la première fois sa capacité à intervenir de manière répressive, y compris dans un secteur de petite taille, marqué par des usages professionnels anciens et par une faible contestabilité du marché[6]. Si les sanctions pécuniaires prononcées demeuraient modestes, leur portée symbolique était considérable : la Polynésie entrait ainsi dans une phase de mise en œuvre effective du droit de la concurrence, rompant avec l'idée selon laquelle celui-ci ne concernerait que les grandes entreprises ou les secteurs stratégiques.

---

[5] La loi du pays n° 2018-31 du 9 août 2018 portant modification de la partie législative du code de la concurrence a réduit les prérogatives de l'APC en supprimant l'abus de dépendance économique, la prohibition des droits exclusifs à l'importation, l'observatoire des concentrations et la possibilité de formuler des préoccupations de concurrence, tout en restreignant son champ consultatif ; elle institue en outre un droit d'évocation au profit du président de la Polynésie française, limitant son indépendance, même si elle introduit la procédure de clémence et renforce certains pouvoirs d'enquête.

[6] APC, déc. n° 2022-PAC-01 du 5 septembre 2022 relative à des pratiques mises en œuvre dans le secteur des pompes funèbres ; v. N. Jalabert-Doury, « Pompes funèbres : La première décision d'entente de l'Autorité polynésienne de la concurrence donne le ton » dans *Le droit de la concurrence face aux défis des économies insulaires : regards sur la Polynésie française et la région du Pacifique*, J. Peyre, E. Silvestro, V. Terrien, T. Emen et Y. Lecornu (dir.), Concurrences, Paris, 2025, p. 79-92.

En amont, l'avis rendu en 2019 sur les mécanismes d'importation avait déjà joué un rôle majeur dans la sensibilisation des acteurs économiques[7]. En démontrant que ces clauses contractuelles, pourtant couramment utilisées, renforçaient artificiellement le pouvoir de marché des importateurs et contribuaient directement à la vie chère, l'APC mettait en lumière des mécanismes structurels de formation des prix. Si le législateur local avait choisi, dès 2018, de supprimer la prohibition générale des accords exclusifs à l'importation, cet avis confirmait néanmoins leur nocivité et révélait, de manière inédite, le lien entre droit de la concurrence et pouvoir d'achat des ménages.

Le secteur des infrastructures essentielles a également constitué un terrain d'intervention privilégié. À travers l'avis n° 2020-A-02 du 17 juin 2020 sur la connectivité internationale, l'Autorité a insisté sur la nécessité de garantir un accès non discriminatoire aux câbles sous-marins, véritables « artères numériques » de l'archipel[8]. La reconnaissance de ces infrastructures comme ressources stratégiques illustrait la capacité de l'APC à intégrer les enjeux propres aux économies insulaires, où la rareté des équipements amplifie les effets d'une position dominante.

La grande distribution, secteur central dans la lutte contre la vie chère, a également donné lieu à des interventions déterminantes[9], bien que limitées aux contrôles des aménagements commerciaux et des concentrations d'entreprises. La décision rendue en 2022 relative au projet d'implantation d'un hypermarché Carrefour à Moorea par le groupe Wane marque un tournant dans le contrôle des opérations d'aménagement commercial en Polynésie française. Après avoir constaté que le groupe, déjà dominant dans la distribution et l'importation, risquait de renforcer sa position au détriment de la concurrence locale, l'APC a relevé que le projet pouvait décourager ou évincer les initiatives concurrentes existantes et créer de nouvelles barrières à l'entrée. Les engagements correctifs proposés (réduction de surface, conditions tarifaires non discriminatoires) ayant été jugés insuffisants, l'Autorité a refusé d'autoriser l'opération, affirmant ainsi son rôle de régulateur attentif à la préservation d'une animation concurrentielle sur les marchés insulaires.

L'année suivante a confirmé la maturité de l'institution avec deux décisions majeures. D'une part, les deux décisions rendues en 2023 au sujet de prises de contrôle réalisées par la Brasserie de Tahiti ont illustré les difficultés méthodologiques posées par les concentrations parallèles dans le secteur de la distribution,

---

7 APC, avis n° 2019-A-02 du 19 septembre 2019 relatif aux mécanismes d'importation et de distribution en Polynésie française. Sur ce point, v. A. Callot, « Concurrence et mécanismes d'importation et de distribution en Polynésie française », dans *Le droit de la concurrence face aux défis des économies insulaires*, *op. cit.*, p. 45-56.

8 APC, avis n° 2020-A-2 du 17 juin 2020 sur un projet de loi du pays portant modification du code des postes et télécommunications (détermination du tarif de référence d'interconnexion des opérateurs de télécommunications mobiles et suppression du dispositif d'agrément des installateurs admis en télécommunications).

9 APC, déc. n° 2022-SC-09 du 23 juin 2022 relative à l'ouverture d'un magasin de commerce de détail sous l'enseigne « Carrefour » d'une surface de vente de 1 830 m² dans la commune de Paopao à Moorea. V., sur cette décision, M. Pujuguet, « La mission de contrôle des aménagements commerciaux en Polynésie française : Une spécificité analysée à travers le cas *Carrefour Moorea* », dans *Le droit de la concurrence face aux défis des économies insulaires*, *op. cit.*, p. 121-134.

révélant la nécessité d'adapter les outils d'analyse classiques aux spécificités d'un marché étroit et fortement intégré verticalement[10].

On peut aussi citer la décision rendue en 2024 concernant l'acquisition de Bolloré Logistics par CMA CGM, qui a montré la capacité de l'APC à peser sur des opérations de dimension internationale. L'opération renforçait fortement la position de CMA CGM dans le fret maritime et la logistique, avec un risque de verrouillage de la chaîne d'approvisionnement. Pour y remédier, l'Autorité a imposé des engagements de non-discrimination, de transparence tarifaire, d'interdiction de couplage, de continuité de service et de suivi par un mandataire. À l'échelle mondiale, CMA CGM a aussi dû accepter la cession de certaines activités logistiques ultramarines. Ces mesures visent à préserver une concurrence effective et une offre équitable en Polynésie française[11].

Pris ensemble, ces avis et décisions illustrent la montée en puissance d'une institution désormais respectée. Si leur portée économique demeure parfois limitée par les contraintes structurelles de l'archipel, leur effet pédagogique et symbolique demeure sensible : ils ont contribué à imposer un langage concurrentiel dans l'espace public et à sensibiliser tant les opérateurs que les consommateurs aux enjeux de transparence et de régulation économique.

Ces interventions ont incontestablement diffusé un langage concurrentiel, obligeant les opérateurs à justifier leurs pratiques sur le terrain du droit plutôt que sur celui de la seule légitimité économique ou politique. Toutefois, l'efficacité concrète du droit de la concurrence en Polynésie française demeure entravée par plusieurs limites structurelles qui en réduisent la portée.

La première tient à la persistance de la réglementation des prix, qui n'a eu de cesse de s'amplifier[12]. Dans de nombreux secteurs stratégiques – alimentation de base, hydrocarbures, transport interinsulaire, énergie –, les prix sont fixés ou plafonnés par le gouvernement. Cette réglementation, qui répond à des impératifs sociaux et de continuité territoriale, neutralise en grande partie la dynamique concurrentielle. Même lorsqu'une concurrence existe en théorie, l'ampleur des marges de manœuvre laissées aux opérateurs demeure limitée par l'intervention publique. Dès lors, l'action de l'APC peut apparaître redondante, voire marginale, face à une régulation politique déjà omniprésente.

---

10 APC, déc. n° 2023-CC-02 du 24 octobre 2023 relative à la prise de contrôle exclusif de la SARL Toa Distribution, la SARL Société de Gestion d'Approvisionnement et de Marketing et de la SCI Ofai par la Société Brasserie de Tahiti et déc. n° 2023-CC-03 du 24 octobre 2023 relative à la prise de contrôle exclusif de la Société de Distribution et d'Exportation Commerciale par la Société Brasserie de Tahiti. Sur ces deux décisions, v. A. Helfer, I. Simic et M. Minetto, « L'encadrement des opérations de concentration en Polynésie : Enseignements de l'affaire *Brasserie de Tahiti* », dans *Le droit de la concurrence face aux défis des économies insulaires*, *op. cit.*, p. 109-119.

11 APC, déc. n° 2024-CC-01 du 31 janvier 2024 relative au contrôle de concentration sur la prise de contrôle exclusif de la société Bolloré Logistics SE et ses filiales par la société CMA CGM S.A. V. J. Philippe, « L'acquisition de Bolloré Logistics par CMA CGM : L'impact de la décision », dans *Le droit de la concurrence face aux défis des économies insulaires*, *op. cit.*, p. 99-108.

12 On ne compte plus la liste des dérogations au principe de « liberté des prix » mentionné à l'article LP 110-1 du code de la concurrence de la Polynésie française. La dernière en date (dont l'objet était pour une fois assez légitime…), introduite par une loi du pays visant à encadrer les marges des produits bénéficiant d'aides, a été annulée par le Conseil d'État (CE, 17 septembre 2025, n° 505024). Sur ce sujet, v. F. Paillusson, « Les mécanismes d'encadrement des prix en Polynésie française », dans *Le droit de la concurrence face aux défis des économies insulaires*, *op. cit.*, p. 57-69.

La deuxième limite réside dans l'hyperconcentration des marchés polynésiens. La petite taille de l'économie, l'éloignement géographique et les coûts logistiques élevés favorisent l'émergence de situations oligopolistiques stables. Quatre groupes dominent l'essentiel de la grande distribution, tandis que l'énergie et le transport maritime sont contrôlés par un nombre réduit d'opérateurs. Cette concentration limite la contestabilité des marchés et rend illusoire, à court terme, l'entrée de nouveaux acteurs. Même lorsque l'APC intervient pour encadrer des concentrations ou des pratiques, elle se heurte à une structure économique qui tend naturellement à l'oligopole, ce qui complique ses actions.

La troisième limite résulte d'une évolution législative défavorable : la loi du pays n° 2018-31 a supprimé la prohibition générale des exclusivités d'importation[13]. Inspirée à l'origine de la loi Lurel, cette interdiction constituait pourtant un instrument simple et efficace pour contenir la vie chère et ouvrir les marchés locaux à de nouveaux opérateurs. Son abrogation a considérablement restreint les moyens d'action de l'APC, en la privant d'un levier juridique direct contre des pratiques consolidant la rente des acteurs établis. Alors que d'autres juridictions, telles que la métropole ou la Nouvelle-Calédonie, ont choisi de maintenir une prohibition de principe, la Polynésie française s'est au contraire privée d'un outil susceptible de renforcer la dynamique concurrentielle.

Au-delà de cet outil faisant défaut, l'APC dispose probablement de compétences et de moyens insuffisants au regard de son objectif initial de lutte contre la vie chère. Si le droit des concentrations et celui des aménagements commerciaux constituent indubitablement des outils précieux dans cette lutte, d'autres outils, comme, par exemple, le « petit droit de la concurrence », lui permettraient d'investiguer pleinement un secteur comme celui de la grande distribution en réprimant les pratiques commerciales restrictives de concurrence pouvant exister en matière de fixation des conditions générales de ventes, de remises ou rabais sans contrepartie, d'accords de coopération commerciale, de facturation, c'est-à-dire là où les entreprises sont susceptibles que constituer des marges, voire des rentes au détriment du consommateur. La priorisation de ses actions, notamment face à des avis souvent chronophages pour l'APC du fait des délais imposés, accompagnée éventuellement de la révision de son organisation interne, favoriserait le recentrage de la lutte contre la vie chère au sein de ses activités.

À ces trois obstacles viennent s'ajouter des facteurs aggravants. Les aides publiques aux entreprises, fréquemment mobilisées pour soutenir certains secteurs, faussent la concurrence lorsqu'elles ne s'accompagnent pas de conditions strictes de transparence et de proportionnalité. Loin de favoriser l'émergence de nouveaux entrants, elles confortent parfois les positions dominantes existantes ou créent des distorsions de concurrence entre entreprises sur un même marché. De même, la taxe de développement local (TDL), pensée comme un outil de régulation et de redistribution, a montré ses limites : son efficacité économique reste discutée et, en alourdissant les coûts de production, elle renchérit les prix des produits et

---

13 Sur ce point, v. W. Chaiehloudj, « La prohibition des accords exclusifs d'importation en Polynésie : Plaidoyer pour le retour d'un texte disparu », dans *Le droit de la concurrence face aux défis des économies insulaires*, *op. cit.*, p. 333-343.

limite la pression concurrentielle des produits concurrents à l'importation. Pourtant, face à ces facteurs aggravants, rien n'est inéluctable dès lors qu'une régulation proconcurrentielle des protections de marchés, des aides publiques aux entreprises et de la TDL pourrait être décidée par les pouvoirs publics.

En définitive, l'ensemble de ces contraintes explique pourquoi l'APC agit souvent davantage comme un acteur pédagogique, contribuant à la transparence et à la diffusion d'une culture du droit économique, que comme un véritable transformateur des structures de marché. Son rôle consiste avant tout à éclairer les mécanismes invisibles et à encadrer les pratiques les plus manifestement abusives, mais elle ne dispose ni de l'ensemble des outils ni de l'environnement économique permettant d'imposer une concurrence effective dans des secteurs marqués par la régulation politique, l'hyperconcentration, le poids des aides publiques et la persistance d'instruments fiscaux ou parafiscaux aux effets ambigus.

III. Un rôle marginalisé par le poids de l'économie administrée

La juxtaposition du droit de la concurrence avec une économie fortement administrée est une singularité des deux collectivités ultramarines océaniennes, où deux logiques foncièrement antagonistes coexistent : d'un côté, un corpus normatif d'inspiration libérale assez récent visant à libérer les forces du marché et à sanctionner les comportements anticoncurrentiels ; de l'autre, une politique publique résolument interventionniste, qui fixe ou plafonne les prix dans des secteurs stratégiques afin de préserver la stabilité sociale et qui distribue massivement aides et subventions pour soutenir l'activité économique.

Dans le secteur des hydrocarbures, l'APC a révélé les limites d'une régulation où la fixation gouvernementale des prix à la pompe, combinée à une convention de fret largement défavorable au pays, contribue à transformer le marché en un marché captif, verrouillé par quelques opérateurs. Cette double contrainte – contrôle politique en aval et absence de concurrence effective en amont – neutralise la dynamique concurrentielle et entretient des rentes, au détriment des finances publiques et des consommateurs. Loin de se limiter à un rôle consultatif, son avis de 2022 a objectivé des surcoûts massifs liés au fret pétrolier et démontré que la protection immédiate du pouvoir d'achat peut paradoxalement nourrir des rentes. En proposant une feuille de route fondée sur la transparence, la mise en concurrence et la modernisation des infrastructures, l'APC a montré que, même dans un secteur hautement administré, la concurrence peut redevenir un levier de régulation efficace[14].

Le transport maritime et aérien interinsulaire illustre aussi cette tension structurelle entre ouverture des marchés et impératif de continuité territoriale. D'un côté, l'APC promeut l'idée que la concurrence pourrait favoriser l'innovation et

---

14 APC, avis n° 2022-A-01 du 21 avril 2022 relatif à la situation de la concurrence dans le secteur de l'approvisionnement en hydrocarbures de la Polynésie française. Sur cet avis, v. A. Busseuil et H. Sage, « Transport des hydrocarbures : L'action de l'Autorité polynésienne de la concurrence », dans *Le droit de la concurrence face aux défis des économies insulaires*, *op. cit.*, p. 71-78.

réduire les coûts[15] ; de l'autre, les pouvoirs publics rappellent que les dessertes interinsulaires ne peuvent être abandonnées aux seules forces du marché, sous peine d'exclure les archipels les plus éloignés. À l'inverse de l'Europe où, par exemple, le règlement n° 2407/92 du 23 juillet 1992 a ouvert le ciel aux compagnies low cost et entraîné une baisse généralisée des tarifs[16], la Polynésie s'inscrit dans une « concurrence administrée » où l'ouverture reste étroitement encadrée, justifiée par la nécessité d'assurer un service public de transport dans un espace géographique marqué par la dispersion insulaire.

Le récent avis sur l'autoconsommation électrique est de ce point de vue emblématique[17]. Alors que le projet de loi du pays envisageait d'encourager la production d'énergie solaire par les particuliers et entreprises, l'Autorité a recommandé que les producteurs injectent obligatoirement leur production dans le réseau public, plutôt que de la consommer directement ou de la déléguer à un tiers. Cette position, vivement contestée par le groupement Synergie solaire et par de nombreux usagers sur les réseaux sociaux, traduisait une conception singulière de la concurrence adaptée au contexte insulaire : non pas libéraliser les échanges énergétiques à l'échelle individuelle, mais garantir un cadre équitable de solidarité. L'APC a rappelé que le système électrique polynésien repose sur la mutualisation des coûts d'infrastructures – lignes, entretien, acheminement – dont bénéficient tous les usagers, y compris dans les archipels éloignés. Permettre l'autoconsommation individuelle reviendrait, selon elle, à créer une « fracture énergétique » : les foyers les plus aisés, capables d'investir dans des installations photovoltaïques, se soustrairaient à la solidarité collective, tandis que les ménages modestes supporteraient seuls le financement du réseau. L'Autorité a ainsi défendu une transition énergétique fondée sur le principe du progrès partagé, et non sur un individualisme concurrentiel qui risquerait d'aggraver les inégalités structurelles. Preuve qu'entre la main invisible du marché et la main bienveillante de la solidarité, il n'y a parfois qu'un infime pas… déjà franchi par l'APC !

Or, aussi naturelle que soit cette évolution, elle met en lumière la bivalence de la régulation, qui oscille entre marché et administration[18]. L'avis précité relatif à l'autoconsommation électrique en fournit une illustration éclairante : plutôt que favoriser la liberté individuelle des particuliers, l'APC a pris l'initiative de définir les modalités d'organisation du marché de l'énergie au nom de la solidarité collective et de l'équité d'accès. À la différence du libre fonctionnement d'un marché concurrentiel, la régulation substitue la décision du régulateur indépendant à celle du pouvoir politique.

---

15 APC, avis n° 2017-AO-01 du 7 février 2017 relatif au projet de délibération relatif à la licence d'exploitation et aux obligations de service public dans le transport interinsulaire maritime et aérien. L'avis a été rendu s'agissant d'un projet de délibération visant à compléter la loi du pays n° 2016-3 du 25 février 2016 relative à l'organisation du transport interinsulaire maritime et aérien.

16 Règlement (CEE) n° 2407/92 du Conseil du 23 juillet 1992 concernant les licences des transporteurs aériens, *JOCE* n° L 240 du 24 août 1992, p. 1-7.

17 APC, avis n° 2025-AO-O4 du 30 juin 2025 relatif à une demande d'avis sur un projet de loi du pays en faveur du développement de la production d'électricité à partir de sources renouvelables et modifiant le code de l'énergie.

18 Il est à noter qu'en Europe, la régulation du secteur énergétique a suscité de vives critiques : loin de faire baisser les prix, l'ouverture à la concurrence du marché de l'électricité s'est traduite par une envolée des tarifs pour les consommateurs français.

IV. Perspectives d'évolution : de la concurrence à la régulation

L'avenir du droit de la concurrence en Polynésie est indissociable du cadre institutionnel et économique dans lequel il s'inscrit. Or, en l'absence d'une remise en cause massive, ce cadre demeure et restera le modèle d'économie administrée pour lequel il sera illusoire d'attendre de l'application du droit de la concurrence des effets disruptifs. Le poids des prix fixés ou plafonnés, la centralité des subventions publiques et la prééminence de l'encadrement réglementaire caractérisent un environnement où les effets du droit de la concurrence demeurent entravés.

Dans ce contexte, l'APC compose plus qu'elle n'impose, faute de disposer des leviers nécessaires pour transformer les règles du jeu économique. Son rôle consiste davantage à éclairer, à ajuster et à sécuriser juridiquement certaines pratiques qu'à impulser – dans la limite de ses prérogatives – un mouvement de libéralisation. Elle agit dans les marges, en encadrant des comportements manifestement abusifs ou en diffusant une culture concurrentielle encore en construction, mais sans pouvoir infléchir la logique générale d'une économie où la décision politique demeure première. La concurrence n'y est ni absente ni structurante, mais cantonnée à un rôle secondaire, encadrée et mobilisée au service d'objectifs de stabilité sociale et de continuité territoriale.

Aussi, la concurrence apparaît moins comme un vecteur de transformation que comme un instrument d'ajustement. Cette orientation conduit l'APC à s'éloigner du droit de la concurrence *stricto sensu* pour investir le champ plus large de la régulation. Et c'est probablement par la régulation indépendante de marchés dysfonctionnels ou fortement réglementés comme ceux des secteurs réglementés que l'APC pourra renforcer son efficacité, en régulant de manière transparente, objective et non discriminatoire l'accès aux infrastructures essentielles, les tarifs des télécommunications et de l'électricité, en réglant les différends entre les concurrents sur ces marchés, et en redonnant au marché pleinement son rôle lorsque les conditions de la concurrence seront rétablies.

En définitive, il apparaît crucial pour l'APC à la fois de renforcer ses compétences et moyens en droit de la concurrence et d'organiser dans les meilleurs délais une régulation indépendante sectorielle en définissant le système le mieux adapté aux besoins du territoire. L'avenir de l'APC passera par ces réformes.

V. Un guide pratique pour comprendre et agir

Dix ans de mise en œuvre du droit de la concurrence en Polynésie française montrent que si une véritable culture de la concurrence s'est imposée, son impact demeure marginal faute d'une libéralisation de l'économie. L'économie polynésienne reste structurée par des prix administrés, des subventions massives et une hyperconcentration des marchés. L'APC agit donc dans un cadre contraint, où son rôle est plus pédagogique que transformateur. Contrairement à la métropole et à l'Union européenne, où le droit de la concurrence s'est inscrit dans un mouvement de libéralisation sectorielle, la Polynésie l'applique dans un contexte d'économie administrée où dans certains secteurs la concurrence est étouffée.

Dans ce contexte contraint, la concurrence compose avec l'économie administrée, accouchant d'une régulation hybride, à la croisée de la concurrence, des politiques publiques et des objectifs de durabilité. Le droit de la concurrence est adapté, contextualisé et constamment mis en balance, non seulement avec les impératifs sociaux, territoriaux et environnementaux propres aux sociétés insulaires. Il se transforme en concurrence administrée ou – pour utiliser le terme consacré – en droit de la régulation.

C'est conscient de cette évolution qui s'éloigne assez de l'idée qu'on peut se faire de la concurrence qu'il faut aborder le présent guide : il ne se limite pas à présenter les textes et procédures applicables, mais entend exposer, de manière concrète et documentée, comment le droit de la concurrence s'exerce réellement en Polynésie française, quelles en sont les limites et quels en sont les apports.

PARTIE I

Le cadre juridique et institutionnel

L'architecture juridique

Hervé Raimana Lallemant-Moe
Docteur en droit public, chercheur associé,
Université de la Polynésie française
(Gouvernance et développement insulaire)
et Université de Lyon III (Centre de droit international)

I. Les caractéristiques géographiques et démographiques de la Polynésie française

1. La Polynésie française est un ensemble de 118 îles (dont 76 habitées) situé dans le sud de l'océan Pacifique. Elle s'étend sur une superficie émergée d'environ 4 000 kilomètres carrés (à peu près la moitié de la Corse), dispersée sur 4,5 millions de kilomètres carrés de zone économique exclusive (ZEE), ce qui en fait une collectivité aussi vaste que l'Union européenne[1]. La Polynésie française s'étend sur un vaste gradient de latitude, couvrant environ 20° de latitude entre 7° et 27° S. Cela équivaut à plus de 2 000 kilomètres, allant des latitudes équatoriales aux latitudes subtropicales[2]. Cette collectivité est répartie en cinq archipels : les îles Australes, l'archipel de la Société, les îles Tuamotu, les îles Gambier et les îles Marquises. Ces îles sont de nature volcanique ou corallienne (atolls), ce qui leur confère une grande diversité de paysages et d'écosystèmes.

2. La géographie de la Polynésie française est marquée par un isolement apparent. Tahiti, l'île la plus peuplée et « l'île capitale » administrative et politique de la

---

1 Institut de la statistique de la Polynésie française (ISPF), https://www.ispf.pf/.

2 J. Guezennec et C. Debitus, « Les ressources marines de la Polynésie française : applications en matière de biotechnologie », dans *Substances naturelles en Polynésie française : stratégies de valorisation*, J. Guezennec, C. Moretti et J.-C. Simon (dir.), IRD Éditions, Paris, 2006, p. 37-75.

collectivité, se trouve à environ 4 000 kilomètres d'Auckland et de Nouméa, à 10 000 kilomètres de Tokyo, à 6 000 kilomètres de Los Angeles et à plus de 15 000 kilomètres de Paris. Cette situation géographique a des implications importantes sur la vie économique et sociale du territoire, avec une dépendance accrue aux importations et un développement touristique centré principalement sur son environnement littoral.

3. La Polynésie française est ce que l'on appelle une « petite économie insulaire », caractérisée par sa petite taille, son insularité et l'éloignement des principaux marchés. Cela fait peser sur elle des contraintes importantes qui nuisent au développement de certaines activités. En particulier, l'étroitesse de son marché ne favorise pas les économies d'échelle et incite à la pratique de prix élevés, au détriment du consommateur. La faible superficie des terres émergées induit également une contrainte foncière particulièrement forte, susceptible de nuire au développement de la concurrence dans les activités nécessitant de grandes surfaces[3].

4. En août 2017, la population de la Polynésie française s'élevait à 275 918 habitants. Lors du dernier recensement de la population en 2022, la Polynésie française compte 278 786 habitants, soit une augmentation de 1,01 % par rapport à 2017[4].

5. Cette population est très inégalement répartie sur le territoire : l'archipel de la Société (regroupant les îles du Vent et les îles Sous-le-Vent) abrite l'île la plus importante, qui est Tahiti, et sa capitale, Papeete, qui est aussi le centre économique de la Polynésie française. Les îles du Vent concentrent plus de 75 % des habitants de la collectivité. L'archipel des Marquises est composé de douze îles s'étirant du nord au sud sur 350 kilomètres. Seules six sont habitées, par un total de 9 839 personnes en 2022. L'archipel des Australes est constitué de cinq îles hautes, chacune constituant une commune. Il compte 6 850 habitants. L'archipel des Tuamotu-Gambier est composé de 17 communes et 85 îles, peuplées par 17 213 habitants[5].

6. La majeure partie de la population est ainsi concentrée aux îles du Vent, notamment dans l'agglomération urbaine de Papeete, le reste des habitants étant très éloignés de ce centre d'activité. Le trajet entre ces îles peut prendre entre une et cinq heures de vol. En dehors de Tahiti, les îles polynésiennes subissent ainsi un phénomène de double insularité puisque les centres de distribution se concentrent sur la capitale administrative et que toute forme de liaison avec l'Hexagone ou un autre archipel ne peut s'effectuer que *via* cette île principale. Cette faible population fragmentée sur un territoire grand comme l'Union européenne accroît les coûts logistiques et les prix pour certaines parties de la population, mais rend aussi le maillage administratif plus complexe pour les autorités publiques.

---

[3] APC, avis n° 2019-A-02 du 19 septembre 2019 relatif aux mécanismes d'importation et de distribution en Polynésie française.

[4] Décret n° 2022-1592 du 20 décembre 2022 authentifiant les résultats du recensement de la population 2022 de Polynésie française, *JORF* n° 0295 du 21 décembre 2022.

[5] C. Bodet, E. Mignard et J. Pasquier, « Le recensement de la population en Polynésie française en 2022 », ISPF, *Points Référence de la Polynésie française* n° 1396, février 2024.

II. L'évolution statutaire de la collectivité territoriale

7. La société polynésienne (notamment les îles de la Société) était structurée autour d'un pouvoir fort détenu par les *hui ari'i*. L'arrivée des missionnaires de la London Missionary Society (LMS) en 1797 marque une étape importante sur l'île de Tahiti, dans un contexte de conflits entre le clan des Pomare et celui des Teva. Après 1815 et divers conflits, Pomare II s'impose comme un monarque absolu à la tête d'un royaume dans l'archipel de la Société, prenant pour modèle la Couronne britannique[6]. Il semble qu'un code de lois sociales et morales principalement coutumier dit « principes de Tetuna'e » ait existé avant l'arrivée des Européens[7].

8. Le 9 septembre 1842 est conclu entre l'amiral Dupetit-Thouars et la reine Pomare IV un traité instituant le protectorat sur le royaume de Tahiti, et ce, sans l'accord du roi de France (Louis-Philippe Ier) pour empêcher toute domination britannique sur ces îles[8]. La reine se voit garantir sa souveraineté sur les populations locales, mais cet accord est manifestement imposé par les représentants français et la souveraine dénonce le traité, ce qui provoque une annexion du royaume. La reine est réinstallée le 6 février 1847, le roi de France ayant entre-temps désavoué l'annexion. Toutefois, les compétences du royaume vont progressivement diminuer au profit de l'État français.

9. Le 29 juin 1880, le roi Pomare V abdique et cède le royaume de Tahiti à la France. L'État tahitien disparaît pour se transformer en colonie des Établissements français de l'Océanie (EFO). C'est le point de départ de l'annexion et de l'unification militaire de l'ensemble des archipels polynésiens jusqu'au début des années 1900. Tous les pouvoirs sont concentrés entre les mains d'un gouverneur nommé par le président de la République assisté par un conseil privé et il faudra attendre 1930 pour la création d'une assemblée[9].

10. C'est la IVe République en France depuis le 27 octobre 1946 qui conduit à l'apparition de la catégorie de TOM (territoire d'outre-mer) et du principe de spécialité législative (les normes françaises ne peuvent s'appliquer en outre-mer que s'il existe une mention expresse d'applicabilité). En Polynésie, cette période est transitoire et se fonde principalement sur des textes anciens. Le gouverneur est toujours le chef incontesté de l'exécutif local. Grâce à la loi-cadre Defferre du 23 juin 1956 et à un décret du 22 juillet 1957, la Polynésie bénéficie temporairement d'une autonomie importante avec des compétences très étendues. La collectivité se transforme en Polynésie française. Le gouverneur est toujours le chef de l'exécutif, mais il doit partager ses compétences avec un nouvel organe : le conseil de gouvernement. Cependant, le conseil de gouvernement sous son ancienne forme est dissous le 28 octobre 1958, Pouvana'a a Oopa (vice-président

---

[6] P.-Y. Toullelan et B. Gille, *Le mariage franco-tahitien : histoire de Tahiti du XVIIIe siècle à nos jours*, éd. Polymages-Scoop, 1992.

[7] *Mémoires de Marau Taaroa, dernière reine de Tahiti*, trad. Takau Pomare, Société des Océanistes, Paris, 1971.

[8] E. Salmon, « Chapitre IV. Le traité du Protectorat du 9 septembre 1842. Rôle joué par Alexandre Salmon à l'occasion de la signature de ce traité », *Alexandre Salmon (1820-1866) et sa femme Ariitaimai (1821-1897)*, Société des Océanistes, Paris, 1964, p 23-27 ; R. Meltz, « Le protectorat français sur Tahiti », *Revue d'histoire diplomatique*, n°2, 2011, p. 97-114.

[9] P. De Deckker, *Figures de l'État dans le Pacifique*, L'Harmattan, Paris, 2006.

du conseil) est arrêté le 11 novembre 1958 et l'assemblée territoriale perd progressivement un grand nombre de ses compétences (notamment l'enseignement secondaire en 1963 et la fonction publique en 1966). Le gouverneur devient à nouveau une autorité de tutelle très puissante et le conseil de gouvernement est réduit à cinq conseillers aux compétences très limitées[10].

11. Le statut du 12 juillet 1977 représente le point de départ de l'autonomie contemporaine de la Polynésie française et de la progression d'une décentralisation de plus en plus poussée dans la collectivité. Le gouverneur devient le haut-commissaire de la République. En seconde étape, la loi statutaire du 6 septembre 1984 confère au territoire « l'autonomie interne ». Le changement le plus important réside dans le fait que le chef de l'exécutif est désormais élu (c'est un membre de l'Assemblée élu par ses pairs). Il se nomme le « président du gouvernement ». Le haut-commissaire n'est plus que le délégué du gouvernement central. Enfin, la loi organique du 12 avril 1996 fait légèrement évoluer le statut de la Polynésie française. Le nombre de membres du gouvernement n'est plus limité et le nombre de conseillers à l'Assemblée de la Polynésie française est augmenté. De nouvelles matières sont transférées à la Polynésie française, mais, dans l'ensemble, le statut de 1996 n'est pas une révolution. La réforme constitutionnelle de 2003 ainsi qu'une nouvelle loi organique statutaire en 2004 conduiront à stabiliser la situation.

III. Le statut actuel de la Polynésie française en droit interne, européen et international

12. Aujourd'hui, la Polynésie française est une collectivité d'outre-mer dotée de l'autonomie (COM), catégorie de collectivité territoriale créée avec la loi constitutionnelle n° 2003-276 du 28 mars 2003 relative à l'organisation décentralisée de la République. La collectivité se fonde ainsi sur l'article 74 de la Constitution, dont découle directement la loi organique statutaire n° 2004-192 du 27 février 2004 portant statut d'autonomie de la Polynésie française. Ce régime a pour conséquences principales l'application du principe de spécialité législative, un système normatif interne spécifique et un partage de compétence entre l'État, la collectivité de Polynésie française et les communes[11]. C'est, avec la Nouvelle-Calédonie, le territoire le plus autonome de la République.

13. C'est aussi, au regard de l'Union européenne, un pays et territoire d'outre-mer (PTOM) depuis le traité de Rome de 1957 et dont le régime est aujourd'hui fondé sur les articles 198 à 204 du traité sur le fonctionnement de l'Union européenne (TFUE). Les effets notables sont notamment l'attribution de la citoyenneté européenne (du fait de la citoyenneté française) pour les Polynésiens, le fait que la Polynésie ne fasse pas partie du territoire européen et que le droit dérivé de l'Union européenne ne s'y applique pas (directives, règlements, décisions)[12].

---

10 A. Moyrand, *Droit institutionnel de la Polynésie française*, 2e éd., L'Harmattan, Paris, 2012.

11 A. Moyrand et H. R. Lallemant-Moe, *Introduction à l'étude des institutions politiques et administratives de la Polynésie française : loi organique statutaire du 27 février 2004*, 2e éd., Éditions Créaprint, Papeete, 2020.

12 J.-P. Pastorel, « Les relations entre l'Union européenne et son outre-mer : entre intégration et spécificité juridique », *RDP* 2018, n° 3, p. 823-846.

14. En droit international général, c'est un territoire non autonome rattaché à la « puissance administrante » française. Cette dénomination se fonde sur les résolutions de l'Assemblée générale des Nations unies 66 (I) du 14 décembre 1946 et 67/265 du 17 mai 2013. Ce statut conduit à un rapport annuel du comité spécial chargé d'étudier la situation en ce qui concerne l'application de la Déclaration sur l'octroi de l'indépendance aux pays et aux peuples coloniaux, ainsi qu'à une résolution annuelle de l'Assemblée générale des Nations unies[13].

IV. Le partage de compétences entre l'État et la Polynésie française

15. En Polynésie française, il existe un partage de compétences entre l'État, la Polynésie française et les communes. La Polynésie possède la compétence de principe, alors que les deux autres entités possèdent une compétence d'attribution que l'on peut notamment retrouver aux articles 14 et 43 de la loi organique statutaire de 2004. Ainsi, l'article 13 de la loi organique n° 2004-192 du 27 février 2004 portant statut d'autonomie de la Polynésie française dispose que « [l]es autorités de la Polynésie française sont compétentes dans toutes les matières qui ne sont pas dévolues à l'État par l'article 14 et celles qui ne sont pas dévolues aux communes en vertu des lois et règlements applicables en Polynésie française » (al. 1).

16. La Polynésie française détient la compétence de droit commun alors que l'État ne dispose que de compétences d'attribution, principalement définies par l'article 14 de la loi organique statutaire. L'alinéa 4 de l'article 73 de la Constitution précise dans tous les cas les compétences qui ne peuvent être transférées à la Polynésie française, soit : « la nationalité, les droits civiques, les garanties des libertés publiques, l'état et la capacité des personnes, l'organisation de la justice, le droit pénal, la procédure pénale, la politique étrangère, la défense, la sécurité et l'ordre publics, la monnaie, le crédit et les changes, ainsi que le droit électoral ». En synthèse, lorsqu'une matière n'est pas listée parmi les compétences de l'État, elle relève de la compétence de la Polynésie française.

17. Il faut noter que les compétences de l'État sont particulièrement transversales. L'État possède des compétences d'attribution énumérées à l'article 14 de la loi organique statutaire de 2004. Or, de nombreuses compétences listées sont particulièrement larges, à l'instar de l'état et de la capacité des personnes (1°), de la garantie des libertés publiques (2°) ou encore de la sécurité et de l'ordre publics (6°). Ces deux compétences sont particulièrement pertinentes s'agissant de la gestion de la pandémie de Covid-19 en Polynésie française en 2020 et en 2021. Ainsi, la compétence polynésienne en matière de « santé publique » s'est heurtée de plein fouet aux compétences de l'État précitées, notamment en ce qui concerne les quarantaines[14].

---

[13] H. R. Lallemant-Moe, « Clearing the Path to Decolonization with Pragmatism and Agility in a Global Pandemic Context: The Case of French Polynesia », *CLJP*, n° 27, 2022, p. 13-20.

[14] G. Calley, « Quarantaine et isolement outre-mer : qui fait quoi en Polynésie française ? », *BJCL* 2021, n° 1, p. 11-20

V. Le principe de légalité et la pyramide des normes en Polynésie française

18. À cette séparation horizontale des compétences s'ajoute un aspect vertical avec la place des textes adoptés par les institutions de la Polynésie française dans la hiérarchie des normes nationales[15].

19. Les normes locales à portée réglementaire sont : les arrêtés pris en Conseil des ministres, les délibérations et les lois du pays (Assemblée de la Polynésie française). À ce propos, le III de l'article 176 de la loi organique statutaire de 2004 dispose que : « Le Conseil d'État se prononce sur la conformité des actes prévus à l'article 140 dénommés "lois du pays" au regard de la Constitution, des lois organiques, des engagements internationaux et des principes généraux du droit ». Cette disposition nous donne donc globalement la place des lois du pays polynésiennes dans la pyramide des normes. Les lois du pays doivent par conséquent respecter les lois organiques, les principes généraux du droit, les conventions internationales et le bloc de constitutionnalité.

20. De ce fait, la verticalité fusionne avec l'horizontalité, au sens où une loi du pays ne peut théoriquement entrer en conflit avec une loi nationale ou un acte administratif national. En effet, ces normes porteront forcément sur des champs de compétences différenciés en raison de l'effet de répulsion statutaire fondé sur les articles 13 et 14 de la loi organique de 2004. C'est pour cette raison que c'est au sein du bloc législatif et réglementaire que les différences entre la Polynésie française et le droit national sont les plus perceptibles en vertu du principe de spécialité législative. En effet, même pour les domaines où l'État est compétent, il n'en reste pas moins que les lois et les réglementations nationales ne sont pas applicables de plein droit en Polynésie française à l'exception de celles qui sont expressément étendues.

21. À propos des conventions internationales, il est constant que les engagements internationaux de la France peuvent intervenir dans le domaine de compétence de la Polynésie française et plus généralement des COM régies par l'article 74 de la Constitution. Ainsi, en l'absence de stipulations expresses ou d'indications contraires, une convention internationale est applicable en Polynésie française[16]. Certaines conventions prévoient – c'est le procédé dit de la « clause territoriale » – que le gouvernement de la République peut, par déclaration auprès du dépositaire des instruments de ratification, en étendre les effets aux territoires d'outre-mer dont la France assure les relations internationales. Tel est notamment le cas de la Convention européenne des droits de l'homme.

VI. La loi du pays, acte normatif central en Polynésie française

22. Il faut noter que la loi du pays est un type de norme qui existe en Nouvelle-Calédonie et en Polynésie française. La loi du pays dans ces deux territoires est cependant dissemblable. Les lois du pays en Nouvelle-Calédonie se fondent sur

---

15 Sur la pyramide des normes, v. L. Depussay, « Hiérarchie des normes et hiérarchie des pouvoirs », *RDP* 2007, n° 2, p. 421-443.

16 Ainsi jugé, pour la Nouvelle-Calédonie : CE, 14 mai 1993, *Mme SMETS*, n° 130120.

l'article 77 de la Constitution ainsi que la loi organique n° 99-209 du 19 mars 1999 relative à la Nouvelle-Calédonie (art. 99 à 107). Le domaine de ces normes est toutefois restreint et ne correspond pas au domaine législatif de l'article 34 de la Constitution ou encore à l'ensemble des compétences transférées à la Nouvelle-Calédonie[17]. Les projets et propositions de loi du pays calédonienne sont préalablement soumis, pour avis, au Conseil d'État. Le vote du Congrès intervient après celui-ci, l'avis étant réputé donné dans le délai d'un mois. Les lois du pays de la Nouvelle-Calédonie ont force de loi[18] et ne sont donc susceptibles d'aucun recours après leur promulgation. Leurs dispositions peuvent néanmoins faire l'objet d'une question prioritaire de constitutionnalité ou d'un déféré préalable par au moins 18 membres du Congrès[19].

23. En Polynésie française, les lois du pays ressortissent à la loi organique n° 2004-192 du 27 février 2004 portant statut d'autonomie (art. 139 à 145). L'article 140 de la loi organique statutaire susmentionnée dispose :

> Les actes de l'assemblée de la Polynésie française, dénommés « lois du pays », sur lesquels le Conseil d'État exerce un contrôle juridictionnel spécifique, sont ceux qui, relevant du domaine de la loi, soit ressortissent à la compétence de la Polynésie française en application de l'article 13, soit sont pris au titre de la participation de la Polynésie française à l'exercice des compétences de l'État dans les conditions prévues aux articles 31 à 36.
>
> Les actes pris sur le fondement du présent article peuvent être applicables, lorsque l'intérêt général le justifie, aux contrats en cours.

24. La périphrase utilisée dans la disposition précitée et plus globalement dans l'ensemble de la loi organique statutaire vise à « désamorcer le caractère législatif de ces actes[20] ». En effet, et contrairement à la loi du pays de la Nouvelle-Calédonie, la loi du pays polynésienne est un acte réglementaire, matériellement législatif, à sécurité juridique renforcée – autrement dit, un acte administratif spécifique, qui porte par nature sur le domaine de la loi et dont le contentieux relève du Conseil d'État et non du tribunal administratif de la Polynésie française, aussi qualifié comme un « élément de sophistication du pouvoir réglementaire[21] ». Cette définition n'a pas le mérite de la lisibilité et les interprétations doctrinales subséquentes, alors même qu'elles sont véridiques et liées à un plus grand retour d'expérience sur ce type de norme, n'aident pas forcément le néophyte. On peut ainsi présenter la loi du pays polynésienne comme « la consécration d'un pouvoir quasi-législatif » du fait de sa sécurité juridique renforcée et de son pouvoir discrétionnaire accru[22].

---

17 Y. Brard, « Nouvelle-Calédonie et Polynésie française : les lois du pays », *LPA*, 6 juin 2001, n° PA200111201, p. 4.

18 O. Gohin, « Les lois du pays : contribution au désordre normatif français », *RDP* 2006, n° 1, p. 85-112.

19 C.-E. Senac, « La recevabilité de la question prioritaire de constitutionnalité contre une loi du pays de Nouvelle-Calédonie : désaccords au Palais-Royal », *RFDA* 2012, n° 5, p. 977-990.

20 M. Debène, « Ouvrons les guillemets ! », dans *La « loi du pays » en Polynésie française*, M. Debène et J.-P. Pastorel (dir.), L'Harmattan, Paris, 2011, p. 15.

21 A. Troianiello, « La loi du pays, expression de l'autonomie polynésienne », dans *L'autonomie en Polynésie française/The Concept of Autonomy in French Polynesia*, New Zealand Association of Comparative Law, Hors-Série, vol. IV, 2004, p. 175-192, spéc. p. 177.

22 A. Moyrand, « Les lois du pays en Polynésie française : bilan d'un quinquennat », *RDP* 2009, n° 6, p. 1577-1597.

VII. Le droit polynésien de la concurrence

25. Avec la loi organique statutaire de 2004, le droit de la concurrence – hormis les dispositions de droit pénal, de procédure pénale, de procédure administrative contentieuse, celles relatives aux garanties des libertés publiques et de la politique étrangère – ressortit à la compétence du pays. De la lecture des articles 7 et 14 de la loi organique statutaire de 2004, il est ainsi confirmé que le pays est compétent en la matière.

26. Si le droit polynésien – droit de la concurrence y compris – reste soumis à la hiérarchie des normes nationales, les COM, y compris la Polynésie française, disposent toutefois d'une organisation particulière. Il en résulte que le régime juridique qui leur est applicable est différent, en partie, de celui qui régit l'Hexagone. Ce particularisme des COM est justifié par le fait que ces entités peuvent se prévaloir de leurs « intérêts propres[23] ». C'est pourquoi chaque COM dispose d'un ordre juridique particulier, regroupant les normes adaptées à ses besoins. Cette différence est perceptible à tous les niveaux de la hiérarchie des normes. En effet, si le bloc de constitutionnalité s'applique sur l'ensemble du territoire de la République, il s'avère que dans les COM, certaines dispositions de la Constitution sont agencées différemment et donc produisent des effets de droit qui ne sont pas identiques à ceux qui prévalent en droit national[24]. De même, en tant que PTOM, il faut d'ailleurs noter que les normes de droit dérivé de l'Union européenne (directives, règlements, décisions) ne sont pas applicables en Polynésie, ce qui est un point d'une grande importance étant donné l'influence de ce corpus normatif sur le droit national de la concurrence.

27. En Polynésie française, le droit de la concurrence s'est matérialisé par l'intermédiaire de la création d'un code polynésien de la concurrence par les lois du pays n° 2015-2 du 23 février 2015[25] et n° 2015-4 du 14 avril 2015[26]. Inspiré du modèle national, le droit polynésien de la concurrence[27] et plus particulièrement la loi du pays n° 2015-2 précitée a confié à l'Autorité polynésienne de la concurrence[28] la mise en application et le pilotage du droit polynésien de la concurrence, destiné à assurer le bon fonctionnement des marchés au bénéfice des consommateurs, à travers trois types de missions :

- un rôle consultatif : diagnostic concurrentiel des projets de réglementation et analyse du fonctionnement de tout secteur économique, à la demande des autorités publiques polynésiennes ou sur autosaisine, afin de proposer les améliorations nécessaires ;

---

23 Art. 74 C de la Constitution française.

24 Par exemple, les dérogations aux articles 34 et 37 de la Constitution ; préférence territoriale en matière d'emploi et de protection de la propriété foncière.

25 Loi du pays n° 2015-2 du 23 février 2015 relative à la concurrence, *JOPF* n° 8 NS du 23 février 2015, p. 234.

26 Loi du pays n° 2015-4 du 14 avril 2015 portant réglementation des pratiques commerciales, *JOPF* n° 17 NS du 14 avril 2015, p. 450.

27 A. Moyrand, « Polynésie : La révolution concurrentielle serait-elle en marche ? », *Concurrences* n° 4-2014, art. n° 69133 ; S. Retterer et A. Troianiello, « Le droit polynésien de la concurrence : Un premier bilan de l'Autorité polynésienne de la concurrence », dans « Antitrust regimes in the Pacific region », S. Retterer et coll., *Concurrences* n° 4-2018, art. n° 88089, p. 38-42 ; S.-M. Cabon, C. Montet et F. Venayre (dir.), *Le droit de la concurrence en Polynésie française et dans les petites économies insulaires : bilan et perspectives*, LexisNexis, Paris, 2018.

28 Autorité polynésienne de la concurrence, https://www.autorite-concurrence.pf/.

- un contrôle préventif des structures : concentrations industrielles et commerciales et contrôle de l'aménagement commercial ;
- un contrôle des pratiques mises en œuvre par les acteurs économiques avec un pouvoir répressif permettant de sanctionner les pratiques anticoncurrentielles (ententes illicites et abus de position dominante)[29].

VIII. L'Autorité polynésienne de la concurrence

28. Il existe trois autorités administratives indépendantes (AAI) dont le champ de compétence est dédié au droit de la concurrence dans la République française : l'Autorité de la concurrence (ADLC), l'Autorité polynésienne de la concurrence (APC) et l'Autorité de la concurrence de la Nouvelle-Calédonie (ACNC). À l'instar des AAI calédoniennes et de l'ACNC, les AAI polynésiennes ne sont pas strictement similaires aux AAI nationales. Elles ne ressortissent ni à la loi organique n° 2017-54 du 20 janvier 2017 relative aux autorités administratives indépendantes et autorités publiques indépendantes, ni à la loi n° 2017-55 du 20 janvier 2017 portant statut général des autorités administratives indépendantes et des autorités publiques indépendantes, ni aux décisions juridictionnelles y afférentes, sauf à entreprendre un négationnisme arbitraire de l'article 74 de la Constitution et de la loi organique statutaire de 2004. Le Conseil constitutionnel l'a rappelé notamment dans sa décision n° 2017-746 DC du 19 janvier 2017 relative à la loi organique susmentionnée, en différenciant clairement la catégorie d'une « autorité administrative indépendante ou d'une autorité publique indépendante créée par l'État ».

29. Les AAI polynésiennes ressortissent ainsi exclusivement à l'article 30-1 de la loi organique statutaire susmentionnée disposant que :

> I. – La Polynésie française peut, pour l'exercice de ses compétences, créer des autorités administratives indépendantes, pourvues ou non de la personnalité morale, aux fins d'exercer des missions de régulation.
> L'acte prévu à l'article 140 dénommé « loi du pays » créant une autorité administrative indépendante en définit les garanties d'indépendance, d'expertise et de continuité.
>
> Il peut lui attribuer, par dérogation aux dispositions des articles 64, 67, 89 à 92 et 95, un pouvoir réglementaire ainsi que les pouvoirs d'investigation, de contrôle, de recommandation, de règlement des différends et de sanction, strictement nécessaires à l'accomplissement de ses missions.
>
> Il détermine le régime budgétaire et comptable de l'autorité administrative indépendante, dans le respect des garanties fixées au deuxième alinéa du présent I.
>
> II. – Nul ne peut être désigné membre d'une autorité administrative indépendante si, au cours de l'année précédant sa désignation, il a exercé les fonctions de président ou de membre du gouvernement de la Polynésie française ou le mandat de représentant à l'assemblée de la Polynésie française.

---

29 S. Retterer et coll., « Antitrust regimes in the Pacific region », *Concurrences* n° 4-2018, art. n° 88089, p. 19-54.

III. – Les comptes de l'autorité administrative indépendante sont présentés au contrôle de la chambre territoriale des comptes. Ils sont communiqués à l'assemblée de la Polynésie française et au président de la Polynésie française.

30. En ce qui concerne l'APC, le code de la concurrence a été créé en application de l'article 30-1 (al. 2) précité par l'intermédiaire de la loi du pays modifiée n° 2015-2 du 23 février 2015 relative à la concurrence et de l'arrêté modifié n° 1347 CM du 10 septembre 2015 créant la partie « Arrêtés » du code de la concurrence de la Polynésie française. En droit positif s'ajoute le règlement intérieur homologué par le Conseil des ministres par l'arrêté n° 107 CM du 23 janvier 2019.

31. Pour ce qui ressortit aux compétences de l'État relevant de l'article 14 de la loi organique statutaire de 2004 – notamment en matière de recherche des infractions et d'organisation juridictionnelle –, il est possible de faire mention de l'ordonnance n° 2017-157 du 9 février 2017 étendant et adaptant à la Polynésie française certaines dispositions du livre IV du code de commerce relatives aux contrôles et aux sanctions en matière de concurrence, de la loi n° 2018-643 du 23 juillet 2018 relative aux contrôles et aux sanctions en matière de concurrence en Polynésie française et en Nouvelle-Calédonie et du décret n° 2018-880 du 11 octobre 2018 pris pour l'application des articles 10 et 11 de l'ordonnance n° 2017-157 du 9 février 2017 relatifs aux recours contre les décisions de l'Autorité polynésienne de la concurrence.

32. L'APC n'est ni l'ADLC ni l'ACNC. Le fait que l'Autorité nationale soit passée sans dommage sous le contrôle du Conseil constitutionnel, qui a validé notamment son organisation ainsi que sa procédure et son pouvoir de sanction[30], n'implique nullement que l'organisation de l'APC ou de toute autre AAI doit être identique à celle de l'Autorité de la concurrence nationale ou être soumise au droit national. Ces autorités ne sont pas régies par les mêmes fondements juridiques et l'étude des principes propres aux AAI doit toujours se faire au prisme de l'article 74 de la Constitution et de l'article 30-1 de la loi organique statutaire de 2004. Il convient d'ailleurs de préciser que le code de procédure civile national n'est pas applicable en Polynésie française, la collectivité étant principalement compétente en l'espèce[31].

33. Dans sa décision du 12 mai 2022, la cour d'appel va confirmer l'ensemble de ces éléments en précisant le caractère « d'ordre public, de valeur supra législative[32] » des compétences et des droits respectifs applicables en droit national et polynésien, faisant ainsi échec à ce que l'ADLC puisse prendre une décision en Polynésie française fondée sur le droit polynésien de la concurrence et alors même que les dispositions qui lui sont applicables – celles du code de commerce – ne prévoient pas ce type de situation.

---

30 Cons. const., déc. n° 2012-280 QPC du 12 octobre 2012, *Société Groupe Canal Plus et autre*.

31 P. Gourdon et J. Marchand, *Code de procédure civile de la Polynésie française*, 2e éd., Polydroit, Papeete, 2017.

32 CA Paris, 12 mai 2022, RG 20/183257, § 50.

Les institutions

Antoine Callot
Magistrat administratif et rapporteur public,
Tribunal administratif de Grenoble

Yannick Lecornu
Ancien directeur de cabinet du ministère de l'économie
de la Polynésie française

Introduction

1. La politique de la concurrence en Polynésie française s'inscrit dans un cadre institutionnel singulier, marqué par l'autonomie d'un territoire ultramarin doté de ses propres compétences économiques, mais inséré dans l'ensemble républicain et dans un environnement régional fragmenté.

2. Le droit de la concurrence est d'abord une politique publique qui exprime une certaine conception du marché, du rôle de la puissance publique et de la justice économique. En Polynésie française, cette politique repose sur un équilibre subtil entre autonomie locale, coopération nationale et coordination régionale.

3. Comprendre les institutions chargées de la politique de concurrence, c'est donc appréhender comment s'articule cette gouvernance économique à plusieurs niveaux. C'est aussi mesurer les efforts entrepris pour adapter les outils de la régulation à un marché insulaire, éclaté, de petite taille, où la concurrence ne va jamais de soi.

I. L'Assemblée de la Polynésie française

4. La politique de la concurrence relève, en Polynésie française, des compétences économiques du Pays, conformément à l'article 13 de la loi organique du 27 février 2004 modifié portant statut d'autonomie[1]. Cette disposition consacre la capacité de la Polynésie à élaborer ses propres règles en matière de régulation des marchés, de commerce et de protection des consommateurs. En effet, ni le code de commerce métropolitain – et notamment son titre IV, issu de l'ordonnance n° 86-1243 du 1er décembre 1986 – ni les règles de concurrence de l'Union européenne ne s'appliquent directement en Polynésie.

5. Ce choix de l'autonomie s'explique par la volonté de rapprocher les instruments de la régulation des réalités du territoire. Les marchés polynésiens sont caractérisés par leur petite taille, leur dispersion géographique et la prépondérance d'acteurs dominants dans plusieurs secteurs clés (transport, énergie, distribution). Ces caractéristiques appellent des solutions adaptées, que le législateur local est mieux placé pour concevoir et mettre en œuvre.

6. Le premier acteur de la concurrence est donc l'Assemblée de la Polynésie française, qui définit, *via* des lois du pays, le cadre juridique applicable. En effet, l'Assemblée de la Polynésie française dispose d'un pouvoir normatif propre dans les domaines économiques relevant de la compétence du Pays.

7. En matière économique, le rôle de l'Assemblée est donc équivalent à celui d'un parlement local : elle élabore, discute et adopte les normes fondamentales encadrant la régulation des marchés.

8. Au-delà de sa fonction législative, l'Assemblée exerce un pouvoir de contrôle politique sur la mise en œuvre des politiques économiques et concurrentielles. Ce contrôle s'exerce à travers plusieurs leviers, tels que le contrôle de l'action du gouvernement, le vote du budget, le financement des autorités de régulation et l'évaluation de la politique publique de la concurrence.

9. Enfin, l'Assemblée exerce également un rôle d'impulsion politique, en orientant les grandes réformes, en organisant la concertation avec les acteurs économiques et sociaux et en accompagnant les politiques de développement.

---

1 Pour mémoire, l'article 13 de la loi organique n° 2004-192 du 27 février 2004 portant statut d'autonomie de la Polynésie française, *JORF* n° 52 du 2 mars 2004, donne compétence à la Polynésie française pour toutes les matières qui ne sont pas dévolues à l'État sur le fondement de son article 14, dont ne fait pas partie la compétence en matière économique, à l'exception de la monnaie. V. p. ex. sur ce point, l'arrêt de la cour d'appel de Paris du 26 juin 2000, *Société Téléfenua c/ Société TPS*, RG 2000/23379, sur le fondement de l'ancienne loi organique n° 96-312 du 12 avril 1996, mais pour laquelle la loi organique n° 2004-192 du 27 février 2004 n'a pas apporté de changement (cité par B. Roze, « La Polynésie française et son nouveau droit de la concurrence », 6 janvier 2017, blog de l'auteur sur https://www.bruno-roze-avocat.com/pages/articles/outre-mer/la-polynesie-francaise-et-son-nouveau-droit-de-la-concurrence.html).

II. L'Autorité polynésienne de la concurrence, une autorité administrative indépendante chargée de la mise en œuvre de la politique de la concurrence polynésienne

A. *Genèse de l'Autorité polynésienne de la concurrence*

10. Le droit de la concurrence en Polynésie est le fruit d'une longue gestation.

11. Son introduction a d'abord été évoquée dès 2000, puis est devenue plus pressante, notamment à la suite de la publication de plusieurs rapports, dont le rapport dit « Bolliet[2] » de septembre 2010 et dans le cadre d'un protocole accompagnant l'allocation d'un prêt de l'Agence française de développement (AFD), pour un montant de 4,9 milliards de francs CFP en 2011[3]. Plusieurs tentatives d'élaborer puis d'adopter un texte ont alors été effectuées, avec l'introduction d'un premier projet de loi du pays en 2011, avant qu'un projet de 2013 n'aboutisse et ne donne naissance au droit en vigueur, malgré les difficultés rencontrées, liées à des intérêts économiques et politiques parfois divergents.

12. Ainsi, les lois du pays n° 2015-2 du 23 février 2015 et n° 2015-4 du 14 avril 2015 relatives à la concurrence ont doté la Polynésie française d'un droit de la concurrence largement calqué sur le droit métropolitain et européen, et créé un code de la concurrence polynésien.

13. Le législateur organique y a acté les principes de liberté des prix et d'interdiction des pratiques anticoncurrentielles. Il a également créé par la loi du pays n° 2015-2 une autorité polynésienne de concurrence, un organisme indépendant garant de l'ordre public économique et chargé de veiller au libre jeu de la concurrence en Polynésie française.

> **Code de la concurrence, art. LP 610-1 –** *Institution de l'Autorité polynésienne de la concurrence.* – Il est créé, dans le cadre de l'article 30-1 de la loi organique n° 2004-192 du 27 février 2004 portant statut d'autonomie de la Polynésie française, une autorité administrative indépendante dénommée « Autorité polynésienne de la concurrence ».

14. Pour sa part, la loi du pays n° 2015-4 est venue compléter le droit des pratiques commerciales, qui concerne la réglementation du comportement des opérateurs commerciaux les uns envers les autres.

---

2 A. Bolliet et coll., « Mission d'assistance à la Polynésie française », Rapport d'inspection, Inspection générale des affaires sociales, septembre 2010.

3 V. sur ce point, le rapport d'observations définitives de la chambre territoriale des comptes de la Polynésie française du 28 janvier 2021 consacré à l'Autorité polynésienne de la concurrence.

B. *La première autorité administrative indépendante polynésienne*

1. Une autorité administrative indépendante

15. L'Autorité polynésienne de la concurrence (APC ou l'« Autorité ») est une autorité administrative indépendante, la première en Polynésie française, depuis que leur création a été rendue possible par l'article 30-1 de la loi organique n° 2004-192 du 27 février 2004 portant statut d'autonomie de la Polynésie française, et à ce jour toujours la seule[4]

16. Ainsi, le pays lui a délégué une partie de son pouvoir réglementaire, dans un domaine de compétence spécifique : le droit de la concurrence. Elle est à ce titre à la fois indépendante des pouvoirs publics et des secteurs économiques qu'elle contrôle.

17. Son organisation, ses prérogatives, son organisation et ses procédures ont été en grande partie calquées sur le modèle métropolitain.

Qu'est-ce qu'une autorité administrative indépendante ?

Une autorité administrative indépendante (AAI) est un organisme administratif qui agit au nom de l'État sans pour autant relever de son autorité. Il est ainsi chargé d'assurer des missions, dont la régulation de secteurs économiques, pour lesquelles le gouvernement n'entend pas intervenir directement.

La création d'une AAI vise à répondre à trois besoins :

- garantir l'impartialité de l'action publique ;
- permettre la participation de l'ensemble des parties prenantes et notamment des professionnels des secteurs contrôlés ;
- assurer une intervention rapide et adaptée.

Cette mission implique la recherche d'une meilleure régulation des secteurs concernés et leur contrôle.

Les AAI peuvent détenir – sans nécessairement les détenir tous – un pouvoir d'avis ou de recommandation (avec de nombreux cas de saisine obligatoire), un pouvoir de décision individuelle (telle que la délivrance d'autorisation), un pouvoir de réglementation (organisation d'un secteur d'activité) et un pouvoir de sanction de la méconnaissance des règles imposées au secteur (sanction financière, suspension de l'autorité d'émettre, etc.)

En matière économique, les AAI nationales sont, par exemple – outre l'Autorité de la concurrence –, l'Autorité des marchés financiers (AMF), l'Autorité de régulation des communications électroniques, des postes et

---

4 Article intégré par l'article 8 de la loi organique n° 2011-918 du 1er août 2011 relative au fonctionnement des institutions de la Polynésie française, *JORF* n° 0178 du 3 août 2011.

de la distribution de la presse (ARCEP) ou la Commission de régulation de l'énergie (CRE).

D'autres AAI connues sont l'Autorité de régulation de la communication audiovisuelle et numérique (ARCOM) ou la Commission nationale de l'informatique et des libertés (CNIL)

Source : vie-publique.fr et Conseil d'État, rapport public 2001

2. Les conséquences de ce statut sur l'organisation de l'APC

a) L'indépendance des membres du collège par rapport au gouvernement polynésien

18. L'APC est composée d'un collège de huit membres nommés par arrêté en Conseil des ministres : cinq membres titulaires, dont un président, et trois membres suppléants. En dehors des pouvoirs propres du président, notamment en matière d'organisation interne, et dans certains cas du rapporteur général du service d'instruction, ce collège est son organe décisionnaire.

19. Les articles LP 610-1 à LP 610-4 du code de la concurrence prévoient les garanties d'indépendance du président et des membres du collège de l'APC.

    - Ils ne reçoivent ni ne sollicitent d'instruction d'aucune autorité (art. LP 610-1).
    - Le président est nommé par le Conseil des ministres, après avis de la commission de contrôle budgétaire et financier de l'Assemblée de la Polynésie française sur la proposition soumise par le président de la Polynésie française, pour un mandat de six ans non renouvelable. Un tel mandat unique a pour objectif de renforcer l'indépendance de l'institution, en évitant que des pressions ne soient exercées sur le président en cours de mandat par l'autorité de nomination.
    - Les autres membres du collège sont nommés pour un mandat de quatre ans renouvelable une fois. Ils sont notamment nommés en fonction de leur indépendance et de leur probité reconnue (art. LP 610-2).
    - Le président et les membres du collège sont soumis aux règles d'incompatibilité de droit commun prévues pour les emplois publics, mais également à des incompatibilités spécifiques. Alors même qu'à l'exception du président, il ne s'agit pas d'une fonction à temps plein, ils ne peuvent pas exercer en tant que commerçant, avocat, expert-comptable, notaire, huissier ou chef d'une entreprise ayant fait l'objet au cours des deux années précédentes d'un contrôle ou d'une décision de l'Autorité. Ils ne peuvent pas davantage exercer ou avoir exercé en Polynésie française au cours des deux années précédant leur désignation les fonctions de magistrat de l'ordre judiciaire et de l'ordre administratif, de membre de la police nationale ou de la gendarmerie nationale ou de fonctionnaire de catégorie A des administrations des douanes et droits indirects et du Trésor public. Ils ne doivent par ailleurs pas avoir été privés des droits civils et politiques (art. LP 610-3). Ces incompatibilités

s'appliquent également en cours de mandat. Elles doivent ainsi être déclarées dès qu'elles surviennent et il doit y être mis fin dans un délai de trente jours.

- Les membres du collège sont également soumis à des obligations déontologiques renforcées, notamment en matière de conflits d'intérêts et de déclaration de leurs activités économiques ; ils doivent exercer leurs fonctions avec dignité, probité et intégrité et ne prendre, à titre personnel, aucune position publique préjudiciable au bon fonctionnement de l'Autorité. Ils sont également soumis, comme des magistrats, au secret des délibérations et au secret professionnel.
- Enfin, sauf démission ou démission d'office, il ne peut être mis fin aux fonctions des membres du collège, y compris le président (art. LP 610-2). Cette quasi-inamovibilité vise à limiter les risques de pressions sur les membres de l'institution. Les cas de démission d'office sont limitativement prévus à l'article LP 610-4. Ils ne peuvent être prononcés par le Conseil des ministres que sur proposition du collège lui-même, à la majorité de ses membres, et seulement en cas d'atteintes jugées graves à l'indépendance et à l'impartialité de l'institution ou à la probité, et en aucun cas pour des motifs liés aux convictions ou aux positions exprimées. Les quatre motifs de démission d'office sont les suivants : (i) absence d'assiduité (non-participation sans motif valable à trois séances consécutives), (ii) empêchement définitif, (iii) condamnation définitive pour une infraction à certaines dispositions du code pénal et enfin (iv) manquement aux incompatibilités (inscription au registre du commerce des sociétés, gestion d'une entreprise, exercice d'une activité réglementée, etc.) et aux règles déontologiques prévues à l'article LP 610-3.

b) La recherche d'une expertise spécifique

20. Tant le président que les membres du collège sont nommés « en raison de leurs compétences et de leur expérience en matière juridique, économique et de concurrence »[5].

21. La conséquence en est un recrutement mixte, comprenant des membres spécialistes du droit et de l'économie de la concurrence, ayant souvent une expérience internationale dans des fonctions similaires (autorité métropolitaine, Commission européenne, Cour de justice de l'Union européenne), et des membres ayant une connaissance approfondie du tissu économique et des institutions polynésiennes (universitaires, responsables d'administrations ou d'entreprises publiques, dirigeants d'entreprises, etc.)

22. En revanche, à la différence d'autres autorités administratives et en particulier de l'autorité de concurrence nationale, l'origine et la répartition précise des membres ne sont pas fixées par le texte[6].

---

[5] Art. LP 610-2 de la Loi du Pays n° 2015-2 du 23 février 2015 relative à la concurrence

[6] L'article L. 461-1 du code de commerce national prévoit en effet que les seize membres de l'autorité nationale (autres que son président) comprennent six membres ou anciens membre du Conseil d'État, de la Cour de cassation, de la Cour des comptes ou des autres juridictions administratives ou judiciaires, cinq personnalités choisies en raison de leur compétence en matière économique ou en matière de concurrence et de consommation et cinq personnalités exerçant ou ayant exercé leurs activités dans les secteurs de la production, de la distribution, de l'artisanat, des services ou des professions libérales.

c) La séparation instruction-collège et le rôle du service d'instruction

i. La séparation instruction-collège

23. Si le collège est décisionnaire, l'instruction des dossiers est menée en toute indépendance par un service d'instruction, composé de rapporteurs placés sous l'autorité d'un rapporteur général. Il existe ainsi une séparation stricte entre les fonctions d'enquête et celles de décision, qui renforce les garanties d'indépendance de l'Autorité, à l'image de l'organisation judiciaire, qui distingue les magistrats du parquet (qui correspondrait ici à l'instruction) et les magistrats du siège (le collège décisionnaire).

24. Concrètement, l'instruction est menée en toute indépendance par le service d'instruction, sans intervention du collège. Ce n'est qu'au terme de celle-ci que les affaires sont transmises pour être examinées par le collège de l'Autorité. Au cours des séances, le service présente les conclusions de son travail d'instruction au collège, puis se retire, sans participer au délibéré. Le collège prend ensuite seul la décision.

25. Cette distinction est fondamentale, notamment dans les domaines pour lesquels l'APC dispose de pouvoirs étendus (sanction des pratiques anticoncurrentielles et autorisation des concentrations et des créations ou extensions de surface commerciale). Elle ne s'étend cependant pas à l'ensemble des actions de l'Autorité, qui, pour certaines, continuent à relever de la présidence, mais peuvent impliquer les services d'instruction, par exemple en matière de communication, de pédagogie ou de réflexion sur les missions de l'Autorité.

Organigramme de l'APC

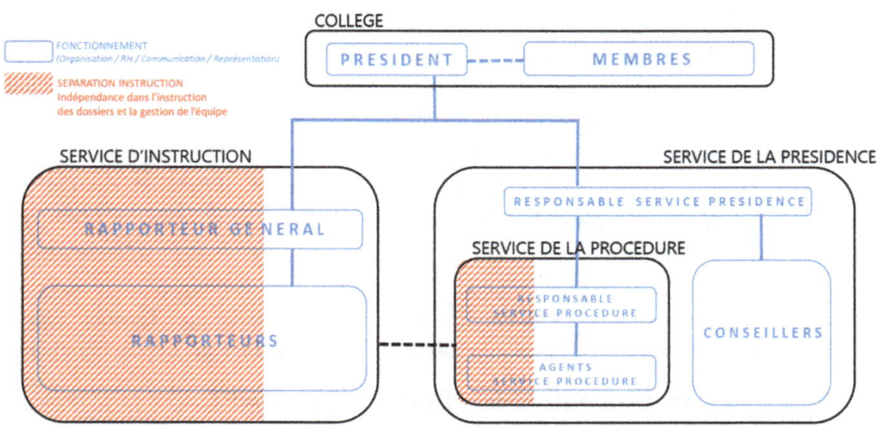

ii. L'organisation du service d'instruction

26. Aux termes de l'article LP 610-6 du code de la concurrence, le service d'instruction est placé sous l'autorité d'un rapporteur général nommé pour quatre ans par arrêté pris en Conseil des ministres après avis du collège de l'Autorité. Il peut être renouvelé une fois dans ses fonctions.

27. Le rapporteur général est également soumis à des incompatibilités et notamment à l'interdiction de tout mandat électif, de tout autre emploi public ou privé et de toute détention, directe ou indirecte, d'intérêts dans une entreprise du secteur dont l'Autorité assure la régulation concurrentielle.

28. Les agents du service d'instruction sont également soumis à d'importantes obligations déontologiques et sont notamment tenus au secret professionnel (art. LP 610-10) et au respect d'une charte de déontologie. Ils signent une déclaration sur l'honneur à leur entrée en fonction et ne peuvent mettre en œuvre la totalité de leurs pouvoirs d'instruction qu'après avoir été assermentés par le procureur de la République dans les conditions prévues à l'article 809, II du code de procédure pénale.

iii. Les pouvoirs d'enquête du service d'instruction

29. Les enquêtes permettent la recherche et la constatation d'infractions. Elles sont menées au terme d'une procédure contradictoire, à charge et à décharge, par les rapporteurs du service d'instruction de l'APC. Ceux-ci sont habilités à réaliser des inspections et des « perquisitions », appelées opérations de visite et saisie (OVS), dans les locaux des entreprises s'il existe une suspicion de pratique anticoncurrentielle. Ces pouvoirs sont détaillés aux articles LP 500-3 et suivants du code de la concurrence. Les OVS doivent être autorisées par le juge des libertés et de la détention, dont la décision est soumise au contrôle du premier président de la cour d'appel du ressort.

C. *Une autorité chargée de la politique de la concurrence*

1. Les principales missions de l'APC

30. L'Autorité polynésienne de la concurrence a pour mission de garantir le respect de l'ordre public économique. À ce titre, le législateur lui a confié quatre missions principales :

- la recherche, le constat et la sanction des pratiques anticoncurrentielles, en particulier les ententes et les abus de position dominante (art. LP 420-1 et LP 420-2 du code de la concurrence) ;
- le contrôle des opérations de concentration (art. LP 310-1 et s.) ;
- le contrôle des opérations d'aménagement commercial (art. LP 320-1 et s.) ;
- une mission de conseil sur toute question de concurrence (art. LP 620-1 à LP 620-4).

31. À l'exception de ses prérogatives en matière d'aménagement commercial, ces dispositions sont très proches de celles en vigueur en métropole, telles qu'elles sont prévues notamment aux articles L. 420 et suivants et L. 430 et suivants du code de commerce.

2. Les instruments à la disposition de l'APC

a) Une fonction contentieuse ou quasi répressive, en matière de pratiques anticoncurrentielles, qui peut notamment donner lieu à d'importantes sanctions

32. L'APC peut être saisie par des personnes physiques ou morales de pratiques qu'elles estiment contraires à la concurrence. Elle peut également, aux termes de l'article LP 620-5, s'autosaisir de tels faits. Elle peut alors sanctionner ces

pratiques. Concrètement, elle prend des décisions à l'encontre des auteurs de pratiques anticoncurrentielles en ordonnant, le cas échéant sous astreinte, d'y mettre fin, en prononçant des sanctions pécuniaires, et, en cas de gravité et d'urgence, en prenant des mesures conservatoires de nature à en supprimer les effets.

33. Il s'agit d'un pouvoir important et nouveau en Polynésie française, qui justifie les garanties apportées à la fois à la procédure d'instruction (respect du contradictoire et instruction à charge et à décharge notamment) et à la procédure décisionnelle (séparation du collège et de l'instruction, impartialité des membres, appel devant un tribunal soumis au respect de l'article 6, paragraphe 1 de la Convention européenne des droits de l'homme (CEDH) relatif au procès équitable).

34. En effet, dans le cadre de ces fonctions de nature quasi pénale et notamment à l'occasion du prononcé de sanctions, il apparaît plausible que l'APC soit, comme son homologue de métropole, tenue au respect des principes applicables aux procès en matière pénale et notamment au respect de l'article 6, paragraphe 1, CEDH, relatif au droit à un procès équitable[7]. Concrètement, cela implique la possibilité d'un recours devant un tribunal présentant toutes les garanties de cet article[8] dans le cadre d'un contrôle de pleine juridiction – c'est-à-dire par une juridiction compétente pour se pencher sur les questions de droit et de fait et ayant le pouvoir de réformer la décision[9].

35. La question de l'applicabilité directe de cet article à la procédure devant l'Autorité elle-même est en revanche plus débattue et a connu des interprétations en apparence contradictoires[10], mais face à ces incertitudes, les décisions de l'APC sont en tout état de cause soumises à de nombreuses obligations procédurales prévues par le code de la concurrence.

b) Une fonction préventive de régulation du marché, en matière de concentration et de contrôles des équipements commerciaux

36. L'APC contrôle préalablement à leur réalisation toutes les opérations de concentration et d'ouverture ou d'extension de surfaces commerciales au-delà de certains seuils. Elle peut les autoriser, les interdire, ou encore les autoriser sous réserve d'engagements de nature à gommer les effets anticoncurrentiels de l'opération.

---

7 Notamment l'indépendance, l'impartialité, la célérité, la publicité et l'équité.

8 Cour EDH, 10 décembre 2020, *Edizioni Del Roma Società Cooperativa A.R.L. et Edizioni Del Roma S.R.L. c/ Italie*, n°s 68954/13 et 70495/13 ; 27 septembre 2011, *A. Menarini Diagnostics S.R.L. c/ Italie*, n° 43509/08 ; *RTD eur.* 2012.

9 Ce qui exclut le simple pourvoi en cassation, , celui-ci ne portant pas sur les questions de fait. .

10 La deuxième chambre civile de la Cour de cassation a en effet considéré dans un arrêt du 4 juin 2020 que « lorsqu'elle est amenée à prononcer une sanction, l'APC est une juridiction au sens des articles [6, § 1er CEDH et L. 111-8 du code de l'organisation judiciaire] de sorte que, même en l'absence de disposition spécifique, toute personne poursuivie devant elle doit pouvoir demander le renvoi pour cause de suspicion légitime devant la juridiction ayant à connaître des recours de cette autorité » (Cass. 2e civ., 4 juin 2020, n° 19-13.775, inédit). Toutefois, cette position semble avoir été tempérée depuis, notamment par un arrêt de la Cour de cassation (Cass. 2e civ., 30 septembre 2021, n° 20-18.672, Publié au bulletin), citant notamment les positions de la Cour de justice de l'Union européenne (CJUE, 16 septembre 2020, *Anesco e.a.*, aff. C-462/19, EU:C:2020:715) et du Conseil constitutionnel (Cons. const., déc. n° 2012-280 QPC du 12 octobre 2012, *Société Groupe Canal Plus et autre*), qui ont retenu que l'Autorité de la concurrence est une autorité de nature non juridictionnelle.

37. Ainsi, les décisions de l'Autorité ne sont pas ici purement consultatives. Elle dispose d'un pouvoir de décision individuel et ses décisions s'imposent aux entreprises et aux pouvoirs publics.

c) Une fonction consultative large

38. L'APC dispose d'un rôle de conseil étendu. Ses recommandations visent à améliorer le fonctionnement concurrentiel des marchés. Il s'agit d'un de ses champs privilégiés d'action, puisqu'elle a émis 54 avis depuis sa création[11], souvent suivis d'effets.

39. Elle peut être saisie de manière facultative par le président de la Polynésie française, le président de l'Assemblée de la Polynésie française, une commune, une chambre consulaire ou une association de consommateurs (art. LP 620-1 du code de la concurrence).

40. Elle peut également être saisie par des juridictions (art. LP 620-3).

41. Dans certains cas limitatifs, sa saisine par le président de la Polynésie française est même obligatoire avant l'adoption de certains textes, par exemple lorsqu'une profession ou un marché sont soumis à des restrictions quantitatives ou territoriales, que des droits exclusifs sont établis ou des pratiques tarifaires uniformes imposées (art. LP 620-2). Il en va de même lorsque des mesures de contrôle des prix sont mises en œuvre (art. LP 100-2 et s.).

42. Elle émet également des avis de sa propre initiative (art. LP 620-4), qu'elle communique au gouvernement.

3. Des prérogatives importantes

a) Les sanctions (art. LP 200-6, LP 310-8 et s., LP 320-4 et s. et LP 641-2 du code la concurrence)

43. L'APC dispose de différents moyens pour sanctionner les infractions, faire cesser les comportements anticoncurrentiels, et les prévenir.

44. Elle peut ainsi infliger une amende pour sanctionner une pratique anticoncurrentielle, un défaut de notification, la réalisation anticipée d'une opération de concentration ou d'aménagement commercial, l'inexécution d'injonctions, le non-respect d'engagements ou une obstruction à une enquête. Ces sanctions peuvent représenter jusqu'à 5 % de la valeur des ventes ou du chiffre d'affaires réalisé en Polynésie française sur l'un des trois derniers exercices (1 % en cas d'obstruction) et jusqu'à 100 millions de francs CFP pour une personne physique.

45. Le rôle spécifique des sanctions pécuniaires est de punir les auteurs de pratiques anticoncurrentielles, mais aussi de dissuader l'ensemble des acteurs économiques de se livrer à de telles pratiques. Il ne s'agit pas en revanche de couvrir le préjudice subi par les entreprises victimes de ces pratiques, ou par les consommateurs.

---

[11] Décompte effectué en septembre 2025. Elle avait, à cette même date, rendu 46 décisions relatives aux équipements commerciaux, 31 aux concentrations et 6 en matière de pratiques anticoncurrentielles.

Ainsi, ces amendes abondent le budget général de la Polynésie française. En revanche, les entreprises plaignantes peuvent se prévaloir d'une condamnation devant l'APC pour demander réparation de leur préjudice devant la juridiction civile compétente. On parle d'action en réparation ou *follow-on*.

b) L'injonction

46. L'APC peut ordonner à l'entreprise mise en cause de cesser ou de modifier son comportement, par exemple par la communication de pièces ou la modification d'un contrat.

c) L'astreinte

47. L'APC peut infliger une pénalité en cas de retard dans l'exécution des sanctions, dans la limite de 1 % du chiffre d'affaires hors taxes journalier moyen réalisé en Polynésie française par jour de retard.

III. Le contrôle des décisions de l'APC

48. Indépendance ne signifie pas arbitraire. L'APC est ainsi soumise – comme cela a été évoqué plus haut – à de nombreux contrôles internes et externes, qui concernent la nomination de ses membres et agents, le respect de la déontologie dans l'exercice de leurs fonctions, et de fortes garanties procédurales, marquées notamment par la distinction des autorités de poursuite et de décision et le respect du principe du contradictoire, en particulier en matière contentieuse.

49. Elle est également, comme toute entité publique, soumise au contrôle du juge administratif. Mais en réalité, les recours contre les décisions qu'elle adopte dans son champ de compétence relèvent le plus souvent d'un régime spécifique, lié notamment à la technicité de ses champs d'intervention et à son caractère quasi juridictionnel. La répartition entre juridictions ne résulte donc pas du droit commun, qui aurait conduit à un contrôle quasi exclusif par le tribunal administratif de la Polynésie française, mais d'une attribution législative. Comme c'est le cas dans l'Hexagone, il en résulte un régime complexe, lié à la diversité des fonctions de l'Autorité.

50. Ce régime des recours n'a pas été précisé par la loi du pays portant création du code de la concurrence. En effet, la compétence en matière de justice appartient exclusivement à l'État. Il s'agit en effet de l'une des matières évoquées par l'article 14 de la loi organique n° 2004-192 du 27 février 2004, qui accorde à l'État une compétence d'attribution dans certains domaines[12]. Les voies de recours ont été déterminées par les articles 10 et 11 de l'ordonnance n° 2017-157 du 9 février 2017 étendant et adaptant à la Polynésie française certaines

---

12 Loi organique n° 2004-192 du 27 février 2004, préc., art. 14 : « Les autorités de l'État sont compétentes dans les seules matières suivantes : […] / 2° Garantie des libertés publiques ; justice : organisation judiciaire, aide juridictionnelle, organisation de la profession d'avocat, à l'exclusion de toute autre profession juridique ou judiciaire, droit pénal, procédure pénale, commissions d'office, service public pénitentiaire, services et établissements d'accueil des mineurs délinquants sur décision judiciaire, procédure administrative contentieuse, frais de justice pénale et administrative […] »

dispositions du livre IV du code de commerce relatives aux contrôles et aux sanctions en matière de concurrence et par le décret n° 2018-880 du 11 octobre 2018 pris pour l'application des articles 10 et 11 de l'ordonnance n° 2017-157 du 9 février 2017 relatifs aux recours contre les décisions de l'Autorité polynésienne de la concurrence.

51. Ainsi :

- les litiges relatifs aux décisions prises en matière de pratiques anticoncurrentielles relèvent, comme dans l'Hexagone, des juridictions civiles – en l'espèce, la cour d'appel de Paris[13]. Ces arrêts sont ainsi susceptibles de pourvoi en cassation devant une chambre civile de la Cour de cassation. Cette spécificité est justifiée par les compétences de la cour d'appel en matière économique ;
- les décisions prises en matière de contrôle des concentrations et d'implantation des surfaces commerciales, du fait de leur caractère d'autorisations administratives, relèvent certes des juridictions administratives, mais directement en première instance de la cour administrative d'appel de Paris et non du tribunal administratif[14]. Les pourvois en cassation relèvent par suite du Conseil d'État ;
- des procédures spécifiques sont également prévues en matière de protection du secret des affaires et d'opérations de visite et saisie, comme dans l'Hexagone. Ainsi :
  (i) l'ordonnance autorisant une OVS n'est pas une décision du collège de l'Autorité ou de son rapporteur général – même s'il en prend l'initiative –, mais du juge des libertés et de la détention. Sa contestation relève ainsi du premier président de la cour d'appel de Papeete et en cassation de la chambre criminelle de la Cour de cassation,
  (ii) pour sa part, le contentieux relatif au refus de protection au titre du secret des affaires, qui est jugé en cours de procédure, relève du premier président de la cour d'appel de Papeete, tandis que celui relatif au refus de levée de la protection, qui intervient après la décision, relève de la cour d'appel de Paris et est jugé en même temps que l'affaire au fond, les deux étant susceptibles de pourvoi devant une chambre civile de la Cour de cassation.

52. Par suite, la compétence de droit commun du tribunal administratif de la Polynésie française n'est ici que résiduelle, pour les actes qui ne sont pas concernés par les attributions prévues par ces textes spécifiques. Il exerce notamment le contrôle des décisions internes de l'Autorité (par exemple en matière de gestion du personnel). Selon le droit commun, l'appel des jugements du tribunal relève de la cour administrative d'appel de Paris et les pourvois en cassation du Conseil d'État.

---

13 Et son premier président s'agissant des mesures d'urgence, appelées mesures conservatoires, pour des raisons de diligence de la procédure.

14 S'agissant de l'autorité nationale, le Conseil d'État est compétent dès la première instance en matière de contrôle des concentrations (l'autorité nationale n'a pour sa part pas de compétences en matière d'aménagement commercial).

53. Enfin, en tant qu'organisme public de la collectivité polynésienne, l'APC est également soumise au contrôle de ses comptes et de sa gestion par la chambre territoriale des comptes de la Polynésie française.

Tableau synthétique des recours contre les décisions de l'APC

Type de décision	Fondement*	Appel	Suspensif	Délai	Juridiction	Délai Pourvoi	Juridiction Pourvoi

*Sauf mention expresse, il est fait référence aux articles du décret n° 2018-880 du 11 octobre 2018 pris pour l'application des articles 10 et 11 de l'ordonnance n° 2017-157 du 9 février 2017 relatifs aux recours contre les décisions de l'autorité polynésienne de la concurrence

Pratiques Anticoncurrentielles (PAC)

Type de décision	Fondement*	Appel	Suspensif	Délai	Juridiction	Délai Pourvoi	Juridiction Pourvoi
Mesures conservatoires	art. 12	oui	non	10 jours*	1er Pdt CA Paris	1 mois*	Cass com
Décision PAC	art. 2 et 11	oui	non	1 mois*	CA Paris	1 mois*	Cass com

*à compter de la notification (possibilité de sursis à exécution) ** à compter de la notification de l'arrêt de la Cour d'appel

Concentrations et Aménagements Commerciaux

Type de décision	Fondement*	Appel	Suspensif	Délai	Juridiction	Délai Pourvoi	Juridiction Pourvoi
Concentration	art. 12	oui	non	3 mois*	CAA Paris	3 mois**	Conseil d'Etat
Aménagement commercial	art. 2 et 11	oui	non	3 mois*	CAA PAris	3 mois**	Conseil d'Etat

*à compter de la notification (art. R 421-7 et R. 811-5 CJA) ** à compter de la notification

Opérations de Visite et de Saisie (OVS)

Type de décision	Fondement*	Appel	Suspensif	Délai	Juridiction	Délai Pourvoi	Juridiction Pourvoi
Ordonnance OVS	art. 6 I	oui	non	10 jours*	1er Pdt CAPF	5 jours***	Cass crim

*à compter de la notification ** à compter du prononcé

Secret des Affaires

Type de décision	Fondement*	Appel	Suspensif	Délai	Juridiction	Délai Pourvoi	Juridiction Pourvoi
Refus de protection ou accord de levée de la protection	art. 10	oui	non	10 jours*	1er Pdt CA PF	10 jours***	Cass com
Accord de protection ou refus de levée de la protection	art. A 640-10 code de la concurrence	oui	non	1 mois**	CA Paris	1 mois****	Cass com

*à compter de la notification
** à compter de la notification de la décision de l'APC sur le fond
*** à compter de la notification de l'ordonnance
****après la notification de l'arrêt de la Cour d'appel

Source : APC, « Guide pratique : le droit polynésien de la concurrence »

IV. Les autres acteurs de la politique de la concurrence

A. *Le gouvernement polynésien et sa Direction générale des affaires économiques*

54. La Polynésie française est compétente en matière de politique économique et donc de politique de concurrence. Concrètement, l'Assemblée de la Polynésie française a créé l'APC par la loi de 2015, mais a ce faisant privé le gouvernement

d'un certain nombre de ses prérogatives, qui ont été transférées à une autorité indépendante.

55. Pour autant, le gouvernement a conservé un certain nombre de pouvoirs en matière de concurrence, exercés par Conseil des ministres et notamment le président de la Polynésie française et le ministre en charge de l'économie.

1. Les relations entre le gouvernement polynésien et l'APC

a) Un interlocuteur obligé en matière de moyens alloués à l'APC

56. Pour commencer, aux termes notamment de l'article LP 610-8 du code de la concurrence, le président de l'APC est seul ordonnateur des recettes et des dépenses de l'organisme, qui relèvent par ailleurs d'une dotation spécifique au budget général de la Polynésie française, constituant une dépense obligatoire. L'Autorité dispose ainsi non seulement d'une autonomie fonctionnelle – n'étant pas soumise à l'autorité hiérarchique du pouvoir exécutif – mais également d'une certaine autonomie matérielle.

57. Toutefois, si l'APC propose les crédits nécessaires à l'accomplissement de ses missions au gouvernement de la Polynésie française, il est le seul à pouvoir les inscrire au projet de budget pour la Polynésie française soumis à l'Assemblée. L'Autorité a ainsi un budget propre, mais demeure soumise au cadre des négociations budgétaires, sans recette allouée, le produit des sanctions étant pour sa part versé au budget général. Elle dispose ainsi d'une autonomie matérielle et fonctionnelle, mais limitée *de facto* en l'absence de ressources propres.

58. Il en va de même en matière de recrutement. L'organisme ne dispose pas de la personnalité morale et les recrutements se font certes sur proposition de l'Autorité, mais par le président de la Polynésie française et dans le cadre de l'enveloppe en emplois allouée, selon les statuts généraux prévus pour les agents publics de la Polynésie française, même si certains de ses agents, dont le rapporteur général et le président bénéficient d'un statut spécifique, prévu par le code de la concurrence, notamment s'agissant de la durée de leurs fonctions.

59. Ainsi, si le gouvernement et son ministre chargé de l'économie et celui chargé des ressources humaines ne peuvent exercer à proprement parler de tutelle sur un organisme indépendant, l'inscription de l'APC dans le paysage institutionnel polynésien passe nécessairement par des relations fréquentes avec le gouvernement, qui a par ailleurs un pouvoir d'initiative en matière réglementaire, et porte donc devant l'Assemblée les projets portant réforme du droit de la concurrence.

b) Le rôle du commissaire du gouvernement

60. Le gouvernement est également représenté lors des débats devant le collège de l'APC à travers la présence d'un commissaire du gouvernement, désigné par arrêté du président de la Polynésie française sur proposition du ministre chargé de l'économie et choisi parmi les fonctionnaires et agents non titulaires de catégorie A (art. LP 610-2 et A. 610-3 du code de la concurrence).

61. Selon un dispositif original, mais relativement commun au sein des autorités administratives indépendantes ou des entreprises à statut particulier, il représente officiellement le gouvernement de la Polynésie française, en faisant valoir ses intérêts au cours des procédures.

62. Il prend ainsi connaissance du dossier avant les séances et peut, par exemple, plaider pour que les pures considérations de politiques de concurrence soient contrebalancées par d'autres motifs d'intérêt général, et qu'il en soit tenu compte dans la décision. Il peut également – en matière consultative – éclairer le collège sur les motivations du gouvernement, par exemple lorsqu'un projet de texte ayant une incidence concurrentielle lui est soumis pour avis.

63. En revanche, il n'est ni une partie au litige ni un membre de l'Autorité et, par suite, n'assiste pas au délibéré et ne prend aucune part à la décision.

c) Une collaboration nécessaire entre les services de la Polynésie française et les services d'instruction de l'APC

64. La collaboration entre les services du pays et l'APC est également nécessaire afin que l'Autorité puisse mener à bien ses missions.

65. Tout d'abord, par la nature de ses missions réglementaires et de contrôle, la Direction générale des affaires économiques (DGAE) est amenée à s'intéresser à l'activité et aux pratiques commerciales, dans de nombreux secteurs, de la grande distribution aux hydrocarbures. Elle a également une connaissance très fine du tissu économique. Mais d'autres services polynésiens, par exemple ceux chargés de l'énergie (Service des énergies ou SDE) ou des télécommunications (Direction générale de l'économie numérique ou DGEN), ont également des liens privilégiés avec les entreprises de leur secteur et une bonne connaissance de leur activité.

66. Pour cette raison, le code de la concurrence a prévu différentes modalités de coopération. La plus importante, car elle est essentielle à l'APC pour déceler d'éventuelles infractions au droit de la concurrence, est l'obligation qui est faite aux agents des services de la Polynésie française de signaler à l'Autorité les faits et les éléments susceptibles de caractériser l'existence d'une pratique anticoncurrentielle (art. LP 500-1, III du code de la concurrence). Concrètement, de tels signalements sont à l'origine de nombreuses affaires, traitées soit par la voie contentieuse, soit par des avis permettant une évolution de la législation[15]. Le service d'instruction de l'APC a également accès à tout document ou élément d'information détenu par les services et établissements de la Polynésie française (art. LP 500-5). Enfin, elle peut s'adjoindre les services d'agents assermentés du pays pour l'assister dans ses investigations (art. LP 500-1, II).

67. Les autres modalités de coopération peuvent prendre la forme de saisines par le président de la Polynésie française sur les sujets de concurrence ou les projets de textes réglementaires, qui, concrètement, sont souvent engagées par les services et donnent lieu à un dialogue fourni avec l'APC.

---

15 Cette collaboration est également en vigueur dans l'Hexagone, avec le rôle de la Direction générale de la concurrence, de la consommation et de la répression des fraudes (DGCCRF).

68. Mais le rôle du président de la Polynésie française et de son gouvernement ne se lit pas uniquement au prisme de leurs relations avec l'APC. Ils disposent également, dans d'autres domaines, de pouvoirs propres étendus en matière de concurrence.

2. Les mesures temporaires de contrôle des prix

69. L'article LP 100-2 du code de la concurrence, repris à l'article LP 400-1 du code de commerce, consacre le principe de la liberté des prix, qui sont « librement déterminés par le jeu de la concurrence ». Il s'agit là d'une innovation, au moins dans la forme, concomitante à l'adoption du droit de la concurrence en 2015. Cette formule officialise le passage d'une économie dirigée à une économie libérale[16].

70. Pour autant, aux termes du même article, Ce droit s'exerce, sauf dans les « cas où les lois du pays en disposent autrement ». Et les nombreuses exceptions à la liberté des prix, qui résultaient jusque-là de textes disparates, ont pour beaucoup été inscrites dans le code de la concurrence, d'abord lors de sa création, puis par des modifications ultérieures, notamment par la loi du pays n° 2022-44 du 19 décembre 2022 relative aux conditions d'encadrement des prix de certains produits ou services et portant modification de la partie législative du livre Ier du code de la concurrence.

71. Toutes ces exceptions viennent ainsi *de facto* limiter l'exercice de la libre fixation des prix par le marché et donc par le seul jeu de la concurrence, en prévoyant que le Conseil des ministres peut, après avis de l'Autorité, fixer le niveau des prix par la voie réglementaire dans une série de domaines.

72. Il s'agit notamment :
   - des secteurs ou zones où la concurrence par les prix est limitée en raison de situations de monopole ou d'oligopole, de difficultés durables d'approvisionnement, ou de sous-équipement commercial (art. LP 110-1, al. 2 du code de la concurrence) ;
   - des mesures temporaires prises en situation de crise, de circonstances exceptionnelles ou de calamité publique (art. LP 110-1, al. 3) ;
   - des produits ou services dont les prix sont réglementés du fait de leur nature, et notamment de leur utilité sociale : produits de première nécessité (PPN), produits de grande consommation (PGC) et biens et services jugés « essentiels au développement économique de la Polynésie française » (art. LP 110-2) ;
   - de la possibilité de conclure des accords de modération de prix avec les entreprises (art. LP 110-4) ;
   - de la possibilité d'encadrer les hausses de prix (principe dit de « liberté encadrée ») (art. LP 110-3) ;
   - de la fixation des prix des hydrocarbures (art. LP 112-2 à LP 112-5).

---

16 Dans l'Hexagone, ce principe remonte à l'ordonnance n° 86-1243 du 1er décembre 1986 relative à la liberté des prix et de la concurrence, *JORF* du 9 décembre 1986.

73. En outre, de nombreux autres produits – notamment alimentaires – dont le régime tarifaire n'a pas fait l'objet d'une codification au code de la concurrence font l'objet d'une réglementation spécifique des prix aux différents stades de leur production, de leur importation et de leur commercialisation, ou encore de quotas d'importation (fruits et légumes, riz, farine ou œufs, par exemple)[17].

3. Le contrôle des certaines pratiques anticoncurrentielles et le rôle de la DGAE

a) Grand droit et petit droit de la concurrence

74. Le droit de la concurrence est souvent distingué selon deux branches : l'une concernant le droit de la concurrence au sens strict, l'autre les pratiques commerciales et la réglementation du comportement des opérateurs commerciaux les uns envers les autres. Le premier – parfois appelé « grand droit de la concurrence » – vise à défendre l'ordre public économique et, *in fine*, la croissance et le bien-être des consommateurs, à travers la lutte contre les ententes et les abus de position dominante ; le second – parfois appelé « petit droit de la concurrence » ou droit des pratiques restrictives de concurrence – vise à protéger les entreprises des pratiques de concurrence déloyale ou de comportements jugés préjudiciables d'autres entreprises (méthodes de facturation abusives, délais de paiement excessifs, etc.). Selon la formule consacrée, le premier protège *la concurrence* (au sens du processus concurrentiel) et le second *les concurrents* (les entreprises).

75. Mais la frontière entre ces deux volets est bien entendu souvent poreuse, et certaines pratiques peuvent relever des deux aspects, notamment les abus de position dominante, qui s'accompagnent souvent de pratiques restrictives à l'égard des concurrents dont le pouvoir de marché est moindre.

76. Or, si le « grand droit » relève de la seule autorité de concurrence, le « petit droit » demeure géré au quotidien par le ministre chargé de l'économie et plus précisément par la DGAE.

b) La réglementation des pratiques restrictives de concurrence dans le droit polynésien

77. Brièvement inscrites au sein d'un livre IV du code de la concurrence par la loi du pays LP n° 2015-4 du 14 avril 2015, les dispositions relatives aux pratiques restrictives de concurrence et aux relations des entreprises les unes à l'égard des autres, dont la méconnaissance a par nature des effets sur la concurrence, en déséquilibrant les relations entre elles, sont désormais inscrites au livre IV du code de commerce. Elles ont en effet été transférées d'un code à l'autre par les lois du pays LP n° 2021-40 du 7 septembre 2021 portant modification de la partie

[17] Pour un panorama, v. not. les avis de l'APC n° 2022-A-05 du 5 décembre 2022 sur un projet d'arrêté portant approbation d'une convention de blocage volontaire des prix de certains produits par les commerces de détail à dominante alimentaire (ou « panier de produits à prix bloqués ») et n° 2022-AO-01 du 30 mars 2022 relatif aux conditions d'encadrement des prix de certains produits et services portant modification de la partie législative du livre premier du code de la concurrence.

législative du code de la concurrence et LP n° 2021-43 du 7 septembre 2021 portant création du livre IV de la partie législative du code de commerce.

78. Ces dispositions – profondément remaniées en 2015, parallèlement à la création d'un droit de la concurrence « complet » – comprennent notamment des mesures en matière de :

- transparence de la facturation et des conditions générales de vente entre producteurs, prestataires, grossistes ou importateurs et leurs clients professionnels (art. LP 410-2 et LP 410-4 du code de commerce) ;
- réglementation des délais de règlement (art. LP 410-3) ;
- encadrement des réductions commerciales sur les produits de première nécessité et les produits de grande consommation (art. LP 410-1) ;
- encadrement de la coopération commerciale par des obligations formelles, afin de limiter la dissymétrie entre acteurs (art. LP 410-6) ;
- interdiction des prix minimums imposés (art. LP 420-1) ;
- interdiction de certaines pratiques commerciales restrictives de concurrence, listées à l'article LP 420-2 du code de commerce, par ailleurs jugées nulles (art. LP 420-3) et sanctionnées (art. LP 420-5). Il s'agit notamment de toutes les pratiques créant un déséquilibre significatif entre les parties (pénalités, inexécution d'engagements, vente forcée, avantage consenti sans contrepartie, rupture sans préavis des relations commerciales).

B. *Le tribunal de première instance et le tribunal mixte de commerce, juges des pratiques restrictives de concurrence*

79. Comme les tribunaux judiciaires en métropole, le tribunal de première instance (TPI) de Papeete est le juge de droit commun des pratiques restrictives de concurrence.

80. Toutefois, dans le champ de ses compétences, et notamment dans les litiges entre commerçants, artisans, établissements de crédit et sociétés de financement, c'est le tribunal mixte de commerce de la Polynésie française qui est compétent sur le fondement de l'article L. 721-3 du code de commerce national, qui lui est également applicable. C'est notamment le cas pour certaines atteintes à la concurrence, notamment en matière de concurrence déloyale (parasitisme, dénigrement, imitation, etc.).

81. Dans les deux cas, l'appel se fait devant la cour d'appel de Papeete.

Le tribunal mixte de commerce

Les tribunaux de commerce ont été créés au XVIe siècle et sont la plus ancienne juridiction française. Il s'agit d'une juridiction du premier degré, composée de juges élus et bénévoles et d'un greffier.

La particularité de la justice commerciale est d'être rendue par des juges non professionnels élus par leurs pairs : « les juges consulaires ». L'objectif est de simplifier l'accès à la justice pour les entreprises concernées (représentation par un avocat non obligatoire, oralité de la procédure) et d'alléger la procédure.

Outre-mer, la juridiction commerciale connaît une organisation particulière prévue par l'article L. 732-1 du code de commerce national. Ainsi, en Guadeloupe, en Guyane, en Martinique, à Mayotte, en Nouvelle-Calédonie et à La Réunion, comme en Polynésie française, sont établis des tribunaux mixtes de commerce (TMC).

Leurs particularités sont les suivantes :

– les tribunaux mixtes de commerce sont échevinés, c'est-à-dire qu'ils sont composés à la fois de juges professionnels et de juges citoyens. Ainsi, si les juges des TMC sont élus par leurs pairs (six juges élus pour quatre ans en Polynésie française), leur président est lui un magistrat, désigné au sein du tribunal de première instance ;

– leur greffe et, par conséquent, le registre du commerce et des sociétés sont tenus par des fonctionnaires et non par des officiers publics et ministériels, comme en métropole.

À noter par ailleurs que le droit applicable par ces tribunaux en Polynésie française est différent de celui en vigueur en métropole, compte tenu des compétences de la Polynésie française en matière de droit commercial et de droit des sociétés.

C. *La juridiction administrative et le contrôle des actes réglementaires relatifs à la concurrence*

82. Le Conseil d'État, au titre de son rôle de juge des lois du pays adoptées par l'Assemblée de la Polynésie française[18], contrôle le cadre juridique applicable au droit de la concurrence. C'est lui, par exemple, qui a statué sur la compatibilité avec la législation en vigueur de la loi du pays instituant le code de la concurrence et l'APC dans une décision du 19 décembre 2014[19].

83. S'agissant des autres interventions de la Polynésie française dans le domaine de la concurrence, notamment par ses délibérations, arrêtés et décisions, le tribunal administratif de la Polynésie française est compétent, et il est important de noter qu'il s'est pleinement saisi de cette compétence.

84. En effet, si l'APC dispose de pouvoirs propres, notamment en matière de sanction des pratiques anticoncurrentielles et de contrôle des concentrations et des surfaces commerciales, soumises à des voies de recours spécifiques, ses prérogatives sont en revanche plus limitées dans le cadre de sa mission consultative. D'abord, il ne lui appartient pas d'effectuer un contrôle de la légalité des projets de textes normatifs qui lui sont soumis, mais seulement de leur incidence concurrentielle.

---

[18] Pour des compléments sur ce contrôle spécifique, v. A. Moyrand et H. R. Lallemant-Moe, *Introduction à l'étude des institutions politiques et administratives de la Polynésie française : loi organique statutaire du 27 février 2004*, Éditions de l'Université de la Polynésie française, Papeete, 2ᵉ éd., 2020, p. 93 et s.

[19] CE, 10ᵉ/9ᵉ SSR, 19 décembre 2014, *Fédération générale du commerce et Société d'étude et de gestion commerciale*, nº 383318, mentionnée aux tables.

Ensuite, même s'agissant des aspects concurrentiels des projets, ses avis ne sont que des avis simples et non des avis conformes. Le pouvoir réglementaire peut donc s'en écarter.

85. En revanche, le juge administratif[20] exerce un contrôle de légalité et a la capacité de censurer certains des textes ou décisions adoptés par le pays, y compris sur le fondement d'une analyse concurrentielle[21], dès lors que la promotion de la concurrence est prévue par un texte.

86. Cette complémentarité entre les actions respectives de l'APC et des juridictions administratives a connu une illustration marquante en matière de télécommunications. À l'occasion de ses neuf avis relatifs à des réformes du code des postes et télécommunications polynésien, et en s'inspirant notamment de pays ayant engagé plus tôt la libéralisation du secteur (France hexagonale, États-Unis, pays de la zone Pacifique), l'APC a avec constance rappelé au gouvernement polynésien les grands principes permettant la réussite de l'ouverture à la concurrence. Si certaines de ses recommandations ont été suivies, toutes ne l'ont pas été.

87. Mais de manière complémentaire, les juridictions administratives – tribunal administratif de la Polynésie française et cour administrative d'appel de Paris – ont été saisies à près de vingt reprises des conditions de mise en œuvre de ce processus, notamment par les nouveaux entrants sur le marché qui contestaient la réglementation, notamment tarifaire, dont ils considéraient qu'elle était attentatoire à l'égalité entre les concurrents sur le marché, au profit de l'opérateur historique. Et elles ont censuré certaines dispositions sur le fondement de l'absence de respect du droit de la concurrence et notamment de l'article D. 212-2 du code des postes et télécommunications, qui prévoit :

> Les autorités compétentes de la Polynésie française veillent : […] 2° À l'exercice d'une concurrence effective et loyale entre les opérateurs de service de télécommunication mobile de fournisseur d'accès à Internet ou de fournisseur de procédure de rappel, au bénéfice des utilisateurs ; 3° À la définition de conditions d'accès aux réseaux ouverts au public et d'interconnexion des réseaux notamment de service de télécommunication mobile qui garantissent la possibilité pour tous les utilisateurs de communiquer librement entre eux, ainsi qu'à l'égalité des conditions de la concurrence dans le domaine du service de télécommunication mobile[22] […]

88. Ainsi, si l'autorité de concurrence et le juge administratif sont donc deux entités indépendantes et autonomes, d'une part le juge administratif s'est à plusieurs reprises inspiré des analyses et recommandations concurrentielles de l'APC, parfois

---

20 Tribunal administratif de la Polynésie française en première instance, cour administrative d'appel de Paris en appel, Conseil d'État en cassation et au titre de l'examen des projets de loi du pays.

21 CE, 3 novembre 1997, *Société Million et Marais*, n° 169907.

22 Pour un examen exhaustif, v. A. Callot, « L'ouverture à la concurrence du secteur des télécommunications polynésien », dans *Le droit de la concurrence face aux défis des économies insulaires : regards sur la Polynésie française et la région du Pacifique*, J. Peyre, E. Silvestro, V. Terrien, T. Emen et Y. Lecornu (dir.), Concurrences, Paris, 2025, p. 143-161.

pour censurer des décisions ou des carences du gouvernement, et d'autre part, afin de ne pas encourir à nouveau la censure du juge, le gouvernement a saisi l'APC des textes mis en œuvre à la suite de ces annulations. On peut ainsi parler d'une dynamique vertueuse engagée entre les deux institutions dans leurs fonctions respectives, au profit du consommateur.

D. *Les acteurs non institutionnels : les représentants des consommateurs et des entreprises*

89. La politique de la concurrence incite les entreprises à innover davantage pour répondre aux besoins des consommateurs, avec des effets à la fois sur le dynamisme de l'économie locale et le bien-être des consommateurs, en matière de prix et de qualité.

90. Pourtant, ses principaux bénéficiaires, entreprises et consommateurs, ont un rôle institutionnel limité.

91. Le code de la concurrence ne prévoit qu'à deux reprises l'intervention des représentants des consommateurs et des entreprises.

92. Ainsi, l'article LP 620-1 autorise les associations dont l'objet social est la protection des droits des consommateurs et les chambres consulaires[23], représentant les professionnels, à consulter l'APC sur toute question portant sur la concurrence. Et son article LP 620-5 les autorise également à la saisir de faits ou de pratiques susceptibles de constituer une pratique anticoncurrentielle. Cette seconde saisine est bien évidemment également ouverte aux entreprises individuelles, qui sont souvent les premières victimes de ces pratiques.

93. La consultation de ces organismes peut également être sollicitée dans le cadre de l'instruction des dossiers, sous la forme de questionnaires, de contributions écrites ou de participation aux séances du collège en qualité de témoin.

94. En revanche, contrairement au code de commerce en vigueur en métropole, leur représentation au collège n'est pas prévue explicitement, même si celle-ci n'est évidemment pas exclue.

95. Leur rôle est néanmoins essentiel dans l'optique de renforcer en Polynésie française une « culture de la concurrence[24] », qui passe notamment par la sensibilisation des professionnels à cette réglementation, ce qui a notamment été réalisé par la chambre de commerce, d'industrie, des services et des métiers (CCISM) à travers des formations spécifiques au droit de la concurrence et des journées de sensibilisation des entreprises coorganisées avec l'APC.

96. Ces actions relèvent de la mission de pédagogie et de diffusion de l'APC, en direction des entreprises, des autorités publiques et du grand public, qui n'est pas inscrite dans les textes, mais demeure essentielle, appelée également *advocacy*.

---

[23] Notamment la chambre de commerce, d'industrie, des services et des métiers de la Polynésie française (CCISM) et la chambre d'agriculture et de la pêche lagonaire de la Polynésie française (CAPL).

[24] Sur le rôle des associations de consommateurs, v. l'avis de l'APC n° 2019-A-02 du 19 septembre 2019 relatif aux mécanismes d'importation et de distribution en Polynésie française.

Conclusion

97. Le droit de la concurrence occupe une position transversale dans la gouvernance économique de la Polynésie française. Il n'est pas seulement un instrument juridique de sanction, mais un outil de politique publique au service d'objectifs plus larges : la maîtrise du coût de la vie, la stimulation de l'investissement local et la protection du pouvoir d'achat des ménages.

98. L'Assemblée de la Polynésie française et le gouvernement ont progressivement intégré la régulation concurrentielle à leurs stratégies économiques et budgétaires. Les travaux de l'APC nourrissent la réflexion sur les structures de marché, les prix et les pratiques commerciales, tandis que la DGAE assure un rôle d'observation et d'alerte.

99. Ainsi, la politique de la concurrence n'est pas isolée : elle s'articule avec la politique économique, la politique tarifaire et les dispositifs de contrôle des prix et des marges, notamment dans les secteurs stratégiques (énergie, transport, télécommunications, grande distribution). Ce maillage permet de passer d'une logique purement répressive à une approche plus préventive et éducative, où la transparence et la concertation tiennent une place croissante.

La coopération institutionnelle*

1. La coopération institutionnelle entre les autorités de concurrence, notamment celles opérant dans des environnements insulaires et aux niveaux national et international, constitue un axe stratégique essentiel pour relever les défis structurels et conjoncturels des économies concernées. Les trois sources détaillent les mécanismes, les domaines et l'importance de cette coopération à trois niveaux distincts : bilatéral (France-Polynésie), régional (Polynésie–Nouvelle-Calédonie) et multilatéral (Organisation de coopération et de développement économiques – OCDE).

I. La coopération bilatérale entre l'Autorité française et l'Autorité polynésienne de la concurrence

2. L'Autorité de la concurrence (ADLC, en métropole) et l'Autorité polynésienne de la concurrence (APC) entretiennent une coopération d'une intensité particulièrement notable, ancrée dans une proximité linguistique et juridique. Bien que la Polynésie française dispose de son propre corpus juridique et de son autorité de concurrence, l'ADLC reste compétente sur le reste du territoire national, y compris les outre-mer (à l'exclusion de la Nouvelle-Calédonie et de la Polynésie française).

A. *Cadre formel et soutien institutionnel*

3. La coopération entre l'ADLC et l'APC a été formalisée dès le 23 juillet 2015 par la signature d'une convention cadre d'assistance technique à Papeete, puis renouvelée et enrichie en 2022 à Berlin. Cette convention structure les échanges et garantit un soutien institutionnel solide.

---

* Synthèse des articles de S. Martin, « L'autorité française et polynésienne continueront d'unir leurs efforts pour promouvoir la vitalité des économies hexagonale et polynésienne », dans *Le droit de la concurrence face aux défis des économies insulaires : regards sur la Polynésie française et la région du Pacifique*, J. Peyre, E. Silvestro, V. Terrien, T. Emen et Y. Lecornu (dir.), Concurrences, Paris, 2025, p. 241-244 ; S. Retterer et C. Racine, « Construire la concurrence dans le Pacifique : Sept ans de coopération entre les autorités polynésienne et calédonienne », *ibid.*, p. 245-255 ; F. Jenny, « Le rôle et les réalisations du Comité de la concurrence de l'OCDE dans la promotion des bonnes pratiques et de la coopération internationale », *ibid.*, p. 271-294.

4. Les relations humaines entre les deux institutions sont particulièrement étroites et témoignent d'une réelle proximité institutionnelle. À titre d'illustration, deux des trois rapporteurs généraux de l'APC proviennent de l'ADLC, de même que le rapporteur général adjoint et plusieurs autres rapporteurs. De plus, deux vice-présidents de l'ADLC sont membres suppléants du collège de l'APC, renforçant la confiance mutuelle et l'échange de bonnes pratiques.

B. *Domaines clés de la coopération technique et humaine*

5. La coopération entre les deux autorités se déploie sur plusieurs volets essentiels.

- Formation et mobilité du personnel : l'ADLC accueille régulièrement des agents de l'APC pour participer à des séminaires de formation initiale, ainsi qu'à des formations *ad hoc* destinées aux cadres de l'APC. Ces échanges leur permettent un partage d'expérience et un enrichissement mutuel des compétences.
- Assistance informatique et gestion des procédures : l'ADLC a apporté son assistance dans le déploiement et la mise à jour de l'application Pégase, outil central pour la gestion des procédures (incluant la numérisation, la cotation des documents, la gestion du secret des affaires et l'accès aux dossiers). Des agents de l'ADLC se sont rendus à Tahiti pour former le personnel de l'APC, tandis que des agents polynésiens ont été accueillis à Paris pour compléter leurs compétences.
- Encadrement de la mobilité : l'accord-cadre de 2022 consolide la mobilité des rapporteurs expérimentés de l'ADLC vers l'APC, en offrant aux agents en CDI un congé mobilité pouvant aller jusqu'à six ans, tout en garantissant leur réintégration à l'ADLC à l'issue de leur mission.

C. *Coopération opérationnelle et cadre juridique*

6. Au-delà des ressources humaines et techniques, la coopération comprend également une dimension opérationnelle et juridique.

- Consultations et échanges d'information : la convention cadre prévoit des consultations réciproques et des échanges d'information informels sur des questions de droit ou de principe. Ces échanges sont facilités par la connaissance mutuelle des rapporteurs, issus soit de l'ADLC, soit de formations communes.
- Coopération formelle en enquête : lorsque les besoins d'une enquête l'exigent, la coopération devient plus formelle. Les autorités peuvent échanger des informations et documents relatifs à une instruction, dans le respect des règles de confidentialité. Cette collaboration est encadrée par l'ordonnance n° 2017-157 du 9 février 2017 et autorise explicitement les deux institutions à partager leurs informations et à réaliser des enquêtes sur leur territoire respectif pour le compte de l'autre autorité.
- Mises en œuvre concrètes : cette coopération a produit des résultats tangibles, notamment :
  (i) en 2020, l'ADLC a sollicité l'APC dans une affaire d'abus de position dominante relative au domaine du transport aérien d'animaux de compagnie, où les documents et informations recueillis par l'APC ont été essentiels au succès de l'instruction ;

(ii) en 2021, l'APC a fait appel à l'ADLC pour réaliser des actes d'enquête auprès de grossistes implantés en France hexagonale, illustrant la réciprocité et l'efficacité de cette collaboration.

D. *Coopération multilatérale*

7. Les deux autorités coopèrent également dans un cadre multilatéral, tel que l'OCDE et l'International Competition Network (ICN). Plus récemment, elles se sont retrouvées au sein du Pacific Island Network of Competition Consumer and Economic Regulators (PINCCER), regroupant plusieurs autorités de la région Pacifique, démontrant l'engagement de l'ADLC et de l'APC dans la promotion d'une concurrence saine au-delà de leurs territoires respectifs.

II. La coopération régionale dans le Pacifique : l'APC et l'ACNC

8. L'APC et l'Autorité de la concurrence de la Nouvelle-Calédonie (ACNC) ont construit, au cours de sept années, une coopération intensive, s'appuyant sur leurs similitudes institutionnelles et économiques, malgré la distance géographique qui sépare les deux territoires.

A. *Fondements et contextes des autorités insulaires*

9. Les deux institutions ont émergé dans des contextes historiques comparables, marqués par d'importants défis économiques et des préoccupations croissantes liées à la « vie chère ». La création de l'ACNC en 2014 et de l'APC en 2015 visait à instaurer un droit de la concurrence adapté, bien que l'ACNC n'ait commencé ses activités qu'en mars 2018, en raison de retards liés au recrutement de sa présidente et de sa rapporteure générale.

10. Les deux territoires partagent une population quasi identique (environ 270 000 habitants) et des économies administrées. Cependant, des divergences structurelles influencent leurs politiques économiques et de concurrence :

- la Nouvelle-Calédonie présente un modèle plus autocentré et protectionniste, reposant sur des restrictions quantitatives (STOP/QTOP) pour protéger l'industrie locale ;
- la Polynésie française montre une ouverture relative aux marchés extérieurs, utilisant la taxe de développement local (TDL) et des contingentements d'importation.

11. Ces divergences se traduisent également dans les niveaux de prix. Par exemple, dans le secteur des télécommunications, où un monopole légal existe en Nouvelle-Calédonie, les prix sont 77 % plus élevés qu'en métropole, contre 33 % en Polynésie française, où le marché est concurrentiel.

B. *Mécanismes d'échange et convergence des pratiques*

12. Les deux autorités ont progressivement établi un cadre de coopération pérenne, axé sur l'échange d'expertise et la convergence des pratiques.

- Rencontres régulières et forums internationaux : la participation de l'ACNC aux « Journées concurrence » organisées par l'APC depuis 2018 a constitué un jalon important, permettant un partage d'expériences sur la régulation et la mise en œuvre du droit de la concurrence dans des économies insulaires. Ces rencontres se sont élargies pour inclure des membres du réseau PINCCER, rassemblant des autorités de Nouvelle-Zélande, d'Australie, des Fidji et d'autres pays du Pacifique. Les deux institutions participent également aux conférences de l'ICN, renforçant ainsi leur coopération à l'échelle internationale.
- Partage d'expertise et formation : les agents des deux autorités se concertent sur des questions pratiques, telles que le traitement des dossiers de concentration dans des marchés restreints. Elles organisent des formations conjointes, comme celle de 2018 intitulée « Pratiquer le droit de la concurrence en Nouvelle-Calédonie et en Polynésie française », destinée à rendre les règles du droit de la concurrence accessibles aux acteurs économiques locaux. Les rencontres APC et ACNC permettent aux rapporteurs d'échanger avec des experts internationaux, tels que des représentants de la Commission européenne ou du département de la Justice des États-Unis, contribuant ainsi à perfectionner l'application du droit dans les deux territoires.
- Synergies décisionnelles : la coopération se manifeste également dans les avis rendus par les deux autorités, qui s'inspirent mutuellement. L'ACNC s'est appuyée sur une étude de l'APC concernant le marché des pièces détachées, tandis que l'APC a cité une note économique de l'ACNC sur la réglementation des prix et des marges. Cette dynamique crée un véritable échange fertile, où les avis deviennent parfois « perméables, voire permutables ».
- Collaboration sur des dossiers concrets : les deux autorités travaillent en coordination sur l'examen de dossiers concrets, comme l'opération de concentration relative à la prise de contrôle exclusif de Bolloré Logistics par CMA CGM, pour garantir une analyse approfondie de son impact dans le Pacifique.

C. *La coopération en temps de reconstruction économique en Nouvelle-Calédonie*

13. La crise sociale et économique sans précédent qui a secoué la Nouvelle-Calédonie à partir du 13 mai 2024 a mis en exergue la nécessité d'un droit de la concurrence robuste et flexible, et a renforcé la collaboration avec l'APC.

- Adaptation et soutien stratégique : l'ACNC a dû réorienter ses activités vers l'« *advocacy* » (défense de la concurrence) et la répression ciblée, en s'appuyant sur les enseignements d'autres autorités. Elle a résisté aux pressions visant à suspendre les procédures de notification des opérations de concentration en temps de crise, affirmant qu'une « politique de concurrence saine » est essentielle pour une reprise rapide et durable. Elle a mis en place des procédures simplifiées pour accélérer les démarches liées à la reconstruction.
- Refondation du modèle économique : l'ACNC a contribué à la réflexion sur la reconstruction du modèle économique calédonien, alertant sur les risques anticoncurrentiels liés aux protections de marché (QTOP) et aux pénuries

constatées. Elle a publié plusieurs notes économiques proposant deux scénarios de développement et leurs conditions de succès. Ces analyses pourraient également inspirer la Polynésie française pour la réforme de la TDL.

- Comité de prospective et expertise APC : l'ACNC a créé un Comité de prospective, bénévole et rattaché au président, pour réfléchir aux outils de concurrence et au modèle économique nécessaires à la reconstruction. Ce comité intègre des membres du collège de l'APC, notamment Henri Piffaut et Vivien Terrien, et a contribué à l'élaboration de notes sur les aides aux entreprises. La nomination de Johanne Peyre, présidente de l'APC, comme membre non permanent du collège de l'ACNC en 2023 institutionnalise ces échanges et traduit la confiance mutuelle entre les deux autorités.
- Coopération interinstitutionnelle et régulation sectorielle : la crise a renforcé l'importance d'une coopération étroite entre les autorités de concurrence pour garantir l'accès à des services essentiels à des prix compétitifs. L'ACNC et l'APC s'accordent sur la nécessité d'une régulation indépendante dans les secteurs stratégiques, tels que les télécommunications et l'énergie, souvent dominés par des monopoles. L'APC est en voie d'acquérir un pouvoir partiel de régulation dans l'énergie, ce qui alimente des échanges constructifs avec l'ACNC pour envisager l'introduction progressive d'une régulation similaire en Nouvelle-Calédonie, notamment dans les télécommunications et l'électricité.
- Coopération tripartite : en période de crise, l'ACNC a renforcé sa vigilance à l'égard des pratiques anticoncurrentielles tout en soutenant les entreprises. Elle a bénéficié du soutien de l'APC et de l'ADLC *via* une coopération tripartite instaurée en juin 2024, favorisant l'échange de bonnes pratiques sur la gestion de crise, le contrôle des concentrations et la régulation des secteurs stratégiques, consolidant ainsi les liens et l'expertise partagée entre ces autorités du Pacifique.

III. La coopération multilatérale et le rôle du Comité de la concurrence de l'OCDE

14. La coopération internationale s'étend au-delà des cadres bilatéraux et régionaux, englobant des organisations multilatérales majeures comme l'OCDE, dont les travaux sont particulièrement pertinents pour les jeunes autorités et les petites économies. L'APC participe activement aux travaux du Comité de la concurrence de l'OCDE.

A. *Mandat et évolution de l'OCDE*

15. Créée en 1961, l'OCDE a pour missions initiales de favoriser la croissance économique, de coordonner les politiques gouvernementales et de promouvoir le développement durable. Son action, initialement centrée sur l'Europe, s'étend désormais aux États-Unis, au Canada et à d'autres pays industrialisés. L'OCDE fonctionne à la fois comme un « forum » d'échange et de négociation et comme une « organisation de services » fournissant informations et analyses.

16. Depuis les années 1990 et 2000, l'OCDE a renforcé sa coopération avec plus de 70 pays non membres *via* des dialogues politiques, des examens par les pairs et des

forums, afin d'intégrer ces pays au système économique mondial et de promouvoir les meilleures pratiques en matière de gouvernance et de politique économique.

B. *Le Comité de la concurrence de l'OCDE et la promotion de la convergence*

17. Créé en 1961, le Comité de la concurrence de l'OCDE a pour objectif de protéger et de promouvoir la concurrence comme principe structurant des économies modernes. Il constitue une plateforme essentielle pour le partage des bonnes pratiques et la convergence des principes d'application du droit de la concurrence.

- Ouverture aux non-membres : le Comité invite régulièrement des non-membres, dont l'APC, à participer à ses réunions.
- Forum mondial de la concurrence : l'OCDE organise annuellement, depuis 2001, le Forum mondial de la concurrence (FMC), une réunion rassemblant plus de 100 délégations des autorités de concurrence des pays membres et non membres, ainsi que des organisations internationales (Conférence des Nations unies sur le commerce et le développement – CNUCED, Organisation mondiale du commerce – OMC). Ce forum facilite l'adoption volontaire de « meilleures pratiques » et l'établissement de réseaux solides.
- Centres régionaux de la concurrence (CCR) : le Comité supervise trois centres régionaux qui fournissent assistance technique, renforcement des capacités et conseils politiques aux pays en transition ou en développement :
  (i) le CCR de Budapest (Europe de l'Est/Asie centrale, 2005) collabore avec les autorités nationales et les organisations internationales pour moderniser les lois sur la concurrence, former les responsables et juges, et promouvoir la coopération régionale ;
  (ii) le CCR de Séoul (Asie de l'Est, 2010), axé sur l'économie numérique et les marchés technologiques, s'appuie sur l'expertise de la Korea Fair Trade Commission (KFTC) pour renforcer les cadres juridiques, organiser formations et ateliers, et encourager la coopération transfrontalière ;
  (iii) le CCR de Lima (Amérique latine/Caraïbes, 2019) met l'accent sur les examens par les pairs afin de renforcer la légitimité des réformes et promouvoir les meilleures pratiques.

18. Ces centres ont collaboré avec 68 des 100 pays non membres de l'OCDE disposant d'une législation sur la concurrence, contribuant ainsi à moderniser les cadres réglementaires, à diffuser une culture antitrust et à renforcer l'application des lois.

C. *La pertinence des travaux de l'OCDE pour les petites économies insulaires*

19. L'OCDE accorde une attention particulière à la concurrence dans les petites économies, caractérisées par une population et une demande limitées ainsi qu'une forte dispersion.

- Défis spécifiques : ces économies font face à des niveaux élevés de concentration des marchés, à des entreprises opérant souvent en dessous de l'échelle minimale efficace (EME), à des ressources financières et humaines limitées pour maintenir des autorités efficaces, à un risque accru de collusion entre élites économiques et décideurs, et à des difficultés à réguler les multinationales situées hors de leur juridiction.

- Recommandations politiques : l'OCDE encourage ces économies à adapter les solutions aux conditions locales, à mutualiser les ressources *via* la coopération ou la création d'autorités régionales (comme PINCCER) pour réduire les coûts et renforcer la capacité d'application, et à promouvoir une culture de la concurrence pour limiter la résistance politique.
- Sujets pertinents pour l'APC : en tant que jeune autorité, l'APC tire un grand bénéfice des recommandations de l'OCDE sur plusieurs axes :
  (i) neutralité concurrentielle : garantir des conditions équitables entre entreprises publiques et privées, en particulier dans les secteurs stratégiques souvent régulés par l'État local, comme l'énergie et les télécommunications. L'OCDE fournit des recommandations et une boîte à outils de bonnes pratiques pour assurer cette neutralité ;
  (ii) coopération avec les régulateurs sectoriels : clarifier les rôles et mandats de l'autorité de concurrence et des régulateurs sectoriels afin de coordonner efficacement l'application des règles et d'éviter les conflits ou chevauchements ;
  (iii) gestion des marchés concentrés : fournir des orientations pour l'application du droit de la concurrence dans des environnements oligopolistiques ou dominés, incluant la preuve de position dominante, la prévention des abus et le contrôle des fusions, afin de protéger la compétitivité et les consommateurs.

IV. La coopération comme levier d'efficacité et de résilience

20. La coopération institutionnelle – bilatérale, régionale ou multilatérale – est un facteur clé d'efficacité face aux défis des petites économies insulaires, de la concentration des marchés et de la jeunesse des institutions.

A. *Renforcement des capacités et échange de savoirs*

21. La mise en commun des ressources et l'échange d'expertise sont des moteurs cruciaux. Que ce soit par le partage de logiciels de gestion (Pégase), le soutien logistique en ressources humaines ou les formations conjointes, la coopération permet aux autorités comme l'APC et l'ACNC d'améliorer leurs capacités techniques et analytiques. La participation aux forums mondiaux et régionaux (ICN, PINCCER, OCDE) offre également une « immersion dans les pratiques et réflexions internationales », affinant l'application du droit de la concurrence local.

B. *Gestion des défis transfrontaliers et de crise*

22. La coopération est indispensable pour traiter les cas d'application transfrontaliers. Les accords juridiques entre l'ADLC et l'APC, permettant la délégation d'actes d'enquête, illustrent la nécessité de surmonter les limites territoriales, notamment face aux entreprises multinationales.

23. En période de crise économique et sociale, comme celle vécue par la Nouvelle-Calédonie en 2024, la coopération (tripartite ADLC-APC-ACNC) permet d'adapter rapidement les procédures, d'obtenir des conseils sur la gestion des « cartels de crise » et de s'inspirer d'expériences similaires (comme celle du Chili) pour maintenir la vigilance et proposer des solutions résilientes. L'intégration de l'expertise de l'APC au sein du Comité de prospective de l'ACNC est un témoignage de la confiance mutuelle pour la « refondation » du modèle économique.

C. *Promotion de la culture de la concurrence et de la légitimité*

24. Le dialogue et la coopération contribuent à développer une culture commune de compréhension et une légitimité accrue pour les autorités nouvellement créées ou issues de petites juridictions.

25. L'OCDE souligne que l'objectif n'est pas seulement l'efficacité économique, mais aussi la réduction de la pauvreté et la création d'opportunités pour les *outsiders*. La promotion d'une culture de la concurrence est jugée essentielle, car elle implique que les entreprises, les agences gouvernementales, les médias et le public soient conscients des règles de concurrence. Le recours à l'*advocacy* (avis et recommandations sectorielles) est un moyen efficace pour les autorités de concurrence d'introduire des mécanismes concurrentiels dans des économies fortement administrées et de jouer un rôle structurant majeur.

26. En définitive, la coopération institutionnelle transcende la simple juxtaposition de bonnes pratiques pour devenir un « levier d'efficacité », permettant la diffusion de bonnes pratiques, la réduction des coûts et l'augmentation de la capacité d'application, éléments vitaux pour assurer la vitalité économique des économies hexagonale, ultramarine et polynésienne.

D. *Coopération régionale dans le Pacifique*

27. La coopération institutionnelle entre les autorités de concurrence du Pacifique agit comme un réseau de phares éclairant des îles dispersées. Chaque autorité, isolée, doit faire face à des marchés limités et à des défis structurels spécifiques, tels que la forte concentration ou les goulets d'étranglement. En unissant leurs forces à travers des accords bilatéraux – pour partager ressources humaines et outils techniques – et des réseaux régionaux et internationaux – pour échanger savoirs et bonnes pratiques –, elles assurent une couverture collective plus large et plus fiable.

28. Cette synergie leur permet non seulement de renforcer la compétitivité de leurs propres économies, mais aussi de signaler ensemble aux entreprises multinationales les comportements anticoncurrentiels, au-delà des frontières.

PARTIE II

Les pratiques anticoncurrentielles

Les ententes

Nathalie Jalabert-Doury
Associée, Mayer Brown

Emma Koëhl
Élève avocate, Mayer Brown

Introduction

1. Depuis l'adoption et l'entrée en vigueur le 1er février 2016 de lois du pays instaurant l'interdiction des ententes restrictives de concurrence et créant un système institutionnel pour leur application, l'Autorité polynésienne de la concurrence (APC ou l'« Autorité ») a ouvert un certain nombre d'enquêtes et a adopté à ce jour deux décisions d'application de l'interdiction des ententes : une décision de non-lieu en 2019 dans le secteur de la surveillance et une décision de condamnation en 2022 dans le secteur des pompes funèbres.

2. Une transition s'imposait assurément, le temps d'installer l'Autorité, de promouvoir la pédagogie et de permettre aux entreprises de s'adapter à ce nouveau contexte. Désormais, au terme de ses dix premières années d'existence, l'APC dispose clairement des outils et des moyens pour agir en la matière, y compris un programme de clémence.

3. Si les précédents ne sont pas nombreux, la pratique de l'Autorité polynésienne et le niveau de conformité attendu des entreprises actives en Polynésie peuvent être anticipés assez largement sur la base des indications fournies dans ces deux précédents : avec des textes très proches de ceux qui s'appliquent de longue date en métropole, les entreprises peuvent tenir compte des développements apportés par la pratique décisionnelle de l'Autorité de la concurrence et la jurisprudence des juridictions auxquelles l'APC est elle-même soumise.

4. Il est donc plus que jamais essentiel pour les entreprises d'intégrer cette dimension à leur démarche de conformité, ainsi qu'à leur analyse des pratiques de marché auxquelles elles font face.

I. Les règles applicables

5. *Des règles relevant de la compétence du pays.* La Polynésie fait partie des collectivités d'outre-mer régies par l'article 74 de la Constitution française. Son organisation institutionnelle repose sur la loi organique n° 2004-192 du 27 février 2004 portant statut d'autonomie de la Polynésie française (LOPF), ayant opéré un certain nombre de transferts de compétences au profit des institutions polynésiennes. L'article 13 LOPF prévoit que la Polynésie intervient dans toutes les matières qui ne sont pas dévolues à l'État.

6. La réglementation économique et notamment les règles de concurrence ne font pas partie des compétences réservées à l'État[1]. Elles relèvent donc de la sphère d'autonomie du pays.

7. Ce n'est qu'en 2015 que l'Assemblée de Polynésie a posé les bases du régime de concurrence polynésien, par une loi du pays n° 2015-2 du 23 février 2015, complétée par une loi du pays n° 2015-4 du 14 avril 2015, modifiées à plusieurs reprises depuis. Lorsque les nécessités de la lutte contre la vie chère sont apparues, il a en effet été décidé de promouvoir la concurrence afin de favoriser l'efficacité du fonctionnement de l'économie polynésienne[2].

8. *L'adoption de dispositions éprouvées en métropole.* Le législateur local a fait le choix d'adopter des dispositions très proches de celles qui s'appliquent en métropole, en particulier s'agissant de l'interdiction des ententes. Plus précisément, l'article LP 200-1 du code de la concurrence polynésien énonce un principe de prohibition des « actions concertées, conventions, ententes expresses ou tacites ou coalitions » ayant pour objet ou pour effet d'empêcher, de restreindre ou de fausser le jeu de la concurrence sur le marché de la Polynésie française.

9. Les pratiques contraires à l'article LP 200-1 sont frappées de nullité (art. LP 200-4). Enfin, des dispositions comparables d'exclusion du champ de la prohibition sont prévues à l'article LP 200-5 lorsqu'elles résultent de l'application d'une disposition réglementaire, lorsque leurs auteurs peuvent justifier d'un progrès économique ou encore lorsqu'elles se fondent sur un arrêté pris en Conseil des ministres excluant du champ d'application de l'article LP 200-1 certaines catégories d'accord.

---

1 Toutefois, certaines dispositions, indispensables pour l'exercice des missions confiées à l'APC, ont été identifiées comme relevant de la compétence de l'État en matière de droit pénal, de procédure pénale, de procédure administrative contentieuse et d'organisation judiciaire en vertu des dispositions de l'art. 14, 2° de la loi organique du 27 février 2004, cf. Rapport au Président de la République relatif à l'ordonnance n° 2017-157 du 9 février 2017 étendant et adaptant à la Polynésie française certaines dispositions du livre IV du code de commerce relatives aux contrôles et aux sanctions en matière de concurrence, *JORF* n° 0035 du 10 février 2017.

2 Préambule de la loi du pays n° 2015-2 du 23 février 2015 relative à la concurrence, *JOPF* n° 8 NS du 23 février 2015.

10. Le code de la concurrence polynésien confie l'application de ces dispositions à une autorité locale, l'APC, elle-même construite sur les mêmes bases que l'Autorité de la concurrence de métropole[3], étant entendu que ces dispositions peuvent également être appliquées par les tribunaux civils et commerciaux. La participation personnelle et déterminante à une entente expose également les personnes physiques à des poursuites pénales.

11. *Application dans le temps de ces dispositions.* À l'occasion des premières affaires qui lui ont été soumises en matière d'entente, l'Autorité polynésienne a dû constater que les dispositions d'application dans le temps des lois du pays précitées n'étaient pas des plus claires. Sur la base des principes de non-rétroactivité de la loi répressive et d'intelligibilité de la loi, l'APC a considéré que l'interdiction des ententes est entrée en vigueur à la mise en place effective de l'Autorité polynésienne, une fois les membres de l'Autorité, le rapporteur général et au moins un rapporteur nommés, soit le 1er février 2016[4].

12. *Inapplicabilité du droit de l'Union européenne.* Par ailleurs, le droit de l'Union européenne (UE) ne s'applique pas directement en Polynésie, qui est un territoire « associé » à l'Union européenne en tant que communauté d'outre-mer[5].

13. La quatrième partie du traité sur le fonctionnement de l'Union européenne (TFUE) prévoit ainsi que ces territoires font l'objet d'une association à l'Union, dont l'objectif est « la promotion du développement économique et social des pays et territoires, et l'établissement de relations économiques étroites entre eux et l'Union dans son ensemble[6] ».

14. Dans ce cadre, l'UE a adopté plusieurs décisions d'association, dont la décision 2013/755/UE[7], qui mentionne dans son préambule la relation particulière entre l'Union et les pays et territoires d'outre-mer (PTOM), laquelle devrait s'éloigner de l'approche traditionnelle de coopération au développement pour s'orienter vers un partenariat réciproque favorisant le développement durable de ceux-ci. Son article 60 impose de longue date l'élimination au sein des PTOM des distorsions de concurrence résultant d'accords restrictifs de concurrence et d'abus de position dominante :

> [C]ompte dûment tenu de leurs niveaux de développement différents et de leurs besoins économiques, les PTOM adoptent ou maintiennent des législations ou des politiques, ou en font l'objet, en vue de :
>
> a) prévenir et empêcher les accords horizontaux et verticaux entre entreprises, les décisions d'associations d'entreprises et les pratiques concertées,

---

3 L'Autorité de la concurrence a dès lors logiquement décliné sa compétence à l'égard de pratiques anticoncurrentielles mises en œuvre en Polynésie française. V. p. ex. : Aut. conc., déc. n° 20-D-18 du 18 novembre 2020 relative à des pratiques mises en œuvre sur le territoire de la Polynésie française.

4 APC, déc. n° 2019-PAC-02 du 26 novembre 2019 relative à des pratiques mises en œuvre dans le secteur de la surveillance et du gardiennage, § 51 et s.

5 CE, 10e/9e SSR, 19 décembre 2014, n° 383318.

6 Art. 198, § 2 TFUE.

7 Déc. 2013/755/UE du Conseil du 25 novembre 2013 relative à l'association des pays et territoires d'outre-mer à l'Union européenne (« décision d'association outre-mer »), *JOUE* n° L 344 du 19 décembre 2013, p. 1.

qui ont pour objet ou pour effet d'empêcher, de restreindre ou de fausser nettement le jeu de la concurrence[8] [.]

15. Ceci ne permet pas de mobiliser les institutions européennes, ni les textes européens adoptés pour l'application de l'interdiction des ententes. Les textes sont cependant si proches que les précédents et les textes d'application, qu'ils soient français ou européens, constituent une base tout à fait utile d'interprétation des règles de concurrence polynésiennes. C'est ainsi que la décision *Pompes funèbres* du 5 septembre 2022 fait référence, à plusieurs titres, à la pratique de métropole ainsi qu'à la jurisprudence européenne pour appuyer ses constatations.

II. Conditions de caractérisation de l'entente

16. L'entente en droit polynésien de la concurrence, au même titre qu'en droit français et européen, implique nécessairement un accord de volontés (A) entre plusieurs entreprises autonomes (B) ainsi qu'une restriction de concurrence (C).

A. *Un concours de volontés*

17. L'article LP 200-1 du code de la concurrence vise nommément différentes formes de concertation, à savoir : « les actions concertées, conventions, ententes expresses ou tacites ou coalitions ».

18. Dans sa décision *Pompes funèbres*, l'APC en déduit logiquement que « l'existence d'un accord est établie dès lors que les entreprises ont exprimé leur volonté commune de se comporter sur le marché d'une manière déterminée, sans besoin d'un écrit, d'un formalisme particulier, de sanctions contractuelles ou autres mesures de contrainte[9] ».

19. Les entreprises doivent en effet être préparées au fait qu'une entente puisse être constatée en présence non seulement d'un accord au sens strict du terme, mais aussi de simples échanges même imprécis, même sans concertation au sens strict, comme lorsque des informations sensibles sont communiquées, ce qui pourra être qualifié de pratique concertée.

20. Qu'un accord au sens strict ou une pratique concertée puissent être établis, dans tous les cas, ce qui doit être établi est une coordination du comportement alors que les opérateurs économiques doivent déterminer de manière autonome la politique qu'ils entendent suivre sur le marché[10].

21. *La notion d'accord.* Pour qu'un accord puisse être caractérisé, il est nécessaire de pouvoir établir l'existence d'un concours de volontés, qui suppose généralement l'existence et la révélation par une entreprise d'un plan anticoncurrentiel et l'adhésion à ce plan d'une ou de plusieurs autres entreprises. Cet accord n'a pas

---

[8] Art. 60 de la déc. (UE) 2021/1764 du Conseil du 5 octobre 2021 relative à l'association des pays et territoires d'outre-mer à l'Union européenne, y compris les relations entre l'Union européenne, d'une part, et le Groenland et le Royaume de Danemark, d'autre part (décision d'association outre-mer, y compris le Groenland), *JOUE* n° L 355 du 7 octobre 2021, p. 6.

[9] APC, déc. n° 2022-PAC-01 du 5 septembre 2022 relative à des pratiques mises en œuvre dans le secteur des pompes funèbres, § 82.

[10] CJCE, 8 juillet 1999, *Anic Partecipazioni*, aff. C-49/92 P, EU:C:1999:356.

besoin d'être précis ou juridiquement contraignant. Il n'a pas non plus besoin d'être écrit. L'adhésion peut même être silencieuse lorsque, par exemple, le représentant d'une entreprise participe à une discussion manifestement anticoncurrentielle et exprime, par sa simple présence, son acquiescement à la discussion en cause, sauf à s'en distancier.

22. Si une tentative d'entente qui se solderait par un échec total ne peut être qualifiée d'entente, une tentative non aboutie qui produirait néanmoins des effets d'atténuation de la concurrence entre les entreprises concernées pourrait encore probablement être poursuivie, à tout le moins en tant que pratique concertée. D'ailleurs, l'entreprise qui indique ne pas avoir respecté l'entente à laquelle elle a adhéré parvient rarement à échapper à la condamnation et bénéficie le plus souvent d'une simple circonstance atténuante au titre de l'amende[11].

23. Dans l'affaire *Pompes funèbres*, l'APC a considéré que l'entente était établie en présence de preuves nombreuses : à l'initiative de deux entreprises, neuf autres ont accepté de signer plusieurs accords écrits successifs fixant des tarifs communs applicables à une liste de prestations rendues par chacune d'elles. Nombre des entreprises concernées ont également confirmé lors de leurs auditions qu'elles avaient effectivement discuté ensemble pour établir un tarif commun entre elles[12].

24. Dans cette affaire, des écrits assez clairs existaient, mais lorsque tel n'est pas le cas, l'Autorité peut établir l'existence de l'accord au moyen soit de preuves directes, soit d'un faisceau d'indices graves, précis et concordants. Il est en effet admis par les juridictions de contrôle qu'il puisse être nécessaire de reconstituer certains détails par des déductions parce que les pièces explicites sont fragmentaires, auquel cas « l'existence d'une pratique ou d'un accord anticoncurrentiel doit être inférée d'un certain nombre de coïncidences et d'indices qui, considérés ensemble, peuvent constituer, en l'absence d'une autre explication cohérente, la preuve d'une violation des règles de la concurrence[13] ».

25. *La notion de pratique concertée.* La notion de pratique concertée permet de saisir des formes de coordination du comportement qui ne sont pas allées jusqu'à un accord, mais qui « substitue[nt] sciemment une coopération pratique entre [les entreprises] aux risques de la concurrence[14] ».

26. Selon les termes de l'Autorité de la concurrence, la pratique concertée « ne vise pas un objectif précisément défini, mais traduit un accord de volontés entre concurrents pour atténuer la concurrence sur le marché[15] ». Or, s'il est admis que les opérateurs puissent observer et tenir compte des comportements des concurrents en s'alignant, par exemple, sur leur comportement, l'interdiction des ententes exclut en revanche toute prise de contact qui aurait pour objet ou pour effet de modifier les conditions de concurrence du marché.

---

11 Aut. conc., Communiqué de l'Autorité de la concurrence relatif à la méthode de détermination des sanctions pécuniaires, 30 juillet 2021, § 37.

12 APC, déc. n° 2022-PAC-01, préc., § 86 à 89.

13 CJCE, 7 janvier 2004, *Aalborg Portland e.a.*, aff. C-204/00 P e.a., EU:C:2004:6, § 55 à 57.

14 CJCE, 14 juillet 1972, *ICI*, aff. 48-69, EU:C:1972:70, § 64.

15 Cons. conc., déc. n° 05-D-64 du 25 novembre 2005 relative à des pratiques mises en œuvre sur le marché des palaces parisiens, § 199.

27. Les échanges d'informations sensibles entre concurrents font typiquement partie des pratiques concertées, de même que le dévoilement de ses intentions à ses concurrents pour tenter d'influer sur leur comportement[16]. Beaucoup de formes d'accords pour lesquels le standard de preuve de l'entente n'est pas atteint sont sanctionnées comme des pratiques concertées au travers de leurs manifestations (échanges d'informations, discussions relatives aux conditions commerciales, etc.).

28. *Décisions d'association d'entreprises.* Bien que la lettre du texte de l'article LP 200-1 du code de la concurrence ne fasse pas expressément référence aux décisions d'association d'entreprises (tout comme l'art. L. 420-1 du code de commerce de métropole d'ailleurs), elles constituent une forme de concertation entre les entreprises qui adhèrent à l'association.

29. Un certain nombre de décisions d'entente en métropole ont impliqué des associations professionnelles rassemblant les acteurs d'une même profession. Les pratiques concernées ont inclus, par exemple, la diffusion de consignes ou « recommandations » tarifaires[17], l'organisation d'échanges d'informations illicites entre les membres, l'hébergement de réunions de concertation entre les membres de l'association[18] ou encore la mise en place de certifications injustifiées[19].

30. Les associations doivent également respecter des principes de transparence, d'objectivité et de non-discrimination dans l'édiction et l'application de leurs règles d'adhésion et d'exclusion afin que celles-ci ne puissent pas être exploitées pour élever les barrières à l'entrée d'une profession ou évincer certains acteurs sans justification[20].

31. Afin d'aider les organismes professionnels à organiser leur conformité, l'Autorité de la concurrence a publié une étude sur les organismes professionnels en janvier 2021 qui recense des cas et des principes tout à fait instructifs couvrant (i) les risques de cartels, (ii) la diffusion de consignes tarifaires, (iii) la diffusion d'informations stratégiques commercialement sensibles, (iv) les stratégies d'éviction, (v) les pratiques susceptibles d'être commises sous couvert d'une interprétation erronée de la réglementation, (vi) les pratiques susceptibles d'être commises à l'occasion d'activités de lobbying et enfin (vii) les négociations collectives[21]. Cette étude constitue également un guide utile dans le cadre de l'application des règles polynésiennes de concurrence.

32. *L'infraction unique, complexe et continue.* La notion d'infraction unique, complexe et continue peut être mobilisée en présence d'ententes complexes (prix ou répartition de territoires et de clientèles, soumissions concertées à des appels d'offres, etc.), qui conduisent à des manifestations de mesures d'application

---

16 TPICE, 15 mars 2000, *Cimenteries CBR e.a.*, aff. T-25/95 e.a., EU:T:2000:77, § 1852.

17 Aut. conc., déc. n° 20-D-12 du 17 septembre 2020 relative à des pratiques mises en œuvre dans le secteur des vins d'Alsace.

18 Aut. conc., déc. n° 11-D-17 du 8 décembre 2011 relative à des pratiques mises en œuvre dans le secteur des lessives.

19 Aut. conc., déc. n° 12-D-26 du 20 décembre 2012 relative à des pratiques mises en œuvre dans le secteur de la production, de la commercialisation, de l'installation et de la maintenance des extincteurs.

20 Aut. conc., déc. n° 19-D-13 du 24 juin 2019 relative à des pratiques mises en œuvre dans le secteur des huissiers de justice.

21 Aut. conc., « Les organismes professionnels », Étude thématique, janvier 2021, https://www.autoritedelaconcurrence.fr/sites/default/files/EtudeThematique-OrganismesProfessionnels_final.pdf.

multiples. Elle repose sur le principe que, si une entreprise a connaissance d'un plan d'ensemble anticoncurrentiel et a entendu contribuer aux objectifs communs poursuivis par l'ensemble des participants, elle peut être également tenue responsable des comportements mis en œuvre par d'autres entreprises, pour toute la période de leur existence. Le recours à la notion permet donc de limiter les preuves à rassembler puisqu'il s'agit dans ce cas de démontrer l'adhésion au plan d'ensemble plutôt qu'à chaque mesure d'application[22].

33. Bien que l'APC ne fasse pas expressément référence à l'infraction unique complexe et continue dans sa décision *Pompes funèbres*, elle s'en inspire fortement afin d'appréhender de manière globale les pratiques et de retenir la responsabilité des entreprises pour les différentes conduites se rattachant au plan d'ensemble approuvé : « En s'accordant sur les termes d'un plan d'action, les entreprises savent qu'elles s'entendent et ont conscience des conséquences attendues (sur les parts de marché, sur les prix etc.)[23]. »

B. *Entre entreprises autonomes*

34. En Polynésie française, les règles de concurrence s'appliquent à toutes les activités de production, de distribution et de services, qu'elles soient exercées par des personnes publiques, pour leur compte, ou par des personnes privées conformément à l'article LP 100-1 du code de la concurrence. Autrement dit, la qualité de l'opérateur ou le mode d'exécution sont indifférents dès lors qu'il s'agit d'activités de production, de distribution ou de services. Néanmoins, au même titre qu'en droit français ou européen, certains accords échappent à l'interdiction des ententes en raison de l'absence d'autonomie des parties.

35. *Inapplicabilité de l'interdiction des ententes au sein du groupe.* L'interdiction des ententes ne peut s'appliquer à l'intérieur de l'unité économique que forment une société mère et ses filiales contrôlées dans la mesure où ces dernières ne définissent pas de manière autonome leur comportement sur le marché. Les filiales détenues à 100 % sont ainsi présumées être sous l'influence déterminante de leur actionnaire de contrôle ultime[24]. À défaut, l'importance de la participation de la mère, l'existence d'organes de direction propres à la filiale et la possibilité pour ces organes de déterminer et de mettre en œuvre, de manière autonome, leur stratégie industrielle, financière et commerciale sont les éléments qui doivent être examinés afin de déterminer l'inapplicabilité de l'interdiction des ententes[25]. La question est évidemment plus complexe lorsqu'il s'agit de déterminer l'autonomie d'une entreprise contrôlée conjointement, et il ne peut dans ce cas être exclu que l'appréciation *in concreto* de son autonomie puisse conduire à considérer que l'interdiction des ententes s'applique dans ses relations avec ses mères[26].

---

22 Cons. conc., déc. n° 05-D-69 du 15 décembre 2005 relative à des pratiques anticoncurrentielles relevées dans le secteur des travaux routiers en Seine-Maritime, § 176.

23 APC, déc. n° 2022-PAC-01, préc., § 83.

24 CJCE, 25 octobre 1983, *AEG*, aff. C-107/82, EU:C:1983:293.

25 CA Paris, 20 janvier 2011, RG 2010/08165.

26 V. p. ex. Cons. conc., déc. n° 08-D-19 du 31 juillet 2008 relative à une demande de mesures conservatoires de la société AP Moller-Maersk et Aut. conc., déc. n° 10-D-13 du 15 avril 2010 relative à des pratiques mises en œuvre dans le secteur de la manutention pour le transport de conteneurs au port du Havre.

36. *Employés et agents.* Pour les mêmes raisons, une entente ne pourrait être caractérisée entre une société et un de ses salariés, ou encore un de ses agents agissant sur le marché en son nom et pour son compte, à condition que ce dernier soit véritablement un agent et n'assume donc pas le risque commercial ou financier de l'activité pour laquelle il représente son mandant[27]. L'agent doit à cet égard être distingué du distributeur indépendant de son fournisseur ou encore du simple prestataire de services.

C. *Une restriction de concurrence*

37. Pour tomber sous le coup de l'article LP 200-1, un accord de volontés doit avoir pour objet ou pour effet de restreindre la concurrence, dont le texte donne quelques exemples, tels que la fixation de prix ou la répartition de marchés, mais cette liste n'est pas limitative. La restriction de concurrence par objet ou par effet doit être caractérisée au regard du contexte factuel, juridique et économique de la pratique en cause.

38. *Accords horizontaux et verticaux.* Une restriction de concurrence peut typiquement surgir dans le cadre d'accords entre concurrents (accords dits « horizontaux »), qu'ils soient d'ailleurs concurrents actuels ou potentiels. Les accords injustifiables entre concurrents incluent les ententes de répartition de marché ou de volumes, les ententes sur les prix ou encore les ententes dans le cadre de marchés publics ou privés. D'autres relations entre concurrents de prime abord légitimes, comme, par exemple, des coopérations industrielles ou commerciales ou encore des échanges d'informations, peuvent également avoir un objet ou un effet anticoncurrentiel, quand bien même elles seraient justifiées par ailleurs, ce qui nécessite d'apprécier leur bilan économique (cf. ci-après). Les lignes directrices applicables aux accords horizontaux définissent utilement les conditions auxquelles ce type d'accords peuvent produire un objet ou un effet restrictif de concurrence[28].

39. Mais une restriction de concurrence peut également surgir dans le cadre d'accords dits « verticaux » entre acteurs situés à des niveaux différents de la chaîne de production et de distribution comme un fournisseur et son client. Tel est par exemple le cas des ententes sur les prix de revente minimums entre un fournisseur et ses distributeurs, ou encore des accords d'exclusivité qui ne seraient pas justifiés ou produiraient des effets d'exclusion trop importants. Il existe également en la matière des lignes directrices européennes dont la consultation est utile pour déterminer les conditions auxquelles les principaux types d'accords verticaux sont susceptibles d'avoir un objet ou un effet restrictif de concurrence[29].

40. *Objet ou effet restrictif de concurrence.* À l'instar des textes français et européens, l'article LP 200-1 exige la démonstration d'un objet ou d'un effet anticoncurrentiel. Sans surprise, l'APC expose en effet dans sa décision *Pompes funèbres*

---

27 V. p. ex. : CA Paris, 13 mai 2016, RG 15/14807.

28 Communication de la Commission, Lignes directrices sur l'applicabilité de l'article 101 du traité sur le fonctionnement de l'Union européenne aux accords de coopération horizontale, *JOUE* n° C 11 du 14 janvier 2011, p. 1, § 72 et s.

29 Communication de la Commission, Lignes directrices sur les restrictions verticales, *JOUE* n° C 248 du 30 juin 2022, p. 1, § 177 et s.

que lorsqu'une pratique présente le degré de nocivité permettant de caractériser un accord ayant un objet restrictif de concurrence, « il n'est pas nécessaire de rechercher si une telle concertation a eu des effets[30] ».

41. Afin de déterminer si une entente présente un tel degré de nocivité, l'Autorité examine plusieurs éléments, dont la teneur de l'accord, le contexte économique et juridique et les objectifs poursuivis par les parties. C'est ainsi que l'Autorité a pu, dans la décision *Pompes funèbres*, considérer que la fixation de prix communs entre entreprises concurrentes constituait, par sa nature même, une entente ayant nécessairement un objet anticoncurrentiel[31]. Un tel objet anticoncurrentiel s'apprécie de manière abstraite et il n'est notamment pas nécessaire que l'Autorité démontre une intention des entreprises quant à l'objet anticoncurrentiel de leur comportement ou leur connaissance de l'illégalité de la pratique. Si la notion de restriction par objet doit s'interpréter de manière restrictive, puisqu'elle induit un allègement de la charge de la preuve, un objet anticoncurrentiel peut par ailleurs surgir dans le cadre d'accords autres que les ententes injustifiables, comme, par exemple, dans le cadre d'échanges d'informations tout à fait officiels, organisés par des associations d'entreprises[32]. Là encore, les lignes directrices européennes sont utiles et identifient des restrictions caractérisées qui ont toutes les chances d'être considérées comme des restrictions par objet.

42. À défaut d'un objet anticoncurrentiel, il convient pour l'Autorité d'examiner si l'entente en cause produit ou est susceptible de produire des effets restrictifs sur la concurrence sur le marché concerné, ce qui suppose une analyse circonstanciée de la nature de l'accord et de son impact réel ou potentiel sur la concurrence. Cette démonstration requiert en particulier une analyse économique détaillée, sur la base de données qui ne sont pas toujours disponibles sur les marchés en cause en Polynésie, ce qui ne facilite pas les choses. En outre, suivant les données et la méthode économique employées, les résultats de l'analyse peuvent considérablement varier. Les affaires traitées sur la base des effets conduisent donc généralement à des débats longs et complexes avec les parties, de sorte que les autorités préfèrent pouvoir recourir à la démonstration d'un objet anticoncurrentiel dès qu'elles le peuvent.

43. Jusqu'en 2018, les accords exclusifs d'importation faisaient l'objet d'un traitement spécifique, prévu à l'article LP 200-3, ne nécessitant pas la preuve d'effets. Cependant, cette disposition a été supprimée afin de réintégrer le droit commun des ententes. L'Assemblée de la Polynésie française a justifié cette suppression par l'évolution de l'analyse économique et concurrentielle des accords verticaux[33]. Ceci complique de fait la possibilité pour l'APC de poursuivre et d'obtenir la suppression de ce type d'accords.

44. *Sensibilité de la restriction.* En droit de l'UE comme en droit français, il est admis que certaines restrictions émanent d'entreprises d'une taille qui ne permet pas de

---

30 APC, déc. n° 2022-PAC-01, préc., § 93.

31 *Ibid.*

32 Aut. conc., déc. n° 15-D-19 du 15 décembre 2015 relative à des pratiques mises en œuvre dans les secteurs de la messagerie et de la messagerie express.

33 Rapport de l'Assemblée de la Polynésie française n° 35-2018 sur le projet de loi du pays portant modification de la partie législative du code de la concurrence, *JOPF* n° 5 NA du 24 mai 2018.

considérer que l'éventuelle concertation en cause affecterait la concurrence de manière sensible. Des règles « *de minimis* » ont dès lors été adoptées pour prévoir qu'en deçà d'une certaine taille, les accords d'importance mineure ne sont pas susceptibles d'affecter la concurrence (de l'ordre de 10 % de part de marché cumulée des entreprises participantes dans une relation horizontale et de 15 % en vertical, à supposer qu'ils ne contiennent pas de restriction caractérisée)[34]. En Polynésie, compte tenu du caractère insulaire des marchés et du faible nombre d'acteurs, nous ne sommes pas certains que cette tolérance s'appliquerait dans les mêmes termes.

III. Exceptions au principe de prohibition

45. L'article LP 200-5 prévoit des exceptions au principe de prohibition des ententes qui s'apparentent à celles reconnues en droit national[35]. Ces exceptions permettent d'exclure certaines pratiques du champ d'application de l'interdiction des ententes anticoncurrentielles, si elles en remplissent les conditions.

A. *L'application d'une disposition réglementaire*

46. La première exception concerne les pratiques imposées par la réglementation. Sont ainsi exclues du champ de la prohibition les pratiques qui résultent directement de l'application d'une disposition réglementaire obligatoire, et sur lesquelles les entreprises n'ont pas de marge de manœuvre. En métropole, où la même exception s'applique, l'Autorité de la concurrence a eu l'occasion de préciser qu'il ne suffit pas d'une incitation éventuelle mais d'une réelle obligation posée par le texte en question.

B. *La contribution au progrès économique*

47. *Conditions proches de l'exemption.* Cette exception du droit de la concurrence polynésien est rédigée en des termes quasi identiques à ceux de l'article L. 420-4 du code de commerce français et prévoit que des pratiques peuvent être justifiées par des motifs objectifs tirés d'une contribution au progrès économique dans des conditions qui justifient une exemption à l'interdiction.

48. L'appréciation de cette exception repose sur quatre conditions cumulatives appréciées au cas par cas. Tout d'abord, la pratique doit générer des gains d'efficience vérifiables directement liés à l'accord. Deuxièmement, une part équitable de ces avantages doit être effectivement répercutée aux utilisateurs. Troisièmement, les restrictions doivent être strictement indispensables et proportionnées et aucune solution moins restrictive ne doit permettre d'atteindre les mêmes effets. Enfin, la pratique ne doit pas donner la possibilité d'éliminer la concurrence pour une partie substantielle des produits ou services concernés, ce qui implique une analyse

---

[34] Communication de la Commission, Communication concernant les accords d'importance mineure qui ne restreignent pas sensiblement le jeu de la concurrence au sens de l'article 101, paragraphe 1, du traité sur le fonctionnement de l'Union européenne (communication *de minimis*), *JOUE* n° C 291 du 30 août 2014, p. 1 et art. L. 464-6 C. com.

[35] Art. LP 200-5 du code de la concurrence.

du contexte concurrentiel, des parts de marché, de la pression concurrentielle résiduelle et des barrières à l'entrée.

49. La charge de la preuve pèse sur les entreprises qui se prévalent du bénéfice d'une exemption et doivent quantifier les gains, la transmission d'une partie équitable des avantages qui en résultent, l'absence de restriction non nécessaire dans leurs accords et enfin une concurrence actuelle et potentielle qui demeure suffisante.

50. *Exemption par catégorie.* Le texte prévoit encore que certaines catégories d'accords – notamment ceux ayant pour objet d'améliorer la gestion des entreprises moyennes ou petites – peuvent être reconnues comme satisfaisant aux conditions de l'exclusion du champ des prohibitions par arrêté pris en Conseil des ministres après avis de l'APC, et ce, pour une durée ne pouvant excéder trois ans. Cette disposition n'a pour l'heure pas fait l'objet de cas d'application.

IV. Conséquences en cas d'infraction à l'article LP 200-1

A. *Conséquences civiles : nullité des accords et indemnisation des victimes*

51. Les engagements, conventions ou clauses contractuelles se rapportant à une pratique prohibée sont tout d'abord nuls en application de l'article LP 200-4. Si cette nullité peut être prononcée par l'APC, ceci n'est absolument pas requis par le texte et toute tentative de mise en œuvre ou d'exécution forcée d'un accord illicite serait vaine.

52. L'auteur d'une infraction à l'article LP 200-1 commet également une faute civile qui peut donner lieu à indemnisation des victimes qui sont en mesure d'établir devant les juridictions compétentes la faute de l'entreprise un préjudice et un lien de causalité entre les deux. En métropole, les demandes d'indemnisation se multiplient et, dans de nombreux cas, l'indemnisation des victimes peut atteindre, voire dépasser, le montant des amendes infligées par l'Autorité de la concurrence.

53. Si l'indemnisation suppose d'établir la faute, le préjudice et le lien de causalité sur la base de moyens d'accès à la preuve assez limités lorsque l'action est engagée directement au niveau judiciaire (action dite « *stand-alone* »), elle est évidemment facilitée lorsqu'elle fait suite à l'adoption d'une décision de condamnation préalable par l'autorité de concurrence qui aura, elle, pu mettre en œuvre des moyens d'enquête réels au sein des entreprises suspectes (action dite de « *follow-on* »).

B. *Conséquences administratives : amendes et peines accessoires prononcées par l'APC à l'égard des entreprises*

54. *Sanctions pécuniaires pour les auteurs d'infractions.* L'Autorité polynésienne peut prononcer, à l'égard des auteurs d'infractions à l'article LP 200-1, des sanctions pécuniaires conformément à l'article LP 641-2 du code de la concurrence. La sanction encourue peut aller jusqu'à 5 % du chiffre d'affaires réalisé en Polynésie française au cours d'un des trois derniers exercices, si le contrevenant est une entreprise, ou jusqu'à 100 millions de francs CFP dans le cas contraire.

55. Depuis la loi du pays n° 2021-40 du 7 septembre 2021, le texte relatif à la détermination de la sanction en matière de pratiques anticoncurrentielles ne fait plus référence au dommage causé à l'économie, à la distorsion occasionnée sur les marchés concernés ou encore aux effets réels et potentiels sur les consommateurs. Dès lors, les sanctions sont déterminées essentiellement par rapport à la gravité de l'infraction.

56. L'Autorité polynésienne de la concurrence évalue ainsi le montant de la sanction en fonction de plusieurs critères :

- la nature de l'infraction en cause et des faits ainsi que la nature du ou des paramètres de la concurrence concernés ;
- la nature des activités, des secteurs ou des marchés en cause ;
- la nature des personnes susceptibles d'être affectées ;
- les caractéristiques objectives de l'infraction en cause[36].

57. En avril 2025, l'APC a adopté un communiqué détaillant les modalités de détermination des sanctions pécuniaires applicables, entre autres, aux infractions relatives aux pratiques anticoncurrentielles[37]. Comme en métropole, un montant de base est établi sur la valeur des ventes affectées par l'infraction, la gravité et la durée de l'infraction. L'Autorité ajuste ensuite le montant obtenu pour tenir compte de circonstances atténuantes ou aggravantes, s'il y a lieu, et d'autres éléments d'individualisation de la sanction.

58. *Non-contestation des griefs.* Comme en métropole, lorsqu'une entreprise ne conteste pas la réalité des griefs, l'Autorité peut tenir compte de cette absence de contestation. Aux termes de l'article LP 641-2, III, la sanction encourue est, dans ce cas, réduite de moitié. L'APC a fait application de cette disposition dans l'affaire *Pompes funèbres*, aucune des entreprises visées n'ayant contesté les griefs, en leur appliquant ce maximum réduit et en leur accordant une réduction supplémentaire de 10 % à ce titre[38].

59. *Indemnisation de la victime.* L'APC peut accorder une réduction de la sanction pécuniaire lorsqu'une entreprise ou un organisme, au cours de la procédure, verse à la victime des pratiques anticoncurrentielles une indemnité dans le cadre d'une transaction au sens de l'article 2044 du code civil applicable localement[39].

60. *Clémence.* Depuis 2018, l'article LP 641-2, VI du code de la concurrence prévoit une procédure de clémence permettant à une entreprise ou à un organisme impliqués dans une pratique prohibée telle qu'une entente anticoncurrentielle de bénéficier d'une exonération totale ou partielle des sanctions pécuniaires[40]. Cette exonération peut être accordée si l'entreprise ou l'organisme contribue de manière significative à établir la réalité de l'infraction et à identifier ses auteurs, en fournissant à l'Autorité des informations inédites. La clémence donne lieu à l'adoption

---

36 APC, déc. n° 2022-PAC-01, préc., § 113.

37 APC, Communiqué de l'Autorité polynésienne de la concurrence relatif à la méthode de détermination des sanctions pécuniaires, avril 2025.

38 APC, déc. n° 2022-PAC-01, préc., § 136 et 137.

39 Art. LP 641-2, I, al. 4 du code de la concurrence.

40 Art. LP 641-2, VI du code de la concurrence.

d'un avis par l'Autorité, à la demande du président de la Polynésie française ou du rapporteur général, après que le commissaire du gouvernement et l'entreprise concernée ont pu présenter leurs observations. L'avis précise les conditions de l'exonération envisagée et n'est pas publié. Si ces conditions sont respectées, l'Autorité peut, lors de sa décision finale, accorder une exonération proportionnée à la contribution apportée à la révélation de l'infraction.

61. Si la presse s'est fait l'écho du dépôt de demandes de clémence, aucune décision de l'APC n'a pour l'heure été adoptée sur cette base. Comme en métropole, si le demandeur de clémence est exonéré de sanction administrative, l'exonération au titre des sanctions pénales pour les salariés impliqués sera probablement assurée en pratique, mais en revanche, le demandeur de clémence reste pleinement responsable de l'indemnisation des victimes, ce qui est encore perçu comme un frein à l'utilisation de la clémence.

62. *Capacité contributive.* L'Autorité prend aussi en compte la capacité contributive des entreprises dans les conditions détaillées dans son communiqué sanctions, ce qui suppose que celles-ci justifient de leurs difficultés à la date d'adoption de la décision dans le cadre de la procédure administrative.

63. *Imputabilité.* Il fait assez peu de doute que l'APC pourrait, comme l'Autorité de métropole, estimer justifié d'imputer l'infraction à la société mère de la société auteure de l'infraction lorsque cette dernière ne détermine pas son comportement de manière autonome, auquel cas, d'une part, une majoration de l'amende pour appartenance à un grand groupe peut être encourue et, d'autre part, la société mère peut être tenue solidairement responsable du paiement de la sanction infligée à sa filiale[41].

64. *Injonctions.* Comme elle l'expose sur son site internet, l'APC a également le pouvoir d'enjoindre à la partie mise en cause de mettre fin à la pratique anticoncurrentielle concernée. Elle peut aussi lui enjoindre de modifier son comportement pour l'avenir.

65. À titre d'exemple, l'Autorité de la concurrence nationale a enjoint à une société de supprimer de certaines conventions toute clause de répartition de clientèle, de partage du marché, de restriction ou d'interdiction de concurrence, et de cesser toute pratique ayant le même objet[42] ou de modifier un système informatisé d'échange d'informations entre concurrents[43].

66. *Injonction de publication.* L'Autorité a également la possibilité d'imposer la publication, la diffusion ou l'affichage de sa décision, ou d'un extrait, selon les modalités qu'elle détermine (art. LP 641-2). Elle peut en outre exiger que cette décision, ou son extrait, soit insérée dans le rapport annuel d'activité établi par les organes de direction de l'entreprise. Les frais liés à ces mesures sont à la charge de la personne concernée.

---

41 V. not. § 51 du communiqué sanctions.

42 Cons. conc., déc. n° 04-D-49 du 28 octobre 2004 relative à des pratiques anticoncurrentielles dans le secteur de l'insémination artificielle bovine.

43 Aut. conc., déc. n° 12-D-08 du 6 mars 2012 relative à des pratiques mises en œuvre dans le secteur de la production et de la commercialisation des endives.

C. *Conséquences pénales*

67. En Polynésie, la participation frauduleuse personnelle et déterminante à une entente anticoncurrentielle constitue également une infraction pénale[44]. Toute personne physique qui joue un rôle personnel et décisif dans la conception, l'organisation ou la mise en œuvre d'accords ou de pratiques prohibées par les articles LP 200-1 et LP 200-2 s'expose dès lors à des sanctions pénales. Plus précisément, cette infraction est passible d'une amende pouvant atteindre 8,9 millions de francs CFP. En outre, le tribunal dispose du pouvoir d'ordonner, aux frais du condamné, la publication totale ou partielle de sa décision dans les journaux de son choix. Contrairement à la métropole, une peine de prison ferme ou avec sursis n'est pas encourue.

---

[44] Art. LP 200-6 du code de la concurrence.

L’abus de position dominante

Chimène Faurant
Avocate associée, Orrick, Herrington & Sutcliffe

Patrick Hubert
Avocat associé, Orrick, Herrington & Sutcliffe

1. Tous les droits de la concurrence dans le monde reposent principalement sur deux interdictions : l’interdiction des ententes et celle des abus de position dominante. Les ententes sont des infractions collectives alors que les abus de position dominante (ou de dominance) sont des pratiques unilatérales qui ne sont interdites qu’aux entreprises qui détiennent une position particulièrement forte sur le marché, un monopole ou une position qui s’en rapproche, précisément qualifiée de « dominante ». Le code de la concurrence polynésien (ci-après, « le code de la concurrence ») comporte bien ces deux interdictions. L’abus de position dominante y est défini et interdit à l’article LP 200-2 en ces termes : « Est prohibée, dans la mesure où un marché situé sur le territoire de la Polynésie française est susceptible d’en être affecté, l’exploitation abusive d’une position dominante par une entreprise ou un groupe d’entreprises. »

2. Ainsi, comme la plupart de ses homologues, le droit polynésien ne définit, ni ce qu’est une position dominante, ni ce qui en constitue une exploitation abusive, l’article LP 200-2 ne comportant qu’une liste non exhaustive de comportements abusifs.

3. Ces dispositions ont été éclairées par la pratique de l’Autorité polynésienne de la concurrence (APC ou l’« Autorité ») qui, à la date de publication du *Guide*, comporte quatre décisions :

   – 2018-PAC-01 du 6 juin 2018, décision qui ne s’est pas officiellement prononcée sur les abus invoqués, car il a été mis fin à la procédure par des engagements de l’entreprise mise en cause ;

- 2019-PAC-01 du 22 août 2019, décision qui a caractérisé et sanctionné des abus de position dominante, mais qui a été annulée par la cour d'appel de Paris pour une raison de forme ;
- 2021-PAC-01 du 8 décembre 2021, décision par laquelle l'Autorité a rejeté une demande de mesures conservatoires, mais a considéré que les abus invoqués étaient suffisamment crédibles pour justifier la poursuite d'une instruction au fond, qui n'a pas encore abouti à la date de publication du présent *Guide* ;
- 2023-PAC-01 du 31 mars 2023, qui a prononcé des mesures conservatoires sur la base d'abus de position dominante apparaissant crédibles à cette date[1] ; toutefois, la décision au fond qui se prononcera sur leur existence n'est pas encore intervenue à la date de publication du présent *Guide*.

4. Aucun abus de position dominante n'a donc, à ce jour, fait l'objet d'une condamnation définitive en Polynésie française. Cela n'empêche cependant pas de tirer des enseignements de ces quatre décisions, tout en faisant preuve de prudence dans l'attente de décisions au fond.

5. Par ailleurs, l'APC a publié en 2020 un guide pratique du droit polynésien de la concurrence (le « Guide pratique ») qui comporte une page dédiée à l'abus de position dominante.

I. Le marché où la position dominante est étudiée

6. Une position dominante n'existe pas dans l'abstrait, mais sur un marché particulier. Déterminer si une entreprise est dominante suppose donc d'abord de définir le marché pertinent (marché de produits et marché géographique) sur lequel la position de l'entreprise en cause va être étudiée. Cet impératif est absolu, à la différence de ce qui se passe en cas d'entente, où l'on peut considérer que certaines ententes peuvent être sanctionnées sans que le marché pertinent en cause ait été précisément défini. Il est renvoyé, pour les techniques de définition de marché, dans le lexique du présent *Guide* traitant de la notion de marché pertinent.

7. Comme cela sera développé *infra*, le marché où la position dominante est détenue n'est pas nécessairement celui où l'abus est commis.

II. La position dominante

8. S'agissant de la définition de la position dominante, le Guide pratique se borne à préciser qu'il s'agit d'une « position de force sur un marché », mais les décisions rendues sont beaucoup plus explicites, comme le montrent, par exemple, les paragraphes 63 et 34 de la décision 2023-PAC-01[2].

---

1 Cette décision a été confirmée en tous points par la Cour d'appel de Paris dans un arrêt du 6 juillet 2023, puis par la chambre commerciale de la Cour de cassation dans un arrêt du 3 décembre 2025.

2 APC, déc. n° 2023-PAC-01 du 31 mars 2023 relative à une demande de mesures conservatoires présentée par la société Viti pour des pratiques mises en œuvre dans le secteur des télécommunications, en matière de prestations d'itinérance dans les archipels éloignés.

9. Dans cette décision, l'APC reprend à son compte, en la citant, la définition retenue par la Cour de justice de l'Union européenne (CJUE) dans son célèbre arrêt *United Brands*, lequel définit la dominance comme la capacité d'adopter des « comportements indépendants dans une mesure appréciable vis-à-vis de ses concurrents, de ses clients et, finalement, des consommateurs[3] ». Alors qu'une entreprise normale est contrainte par ses concurrents et ses clients (par exemple, si ses prix sont trop hauts, les clients se détourneront d'elle au profit de ses concurrents), une entreprise dominante échappe dans une certaine mesure à ces contraintes ; si elle est en monopole ou si ses concurrents sont petits et incapables de répondre à une demande additionnelle, les clients ne pourront pas trouver d'alternative, et elle pourra augmenter ses prix librement, du moins jusqu'à ce que la perte de clients incapables de payer finisse par affecter ses profits.

10. Ces développements, de même que ceux du Guide pratique, conduisent à une conclusion générale, importante et qui s'applique à tous les sujets traités au présent chapitre : l'APC tient compte de la pratique et de la jurisprudence d'autres zones ou pays, ce qui permet, lorsqu'aucune décision ne s'est encore prononcée sur un point, d'imaginer ce que pourrait être sa future position.

11. L'APC, comme ses homologues, est consciente que la définition de la dominance fondée sur la capacité à adopter des comportements indépendants est abstraite ; les entreprises – qu'elles veuillent savoir si elles sont dominantes ou si l'un de leurs concurrents l'est – ont besoin de critères simples et opérationnels. La pratique décisionnelle de l'APC fournit toutefois une grille d'analyse comportant un critère capital, qui est le point de départ de toute analyse de dominance : la part de marché détenue. D'autres critères peuvent être également pris en compte, tels que « l'existence de barrières à l'entrée, [la] forte notoriété et [les] informations privilégiées découlant de la situation particulière d'un ancien opérateur historique », qui contribuent à établir une dominance. L'APC peut également tenir compte de facteurs pouvant au contraire, faire douter de la dominance, comme par exemple les « contrepouvoirs des concurrents actuels et des clients[4] ».

12. Ainsi, par exemple, dans la décision 2023-PAC-01 mentionnée ci-dessus, l'APC devait se prononcer sur la position de l'opérateur téléphonique Onati sur deux marchés relatifs à la téléphonie mobile : le marché amont, par lequel Onati consentait un accès à ses concurrents sur ses boucles locales déployées par elle, et un marché aval, sur lequel les opérateurs téléphoniques vendent leurs services aux consommateurs. L'application de la grille d'analyse à ces deux marchés a débouché sur des différences significatives. Sur le marché amont, l'APC a observé qu'Onati était la seule à disposer d'une boucle locale dans les îles éloignées (ce n'était pas le cas à Tahiti) ; la construction d'alternatives aurait demandé trop de temps. L'APC ne s'est pas expressément étendue sur l'existence de barrières à l'entrée, mais a considéré que le marché devait être analysé dans un horizon de temps tel que les entrées étaient impossibles dans ce délai. Combinée à une part de marché de 100 %, cette situation caractérisait une position dominante. Sur le marché aval,

---

3 CJCE, 14 février 1978, *United Brands*, aff. 27/76, EU:C:1978:22, § 65.

4 APC, déc. nº 2023-PAC-01, préc., § 64.

au contraire, Onati n'était pas en situation de monopole ; sa part de marché se situait entre 55 et 60 %, celle de PMT entre 40 et 45 % et celle de Viti à moins de 1 %[5]. Certaines autorités de concurrence considèrent qu'à partir de 40 % de parts de marché (ou même moins dans certains pays), il existe une présomption de dominance. Mais dans la mesure où deux entreprises dépassaient ce seuil de 40 %, l'APC pouvait difficilement tirer de telles conclusions ; aussi a-t-elle considéré que, si Onati disposait sur le marché aval d'une position « prédominante », sa dominance n'y était pas établie[6].

13. Implicitement, l'APC a donc considéré que les parts de marché constituaient un élément clé de l'analyse, qu'il s'agisse de celle de l'entreprise en cause (plus elle est élevée, plus elle a de chances d'être en position dominante) ou de celle des concurrents (en particulier du plus gros d'entre eux), qui constitue un indice de leurs contrepouvoirs. En droit européen ou métropolitain, des seuils critiques de parts de marché ont été dégagés par la jurisprudence :

- présomption presque irréfragable de dominance au-dessus de 50 %[7] ;
- probabilité de dominance entre 40 et 50 % ;
- faible probabilité de dominance entre 10 et 40 % ;
- présomption de non-dominance en dessous de 10 %.

14. La pratique de l'APC est trop limitée pour savoir si elle retiendra une telle approche, mais on peut penser, au vu du soin avec lequel elle appuie ses décisions sur la pratique d'autres autorités plus anciennes, qu'elle s'en inspirera.

15. Il est toutefois intéressant de relever que, dans la décision précitée, l'APC s'est également appuyée sur l'importance des barrières à l'entrée, c'est-à-dire des difficultés particulières qu'un nouvel entrant pourrait rencontrer pour pénétrer le marché. En effet, en l'absence de barrières à l'entrée, la forte part de marché de l'entreprise en cause pourrait facilement s'effondrer si ses clients invitaient un nouveau concurrent à pénétrer le marché. La pratique des autres autorités montre qu'elles élargissent la notion de barrière à l'entrée à celle de barrière à l'expansion : s'il n'y en a pas, un concurrent encore petit pourrait facilement remettre en cause la forte position de l'entreprise en cause. L'abondante pratique des autorités dans le monde permet de dresser une liste des barrières les plus fréquentes : droits exclusifs (existence d'un monopole légal), droits de douane ou contingents, économies d'échelle rendant la croissance d'un petit concurrent peu probable, monopole du dominant, sur des ressources indispensables comme des matières premières, détention d'une propriété intellectuelle essentielle, niveau très élevé des investissements, effet de réseau qui donne un avantage considérable à l'entreprise dont les « abonnés » sont très nombreux, etc.

16. Les contrepouvoirs auxquels l'entreprise en cause peut se heurter sont principalement ceux des concurrents, qui peuvent, par exemple, baisser leurs prix pour contester la forte position de marché de l'entreprise en cause, pour autant qu'ils puissent augmenter leur production ; comme vu ci-dessus, la part de marché relativement

5 *Ibid.*, § 65 à 70.

6 *Ibid.*, § 71.

7 CJCE, 3 juillet 1991, *AKZO c/ Commission*, aff. C-62/86, EU:C:1991:286.

élevée d'un concurrent est un bon indice de son contrepouvoir. Mais les clients, s'ils sont peu nombreux et puissants, peuvent également représenter un contrepouvoir, en refusant d'acheter à un prix trop élevé ou en étant en mesure d'aider un concurrent à entrer sur le marché, même s'il existe des barrières à l'entrée.

17. Enfin, les autorités regardent si l'entreprise en cause dispose d'une supériorité intrinsèque, telle qu'un accès privilégié à une ressource (qui peut être aussi bien une ressource naturelle que, par exemple, une base de données clients), une technologie particulièrement efficiente, une très forte notoriété ou des ressources capitalistiques tenant, par exemple, à son appartenance à un groupe puissant. Il est probable que l'APC prendra en compte ces éléments au fil de sa future pratique décisionnelle.

III. Le marché où un dominant peut abuser

18. Il est facile de concevoir qu'un opérateur en position dominante puisse abuser de celle-ci sur le marché qu'il domine, puisqu'il est justement en mesure d'y adopter le comportement qu'il veut sans avoir à subir de contraintes de la part des concurrents, vendeurs sur ce même marché, ou des clients qui y sont acheteurs.

19. Mais le droit de la concurrence, dans de nombreux pays, admet aussi que, grâce à la liberté d'action procurée par la position détenue sur le marché dominé, un tel opérateur puisse venir perturber la concurrence sur un autre marché. C'est ainsi que la Commission européenne, confortée par la CJUE, admet qu'un opérateur en position dominante sur un marché A puisse abuser de cette position sur un marché B où il ne détient pas une position dominante, pourvu que les deux marchés entretiennent un lien de connexité[8]. L'APC a adopté la même approche en considérant, par exemple, dans l'affaire 2023-PAC-01, qu'Onati a pu abuser de sa position dominante sur le marché amont des services d'itinérance dans les archipels éloignés par des pratiques mises en œuvre sur le marché aval de la vente des services téléphoniques aux consommateurs.

IV. Généralités sur les abus

20. De nombreux droits de la concurrence dans le monde connaissent deux grands types d'abus de position dominante :
   - l'abus d'exclusion, dirigé contre les concurrents, par lequel le dominant empêche l'entrée sur le marché de rivaux, les exclut du marché ou, au minimum, gêne leur développement ;
   - l'abus d'exploitation, dirigé contre les clients (ou les fournisseurs), par lequel le dominant impose des conditions discriminatoires ou excessives, comme, par exemple, des prix abusivement élevés.

---

[8] TPICE, 6 octobre 1994, *Tetra Pak*, aff. T-83/91, EU:T:1994:246 ; v. aussi TPICE, 17 décembre 2003, *British Airways c/ Commission*, aff. T-219/99, EU:T:2003:343, § 127 et 130. En l'espèce, un tel lien de connexité avait été reconnu entre le marché des services fournis par les agents de voyages aux compagnies aériennes et le marché des services de transport aérien assurés par ces mêmes compagnies relativement aux prestations vendues aux voyageurs par l'intermédiaire des agents de voyages.

21. L'article LP 200-2 interdit « l'exploitation abusive » d'une position dominante, mais ce vocabulaire ne doit pas tromper. L'abus d'exploitation n'est pas le seul visé. Les exemples cités par ce même article visent d'ailleurs les abus d'exclusion, et notamment le premier : « Limiter artificiellement l'accès au marché ou le développement d'entreprises concurrentes ». Le Guide pratique limite sa définition de l'abus à « des pratiques unilatérales d'une entreprise qui use de sa position de force sur un marché pour évincer ses concurrents ou empêcher l'arrivée de nouveaux entrants », mais la lecture des décisions de l'APC montre que les abus d'exploitation ne sont pas exclus. D'ailleurs, plusieurs des exemples d'abus cités par l'article LP 200-2 peuvent viser les clients ou les fournisseurs, comme le refus de vendre ou d'acheter ou l'application de conditions inégales à des prestations équivalentes, même s'ils peuvent aussi servir à éliminer un concurrent.

22. Par ailleurs, puisque l'article LP 200-2 du code de la concurrence ne définit pas ce qu'est un abus et se contente de fournir quelques exemples, il est important de comprendre sur quelle base l'APC peut qualifier une pratique d'abusive lorsqu'elle ne figure pas parmi ces exemples. Le droit européen et le droit métropolitain ont dégagé un critère général : est abusif un comportement qui ne relève pas d'une « concurrence par les mérites[9] », c'est-à-dire une pratique qui procure un avantage au détriment des concurrents ou des clients (voire des fournisseurs), sans que cet avantage soit dû à un meilleur rapport qualité/prix, une meilleure technologie ou une quelconque caractéristique résultant des investissements ou des efforts de l'entreprise en cause. L'avantage résulte donc d'un comportement « anormal ».

23. L'APC n'a pas, pour le moment, fait d'allusion explicite à la notion de « concurrence par les mérites », mais son raisonnement montre que la notion lui est familière. Ainsi, dans ses décisions, l'APC vérifie si les avantages et prix proposés ont un rapport raisonnable avec les coûts et la valeur économique des prestations, et si la concurrence se joue sur des critères réplicables par les concurrents aussi efficaces ; à défaut, le gain serait anormal et non pas dû aux mérites de l'acteur dominant. Par exemple, dans sa décision précitée 2023-PAC-01, pour analyser une compression des marges, l'APC mobilise le test du concurrent aussi efficace : si, lorsque les coûts des prestations intermédiaires supportés par un « opérateur aussi efficace » sont appliqués à l'entreprise dominante, l'écart entre ces coûts en amont et les prix de détail en aval ne lui permet pas de dégager une marge positive, cela révèle que ses concurrents ne peuvent pas rivaliser, même à efficacité égale. Cela démontre que les performances de l'entreprise dominante ne sont pas exclusivement déterminées par ses mérites, mais par un comportement abusif[10]. Même si, notamment en Europe, les autorités ne se réfèrent pas toujours à un concurrent aussi efficace, ce test reste très utile.

24. Pour le moment, l'APC ne s'est pas pleinement exprimée sur d'autres éléments généraux de la théorie de l'abus de position dominante dégagés par des autorités plus anciennes. Cette théorie prévoit, par exemple, qu'une pratique n'est abusive que si elle est capable de porter atteinte aux intérêts des consommateurs *ou* des

---

[9] TPICE, 30 septembre 2003, *Michelin c/ Commission*, aff. T-203/01, EU:T:2003:250, § 97.

[10] APC, déc. nº 2023-PAC-01, préc., § 92.

concurrents (sans qu'il soit besoin de démontrer qu'elle porte atteinte aux deux) ; l'intention (d'éliminer un concurrent, par exemple) ne joue pas de rôle dans la caractérisation de l'infraction, il suffit de montrer que l'infraction peut produire des effets, réels ou seulement potentiels.

V. Les principaux types d'abus

25. Le premier exemple cité par l'article LP 200-2 permet de couvrir n'importe quel abus d'exclusion (limiter l'accès ou le développement de concurrents), mais cette disposition ne fournit pas d'exemple concret. Il en va différemment du Guide pratique, qui cite cinq exemples :

> Lier la vente d'un produit sur lequel l'entreprise est dominante avec la vente d'un autre de ses produits sur lequel elle n'est pas en position de force.
>
> Pratiquer des prix excessivement bas (« prédateurs ») afin d'évincer un concurrent.
>
> Imposer des clauses d'exclusivité d'approvisionnement à ses clients.
>
> Mettre en place un système de remises fidélisantes.
>
> Dénigrer un concurrent, diffuser des informations erronées.

26. Cette liste n'est pas exhaustive, mais elle montre la volonté de l'APC de réprimer les pratiques abusives dégagées et condamnées depuis longtemps par les autorités de concurrence anciennes de nombreux pays. En outre, dans certaines décisions, l'APC s'est intéressée à des pratiques qui ne figurent pas dans le Guide pratique, comme la « compression de marge » (voir *infra*). Il est donc clair que la notion d'abus ne se limite ni aux exemples cités par l'article LP 200-2 ni à ceux évoqués par le Guide pratique.

27. Seront présentés ci-dessous les abus déjà étudiés par l'APC (A) puis, plus brièvement, les abus qu'elle n'a pas rencontrés (B), mais qui, classiques dans d'autres régimes de concurrence, pourraient parfaitement être retenus par elle si l'occasion s'en présentait.

A. *Les abus déjà étudiés par l'APC*

28. Pour mémoire (cf. introduction du présent chapitre), aucune des décisions auxquelles il est fait référence ci-dessous n'a prononcé de condamnation au fond, sauf la décision 2019-PAD-01, mais cette dernière a été annulée par la cour d'appel de Paris pour vice de forme. Les conclusions ci-dessous sont donc à prendre avec précaution.

29. Une première catégorie d'abus (qui ne comprend qu'un seul exemple dans la pratique de l'APC) concerne les comportements qui n'affectent pas les prix ou les conditions commerciales.

1. Abus de nature non tarifaire

a) Refus d'accès à une infrastructure essentielle

30. Il s'agit d'un abus exceptionnel, puisqu'il suppose, outre la détention d'une position dominante, le contrôle d'une infrastructure essentielle, c'est-à-dire une infrastructure dont l'usage est indispensable pour qu'un concurrent exerce

une activité sur un marché amont, aval ou complémentaire, tout en étant non reproductible et à laquelle il serait en théorie possible d'ouvrir l'accès à un concurrent. Le cas le plus fréquent est celui où le dominant qui contrôle une infrastructure essentielle est actif sur un marché aval auquel il n'est possible de participer qu'en utilisant l'infrastructure essentielle. En refusant cet accès, le dominant peut rester seul sur le marché aval. Ce « succès » n'est pas dû à ses mérites, mais au fait qu'il a privé ses concurrents de la possibilité d'agir sur ce marché.

31. Dans l'affaire 2023-PAC-01, l'APC était confrontée à un opérateur téléphonique dominant, Onati, qui était le seul à disposer d'une « boucle locale » dans les îles éloignées, infrastructure qui permet d'accéder à l'abonné. Son concurrent Viti souhaitait faire transiter ses communications par cette boucle locale, ce qu'Onati lui refusait. L'APC a admis qu'un tel abus pourrait être sanctionné par le droit polynésien et s'est donc interrogée sur son application dans le cas d'espèce. Des débats ont eu lieu sur la possibilité de répliquer cette infrastructure (Viti, selon Onati, aurait pu mettre en place sa propre solution). Au stade de cette décision de mesures conservatoires, l'APC a considéré qu'il ne lui était pas nécessaire de se prononcer sur le caractère indispensable, dans la mesure où, d'une part, la pratique dénoncée ne consistait pas en un refus d'accès à une infrastructure essentielle, mais en l'accès à un tarif jugé excessif, et où, d'autre part, un opérateur téléphonique dominant, même si son infrastructure est réplicable, doit en tout état de cause y donner accès du fait de la réglementation[11]. Il s'en déduit néanmoins que l'Autorité a fait sienne la définition classique de l'infrastructure essentielle, dans laquelle la non-réplicabilité joue un rôle clé dans les situations où l'accès à cette infrastructure est refusé.

2. Abus tarifaires ou concernant les conditions commerciales

a) Compression de marge

32. La compression de marge, ou effet de ciseau, est une infraction complexe parce que la pratique est commise simultanément sur deux marchés différents. Le dominant sur le marché amont laisse accéder son concurrent à une infrastructure ou à un intrant qui lui est nécessaire pour être actif sur le marché aval, qui est un marché concurrentiel ; toutefois, le dominant impose un prix d'accès en amont qui constitue pour le concurrent un coût important. Si, en même temps, le dominant pratique avec les clients finaux sur le marché aval un prix suffisamment bas, le concurrent va devoir s'aligner sur ce prix (faute de quoi il n'aurait pas de clients), mais la combinaison du prix d'accès élevé sur le marché amont et du prix bas sur le marché aval anéantit sa marge ou, en tout cas, la réduit à un niveau tel que son développement est compromis.

33. Dans l'affaire 2023-PAC-01, Onati imposait à Viti, pour des prestations d'itinérance sur le marché amont, des prix tels que Viti était exposée à un coût annuel de 71,5 millions de francs CFP. Avec un revenu annuel contraint par la nécessité de ne pas vendre aux consommateurs à un prix supérieur à celui d'Onati,

[11] *Ibid.*, § 80 à 86.

Viti dégageait des recettes s'élevant à 69,9 millions de francs CFP pour son activité mobile en 2022, ce qui ne lui permettait même pas de couvrir le montant du tarif fixe d'itinérance facturé par Onati, cela alors même que l'activité de téléphonie mobile implique d'autres charges.

34. L'APC a considéré que les coûts d'itinérance facturés par Onati ne permettaient pas à un acteur de la taille de Viti de commercialiser des forfaits à des tarifs équivalents à ceux de ses concurrents tout en restant rentable. L'Autorité en a déduit que cette pratique était susceptible d'être qualifiée de ciseau tarifaire et d'abus de position dominante[12].

b) Conditions commerciales discriminatoires

35. Les conditions commerciales discriminatoires sont expressément prohibées par l'article LP 200-2. Elles consistent à appliquer à l'égard de partenaires commerciaux des conditions inégales pour des prestations équivalentes. Il peut s'agir de prix discriminatoires, de redevances commerciales différenciées, de la réduction de livraison à un client de façon disproportionnée par rapport aux autres, ou de toute restriction fondée sur la nationalité. Réciproquement, traiter de manière identique des situations objectivement non similaires constitue aussi une discrimination.

36. Toutefois, selon une jurisprudence bien établie de la CJUE, une discrimination ne saurait, en tant que telle, constituer un abus sanctionnable si elle n'inflige pas un désavantage concurrentiel affectant significativement les intérêts et la position concurrentielle de l'opérateur s'estimant lésé[13].

37. Dans un arrêt plus récent[14], la CJUE a énoncé :

> La notion de « désavantage dans la concurrence », au sens de l'article 102, second alinéa, sous c), TFUE, doit être interprétée en ce sens qu'elle vise, dans l'hypothèse où une entreprise dominante applique des prix discriminatoires à des partenaires commerciaux sur le marché en aval, la situation dans laquelle ce comportement est susceptible d'avoir pour effet une distorsion de la concurrence entre ces partenaires commerciaux. La constatation d'un tel « désavantage dans la concurrence » ne requiert pas la preuve d'une détérioration effective et quantifiable de la position concurrentielle, mais doit se fonder sur une analyse de l'ensemble des circonstances pertinentes de l'espèce qui permet de conclure que ledit comportement a une influence sur les coûts, sur les bénéfices, ou sur un autre intérêt pertinent d'un ou de plusieurs desdits partenaires, de sorte que ce comportement est de nature à affecter ladite position.

38. Par ailleurs, la jurisprudence et la pratique décisionnelle des autorités de concurrence considèrent que, pour être sanctionné, ce désavantage concurrentiel doit être suffisamment sensible. Ainsi, la CJUE a notamment jugé que « lorsque l'incidence d'une différenciation tarifaire sur les coûts supportés par l'opérateur qui s'estime

---

12 *Ibid.*, § 103.

13 CJUE, 19 avril 2018, *MEO – Serviços de Comunicações e Multimédia SA*, aff. C-525/16, EU:C:2018:270.

14 *Ibid.*, § 37.

lésé, ou encore sur la rentabilité et les bénéfices de cet opérateur, n'est pas significative, il peut le cas échéant en être déduit que cette différenciation tarifaire n'est pas susceptible d'avoir un quelconque effet sur la position concurrentielle dudit opérateur[15] ».

39. L'APC doit à ce titre prendre en compte tous les éléments du contexte de la pratique, notamment le niveau de domination, le pouvoir de négociation des parties, les conditions imposées à un opérateur par rapport aux autres, leurs durées, etc.

40. Dans l'affaire 2019-PAC-01, tous les fournisseurs bénéficiaient du même service d'implantation en meubles réfrigérés dans les magasins du pôle distribution du groupe Wane, en position dominante. Néanmoins, certains (Kim Fa, Brapac) payaient ce service essentiel pour les ventes et l'expérience consommateur, tandis que d'autres (Morgan Vernex, Sodispo, Brasserie de Tahiti, Bevco, filiale du groupe Wane) en bénéficiaient gratuitement, sans justification objective ni différences contractuelles pertinentes. En outre, même parmi les payeurs, des prix différents étaient appliqués pour un service identique. L'APC a donc considéré qu'il s'agissait d'un traitement différencié de fournisseurs placés dans des situations comparables, caractérisant une discrimination tarifaire[16]. Bien que cette décision ait été annulée pour des raisons de forme, l'APC réitérerait peut-être ce raisonnement en cas de pratiques similaires. Il convient néanmoins de remarquer que la décision ne comporte pas de démonstration que la discrimination aurait infligé un désavantage concurrentiel sensible ; c'est donc un précédent qui, pour plusieurs raisons, n'en est pas un.

41. Dans l'affaire 2023-PAC-01, l'APC a appliqué la règle symétrique (interdiction d'offrir des conditions comparables à des partenaires dont la situation est différente). Onati imposait aux deux autres opérateurs téléphoniques (Viti et PMT) des modalités de tarification dites « binomiales » avec une part fixe et une part variable. L'APC a considéré que, pour apprécier le caractère discriminatoire de ces tarifs, il fallait examiner si les prestations fournies en contrepartie aux deux opérateurs étaient équivalentes et, dans le cas contraire, si cette différence causait un désavantage à Viti. En l'occurrence, l'APC a considéré que les deux sociétés n'étaient pas dans des situations similaires, car elles n'avaient pas la même maturité sur le marché. De plus, PMT avait bénéficié d'une tarification uniquement variable pendant les six premières années suivant son entrée sur le marché, alors que Viti avait dû s'acquitter d'un tarif fixe dès sa première année d'activité en 2020. PMT disposait de plus de 40 % de parts de marché alors que celles de Viti étaient inférieures à 1 %. Il en résulte qu'en imposant les mêmes tarifs à des opérateurs placés dans des situations différentes, Onati avait causé un désavantage à Viti qui pourrait conduire à son éviction du marché. L'APC en a conclu que les modalités de tarification appliquées par Onati étaient susceptibles de constituer une discrimination abusive au détriment de Viti[17].

---

15 *Ibid.*, § 34.

16 APC, déc. n° 2019-PAC-01 du 22 août 2019 relative à des pratiques du groupe Wane mises en œuvre dans la commercialisation de boissons, § 217.

17 APC, déc. n° 2023-PAC-01, préc., § 104 à 114.

c) Conditions de transaction inéquitables

42. L'article 102 du traité sur le fonctionnement de l'Union européenne (TFUE) prohibe l'« impos[ition] de façon directe ou indirecte des prix d'achat ou de vente ou d'autres conditions de transaction non équitables », ce que l'article LP 200-2 ne prévoit pas expressément. Ce dernier se borne à envisager un cas particulier de conditions inéquitables : l'imposition par contrat de prestations supplémentaires sans lien avec l'objet du contrat.

43. Toutefois, dans sa décision 2023-PAC-01, l'APC a relevé qu'Onati avait fixé, pour l'accès de son réseau par ses concurrents, une tarification déconnectée des coûts du service effectivement fourni (itinérance voix/SMS), en intégrant des investissements sans lien utile et en imposant une part fixe annuelle très élevée, indépendamment des volumes. Elle a en outre réparti ce coût par parts égales entre opérateurs, faisant supporter à Viti – nouvel entrant à très faible usage – une charge forfaitaire disproportionnée et non orientée vers les coûts réellement supportés. Pris ensemble, ces choix ont abouti à un prix excessif au regard de la prestation, entravant l'accès de Viti et faussant la dynamique concurrentielle.

44. Néanmoins, outre que cette pratique pouvait en l'espèce caractériser un prix excessif (voir à cet égard ci-dessous), l'APC en a également déduit que les conditions de transaction étaient susceptibles de présenter un caractère inéquitable[18].

d) Prix excessifs abusifs

45. Les autorités de concurrence interviennent avec prudence dans la fixation des prix par une entreprise dominante, la liberté des prix constituant un principe clé de l'économie de marché. Toutefois, lorsque l'entreprise en position dominante dispose d'une latitude suffisante pour imposer ses conditions commerciales, sa politique tarifaire peut être soumise à un contrôle au titre de l'abus de position dominante et, le cas échéant, sanctionnée.

46. Entrent dans la catégorie des abus d'exploitation les « prix abusifs » ou « excessifs », sans rapport raisonnable avec la valeur économique de la prestation. Cette appréciation peut se fonder sur une disproportion manifeste entre prix et coûts ou par comparaison avec des marchés ou des opérateurs comparables. La jurisprudence européenne sanctionne ce type d'abus (voir les affaires *United Brands* et *General Motors*[19]).

47. Dans l'affaire 2023-PAC-01, Onati demandait des prix qui dépassaient sensiblement ce qu'exigerait une rémunération raisonnable du service d'itinérance voix/SMS dans les archipels éloignés. Selon l'APC, en choisissant un modèle gonflé par des coûts non pertinents pour la prestation fournie et en y adossant une composante fixe très élevée, l'opérateur dominant a mécaniquement abouti à des prix sans rapport avec l'usage réel de Viti ni avec l'incrément de coûts qu'il produisait. L'absence d'indexation efficace sur les volumes, la non-prise en compte de la faible base clients du nouvel entrant et l'intégration d'investissements sans utilité pour le service

---

18 *Ibid.*, § 157.

19 CJCE, 14 février 1978, *United Brands*, aff. 27/76, préc., et CJCE, 6 avril 2006, *General Motors*, aff. C-551/03 P, EU:C:2006:229.

concerné révèlent un écart significatif entre tarifs et coûts, caractéristique d'un prix excessif. L'Autorité a, en conséquence, considéré que les pratiques d'imposition de prix abusifs étaient susceptibles de constituer un abus d'exploitation.

48. Dans la décision 2019-PAC-01, l'APC avait retenu un abus d'exploitation à l'égard de fournisseurs : entre 2016 et 2018, le pôle distribution du groupe Wane avait fait payer aux fournisseurs de boissons des « droits de froid » pour l'exposition de leurs produits dans ses meubles réfrigérés, à des niveaux sans rapport avec la valeur du service, en conditionnant l'accès, le maintien ou la visibilité en froid au paiement de ces montants. Ces tarifs, nettement supérieurs à ceux de distributeurs concurrents et sans équivalent dans des territoires comparables, ne correspondaient pas à un service spécifique de coopération commerciale, mais à une obligation normale de vente, révélant des prix excessifs au regard des coûts et des marges. L'Autorité a donc qualifié ces pratiques de prix abusifs, en relevant des effets anticoncurrentiels (retrait temporaire de produits réfrigérés, renchérissement des coûts, affaiblissement concurrentiel et restriction du choix des consommateurs), et a infligé une sanction globale de 235 millions de francs CFP, assortie d'une publication[20]. Bien que cette décision ait été annulée en appel pour des raisons de forme, il est possible de considérer que l'APC réitérerait ce raisonnement.

e) Remises fidélisantes[21]

49. Les remises de fidélité constituent une pratique commerciale largement répandue qui cache cependant une grande complexité juridique.

50. L'analyse de ces remises s'effectue principalement sous l'angle de leur effet d'éviction, c'est-à-dire leur capacité à écarter des concurrents ou à freiner leur expansion parce qu'ils ne seraient pas capables de s'aligner. Certaines de ces remises sont vues avec une suspicion particulière, notamment celles qui sont conditionnées à une relation d'exclusivité. Les autres formes de remise peuvent cependant être parfois infractionnelles, par exemple si un nouvel entrant, pour s'aligner, doit consentir des remises considérables alors qu'il ne peut espérer, au début, vendre que des volumes limités. Seules des remises mises en œuvre par une entreprise dominante, ou plus largement par une entreprise détenant un pouvoir de marché significatif, sont susceptibles de produire un effet d'éviction sur des concurrents aussi efficaces. Les autorités recherchent également si les remises ont une justification économique (par exemple, un volume de commandes suffisant peut alléger le coût logistique par unité de produit vendu par le fournisseur).

51. Dans l'affaire 2018-PAC-01, la société de télécommunications Vini, en position dominante sur le marché mobile en Polynésie, avait mis en œuvre une politique de fidélisation que l'APC a estimé être de nature à verrouiller sa clientèle et à élever artificiellement les coûts de changement de fournisseur. Deux leviers étaient visés : le programme de points Ura, dont la valeur était principalement captée lors d'un changement de terminal, conditionné à un réengagement (avec, en plus, des

---

20 APC, déc. n° 2019-PAC-01, préc., § 247 et s.

21 Aut. conc., *Les remises fidélisantes*, Direction de l'information légale et administrative, Paris, 2018, https://www.autoritedelaconcurrence.fr/sites/default/files/2019-12/pdf_final.pdf.

« points de bienvenue ») et à un avantage multiligne réengageant plusieurs lignes, et des durées d'engagement/réengagement (y compris lors de migrations d'offres) peu transparentes et économiquement incohérentes, susceptibles de priver les clients de leur capacité d'arbitrage.

52. Selon l'APC, l'ensemble produisait des effets de verrouillage sur un marché très asymétrique et mature, donc anticoncurrentiels au sens de l'article LP 200-2[22].

B. *Les abus non encore étudiés par l'APC*

53. De nombreux autres types d'abus ont été sanctionnés par les autorités de concurrence dans le monde. L'APC, compte tenu de sa relative jeunesse, n'a pas encore eu l'occasion de les rencontrer, mais, dans la mesure où elle s'inspire de ses homologues (ce qui contribue à la prévisibilité de sa propre pratique décisionnelle), il est utile de les connaître, au moins schématiquement.

1. Abus non tarifaires

a) Refus de vente

54. Le refus, par une entreprise détenant une position dominante, de vendre un bien ou une prestation peut constituer une pratique abusive au sens de l'article LP 200-2 du code de la concurrence, qui appréhende explicitement ce type de comportement.

55. La jurisprudence de l'Union européenne admet de longue date qu'un refus de fournir des produits puisse constituer une exploitation abusive d'une position dominante[23], lorsque la demande est normale et que le refus handicape un concurrent ou punit un client qui avait un comportement proconcurrentiel. Sont également visés le refus de livrer une matière première pour évincer un opérateur du marché aval, le refus de vendre un équipement que seule l'entreprise dominante fabrique, ou encore la menace de cesser de livrer des distributeurs récalcitrants qui critiqueraient les conditions commerciales qui leur sont imposées.

b) Ventes liées

56. La vente liée de deux produits peut constituer un abus lorsque l'entreprise dominante impose l'achat d'un produit vendu sur un marché concurrentiel comme condition pour acheter un produit sur le marché dominant. De la sorte, le dominant étend l'impact de sa forte position commerciale sur un second marché, qu'il ne dominait pas auparavant.

57. Selon l'approche retenue par la Commission européenne, un abus est caractérisé lorsqu'une entreprise en position dominante recourt à une vente liée ou à une offre groupée et que les conditions cumulatives suivantes sont remplies. D'une part, les produits en question sont distincts, relevant de marchés séparés, en ce sens que, en l'absence de

---

[22] APC, déc. n° 2018-PAC-01 du 6 juin 2018 relative à des pratiques mises en œuvre dans le secteur de la téléphonie mobile à destination de la clientèle résidentielle, § 199 et s.

[23] CJCE, 6 mars 1974, *Commercial Solvents*, aff. jtes 6 et 7-73, EU:C:1974:18 ; CJCE, 14 février 1978, *United Brands*, aff. 27/76, préc., § 189 ; CJCE, 16 septembre 2008, *Sot. Lélos e.a. c/ GlaxoSmithKline*, aff. jtes C-468/06 à C-478/06, EU:C:2008:504.

liaisons contractuelles ou techniques, une part significative de clients aurait acquis l'un des produits sans acheter l'autre auprès du même fournisseur. D'autre part, la pratique est de nature à produire des effets d'éviction sur la concurrence[24].

c) Utilisation de bases de données clientèle

58. Cet abus n'est pas mentionné dans les articles 102 TFUE et LP 200-2 du code de la concurrence. Mais l'autorité métropolitaine a déjà condamné des opérateurs dominants sur les marchés de l'énergie[25] pour avoir utilisé les bases de données clients élaborées sur le marché dominé (souvent hérité d'un ancien monopole légal) afin de développer leur activité sur des marchés concurrentiels connexes. En outre, depuis un arrêt de la CJUE du 4 juillet 2023[26], il est admis que l'utilisation de bases de données clientèle en non-conformité avec la réglementation applicable à la protection des données personnelles par une entreprise dominante constitue une pratique abusive.

d) Autopréférence

59. L'autopréférence désigne, en droit de la concurrence, le fait pour une entreprise en position dominante de favoriser activement ses propres produits vendus sur un marché concurrentiel en utilisant certaines caractéristiques du marché dominé. Cette notion est par exemple à la base de l'affaire *Google Shopping*[27], où la Commission a reproché au moteur de recherche d'avoir mis en valeur son propre comparateur de prix tout en rétrogradant les résultats de comparateurs concurrents. Bien que non mentionnée expressément par le code de la concurrence ni par le Guide pratique, cette notion pourrait être utilisée par l'APC.

e) Boycott

60. Plus souvent compris comme relevant d'une action collective, le boycott peut aussi être une pratique unilatérale émanant d'une entreprise dominante. Il peut alors se confondre avec un refus de vente ou un refus d'accès à une facilité essentielle, mais il peut prendre d'autres formes, comme le refus d'acheter des produits à un fournisseur. L'OCDE a publié une étude très complète sur cette question[28].

f) Dénigrement

61. Le dénigrement consiste à jeter publiquement le discrédit sur une entreprise, un produit ou un service[29]. Pour déterminer si le dénigrement est constitutif d'un abus, les autorités examinent par exemple : l'intention de nuire, l'utilisation d'assertions

---

[24] V. p. ex. Aut. conc., déc. n° 14-D-09 du 4 septembre 2014 sur les pratiques mises en œuvre par les sociétés Nestlé, Nestec, Nestlé Nespresso, Nespresso France et Nestlé Entreprises dans le secteur des machines à café expresso.

[25] Aut. conc., déc. n° 17-D-06 du 21 mars 2017 relative à des pratiques mises en œuvre dans le secteur de la fourniture de gaz naturel, d'électricité et de services énergétiques et n° 22-D-06 du 22 février 2022 relative à des pratiques mises en œuvre par la société EDF dans le secteur de l'électricité.

[26] CJUE, 4 juillet 2023, *Meta Platforms*, aff. C-252/21, EU:C:2023:537.

[27] Comm. eur., déc. C(2017) 4444 final du 27 juin 2017, *Google Search (Shopping)*, aff. AT.39740.

[28] OCDE, Refusals to Deal, DAF/COMP(2007)46, 3 septembre 2009, https://one.oecd.org/document/DAF/COMP(2007)46/en/pdf.

[29] Aut. conc., déc. n° 13-D-11 du 14 mai 2013 relative à des pratiques mises en œuvre dans le secteur pharmaceutique.

fausses, la structure du marché et l'existence d'un lien entre la domination et la pratique de dénigrement, notamment matérialisé par la notoriété de l'entreprise dominante et la confiance que lui accordent les acteurs du marché, qui sont de nature à renforcer les effets de son discours sur ces derniers[30].

g) *Concentration en dessous des seuils*

62. Dans son arrêt *Towercast*[31], la CJUE a jugé qu'une opération de concentration sous les seuils de notification peut constituer un abus de position dominante lorsque sont réunies les conditions prévues à l'article 102 TFUE. En pratique, cela implique de vérifier que l'acquéreur qui est en position dominante sur un marché donné et qui a pris le contrôle d'une autre entreprise sur ce marché a, par ce comportement, entravé substantiellement la concurrence sur ledit marché, en ne laissant subsister que « des entreprises dépendantes, dans leur comportement, de l'entreprise dominante » (§ 52). À cet égard, le seul constat du renforcement de la position d'une entreprise n'est pas suffisant pour retenir la qualification d'abus de position dominante.

63. Dans l'Union européenne, plusieurs autorités nationales ont déjà ouvert des enquêtes ou sanctionné un abus consistant en une concentration située sous les seuils nationaux[32].

64. Bien que n'étant pas liée par la jurisprudence de la Cour de justice, l'APC pourrait reprendre son raisonnement.

2. Abus tarifaires ou relatifs aux conditions commerciales

a) *Prix prédateurs*

65. La prédation désigne une stratégie par laquelle une entreprise en position dominante propose, de manière délibérée et durable, des prix inférieurs à ses coûts pertinents – souvent au-dessous du coût variable moyen ou, à tout le moins, du coût total moyen – dans le but d'évincer des concurrents, qui ne peuvent pas suivre, puis de pouvoir, une fois la concurrence affaiblie, relever les prix et récupérer les pertes initiales[33]. Il est généralement admis qu'une telle pratique n'est infractionnelle que si elle a des effets d'exclusion réels ou potentiels, qui s'apprécient au regard de la durée et de l'ampleur des pertes, de la structure des coûts, de la capacité de financement des concurrents, de la possibilité pour les concurrents de revenir plus ou moins facilement sur le marché dont ils ont été chassés et, donc, de la perspective crédible de recouvrement (même si la CJUE ne considère pas ce dernier critère comme essentiel).

66. À ce jour, l'APC ne s'est pas formellement prononcée sur un cas de prix prédateur, mais elle en a prévu la possibilité dans son Guide pratique.

---

30 Cons. conc., déc. n° 07-D-33 du 15 octobre 2007 relative à des pratiques mises en œuvre par la société France Télécom dans le secteur de l'accès à Internet à haut débit.

31 CJUE, 16 mars 2023, *Towercast*, aff. C-449/21, EU:C:2023:207.

32 V. l'enquête ouverte par l'Autorité belge de la concurrence le 22 janvier 2025 concernant le potentiel abus constitué par l'acquisition par Dossche Mills de Ceres, bien que cette transaction ait finalement été abandonnée en mars 2025.

33 V. CJCE, 3 juillet 1991, *AKZO c/ Commission*, aff. C-62/86, préc.

b) Remises de couplage

67. La remise de couplage est une pratique proche de la vente liée, mais, cette fois, le dominant n'impose pas l'achat d'un produit ou service sur le marché concurrentiel comme condition de l'achat sur le marché dominé ; il se limite à offrir une remise conditionnée à l'achat de plusieurs produits ou services distincts auprès du dominant. Les remises de couplage peuvent entraîner des effets d'éviction ou de verrouillage sur le marché du produit lié (celui où l'entreprise n'est pas dominante), en rendant difficile la concurrence sur ce marché pour les autres fournisseurs[34].

c) Clauses contractuelles abusives

68. La pratique des clauses contractuelles abusives désigne l'imposition, par une entreprise en position de force, de stipulations créant un déséquilibre significatif dans les droits et obligations des parties, au-delà de ce qui est nécessaire pour protéger des intérêts légitimes. Ces stipulations peuvent prendre des formes très variées : obligations d'exclusivité, engagement de traiter le dominant aussi bien qu'un de ses concurrents (ou « clause de la nation la plus favorisée »), pénalités, durées ou conditions de résiliation excessives, à la condition que ces stipulations aient un effet réel ou potentiel sur la concurrence.

VI. L'excuse de progrès économique

69. L'article LP 200-5 du code de la concurrence prévoit que des pratiques qui ont pour effet d'assurer un progrès économique tout en satisfaisant certaines conditions additionnelles ne sont pas soumises à l'article LP 200-2. Il est donc possible de « sauver » des pratiques présentant toutes les apparences d'un abus de position dominante si ces conditions sont remplies. De ce point de vue, le droit polynésien de la concurrence se distingue du droit écrit européen, dont les textes ne prévoient cette excuse (appelée « exemption ») que pour les ententes et non pour les pratiques unilatérales, tout en se rapprochant du droit métropolitain, dont l'article L. 420-4 du code de commerce est rédigé en des termes voisins. En réalité, la pratique et la jurisprudence européennes ont admis, en matière d'abus, une excuse de justification objective prenant généralement la forme d'une efficience économique dont les contours sont très proches[35][36] .

70. Outre la démonstration d'un progrès économique, lequel doit évidemment être substantiel et qui peut notamment consister dans le maintien ou la création d'emplois, l'excuse doit satisfaire aux conditions cumulatives suivantes :

- les utilisateurs (clients ou consommateurs) doivent bénéficier d'une partie équitable du progrès économique ; par exemple, un progrès consistant en une diminution de coûts qui ne se traduirait pas au moins en partie en diminution de prix de vente ne satisferait pas cette première condition ;

---

34 V. p. ex. Cons. conc., déc. n° 04-D-65 du 30 novembre 2004 relative à des pratiques mises en œuvre par La Poste dans le cadre de son contrat commercial.

35 P. ex., CJUE, 27 mars 2012, *Post Danmark A/S c/ Konkurrencerådet*, aff. C-209/10, EU:C:2012:172.

36 L'autorité métropolitaine a prononcé une telle condamnation, mais les recours contre cette décision sont encore pendants (déc. n° 20-D-11 du 9 septembre 2020 relative à des pratiques mises en œuvre dans le secteur du traitement de la dégénérescence maculaire liée à l'âge (DMLA)).

- les restrictions de concurrence résultant de la pratique doivent être indispensables au progrès économique ; autrement dit, ces pratiques ne seront pas excusées si le même résultat peut être atteint sans (ou avec moins de) restrictions de concurrence ;
- toute concurrence ne doit pas être éliminée ; autrement dit, une pratique qui créerait ou maintiendrait un monopole ne pourrait pas bénéficier de l'excuse.

71. Il appartient aux entreprises qui souhaitent bénéficier de l'exemption de démontrer, de façon précise et documentée, que toutes les conditions sont remplies. Cependant, l'exemple des autorités plus anciennes montre qu'en pratique, il est rare que les entreprises parviennent à remplir toutes ces conditions, la démonstration demandée étant exigeante.

VII. La dominance collective et ses abus

72. L'article LP 200-2 du code de la concurrence interdit « l'exploitation abusive d'une position dominante par une entreprise ou un groupe d'entreprises ». Bien que la notion de « groupe d'entreprises » puisse viser un groupe au sens du droit des sociétés, elle peut aussi concerner un ensemble informel de plusieurs entreprises indépendantes. Cette affirmation pose deux questions : est-il crédible que plusieurs entreprises indépendantes soient toutes dominantes ? Et comment peut-il y avoir une dimension collective à une infraction qui est, en principe, unilatérale, ce qui l'oppose à l'infraction d'entente ? La réponse est que, dans certains cas, plusieurs entreprises peuvent détenir une position dominante dite « collective » ; elles ne sont pas dominantes individuellement et leur dominance collective ne repose pas sur une entente, mais sur une structure particulière du marché.

73. Le cas classique est celui d'entreprises qui parviennent à pratiquer des prix supra-concurrentiels se situant au niveau de ce qu'on appelle un « équilibre de Nash ». Cela est possible si, cumulativement, le marché est transparent, les concurrents peuvent, même sans se concerter, disposer d'un prix de référence élevé autour duquel ils pourront s'aligner et si, dans le cas où l'un d'eux baisserait ses prix, les autres ont la capacité de le « punir » en baissant le leur dans des conditions qui vont anéantir les effets positifs qu'il escomptait de cette baisse de prix (en termes de parts de marché). Dans ces conditions, même sans entente, personne ne déviera du prix élevé. Les clients ne pourront pas obtenir de baisse de prix en cherchant à faire jouer la concurrence, donc les concurrents se trouvent bien dans une situation où ils peuvent agir indépendamment des protestations ou des pressions de leurs clients, ce qui correspond à la définition de la dominance. Ils détiennent alors une position dominante collective.

74. Si le concept de dominance collective est donc, du moins en théorie, assez clair, la preuve que les conditions de la dominance collective sont remplies n'est pas facile à rapporter et, surtout, la façon d'abuser d'une telle situation est peu claire. Aussi, dans les pays qui connaissent ce concept, les affaires et, plus encore, les condamnations sont-elles rares. Les autorités peuvent cependant, de temps en temps, être tentées d'appliquer la notion, par exemple lorsqu'elles considèrent qu'un marché est peu concurrentiel, mais qu'elles ne parviennent pas à y établir l'existence d'une entente.

75. Il semble que l'on puisse déduire de la rédaction précitée de l'article LP 200-2 que les concepts de position dominante collective et d'abus d'une telle position existent en droit polynésien de la concurrence. Il reste à savoir si, compte tenu de la rareté du phénomène, l'APC le rencontrera et l'appliquera un jour.

VIII. Les risques courus par les auteurs d'abus de position dominante

76. Le droit de la concurrence polynésien ne comporte pas de dispositions spécifiques aux sanctions pécuniaires pour abus de dominance ; pour le moment, l'APC n'ayant pas publié de lignes directrices, il n'existe pas de règles spécifiques à ce type d'infraction. Tout en renvoyant au chapitre 3 de la partie II du présent *Guide*, qui traite des sanctions, il est possible de déduire notamment de la décision 2019-PAC-01 du 22 août 2019 que l'APC considère que l'abus de dominance est une infraction grave justifiant des sanctions élevées (dans la limite du plafond de 5 % du chiffre d'affaires réalisé en Polynésie française tel que prévu à l'article LP 641-2 du code de la concurrence), puisque dans ladite décision, l'APC a sanctionné le groupe Wane à hauteur d'une amende de 235 millions de francs CFP. Bien que cette décision ait été annulée en appel pour des questions de forme, elle présage du caractère potentiellement élevé du montant des sanctions susceptibles d'être prononcées par l'APC.

77. L'APC peut également adresser des injonctions à l'entreprise coupable ou rendre obligatoires des engagements pris par une entreprise mise en cause qui entend ainsi mettre fin aux poursuites.

78. Même si cette possibilité existe aussi en matière d'ententes, les comportements unilatéraux, et notamment les abus d'exclusion, se prêtent particulièrement aux injonctions (avec ou sans amende) et aux engagements, car ce sont souvent des comportements bien caractérisés ; une fois ceux-ci terminés, le marché retrouve, à échéance plus ou moins rapprochée, son caractère concurrentiel. C'est le cas de la levée d'une barrière artificielle (accès à une infrastructure essentielle qui avait été refusé) ou de pratiques commerciales handicapantes pour les petits concurrents ou pour des concurrents actifs sur un autre marché (remises de fidélité, remises de couplage). Il est vrai que d'autres abus peuvent continuer à produire des effets même quand ils ont cessé, comme c'est le cas du dénigrement s'il a durablement affecté la réputation d'une marque concurrente.

79. La combinaison de ces différents éléments fait qu'engagements et injonctions pourraient régler de nombreux problèmes. Cela ne signifie pas que des amendes ne seront pas prononcées, par exemple en cas de particulière gravité. La pratique décisionnelle de l'APC montre d'ailleurs que, selon la nature et la gravité des pratiques, elle n'hésite pas à infliger des amendes substantielles, comme l'illustre notamment la décision 2019-PAC-01 dans laquelle elle inflige une amende de 235 millions de francs CFP (ensuite annulée pour des motifs procéduraux).

80. Enfin, l'Autorité peut, en cas d'urgence, prononcer des mesures conservatoires, avant même d'avoir caractérisé une infraction au fond.

81. Cette procédure se prête particulièrement bien aux abus de dominance. Alors qu'en matière d'ententes, la seule mesure efficace est la fin de l'infraction et alors que

les victimes (qui sont les clients) ne sont généralement pas au courant de l'entente, ce qui les empêche de saisir l'autorité de concurrence d'une demande de mesures d'urgence, tel n'est pas le cas pour les abus de dominance. Ils prennent souvent la forme d'un comportement parfaitement visible pour la victime ; en outre, même un remède partiel, après une procédure courte, permet d'améliorer le fonctionnement du marché. Il est donc tentant pour les victimes alléguées de demander des mesures conservatoires et, pour les autorités, de les accorder.

82. La pratique de l'autorité métropolitaine de concurrence est à cet égard claire : une large majorité des mesures conservatoires sont prononcées sur la base d'un soupçon d'abus de position dominante. Le seul cas connu de mesures conservatoires accordées en Polynésie française concerne, lui aussi, une infraction unilatérale (déc. 2023-PAC-01).

La procédure contentieuse : instruction des dossiers

Sophie Bresny
Rapporteur général, Autorité polynésienne de la concurrence

1. Le service d'instruction utilise ses pouvoirs d'enquête pour instruire les dossiers pour lesquels l'Autorité polynésienne de la concurrence (l'« Autorité ») a été saisie et peut notifier des griefs à une ou plusieurs entreprises dès lors qu'une pratique anticoncurrentielle est démontrée.
2. Ce sont ces différentes phases de la vie d'un dossier (saisine de l'Autorité et instruction proprement dite) qui seront présentées ci-après.

I. Les faits générateurs d'un dossier contentieux devant l'Autorité

3. La saisine de l'Autorité de faits ou de pratiques susceptibles de constituer une entente ou un abus de position dominante est prévue par l'article LP 620-5 du code de la concurrence. Mais les sources de l'ouverture d'un dossier d'instruction ne se limitent pas à cette saisine directe.

A. *La saisine contentieuse de l'article LP 620-5 du code de la concurrence*

4. La saisine contentieuse est la source la plus classique de l'ouverture d'un dossier devant l'Autorité. Elle doit respecter des règles de forme et de fond pour être recevable.

1. Les règles de forme

– La liste des personnes susceptibles de saisir l'Autorité est limitative[1], ce qui signifie que la saisine d'un consommateur ou d'un salarié d'une entreprise ne sera pas recevable pour défaut de qualité à agir de l'auteur de celle-ci.

[1] Le président de la Polynésie française, le président de l'Assemblée de la Polynésie française, une entreprise, un maire ou un représentant d'un groupement de communes, une organisation professionnelle ou un syndicat, une association de protection des consommateurs, une chambre consulaire.

- La saisine de l'Autorité fait l'objet d'une lettre recommandée avec accusé de réception ou d'un dépôt auprès du secrétariat de l'Autorité en un exemplaire au format numérique ou papier.

2. Les règles de fond

5. Les faits ou pratiques dénoncés doivent être susceptibles de constituer une pratique anticoncurrentielle, ce qui signifie que la saisine pour des faits qui n'entrent pas dans le champ de la compétence de l'Autorité ne sera pas recevable. C'est le cas notamment des litiges relevant de la concurrence déloyale, pour lesquels de nombreuses entreprises pensent que l'Autorité est compétente, ce qui n'est généralement pas le cas.

6. L'article A. 631-1 du code de la concurrence précise le contenu de la saisine avec les mentions obligatoires devant y figurer. Un modèle est joint en annexe du présent ouvrage pour aider les entreprises qui souhaiteraient saisir l'Autorité.

7. Attention : l'Autorité ne peut être saisie de faits remontant à plus de cinq ans[2].

Bonnes pratiques

– N'hésitez pas à prendre contact avec le service d'instruction préalablement au dépôt d'une saisine pour discuter des pratiques dont vous êtes victimes et pour vous aider à présenter un dossier le plus complet possible.

– Documentez votre dossier avec des échanges de courriels, des captures écran, des photographies de conversations WhatsApp, des comptes rendus de réunions, des notes internes… N'oubliez pas que les pratiques dont l'Autorité est saisie peuvent être établies par tout mode de preuve[3].

– Prenez les conseils d'un avocat spécialisé. Le barreau de Papeete dispose de nombreux avocats qui se sont formés au droit de la concurrence.

– Préparez votre saisine en faisant réagir vos concurrents par écrit. Les déclarations orales ou les témoignages de vos salariés auront moins de valeur juridique qu'une réponse écrite d'une entreprise concurrente.

8. Une fois la saisine enregistrée, vous recevrez un numéro de dossier qui servira de référence à tous les échanges avec le service d'instruction. Vous devenez partie au dossier avec des droits et des obligations.

c) Droits

- Droit d'accéder au dossier une fois la notification de griefs envoyée par le rapporteur général.
- Droit de déposer des conclusions avant la séance du collège, en tant que partie plaignante à la procédure, pour faire valoir vos droits.
- Droit à la protection relevant du secret des affaires.

---

2 Art. LP 620-8 du code de la concurrence.

3 Art. LP 620-9 du code de la concurrence.

d) Obligations

- Collaboration avec le service d'instruction en répondant aux demandes d'informations et aux auditions.
- Respect du secret de l'instruction pour éviter la déperdition de preuve. Il peut être tentant d'informer vos concurrents que vous avez saisi l'Autorité, mais il s'agit d'un moyen de pression à court terme ; si votre concurrent détruit les éléments de preuve, vous risquez de ne pas obtenir gain de cause.

B. *La saisine d'office de l'article LP 620-5 du code de la concurrence*

9. Le rapporteur général peut proposer au collège de l'Autorité de se saisir d'office de faits susceptibles de constituer une pratique anticoncurrentielle. Cette compétence relève de son pouvoir d'initiative.

10. En pratique, avant de faire une telle proposition, le rapporteur général ouvre des dossiers d'enquête et nomme des rapporteurs pour réaliser des investigations. Si les informations génératrices de l'enquête sont infirmées, il clôt le dossier. Si les suspicions de pratiques anticoncurrentielles sont confirmées, il présente le dossier au collège. Le collège a tout pouvoir de décider s'il est convaincu ou non par la demande de saisine d'office du rapporteur général et peut également, pour des raisons d'opportunité, ne pas y faire droit.

11. Les faits générateurs de l'ouverture d'une enquête sont multiples et peuvent résulter d'une dénonciation anonyme, d'un informateur, d'un lanceur d'alerte, d'un indice transmis par un service ou un établissement de la Polynésie française recueilli au cours de ses missions principales ou même d'un simple article de presse.

1. La dénonciation anonyme et le lanceur d'alerte

a) La dénonciation anonyme

12. La dénonciation anonyme correspond à un courrier envoyé à l'Autorité sans que son auteur se soit identifié. Il doit être distingué du signalement anonyme, qui fait référence à la pratique consistant à permettre à des personnes de signaler des pratiques anticoncurrentielles sans révéler leur identité de quelque manière que ce soit et qui relève de la procédure de lanceur d'alerte.

13. La dénonciation anonyme peut être accompagnée de documents dont l'origine n'est pas vérifiée. Or, à elle seule, une dénonciation anonyme ne peut justifier l'ouverture d'une enquête. On le comprend aisément, car des documents dont l'origine n'est pas vérifiée peuvent être délibérément modifiés pour nuire à la réputation d'une entreprise.

14. Pour éviter toute manipulation des faits, les déclarations anonymes doivent être corroborées par des éléments objectifs et, par exemple, des documents dont l'origine peut être établie indépendamment de l'identité du dénonciateur (courriels internes, documents comptables…) ou par d'autres sources d'information.

b) Le lanceur d'alerte

15. La loi nº 2022-401 du 21 mars 2022 visant à améliorer la protection des lanceurs d'alerte[4] prévoit expressément son application en Polynésie française et définit de manière très large le lanceur d'alerte.

16. Peut être reconnue comme lanceur d'alerte la personne physique qui signale ou divulgue, sans contrepartie financière directe et de bonne foi, des informations portant sur un crime, un délit, une menace ou un préjudice pour l'intérêt général, une violation ou une tentative de dissimulation d'une violation du droit international ou de l'Union européenne, de la loi ou du règlement. Un lanceur d'alerte peut même signaler des faits qui lui ont été rapportés. Le statut de lanceur d'alerte offre une protection en matière de responsabilité civile et pénale. À titre d'exemple, un salarié, pour prouver une pratique, aurait le droit de produire des documents appartenant à son entreprise, et la loi ne l'oblige plus à informer en priorité son entreprise avant de divulguer ses informations à l'autorité compétente. Une procédure de recueil et de traitement des signalements sera prochainement mise en place à l'Autorité.

2. Les autres cas de communication d'informations

17. Dans un certain nombre de cas, l'entreprise victime d'un agissement anticoncurrentiel, notamment une PME ou une entreprise qui est dans une relation contractuelle, peut craindre des représailles et ne pas souhaiter saisir directement l'Autorité. Dans ce cas, si les pratiques dénoncées sont suffisamment établies, le rapporteur général va réaliser une enquête d'initiative et auditionner toutes les entreprises du secteur qui seraient susceptibles d'être dans la même situation, y compris celle qui lui a fourni les faits générateurs du dossier. La principale différence avec une saisine contentieuse est que le signalement ne donne pas droit à la qualité de partie au dossier si le rapporteur général propose au collège de se saisir d'office des faits.

> En conséquence, que vous soyez un salarié qui a constaté des pratiques anticoncurrentielles ou une entreprise qui peut craindre des représailles, n'hésitez pas à venir voir le service d'instruction pour faire respecter vos droits ou dénoncer une pratique. Les échanges informels ne sont pas consignés dans un dossier et votre identité ne sera pas révélée.

3. Les signalements des services de la Polynésie française et des services de l'État

18. Ces signalements sont expressément prévus par le code de la concurrence[5] : « Les agents des services de la Polynésie française signalent à l'Autorité polynésienne de la concurrence les faits et les éléments susceptibles de caractériser l'existence d'une pratique anticoncurrentielle. »

---

4 Cette loi renforce la loi nº 2016-1691 du 9 décembre 2016 relative à la transparence, à la lutte contre la corruption et à la modernisation de la vie économique, *JORF* nº 0287 du 10 décembre 2016, dite « loi Sapin II ».

5 Art. 500-1, III.

Les services du pays ont donc une responsabilité particulière dans la remontée d'information pour assurer collectivement avec l'Autorité le respect du droit de la concurrence au bénéfice de tous.

19. Parallèlement, l'Autorité de la concurrence hexagonale (ci-après « ADLC »), le ministre de l'Économie (par l'intermédiaire de la Direction générale de la concurrence, de la consommation et de la répression des fraudes, équivalent de la Direction générale des affaires économiques de Polynésie française) et l'Autorité polynésienne de la concurrence peuvent se communiquer mutuellement les informations ou les documents qu'ils détiennent ou qu'ils recueillent[6]. L'objectif est de permettre aux autorités de collaborer dans le cadre d'enquêtes ou de dénoncer des faits susceptibles d'être poursuivis dans l'un ou l'autre territoire, les informations recueillies dans ce cadre pouvant notamment être utilisées légalement dans les notifications de griefs. Ce texte a fait l'objet d'une application à ce jour, à l'initiative de l'ADLC, qui a demandé à l'Autorité de réaliser des investigations pour son compte dans une affaire de transport par fret aérien d'animaux de compagnie en Polynésie laquelle a donné lieu à une décision de sanction[7]. Pour aider l'ADLC dans son instruction, l'Autorité a notamment entendu des membres de la cellule zoosanitaire de la Direction polynésienne de la biosécurité.

20. Enfin, il y a des liens renforcés entre les juridictions d'instruction et de jugement – c'est-à-dire avec le tribunal de première instance de Papeete et le juge d'instruction qui conduit les enquêtes judiciaires dans les affaires économiques les plus complexes, qui peuvent transmettre à l'Autorité les pièces d'une instruction pénale pour alimenter un dossier de l'Autorité[8].

C. *La procédure de clémence*

21. La procédure de clémence[9] permet aux entreprises qui participent à un cartel de dénoncer la pratique au service d'instruction de l'Autorité pour obtenir une exonération partielle ou totale du montant de l'amende qui pourrait être infligée par l'Autorité en cas de divulgation de la pratique.

> Le bénéfice que tirent les consommateurs et les citoyens de l'assurance de voir les ententes plus sûrement et plus fréquemment détectées et interdites est plus important que l'intérêt qu'il peut y avoir à sanctionner pécuniairement toutes les entreprises ayant participé à l'entente, en particulier celles-là mêmes qui, en la révélant, permettent à l'Autorité de découvrir et de sanctionner de telles pratiques[10].

---

6 Art. 9 bis I de l'ordonnance n° 2017-157 du 9 février 2017 étendant et adaptant à la Polynésie française certaines dispositions du livre IV du code de commerce relatives aux contrôles et aux sanctions en matière de concurrence, *JORF* n° 0035 du 10 février 2017.

7 ADLC, déc. n° 22-D-05 du 15 février 2022 relative à des pratiques mises en œuvre dans le secteur du transport d'animaux vivants par fret aérien.

8 Art. 8 de l'ordonnance n° 2017-157 préc.

9 Art LP 641-2, VI du code de la concurrence.

10 ADLC, Communiqué de procédure du 15 décembre 2023 relatif au programme de clémence français, § 10.

22. Pour engager la procédure, il suffit d'en faire une demande par écrit ou par e-mail au rapporteur général et c'est le récépissé d'avis de réception précisant la date et l'heure de réception du document qui fera courir le marqueur du début de la procédure[11]. L'entreprise s'engage à coopérer pleinement avec l'Autorité et à ne pas divulguer sa démarche sous peine de perdre le bénéfice de la clémence.

> Attention : participer à une entente entre concurrents peut avoir des conséquences graves pour votre entreprise. Vous vous exposez au risque de sanctions élevées pouvant atteindre jusqu'à 5 % du chiffre d'affaires.
>
> Par définition, une entente est une pratique fragile ; un de vos concurrents avec lequel vous vous entendez pourrait s'estimer insuffisamment rétribué et vous dénoncer.
>
> Premier arrivé, premier servi : à partir du moment où un concurrent a déposé une demande de clémence, le second demandeur n'obtiendra une réduction d'amende que s'il apporte des éléments supplémentaires au dossier. Et parfois quelques minutes suffisent à vous placer en demandeur de clémence de rang 2.

II. Instruction des dossiers : l'utilisation des pouvoirs d'enquête

23. Le service d'instruction a à sa disposition deux types de pouvoirs qui lui permettent d'instruire ses dossiers : l'enquête simple[12] et l'enquête lourde ou opération de visite et saisie (ci-après « OVS »)[13]. Dans tous les cas, les rapporteurs sont tenus de respecter le principe de loyauté, mais le secret professionnel ne leur est pas opposable, à l'exception notamment du secret-défense, du secret médical, du secret statistique et de la correspondance avocat-client en lien avec les droits de la défense dans un dossier concurrence.

A. *Les enquêtes de concurrence*

24. L'entreprise soumise à une enquête de concurrence doit collaborer. Elle doit répondre aux demandes de renseignements et de documents en enquête simple et ne pas s'opposer aux OVS, qui sont une mesure coercitive. Dans le cas contraire, elle peut être sanctionnée pour obstruction ou opposition à fonction et l'Autorité peut prononcer une injonction assortie d'astreinte.

> Attention : cela peut vous coûter cher, même si vous ne vous êtes livrés à aucune pratique anticoncurrentielle.
>
> – Jusqu'à 1 % du chiffre d'affaires de l'entreprise en cas d'obstruction.

---

11 Art. A. 640-4-1 du code de la concurrence.

12 Art. LP 500-1 à 4 du code de la concurrence.

13 Art. 5 de l'ordonnance n° 2017-157 préc.

– Amende de 35 000 999 francs CFP et emprisonnement de 2 ans pour opposition à fonction dans le cadre des OVS.

– Astreinte dans la limite de 1 % du chiffre d'affaires journalier moyen par jour de retard

1. L'enquête simple

25. En vertu de l'article LP 500-4, les rapporteurs ont le pouvoir de recueillir, « sur place ou sur convocation, tout renseignement, document ou toute justification nécessaire au contrôle ». Les enquêtes donnent lieu à l'établissement de procès-verbaux (PV) et, le cas échéant, de rapports. Il s'agit du mode d'enquête le plus communément utilisé.

26. Concrètement, les rapporteurs peuvent :

- envoyer des questionnaires, recueillir des documents dans les locaux de l'entreprise, organiser des auditions sur convocation dans les locaux de l'Autorité ou dans les entreprises, prendre rendez-vous ou se présenter de manière inopinée ;
- choisir les personnes qu'ils souhaitent entendre – ils n'ont aucune obligation d'auditionner une personne ayant le pouvoir de diriger, de gérer ou d'engager l'entreprise ;
- accéder aux logiciels et données stockées ainsi qu'à leur restitution en clair ;
- exiger la communication de documents dès lors que la demande n'est ni générale ni imprécise et porte sur des documents dont ils connaissent l'existence et qu'ils sont en mesure d'identifier[14].

27. Les personnes entendues ont le droit :

- d'être assistées par une personne de leur choix lors des auditions ;
- d'obtenir une copie du procès-verbal d'audition ;
- à la protection du secret des affaires des documents transmis ;
- au respect des principes de loyauté[15], qui induit un certain nombre d'obligations pour les rapporteurs, et d'impartialité, c'est-à-dire à une instruction à charge et à décharge.

Attention : le procès-verbal fait foi jusqu'à preuve contraire.

---

14 V. CA Paris, 9 septembre 1997, *Sociétés Simat et Carayon*, *BOCCRF* du 7 octobre 1997, p. 695 ; CA Paris, 16 décembre 1994, *Kangourou Déménagement e.a.*, *BOCCRF* du 28 décembre 1994, p. 591.

15 Cf. développements ci-après.

Conseils

– Faites-vous assister par un avocat spécialisé en droit de la concurrence.

– Préparez les documents que vous souhaitez transmettre au service d'instruction.

– Protégez vos documents au titre du secret des affaires dans le délai d'un mois qui vous est octroyé.

2. L'enquête lourde ou OVS

28. En vertu de l'article 5 de l'ordonnance n° 2017-157 du 9 février 2017 étendant et adaptant à la Polynésie française certaines dispositions du livre IV du code de commerce, les rapporteurs ont le pouvoir de réaliser des OVS :

> I. – Sur autorisation judiciaire donnée par ordonnance du juge des libertés et de la détention du tribunal de première instance de Papeete, les agents mentionnés à l'article 3 peuvent procéder à des visites en tous lieux ainsi qu'à la saisie de documents et de tout support d'information. La visite s'effectue en présence d'un officier de police judiciaire. Les agents peuvent également, dans les mêmes conditions, procéder à la pose de scellés sur tous locaux commerciaux, documents et supports d'information, dans la limite de la durée de la visite de ces locaux.

29. Le rapporteur général opte pour une OVS lorsque trois conditions cumulatives sont réunies :

- lorsque les informations dont il dispose révèlent des comportements permettant de présumer de pratiques anticoncurrentielles (on parle de présomptions ou de faisceau d'indices) ;
- que les preuves nécessaires à la démonstration des pratiques sont susceptibles de disparaître ou d'être dissimulées ;
- et qu'elles ne peuvent, compte tenu de leur caractère occulte, être apportées avec les seuls pouvoirs de l'article LP 500-4.

30. Il doit déposer une requête auprès du juge des libertés et de la détention (ci-après « JLD ») pour obtenir une ordonnance de visite et de saisie. La visite et la saisie s'effectuent sous le contrôle du JLD en présence d'officiers de police judiciaire et de l'occupant des lieux ou de son représentant, qui peut être assisté d'un conseil, dans les locaux de l'entreprise et/ou au domicile privé. La visite ne peut commencer avant six heures ou après vingt et une heures. Elle peut durer plus de 24 heures ou s'étaler sur plusieurs jours et se termine lorsque les rapporteurs ont réalisé la fouille de l'entreprise et saisi les documents qui entrent dans le champ de l'ordonnance.

31. Les grandes étapes du déroulement d'une OVS sont :

- la notification de l'ordonnance à l'occupant des lieux : le dirigeant ou tout autre salarié présent dans les locaux se voit notifier l'ordonnance qui permet aux rapporteurs de fouiller l'entreprise. Ce document liste les entreprises visitées et les présomptions qui pèsent sur elles ;

- la pose des scellés : les rapporteurs identifient les bureaux et ordinateurs qui les intéressent et posent des scellés pour éviter la déperdition de preuve ;
- la fouille des bureaux et la saisie de documents et données informatiques : les rapporteurs sélectionnent les documents et données informatiques entrant dans le champ de l'ordonnance et les saisissent en réalisant des scellés ;
- le procès-verbal : un procès-verbal du déroulement des opérations est rédigé et une copie est laissée à l'entreprise à la fin des opérations ;
- les voies de recours : appel contre la légalité de l'ordonnance et recours contre le déroulement de l'OVS dans un délai de dix jours à compter de la remise du procès-verbal.

Conseils aux entreprises

– Contactez votre conseil pour qu'il vienne vous assister. Attention, les fouilles peuvent commencer avant l'arrivée de votre avocat.

– Une fois les scellés posés, communiquez avec vos salariés pour qu'ils ne détruisent pas les preuves, car les risques de se faire prendre sont extrêmement élevés et vont coûter cher à l'entreprise.

– Organisez-vous : c'est une opération longue, fatigante et stressante.

– Réfléchissez à la demande de clémence : il n'est jamais trop tard.

– Ne créez pas une obstruction ; vous disposez de voies de recours contre la légalité de l'ordonnance et contre le déroulement des opérations, lesquelles peuvent aboutir à l'annulation de l'OVS si les rapporteurs n'ont pas respecté le code de la concurrence ou ont outrepassé leurs pouvoirs.

3. L'obstruction

32. Aux termes de l'article LP 641-2, IV l'entreprise qui fait obstruction à l'investigation ou à l'instruction menée par l'Autorité encourt la condamnation à une amende qui peut atteindre « 1 % du montant du chiffre d'affaires hors taxes réalisé en Polynésie française le plus élevé réalisé au cours d'un des exercices clos depuis l'exercice précédant celui au cours duquel les pratiques ont été mises en œuvre ».

33. L'obstruction peut résulter du refus de fournir les informations demandées, de la fourniture par l'entreprise de renseignements incomplets ou inexacts, ou de la communication de pièces incomplètes ou dénaturées.

Attention : cette infraction ne requiert pas une intentionnalité. Il suffit de faire obstacle, par quelque moyen que ce soit, au déroulement de l'enquête. Une simple négligence pourrait être sanctionnée. C'est une infraction particulièrement grave.

À titre d'exemple, peut constituer une obstruction :

– briser les scellés sur un bureau au cours d'une OVS, même si c'est le fait du personnel de ménage ;

– omettre de fournir des informations ;

– affirmer ne pas avoir des informations alors qu'elles sont en possession de l'entreprise.

B. *Le principe de loyauté appliqué aux enquêtes de concurrence*

34. Le principe de loyauté est un instrument important de moralisation de la procédure en ce qu'il exclut que n'importe quel moyen puisse être utilisé pour apporter la preuve de présomptions de pratiques anticoncurrentielles. Le principe de loyauté des enquêtes est le pendant des droits de la défense qui s'impose aux rapporteurs du service d'instruction dans le recueil de la preuve.

1. Le principe de loyauté dans la recherche de la preuve dans la mise en œuvre des pouvoirs d'enquête simple

35. Les rapporteurs doivent respecter le principe de non-auto-incrimination. En effet, il existe un droit de ne pas témoigner contre soi-même. On ne peut obliger une entreprise à admettre l'existence d'une pratique anticoncurrentielle. En revanche, les rapporteurs sont « en droit d'obliger une entreprise à fournir tous les renseignements nécessaires portant sur des faits dont elle peut avoir connaissance et de lui communiquer, au besoin, les documents y afférents qui sont en sa possession, même si ceux-ci peuvent servir à établir, à son encontre ou à l'encontre d'une autre entreprise, l'existence d'un comportement anticoncurrentiel[16] ».

Bonne pratique

Vous n'avez pas à répondre à la question : « Avez-vous participé à une entente ? »

En revanche, vous devez répondre à la question factuelle : « Quel était l'ordre du jour de la réunion et de quoi avez-vous discuté ? »

36. En application de ce principe, les rapporteurs doivent :

- s'identifier en présentant leur carte professionnelle[17] ;

---

16 CJCE, 18 octobre 1989, *Orkem c/ Commission*, aff. 374/87, EU:C:1989:387.

17 Cons. conc. déc. nº 03-D-15 du 17 mars 2003 relative à la situation de la concurrence dans le secteur des pompes funèbres de Vitré et des communes limitrophes, § 56 : a été considéré contraire au principe de loyauté le fait pour un enquêteur de se faire passer pour un client au lieu de décliner sa qualité et d'énoncer l'objet de l'enquête.

- préciser l'objet de l'enquête ou de la saisine afin de faire connaître clairement à la personne contrôlée dans quel secteur ils effectuent leurs recherches[18].

37. Toutefois, les rapporteurs ne sont pas tenus de :
   - justifier les motifs de l'enquête[19] ;
   - délimiter précisément le marché sur lequel porte l'enquête[20].

2. Le principe de loyauté dans la mise en œuvre des pouvoirs coercitifs ou enquête lourde

a) Au stade de la requête pour obtenir une ordonnance auprès du JLD

38. Les documents communiqués par le rapporteur général dans sa requête pour obtenir une ordonnance de visite sont contrôlés par le JLD, qui en vérifie l'origine apparemment licite. Toutefois, le principe de loyauté ne saurait imposer à l'Autorité de :
   - présenter lors de la demande d'autorisation de visite et saisie l'ensemble des documents en sa possession[21] et notamment les documents qui pourraient être à décharge ;
   - de faire figurer au dossier des éléments d'enquête qui pourraient avoir pour effet de révéler l'identité des entreprises ayant souhaité préserver l'anonymat : « Les éléments d'enquête qui pourraient avoir pour effet de révéler l'identité des fournisseurs n'ont pas vocation à figurer dans le dossier de la procédure, et ce pour préserver leur anonymat (des risques de représailles notamment économiques pouvant être encourus)[22]. »

b) Au stade du déroulement des OVS

39. Le principe de loyauté est garanti par[23] :
   - la notification des ordonnances d'autorisation (le cas échéant, sur commission rogatoire), qui mentionnent l'objet de l'enquête ;
   - la connaissance et le respect des règles éthiques, déontologiques et de probité par les rapporteurs ;
   - la mention de la possibilité pour l'entreprise de faire appel à un conseil (indiquée dans l'ordonnance d'autorisation et sur le PV de notification) et la présence effective du conseil choisi par l'entreprise aux opérations ;

---

18 Cass. com., 10 mars 1998, n° 96-13.602.

19 Cass. com., 4 février 1997, n° 95-10.486.

20 Cass. com., 21 mars 2000, n° 98-11.957.

21 CA Paris (ord.), premier président, 23 septembre 2015, *Sociétés Free Mobile SAS, Free SAS et Groupe Iliad c/ DGCCRF*, RG 13/13812, 13/13858, 13/13860, 13/15984 XXX.

22 CA Paris (ord.), premier président, 18 novembre 2015, *Société ITM Alimentaire International c/ DIRECCTE*, RG 14/20267.

23 CA Paris (ord.), premier président, 11 octobre 2011, *Société Dachser c/ Autorité de la concurrence*, RG 10/23208, p. 6.

- la présence d'officiers de police judiciaire qui contrôlent le respect de la procédure et qui constituent une garantie pour le justiciable ;
- la saisine en cas de difficulté et le déplacement possible sur les lieux du JLD ;
- le recours en contestation tant de la légalité de l'ordonnance d'autorisation que du déroulement des opérations de visite et saisie ouvert à l'entreprise objet des inspections.

La procédure contentieuse : déroulement de la procédure

Sabrina Emen
Responsable du bureau de la procédure,
Autorité polynésienne de la concurrence

Gwenaëlle Nouët
Rapporteure générale adjointe et référente outre-mer,
Autorité de la concurrence

1. La construction du droit de la concurrence en Polynésie française a reposé, dès son origine, sur l'ambition d'adapter les standards européens et métropolitains aux réalités d'un marché insulaire, restreint et concentré. Au cœur de cette transposition figure la procédure contentieuse suivie devant l'Autorité polynésienne de la concurrence (ou APC »), parfois perçue comme une mécanique complexe, alors qu'elle obéit à une logique claire : instruire à charge et à décharge, décider avec rigueur, et agir avec proportionnalité.
2. Inspirée du modèle français, mais adaptée aux réalités locales, cette procédure vise à concilier la protection du jeu concurrentiel et les contraintes d'un marché insulaire limité en taille et en ressources.
3. Ce chapitre propose un parcours commenté des différentes étapes, de la saisine à la décision, en passant par les engagements, le traitement du secret des affaires et les voies de recours. Il met en évidence les particularités polynésiennes, tout en soulignant les convergences avec le droit commun de la concurrence français.
4. Cette mise en perspective permet d'appréhender la spécificité d'un contentieux économique dans un petit marché, où la célérité, la pédagogie et la proportionnalité constituent des impératifs aussi déterminants que la sanction elle-même.

5. La procédure devant l'Autorité polynésienne de la concurrence est régie par les articles LP 630-3, LP 630-5, LP 630-6 et A. 631-1 du code de la concurrence[1].

6. Elle s'ouvre par une saisine, qu'elle soit introduite par un tiers ou d'office, puis se poursuit par la désignation d'un rapporteur. Pour chaque affaire, le rapporteur général désigne un ou plusieurs agents des services d'instruction chargés de conduire l'instruction tant à charge qu'à décharge[2]. Ces agents disposent de pouvoirs d'enquête pour rechercher les preuves de l'infraction alléguée[3].

7. À l'issue de ces investigations, le rapporteur peut proposer : soit un rejet ou un non-lieu (I), soit l'ouverture d'une procédure d'engagements (II), soit l'établissement d'une notification de griefs en vue d'une éventuelle sanction (III).

I. Les procédures qui ne donnent pas une suite favorable à la saisine

A. *Les décisions d'irrecevabilité, de rejet ou de clôture*

8. *L'irrecevabilité.* L'APC peut déclarer une saisine irrecevable par décision motivée, dans trois hypothèses limitativement énumérées : la première concerne l'auteur de la saisine, la deuxième est relative à la date des faits, la troisième porte sur la compétence de l'APC[4]. Ces trois hypothèses sont distinctes et l'existence d'une seule suffit à fonder une décision d'irrecevabilité. Contrairement au droit commun de la procédure civile, les textes ne précisent pas l'ordre dans lequel ces cas doivent être examinés[5].

9. *Le rejet pour défaut d'éléments probants.* Une saisine peut faire l'objet d'un rejet lorsque les faits invoqués ne sont pas étayés par des éléments suffisamment probants[6]. Cette procédure, essentiellement orale, ne donne pas lieu à un rapport adressé au saisissant. Une fois l'instruction terminée, la partie saisissante est convoquée en séance et la procédure est close. La procédure de rejet permet ainsi de clore rapidement des affaires qui ne justifient pas d'engager des ressources lourdes. Une telle décision ne constituant pas une reconnaissance de l'absence d'infraction, le saisissant peut saisir à nouveau l'APC s'il réunit des éléments de preuve additionnels.

10. *La clôture d'une saisine d'office.* Cette procédure permet de classer sans suite une affaire dont s'est autosaisie l'APC. Cette clôture nécessite une décision motivée, comme le précise l'article LP 620-9, alinéa 4 du code de la concurrence.

11. *Le rejet pour défaut de priorité.* Ce mécanisme permet à une autorité de concurrence de rejeter des saisines lorsqu'elle ne les considère pas comme une

---

1 Pour l'Autorité de la concurrence (ou ADLC), les textes applicables sont les art. L. 463-2, L. 463-7, L. 463-8 et R. 463-1 et s. C. com.

2 Art. A. 632-1-1 du code de la concurrence.

3 Art. LP 500-1 du code de la concurrence.

4 Art. LP 620-9, al. 1 du code de la concurrence.

5 La pratique décisionnelle de l'ADLC a fait apparaître que dans un cas dans lequel étaient en cause plusieurs occurrences d'irrecevabilité, le Conseil de la concurrence (devenu ADLC) s'est prononcé sur la seule question de la compétence sans examiner d'autres causes possibles d'irrecevabilité (déc. n° 01-D-03 du 14 mars 2001).

6 Art. LP 620-9 du code de la concurrence.

priorité. Une telle faculté n'existe pas en Polynésie française, mais pourrait utilement permettre à l'APC de concentrer ses moyens sur les dossiers les plus stratégiques[7].

12. Les décisions d'irrecevabilité, de rejet ou de clôture sont prises après que les parties saisissantes ont été entendues[8]. Le collège de l'APC peut également entendre toute personne dont l'audition lui paraît susceptible de contribuer à son information, notamment les personnes dont les agissements ont été examinés[9].

13. L'APC ne siège et délibère que si trois membres du collège sont présents, y compris le président de séance[10].

14. La décision est notifiée à l'auteur de la saisine et au président de la Polynésie française[11].

B. *Les décisions de non-lieu*

15. L'APC peut prononcer un non-lieu lorsqu'aucune pratique n'est de nature à porter atteinte à la concurrence sur le marché[12]. Cette décision motivée intervient après que l'auteur de la saisine et le commissaire du gouvernement ont eu accès au dossier et présenté leurs observations.

16. Un non-lieu peut ainsi résulter de ce que les faits ne sont pas susceptibles d'être qualifiés d'entente[13] ou d'abus de position dominante[14][15] . Il peut également résulter

---

7 L'ADLC dispose de cette faculté depuis 2021 (art. L. 462-8 C. com. ; ordonnance n° 2021-649 du 26 mai 2021 relative à la transposition de la directive (UE) 2019/1 du Parlement européen et du Conseil du 11 décembre 2018 visant à doter les autorités de concurrence des États membres des moyens de mettre en œuvre plus efficacement les règles de concurrence et à garantir le bon fonctionnement du marché intérieur, *JORF* n° 0121 du 27 mai 2021). Les saisines concernées sont celles émanant des entreprises, organismes énumérés au deuxième alinéa de l'art. L. 462-1 C. com. ou des régions, départements et collectivités d'outre-mer (art. L. 462-5, IV C. com.). Ne sont ainsi pas concernées les saisines du ministre chargé de l'économie de l'art. L. 462-5, I C. com.), ni les saisines d'office (art. L. 462-5, III C. com.). L'ADLC a publié un communiqué précisant les facteurs dont elle pourra tenir compte dans ses décisions (Communiqué relatif à la mise en œuvre du rejet pour défaut de priorité par l'Autorité de la concurrence du 20 octobre 2022) et a fait usage de cette procédure pour la première fois dans la décision n° 22-D-19 du 20 octobre 2022 relative à des pratiques mises en œuvre dans le secteur de la distribution des timbres postaux. Cette nouvelle procédure permet à l'ADLC d'optimiser l'allocation de ses ressources : « *L'exposé des motifs du projet de loi ratifiant l'ordonnance susmentionnée précise en effet que celle-ci "a pour objet d'améliorer la réactivité de l'Autorité de la concurrence, notamment, en lui permettant [...] de mieux gérer ses priorités d'action (possibilité de rejet de certaines saisines)". Dans le même esprit, le Gouvernement a estimé que cette ordonnance permettrait notamment à l'ADLC de "mieux tenir compte des enjeux économiques en fixant ses priorités d'action dans un cadre souple (principe dit de 'l'opportunité des poursuites')" [exposé des motifs du projet de loi ratifiant l'ordonnance n° 2021-649 du 26 mai 2021, enregistré à la présidence de l'Assemblée nationale le 28 juillet 2021]* » (communiqué préc., p. 1-2).

8 Art. LP 630-5 du code de la concurrence.

9 Art. LP 630-5, al. 2 du code de la concurrence.

10 Art. LP 610-5 du code de la concurrence. Pour l'ADLC, l'art. L. 461-3, al. 4 C. com. prévoit que « [l]e président, ou un vice-président désigné par lui, peut adopter seul les décisions » d'irrecevabilité, de rejet ou de clôture de saisine d'office.

11 Art. A. 640-7, 1° du code de la concurrence.

12 Art. LP 641-6 du code de la concurrence.

13 Art. LP 200-1 du code de la concurrence.

14 Art. LP 200-2 du code de la concurrence.

15 Ou, pour les procédures devant l'ADLC, de dépendance économique (art. L. 420-2 C. com.), de prix abusivement bas (art. L. 420-5 C. com.).

du fait que les pratiques dénoncées bénéficient des causes d'exemption prévues à l'article LP 200-5 du code de la concurrence, soit au titre du 1° de cet article (pratiques autorisées par une loi, son texte réglementaire d'application ou une disposition réglementaire prise par l'assemblée de la Polynésie française ou le Conseil des ministres), soit de son 2° (progrès économique obtenu en contrepartie des pratiques relevées)[16].

17. La décision de non-lieu, ayant autorité de chose jugée, interdit toute nouvelle saisine sur les mêmes faits.

18. Une décision de non-lieu est rendue par le collège de l'APC au terme de trois étapes principales.

19. D'abord, une instruction de la saisine est réalisée par un rapporteur, qui établit une proposition de non-lieu. Celle-ci fait suite à une instruction approfondie contrairement aux propositions d'irrecevabilité ou de rejet pour défaut d'éléments probants, lesquelles sont formulées en l'absence de tout acte d'instruction ou à la suite d'une instruction très courte.

20. Ensuite, une procédure contradictoire permet au saisissant et au commissaire du gouvernement de recevoir la proposition de non-lieu du rapporteur, d'accéder au dossier constitué à l'issue de l'instruction et de formuler, dans les deux mois, des observations écrites[17].

21. Enfin, une séance se tient en présence du saisissant et du commissaire du gouvernement, qui peuvent défendre leur point de vue[18]. Comme pour les décisions d'irrecevabilité, de rejet ou de clôture de saisine d'office, le collège de l'APC peut également entendre toute personne dont l'audition lui paraît susceptible de contribuer à son information[19][20] .

22. Enfin, la décision est notifiée à l'auteur de la saisine, aux personnes mises en cause et au président de la Polynésie française[21].

II. La procédure d'engagements

23. Le I de l'article LP 641-2 du code de la concurrence prévoit que l'APC « peut aussi accepter des engagements proposés par les entreprises ou organismes et de nature à [y] mettre un terme ».

24. Cette procédure diffère de la procédure d'engagements associée à une non-contestation des griefs et ne peut être mise en œuvre postérieurement à la notification de griefs. Elle a pour finalité d'obtenir d'une entreprise qu'elle prenne

---

16 L'ADLC peut aussi prononcer un non-lieu lorsque l'entente implique des entreprises ayant de faibles parts de marché cumulées (art. L. 464-6-1 et L. 464-6-2 C. com.), sauf en cas de marchés publics ou de restrictions caractérisées. Cependant, la décision de ne pas poursuivre prise en application de l'art. L. 464-6-1 C. com. n'est qu'une faculté pour l'ADLC.

17 Art. A. 640-6 du code de la concurrence.

18 *Ibid.*

19 Art. LP 630-5, al. 2 du code de la concurrence.

20 Pour l'ADLC, seul un non-lieu consécutif à un refus de transaction ministérielle peut être rendu par juge unique (art. L. 461-3 C. com.). Dans tous les autres cas, comme pour l'APC, la décision est collégiale (art. L. 461-3 C. com. et art. LP 610-5 du code de la concurrence).

21 Art. A. 640-7, 5° du code de la concurrence.

volontairement des mesures correctrices, pour répondre à des comportements susceptibles d'être contraires aux règles de concurrence, qui sont identifiés lors de l'instruction d'une affaire dont l'APC est saisie.

25. La mise en œuvre de la procédure d'engagements permet à l'APC d'accélérer le traitement des dossiers compte tenu du gain de temps obtenu par rapport à la procédure usuelle de notification de griefs.

26. Si le code de la concurrence ne prévoit pas de procédure spécifique en Polynésie française, l'APC a fait le choix, pour permettre un échange avec les parties, d'appliquer celle prévue devant l'ADLC[22].

27. Ainsi, l'initiative des engagements appartient à l'entreprise mise en cause, les textes disposant que l'entreprise concernée « propose » les engagements[23]. Cependant, le rapporteur n'est pas tenu de donner suite à cette solution procédurale. Il a toujours la possibilité de choisir de notifier des griefs à cette entreprise, s'il estime que les pratiques s'avèrent trop graves ou que leur identification demande une instruction approfondie.

28. Une « évaluation préliminaire des pratiques en cause » ouvre formellement la procédure d'engagements. Dans ce document, le rapporteur fait connaître à l'entreprise mise en cause les préoccupations de concurrence qu'il a constatées au cas d'espèce. Il s'agit d'identifier les pratiques relevées, à ce stade de la procédure, qui sont susceptibles de constituer des pratiques prohibées, afin que l'entreprise puisse proposer des engagements pour y remédier. En revanche, le rapporteur n'a pas à prouver la réalité et l'imputabilité d'infractions au droit de la concurrence en vue de les sanctionner. L'évaluation préliminaire ne constitue donc pas une notification de griefs, même simplifiée.

29. Hors hypothèse d'une demande de mesures conservatoires, non traitée dans le cadre de cet article, l'entreprise dispose d'un délai minimum d'un mois à compter de l'envoi de l'évaluation préliminaire pour formaliser ses propositions d'engagements en réponse aux préoccupations de concurrence exprimées. Les engagements finalisés font l'objet d'une communication aux parties à la procédure et d'une consultation des tiers, qui disposent d'un délai minimum d'un mois pour formuler leurs observations éventuelles. L'ensemble des observations ainsi reçues est versé au dossier et transmis aux parties à la procédure ainsi qu'au commissaire du gouvernement.

30. Les parties à la procédure doivent, sous réserve de l'application de la protection du secret des affaires (cf. encadré sur le secret des affaires ci-après), avoir accès à l'intégralité des documents sur lesquels s'est fondé le rapporteur pour établir l'évaluation préliminaire et à l'intégralité de ceux soumis à l'APC pour statuer sur les engagements.

31. Au cours d'une séance, le collège de l'APC se prononce sur les engagements proposés, qui donnent lieu à une présentation initiale par le rapporteur, suivie d'un débat contradictoire avec les parties et le commissaire du gouvernement. Le collège peut accepter les engagements proposés, leur conférant un caractère obligatoire, demander leur modification ou les refuser. En effet, l'APC n'est pas tenue d'accepter les

[22] Art. R. 464-2 C. com.

[23] Art. LP 641-2, I du code de la concurrence.

engagements proposés et peut préférer agir par voie de sanction ou d'injonction. En outre, une autorité de concurrence ne peut imposer que des engagements nécessaires et proportionnés, quelle que soit la nature de la préoccupation de concurrence qu'ils visent à dissiper. Aucun engagement ne doit aller au-delà des préoccupations de concurrence exprimées dans l'évaluation préliminaire. Lorsque les parties proposent des engagements allant au-delà des préoccupations, l'Autorité polynésienne de la concurrence se contentera d'en prendre acte sans les rendre obligatoires.

32. La décision d'acceptation des engagements a pour effet de clore l'affaire. À la différence d'une décision de condamnation qui constate le caractère anticoncurrentiel du comportement en cause, en impose la cessation ou la modification et, le cas échéant, le sanctionne, la procédure d'engagements ne conduit pas le collège à apprécier et qualifier le caractère anticoncurrentiel des comportements et des faits qui lui sont soumis.

33. Dans une perspective plus pédagogique que répressive, cette procédure favorise la régulation *ex ante* plutôt que la sanction *ex post*.

III. Les procédures qui donnent une suite favorable à la saisine

34. Lorsque les éléments recueillis au cours de l'instruction laissent présumer l'existence d'une infraction aux règles de concurrence, le rapporteur adresse aux parties concernées une notification de griefs. En principe, la procédure se poursuit par l'établissement d'un rapport et l'organisation d'une séance. Toutefois, le rapport est notamment omis dans le cadre d'une procédure simplifiée.

35. *La notification de griefs*. La notification de griefs constitue l'acte central de la procédure contentieuse en matière de pratiques anticoncurrentielles[24]. Elle est établie par le rapporteur s'il estime que les pratiques anticoncurrentielles sont suffisamment établies par les éléments qu'il a réunis. Cet acte doit impérativement intervenir lorsqu'il est envisagé de poursuivre une ou plusieurs infractions au droit de la concurrence, et de prononcer des injonctions ou des sanctions pécuniaires à l'égard des entreprises ou organismes ayant commis lesdites infractions. Aucune décision de sanction ou d'injonction ne peut ainsi intervenir sans notification de griefs. Cette dernière circonscrit le cadre des débats et de l'instruction, le collège ne pouvant retenir d'autres griefs que ceux notifiés[25].

36. La notification de griefs ouvre également le débat contradictoire avec les mises en cause[26]. Ainsi, à partir de la notification de griefs, les entreprises mises en cause sont précisément informées des faits qui leur sont reprochés, et auront accès à l'entier dossier de procédure. En outre, la notification des griefs a pour effet d'ouvrir aux entreprises parties à la procédure, ainsi qu'au commissaire du gouvernement, la possibilité de présenter des observations écrites. Ainsi, sous réserve du respect du secret des affaires, la notification de griefs est adressée par

---

[24] Art. LP 630-3 et s. du code de la concurrence.

[25] CA Paris, 29 mars 2005, *Filmdis et Cinésogar*, RG 04/19930.

[26] CA Paris, 21 décembre 2017, *La Banque Postale*, RG 15/17638.

le rapporteur général aux parties intéressées ainsi qu'au commissaire du gouvernement, qui disposent d'un délai de deux mois pour présenter leurs observations[27]. Le rapporteur général n'est cependant pas tenu de notifier les griefs à toutes les parties à une entente lorsqu'il estime que le comportement de certaines d'entre elles ne justifie ni injonction ni sanctions pécuniaires[28].

37. La notification de griefs ne met pas fin à l'instruction. Le rapporteur peut donc toujours ajouter de nouveaux éléments au dossier, à la condition qu'ils ne conduisent pas à étendre le champ des griefs. En revanche, si des faits nouveaux ou des preuves nouvelles ont été recueillis après la transmission de la notification de griefs et qu'ils sont de nature à fonder un nouveau grief ou à étendre le champ des griefs déjà notifiés, ils ne pourront être utilisés par le rapporteur puis par le collège que si une notification de griefs complémentaire est envoyée. Celle-ci ouvre un nouveau délai de deux mois aux entreprises en cause.

Le secret des affaires

Le respect du secret des affaires constitue une garantie essentielle du contradictoire et de la loyauté de la procédure.

Le cadre général

Dans une procédure devant l'APC, les parties peuvent être amenées à communiquer des documents et des informations relevant du secret des affaires.

L'article LP 630-4 du code de la concurrence dispose que les entreprises ont un droit légitime à la protection de leurs secrets d'affaires. Aussi, le rapporteur général a le pouvoir de refuser la communication de pièces mettant en jeu le secret des affaires d'autres personnes. Dans ce cas, une version non confidentielle et un résumé des pièces ou éléments en cause sont seuls accessibles.

Il s'agit de toute information qui revêt une valeur commerciale, effective ou potentielle.

Les articles A. 634-1 à A. 634-3 du code de la concurrence régissent la procédure de secret des affaires.

Ainsi, dans un délai d'un mois à compter de la date à laquelle les éléments ont été obtenus par l'APC, la personne qui souhaite bénéficier de la protection du secret des affaires doit indiquer formellement l'objet et les motifs de sa demande. Si l'une des pièces couvertes est nécessaire à l'exercice des droits de la défense, le rapporteur en informe la personne concernée et lui fixe un délai pour présenter ses observations. La partie mise en cause qui n'a pas eu accès à une version confidentielle peut également en demander, par requête motivée, la communication ou la consultation.

---

27 Art. LP 630-3 du code de la concurrence.

28 Cons. conc., déc. n° 07-D-50 du 20 décembre 2007 relative à des pratiques mises en œuvre dans le secteur de la distribution de jouets, non remise en cause sur ce point par l'arrêt de la cour d'appel de Paris du 28 janvier 2009, *Espé Joué Club*, RG 08/00255.

Le schéma du traitement du secret des affaires

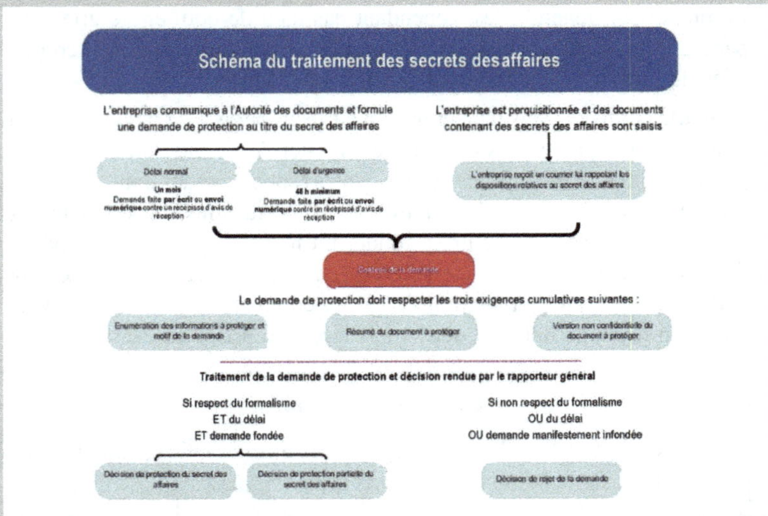

Les voies de recours

Les décisions du rapporteur général refusant une demande de protection au titre du secret des affaires ou levant la protection préalablement accordée sont susceptibles de recours devant le premier président de la cour d'appel de Paris, dans un délai d'un mois suivant leur notification[29]. L'ordonnance du premier président de la cour d'appel statuant sur ce recours peut faire l'objet, dans un délai de dix jours suivant sa notification, d'un pourvoi en cassation.

La réforme à venir

Une réforme à droit constant, amorcée par l'ADLC en 2025, vise à réduire le délai de traitement du secret des affaires. Cette réforme repose sur une application plus rigoureuse par les parties de la notion de secret des affaires et sur la réduction du nombre de décisions de traitement du secret des affaires multiples.

L'objectif est de n'adopter, par principe, qu'une seule décision par partie concernée, accordant, refusant partiellement ou totalement la protection et, le cas échéant, une seule décision levant cette protection.

L'APC s'en inspire pour faire évoluer la procédure du traitement du secret des affaires.

38. *La procédure simplifiée.* Le rapporteur général peut décider que l'affaire fera l'objet d'une « procédure simplifiée », c'est-à-dire qu'elle sera examinée par le collège sans l'établissement préalable d'un rapport[30]. La décision du rapporteur général est notifiée aux destinataires de la notification de griefs et au commissaire du gouvernement, lors de la notification de griefs[31].

39. *Non-contestation des griefs.* Lorsque l'entreprise ou l'organisme ne conteste pas les griefs, l'APC peut prononcer la sanction prévue au I de l'article LP 641-2 du code de la concurrence en tenant compte de cette absence de contestation, ce qui entraîne une réduction de moitié du montant maximal de la sanction[32]. Si l'entreprise s'engage également à modifier son comportement pour l'avenir, l'APC peut en tenir compte dans la fixation du montant de la sanction. Cette rédaction est proche de celle qui était applicable en droit commun de la concurrence français avant 2015[33].

---

29 Art. 10 de l'ordonnance nº 2017-157 du 9 février 2017 étendant et adaptant à la Polynésie française certaines dispositions du livre IV du code de commerce relatives aux contrôles et aux sanctions en matière de concurrence, *JORF* nº 0035 du 10 février 2017.

30 Art. LP 630-3-1 du code de la concurrence.

31 Devant l'ADLC, depuis la loi nº 2020-1508 du 3 décembre 2020 portant diverses dispositions d'adaptation au droit de l'Union européenne en matière économique et financière, *JORF* nº 0293 du 4 décembre 2020, ce choix procédural ne conduit plus au plafonnement de la sanction. Mais, si le chiffre d'affaires cumulé réalisé en France lors du dernier exercice clos de l'ensemble des parties dépasse 200 millions d'euros, et dès lors qu'au moins une des parties intéressées en formule la demande, le délai de dépôt des observations en réponse à la notification des griefs est allongé de deux mois.

32 Art. LP 641-2, III du code de la concurrence.

33 Depuis 2015, devant l'ADLC, lorsqu'un mis en cause ne conteste pas la réalité des griefs qui lui sont notifiés, il peut demander à bénéficier de la procédure de transaction (art. L. 464-2, III C. com.). La procédure de transaction ne débute donc qu'après l'envoi de la notification des griefs et qu'à la suite d'une demande univoque de l'entreprise mise en cause, uniquement si cette dernière s'engage à ne pas contester les griefs. La transaction ne porte pas sur la réalité des infractions, mais sur la détermination de la sanction applicable. Elle n'est lancée qu'après l'envoi de la notification de griefs et à la suite d'une demande explicite de l'entreprise, laquelle doit s'engager à ne pas contester les faits reprochés. S'il ne s'agit pas d'une reconnaissance de responsabilité, seuls peuvent être discutés les éléments relatifs aux déterminants de la sanction. L'entreprise peut en outre proposer

40. *Le rapport.* À l'issue de l'examen des observations formulées par les parties et par le commissaire du gouvernement en réponse à la notification de griefs, le rapporteur rédige un rapport. Ce document contient l'exposé des faits, ainsi que les griefs finalement retenus à l'encontre des entreprises mises en cause. Il rappelle également l'ensemble des griefs notifiés, y compris ceux qui pourraient être abandonnés[34].

41. Si le rapporteur dispose de la faculté de sélectionner les griefs qu'il estime établis, le collège demeurera tenu d'examiner le bien-fondé de l'ensemble des griefs initialement notifiés, même lorsque le rapporteur propose leur abandon.

42. Le rapport est notifié aux parties et au commissaire du gouvernement[35]. Sont annexés à ce rapport les pièces et documents sur lesquels le rapporteur a fondé son analyse, ainsi que, le cas échéant, les observations produites par les parties.

43. Les destinataires du rapport disposent d'un délai d'un mois pour présenter un mémoire en réponse qui peut être consulté par les intéressés dans les 15 jours précédant la séance.

44. *La séance.* Les parties sont convoquées trois semaines au moins avant la date de l'audience[36]. Cette convocation vise exclusivement à informer les parties de la date de la séance et doit être distinguée du délai de 15 jours dont elles disposent pour consulter les autres mémoires en réponse.

45. Les séances de l'APC ne sont pas publiques[37]. Seuls peuvent y assister les parties et le commissaire du gouvernement ainsi que, le cas échéant, les rapporteurs, le secrétaire de séance et les conseillers des membres du collège. Les parties peuvent être entendues directement ou par l'intermédiaire de leurs conseils. L'APC conserve la faculté d'entendre toute personne dont l'audition lui paraît utile à la manifestation de la vérité[38]. Le respect du contradictoire impose toutefois que les parties soient préalablement informées de l'identité et de la qualité des témoins appelés à intervenir, et qu'elles puissent, si elles le souhaitent, solliciter l'audition d'autres témoins.

46. Au cours de la séance, le rapporteur général, le rapporteur chargé de l'affaire et le commissaire du gouvernement peuvent présenter des observations. À l'issue des débats, le collège délibère à huis clos. La décision est adoptée à la majorité

---

des engagements aux services d'instruction. Le rapporteur général dispose d'un pouvoir discrétionnaire pour décider d'entrer en voie de transaction (ADLC, Communiqué de procédure du 21 décembre 2018 relatif à la procédure de transaction, § 17-18). S'il accepte, les discussions peuvent commencer sur la fourchette de sanction pécuniaire envisagée. Celles-ci sont encadrées par un délai de principe de deux mois (*ibid.*, § 11). À l'issue de ces échanges, le rapporteur général adresse à l'entreprise une proposition de transaction « fixant le montant minimal et le montant maximal de la sanction pécuniaire envisagée » (art. L. 464-2, III C. com.). L'entreprise doit ensuite formaliser son acceptation par procès-verbal. L'ADLC prononce alors la sanction dans les limites définies par la transaction, sans établissement préalable de rapport. La procédure de transaction est confidentielle : si elle est interrompue, aucun élément communiqué par l'entreprise dans ce cadre ne peut être utilisé ultérieurement par les services d'instruction ou par le collège. Cette procédure présente plusieurs avantages : elle met fin au débat sur la réalité des griefs, permettant à l'Autorité de réaliser des gains procéduraux et offrant aux entreprises une meilleure prévisibilité quant au montant de la sanction. Elle réduit également le risque contentieux.

34 Art. A. 633-1 du code de la concurrence.

35 Art. LP 630-3 du code de la concurrence.

36 Art. A. 640-5 du code de la concurrence.

37 Art. LP 630-5 du code de la concurrence.

38 *Ibid.*

absolue des voix, le président disposant d'une voix prépondérante en cas de partage. Le délibéré est couvert par le secret, dont la violation entraîne la nullité de la décision. Les rapporteurs n'assistent pas au délibéré, afin de garantir l'impartialité de la décision finale.

47. *Les voies de recours.* Les parties en cause et le président de la Polynésie française ont la possibilité d'introduire un recours en annulation ou en réformation contre les décisions de l'APC devant la cour d'appel de Paris dans un délai d'un mois, qu'il s'agisse de décisions de sanction, d'engagements, de non-lieu, d'irrecevabilité, de rejet ou de clôture de saisine d'office[39]. Le recours n'est pas suspensif, mais le premier président de la cour d'appel de Paris peut toutefois ordonner qu'il soit sursis à l'exécution de la décision si celle-ci est susceptible d'entraîner des conséquences manifestement excessives ou s'il est intervenu, postérieurement à sa notification, des faits nouveaux d'une exceptionnelle gravité.

48. Un pourvoi en cassation peut être formé contre l'arrêt de la cour d'appel de Paris dans un délai d'un mois suivant sa notification.

49. La procédure devant l'APC illustre la capacité du droit à s'adapter aux spécificités locales sans renoncer à ses exigences fondamentales : indépendance, impartialité et respect du contradictoire. Ce modèle, à la fois inspiré et adapté, peut constituer une référence utile pour les économies insulaires et les petites économies de marché confrontées à la même équation visant à concilier l'efficacité procédurale et l'équité économique.

---

[39] Art. L. 464-8 C. com. et art. 10 de l'ordonnance n° 2017-157 du 9 février 2017 préc.

PARTIE III

Le contrôle des concentrations

Le contrôle des concentrations : Champ d'application

Arthur Helfer
Associé, Bredin Prat

Marie Minetto
Collaboratrice, Bredin Prat

1. Après un aperçu du contrôle des concentrations en Polynésie française, retraçant son évolution ainsi que ses fondements normatifs et institutionnels (section I), le présent chapitre se concentrera sur la notion de concentration en droit polynésien (section II), avant d'examiner les seuils de notification prévus par le code de la concurrence de Polynésie française (ci-après le « code de la concurrence ») (section III). Il abordera enfin la question de la coopération de l'Autorité polynésienne de la concurrence (APC) avec les autres autorités de concurrence dans le traitement des dossiers de contrôle des concentrations (section IV).

I. Aperçu du contrôle des concentrations en Polynésie française

2. En raison de son statut institutionnel particulier, la Polynésie française dispose d'une compétence propre en matière de régulation économique et de droit de la concurrence. Avant la promulgation de la loi du pays n° 2015-2 du 23 février 2015 relative à la concurrence (ci-après la « Loi du Pays »), la Polynésie française ne connaissait aucun mécanisme de contrôle des opérations de concentration (A). L'adoption de la Loi du Pays s'est accompagnée de la création du code de la

concurrence et des institutions chargées de veiller à l'application de ce dernier, au premier rang desquelles l'APC (B).

A. *Les raisons d'être de la création d'un régime de contrôle des concentrations en Polynésie française*

3. Après plusieurs années de débat, le législateur polynésien, qui n'avait jamais légiféré en matière de contrôle des concentrations jusqu'en 2015 (ni, plus généralement, en matière de droit de la concurrence) (1), a institué un régime de contrôle des concentrations (2).

1. L'absence de régime de contrôle des concentrations en Polynésie française avant l'adoption de la Loi du Pays

4. Jusqu'à l'adoption de la Loi du Pays, la Polynésie française ne disposait d'aucun régime de contrôle des concentrations. Cette situation la distinguait de la plupart des autres territoires d'outre-mer[1], qui sont tous soumis au régime de droit commun de contrôle des concentrations prévu par le code de commerce[2] (a). Au fil des années, l'introduction d'un régime de contrôle des concentrations s'est révélée indispensable (b).

a) La singularité de la situation de la Polynésie française par rapport aux autres territoires d'outre-mer

5. La Polynésie française bénéficie d'un statut institutionnel particulier, en vertu duquel le droit interne et le droit européen de la concurrence ne s'appliquent pas sur son territoire. Jusqu'à l'entrée en vigueur de la Loi du Pays, les effets concurrentiels des opérations de concentration sur le territoire polynésien n'étaient donc contrôlés par aucune autorité de concurrence (i). Cette situation contraste avec celle de la plupart des territoires d'outre-mer, qui relèvent du régime de droit commun du contrôle des concentrations prévu par le livre IV du code de commerce (ii).

i. L'inapplicabilité en Polynésie française du droit interne et du droit européen de la concurrence

6. La Polynésie française est une collectivité d'outre-mer (COM) relevant de l'article 74 de la Constitution. En vertu de cet article, le statut des COM est défini par une loi organique.

7. La Polynésie française est régie par un principe de spécialité législative, selon lequel les lois et règlements de métropole ne s'appliquent que sur mention expresse[3]. Aucune disposition du code de commerce ne prévoyant que les dispositions

---

[1] À l'exception de la Nouvelle-Calédonie, qui, comme la Polynésie française, ne relève pas des dispositions du livre IV du code de commerce.

[2] Prévu aux art. L. 430-1 à L. 430-10 du code de commerce.

[3] Art. 7 de la loi organique n° 2004-197 du 27 février 2004 portant autonomie de la Polynésie française, *JORF* n° 52 du 2 mars 2004.

du livre IV du code de commerce sont applicables en Polynésie française, ces dispositions ne s'y appliquent pas[4].

8. En droit de l'Union européenne, la Polynésie française a le statut particulier de « pays et territoire d'outre-mer » (PTOM)[5], régi par les articles 198 à 204 du traité sur le fonctionnement de l'Union européenne (TFUE). Conformément à ces dispositions, la Polynésie française ne fait pas partie du territoire de l'Union européenne. Par conséquent, le droit de l'Union européenne ne s'y applique pas[6], sous réserve des dispositions spéciales figurant aux articles 198 à 204 du TFUE.

9. Concrètement, cette situation impliquait que ni l'Autorité de la concurrence (ADLC) ni la Commission européenne n'étaient compétentes pour connaître des effets d'une opération de concentration en Polynésie française[7], en particulier lorsque les marchés pertinents sont définis localement.

10. En revanche, conformément à son statut prévu par la Constitution et par la loi organique n° 2004-197, la Polynésie française est compétente pour adopter, par voie de loi du pays, une régulation propre à son territoire en matière de contrôle des concentrations.

ii. Le régime de contrôle des concentrations applicable aux DOM

11. Les départements d'outre-mer (DOM) ne sont pas régis par l'article 74 de la Constitution, mais par l'article 73 de cette dernière, qui dispose que « [d] ans les départements et les régions d'outre-mer, les lois et règlements sont applicables de plein droit ». Ces territoires sont donc soumis à un principe d'identité législative en vertu duquel le droit interne s'applique de plein droit, sous réserve d'aménagements tenant aux caractéristiques et contraintes de ces territoires.

12. En droit de l'Union européenne, les DOM n'ont pas le statut de PTOM mais de « régions ultrapériphériques[8] », qui se voient appliquer l'ensemble du droit de l'Union européenne sous réserve d'éventuels aménagements.

13. Par conséquent, le droit commun de la concurrence s'applique dans les DOM[9] de la même manière que dans le territoire métropolitain, indépendamment du fait que l'article L. 430-2, III du code de commerce aménage des seuils spécifiques de chiffre d'affaires applicables dans ces territoires.

---

4 L'art. L. 940-1 du code de commerce liste expressément les dispositions du code de commerce applicables dans le territoire de la Polynésie française. Les dispositions du livre IV n'en font pas partie.

5 Annexe II du TFUE.

6 CJCE, 12 février 1992, *Leplat c/ Territoire de la Polynésie française*, aff. C-260/90, EU:C:1992:66, § 10 : « Afin de répondre aux questions de la juridiction de renvoi, il convient de rappeler, à titre liminaire, la nature de l'association prévue par le traité CEE pour les pays et territoires d'outre-mer [...]. Cette association fait l'objet d'un régime défini dans la quatrième partie du traité [...], de sorte que les dispositions générales du traité ne sont pas applicables aux PTOM sans référence expresse. »

7 R. Raymond, « État des lieux du droit de la concurrence dans les outre-mer », *RLC* 2013/37, p. 131-134.

8 Prévu par l'art. 355 du TFUE.

9 Et dans les COM qui ont fait le choix de l'applicabilité de plein droit du droit métropolitain dans leurs lois organiques.

b) L'introduction nécessaire d'un régime de contrôle des concentrations en Polynésie française

14. L'absence de droit de la concurrence en Polynésie française, et plus spécifiquement de régime de contrôle des concentrations, a longtemps fait débat. Plusieurs observateurs ont plaidé en faveur de la mise en place d'un régime de contrôle des concentrations propre à la Polynésie française, adapté aux contraintes d'une économie insulaire[10].

15. Concernant plus spécifiquement les territoires insulaires, les autorités de concurrence ont depuis longtemps relevé les spécificités de ces économies, à l'occasion d'opérations de concentration[11] ou dans le cadre de leur activité consultative[12]. Dans ses avis, l'ADLC fait ainsi le constat que les prix demeurent significativement plus élevés dans les territoires d'outre-mer qu'en France métropolitaine (entre 7 et 12,5 % selon les chiffres de l'INSEE de 2015[13]). Selon l'ADLC, ces écarts de prix s'expliquent par différentes caractéristiques propres aux économies ultramarines, parmi lesquelles :

- le caractère isolé et étroit de la plupart de ces économies, ayant pour conséquence des frais d'approche et des coûts d'approvisionnement très élevés ;
- l'existence de nombreux dispositifs fiscaux visant à protéger la production locale et ayant pour effet de renchérir les prix pour le consommateur ;
- la forte concentration des acteurs sur le marché de la vente au détail à dominante alimentaire ; et
- la présence d'acteurs verticalement intégrés au sein de la chaîne d'approvisionnement, dont beaucoup disposent en outre d'accords d'importation exclusifs.

16. Ces spécificités ont largement présidé à l'adoption de la Loi du Pays, comme l'illustre le rapport de la commission de l'économie, des finances, du budget et de la fonction publique de l'Assemblée de la Polynésie française, présenté dans le cadre de l'élaboration de cette loi :

> La Polynésie française souffre de handicaps structurels qui grèvent son essor économique. En premier lieu, l'étroitesse du marché polynésien favorise la constitution de monopoles et de positions dominantes.

---

10 V. p. ex., MinterEllison, « A Model Regulatory and Policy Framework for Forum Island Countries », 2010, rapport préparé pour le Forum des îles du Pacifique.

11 V. p. ex., ADLC, déc. n° 10-DCC-25 du 19 mars 2010 relative à la prise de contrôle exclusif d'actifs du groupe Louis Delhaize par la société H Distribution (groupe Hoio), § 21 et 25 : l'ADLC adopte une grille d'analyse spécifique aux territoires d'outre-mer concernés pour la délimitation des marchés pertinents ; n° 12-DCC-59 du 4 mai 2012 relative à la prise de contrôle exclusif des sociétés Socolam, Somacom et René Lancry (actifs du Groupe Lancry) par la société Socohold (Groupe Parfait), § 13 : l'ADLC souligne qu'il « convient de tenir compte des spécificités de la Martinique » pour les besoins de la délimitation géographique des marchés pertinents.

12 En matière consultative, l'ADLC a rendu 17 avis concernant l'outre-mer. V. not., ADLC, avis n° 09-A-45 du 8 septembre 2009 relatif aux mécanismes d'importation et de distribution des produits de grande consommation dans les départements d'outre-mer ; n° 19-A-12 du 4 juillet 2019 concernant le fonctionnement de la concurrence en Outre-Mer.

13 ADLC, avis n° 19-A-12 du 4 juillet 2019, préc., p. 16 et s.

> Avec le temps, ces situations se sont avérées néfastes à la concurrence, tant d'un point de vue horizontal par la présence d'un nombre limité d'acteurs sur un même marché, que verticalement à plusieurs étapes d'une même filière, créant parfois des situations de rentes défavorables pour le consommateur final.
>
> En second lieu, la Polynésie française est très éloignée des principaux marchés d'approvisionnement. Distante de près de 5 700 km de l'Australie, de 6 200 km des États-Unis, de 8 800 km du Japon et de 16 000 km de la France, l'île de Tahiti doit ensuite approvisionner l'ensemble des archipels éparpillés sur un territoire aussi vaste que l'Europe. Cet éloignement engendre un effet-prix préjudiciable au consommateur ainsi que des coûts de transport structurellement élevés du fait des surcoûts d'approvisionnement.
>
> [...]
>
> [L]e droit de la concurrence n'existe pas en Polynésie française où prévaut un fort niveau d'interventionnisme. Les pouvoirs publics s'efforcent de juguler la cherté de la vie par une réglementation des prix qui, si elle conserve une certaine utilité, montre aujourd'hui certaines limites. Ce modèle de développement reposant sur une administration dirigiste de l'économie doit être réformé[14].

2. Les modalités de l'entrée en vigueur du régime de contrôle des concentrations

17. L'article LP. 3 de la Loi du Pays prévoit :

> Dispositions transitoires. – I. Les dispositions de la présente loi du pays entrent en vigueur dans les conditions suivantes :
>
> 1° Les dispositions du livre VI du code de la concurrence de la Polynésie française (partie Législative) ainsi que les abrogations prévues à l'article LP. 2 de la présente loi du pays entrent en vigueur avec la nomination d'au moins trois membres du collège de l'Autorité polynésienne de la concurrence dont le président, du rapporteur général et d'un agent du service d'instruction.
>
> 2° Des arrêtés en conseil des ministres déterminent à titre provisoire et jusqu'à la constitution de l'autorité, les règles relatives à son installation et à son fonctionnement ; ces mesures demeurent en vigueur jusqu'à l'adoption de celles prises sur le fondement de l'article LP. 610-11.
>
> 3° La mise en conformité avec les obligations découlant de l'article LP. 200-3 est requise dans un délai d'un an à compter de la promulgation de la présente loi du pays.

---

[14] Rapport n° 63-2014 du 12 juin 2014 sur le projet de loi du pays relatif à la concurrence, présenté au nom de la commission de l'économie, des finances, du budget et de la fonction publique de l'Assemblée de la Polynésie française, p. 5.

II. Toutefois, demeurent en vigueur et sont susceptibles de modifications, les réglementations fixant les prix ou les marges des produits et des services.

18. Conformément à cet article, les règles relatives à l'organisation, aux compétences, au fonctionnement et à la procédure de l'APC, prévues au livre VI du code de la concurrence, n'entrent en vigueur qu'à compter de la nomination d'au moins trois membres du collège de l'APC (dont le président), du rapporteur général et d'un agent du service d'instruction. Cette condition a été remplie le 1er février 2016.

19. La Loi du Pays ne règle pas explicitement la question de l'application dans le temps de ses dispositions (de fond) relatives au contrôle des concentrations. Toutefois, en pratique, seules les opérations formalisées postérieurement au 1er février 2016 ont été notifiées à l'APC.

20. Cette situation tranche avec celle qui a prévalu en matière de pratiques anticoncurrentielles, l'APC ayant accepté d'examiner, à partir de 2016, plusieurs saisines portant sur des pratiques dont la mise en œuvre avait débuté avant cette date[15].

B. *Institutions et sources du contrôle des concentrations en Polynésie française*

1. Les autorités compétentes

21. L'APC est seule compétente pour appliquer le droit de la concurrence sur le territoire polynésien et, en particulier, pour examiner les concentrations relevant des articles LP 310-1 à LP 310-2-1 du code de la concurrence. Comme l'a récemment rappelé l'ancien rapporteur général de l'ADLC, l'ADLC est compétente pour appliquer le droit de la concurrence sur le territoire métropolitain et dans les territoires d'outre-mer, « à l'exclusion de la Nouvelle-Calédonie et de la Polynésie française, qui disposent de leur propre corpus juridique et d'autorités de concurrence qui leur sont propres[16] ».

22. En application de l'article LP 310-7-1 du code de la concurrence, le président de la Polynésie française dispose toutefois d'un pouvoir d'évocation, lui permettant :

- d'une part, de demander à l'APC un examen approfondi dans les cinq jours qui suivent la date à laquelle il a reçu la décision de l'APC ou en a été informé en vertu de l'article LP 310-5 du code de la concurrence ; et
- d'autre part, d'évoquer l'affaire pour des « motifs d'intérêt général autres que le maintien de la concurrence », dans les cinq jours qui suivent la date à laquelle il a reçu la décision de l'APC ou en a été informé en vertu de l'article LP 310-7 du code de la concurrence.

---

15 V. p. ex., APC, déc. n° 2019-PAC-01 du 22 août 2019 relative à des pratiques du groupe Wane mises en œuvre dans la commercialisation de boissons.

16 S. Martin, « L'autorité française et polynésienne continueront d'unir leurs efforts pour promouvoir la vitalité des économies hexagonale et polynésienne », dans *Le droit de la concurrence face aux défis des économies insulaires : regards sur la Polynésie française et la région du Pacifique*, J. Peyre, E. Silvestro, V. Terrien, T. Emen et Y. Lecornu (dir.), Concurrences, Paris, 2025, p. 241-244, § 1.

23. Ce dispositif, introduit en droit polynésien par la loi du pays n° 2018-31 du 9 août 2018, est similaire à celui dont dispose en métropole le ministre chargé de l'économie, en vertu de l'article L. 430-7-1 du code de commerce. Ce pouvoir d'évocation a été introduit à la suite de la prise de contrôle par la société Emar des sociétés Compagnie française maritime de Tahiti et Vaipihaa[17]. Dans cette affaire[18], l'APC, qui craignait l'instauration d'un monopole sur certaines lignes de transport maritime en Polynésie française, avait exigé de lourdes cessions d'actifs aux parties, réduisant l'intérêt économique de l'opération et suscitant des critiques de la classe politique polynésienne.

2. Les sources du régime du contrôle des concentrations

24. Le code de la concurrence constitue la source normative principale du contrôle des concentrations en Polynésie française. Institué par l'article 1er de la Loi du Pays, il regroupe, au sein du titre 1er de son livre III, l'ensemble des dispositions législatives consacrées au contrôle des concentrations (art. LP 310-1 à LP 310-10).

25. La partie réglementaire du code de la concurrence a été introduite par l'arrêté n° 1347 CM du 10 septembre 2015, et comprend notamment au titre 1er du livre III l'ensemble des dispositions réglementaires applicables au contrôle des concentrations (art. A. 310-1 à A. 310-5-1).

26. L'APC a publié en 2017 ses premières lignes directrices en matière de contrôle des concentrations, qui ont été remplacées par de nouvelles lignes directrices en 2019 (ci-après les « Lignes directrices »)[19]. Ces Lignes directrices – les premières publiées par l'APC – apportent un éclairage utile sur le champ d'application du contrôle des concentrations et la procédure applicable en la matière.

27. Dans ses premières décisions, l'APC s'est largement inspirée des sources et de la pratique décisionnelle des autres autorités de concurrence, en particulier de l'ADLC et de la Commission européenne, notamment pour ce qui concerne la notion de contrôle[20] ou la définition des marchés pertinents[21]. Au fil de ses décisions, l'APC a progressivement créé ses propres précédents, allant même jusqu'à s'écarter, parfois, de la pratique décisionnelle des autres autorités[22].

---

17 F. Venayre, « Polynésie française : Révision du code de la concurrence – Vers une meilleure prise en compte de l'analyse économique », *Concurrences* n° 2-2019, art. n° 89876.

18 APC, déc. n° 2017-CC-01 du 9 mars 2017 relative à la prise de contrôle exclusif des sociétés Compagnie française maritime de Tahiti et Vaipihaa par la société Emar.

19 APC, Lignes directrices relatives au champ d'application et à la procédure de contrôle des concentrations, janvier 2019.

20 V. p. ex., APC, déc. n° 2016-CC-02 du 29 août 2016 relative à la prise de contrôle conjointe des trois hôtels Sofitel de Polynésie française par la société Lupesina Tahiti Investments (groupe Grey) aux côtés du groupe AccorHotels, § 6.

21 V. p. ex., *ibid.*, § 12 ; APC, déc. n° 2016-CC-03 du 6 octobre 2016 relative à la prise de contrôle conjoint de l'hôtel Manava Beach resort and spa (compagnie touristique polynésienne) par la société Lupesina Tahiti Investments (groupe Grey) aux côtés du groupe SPM, § 13.

22 En ce qui concerne la Commission européenne, v. les affaires *Brasserie de Tahiti* (APC, déc. n° 2023-CC-02 du 24 octobre 2023 relative à la prise de contrôle exclusif de la SARL Toa Distribution, la SARL Société de gestion d'approvisionnement et de marketing et la SCI Ofai par la société Brasserie de Tahiti et n° 2023-CC-03 du

28. Depuis sa mise en place, l'APC a rendu 31 décisions en contrôle des concentrations, dont 9 décisions d'autorisation sous conditions d'engagements. Parmi les secteurs les plus représentés figurent le tourisme, la distribution et les transports.

II. La notion de concentration

29. L'article LP 310-1 du code de la concurrence prohibe les opérations de concentration susceptibles de porter une atteinte substantielle à la concurrence, ou de créer une situation de monopole préjudiciable à l'intérêt des consommateurs.

30. La notion de concentration est définie par l'article LP 310-1-1 du code de la concurrence.

31. En vertu du premier paragraphe de cet article, une opération de concentration est réalisée lorsque (i) « deux ou plusieurs entreprises antérieurement indépendantes fusionnent », ou (ii) lorsqu'« une ou plusieurs personnes, détenant déjà le contrôle d'une entreprise au moins ou lorsqu'une ou plusieurs entreprises acquièrent, directement ou indirectement, que ce soit par prise de participation au capital ou achat d'éléments d'actifs, contrat ou tout autre moyen, le contrôle de l'ensemble ou de parties d'une ou plusieurs autres entreprises ».

32. Le deuxième paragraphe du même article ajoute que la « création d'une entreprise commune accomplissant de manière durable toutes les fonctions d'une entité économique autonome constitue une concentration au sens du présent article ».

33. Enfin, le troisième paragraphe précise que « le contrôle découle des droits, contrats ou autres moyens qui confèrent, seuls ou conjointement et compte tenu des circonstances de fait ou de droit, la possibilité d'exercer une influence déterminante sur l'activité de l'entreprise », étant précisé que l'influence déterminante peut notamment être conférée par des droits de propriété ou de jouissance sur tout ou partie des biens d'une entreprise, ainsi que par des droits ou des contrats qui octroient une influence déterminante sur la composition, les délibérations ou les décisions des organes d'une entreprise.

34. Cette définition est en tout point similaire à celle prévue à l'article L. 430-1 du code de commerce.

35. L'identification d'une opération de concentration au sens du code de la concurrence suppose d'analyser tant les circonstances de droit que les circonstances de fait. Comme le rappellent les Lignes directrices, la vérification de l'indépendance antérieure des parties est à cet égard déterminante, les opérations qui se réduisent à de simples réorganisations internes ne constituant pas des concentrations. Cette appréciation est indissociable de la notion de contrôle, dont les critères d'existence sont précisés ci-après.

---

24 octobre 2023 relative à la prise de contrôle exclusif de la Société de distribution et d'exploitation commerciale par la société Brasserie de Tahiti), dans lesquelles l'APC s'est éloignée de la méthode « de priorité » préférée par la Commission européenne pour le traitement des opérations dites « parallèles », en retenant la méthode de « traitement combiné », v. *infra*, § 80 et s.

36. Cet exercice de qualification requiert d'analyser successivement les notions d'entreprise et de personne (A), de contrôle (B) et d'entreprise commune (C). Des précisions seront enfin apportées relativement au traitement des opérations interdépendantes, parallèles et transitoires (D).

A. *Les notions d'entreprise et de personne*

37. La notion de concentration, telle que définie par le code de la concurrence, implique deux acteurs : l'entreprise (1) et la personne (2).

1. La notion d'entreprise

38. Les notions d'« entreprise » et de « personne » s'entendent au sens habituellement retenu, conformément aux définitions dégagées par la jurisprudence de la Cour de justice de l'Union européenne, à laquelle se réfèrent expressément les Lignes directrices.

39. Ainsi, la notion d'« entreprise » est définie par les Lignes directrices comme « "toute entité exerçant une activité économique, indépendamment du statut juridique de cette entité et de son mode de financement", l'activité économique étant entendue comme "consistant à offrir des biens et des services sur le marché"[23] ».

40. Les Lignes directrices précisent par ailleurs qu'une concentration peut porter sur une partie d'une entreprise, ou bien sur des éléments d'actifs constituant une partie d'une entreprise, comme des marques ou des brevets, dès lors que ces éléments d'actifs constituent une activité se traduisant par une présence sur un marché à laquelle un chiffre d'affaires peut être rattaché sans ambiguïté. Ainsi, l'APC a déjà eu à connaître, dans une affaire *Spres/Boyer*, d'une opération de concentration portant sur des actifs constitués par le fonds de commerce d'une société ainsi que ses biens immobiliers, du matériel industriel et des stocks[24].

2. La notion de personne

41. L'article LP 310-1-1, I, 2° mentionne également le cas des concentrations entre personnes. Conformément à la pratique décisionnelle française et européenne, les Lignes directrices définissent la notion de « personne » comme recouvrant les personnes morales de droit privé, les organismes de droit public – y compris l'État ou la Polynésie française – ainsi que les personnes physiques exerçant des activités économiques. Toutefois, les Lignes directrices précisent que « les prises de contrôle par des personnes physiques ne sont susceptibles de constituer une concentration que si ces personnes exercent des activités économiques pour leur compte propre ou si elles contrôlent au moins une entreprise avant l'opération[25] ».

---

23 Lignes directrices, § 16.

24 APC, déc. n° 2017-CC-05 du 15 novembre 2017 relative à la prise de contrôle exclusif des actifs du groupe Spres par le groupe Boyer.

25 Lignes directrices, § 18.

42. Si de telles opérations sont moins fréquentes, l'APC a déjà contrôlé une opération d'acquisition, par un investisseur personne physique, de l'intégralité du capital et des droits de vote d'une société et de ses filiales[26].

B. *La notion de contrôle*

43. En droit polynésien comme en droit interne, le contrôle s'apprécie au regard de la possibilité, pour l'entreprise contrôlante, d'exercer une influence déterminante sur l'entreprise contrôlée. Il n'est pas nécessaire de prouver l'exercice effectif de cette influence : la simple possibilité réelle d'influence déterminante suffit.

1. Les différents types de contrôle

44. Trois situations doivent être évoquées, à savoir le contrôle exclusif (a), le contrôle conjoint (b) et l'absence de contrôle (c).

a) Le contrôle exclusif

45. Le contrôle exclusif se caractérise par la capacité, pour une entreprise, d'exercer seule une influence déterminante sur l'activité d'une autre entreprise.

46. La notion de contrôle exclusif s'apprécie sur la base de toutes les circonstances de droit et de fait. Ainsi, en principe, le contrôle exclusif est acquis de plein droit lorsque l'entreprise détient la majorité du capital et des droits de vote au sein de l'entité concernée (cas du contrôle exclusif positif). Toutefois, il peut également être caractérisé lorsqu'une entreprise, qui détient une participation minoritaire, dispose de prérogatives spéciales lui permettant soit de déterminer, unilatéralement, les décisions stratégiques de l'entreprise, soit de s'opposer à leur adoption (cas du contrôle exclusif négatif).

47. Les Lignes directrices illustrent ce point en donnant une série d'exemples de situation de contrôle :

> Un contrôle exclusif peut également découler, de droits, d'une participation minoritaire au capital, lorsque des droits de vote spéciaux sont attachés à cette dernière comme des droits de vote double par exemple ou lorsque l'actionnaire minoritaire dispose, du fait de dispositions inscrites dans les statuts ou dans un pacte d'actionnaires, de droits de veto spécifiques, ou lorsque les statuts lui permettent de disposer d'une majorité dans les organes dirigeants de l'entreprise. Un actionnaire minoritaire peut également être considéré comme détenant un contrôle exclusif de fait. C'est, par exemple, le cas lorsque celui-ci a la quasi-certitude d'obtenir la majorité à l'assemblée générale, compte tenu du niveau de sa participation et de la présence effective des actionnaires à l'assemblée générale au cours des années antérieures, généralement au cours des trois années précédant la modification de la participation au capital susceptible de matérialiser l'acquisition du contrôle.

---

26 APC, déc. n° 2022-CC-02 du 8 juin 2022 relative à la prise de contrôle exclusif du groupe Tahiti Nui Travel (TNT) par M. Louis Wane.

Symétriquement, une participation majoritaire n'emporte pas forcément un contrôle exclusif ou même conjoint, même si ce cas de figure est rare[27].

48. Dans sa pratique décisionnelle, l'APC a déjà considéré qu'un actionnaire minoritaire de l'acquéreur peut détenir le contrôle exclusif de la cible dès lors qu'il dispose de la majorité des voix au conseil d'administration de l'acquéreur[28].

49. Par ailleurs, dans une décision *SARL Manini Market 2/Groupe Aline*[29], l'APC a conclu à l'existence d'un contrôle exclusif dans un cas où l'entreprise cible était acquise par trois sociétés distinctes, contrôlées majoritairement par une seule et même personne physique.

50. Il convient enfin de préciser que l'acquisition d'un contrôle exclusif sur une entreprise auparavant contrôlée conjointement par plusieurs actionnaires constitue une concentration. En effet, ce changement de contrôle confère à l'acquéreur la possibilité de déterminer seul la stratégie de l'entreprise contrôlée.

b) Le contrôle conjoint

51. Le contrôle est qualifié de « conjoint » lorsqu'il est exercé collectivement par plusieurs entreprises, qui disposent chacune de la capacité d'exercer une influence déterminante sur une entreprise tierce. Dans une telle situation, les entreprises contrôlantes ne peuvent déterminer seules la stratégie de l'entreprise contrôlée et doivent nécessairement collaborer pour mener à bien la stratégie de l'entreprise contrôlée.

52. À l'instar du contrôle exclusif, le contrôle conjoint s'apprécie sur la base de tous les éléments de droit et de fait.

53. La forme la plus classique du contrôle conjoint est celle dans laquelle les entreprises contrôlantes détiennent une parité de capital et de droits de vote. Toutefois, la parité formelle n'est pas la seule situation de contrôle conjoint. Ce dernier peut également résulter d'autres mécanismes juridiques et contractuels imposant une coopération obligatoire entre actionnaires afin de mettre en œuvre la stratégie de l'entreprise contrôlée.

54. L'APC a, dans une affaire *Groupe Dubreuil Aéro/CMA CGM*[30], retenu l'existence d'un contrôle conjoint exercé par l'acquéreur, malgré une participation minoritaire au capital de la cible (de 30 %), dès lors que celui-ci disposait, en vertu du protocole d'accord conclu entre les parties, du droit de nommer deux administrateurs

---

27 Lignes directrices, § 25.

28 V. p. ex., APC, déc. n° 2017-CC-02 du 23 mars 2017 relative au rachat de la Société d'Investissement de Polynésie (Four Seasons Hotel & Resort Bora Bora) par Swansea King Limited (fonds d'investissement Gaw Hospitality), § 2.

29 APC, déc. n° 2024-CC-04 du 7 novembre 2024 relative à la prise de contrôle exclusif de la SARL Manini Market 2 par le Groupe Aline. L'APC a relevé que « [l]es décisions de gestion de Aline Associés, de Karena, et de leurs filiales relèvent de la présidence d'une seule personne, Albert Aline. L'ensemble de ces sociétés constituent donc un seul et même groupe […], avec la définition d'une stratégie commune, à laquelle sera intégrée la société cible. Par conséquent, l'Autorité considère qu'il s'agit d'une prise de contrôle exclusif de la société cible par le groupe Aline » (§ 10).

30 APC, déc. n° 2020-CC-02 du 10 décembre 2020 relative à la prise de contrôle conjoint du groupe Dubreuil Aéro par CMA CGM et le groupe Dubreuil.

au conseil d'administration de la cible, ainsi que de droits de veto sur certaines décisions du conseil d'administration[31].

55. Le contrôle conjoint peut également résulter d'une situation de fait, indépendamment de l'existence d'une majorité au profit d'un actionnaire ou d'un pacte d'actionnaires. À cet égard, dans la décision *SARL Cap Tahiti/Consorts Solari*[32], l'APC a considéré que les acquéreurs disposaient d'un contrôle conjoint, en l'absence de participation majoritaire et de pacte d'actionnaires. L'APC avait notamment relevé que « les procès-verbaux d'assemblée générale et de conseil d'administration démontrent que les décisions concernant les sociétés du groupe Solari Mobility sont presque toutes adoptées à l'unanimité. Même en l'absence de pactes d'actionnaires et de droits de vétos spécifiques, les cinq associés présentés supra forment les consorts Solari et détiennent un contrôle conjoint sur la SARL CAP TAHITI, dans la mesure où ils se concertent pour exercer leurs droits de vote sur cette société[33] ».

56. L'entrée d'un nouvel actionnaire au capital d'une entreprise, qui faisait auparavant l'objet d'un contrôle exclusif ou conjoint, constitue également une concentration si, postérieurement à l'opération, chacun des actionnaires dispose du pouvoir de bloquer les décisions stratégiques de l'entreprise. Ainsi, dans l'affaire *Groupe Dubreuil Aéro/CMA CGM*, précitée, l'APC avait pu conclure à la transformation d'un contrôle exclusif de Groupe Dubreuil Aéro par Groupe Dubreuil en un contrôle conjoint par Groupe Dubreuil et CMA CGM, dès lors que CMA CGM, nouvel entrant au capital de Groupe Dubreuil Aéro, disposait de droits de veto sur certaines décisions stratégiques, en vertu du protocole d'accord convenu par les parties[34].

57. Par ailleurs, les Lignes directrices mentionnent les opérations par lesquelles plusieurs entreprises acquièrent conjointement une entreprise cible dans l'intention de répartir ses actifs, immédiatement et de façon durable. Dans ce cas, l'opération ne s'analyse pas en une prise de contrôle conjoint, mais en une pluralité d'opérations distinctes impliquant une prise de contrôle exclusif par chaque entreprise contrôlante des actifs qu'elle acquiert[35].

c) L'absence de contrôle

58. En l'absence de toute influence déterminante, une entreprise ne fait l'objet d'aucun contrôle au sens du droit polynésien de la concurrence. Dans cette hypothèse, l'acquisition d'un contrôle exclusif ou conjoint sur une entreprise jusque-là non contrôlée constitue une concentration. À l'inverse, si l'acquisition de capital ou de droits de vote se traduit par une absence de contrôle, l'opération ne constitue pas une concentration.

---

31 *Ibid.*, § 5-6.

32 APC, déc. n° 2025-CC-01 du 26 février 2025 relative à la prise de contrôle conjoint de la SARL Cap Tahiti par M. Jean-Jacques Solari, Mme Alexandra Solari, Mme Carmen Solari, M. Jacques Solari, M. Nickolas Solari et M. Jean Marc Leonetti.

33 *Ibid.*, § 6-7.

34 APC, déc. n° 2020-CC-02 du 10 décembre 2020, préc., § 6.

35 Lignes directrices, § 32.

2. Les critères d'appréciation de l'influence déterminante

59. En principe, les droits conférés aux actionnaires, majoritaires ou minoritaires, suffisent à déterminer l'existence d'un contrôle sur l'entreprise. Dans certains cas, d'autres éléments peuvent être pris en considération pour apprécier l'existence d'une influence déterminante et d'un contrôle de fait, comme les relations contractuelles ou financières dont bénéficie un actionnaire minoritaire.

60. Pour caractériser l'existence d'une influence déterminante, plusieurs éléments sont pris en compte, comme les droits conférés aux actionnaires (a), les relations contractuelles (b), ainsi que, plus généralement, les liens économiques entretenus entre l'entreprise ou la personne qui exerce le contrôle et l'entreprise cible (c). L'APC apprécie l'ensemble de ces critères selon une approche fondée sur la méthode du faisceau d'indices.

a) Les droits conférés aux actionnaires

61. Un actionnaire minoritaire peut exercer une influence déterminante sur une entreprise lorsqu'il dispose de droits particuliers destinés à protéger ses intérêts financiers ou lorsque ces droits sont de nature à démontrer l'existence d'une influence déterminante.

62. À cet égard, les Lignes directrices précisent que l'APC tient compte des éléments suivants dans son analyse :

- des droits de veto, en particulier ceux portant sur le plan stratégique, la nomination des principaux dirigeants, les investissements et le budget ;
- de la possibilité de bénéficier de droits particuliers conférant immédiatement ou dans le futur une part dans les décisions supérieure à la part dans le capital ;
- de la possibilité de nommer certains responsables au sein des organes dirigeants de l'entreprise ;
- de la possibilité de monter dans le capital ultérieurement, soit du fait d'accords particuliers, soit par la détention de titres convertibles en actions, ou encore de l'existence d'options d'achat ; en elles-mêmes, de telles options ne peuvent conférer un contrôle sur la période antérieure à leur exercice, à moins que cette option ne s'exerce dans un proche avenir conformément à des accords juridiquement contraignants, mais elles peuvent venir conforter d'autres indices d'une influence déterminante ;
- de la possession de droits de préemption ou de préférence ;
- de la possibilité d'obtenir des informations détaillées sur les activités de l'entreprise, en particulier celles généralement réservées au management ou aux entreprises mères[36].

63. Dans ce cadre, l'analyse de l'éparpillement de l'actionnariat s'avère particulièrement utile, afin de vérifier qu'elle « n'est pas susceptible de donner à la participation de l'actionnaire minoritaire un impact concret plus important dans les délibérations[37] ».

---

[36] *Ibid.*, § 38.

[37] *Ibid.*, § 39.

64. Par ailleurs, l'APC peut également être amenée à apprécier si certains actionnaires sont susceptibles de coordonner leurs décisions, soit en raison d'un pacte d'actionnaires ou de tout autre accord exprès les conduisant à agir de concert ou à faciliter la coordination de leurs votes, soit en raison d'intérêts communs suffisamment puissants les conduisant à ne pas s'opposer les uns aux autres dans l'exercice de leurs droits[38].

65. Ainsi, dans la décision *CFMT et Vaipihaa/Emar*[39], l'absence de droits de veto spécifiques n'a pas fait obstacle à la qualification d'un contrôle conjoint de quatre groupes d'actionnaires sur deux sociétés formant un même groupe. En l'espèce, la société Emar, holding détenant plusieurs participations majoritaires dans des sociétés polynésiennes, dont la société Brasserie de Tahiti, projetait de prendre le contrôle exclusif de deux sociétés (Compagnie française maritime de Tahiti et Vaipihaa). Emar était détenue par quatre groupes d'actionnaires, qui détenaient également une participation dans la société Brasserie de Tahiti. Au terme de son analyse, l'APC a considéré que les sociétés Emar et Brasserie de Tahiti étaient conjointement contrôlées par les quatre groupes d'actionnaires. Partant, l'APC a conclu que ces sociétés et leurs filiales respectives ne formaient qu'un seul et même groupe pour les besoins de l'analyse concurrentielle. L'APC a fondé son raisonnement sur plusieurs circonstances de fait révélant une concertation des différents groupes d'actionnaires dans l'exercice de leurs droits de vote. Elle a notamment souligné l'existence de participations croisées au capital des sociétés, les liens familiaux unissant les actionnaires des quatre groupes d'actionnaires, ainsi que l'imbrication des mandats sociaux des deux sociétés et de leurs filiales. L'APC en conclut que les décisions de gestion des deux sociétés ainsi que de leurs filiales « relèvent donc d'un même cadre familial sous la présidence de Jean-Pierre Fourcade. En outre, la présence régulière aux différents organes de gestion (assemblée générale, conseils d'administration…) auxquelles participent les quatre groupes d'actionnaires de la société Emar permet de conclure à l'existence d'une communauté d'intérêts conduisant à un contrôle familial par les différentes branches de la famille Martin sur l'ensemble des sociétés précitées. L'ensemble des sociétés Emar et les filiales qu'elle contrôle (dont SNP), d'une part, et BDT et les filiales qu'elle contrôle, d'autre part, constituent donc un seul et même groupe (ci-après le "groupe acquéreur" ou "groupe Martin"), avec la définition d'une stratégie commune d'actionnaires pour les entreprises dans lesquelles ils détiennent des participations[40] ».

b) Les relations contractuelles

66. Les relations contractuelles peuvent, dans des cas relativement rares, conférer une influence déterminante sur une entreprise. Tel est notamment le cas lorsque les stipulations contractuelles confèrent à une partie un pouvoir effectif sur la gestion courante, l'allocation des ressources essentielles ou les décisions

---

[38] *Ibid.*, § 40. V. en ce sens, APC, déc. n° 2017-CC-01 du 9 mars 2017, préc., § 3.

[39] APC, déc. n° 2017-CC-01 du 9 mars 2017, préc.

[40] *Ibid.*, § 8.

stratégiques, équivalent à celui résultant d'une acquisition d'actions ou d'éléments d'actifs.

67. L'APC a admis à plusieurs reprises que des contrats de gestion hôtelière pouvaient, eu égard à leur contenu et à leur exécution, placer l'opérateur gestionnaire en situation de contrôle conjoint sur les hôtels concernés[41].

68. Se fondant sur la pratique décisionnelle de la Commission européenne[42], l'APC a, dès sa décision *HNA Tourism/SSRL*[43], identifié quatre fondements contractuels pouvant placer l'opérateur gestionnaire en situation de contrôle conjoint :

- l'existence d'un droit de veto sur le *business plan* de l'hôtel ;
- la qualité d'opérateur exclusif du gestionnaire pour le compte du propriétaire, se traduisant notamment par la fixation du prix des chambres, la gestion des ressources humaines et l'administration de l'hôtel ;
- l'existence d'une clause contractuelle prévoyant au bénéfice du gestionnaire, en cas de vente de l'hôtel, un droit de regard sur l'acquéreur, et même la possibilité de désigner le repreneur ou de recourir à un expert en cas de désaccord[44] ; et
- la durée du contrat, généralement comprise entre 10 et 15 ans.

69. Enfin, dans la décision *EIMEO/AAPC NZ Pty. Ltd.*[45], l'APC a ajouté un cinquième élément d'appréciation pouvant être pris en compte pour qualifier l'influence déterminante : la détention, par le gestionnaire, de la marque d'exploitation de l'hôtel.

c) Les autres éléments susceptibles de permettre l'exercice d'un contrôle

70. Pour caractériser une influence déterminante, les Lignes directrices précisent que l'APC peut également tenir compte des liens économiques que les actionnaires ont (ou auront) avec la nouvelle entité, comme, par exemple :

- le fait d'être le principal actionnaire industriel de la nouvelle entité, actif sur son secteur ou dans des secteurs connexes, alors que les autres actionnaires sont des investisseurs financiers ou des actionnaires disposant d'une part faible des droits de vote ;
- l'existence d'importants contrats de livraison à long terme avec la nouvelle entité ;
- la constatation de relations commerciales très privilégiées tels des contrats commerciaux exclusifs, des droits d'usage ou de partage de marques, de brevets, de réseaux de distribution, d'unités de production ;

---

41 V. not. : APC, déc. n° 2016-CC-01 du 6 juillet 2016 relative à la prise de contrôle exclusif par HNA Tourism (groupe HNA) de la société South Seas Resort Limited (groupe Louis Wane) ; déc. n° 2016-CC-02 du 29 août 2016, préc., déc. n° 2016-CC-05 du 13 décembre 2016 relative à la prise de contrôle de la Société des Nouveaux Hôtels par le groupe Wane ; déc. n° 2017-CC-02 du 23 mars 2017, préc.

42 V. p. ex., Comm. CE, déc. du 20 juillet 2005, *Lehman Brothers/SCG/Starwood/Le Méridien*, aff. COMP/M.3858.

43 APC, déc. n° 2016-CC-01 du 6 juillet 2016, préc.

44 APC, déc. n° 2016-CC-02 du 29 août 2016, préc.

45 APC, déc. n° 2020-CC-01 du 25 mai 2020 relative à la prise de contrôle conjoint de l'hôtel Sofitel Moorea Ia Ora Beach Resort par M. Louis Wane, auquel se substituera la société EIMEO Holding SAS en cours de constitution (groupe Wane) aux côtés de la société AAPC NZ Pty. Ltd. (groupe Accor).

- le fait de représenter une part très élevée du chiffre d'affaires de l'entreprise au point qu'une rupture des relations commerciales mettrait en péril, à court terme, sa survie ;
- le fait d'intervenir de manière significative en tant que prêteur auprès de l'entreprise[46].

3. L'entreprise commune de plein exercice

71. Selon l'article LP 310-1-1, II du code de la concurrence, constitue une opération de concentration la création d'une entreprise commune « accomplissant de manière durable toutes les fonctions d'une entité économique autonome ».

72. La création d'une entreprise commune peut résulter :
   - de la création d'une structure commune totalement nouvelle,
   - de l'apport d'actifs que les sociétés mères détenaient auparavant à titre individuel à une entreprise commune déjà existante, dès l'instant où ces actifs, qu'il s'agisse de contrats, d'un savoir-faire ou d'autres actifs, permettent à l'entreprise commune d'étendre ses activités,
   - de l'acquisition par un ou plusieurs nouveaux actionnaires du contrôle conjoint d'une entreprise existante[47].

73. À ce jour, l'APC ne s'est pas encore prononcée, dans sa pratique décisionnelle, sur un cas d'entreprise commune. Ce sont donc les Lignes directrices qui apportent des précisions utiles sur cette notion. S'appuyant sur le droit commun, elles identifient trois caractéristiques essentielles de l'entreprise commune, à savoir[48] :
   - la structure doit disposer des ressources suffisantes pour opérer de façon indépendante sur un marché, ce qui implique qu'elle possède tous les éléments structurels nécessaires au fonctionnement de sociétés autonomes et notamment de ressources humaines, d'un budget et d'une responsabilité commerciale ;
   - la structure doit accomplir toutes les fonctions d'une entité autonome, c'est-à-dire celles habituellement réalisées par les autres entreprises présentes sur le marché ; et
   - la structure doit fonctionner de manière durable, ce qui n'est pas le cas d'une entreprise créée pour construire un ouvrage et destinée à être dissoute au terme du projet.

74. Il convient de noter que le fait qu'une entreprise soit économiquement autonome du point de vue fonctionnel ne signifie pas qu'elle jouisse d'une autonomie en ce qui concerne l'adoption de ses décisions stratégiques.

---

46 Lignes directrices, § 43.

47 *Ibid.*, § 44.

48 *Ibid.*, § 45-47.

C. *Les opérations de concentration interdépendantes, parallèles et transitoires*

1. Le traitement des opérations de concentration interdépendantes

75. Plusieurs opérations peuvent être analysées comme une opération de concentration unique, à condition qu'elles présentent un caractère d'interdépendance. L'interdépendance est caractérisée dès lors qu'aucune des opérations n'aurait été réalisée en l'absence des autres. D'un point de vue procédural, l'ensemble des opérations est appréhendé de manière globale, comme une seule concentration. À l'inverse, l'absence de lien conditionnel implique que chaque opération est examinée de façon autonome.

76. Lorsque les opérations interdépendantes sont réalisées par des vendeurs différents, les seuils individuels de chiffre d'affaires sont calculés pour chaque entreprise cible, conformément à l'article LP 310-2, 2° du code de la concurrence. Si aucune entreprise cible ne remplit le seuil individuel de chiffre d'affaires, l'opération n'est pas notifiable. En revanche, si une seule des entreprises cibles atteint le seuil individuel de chiffre d'affaires, l'opération est notifiable, à condition qu'au moins une autre partie à la concentration remplisse le seuil individuel.

77. L'interdépendance peut résulter de liens juridiques, comme d'accords liés par une conditionnalité réciproque[49], mais aussi, plus largement, de liens économiques. À cet égard, le fait que les accords soient conclus simultanément constitue un indice d'interdépendance.

78. La reconnaissance d'un lien d'interdépendance est subordonnée à deux conditions. D'abord, les opérations ne peuvent être qualifiées d'opération de concentration unique que lorsque le contrôle est acquis, pour chacune d'entre elles, par la ou les mêmes entreprises. Ensuite, chaque opération doit constituer, en elle-même, une concentration. Ainsi, des opérations ne conduisant pas à une prise de contrôle ne peuvent être analysées comme des opérations de concentration, même si ces opérations sont liées.

79. Enfin, le cas des opérations interdépendantes doit être distingué de l'hypothèse visée à l'article A. 310-1-3, IV du code de la concurrence, qui prévoit que, pour les besoins du calcul du chiffre d'affaires, des opérations successives effectuées au cours d'une période de deux années entre les mêmes personnes ou entreprises sont considérées comme une concentration unique, même en l'absence d'interdépendance.

2. Le traitement des opérations dites « parallèles »

80. Dans deux décisions (n°s 2023-CC-02 et 2023-CC-03)[50], l'APC a précisé le cadre d'analyse applicable aux opérations dites « parallèles », c'est-à-dire les opérations notifiées de façon concomitante et susceptibles d'affecter les mêmes marchés. En l'espèce, la société Brasserie de Tahiti projetait de réaliser quatre

---

49 V. p. ex., APC, déc. n° 2017-CC-01 du 9 mars 2017, préc.

50 APC, déc. n° 2023-CC-02 du 24 octobre 2023, préc. ; déc. n° 2023-CC-03 du 24 octobre 2023, préc.

opérations, chacune formalisée par un compromis de cession daté du même jour. Trois de ces opérations présentaient un lien d'interdépendance, tandis que la quatrième ne pouvait être rattachée aux trois premières, faute de conditionnalité entre elles.

81. Dans l'affaire *Brasserie de Tahiti*, bien que les quatre opérations aient été notifiées simultanément, l'APC a estimé que seules trois d'entre elles étaient interdépendantes, ce qui justifiait l'adoption de deux décisions distinctes. Au regard de l'analyse concurrentielle, l'APC a recouru, dans les deux décisions, à la méthode dite du « traitement combiné ». Cette méthode suppose d'examiner chaque opération dans le cadre de l'analyse de l'autre, en retenant un scénario post-opération unique dans lequel l'ensemble des opérations notifiées sont supposées réalisées, sans tenir compte de scénarios intermédiaires dans lesquels seules certaines opérations seraient réalisées. Alors que la Commission européenne tend à privilégier l'approche dite de « priorité », consistant à traiter de manière séquencée les opérations, en suivant un ordre de priorité découlant de la date de notification de chacune d'entre elles, l'APC s'est démarquée en adoptant l'approche du « traitement combiné » dans les décisions précitées.

82. Cette approche a suscité des discussions en doctrine[51], notamment dans le cas d'opérations parallèles notifiées par un même acquéreur. En effet, il a été suggéré que l'APC aurait pu exiger, préalablement ou au moment de la notification des opérations, que l'acquéreur indique s'il envisage de réaliser l'ensemble des opérations conjointement ou seulement certaines d'entre elles, et, dans ce dernier cas, quelle opération il entendait privilégier. Cette approche aurait permis soit de considérer les opérations comme mutuellement conditionnées et donc interdépendantes, soit de les traiter séparément, sur le plan procédural et sur le fond, en fonction de l'ordre de priorité établi par l'acquéreur[52].

3. Les opérations transitoires

83. Les opérations transitoires renvoient d'abord au cas particulier du portage (a). Toutefois, des opérations transitoires peuvent également être caractérisées dans d'autres cas (b).

a) Le portage

84. L'opération de portage est une acquisition provisoire, par un établissement de crédit, un établissement financier ou une société d'assurance, d'une participation aux fins de la revente. Une telle opération constitue une concentration lorsque l'acquéreur à titre provisoire exerce, seul ou conjointement, une influence déterminante sur les actifs cibles pendant la durée du portage. À l'inverse, le portage ne sera pas qualifié de concentration si l'acquéreur n'exerce pas d'influence

---

51 A. Helfer, I. Simic et M. Minetto, « L'encadrement des opérations de concentration en Polynésie : Enseignements de l'affaire *Brasserie de Tahiti* », dans *Le droit de la concurrence face aux défis des économies insulaires*, préc., p. 109-119.

52 Toutefois, si une approche séquencée des opérations avait pu être envisagée, il est peu probable, dans cette affaire, qu'une telle approche aurait conduit à une solution différente de celle retenue par l'APC en appliquant l'approche combinée.

déterminante, par exemple en n'exerçant pas les droits de vote attachés au titre ou en étant représenté par un ou plusieurs administrateurs indépendants. L'APC considère que l'acquisition d'une participation est provisoire si elle ne dépasse pas un an.

85. En outre, en vertu de l'article LP 310-4 du code de la concurrence, l'APC vérifie si l'opération de portage ne confère pas à l'acquéreur final une influence déterminante sur les actifs cibles avant le débouclage final. En effet, dans le cas contraire, l'opération serait réalisée illégalement, sans autorisation préalable de l'APC.

86. Si l'acquisition d'une participation provisoire respectant les conditions précitées n'est pas susceptible d'être contrôlée par l'APC, la revente des actifs à l'acquéreur final peut constituer une concentration notifiable à l'APC dès lors que les seuils de chiffre d'affaires sont atteints.

b) Les autres cas d'opérations transitoires

87. Les opérations transitoires peuvent également être caractérisées dans d'autres situations que les opérations de portage. Dans ce cas, le caractère transitoire de l'opération doit être convenu entre les différents acquéreurs de manière juridiquement contraignante, et il ne doit pas exister de doute quant à la célérité de la deuxième étape de l'opération. Comme pour le portage, l'opération est considérée comme provisoire tant qu'elle ne dépasse pas une durée d'un an. Dans ce cas, contrairement aux opérations de portage, l'influence déterminante est bien conférée à l'acquéreur provisoire sur les actifs acquis.

III. Les seuils de notification

88. Les seuils de notification sont fixés à l'article LP 310-2 du code de la concurrence. Leur architecture reprend celle des seuils internes, en ce qu'ils combinent, d'une part, un premier seuil relatif au chiffre d'affaires total hors taxes mondial de l'ensemble des parties, et, d'autre part, un second seuil de chiffre d'affaires hors taxes réalisé individuellement par deux au moins des parties à la concentration. L'article LP 310-2-1 précise les modalités de calcul de ces seuils.

89. L'article LP 310-2 a été modifié à plusieurs reprises depuis l'entrée en vigueur du code de la concurrence, sa rédaction initiale comportant plusieurs imprécisions (A). Les conditions de mise en œuvre de ces dispositions par l'APC, et la manière dont elles sont interprétées et appliquées en pratique, seront examinées dans un second temps (B).

A. *L'évolution des seuils de chiffre d'affaires depuis l'entrée en vigueur du code de la concurrence*

90. Dès leur entrée en vigueur, les seuils de chiffre d'affaires prévus à l'article LP 310-2 du code de la concurrence comportaient plusieurs lacunes (1), qui ont été corrigées à l'occasion de plusieurs réformes législatives (2).

1. L'imprécision des seuils initiaux

91. À l'origine, la Loi du Pays prévoyait l'insertion d'un article LP 310-2 dans le code de la concurrence, qui établissait les seuils suivants :

> I. – Est soumise aux dispositions des articles LP 310-3 et suivants du présent livre toute opération de concentration, au sens de l'article LP 310-1, lorsque sont réunies les deux conditions suivantes :
>
> 1° Le chiffre d'affaires total hors taxes de l'ensemble des entreprises ou groupes de personnes physiques ou morales parties à la concentration est supérieur à 2 milliards de francs CFP ;
>
> 2° Le chiffre d'affaires total hors taxes réalisé individuellement est supérieur à 500 millions de francs CFP.
>
> II. – Lorsque deux au moins des parties à la concentration exploitent un ou plusieurs magasins de commerce de détail à dominante alimentaire, est soumise aux dispositions des articles LP 310-3 et suivants du présent titre toute opération de concentration, au sens de l'article LP 310-1, lorsque sont réunies les deux conditions suivantes :
>
> 1° Le chiffre d'affaires total hors taxes de l'ensemble des entreprises ou groupes de personnes physiques ou morales parties à la concentration est supérieur à 1,5 milliard de francs CFP ;
>
> 2° Le chiffre d'affaires total hors taxes réalisé individuellement est supérieur à 200 millions de francs CFP.

92. Une fois la loi adoptée, la doctrine a rapidement mis en évidence certaines imprécisions dans le libellé de ces seuils. En particulier, s'agissant de la première condition relative au chiffre d'affaires total hors taxes de l'ensemble des entreprises ou groupes de personnes physiques ou morales parties à la concentration, qui doit être supérieur à 2 milliards de francs CFP, le législateur n'avait pas précisé la zone géographique de référence pour le calcul de ce chiffre d'affaires. En droit commun, pour l'application tant des seuils métropolitains que des seuils ultramarins, l'article L. 430-2 du code de commerce précise que le chiffre d'affaires doit être calculé au niveau mondial.

93. L'imprécision affectant le second seuil de notification s'est avérée plus problématique. En effet, l'article LP 310-2 disposait que « le chiffre d'affaires total hors taxes réalisé individuellement est supérieur à 500 millions de francs CFP », sans préciser, d'une part, la zone géographique dans laquelle ce chiffre d'affaires devait être réalisé, ni, d'autre part, si ce seuil devait être rempli par deux au moins des parties à la concentration, à l'instar du droit commun. L'APC avait initialement retenu qu'il suffisait qu'une seule partie à la concentration atteigne ce seuil pour qu'il soit rempli. Sa position avait été débattue en doctrine, qui considérait que cette interprétation allait à l'encontre de l'intention du législateur et qu'elle vidait de sens cette deuxième condition, étant donné que le second seuil de notification était nécessairement satisfait dès lors que le premier seuil

cumulatif l'était[53]. Ainsi, les premières décisions examinées par l'APC ont été soumises à son contrôle, alors qu'elles n'auraient pas été contrôlables si les seuils de notification avaient été interprétés conformément à l'article L. 430-2 du code de commerce.

94. Les décisions *HNA Tourism/SSRL*[54] et *Four Seasons Hotel & Resort Bora Bora/ Swansea King Limited*[55] illustrent l'application étendue de l'APC du seuil individuel de chiffre d'affaires. Dans ces deux affaires, des investisseurs étrangers, sans présence préalable sur le marché polynésien, ont acquis des sociétés locales. Dès lors qu'elles traduisaient l'entrée de nouveaux acteurs sur le marché polynésien, ces opérations ne posaient aucune difficulté du point de vue de la concurrence, ce qui a conduit la doctrine à s'interroger sur la pertinence du contrôle exercé par l'APC[56].

95. L'adoption du règlement intérieur de l'APC le 13 janvier 2016 n'a pas apporté de précisions sur l'interprétation des seuils de contrôlabilité des concentrations. C'est par une délibération du 3 mai 2016 modifiant son règlement intérieur que l'APC a apporté les précisions attendues[57]. Cette délibération est venue expliciter, d'une part, que « les chiffres d'affaires mentionnés à l'article LP. 310-2 du code de la concurrence de la Polynésie française s'entendent comme les chiffres d'affaires réalisés en Polynésie française » et, d'autre part, que « le chiffre d'affaires mentionné au 2° du I et du II de l'article LP. 310-2 du code de la concurrence de Polynésie française doit être réalisé individuellement par au moins une partie à la concentration ». Ainsi, l'APC a avalisé son interprétation des seuils, et notamment sa lecture du second seuil de chiffre d'affaires.

96. Toutefois, par une délibération ultérieure, l'APC a finalement modifié la rédaction de son règlement intérieur, afin de prévoir que le chiffre d'affaires du seuil individuel « doit être réalisé individuellement par deux au moins des entreprises ou groupes de personnes physiques ou morales concernés par l'opération[58] ». L'APC a fait application de sa nouvelle interprétation des seuils de chiffre d'affaires pour la première fois dans la décision *Spres/Boyer*[59].

2. Les réformes législatives des seuils

97. À la suite de ces modifications successives du règlement intérieur de l'APC, le législateur polynésien est intervenu à deux reprises afin de réviser les seuils de contrôlabilité des opérations de concentration.

---

53 C. Montet, « L'interprétation contestable des seuils de contrôle des concentrations par l'Autorité polynésienne de la concurrence », Christian Monnet, *RLC* 2017/65, p. 43-49 ; F. Venayre, « Le volte-face de l'Autorité polynésienne de la concurrence sur les seuils de contrôle des concentrations », *RLC* 2017/67, p. 6.

54 APC, déc. n° 2016-CC-01 du 6 juillet 2016, préc.

55 APC, déc. n° 2017-CC-02 du 23 mars 2017, préc.

56 Montet, « L'interprétation contestable des seuils de contrôle des concentrations par l'Autorité polynésienne de la concurrence », préc.

57 APC, délibération no 2016-DC-08 du 3 mai 2016 relative à la modification du règlement intérieur de l'Autorité polynésienne de la concurrence, *JOPF* n° 39 du 13 mai 2016.

58 APC, délibération n° 2017-DC-05 du 10 octobre 2017 relative à la modification du règlement intérieur de l'Autorité polynésienne de la concurrence.

59 APC, déc. n° 2017-CC-05 du 15 novembre 2017, préc.

98. Dans un premier temps, la loi du pays n° 2018-31 a corrigé les imprécisions initiales de la lettre de l'article LP 310-2 du code de la concurrence. Elle a notamment précisé que le premier seuil cumulatif, fixé à 2 milliards de francs CFP pour l'ensemble des parties, devait être calculé sur la base du chiffre d'affaires réalisé en Polynésie française. La réforme a également consacré la nouvelle interprétation retenue par l'APC du second seuil, en disposant que le seuil de 500 millions de francs CFP devait être atteint individuellement, en Polynésie française, par au moins deux des entreprises ou groupes de personnes physiques ou morales concernées. Les mêmes précisions ont été apportées concernant les seuils spécifiques applicables dans le secteur du commerce de détail à dominante alimentaire.

99. Une réforme ultérieure par la loi du pays n° 2021-40 a complété l'article LP 310-2 par l'ajout d'un paragraphe IV prévoyant des dispositions particulières aux établissements de crédit, aux établissements financiers et aux entreprises d'assurances.

B. *L'application des seuils de chiffre d'affaires par l'APC*

100. Dans sa version actuelle, l'article LP 310-2 du code de la concurrence fixe deux séries de seuils de chiffre d'affaires déclenchant une obligation de notification des opérations de concentration auprès de l'APC : un régime général et un régime dérogatoire applicable au commerce de détail à dominante alimentaire (1). En outre, l'article LP 310-2-1 du même code précise les modalités de calcul du chiffre d'affaires (2).

1. Les seuils actuels de chiffre d'affaires

101. L'article LP 310-2 du code de la concurrence prévoit un régime général applicable à l'ensemble des opérations (a) à l'exception des concentrations dans le secteur du commerce de détail à dominante alimentaire, qui se voient appliquer des seuils dérogatoires (b).

a) Les seuils généraux

102. L'article LP 310-2, I du code de la concurrence prévoit un régime général aux termes duquel sont notifiables les opérations de concentration qui remplissent les deux conditions cumulatives suivantes :

- le chiffre d'affaires total hors taxes réalisé en Polynésie française par l'ensemble des entreprises ou groupes de personnes physiques ou morales parties à l'opération est supérieur à 2 milliards de francs CFP (soit environ 17 millions d'euros) ; et
- le chiffre d'affaires total hors taxes réalisé individuellement en Polynésie française par au moins deux des entreprises ou groupes concernés est supérieur à 500 millions de francs CFP (soit environ 4 millions d'euros).

b) Les seuils applicables au commerce de détail à dominante alimentaire

103. L'article LP 310-2, II du code de la concurrence aménage des seuils spécifiques, applicables au secteur du commerce de détail à dominante alimentaire. En Polynésie française, ce secteur présente une sensibilité concurrentielle

particulière, caractérisée par une forte concentration géographique des points de vente et des niveaux de prix à la consommation généralement plus élevés qu'en métropole, notamment dans le domaine des produits de grande consommation. Il est toutefois intéressant de relever que si le droit interne prévoit également l'application de seuils spécifiques pour le commerce de détail à l'article L. 430-2, II du code de commerce, les seuils dérogatoires prévus à l'article LP 310-2, II ont un champ d'application plus restrictif puisqu'ils ne s'appliquent qu'au commerce de détail à dominante alimentaire, et non à l'ensemble du secteur du commerce de détail.

104. Ainsi, lorsque deux au moins des parties à la concentration exploitent un ou plusieurs magasins de commerce de détail à dominante alimentaire, toute opération de concentration remplissant les deux conditions suivantes doit être notifiée :

- le chiffre d'affaires total hors taxes réalisé en Polynésie française par l'ensemble des entreprises concernées doit être supérieur à 1,5 milliard de francs CFP (soit environ 12 millions d'euros) ; et
- le chiffre d'affaires total hors taxes réalisé individuellement en Polynésie française dans le secteur du commerce de détail par au moins deux des entreprises concernées doit être supérieur à 200 millions de francs CFP (soit environ 1,6 million d'euros).

2. Les modalités du calcul des seuils de chiffre d'affaires

105. Les articles LP 310-2 et LP 310-2-1 du code de la concurrence précisent les modalités du calcul du chiffre d'affaires à prendre en compte pour l'application des seuils. Plusieurs éléments doivent être abordés, à savoir la notion d'entreprise concernée (a), la notion de chiffre d'affaires (b), le traitement du chiffre d'affaires interne (c), l'ajustement du chiffre d'affaires (d), l'affectation géographique du chiffre d'affaires (e), ainsi que les secteurs d'activité spécifiques (f).

106. Il convient d'emblée de préciser que, lorsque deux ou plusieurs opérations ont lieu au cours d'une période de deux années entre les mêmes personnes ou entreprises, ces opérations sont à considérer comme une seule et même opération intervenant à la date de la dernière opération pour le calcul des seuils[60].

a) La notion d'entreprise concernée

107. Pour les besoins du calcul du chiffre d'affaires, l'entreprise concernée est celle participant à la concentration. En fonction de l'opération réalisée, les entreprises concernées diffèrent. Ainsi, les Lignes directrices précisent que[61] :

- dans le cas d'une fusion, les entreprises concernées sont les entreprises qui fusionnent ;
- dans le cas d'une prise de contrôle exclusif, les entreprises concernées sont l'entreprise acquéreuse et l'entreprise cible ;

---

60 Art. LP 310-2-1, IV du code de la concurrence.

61 Lignes directrices, § 70.

- dans le cas d'une prise de contrôle conjoint sur une entreprise déjà existante, les entreprises concernées dépendent du type de contrôle exercé antérieurement à la prise de contrôle conjoint. Dans le cas où la société préexistante se trouvait sous le contrôle conjoint de plusieurs entreprises, les entreprises concernées sont celles qui exerceront le contrôle à l'issue de l'opération et l'entreprise commune préexistante acquise. Dans le cas où une entreprise préexistante se trouvait sous le contrôle exclusif d'une entreprise, les entreprises concernées sont les entreprises qui exerceront le contrôle à l'issue de l'opération, sans que l'entreprise cible soit une entreprise concernée ; et
- dans le cas d'une prise de contrôle conjoint sur une entreprise commune nouvelle créée, les entreprises concernées sont chacune des entreprises prenant le contrôle de l'entreprise nouvellement créée, sans que l'entreprise nouvellement créée soit une entreprise concernée.

108. Un examen de la réalité économique s'avère parfois nécessaire afin d'identifier les entreprises concernées pour le calcul des seuils de chiffre d'affaires. Ainsi, en cas d'acquisition réalisée par un groupe *via* l'une de ses filiales ou par une entreprise commune, c'est cette filiale ou cette entreprise commune qui sera considérée comme l'entité concernée, et non les sociétés mères, à condition que la filiale ne soit pas simplement utilisée comme un vecteur pour l'opération.

b) La notion de chiffre d'affaires

109. Le calcul du chiffre d'affaires « doit permettre d'apprécier la force économique de l'entreprise concernée dans son ensemble, et pas seulement celles des entités juridiques impliquées dans le montage de l'opération[62] ».

110. L'article LP 310-2-1 du code de la concurrence précise que le chiffre d'affaires comprend « les montants résultant de la vente de produits et de la prestation de services réalisées par les parties à la concentration au cours du dernier exercice et correspondant à leurs activités ordinaires, déduction faite des réductions sur ventes ainsi que de la taxe sur la valeur ajoutée et d'autres impôts directement liés au chiffre d'affaires ». Les aides publiques accordées aux entreprises entrent dans le calcul du chiffre d'affaires, dès lors qu'elles sont liées à la vente de produits et de services de l'entreprise concernée.

111. Concernant les acquéreurs, l'article LP 310-2-1, II du code de la concurrence prévoit que le chiffre d'affaires est déterminé de la façon suivante :

> II – Pour calculer les chiffres d'affaires de l'acquéreur, il convient d'additionner les chiffres d'affaires :
>
> a) de la partie à la concentration ;
>
> b) des entreprises dans lesquelles la partie à la concentration dispose directement ou indirectement :
>
> i) soit de plus de la moitié du capital ou du capital d'exploitation ;

---

[62] *Ibid.*, § 72.

ii) soit du pouvoir d'exercer plus de la moitié des droits de vote ;

iii) soit du pouvoir de désigner plus de la moitié des membres du conseil de surveillance ou d'administration ou des organes représentant légalement l'entreprise ;

iv) soit du droit de gérer les affaires de l'entreprise ;

c) des entreprises qui disposent, dans la partie à la concentration, des droits ou pouvoirs énumérés au point b) ;

d) des entreprises dans lesquelles une entreprise visée au point c) dispose des droits ou pouvoirs énumérés au point b) ;

e) des entreprises dans lesquelles plusieurs entreprises visées aux points a) à d) disposent conjointement des droits ou pouvoirs énumérés au point b).

112. Les critères utilisés pour identifier les entreprises dont le chiffre d'affaires doit être attribué à l'entreprise concernée diffèrent des critères liés à l'exercice du contrôle, et notamment ceux de l'influence déterminante.

113. S'agissant du cas particulier d'une entreprise concernée détenant conjointement des droits et pouvoirs mentionnés au point b de l'article LP 310-2-1, les Lignes directrices précisent que :

> De manière générale, dès lors qu'il est satisfait au critère énoncé au point b de l'article A 310-1-3-II, l'intégralité du chiffre d'affaires de la filiale en question est prise en compte, quelle que soit la participation réelle détenue par l'entreprise concernée dans la filiale. Cependant, si l'entreprise concernée détient conjointement les droits et pouvoirs énumérés au point b de l'article A 310-1-3-II, il convient d'imputer à parts égales les chiffres d'affaires de l'entreprise commune à chacune de ses mères, quelle que soit la part du capital ou des droits de vote qu'elles détiennent[63].

114. Enfin, pour le cédant, le chiffre d'affaires de la partie cédée est comptabilisé uniquement « [l]orsque la concentration consiste en l'acquisition de parties, constituées ou non en entités juridiques, d'une ou de plusieurs entreprises, seul le chiffre d'affaires se rapportant aux parties acquises est pris en considération dans le chef du ou des cédants[64] ».

c) Le traitement du chiffre d'affaires interne

115. L'article LP 310-2-1, I du code de la concurrence dispose que « [l]e chiffre d'affaires total d'une partie à la concentration ne tient pas compte des transactions intervenues entre les entreprises visées au II du présent article ».

116. Cette disposition a pour objectif d'éviter la double comptabilisation du chiffre d'affaires, lorsque l'ensemble des activités d'un groupe est pris en compte.

---

63 *Ibid.*, § 77.

64 Art. LP 310-2-1, III du code de la concurrence.

117. Comme en droit commun[65], les Lignes directrices prévoient certaines exceptions, notamment dans le cas où une partie seulement d'une entité économique est vendue, lorsque l'opération se traduit par une transformation du contrôle exercé en commun sur une entreprise en un contrôle exclusif par une des maisons mères, ou encore dans le cas particulier d'entreprises communes entre plusieurs entreprises concernées[66].

d) L'ajustement du chiffre d'affaires

118. L'article LP 310-2, III prévoit que le chiffre d'affaires à prendre en compte est celui déclaré à l'administration fiscale, sur la base des données des comptes vérifiés du dernier exercice clos. Les chiffres d'affaires ne peuvent être modifiés *a posteriori* que pour tenir compte de modifications permanentes de la réalité économique de l'entreprise, intervenues à la suite d'opérations de fusions, de cessions ou d'acquisitions ou à des fermetures d'activité survenues postérieurement à la clôture des comptes.

119. Dans le cas particulier où une entreprise aurait été créée au cours de l'année, les Lignes directrices prévoient que « la prise en compte du chiffre d'affaires sur une durée de quelques mois ne permet pas de rendre compte de la réalité économique de l'entreprise. Une année complète à cheval sur deux exercices peut alors être prise en compte[67] ».

e) L'affectation géographique du chiffre d'affaires

120. Les Lignes directrices précisent que le contrôle des concentrations s'applique à toutes les opérations, et ce, « quelles que soient la nationalité des entreprises ou leur localisation, qu'elles possèdent ou non des actifs ou une structure en Polynésie française, et que l'opération soit réalisée ou non en dehors du territoire polynésien et ce dès lors qu'elles réalisent un chiffre d'affaires en Polynésie française et dépassent les seuils de contrôlabilité[68] ».

121. Le chiffre d'affaires doit être affecté au lieu où s'exerce la concurrence, c'est-à-dire « en règle générale, au lieu où se trouve le client (lieu où le produit est réellement livré et le service est réellement fourni). En ce qui concerne la vente de biens, le lieu où le contrat a été conclu et le lieu de livraison priment sur l'adresse de facturation. En ce qui concerne les services, c'est le lieu de fourniture de ceux-ci qui est à prendre en compte[69] ».

f) Les secteurs d'activités spécifiques

122. L'article LP 310-2, IV du code de la concurrence prévoit des règles spécifiques de calcul du chiffre d'affaires applicables à certaines catégories d'entreprises,

---

65 ADLC, Lignes directrices de l'Autorité de la concurrence relatives au contrôle des concentrations, 2020, § 124-127.

66 Lignes directrices, § 82-84.

67 *Ibid.*, § 85.

68 *Ibid.*, § 88.

69 *Ibid.*, § 87.

notamment les établissements de crédit, les établissements financiers et les entreprises d'assurance[70].

IV. La collaboration entre l'APC et les autres autorités de concurrence dans le traitement des dossiers de contrôle des concentrations

123. Confrontée à des obstacles uniques du fait de sa situation insulaire, l'APC a progressivement mis en place des mécanismes de coopération avec d'autres autorités de concurrence (A.). La récente affaire *CMA CGM/Bolloré Logistics* offre un exemple de collaboration concrète entre l'APC, la Commission européenne et l'Autorité de la concurrence de la Nouvelle-Calédonie (ACNC) dans le traitement d'un dossier de contrôle des concentrations à dimension transnationale (B).

A. *La coopération de l'APC avec d'autres autorités de concurrence*

124. L'APC a développé plusieurs systèmes de coopération. Les plus notables sont la coopération dans le cadre du PINCCER (Pacifique Island Network of Competition Consumer and Economic Regulators) (1), ainsi que la coopération avec l'ACNC (2) et l'ADLC (3).

1. La mise en œuvre d'une coopération régionale à l'échelle du Pacifique

125. En novembre 2023, plusieurs autorités de concurrence de la région du Pacifique, dont l'APC, ont créé le PINCCER, afin de mieux répondre aux défis communs auxquels ces économies insulaires sont confrontées.

126. Grâce au PINCCER, l'APC peut tirer profit de l'expérience d'autorités de concurrence plus matures, telles que l'Australian Competition and Consumer Commission et la New Zealand Commerce Commission. Le modèle néo-zélandais présente, à cet égard, une pertinence particulière au regard des analogies démographiques et géographiques avec la Polynésie française, malgré des différences d'échelle. La Nouvelle-Zélande a cherché à remédier à ses contraintes structurelles en ouvrant son économie au commerce extérieur, au moyen de l'application d'une politique de concurrence adaptée et efficace. Concernant le contrôle des concentrations, la Nouvelle-Zélande a adapté les critères d'examen des opérations de concentration en reconnaissant la prévalence

---

70 « Le chiffre d'affaires est remplacé : 1° Pour les établissements de crédit et autres établissements financiers, par la somme des postes de produits suivants de chaque succursale ou division dudit établissement, déduction faite, le cas échéant, des impôts et taxes directement liés aux dits produits : a) intérêts et produits assimilés ; b) revenus de titres : – revenus d'actions, de parts et d'autres titres à revenu variable ; – revenus de participations ; – revenus de parts dans des entreprises liées ; c) commissions perçues ; d) bénéfice net provenant d'opérations financières ; e) autres produits d'exploitation ; 2° Pour les entreprises d'assurance, par la valeur des primes brutes versées qui comprennent tous les montants reçus et à recevoir au titre de contrats d'assurance établis par elle ou pour leur compte, y compris les primes cédées aux réassureurs et après déduction des impôts ou des taxes parafiscales perçus sur la base du montant des primes ou du volume total de celui-ci. »

structurelle de marchés fortement concentrés dans sa juridiction. Ainsi, la Nouvelle-Zélande a créé « des zones de sécurité qui tolèrent un IHH plus élevé que les marqueurs traditionnels utilisés aux États-Unis ou dans l'UE ». Dans certains cas, l'autorité de concurrence néo-zélandaise a pu autoriser des fusions de monopoles, dès lors qu'une concurrence potentielle était capable de discipliner l'entité fusionnée[71].

2. La coopération entre l'APC et l'ACNC

127. L'APC est amenée à collaborer avec son homologue en Nouvelle-Calédonie, l'ACNC. Confrontées à des défis similaires, l'APC et l'ACNC ont établi un cadre de coopération pérenne, au sein duquel elles sont amenées à débattre et à partager leur expertise sur des sujets clés, comme le contrôle des concentrations[72]. À titre d'exemple, l'ACNC participe régulièrement aux « Journées concurrence » organisées par l'APC[73].

128. Cette collaboration ne se limite pas à de simples échanges informels. Dans le cadre de l'examen de l'opération de concentration relative à la prise de contrôle exclusif de Bolloré Logistics par CMA CGM[74], l'APC et l'ACNC ont coopéré étroitement afin de mener une analyse concurrentielle approfondie des conséquences de cette opération dans la région du Pacifique.

3. La coopération entre l'APC et l'ADLC

129. L'APC entretient des relations étroites avec l'ADLC.

130. Sur le plan informel, la mise en place d'une convention cadre d'assistance technique entre les deux autorités permet à l'APC de bénéficier de formations dispensées à ses agents par l'ADLC et d'outils partagés. En outre, la convention cadre facilite les échanges informels entre les autorités, sur des questions de droit ou de principe.

131. Sur le plan formel, l'APC et l'ADLC peuvent, lorsque l'exigent les nécessités d'une enquête et sous réserve du respect des règles de confidentialité propres à chacune, s'échanger des informations en lien avec une instruction ou une enquête en cours. Cette coopération est encadrée par l'ordonnance n° 2017-157 du 9 février 2017, qui étend et adapte à la Polynésie française certaines dispositions du livre IV du code de commerce relatives aux contrôles et aux sanctions en matière de concurrence.

---

71 J. Peyre, W. E. Kovacic et A. Ibarra « Aperçu des défis en matière de droit et de politique de la concurrence dans les îles du Pacifique. L'exemple de la Polynésie française », dans *Le droit de la concurrence face aux défis des économies insulaires*, préc., p. 315-331, § 66.

72 S. Retterer et C. Racine, « Construire la concurrence dans le Pacifique : Sept ans de coopération entre les autorités polynésienne et calédonienne », dans *Le droit de la concurrence face aux défis des économies insulaires*, préc., p. 245-255.

73 *Ibid.*, § 14 : « [E]n amont des "Journées concurrence" organisées par l'Autorité polynésienne en 2023, la cheffe du bureau des concentrations et des commerces de détail de l'ACNC avait rencontré ses homologues polynésiens afin d'échanger sur les modalités pratiques de traitement des dossiers et les enjeux de cette activité pour les petits territoires insulaires du Pacifique. Cet échange a permis de partager des bonnes pratiques sur la gestion des concentrations dans des marchés souvent restreints, tout en mettant en lumière les spécificités des économies insulaires. »

74 ACNC, déc. n° 2023-DCC-11 du 27 décembre 2023 relative à l'acquisition du contrôle exclusif de la SE Bolloré Logistics par la SA CMA CGM ; APC, déc. n° 2024-CC-01 du 31 janvier 2024 relative au contrôle de concentration sur la prise de contrôle exclusif de la société Bolloré Logistics SE et ses filiales par la société CMA CGM S.A.

Son article 9 bis prévoit que « [l]'Autorité de la concurrence mentionnée à l'article L. 461-1 du code de commerce et l'autorité polynésienne de la concurrence peuvent, pour ce qui relève de leurs compétences respectives, se communiquer mutuellement les informations ou les documents qu'elles détiennent ou qu'elles recueillent ».

132. L'ordonnance prévoit également que les autorités de concurrence peuvent réaliser des enquêtes sur leur territoire pour le compte de l'autre autorité :

> L'Autorité de la concurrence peut, dans les mêmes conditions, selon les mêmes procédures et sous les mêmes sanctions que celles prévues pour l'exécution de sa mission, conduire des enquêtes ou procéder à des actes d'enquête à la demande de l'autorité polynésienne de la concurrence. Le ministre chargé de l'économie peut également conduire des enquêtes ou procéder à des actes d'enquête à la demande de l'autorité polynésienne de la concurrence. Les informations et documents ainsi recueillis sont communiqués à l'autorité polynésienne de la concurrence.
>
> L'Autorité de la concurrence et le ministre chargé de l'économie peuvent demander à l'autorité polynésienne de la concurrence de conduire des enquêtes ou de procéder à des actes d'enquête. Les informations et documents ainsi recueillis sont communiqués à l'autorité à l'origine de la demande[75].

133. Ce dispositif a déjà été mis en œuvre dans le cadre d'une affaire relative au transport par fret aérien d'animaux de compagnie en Polynésie, ayant conduit à la décision n° 22-D-05 du 15 février 2022 de l'ADLC, sanctionnant pour abus de position dominante l'entreprise exploitant la seule station de quarantaine métropolitaine habilitée par les autorités polynésiennes. Dans le cadre de l'enquête, l'APC avait réalisé divers actes d'enquête pour le compte de l'ADLC et avait communiqué au rapporteur général de l'ADLC les informations pertinentes qu'elle détenait ou qu'elle avait recueillies dans l'exercice de ses compétences. Réciproquement, en juin 2021, la rapporteure générale de l'APC avait sollicité des services d'instruction de l'ADLC la réalisation d'actes d'enquête auprès de grossistes implantés en France métropolitaine.

134. Ces mécanismes de collaboration entre l'APC et l'ADLC n'ont pour l'heure pas été employés dans le cadre du traitement d'un dossier de contrôle des concentrations.

B. *L'affaire CMA CGM/Bolloré Logistics : un exemple de coopération concrète entre l'APC, la Commission européenne et l'ACNC*

135. Lors du traitement de certaines opérations de concentration, une coopération entre autorités s'avère nécessaire. La doctrine relève ainsi :

> Certaines affaires nécessitent une *coordination entre autorités de concurrence, y compris dans les cas qui ne sont pas expressément prévus par les textes polynésiens* mais pour lesquels les recommandations de l'ICN

---

75 Art. 9 bis, II, ordonnance n° 2017-157 du 9 février 2017 étendant et adaptant à la Polynésie française certaines dispositions du livre IV du code de commerce relatives aux contrôles et aux sanctions en matière de concurrence, *JORF* n° 0035 du 10 février 2017.

servent de fondements aux discussions et à la pratique mise en place notamment par la Commission européenne de cadre, par le biais des *weavers*, documents par lesquels les entreprises autorisent les autorités à communiquer entre elles des informations confidentielles relevant du dossier. Ces renonciations à la confidentialité dans les enquêtes sur les concentrations permettent aux autorités de concurrence, de façon bilatérale, de discuter de la concentration et de conduire des analyses conjointes pour favoriser des décisions plus éclairées et permettre un examen plus rapide de l'affaire. [C'est notamment le cas pour le contrôle des concentrations, car] certaines opérations peuvent avoir une dimension mondiale[76].

136. L'acquisition de la société Bolloré Logistics par la société CMA CGM a été l'occasion de la mise en œuvre d'une collaboration étroite entre plusieurs autorités de concurrence, dont l'APC. Cette affaire se distingue à double titre. D'une part, c'était la première fois que l'APC traitait d'une opération d'envergure mondiale[77]. D'autre part, par une décision du 31 janvier 2024[78], l'APC a autorisé l'opération, sous réserve d'engagements structurels particulièrement importants, consistant en la cession de l'ensemble des activités de la cible en Polynésie française.

137. Compte tenu de l'envergure de l'opération et des entreprises concernées, celle-ci avait été notifiée à plusieurs autorités, dont la Commission européenne, l'APC et l'ACNC. Ces trois autorités se trouvaient placées dans des situations comparables. La Commission européenne, compétente pour certains territoires français d'outre-mer (Guadeloupe, Martinique, Guyane, La Réunion, Mayotte), faisait face, tout comme l'APC en Polynésie française et l'ACNC en Nouvelle-Calédonie, à des marchés fortement dépendants des importations, concentrés, de petite taille, grevés de coûts logistiques élevés et confrontés à une problématique structurelle de niveau de vie.

138. Dans ce contexte, l'opération offrait une opportunité idéale de coopération. À cet égard, l'APC note que l'examen de cette opération « a fait l'objet d'une coopération efficace[79] » entre les différentes autorités. Cette affaire illustre la coordination pragmatique mise en œuvre par l'APC pour le traitement des opérations d'envergure mondiale, qui a permis d'assurer la cohérence globale de l'examen, tout en tenant compte des spécificités des territoires ultramarins respectifs.

---

76 S. Bresny, « Les contacts informels sont nombreux et permettent de clarifier les textes et la jurisprudence », dans *Le droit de la concurrence face aux défis des économies insulaires*, préc., p. 35-43, spéc. p. 41.

77 J. Philippe, « L'acquisition de Bolloré Logistics par CMA CGM : L'impact de la décision », dans *Le droit de la concurrence face aux défis des économies insulaires*, préc., p. 99-108.

78 APC, déc. n° 2024-CC-01 du 31 janvier 2024, préc.

79 APC, communiqué du 6 février 2024, « Rachat de Bolloré Logistics par CMA CGM : L'Autorité conditionne la réalisation de l'opération à la revente des activités maritimes concernant la Polynésie de Bolloré Logistics et préserve la structure concurrentielle du marché de l'organisation du transport maritime de marchandises en Polynésie française », p. 2.

Le contrôle des concentrations : Engagements et procédure

Jérôme Philippe[*]
Avocat associé, Freshfields
Vice-président, Institute for Small Markets Law & Economics (ISLE)

1. La Polynésie française dispose d'un régime de contrôle des concentrations distinct de celui applicable dans l'Hexagone. En vertu de l'article LP 620-10 du code de la concurrence de la Polynésie française (le « Code »), l'Autorité polynésienne de la concurrence (APC) dispose d'une compétence exclusive[1] pour les concentrations contrôlables dans sa juridiction.

2. Ce sont les spécificités institutionnelle et économique de la Polynésie française qui justifient l'existence d'un régime distinctif. La Polynésie française est une collectivité d'outre-mer régie par l'article 74 de la Constitution. Les compétences régaliennes relèvent de l'État, tandis que les autres compétences, notamment la compétence économique, relèvent du « pays », à savoir le gouvernement local. Toutefois, même lorsqu'elle dépend du pays, sa structure administrative est très similaire à celle de l'administration de l'Hexagone. Le droit local, codifié s'agissant de la concurrence, est globalement inspiré du droit applicable en métropole, avec parfois des différences notables.

3. L'économie polynésienne présente trois caractéristiques principales qui la distinguent de l'Hexagone.

4. Premièrement, le marché est de petite taille (306 000 habitants en Polynésie française), ce qui entraîne l'absence de pans entiers de l'activité productive d'un pays : si les

* L'auteur remercie Léo Kubler pour sa contribution à la rédaction d'une première version de ce chapitre.

1 Excluant notamment à la fois la compétence de l'Autorité de la concurrence hexagonale et celle de la Commission européenne.

investissements sont trop importants, ils ne peuvent pas se justifier économiquement pour un marché de cette taille. Il en résulte une forte dépendance aux importations.

5. Deuxièmement, le territoire est extrêmement isolé : il se situe à plus de 6 500 kilomètres des plus proches grandes économies, les États-Unis et l'Australie, et à 15 700 kilomètres de la métropole. L'éloignement de la métropole est particulièrement significatif, car une part très importante des importations se fait à partir de la métropole, et non des zones économiques plus proches, pour des raisons à la fois administratives et liées aux habitudes et aux préférences de consommation. Il en résulte que la situation est proche de celle d'une « économie de comptoir ».

6. En outre, le territoire est lui-même très dispersé, s'étendant sur une superficie équivalente à celle de l'Europe pour une population similaire à celle de la ville de Nantes. Il en résulte un phénomène de « double insularité », avec une addition de coûts logistiques externes et internes à la Polynésie, qui pèsent sur le prix des produits vendus en Polynésie.

7. Troisièmement, l'économie locale connaît un degré de concentration économique important, en raison de la taille réduite de son économie et de son caractère insulaire. Quand une activité économique parvient à exister malgré la petite taille du marché, il est rare qu'elle puisse admettre le même nombre de concurrents que sur un marché de grande taille comme dans l'Hexagone. Cette barrière à l'entrée naturelle est encore accentuée par la rareté du foncier et la concentration de sa détention : il est souvent difficile de trouver l'espace permettant d'installer une nouvelle activité.

8. En conséquence (non exclusive, car d'autres facteurs contribuent également), il existe une problématique persistante de coût de la vie élevé en Polynésie, comme d'ailleurs dans la plupart des autres territoires d'outre-mer. Si le différentiel entre la Polynésie et l'Hexagone s'est réduit durant les dernières années, il reste important, et supérieur à la simple addition des coûts de transport vers la Polynésie.

9. À cette situation de prix élevés s'ajoute un quatrième facteur, à savoir le bas niveau de revenu pour une grande part de la population, dû notamment à la faiblesse relative de l'activité économique et des mécanismes de soutien et de transferts sociaux.

10. En raison de ces spécificités institutionnelles et économiques, on comprend aisément le choix du législateur d'instaurer un régime spécifique à la Polynésie française. Le régime polynésien de droit de la concurrence est ainsi né il y a un peu plus de dix ans, de même que l'APC.

11. Si son régime législatif est distinct, l'APC travaille en étroite collaboration avec l'Autorité métropolitaine de la concurrence (ADLC), l'Autorité de la concurrence de la Nouvelle-Calédonie (ACNC) et la Commission européenne (CE).

12. La procédure et les précédents métropolitains et européens fournissent ainsi d'utiles orientations aux praticiens, sachant qu'il convient de rester toujours vigilant aux différences de textes avec l'Hexagone[2].

13. L'APC collabore également activement avec les autorités australienne et néo-zélandaise de la concurrence. Elle est membre de réseaux internationaux :

---

2 APC, Lignes directrices relatives au champ d'application et à la procédure de contrôle des concentrations, janvier 2019, § 7 et 8.

l'International Competition Network (ICN) et le réseau régional des autorités du Pacifique (Pacific Island Network of Competition Consumer and Economic Regulators – PINCCER).

14. Elle est structurée comme l'ADLC : elle est dirigée par sa présidente, Mme Johanne Peyre, et dispose d'un collège chargé de l'adoption des décisions et des avis. L'instruction des dossiers, avant qu'ils soient présentés au collège, est assurée par un service d'instruction fonctionnellement indépendant composé de rapporteurs travaillant sous l'autorité d'un rapporteur général. Compte tenu de la petite taille de l'APC, on peut d'ailleurs s'interroger sur la pertinence d'une indépendance totale du service d'instruction sur le modèle de l'ADLC, alors que la contrainte constitutionnelle d'indépendance entre l'instruction et le jugement a pu être organisée autrement par le législateur s'agissant d'autres autorités administratives indépendantes.

15. S'agissant du contrôle des concentrations, la distinction entre instruction et jugement n'est toutefois pas imposée par le juge constitutionnel.

16. Enfin, comme l'ADLC, si l'APC dépend du pays pour son financement et pour un certain nombre de nominations, elle a pour mission d'agir de manière indépendante de ce dernier. Le gouvernement de Polynésie est simplement représenté, lors des séances du collège, par un commissaire du gouvernement ayant voix consultative, tout comme dans l'Hexagone.

17. Le présent chapitre détaille la procédure applicable au contrôle des concentrations en Polynésie française (I). S'ensuivra une analyse du régime des engagements en matière de contrôle des concentrations, ainsi que de leur pratique, comparativement assez fréquente en Polynésie française (II).

I. Le contrôle des concentrations en Polynésie française

18. Seront successivement abordés les principales caractéristiques du régime (A), le contenu des formulaires de notification (B), les délais et la procédure (C), une analyse statistique des décisions en la matière (D), les pouvoirs de sanction et d'injonction de l'APC (E) et finalement le contrôle juridictionnel des décisions de l'APC (F).

19. Toutefois, avant de détailler la procédure, il est utile de rappeler la philosophie du contrôle des concentrations. À la différence des ententes anticoncurrentielles et des abus de position dominante, qui sont considérés comme nocifs pour l'économie (sauf situations exceptionnelles) et combattus tels quels par les autorités de concurrence, dont l'APC, les concentrations constituent des opérations légitimes et nécessaires, et elles sont favorables à l'économie, sauf cas particulier.

20. Le rôle du contrôle des concentrations est précisément de revoir un certain nombre de ces opérations sur la base de critères objectifs, afin de détecter parmi celles-ci les cas particuliers qui nécessitent une action du régulateur. Le principe est donc de gêner le moins possible la grande majorité des concentrations, et de se concentrer sur les seules, normalement rares, qui pourraient porter atteinte à l'économie.

21. Sauf s'agissant des infractions procédurales (non-respect d'engagement ou d'injonction, réalisation avant autorisation, fourniture d'informations fausses

ou incomplètes), le contrôle des concentrations ne vise donc pas à rendre des condamnations et à imposer des sanctions pécuniaires, mais plutôt à déterminer, dans un travail commun de l'APC avec les parties, quels sont les remèdes les plus appropriés pour une concentration dont il est considéré qu'elle porte atteinte à l'économie. La décision ultime en matière de concentration, l'interdiction, est ainsi extrêmement rare, et elle suppose que tous les remèdes possibles aient été envisagés préalablement.

A. *Le cadre général du régime*

1. Sources

22. L'essentiel des dispositions se trouve dans le Code, en particulier au titre premier du livre troisième des parties législative et réglementaire, c'est-à-dire, en pratique, les articles LP 310-1 à LP 310-10 et A. 310-1 à A. 310-6 du Code. Ces sources sont complétées par les articles 120-01 à 125-01 du règlement intérieur de l'APC (le « Règlement intérieur »).

23. Cet ensemble est utilement éclairé par les lignes directrices relatives au champ d'application et à la procédure de contrôle des concentrations adoptées en janvier 2019 (les « Lignes directrices »).

24. Enfin, les décisions de l'APC étant publiées, elles constituent elles aussi une source importante pour comprendre la pratique décisionnelle . Les décisions de l'ADLC et de la Commission européenne représentent également une source d'inspiration pour l'APC..

2. Cadre général et organisation du contrôle

25. Le contrôle des concentrations se fait sur la base des notifications préparées et adressées à l'APC par les acquéreurs lorsque les concentrations auxquelles ils souhaitent procéder dépassent des seuils de chiffre d'affaires définis par le Code.

26. Une concentration qui doit être notifiée ne peut pas être réalisée avant la réception de l'autorisation délivrée par l'APC. Cet effet suspensif est en pratique une contrainte importante à prendre en compte par les parties à une concentration notifiable, car il va nécessairement impacter le calendrier de réalisation de l'opération.

27. Les échanges avec l'APC débutent le plus souvent par une prise de contact informelle et confidentielle, suivie d'une « prénotification », qui consiste à adresser aux services d'instruction le projet de notification.

28. S'ensuivent des échanges, dont la durée n'est encadrée par aucun texte, qui visent à préciser et à compléter la prénotification pour que celle-ci devienne « complète » et ne soit pas rejetée lors de son dépôt.

29. Une fois un accord intervenu entre l'APC et l'acquéreur sur le caractère complet de la notification, ce dernier procède à son dépôt formel. En cas d'acquéreurs multiples (par exemple, dans la situation d'acquisition de contrôle conjoint), les différents acquéreurs déposent une seule notification, qui est commune et les engage tous.

30. Le dépôt peut être fait sans prénotification ou sans accord de complétude avec l'APC. Dans ce cas, les parties « prennent leur risque » de voir la notification rejetée.

31. Le dépôt formel de la notification (la « Notification ») ouvre une première phase (la « Phase 1 ») relativement courte (25 jours ouvrés) par laquelle passent toutes les concentrations notifiées.

32. L'existence de la Notification est rendue publique par l'APC sur son site internet, avec un court bandeau résumant les aspects principaux, afin de permettre à des tiers intéressés de se manifester auprès de l'APC. En revanche, la Notification et ses annexes restent bien sûr confidentielles.

33. La Phase 1 est avant tout une phase de filtrage, même si elle permet également souvent de remédier aux difficultés éventuellement identifiées : elle permet ainsi à l'APC de détecter si la concentration peut être réalisée sans difficulté, ou si des remèdes paraissent nécessaires. Si l'APC entrevoit des difficultés, des remèdes peuvent d'ores et déjà être proposés par la ou les parties notifiantes sous la forme d'engagements.

34. À l'issue de la Phase 1, l'APC peut autoriser simplement la concentration, ou l'autoriser moyennant des engagements de la partie notifiante (qui prennent alors force obligatoire), ou ouvrir une phase d'examen approfondi, nommée Phase 2.

35. Celle-ci est beaucoup plus longue (65 jours ouvrés) et souvent très exigeante en termes d'information à fournir et à analyser. Des remèdes peuvent bien sûr être discutés durant cette phase.

36. À l'issue de la Phase 2, l'APC peut autoriser simplement la concentration, l'autoriser moyennant des engagements de la partie notifiante (qui prennent alors force obligatoire), l'autoriser en l'assortissant d'injonctions, ou enfin l'interdire.

37. Le rôle du gouvernement est mineur durant la plus grande partie de la procédure, se limitant à la présence d'un commissaire du gouvernement jouant un rôle purement consultatif lors des séances. Il peut toutefois demander à l'APC d'ouvrir une Phase 2, et il dispose d'un droit d'évocation des décisions de Phase 2, qui lui permet de modifier une décision de l'APC pour des raisons autres que la préservation de la concurrence.

3. Processus décisionnel

38. Les décisions en matière de concentrations sont adoptées par le collège de l'APC à la majorité des voix[3], que ce soit en Phase 1 ou en Phase 2.

39. Les séances de Phase 1 se tiennent à huis clos, sans les parties ni le commissaire du gouvernement, mais en présence du service d'instruction. Le délibéré est secret et seuls les membres du collège y participent.

40. En Phase 2, en revanche, les parties sont invitées à participer à la séance, de même que le commissaire du gouvernement. Des tiers, notamment des plaignants, peuvent être entendus par le collège en l'absence des parties.

4. Intervention *a posteriori* en cas d'abus de position dominante

41. L'APC dispose d'un pouvoir de contrôle *a posteriori* sur le fondement de l'abus de position dominante. L'APC peut enjoindre à l'entreprise concernée de modifier, de compléter ou de résilier les actes par lesquels s'est réalisée la concentration,

---

[3] Au moins trois membres du collège doivent être présents lors de la séance : art. LP 630-5 du Code.

même si l'opération avait initialement été autorisée par l'APC au titre du contrôle des concentrations[4]. À ce jour, l'APC n'a pas fait usage de ce pouvoir.

5. Langue et représentation

42. La procédure devant l'APC est en français, ce qui suppose la traduction vers le français de tout document d'une autre langue[5].

43. En pratique, l'APC peut accepter que ne soient traduits que les extraits pertinents, en particulier lorsque les documents sont longs. Cette question doit être discutée avec le ou les rapporteurs chargés de la prénotification.

44. Le ministère d'avocat n'est pas obligatoire devant l'APC[6].

B. *La notification*

45. À l'instar des régimes européen et métropolitain, le contrôle des concentrations en Polynésie française est marqué par une obligation de notification et la notification s'accompagne d'un effet suspensif.

1. L'obligation de notification

46. Toute opération contrôlable doit être notifiée à l'APC. L'obligation de notification incombe à toute partie qui acquiert le contrôle de l'entreprise cible[7].

47. Il est d'abord nécessaire qu'il existe un changement de contrôle. À cet égard, la définition de la notion de contrôle et la qualification de celui-ci étant strictement identiques à celles applicables devant l'Autorité de la concurrence hexagonale et devant la Commission européenne, il est possible de se référer pleinement à la pratique de ces dernières. Les Lignes directrices donnent également des informations importantes.

48. Une fois l'existence d'un changement de contrôle établie, la notification est obligatoire lorsque les seuils de notifiabilité sont franchis, et ce, quelle que soit la structure de la transaction et même si elle n'emporte pas de changement de contrôle sur une entité localisée ou enregistrée en Polynésie. Le critère unique de notifiabilité est l'activité des parties en Polynésie, mesurée par leurs chiffres d'affaires.

49. Les seuils de notifiabilité cumulatifs sont fixés par l'article LP 310-2 du Code. Actuellement, ils sont les suivants :
   - le chiffre d'affaires total hors taxes réalisé en Polynésie par l'ensemble des parties à la concentration est supérieur à 2 milliards de francs CFP ; et
   - les chiffres d'affaires totaux hors taxes réalisés individuellement en Polynésie par deux au moins des entreprises ou groupes de personnes physiques ou morales concernés sont supérieurs à 500 millions de francs CFP.

---

4 Art. LP 310-9 du Code. Cet article est le pendant de l'art. L. 430-9 du code de commerce hexagonal, dont l'utilisation est également très peu fréquente.

5 Art. 111-06 du Règlement intérieur.

6 Art. LP 630-2 du Code.

7 Art. LP 310-3, al. 2 du Code. Dans le cas d'une acquisition d'un contrôle conjoint dans une entité existante, l'ensemble des actionnaires détenant ou acquérant le contrôle est tenu à cette obligation (Lignes directrices, § 93).

50. Les seuils ci-dessus sont abaissés à respectivement 1,5 milliard et 200 millions de francs CFP lorsque deux au moins des personnes concernées exploitent un ou plusieurs magasins de commerce de détail à dominante alimentaire en Polynésie française.

51. Les personnes concernées sont le ou les acquéreurs du contrôle, ainsi que la cible. Le vendeur hors périmètre de la cible ne doit pas être inclus parmi les personnes concernées. Dans les cas complexes de détermination des personnes concernées, il est possible de se référer à la pratique et aux lignes directrices de l'APC, de l'Autorité hexagonale et de la Commission européenne.

52. Sous réserve d'une appréciation au cas par cas, la notification peut intervenir dès lors que les parties présentent un « projet suffisamment abouti[8] ». L'APC précise à cet égard que « [d]e façon générale, il est possible d'admettre un projet si les parties notifiantes assurent l'Autorité de leur intention de conclure un engagement ferme et en apportent la preuve, indiquent l'objet et les modalités de la concentration envisagée, l'identité des parties à l'opération, le périmètre de la concentration et le calendrier prévisionnel[9] ».

53. En cas de violation de l'obligation de notification, l'APC dispose d'un pouvoir d'injonction, lui permettant d'obliger sous astreinte les parties à notifier l'opération[10], et d'un pouvoir de sanction. Le manquement à cette obligation, qu'il soit intentionnel ou par négligence[11], peut donner lieu à une amende d'un montant maximal de 5 % du chiffre d'affaires hors taxes réalisé en Polynésie française pour les personnes morales chargées de la notification et de 20 millions de francs CFP (environ 167 600 euros[12]) pour les personnes physiques chargées de la notification. À ce jour, l'APC n'a pas fait usage de ce pouvoir de sanction.

2. La prénotification

54. Cette phase est facultative, informelle et confidentielle[13]. Elle est néanmoins fortement recommandée par l'APC, car elle permet de limiter les risques d'incomplétude[14] et d'identifier en amont les éventuels problèmes de concurrence. Les parties peuvent également utiliser le canal de la prénotification pour demander une lettre de confort à l'APC confirmant que l'opération de concentration n'est pas contrôlable en Polynésie française[15].

55. La prénotification est déclenchée par l'envoi d'une présentation de l'opération ou d'une version préliminaire du formulaire de notification[16]. À la suite de cet envoi, le rapporteur général de l'APC indique aux parties les rapporteurs chargés de l'examen

---

8 Art. LP 310-3, al. 1er du Code.
9 Lignes directrices, § 94.
10 Art. LP 310-8, I du Code.
11 Lignes directrices, § 98.
12 Les conversions ont été réalisées en utilisant le taux pratiqué par l'Institut d'émission d'outre-mer (IEOM), soit 1 000 XPF = 8,38 EUR.
13 Lignes directrices, § 116. S'agissant de la confidentialité, l'APC peut, avec l'accord préalable écrit des parties, entreprendre le test de marché dès la phase de prénotification (Lignes directrices, § 123).
14 Les notifications incomplètes sont fréquentes devant l'APC (à ce jour, 7 cas sur 30 décisions).
15 Lignes directrices, § 121.
16 *Ibid.*, § 119.

de l'opération. S'ensuivront des échanges écrits et oraux avec le service d'instruction pour parvenir à la complétude du formulaire. À cet égard, l'APC recommande aux parties qui envisagent de mobiliser des études économiques en lien avec l'opération de les présenter et de discuter au plus tôt avec le service d'instruction.

3. L'effet suspensif

56. La réalisation effective de l'opération de concentration ne peut intervenir qu'après l'obtention de la décision d'autorisation de l'APC[17]. Cette obligation de *standstill* connaît toutefois deux dérogations :

- dérogation automatique : dans le cas d'offres publiques d'achat (OPA), d'offres publiques d'échange (OPE) ou d'acquisition d'un contrôle par simple achat de titres sur un marché réglementé sans lancement d'offre publique[18], il est prévu que le transfert des titres puisse intervenir en l'absence d'une décision de l'APC[19]. Cette dérogation ne couvre pas les droits attachés aux titres, dont le transfert doit intervenir après l'obtention de l'autorisation de l'APC[20] ;
- dérogation facultative : les parties peuvent demander à l'APC une dérogation exceptionnelle[21]. La demande doit être motivée et peut être formulée lors du dépôt de la notification ou ultérieurement au cours de la procédure[22]. Elle fait l'objet d'un examen spécifique de l'APC[23]. En pratique, cette dérogation peut être utilisée essentiellement pour les concentrations intervenant dans le cadre de procédures collectives[24]. En tout état de cause, l'octroi d'une dérogation ne préjuge pas du sens de la décision au titre du contrôle des concentrations[25].

57. La violation de l'obligation de *standstill* est elle aussi sanctionnée d'une amende d'un montant maximal de 5 % du chiffre d'affaires hors taxes réalisé en Polynésie française pour les personnes morales chargées de la notification et de 20 millions de francs CFP (environ 167 600 euros[26]) pour les personnes physiques chargées de la notification[27]. À ce jour, l'APC n'a pas fait usage de ce pouvoir de sanction.

58. Notons finalement que la partie notifiante peut retirer sa notification à tout stade de la procédure en transmettant à l'APC tout document attestant de l'abandon du projet[28].

---

17 Art. LP 310-4, al. 1er du Code.

18 Aux termes des Lignes directrices : « Dans l'hypothèse d'offres "privées" sur des marchés non soumis aux règles d'OPA relatives aux marchés réglementés (marché libre ou hors cote), aucune dérogation automatique n'est prévue à la suspension de la réalisation de l'opération » (§ 112).

19 Art. A. 310-1-2 du Code.

20 Art. A. 310-1-2 du Code.

21 Art. LP 310-4 du Code.

22 Lignes directrices, § 105.

23 *Ibid.*

24 *Ibid.*, § 106. L'APC précise que les parties doivent alors faire la demande de dérogation au moins cinq jours ouvrés avant la décision du tribunal en la joignant à un dossier de notification contenant au moins une présentation des parties et une analyse concurrentielle préliminaire (*ibid.*, § 107).

25 Les parties doivent donc s'abstenir de mettre en œuvre des mesures de nature à modifier la structure de l'opération et l'APC peut assortir la dérogation de conditions pour s'en assurer (*ibid.*, § 108).

26 Les conversions ont été réalisées en utilisant le taux pratiqué par l'IEOM, soit 1 000 XPF = 8,38 EUR.

27 Art. LP 310-8, II du Code.

28 Lignes directrices, § 115.

4. La gestion de la confidentialité et des secrets d'affaires

59. Un régime particulier en matière de protection du secret des affaires est prévu pour le contrôle des concentrations. L'APC doit tenir compte de l'intérêt légitime des parties et/ou des personnes citées à ce que leurs secrets d'affaires ne soient pas divulgués[29].

60. Cette garantie s'accompagne de l'obligation de secret professionnel à laquelle sont astreints les membres de l'APC, et dont la violation peut entraîner leur responsabilité disciplinaire ou pénale[30].

61. Une disposition permet à l'APC de communiquer des informations confidentielles à une autorité exerçant des compétences analogues sur un autre territoire ou à une autre autorité de la Polynésie française, sous réserve de réciprocité et à condition que leurs membres soient aussi soumis au secret professionnel[31]. Toutefois, en matière de concentrations, l'APC ne se fonde pas sur cette capacité, qu'elle réserve aux pratiques anticoncurrentielles, et demande plutôt un « *waiver* » à la partie Notifiante afin d'échanger des informations confidentielles avec d'autres autorités de concurrence.

62. L'ensemble de la procédure de prénotification est strictement confidentiel à l'égard des tiers[32]. Il en va de même pour le dossier de notification de l'opération[33].

63. La notification formelle donne lieu à la publication par l'APC d'une courte notice sur son site internet et au *Journal officiel de la Polynésie française* (*JOPF*), précisant la nature de l'opération, son secteur et les parties concernées. Cette notice visant à permettre à des tiers intéressés de se manifester, un délai pour ce faire est également indiqué. La notification rend donc l'existence du projet de transaction publique. Toutefois, l'ensemble des informations transmises par la partie notifiante et par les tiers reste confidentiel durant toute la Phase 1. En Phase 2, la partie notifiante bénéficie d'un accès au dossier.

64. Les décisions de contrôle des concentrations sont publiques. Pour concilier cette exigence avec la protection du secret des affaires, l'APC rend premièrement public le sens de la décision sous cinq jours ouvrables après son adoption[34]. Puis la partie notifiante dispose d'un délai de 15 jours calendaires pour indiquer à l'APC les informations contenues dans la décision qu'elle considère comme relevant du secret des affaires[35]. Elle doit motiver le bien-fondé de sa demande et transmettre une proposition de version publique de la décision. L'APC adresse alors à la partie notifiante une version aménagée de la décision avant sa publication et entend ses observations. L'APC n'est pas liée par les demandes d'occultation, et certaines demandes peuvent être refusées, notamment s'agissant d'éléments nécessaires à la compréhension de la décision et de sa motivation[36].

---

29 Art. LP 310-10 du Code.

30 Art. LP 610-10, al. 1er du Code.

31 Art. LP 610-10, al. 2 du Code.

32 Lignes directrices, § 123.

33 *Ibid.*, § 139.

34 Art. A. 310-3 du Code.

35 Art. A. 310-4 du Code.

36 Lignes directrices, § 197.

65. Les décisions d'occultation pleine ou partielle (par exemple *via* des fourchettes pour les parts de marché) ou de non-occultation sont prises par le rapporteur général.

66. En fonction des configurations procédurales possibles, il est donc important de prendre en compte dès l'origine la gestion du secret des affaires.

67. À cet égard, s'agissant des informations transmises à l'APC au cours de l'instruction, les parties et les tiers doivent préciser celles qui constituent des secrets d'affaires et l'APC veille à réaliser des versions non confidentielles de ces informations si celles-ci devaient être partagées[37], sachant qu'il est toujours possible qu'une information présentée comme confidentielle soit ultimement rendue publique ou accessible à des tiers, notamment en cas de désaccord avec l'APC sur la qualité de secret des affaires ou en cas de nécessité impérieuse de motivation pour l'APC.

68. En cas de difficulté, les décisions de secret des affaires sont susceptibles de recours en réformation ou en annulation dans un délai de dix jours suivant leur notification devant le premier président de la cour d'appel de Paris.

5. Le contenu de la notification en procédure standard

69. Le contenu du dossier de notification est détaillé à l'annexe I de la partie « Arrêtés » du Code ; un modèle de formulaire est mis à disposition par l'APC sur son site internet. Le formulaire de notification comprend les sections suivantes :

Formulaire de notification

1. *Une description de l'opération*

2. *Un résumé non confidentiel de l'opération* destiné à être publié au *Journal officiel de la Polynésie française* (*JOPF*) et sur le site internet de l'APC.

3. *La présentation des entreprises concernées et des groupes auxquels elles appartiennent.* La définition des entreprises concernées est similaire à celle existant devant l'Autorité de la concurrence hexagonale et la Commission européenne. Les informations suivantes sont requises pour chaque entreprise concernée : (i) leurs nom, adresse et coordonnées ; (ii) une description et la nature de leurs activités ; (iii) les comptes sociaux ou consolidés et les rapports de gouvernance, sur les comptes annuels et des commissaires aux comptes ; (iv) la liste des principaux actionnaires, les pactes d'actionnaires et la liste des entités dans lesquelles l'entreprise concernée détient une minorité de blocage ou la faculté de nommer un membre du conseil d'administration ; (v) un tableau récapitulatif des données financières pour les trois derniers exercices clos ; (vi) la liste des opérations de concentration réalisées au cours des trois dernières années ; (vii) la liste et la description de l'activité des entreprises avec lesquelles l'entreprise concernée entretient des liens contractuels et significatifs sur le marché concerné.

[37] Annexe 1 du Code, p. 3.

4. *Une présentation des marchés concernés par l'opération*, qui contient les deux sous-sections suivantes :

4.1 Le cas échéant, *une présentation des marchés concernés*. Le droit polynésien est aligné sur les droits français et européen et dispose qu'« un marché est considéré comme concerné lorsque les entreprises concernées sont, soit présentes sur le(s) même(s) marché(s) pertinents, soit actives sur des marchés situés à des stades différents de la chaîne de valeur (à l'amont et à l'aval) soit actives sur des marchés connexes[38] ». Pour chaque marché concerné, les parties doivent présenter une définition du marché pertinent ainsi qu'une estimation de leurs parts de marché et de celles de leurs principaux concurrents.

4.2 Le cas échéant, *une présentation des marchés affectés*. Le droit polynésien se distingue ici des droits français et européen en prévoyant qu'un marché est considéré comme affecté si :

- la part de marché cumulée des entreprises concernées actives sur ce marché atteint 25 % ou plus ;
- les entreprises concernées entretiennent une relation verticale ou ont un lien de connexité avec le marché affecté, dès lors que la part de marché d'une entreprise concernée, seule ou cumulée, atteint 25 % ou plus sur ce marché ;
- l'une des entreprises concernées détient une part de marché de 25 % sur un marché concerné et l'opération entraîne la disparition d'un concurrent potentiel[39].

Pour chaque marché concerné, les parties doivent fournir les informations suivantes : (i) une estimation de l'importance du marché en valeur et en volume ; (ii) les chiffres d'affaires et les parts de marché des entreprises concernées sur le marché affecté ; (iii) les coordonnées des principaux concurrents ; (iv) les coordonnées des principaux clients et la part que représente chaque client dans le chiffre d'affaires des entreprises concernées ; (v) les coordonnées des principaux fournisseurs et la part que représente chaque fournisseur dans le total des achats des entreprises concernées ; (vi) les accords de coopération conclus par les entreprises concernées sur le marché affecté ; (vii) les barrières à l'entrée ; (viii) une description des canaux de distribution et des réseaux de service après-vente ; (ix) les principaux facteurs déterminants du prix ; (x) une estimation des capacités de production et de leur taux moyen d'utilisation ; (xi) une analyse de la structure de la demande ; et (xii) les coordonnées des principales organisations professionnelles.

---

38 Lignes directrices, § 140.

39 *Ibid.*, § 144. Il convient de noter que le Code, à son annexe 1, mentionne des seuils de 30 % et non de 25 %. Toutefois, les Lignes directrices, qui sont plus récentes, indiquent 25 %, et les décisions récentes de l'APC se fondent également sur le seuil de 25 %. Le Code sera modifié dans le futur pour intégrer cette valeur de 25 %, qui favorise un alignement avec les pratiques décisionnelles de l'Autorité hexagonale et de la Commission européenne.

5. *Une déclaration sur l'exactitude et la complétude des informations fournies*, qui doit être signée par les représentants des parties ou leurs conseils dûment mandatés.

70. Le dossier de notification doit être déposé en un exemplaire au format papier ou numérique à l'APC[40]. Il peut être envoyé par lettre recommandée ou déposé directement dans les locaux de l'APC. L'APC adresse alors un accusé de réception à la partie notifiante[41].

6. La procédure simplifiée

71. La procédure simplifiée est ouverte aux opérations remplissant l'une des conditions suivantes[42] :
   - les marchés affectés n'ont pas de liens entre eux ;
   - en cas de concentration horizontale, la part de marché cumulée des entreprises concernées est inférieure à 25 %[43] ;
   - en cas de concentration verticale, la part de marché sur l'un ou l'autre de ces marchés est inférieure à 25 % ;
   - l'opération consiste en l'acquisition du contrôle exclusif par un acquéreur détenant déjà le contrôle en commun de la cible.

72. La procédure simplifiée présente l'intérêt pour la partie notifiante de bénéficier d'une liste plus réduite d'informations à fournir.

C. *Le déroulement de la procédure et ses délais*

1. La Phase 1

a) Délais d'examen

73. La computation des délais d'instruction démarre le jour suivant celui indiqué par l'accusé de réception confirmant la complétude de la notification[44].

74. En principe, le délai d'examen en Phase 1 est de 25 jours ouvrés[45].

75. Ce délai peut toutefois être allongé dans trois hypothèses, qui peuvent se cumuler :
   - en cas de dépôt d'engagements par la partie notifiante, avec la notification ou durant la Phase 1, le délai est automatiquement prolongé de 15 jours ouvrés[46] ;

---

40 Art. A. 310-1 du Code.

41 Art. A. 310-1, al. 3 du Code.

42 Art. LP 310-3-1 du Code.

43 Là encore, le Code prévoit actuellement un seuil de 30 %, mais un alignement sur la valeur de 25 % est attendu, par cohérence avec la définition des marchés affectés.

44 Art. A. 310-1, al. 4 du Code.

45 Art. LP 310-5, I du Code.

46 Art. LP 310-5, II, al. 2 du Code.

- à la demande de la partie notifiante, en cas de nécessité particulière telle que la finalisation des engagements, l'APC peut suspendre les délais d'examen dans la limite de 15 jours ouvrés[47] ;
- à l'initiative de l'APC en vertu de son pouvoir dit de « *stop the clock*[48] ». Plusieurs situations peuvent justifier l'usage de cette faculté : (i) d'une part, lorsque la partie notifiante omet d'indiquer un fait nouveau à l'APC, (ii) d'autre part, lorsque la partie notifiante ne communique pas les informations demandées par l'APC dans les délais fixés par celle-ci, ou (iii) lorsque les parties entravent la possibilité pour des tiers de communiquer les informations demandées par l'APC.

  Si un *stop the clock* est déclenché, les délais sont suspendus jusqu'à ce que le fait générateur de la suspension ait disparu[49].

76. La durée maximale de la Phase 1 est donc de 55 jours ouvrés hors *stop the clock*.

b) Déroulé de la Phase 1

77. L'APC publie au *JOPF* et sur son site internet un communiqué contenant notamment le résumé non confidentiel de l'opération dans les cinq jours ouvrables suivant la notification de l'opération[50].

78. Les tiers intéressés disposent alors du délai imparti par l'APC – en général, une semaine potentiellement prolongeable à compter de la publication du communiqué – pour transmettre à l'APC les observations qu'ils pourraient avoir sur le projet d'opération.

79. L'APC peut également décider de conduire un test de marché. Dans ce cadre, elle adresse des questionnaires aux principaux clients, fournisseurs et concurrents des parties. Les tiers peuvent demander que leurs réponses ou observations demeurent confidentielles pour les parties ou que leur anonymat soit préservé (sous réserve des dispositions applicables en cas de Phase 2)[51]. Les parties sont toutefois en droit d'obtenir un résumé non confidentiel des réponses[52].

80. Les Lignes directrices ménagent la possibilité pour le service d'instruction d'organiser des réunions informelles avec les parties[53].

81. Si le service d'instruction estime que la concentration est susceptible de nécessiter la proposition de remèdes, il organise une réunion de « *state of play* » « dans un délai raisonnable avant la fin du délai » de Phase 1, durant laquelle l'APC informe la partie notifiante des doutes sérieux susceptibles d'être soulevés par l'opération[54].

---

47 Art. LP 310-5, II, al. 4 du Code.

48 Art. LP 310-5, II, al. 3 du Code. L'APC a fait usage de son pouvoir de *stop the clock* dans la déc. n° 2019-CC-01 du 16 avril 2019 relative à la prise de contrôle conjoint de l'hôtel Le Méridien Tahiti par la société AAPC NZ Pty. Ltd. (groupe Accor) aux côtés de la SAS Société hôtelière Rivnac (groupe Grey).

49 Lignes directrices, § 164.

50 Art. LP 310-3 et A. 310-2 du Code.

51 Lignes directrices, § 176-177.

52 *Ibid.*, § 179.

53 *Ibid.*, § 171.

54 *Ibid.*, § 179.

82. La partie notifiante peut alors décider de proposer des engagements permettant de remédier à ces doutes sérieux avant la fin de la Phase 1.

c) Les décisions de Phase 1

83. Trois types de décisions sont envisageables à l'issue de la Phase 1 :

- une décision constatant que l'opération n'entre pas dans le champ du contrôle des concentrations[55] ;
- une décision d'autorisation de l'opération, éventuellement subordonnée à la réalisation d'engagements pris par les parties, lesquels prennent alors force obligatoire[56] ;
- une décision d'ouverture d'examen approfondi (Phase 2) si l'APC « estime qu'il subsiste un doute sérieux d'atteinte à la concurrence[57] ».

84. Les décisions d'autorisation de Phase 1 sont transmises à la partie notifiante et au président de la Polynésie française[58]. Le sens de la décision est publié sous cinq jours ouvrables sur le site de l'APC, et son texte est également publié sur le site internet de l'APC et au *JOPF*[59] après occultation des secrets d'affaires. La notification de la décision d'autorisation ou de hors champ à la partie notifiante met fin immédiatement à l'obligation de suspension.

85. Il convient de noter que le président de la Polynésie française dispose d'un délai de cinq jours ouvrés après réception de la décision d'autorisation pour demander à l'APC d'ouvrir une Phase 2[60]. L'APC n'est toutefois pas tenue de déférer à cette demande[61]. De telles demandes n'ont jamais été formulées à notre connaissance.

86. Les parties disposent d'un délai de 15 jours ouvrés pour indiquer à l'APC les éléments de la décision qu'elles considèrent comme constituant des secrets d'affaires et qu'elles souhaitent en conséquence voir occulter dans la version publiée de la décision.

87. Enfin, en cas de silence gardé par l'APC, la concentration est réputée autorisée, mais seulement au terme du délai accordé au président de la Polynésie française pour demander l'ouverture d'une Phase 2.

2. La Phase 2

88. Comme indiqué, le standard légal à l'ouverture d'une Phase 2 est l'existence d'un « doute sérieux d'atteinte à la concurrence », qui peut résulter soit de la nécessité que l'analyse de concurrence soit approfondie, soit de l'absence de proposition d'engagements jugée suffisante pour résoudre les problèmes de concurrence en Phase 1[62].

---

55 Art. LP 310-5, III, 1° du Code.
56 Art. LP 310-5, III, 2° du Code.
57 Art. LP 310-5, III, 3° du Code.
58 Dans un délai de sept jours ouvrés : art. LP 310-5, V du Code.
59 Art. A. 3105-5 du Code.
60 Art. LP 310-7-1, I du Code.
61 Lignes directrices, § 199.
62 *Ibid.*, § 200.

a) Délais d'examen

89. En principe, le délai d'examen en Phase 2 est de 65 jours ouvrés[63]. À l'instar de la Phase 1, ce délai peut être allongé dans trois hypothèses, qui peuvent se cumuler :

- en cas de dépôt d'engagements par la partie notifiante moins de 20 jours avant la fin du délai de Phase 2, le délai est prolongé pour expirer 20 jours ouvrés après la proposition d'engagements, dans la limite de 85 jours ouvrés à compter de l'ouverture de la Phase 2[64] ;
- à la demande de la partie notifiante dans la limite de 20 ouvrés[65] ;
- à l'initiative de l'APC en vertu de son pouvoir de *stop the clock*, similaire à celui de la Phase 1[66].

90. La durée maximale de la Phase 2 est donc de 105 jours ouvrés hors *stop the clock*.

b) Déroulé de la Phase 2

91. La Phase 2 est contradictoire[67] et est marquée par deux temps forts : l'établissement du rapport et la séance.

92. Le rapport est le document clé de la Phase 2, dans lequel le service d'instruction développe son argumentaire concernant les problèmes de concurrence identifiés. Ce rapport et les documents qui le fondent sont transmis à la partie notifiante ainsi qu'au commissaire du gouvernement[68], qui disposent d'un délai de 15 jours ouvrés pour faire part de leurs observations écrites[69].

93. S'ensuit la séance, à laquelle assistent le collège de l'APC, le service d'instruction, le rapporteur général de l'APC et les parties, qui peuvent se faire représenter ou assister[70]. La séance n'est pas publique[71].

94. L'APC peut demander à entendre des tiers intéressés. Ces derniers sont entendus en l'absence des parties et n'assistent pas à l'intégralité de la séance. Les comités d'entreprise des parties à la concentration peuvent demander à être entendus dans les mêmes conditions.

95. Le déroulé de la séance est le suivant : le service d'instruction expose d'abord ses conclusions, suivies des observations du rapporteur général et du commissaire du gouvernement. Le cas échéant, les tiers sont ensuite entendus. L'APC entend finalement les parties, qui peuvent présenter leur propre analyse et répondre aux questions des membres du collège[72].

---

63 Art. LP 310-5, I du Code.
64 Art. LP 310-7, II, al. 2 du Code.
65 Art. LP 310-7, II, al. 3 du Code.
66 Art. LP 310-7, II, al. 3 du Code.
67 Art. 122-02 du Règlement intérieur.
68 Art. 122-02 du Règlement intérieur.
69 Art. 122-02 du Règlement intérieur.
70 Art. LP 630-5 du Code.
71 Art. LP 630-5 du Code.
72 Art. 124-03 du Règlement intérieur.

96. Enfin, si, à la suite de la séance et des discussions subséquentes, l'APC envisage d'interdire l'opération ou de l'autoriser sous injonction, elle transmet le projet de décision aux parties et leur permet de présenter leurs observations dans un délai raisonnable[73].

c) Décisions de Phase 2

97. Trois types de décisions sont envisageables à l'issue de la Phase 2 :

- une décision d'autorisation, éventuellement subordonnée à la réalisation d'engagements[74] ;
- une décision d'autorisation de l'opération assortie d'une injonction aux parties « de prendre toute mesure propre à assurer une concurrence suffisante ou en les obligeant à observer des prescriptions de nature à apporter au progrès économique une contribution suffisante pour compenser les atteintes à la concurrence[75] » ;
- une décision d'interdiction de l'opération accompagnée, le cas échéant, d'une injonction « de prendre toute mesure propre à rétablir une concurrence suffisante[76] ».

98. La décision de Phase 2 doit être motivée. Elle est transmise aux parties et au président de la Polynésie française[77] et est également publiée sur le site internet de l'APC et au *JOPF*[78].

d) Le pouvoir d'évocation du président de la Polynésie française

99. Le président de la Polynésie française dispose d'un pouvoir d'évocation de la décision de Phase 2 de l'APC, qu'il peut exercer dans un délai de cinq jours ouvrés à compter de la date à laquelle la décision lui a été notifiée. L'évocation de la décision se produit pour des motifs d'intérêt général autres que le maintien de la concurrence, notamment le développement industriel, la compétitivité des entreprises concernées ou la création et la pérennisation de l'emploi[79]. Une fois la décision évoquée, le président de la Polynésie française statue sous 20 jours ouvrés après avoir entendu les parties[80]. Sa décision, qui peut être conditionnée au respect d'engagements, est motivée et doit être rendue publique[81]. Il n'existe aucun cas d'évocation à ce jour.

---

73 Lignes directrices, § 219.
74 Art. LP 310-7, IV du Code.
75 Art. LP 310-7, III, 2° du Code.
76 Art. LP 310-7, III, 1° du Code.
77 Dans un délai de sept jours ouvrés : art. LP 310-7, V du Code.
78 Art. A. 3105-5 du Code.
79 Art. LP 310-7-1, II, al. 3 du Code.
80 Art. LP 310-7-1, II, al. 4 du Code.
81 Art. LP 310-7-1, II, al. 4 du Code.

D. *Le faible recours à la Phase 2*

100. Le tableau ci-dessous liste les décisions de l'APC par type de procédure, ce qui permet de rendre compte de la très grande prédominance des décisions de Phase 1 (29 sur 30), dont 11 éligibles à la procédure simplifiée.

Année	**Phase 1**	**Dont éligible[82] procédure simplifiée**	**Phase 2**
2025[83]	1	1	0
2024	4	1	0
2023	4	0	0
2022	5	3	0
2021	1	1	0
2020	2	1	0
2019	2	1	0
2018	1	1	0
2017	4	2	1
2016	5	0	0
Total	29	11	1

E. *Les pouvoirs de sanction et d'injonction de l'APC*

101. L'APC dispose d'un pouvoir de sanction pécuniaire, éventuellement accompagné d'un pouvoir d'injonction, pour réprimer cinq infractions au contrôle des concentrations polynésien.

102. La mise en œuvre du pouvoir de sanction fait l'objet d'une procédure contradictoire, conforme aux articles LP 630-2 à LP 630-6 du Code. En pratique, le rapporteur général propose à l'APC de se saisir d'office de la situation de l'entreprise concernée. Une notification des griefs est communiquée aux entreprises concernées et au commissaire du gouvernement, auxquels un délai de deux mois est laissé pour présenter leurs observations en réponse. Un rapport est ensuite notifié aux entreprises concernées et au commissaire du gouvernement, auxquels un délai d'un mois est laissé pour présenter un mémoire en réponse. Les entreprises sont enfin entendues en séance par le collège de l'APC. La décision est notifiée aux parties et publiée au *JOPF* ainsi que sur le site internet de l'APC.

103. Le montant de la sanction pécuniaire est similaire pour les cinq infractions. L'amende est d'un montant maximal de 5 % du chiffre d'affaires hors taxes réalisé en Polynésie française pour les personnes morales, et de 20 millions de francs CFP (environ 167 600 euros[84]) pour les personnes physiques. Pour l'heure, l'APC

---

82 Les décisions de l'APC n'indiquent pas si la procédure simplifiée a été appliquée au cas d'espèce.
83 Au 19 novembre 2025.
84 Les conversions ont été réalisées en utilisant le taux pratiqué par l'IEOM, soit 1 000 XPF = 8,38 EUR.

a usé une fois de ce pouvoir, pour non-respect d'engagements, sans pour autant imposer de sanction pécuniaire à l'entreprise concernée du fait des conditions dans lesquelles le manquement était intervenu[85].

104. *Violation de l'obligation de notification.* L'APC dispose d'un pouvoir d'injonction, lui permettant d'obliger les parties à notifier l'opération à moins de revenir à l'état antérieur à la concentration[86], et de sanction pécuniaire. Le manquement à cette obligation, qu'il soit intentionnel ou par négligence[87], peut donner lieu à une amende.

105. *Violation de l'obligation de suspension.* L'APC dispose à cet égard uniquement d'un pouvoir de sanction pécuniaire[88].

106. *Omission ou déclaration inexacte dans une notification.* Outre le pouvoir de sanction pécuniaire, l'APC peut retirer la décision ayant autorisé l'opération, auquel cas les parties doivent soit revenir à l'état antérieur à l'opération, soit procéder à la renotification de celle-ci[89].

107. *Violation d'une injonction, d'une prescription ou d'un engagement.* Pour ces infractions, l'APC dispose d'un éventail de pouvoirs. Elle peut d'abord retirer la décision d'autorisation de la concentration[90]. Elle peut aussi enjoindre aux entreprises concernées soit d'exécuter sous astreinte l'obligation non exécutée,[91] soit de déterminer une nouvelle injonction ou prescription en substitution de l'obligation non exécutée[92]. En outre, l'APC peut infliger une sanction pécuniaire selon les modalités décrites ci-dessus[93].

108. *Violation de la décision de Phase 2.* Si l'opération a été réalisée en contravention de la décision de Phase 2, l'APC enjoint aux entreprises concernées de revenir à l'état antérieur de la concentration[94]. Elle peut également infliger une sanction pécuniaire[95].

F. *Le contrôle juridictionnel des décisions de l'APC*

1. Compétence, délai et voies de droit ouvertes

109. La cour administrative d'appel de Paris est compétente pour connaître des recours contre les décisions de l'APC en matière de contrôle des concentrations (y compris les décisions de sanction)[96]. Le recours est ouvert aux parties, au président de la Polynésie française[97] ainsi qu'à tout tiers ayant un intérêt à agir.

---

85 APC, déc. n° 2021-DREC-01 du 15 novembre 2021 relative au respect des engagements pris dans la décision n° 2016-CC-04 du 5 décembre 2016 relative à la prise de contrôle exclusif du groupe Tahiti Nui Travel par le groupe Grey. Une analyse de la décision est réalisée dans la section II.

86 Art. LP 310-8, I du Code.

87 Lignes directrices, § 98.

88 Art. LP 310-8, II du Code.

89 Art. LP 310-8, III du Code.

90 Art. LP 310-8, IV, 1° du Code.

91 Art. LP 310-8, IV, 2° du Code.

92 Art. LP 310-8, IV, 3° du Code.

93 Art. LP 310-8, IV du Code.

94 Art. LP 310-8, V, al. 1 du Code.

95 Art. LP 310-8, V, al. 2 du Code.

96 Art. R. 311-2 du code de justice administrative (CJA).

97 Art. LP 642-1 du Code.

110. Classiquement, le délai de recours est un délai franc de deux mois. Ce délai court à compter de la notification de la décision pour les parties et à compter de la publication de la décision pour les tiers.

111. Le recours en annulation constitue la principale voie de droit. Ce recours au fond peut également être assorti d'un référé-suspension[98] ou d'un référé « mesures utiles[99] ».

2. Conséquences d'une annulation

112. En cas d'annulation totale ou partielle de la décision, et s'il y a lieu de réexaminer le dossier, les entreprises concernées doivent soumettre une notification actualisée dans un délai de deux mois à compter de la notification du jugement[100].

113. À ce jour, aucune décision de l'APC en matière de contrôle des concentrations n'a fait l'objet d'un recours devant la cour administrative d'appel de Paris.

II. Les engagements devant l'APC

114. Lorsque l'opération est de nature à créer des effets anticoncurrentiels qui ne peuvent être compensés par une contribution suffisante au progrès économique, celle-ci ne peut être autorisée qu'à condition d'être accompagnée d'engagements (également désignés par « mesures correctives » ou « remèdes ») permettant de remédier aux atteintes à la concurrence identifiées.

115. À la différence d'une injonction, les engagements doivent nécessairement être présentés par la partie notifiante, que ce soit en Phase 1 ou en Phase 2.

116. Les engagements doivent prévenir de manière durable les effets anticoncurrentiels qui pourraient résulter de la concentration. Aux termes des Lignes directrices, les engagements doivent remplir les cinq critères cumulatifs suivants :

> […]
>
> ils doivent être efficaces, c'est-à-dire qu'ils permettent de remédier pleinement aux atteintes à la concurrence identifiées ;
>
> leur mise en œuvre ne doit pas soulever de doute, ce qui implique qu'ils soient rédigés de manière claire et précise, sans ambiguïté, et que les modalités opérationnelles pour les réaliser soient suffisamment détaillées ;
>
> ils doivent être suffisamment certains et mesurables ;
>
> leur mise en œuvre doit être rapide, la concurrence n'étant pas préservée tant qu'ils ne sont pas réalisés ;
>
> ils doivent être contrôlables. Pour ce faire, les parties doivent prévoir un dispositif de contrôle permettant à l'Autorité de s'assurer de leur réalisation effective dans leur lettre d'engagement[101].

---

98 Art. L. 521-1 CJA.

99 Art. L. 521-3 CJA.

100 Art. A. 310-5-1 du Code.

101 Lignes directrices, § 257.

117. Le recours aux mesures correctives est fréquent devant l'APC : 30 % des décisions adoptées par l'APC sont accompagnées de telles mesures, ainsi qu'en atteste le tableau suivant, qui dresse un bilan statistique des décisions avec remèdes adoptées par l'APC.

Année	Décisions de concentration	Dont avec remèdes		Taux d'intervention
		Structurel	Comportemental uniquement	
2025[102]	1	0	0	0 %
2024	4	1	1	50 %
2023	4	0	2	50 %
2022	5	0	2	40 %
2021	1	0	0	0 %
2020	2	0	0	0 %
2019	2	0	1	50 %
2018	1	0	0	0 %
2017	5	1	0	20 %
2016	5	0	1	20 %
Total	30	2	7	30 %

118. Ce taux d'intervention élevé reflète toutefois davantage l'importante concentration de l'économie polynésienne, en raison de son caractère insulaire, plutôt qu'une politique de concurrence de l'APC qui serait plus interventionniste que, par exemple, celle de l'Autorité hexagonale.

119. La procédure (A), les différents types d'engagements (B) et le contrôle de la mise en œuvre des engagements (C) seront successivement présentés.

A. *La procédure*

120. Les engagements sont proposés par la partie notifiante. Pour ce faire, elle adresse à l'APC une lettre d'engagements comportant une liste précise, détaillée et exhaustive desdits engagements. Le recours à un mandataire indépendant pour exercer le premier niveau de contrôle de la mise en œuvre des engagements (le second niveau étant toujours assuré par l'APC) est fréquent, sans être juridiquement obligatoire.

121. Les engagements peuvent être proposés à tout moment au cours de la procédure, c'est-à-dire du début de la prénotification jusqu'au dernier jour de l'examen de Phase 2.

122. Lorsque les engagements sont proposés durant la Phase 1, la période d'examen est prolongée automatiquement de 15 jours ouvrés (pour atteindre 40 jours ouvrés au total)[103]. En outre, les parties peuvent demander à l'APC une suspension du délai d'au maximum 15 jours ouvrés pour finaliser la rédaction de leurs engagements[104].

---

102 Au 19 novembre 2025.

103 Art. LP 310-5, II, al. 2 du Code.

104 Art. LP 310-5, II, al. 3 du Code.

123. En phrase 2, la prorogation éventuelle du délai dépend du moment auquel les engagements sont proposés. Si la partie notifiante dépose les engagements avant le quarante-cinquième jour d'examen de Phase 2, les délais demeurent inchangés (65 jours ouvrés au total)[105]. Si ceux-ci sont déposés entre le quarante-cinquième et le soixante-cinquième jour, alors les délais sont prorogés pour que la fin de la Phase 2 intervienne 20 jours ouvrés après la date de proposition des engagements, ce qui signifie une limite supérieure de 85 jours ouvrés pour la Phase 2[106]. Ce délai peut toutefois encore être suspendu à la demande des parties pour une durée maximale de 20 jours ouvrés[107].

124. Les délais précédents peuvent encore être étendus, sans plafond, par des *stop the clock* que l'APC peut déclencher sous certaines conditions.

125. L'APC réalise généralement un test de marché des engagements auprès des concurrents, fournisseurs et clients des parties, afin d'évaluer les propositions reçues[108].

B. *Les différents types d'engagements*

126. L'APC adopte une approche pragmatique des types de remèdes considérés comme les plus appropriés. Elle accepte des engagements tant comportementaux que structurels, en fonction des spécificités de chaque cas.

1. Engagements structurels[109]

127. Les cessions peuvent être favorisées pour résoudre certains problèmes de structure du marché. Elles peuvent porter sur une activité, sur certains actifs corporels ou incorporels, voire exceptionnellement sur des actifs alternatifs (« *crown jewels* »).

128. Pour être efficace, l'activité cédée doit demeurer viable et compétitive, ce qui suppose que le périmètre de cession comprenne les actifs et le personnel nécessaires à son bon fonctionnement. Il est ainsi primordial que le périmètre de la cession soit détaillé avec précision dans la lettre d'engagements[110]. En outre, il est demandé aux cédants de s'engager à préserver, jusqu'à la réalisation de la cession, la viabilité économique, commerciale et concurrentielle des actifs cédés, notamment en s'abstenant de toute mesure ayant un impact défavorable sur leur valeur économique, sur leur gestion ou portant préjudice à leur périmètre d'activité[111].

---

105 Lignes directrices, § 253.

106 Art. LP 310-7, II, al. 2 du Code.

107 Art. LP 310-7, II, al. 3 du Code.

108 Lignes directrices, § 255.

109 Un modèle d'engagements de cession et un modèle de contrat de mission pour le ou les mandataires chargés du suivi des cessions et du maintien de la viabilité des actifs figurent en annexe des Lignes directrices.

110 Lignes directrices, § 264. L'APC précise que sur les marchés sur lesquels la concurrence s'organise essentiellement autour d'appels d'offres, les cessions peuvent comprendre à titre essentiel, avec l'accord des autorités organisatrices, les contrats détenus par les opérateurs, éventuellement accompagnés des actifs nécessaires à leur mise en œuvre (*ibid.*, § 266).

111 *Ibid.*, § 265.

129. L'acquéreur doit également être « approprié », ce qui implique (i) son indépendance capitalistique et contractuelle vis-à-vis des parties, (ii) qu'il détienne les compétences et la capacité financière adéquates pour développer l'activité et (iii) que l'acquisition ne soit pas susceptible de créer de nouvelles atteintes à la concurrence[112]. La lettre d'engagements doit comporter les informations permettant à l'APC d'apprécier le caractère approprié de l'acquéreur potentiel[113].

130. L'identification de l'acquéreur peut se faire selon trois modalités : dans un délai fixé après l'adoption de la décision par l'APC et la réalisation de l'opération ; après l'adoption de la décision d'autorisation par l'APC, mais avant la réalisation de l'opération (« *up-front buyer* ») ; avant l'adoption de la décision (« *fix-it-first* »)[114]. En tout état de cause, le délai de cession doit être le plus bref possible, et demeure généralement inférieur à un an[115].

131. À ce jour, l'APC a adopté deux décisions dans lesquelles elle a usé de remèdes structurels (une décision par injonction et une décision rendant obligatoires des engagements)[116].

132. En la matière, la décision *CMA CGM/Bolloré Logistics* de 2024 est particulièrement intéressante. C'est en effet par cette décision que l'APC a, pour la première fois, contrôlé une opération de taille mondiale, faisant notamment l'objet de notifications parallèles au titre du contrôle des concentrations auprès de la Commission européenne et en Nouvelle-Calédonie. Qui plus est, c'est la première décision par laquelle l'APC a rendu obligatoire un remède qui vise à annuler complètement l'effet de la transaction sur le territoire polynésien. En particulier, l'engagement structurel proposé par CMA CGM a consisté en la cession de l'activité de Bolloré Logistics Polynésie et de celle de Bolloré Logistics France en lien avec la Polynésie française, à l'exception de certains clients multidestinations existants de Bolloré Logistics. En outre, CMA CGM s'est engagée à ne pas développer d'activité transitaire au départ ou à destination de la Polynésie française pendant cinq ans (hors clients multidestinations déjà mentionnés). Notons finalement que la solution retenue par l'APC est similaire à celle de la CE pour d'autres territoires insulaires comparables (Martinique, Guadeloupe, Réunion et Mayotte), témoignant de la montée en puissance de l'APC.

133. La seconde décision ayant donné lieu à un remède structurel est la décision *Emar/CFMT* de 2017, qui concernait le transport maritime inter-îles de marchandises et de passagers. L'APC avait alors ordonné la cession de deux navires dans le but de recréer un concurrent sur le marché, tout en permettant malgré tout un certain degré de renforcement de l'acquéreur.

---

112 *Ibid.*, § 270.

113 *Ibid.*, § 271.

114 *Ibid.*, § 272.

115 *Ibid.*, § 280.

116 APC, déc. n° 2017-CC-01 du 9 mars 2017 relative à la prise de contrôle exclusif des sociétés Compagnie française maritime de Tahiti et Vaipihaa par la société Emar et déc. n° 2024-CC-01 du 31 janvier 2024 relative au contrôle de concentration sur la prise de contrôle exclusif de la société Bolloré Logistics SE et ses filiales par la société CMA CGM S.A.

2. Engagements comportementaux

134. Ils ont généralement pour objectif de préserver ou de favoriser l'accès des concurrents actuels ou potentiels au marché. Ils consistent en des obligations organisationnelles (maintien séparé d'équipes commerciales...) ou contractuelles (interdiction des ventes couplées, obligation de ne pas mettre en œuvre une exclusivité d'importation...).

135. Les mesures correctives comportementales sont toujours prévues pour une durée déterminée. Sauf circonstances exceptionnelles, une durée de cinq ans, éventuellement renouvelable, est généralement jugée nécessaire pour compenser les effets sur la structure des marchés d'une opération de concentration. Une durée de cinq ans a ainsi été retenue pour l'ensemble des décisions, à l'exclusion de l'affaire *Grey/TNT*, où les engagements ont été pris pour une durée de 10 ans[117].

136. À ce jour, l'APC a recouru aux engagements comportementaux à sept reprises sur un total de neuf décisions comportant des mesures correctives. Les engagements comportementaux acceptés ont notamment consisté en des séparations d'activité couplées à l'obligation d'application de conditions de vente similaires aux concurrents ainsi qu'à la réservation de parts minimales réservées aux fournisseurs concurrents[118]. On trouve également des décisions acceptant des engagements visant à garantir le renouvellement de contrats dans des conditions non discriminatoires, objectives et transparentes, à prévenir l'échange d'informations sensibles entre certaines branches d'activité de l'entreprise concernée et à assurer la formation des équipes au respect des engagements[119]. L'APC a également accepté un engagement visant à préserver le libre choix de la patientèle dans le cadre d'une opération dans le secteur médical[120] ainsi qu'un engagement interdisant les offres groupées ou liées dans le secteur de la distribution de produits alimentaires et non alimentaires[121].

C. *Mise en œuvre et suivi des engagements*

137. Pour garantir l'efficacité du contrôle des concentrations, l'APC assure un suivi rigoureux de la mise en œuvre des engagements figurant dans ses décisions. Pour cela, les parties doivent rendre compte régulièrement de la bonne exécution des remèdes.

---

117 APC, déc. n° 2016-CC-04 du 5 décembre 2016 relative à la prise de contrôle exclusif du groupe Tahiti Nui Travel par le groupe Grey.

118 APC, déc. n° 2023-CC-02 du 24 octobre 2023 relative à la prise de contrôle exclusif de la SARL Toa Distribution, la SARL Société de gestion d'approvisionnement et de marketing et la SCI Ofai par la société Brasserie de Tahiti ; déc. n° 2023-CC-03 du 24 octobre 2023 relative à la prise de contrôle exclusif de la Société de distribution et d'exploitation commerciale par la société Brasserie de Tahiti ; déc. n° 2024-CC-02 du 26 février 2024 relative à la prise de contrôle exclusif de la société Happy Market Paea et la SCI Vaetua par la société Tahitian Market.

119 APC, déc. n° 2016-CC-04, préc. et déc. n° 2022-CC-02 du 8 juin 2022 relative à la prise de contrôle exclusif du groupe Tahiti Nui Travel (TNT) par M. Louis Wane.

120 APC, déc. n° 2022-CC-03 du 14 juin 2022 relative à la prise de contrôle exclusif du Centre de rééducation fonctionnelle Te Tiare par la société ISIS Polynésie.

121 APC, déc. n° 2019-CC-02 du 6 juin 2019 relative à la prise de contrôle exclusif de la société Morgan Vernex par la société Brasserie de Tahiti.

1. Le rôle du mandataire

138. Les engagements prévoient généralement de confier le suivi de la mise en œuvre des engagements à un mandataire désigné par les parties et approuvé par l'APC.

139. D'une façon générale, le mandataire doit signaler à l'APC toute difficulté rencontrée dans la mise en œuvre des engagements. Son avis ne lie pas l'APC[122]. L'indépendance du mandataire est essentielle pour lui permettre de s'acquitter correctement de son rôle. L'APC n'accepte normalement pas comme mandataires des personnes ou des sociétés qui sont en même temps les auditeurs des parties ou leurs conseillers en matière d'investissement pour la cession[123].

2. Le possible réexamen des engagements

140. Les lettres d'engagements contiennent généralement une clause de réexamen. Cela peut permettre à l'APC, sur demande motivée des parties, d'accorder une prolongation des délais ou de lever, de modifier ou de remplacer les engagements, dans des cas exceptionnels[124].

3. Les sanctions en cas de non-respect des engagements

141. L'APC dispose d'un éventail de pouvoirs en cas de non-respect des engagements. Elle peut d'abord retirer la décision d'autorisation de la concentration[125], imposant de ce fait une nouvelle notification de celle-ci, sauf pour les parties à revenir à l'état antérieur à la concentration. Elle peut aussi enjoindre aux entreprises concernées d'exécuter sous astreinte l'obligation non exécutée[126], ou encore adopter une injonction en substitution de l'obligation non exécutée[127]. Enfin, l'APC peut infliger une sanction pécuniaire d'un montant maximal de 5 % du chiffre d'affaires hors taxes réalisé en Polynésie française pour les personnes morales et de 20 millions de francs CFP (environ 167 600 euros[128]) pour les personnes physiques[129]. Ces pouvoirs ne sont pas exclusifs l'un de l'autre et peuvent, le cas échéant, se cumuler.

142. Pour l'heure, l'APC a adopté une unique décision constatant le non-respect d'engagements, mais elle n'a pas infligé de sanction pécuniaire à l'entreprise concernée[130]. En l'espèce, le groupe Grey était une entreprise active dans le secteur des agences de voyages (en particulier des « agences réceptives ») en Polynésie française. Avec l'opération de concentration notifiée, le groupe Grey entrait sur le marché de l'hôtellerie de tourisme en Polynésie française. Ayant identifié des risques d'effets verticaux du fait de la présence du groupe Grey sur ces deux marchés verticalement liés, l'APC avait accepté les engagements de l'acquéreur, consistant

---

122 Lignes directrices, § 312.

123 Il n'y a toutefois pas de conflit d'intérêts, dès lors que les relations du mandataire avec les parties ne l'empêchent pas d'exécuter ses tâches avec objectivité et indépendance (*ibid.*, § 318).

124 À ce jour, l'APC n'a pas publié de décision de réexamen des engagements.

125 Art. LP 310-8, IV, 1° du Code.

126 Art. LP 310-8, IV, 2° du Code.

127 Art. LP 310-8, IV, 3° du Code.

128 Les conversions ont été réalisées en utilisant le taux pratiqué par l'IEOM, soit 1 000 XPF = 8,38 EUR.

129 Art. LP 310-8, IV du Code.

130 APC, déc. n° 2021-DREC-01, préc., pris dans la décision n° 2016-CC-04, préc.

pour une période de 10 ans (i) à garantir l'accès des hôtels concurrents aux services d'agence réceptive, (ii) à ne pas faire circuler d'informations stratégiques entre le pôle relatif aux agences réceptives et le pôle hôtelier du groupe et (iii) à former les équipes au respect des engagements. Le contrôle des engagements avait été confié à un mandataire[131].

143. Constatant le défaut de transmission d'un rapport annuel de suivi des engagements pour l'année 2020 par le mandataire, l'APC s'est saisie d'office des conditions dans lesquelles le rapport en cause n'avait pas été transmis. Par la suite, le service d'instruction a notifié deux griefs visant, d'une part, le non-respect de l'engagement de ne pas échanger d'informations sensibles entre les pôles d'agences réceptives et d'hôtellerie du groupe Grey, et d'autre part, le fait de ne pas avoir remis au mandataire l'information raisonnablement requise pour l'exécution de ses tâches.

144. La décision n° 2021-DREC-01 de l'APC présente trois points d'intérêt :

- l'APC a déclaré irrecevable le grief tenant à la violation de l'engagement de ne pas échanger d'informations sensibles, en considérant que ce grief ne relevait pas du champ de la décision d'autosaisine[132] ;
- l'APC a en revanche confirmé le grief relatif au manque de coopération avec le mandataire, soulignant que l'absence de rapport rend « impossible » le suivi des engagements par l'APC[133] ;
- l'APC n'a pas imposé de sanction pécuniaire en tenant compte des difficultés financières majeures causées par la crise sanitaire de la Covid-19, ayant entraîné la fermeture des hôtels sur la période litigieuse. L'APC a ainsi considéré que la crise sanitaire expliquait au moins en partie le défaut de coopération du groupe Grey[134] et justifiait qu'aucune sanction pécuniaire ne lui soit imposée[135].

---

131 APC, déc. n° 2016-CC-04, préc.

132 APC, déc. n° 2021-DREC-01, préc. § 29.

133 *Ibid.*, § 33.

134 *Ibid.*, § 35.

135 *Ibid.*, § 41-42.

PARTIE IV

Les aménagements commerciaux

Le contrôle des aménagements commerciaux : Champ d'application

Alexandre Raguideau
Rapporteur, Autorité polynésienne de la concurrence

1. Le présent chapitre traite du contrôle des aménagements commerciaux tel qu'organisé au titre II du livre III du code de la concurrence, parties « Lois du pays » et « Arrêtés ».
2. Compte tenu de la finalité de cet ouvrage, il ne sera pas question dans ce chapitre de revenir sur les objectifs de la mission de contrôle des aménagements commerciaux, ni sur les spécificités de l'économie polynésienne ; nous renvoyons le lecteur et les entreprises aux développements consacrés à ces points dans l'ouvrage publié à l'occasion des 10 ans du droit de la concurrence en Polynésie française[1].
3. Il nous semble néanmoins utile de procéder à un bref retour sur le contrôle des aménagements commerciaux tel qu'il était mis en œuvre antérieurement à l'adoption du code de la concurrence et à la mise en place de l'Autorité polynésienne de la concurrence (ci-après « l'Autorité »). En effet, un court rappel permet de mettre en lumière le fait que les principes et la typologie des critères guidant le contrôle de l'implantation des grandes surfaces commerciales sont restés les mêmes depuis plus de trente ans, et ont seulement fait l'objet d'ajustements au fil des années.

---

1 V. M. Pujuguet, « La mission de contrôle des aménagements commerciaux en Polynésie française : Une spécificité analysée à travers le cas *Carrefour Moorea* », dans *Le droit de la concurrence face aux défis des économies insulaires : regards sur la Polynésie française et la région du Pacifique*, J. Peyre, E. Silvestro, V. Terrien, T. Emen et Y. Lecornu (dir.), Concurrences, Paris, 2025, p. 121-134.

I. Rappel historique du contrôle des aménagements commerciaux

4. Dès les années 1980, l'implantation et le développement de certains commerces en Polynésie française ont été soumis à diverses réglementations, imposant notamment dans certaines conditions d'obtenir une autorisation administrative avant de pouvoir ouvrir et exploiter ledit commerce.

5. Ainsi, la commission permanente de l'assemblée territoriale de la Polynésie française a adopté le 9 décembre 1988 une première délibération sous le numéro 88-196 AT portant création de la commission territoriale d'implantation des grandes surfaces commerciales, puis une seconde délibération sous le numéro 89-97 AT le 26 juin 1989. Ces délibérations rappelaient à l'époque tour à tour en leur article 1er que « [l]a liberté et la volonté d'entreprendre sont les fondements des activités commerciales », lesquelles doivent s'exercer « dans le cadre d'une concurrence claire et loyale[2] ». Ce principe de la liberté d'entreprendre, à valeur constitutionnelle, a par la suite toujours été au cœur des préoccupations dans la procédure du contrôle des aménagements commerciaux devant l'Autorité.

6. La commission instaurée par la délibération de 1989 avait pour mission de veiller « à ce que les concentrations d'entreprises de vente au détail ne viennent entraver le bon exercice de la concurrence[3] », et devait rendre un avis au conseil des ministres sur les projets d'implantation soumis, lequel conseil avait la charge de les autoriser ou non par voie d'arrêtés.

7. Étaient soumis à l'avis de la commission territoriale d'implantation des grandes surfaces commerciales :
   - d'une part, les projets de création de commerces de vente au détail dont « la superficie totale affectée à la vente est supérieure à 600 m² ou la surface de plancher hors œuvre est supérieure à 1 200 m² » ;
   - d'autre part, les projets d'extension de commerces de détail ayant déjà atteint ces seuils, « ou devant les atteindre ou les dépasser par la réalisation du projet, lorsque celui-ci porte sur une surface de vente supérieure à 100 m²[4] ».

8. La délibération de 1989 précitée a par la suite été abrogée avec l'adoption de la délibération n° 94-163 AT du 22 décembre 1994 réglementant l'implantation de certains commerces de vente au détail.

9. Reprenant initialement l'essentiel des dispositions de la réglementation précédente, cette délibération a été modifiée à de nombreuses reprises pendant les vingt années où elle est restée en vigueur, et notamment :
   - les seuils de surface de vente ont évolué, parfois à la hausse, parfois à la baisse, et avec des seuils différents selon qu'il s'agit de commerces de détail exploités à Tahiti ou dans d'autres îles. Dans sa dernière version en vigueur[5],

---

2 Art. 1er de la délibération.

3 Art. 4 de la délibération.

4 Art. 5 de la délibération.

5 Par suite de la loi du pays n° 2012-7 du 30 janvier 2012 portant modification de la délibération n° 94-163 AT du 22 décembre 1994 modifiée réglementant l'implantation de certains commerces de vente au détail.

la délibération prévoit que sont soumis à avis de la commission « les projets de constructions nouvelles entraînant création de magasins de commerce de détail d'une surface de vente supérieure à 1 000 mètres carrés à Tahiti et à 600 mètres carrés dans toutes les autres îles » ;

- les secteurs d'activité où elle trouvait à s'appliquer sont limitativement énumérés[6] ;
- ou encore l'ajout de types d'opérations concernées[7].

10. Il est inutile ici, pour les besoins du présent chapitre, d'entrer plus dans les détails des différentes modifications intervenues au fil des délibérations adoptées. Il s'agit essentiellement d'ajustements de seuils et de secteurs d'application. Les principes guidant le contrôle exercé par la commission territoriale d'implantation des grandes surfaces commerciales sont restés les mêmes, et la typologie des critères déterminant la contrôlabilité des opérations est restée la même également.

11. Ces éléments ont été repris lors de l'instauration de la loi du pays n° 2015-2 du 23 février 2015 instaurant le code de la concurrence.

II. La réglementation applicable

12. À la suite du titre Ier traitant de la concentration, le titre II du livre III du code de la concurrence organise le contrôle des aménagements commerciaux dans sa forme actuelle.

13. Ce contrôle, tout comme celui des concentrations, est un contrôle dit « *ex ante* », c'est-à-dire que les effets potentiels de l'opération sont mesurés, estimés, avant sa réalisation. Le corollaire de ce contrôle est son effet suspensif, ce qui signifie que la réalisation de l'opération est en principe suspendue à la décision d'autorisation qui doit être prise par l'Autorité.

14. Le site internet de l'Autorité résume le contrôle des aménagements commerciaux en ces termes :

> Afin de préserver un climat suffisamment concurrentiel dans le domaine du commerce de détail, l'Autorité polynésienne de la concurrence contrôle les créations et les modifications des surfaces commerciales. À cette fin, toute personne souhaitant créer, étendre ou transformer une surface commerciale supérieure à 300 mètres carrés est soumise aux dispositions du code de la concurrence et du règlement intérieur de l'Autorité. Les opérations concernées par le contrôle des surfaces commerciales sont définies par l'article LP 320-1 du code de la concurrence.

---

[6] V. additif à la délibération n° 95-209 AT du 23 novembre 1995 complétant la délibération n° 94-163 AT du 22 décembre 1994 réglementant l'implantation de certains commerces de vente au détail. Les secteurs d'activité concernés sont : alimentaire, équipement de la personne, meubles, literie, cuisines, électroménager, TV, hifi, bricolage, jardinage, décoration, luminaires, arts de la table, droguerie-entretien, culture, loisirs, sports, automobiles et accessoires automobiles, motos et accessoires motos.

[7] V. la délibération n° 95-209 AT du 23 novembre 1995 complétant la délibération n° 94-163 AT du 22 décembre 1994 réglementant l'implantation de certains commerces de vente au détail.

L'Autorité examine notamment, après réception du dossier, si l'opération crée ou renforce une position dominante. Suite à cet examen, elle peut, soit autoriser l'opération, soit l'interdire, soit enjoindre au demandeur de prendre des mesures propres afin d'assurer une concurrence suffisante.

En cas de méconnaissance de l'obligation de notification d'une telle opération, une sanction pécuniaire peut être infligée à la personne à qui incombait la charge de la notification. De plus, il peut lui être enjoint sous astreinte de revenir à l'état antérieur de l'opération ou d'exécuter les injonctions qui lui ont été imposées.

15. En l'absence de lignes directrices publiées par l'Autorité en la matière, c'est donc à la lumière des articles du code et de la pratique décisionnelle de l'Autorité que les entreprises doivent soumettre ou non au contrôle leurs projets d'aménagements commerciaux.

16. Le code de la concurrence reprend les deux critères cumulatifs imposant que les opérations d'aménagement commercial soient soumises à l'approbation préalable de l'Autorité : un premier critère concernant la nature du commerce d'une part, et un second critère lié à la taille de la surface de vente dudit commerce d'autre part.

A. *L'opération doit concerner un commerce de détail dont la surface de vente atteint le seuil de 300 mètres carrés*

17. Tous les types de commerces ne sont pas concernés par le contrôle des aménagements commerciaux. Le I de l'article LP 320-1-1 du code de la concurrence énumère les cinq types d'opérations soumises au contrôle préalable de l'APC, et toutes ces opérations visent les *magasins de commerce de détail.*

18. Le II de l'article LP 320-1-1 du code de la concurrence définit ce qu'est un magasin de commerce de détail. L'article dispose que « [l]e commerce de détail prévu au I s'entend comme un magasin qui effectue essentiellement [,] c'est-à-dire pour plus de la moitié de son chiffre d'affaires, de la vente de marchandises à des consommateurs pour un usage domestique ».

19. Une entreprise qui entend réaliser un aménagement commercial doit ainsi en premier lieu déterminer la répartition de son chiffre d'affaires entre sa clientèle professionnelle et sa clientèle de particuliers, ce qui n'est pas forcément chose aisée dans certains secteurs d'activité.

20. Si plus de 50 % du chiffre d'affaires est réalisé auprès de professionnels, alors l'entreprise n'a pas à obtenir l'aval de l'Autorité pour réaliser son projet. Elle doit en revanche être en mesure de justifier la répartition de son chiffre d'affaires en cas de contrôle, afin d'éviter une sanction pour défaut de notification de l'opération réalisée.

21. Si l'entreprise concernée réalise plus de 50 % de son chiffre d'affaires auprès de consommateurs pour un usage domestique, elle devra dans un second temps examiner si le seuil de la surface de vente – le second critère de contrôlabilité – est atteint.

22. En cas de doute sur la répartition du chiffre d'affaires, et donc sur la contrôlabilité de leur opération, il est recommandé aux entreprises de prendre attache avec le service d'instruction de l'Autorité avant la réalisation de l'opération. Celui-ci

examinera les données fournies par l'entreprise et sera en mesure de l'orienter sur la nécessité ou non de notifier son opération.

23. Le second critère de contrôlabilité, évoqué *supra*, est *la surface de vente du commerce de détail*. Le seuil actuellement fixé par le code de la concurrence au I de l'article LP 320-1-1 est de 300 mètres carrés. Cette surface, qui doit être atteinte avant ou après la réalisation de l'opération, doit être vérifiable, ce qui généralement ne pose pas de difficulté compte tenu du fait que les entreprises font réaliser des plans précis de leurs aménagements commerciaux dès le commencement de l'élaboration du projet.

24. En revanche, la notion même de surface de vente doit être examinée attentivement. Le III de l'article LP 320-1-1 du code de la concurrence vient définir assez précisément ce qui doit être considéré comme une surface de vente, et les entreprises doivent être vigilantes sur ce point. Il est ainsi précisé :

> La surface de vente d'un magasin de commerce de détail prévue au I s'entend de la superficie des espaces couverts et non couverts, affectés :
> – à la circulation de la clientèle pour effectuer ses achats ;
> – à l'exposition des marchandises proposées à la vente ;
> – au paiement des marchandises ;
> – à la circulation du personnel pour présenter les marchandises à la vente.

25. Si les deux premières « zones » sont généralement bien connues, comprises et incluses d'office par les entreprises lorsqu'elles calculent et présentent leur dossier au service d'instruction de l'Autorité, les espaces dédiés au paiement des marchandises et à la circulation du personnel pour présenter les marchandises à la vente sont parfois omis, alors même qu'ils peuvent conditionner le dépassement du seuil de 300 mètres carrés. De la même manière, les espaces non couverts peuvent parfois être importants en termes de surface de vente, et pourraient ne pas être forcément considérés comme des espaces de stockage, selon que les consommateurs y aient librement accès ou non. De tels espaces peuvent impacter la surface de vente totale retenue et le franchissement éventuel du seuil de 300 mètres carrés.

26. Sont donc *a priori* exclus de la surface de vente les autres espaces que ceux limitativement énumérés, tels les bureaux administratifs, les parkings, les espaces de stockage inaccessibles à la clientèle, les espaces de repos des salariés, les toilettes et autres espaces destinés au confort des salariés. Cette liste n'est pas limitative. Il n'est ainsi pas rare que la surface globale d'un aménagement commercial représente plusieurs fois la taille de la seule surface de vente.

27. En cas de doute sur l'affectation des différents espaces du commerce à la surface de vente telle qu'appréhendée par le code de la concurrence, les entreprises peuvent naturellement prendre attache avec le service d'instruction de l'Autorité avant la réalisation de l'opération, lequel pourra, le cas échéant, aider à la bonne détermination de la surface de vente totale.

28. Enfin, les entreprises doivent également veiller, après obtention de l'autorisation de réaliser l'opération, à ne pas augmenter la surface de vente réellement mise en exploitation, de manière à ne pas dépasser la surface totale autorisée dans la décision de l'Autorité. Ce cas de figure pourrait notamment se produire en cas de réagencement de l'aménagement d'une partie du commerce, ou en exposant des

marchandises à la vente dans un sas d'entrée suffisamment spacieux pour le faire. Les entreprises s'exposeraient alors, en cas de contrôle, à une possible sanction.

29. Dans sa rédaction actuelle, le code de la concurrence ne prévoit aucun autre critère de contrôlabilité en dehors des deux que nous venons d'examiner. Il ne prévoit ainsi aucune limitation des secteurs d'activité concernés par le contrôle des aménagements commerciaux, comme ont pu le faire à un moment donné les réglementations précédentes (cf. *supra* § 9). C'est ainsi que l'APC a eu à connaître du projet du groupe Sopadep consistant en la création d'un nouveau *showroom* destiné à l'exposition et à la vente au détail de véhicules neufs dans la commune de Papeete[8].

B. *Les opérations visées par le contrôle*

30. Le code la concurrence énumère de manière limitative les types d'opérations d'aménagement commercial qui, remplissant les deux critères vus *supra*, sont notifiables auprès de l'Autorité au visa du I de l'article LP 320-1-1. Les situations prévues par le code sont au nombre de cinq.

1. L'ouverture d'un nouveau commerce de détail

31. Selon les termes de l'article susvisé, « [e]st soumis au régime d'autorisation défini par le présent titre : 1° Toute mise en exploitation d'un nouveau magasin de commerce de détail, lorsque sa surface de vente est supérieure à 300 mètres carrés ».

32. La définition de cette opération ne souffre d'aucune difficulté d'interprétation, et ce cas de figure représente la très grande majorité des opérations soumises au contrôle de l'Autorité au titre des aménagements commerciaux.

33. Depuis l'entrée en vigueur de la réglementation, 19 opérations de mise en exploitation d'un nouveau commerce de détail ont fait l'objet d'une notification. Le collège de l'Autorité en a autorisé 18, dont 10 dans le secteur de la distribution de détail à dominante alimentaire. Les autres décisions ont concerné l'implantation de commerces actifs dans l'habillement, le bazar-décoration, le bricolage, les articles de sport, ou encore l'automobile.

34. À la date de la rédaction de cet ouvrage, seule une opération notifiée a été interdite par l'Autorité, en 2022, dans le secteur de la distribution de détail à dominante alimentaire. Les raisons de cette interdiction ont été reprises et analysées dans l'ouvrage publié à l'occasion des 10 ans du droit de la concurrence en Polynésie française mentionné en introduction de ce chapitre. Les entreprises sont invitées à se référer à la décision concernée[9] pour plus de détails.

2. L'agrandissement d'un commerce de détail existant

35. La deuxième opération visée par le I de l'article LP 320-1-1 consiste en « 2° Toute mise en exploitation, dans un magasin de commerce de détail déjà en exploitation,

---

8 APC, déc. n° 2024-SC-11 du 26 septembre 2024 relative à l'ouverture d'un nouveau showroom de véhicules par la Société polynésienne d'automobiles à Papeete, Tahiti.

9 APC, déc. n° 2022-SC-09 du 23 juin 2022 relative à l'ouverture d'un magasin de commerce de détail sous l'enseigne « Carrefour » d'une surface de vente de 1 830 m² dans la commune de Paopao à Moorea.

d'une nouvelle surface de vente, lorsque la surface totale de vente de ce magasin est ou devient supérieure à 300 mètres carrés ».

36. Le texte vise ici un commerce déjà en exploitation et disposant d'une surface de vente qui soit atteint ou dépasse déjà le seuil de 300 mètres carrés avant la réalisation de l'opération d'agrandissement, soit le dépassera après intégration de la surface de vente supplémentaire issue de l'agrandissement. La notification est nécessaire dès le premier mètre carré d'agrandissement, contrairement aux délibérations antérieures. Néanmoins, une procédure simplifiée existe lorsque l'agrandissement projeté représente moins de 10 % de la surface de vente existante, en toute hypothèse limité à 150 mètres carrés.

37. Compte tenu de la définition d'une surface de vente donnée par le code, cette disposition ne pose pas plus de difficulté d'interprétation que la précédente. L'opération est notifiable dès lors que le seuil est atteint ou dépassé ne serait-ce que d'un seul mètre carré.

38. Les décisions de l'Autorité relatives à une demande d'autorisation d'une opération d'agrandissement d'un commerce existant sont relativement courantes puisque l'Autorité a eu à en traiter huit, toutes autorisées. La pratique décisionnelle en la matière n'a soulevé en l'état aucune problématique particulière liée à ces agrandissements, ce qui ne signifie pas que cela ne se produira pas à l'avenir.

3. Le changement d'enseigne d'un commerce de détail existant

39. Le troisième type d'opération visée par le code de la concurrence consiste en « 3° Tout changement d'enseigne commerciale d'un magasin de commerce de détail dont la surface de vente est supérieure à 300 mètres carrés ».

40. Dans le registre du contrôle des aménagements commerciaux, les décisions concernant les demandes d'autorisation de changement d'enseigne sont, avec 16 cas, les deuxièmes plus importantes en nombre après celles concernant les mises en exploitation de nouveaux commerces.

41. Toutes les demandes soumises à examen de l'Autorité ont fait l'objet d'autorisations. Celles-ci concernent très majoritairement des commerces de détail à dominante alimentaire, dont beaucoup d'enseignes nationales (Auchan, U, et Carrefour Market).

42. Une opération de changement d'enseigne a permis à l'Autorité de préciser à quel moment un changement d'enseigne était réalisé, dans les circonstances particulières du cas d'espèce. En l'occurrence, un supermarché de l'île de Tahiti avait, de longue date, apposé une banderole flottante sur le fronton de son magasin, recouvrant l'enseigne du commerce et annonçant un passage prochain sous l'enseigne nationale « U Express ». La partie mise en cause estimait que le changement d'enseigne n'était pas réalisé avant la mise en place de l'enseigne définitive en remplacement de cette banderole décrite comme provisoire, justifiant ainsi l'absence de notification de l'opération pour autorisation préalable.

43. Le collège de l'Autorité a retenu dans sa décision n° 2024-DSC-01 du 28 mars 2024 relative à la situation du magasin de commerce de détail sous enseigne « Marché Hamuta » au regard de l'article LP 320-4 du code de la concurrence que « [d]ans le cadre d'un changement d'enseigne, la réalisation de l'opération peut *a priori* se matérialiser par l'apposition d'un panneau au-dessus

de l'entrée du magasin concerné » (§ 31) et qu'« il ne peut être exclu que l'apposition de banderoles annonciatrices d'un changement d'enseigne s'inscrive dans la durée mais que l'opération ait, en réalité, eu lieu. Il convient, dès lors, de recourir à d'autres éléments afin de vérifier si ledit changement n'a pas été effectivement réalisé » (§ 33).

44. Raisonnant sur la base d'un faisceau d'indices, l'Autorité poursuit en indiquant notamment (§ 34) :

> [I]l n'est pas sans intérêt de relever le caractère notoire des motivations d'un changement d'enseigne des magasins indépendants vers de grandes enseignes nationales. D'une part, le passage de magasins indépendants sous contrat avec de grandes enseignes nationales leur ouvre l'accès aux centrales d'achat du groupe. Ainsi, il leur permet, dans un premier temps, de passer des commandes d'achats à des prix plus compétitifs qu'en passant par les importateurs locaux et, dans un second temps, de réaliser d'éventuelles économies d'échelle, en mettant en commun les commandes des différents magasins sous la même enseigne sur l'île. D'autre part, les commerces sous enseigne se singularisent principalement par la commercialisation de produits sous marques de distributeurs (ci-après, « MDD »), notoirement moins chers que les marques nationales et constituant de véritables produits d'appel pour les consommateurs.

45. En l'espèce, la signature de contrats avec la centrale d'achat et l'approvisionnement en MDD avaient eu lieu bien antérieurement à la matérialisation du panneau définitif au-dessus de l'entrée du magasin.

46. En outre, il a été relevé que « la communication de la partie mise en cause se faisait avec la mise en avant de la nouvelle enseigne, en remplacement de l'ancienne enseigne, qu'il s'agisse d'une partie des courriels ou des communications publicitaires » (§ 60), et ce, encore une fois bien antérieurement à la matérialisation du panneau définitif au-dessus de l'entrée du magasin.

47. Dans cette décision, l'Autorité a recouru à un faisceau d'indices et considéré que « la date de réalisation effective d'un changement d'enseigne peut être déterminée, en l'espèce, par les constatations relatives, premièrement, au contrat d'approvisionnement avec la centrale d'achat de l'enseigne, deuxièmement, à l'apposition d'une nouvelle enseigne sur le fronton du magasin concerné et, troisièmement, à la communication publique réalisée sur ce changement d'enseigne » (§ 35).

48. Cette décision doit donc inciter les entreprises à prendre attache avec l'Autorité dès que possible dans leur projet de changement d'enseigne, encore une fois non pas pour les freiner dans la réalisation envisagée, mais au contraire pour mieux les accompagner et sécuriser leur opération.

4. Le changement de secteur d'activité d'un commerce de détail existant

49. Le I de l'article LP 320-1-1 du code de la concurrence prévoit encore le cas de « 4° Tout changement de secteur d'activité d'un magasin de commerce de détail dont la surface de vente est ou devient supérieure à 300 mètres carrés ».

50. L'Autorité n'a jamais eu à connaître ou à instruire un tel cas de figure. Le libellé de l'opération ne semble pas poser de difficulté d'interprétation particulière, ce que la pratique décisionnelle future devra confirmer.

51. Une telle opération n'étant pas exclusive des précédentes, il est tout à fait possible qu'un dossier de modification de secteur d'activité d'un commerce de détail soit notifié à l'Autorité, et qu'il comporte, au surplus, un changement d'enseigne et/ou une augmentation de la surface de vente.

5. La reprise d'un commerce de détail existant par un nouvel exploitant

52. Enfin, le dernier cas prévu par le code de la concurrence vise « 5° Toute reprise, par un nouvel exploitant, d'un magasin de commerce de détail dont la surface de vente est supérieure à 300 mètres carrés sauf lorsque l'opération constitue une opération de concentration notifiable au sens des articles LP. 310-1-1 et LP. 310-2 ».

53. Comme l'hypothèse précédente, un tel dossier n'a jamais été soumis à l'examen de l'Autorité. Il s'agit du cas particulier d'un commerce de détail déjà en exploitation et dont le chiffre d'affaires hors taxes réalisé n'atteindrait pas le seuil de 500 millions de francs CFP (ou 200 millions de francs CFP dans le cadre d'un commerce de détail à dominante alimentaire), ou si le chiffre d'affaires hors taxes total de l'acquéreur et de la cible n'atteint pas le seuil de 2 milliards de francs CFP (ou 1,5 milliard de francs CFP lorsque deux au moins des parties à la concentration exploitent un ou plusieurs magasins de commerce de détail à dominante alimentaire).

54. Alors, et seulement dans cette configuration, l'opération ne serait pas notifiable au titre du contrôle des opérations de concentration, mais à celui du contrôle des aménagements commerciaux.

55. Ce cas ne semble pas poser de difficultés d'interprétation nouvelles, sous réserve de la future pratique décisionnelle en la matière.

Conclusion

56. Malgré l'absence de lignes directrices en la matière, les dispositions du code délimitant le champ d'application du contrôle des aménagements commerciaux sont claires et enrichies d'une pratique décisionnelle étoffée sur un grand nombre de situations différentes soumises à l'Autorité.

57. Toutefois, la diversité des situations particulières que peuvent rencontrer les entreprises rend possible l'apparition de subtilités qui seront alors appréhendées au cas par cas. Cela rend indispensables, pour les entreprises, les échanges avec le service d'instruction de l'Autorité lors de l'élaboration de leurs différents projets d'aménagements commerciaux. De la richesse et de la transparence dans ces échanges ressortiront un accompagnement et une sécurisation accrue pour les entreprises.

Le contrôle des aménagements commerciaux : Procédure

Matthieu Pujuguet
Économiste et conseiller du président, Autorité belge de la concurrence

I. Présentation de la mission de contrôle des aménagements commerciaux

A. *Cadre légal et objectifs*

1. Introduit en 2015 par le code de la concurrence polynésien, lui-même pleinement entré en vigueur en février 2016, le contrôle des aménagements commerciaux est encadré par les articles LP 320 à LP 320-5 de ce code. Ce dispositif introduit le principe de l'autorisation préalable pour toute ouverture ou extension de commerce de détail dont la surface de vente dépasse 300 mètres carrés. L'objectif est de s'assurer que les projets ne viennent pas créer ou renforcer sensiblement une position dominante. Nous le verrons, ce contrôle *a priori* des structures, quoiqu'original pour ce qui concerne les opérations de croissance interne que sont les ouvertures ou extensions de surfaces commerciales, s'avère utile dans le contexte d'un territoire insulaire présentant des caractéristiques spécifiques. Il s'agit toutefois de respecter certaines conditions, afin de donner à ce contrôle *a priori* toute la portée qu'il mérite – et pas davantage. Nous développerons également ce dernier point dans les lignes qui suivent.

2. Trois objectifs principaux ont présidé à l'instauration du contrôle des aménagements commerciaux et à son incorporation au sein des missions de l'Autorité polynésienne de la concurrence (l'« Autorité »), aux côtés d'outils plus habituels (contrôle *a priori* des concentrations, sanction des pratiques anticoncurrentielles et rôle consultatif).

- Préserver le dynamisme concurrentiel local : l'un des enjeux majeurs est d'empêcher la formation de monopoles ou d'oligopoles trop puissants, qui pourraient nuire à la diversité commerciale et imposer des pratiques restrictives aux consommateurs et aux fournisseurs locaux. *In fine*, la question se pose de savoir si cette mission vise également à protéger directement les petits opérateurs, souvent fragiles face à des groupes économiques puissants, y compris lorsqu'ils sont peu efficaces. Le cas échéant, elle s'éloignerait alors sensiblement des missions fondamentales du droit de la concurrence – même si l'adaptation de ce dernier aux spécificités insulaires doit conduire à prendre au sérieux la légitimité de telles entorses à la doxa[1].
- Maintenir un équilibre territorial de l'activité économique : en Polynésie française, et spécifiquement à Tahiti, où le foncier commercial est rare, le risque de concentration des commerces dans les zones les plus accessibles ou les plus rentables est élevé. Ce phénomène pourrait avoir pour corollaire une désertification commerciale dans d'autres zones, aggravant les inégalités territoriales. Le contrôle *a priori* peut permettre de répartir plus équitablement les infrastructures commerciales, dans la mesure où l'Autorité est invitée par la loi à tenir compte de considérations d'aménagement commercial dans ses décisions[2] – ce que le commissaire du gouvernement ne manque pas de rappeler en cas d'oubli.
- Protéger les consommateurs : en garantissant une multiplicité d'opérateurs sur le marché, ce contrôle *ex ante* des aménagements commerciaux est censé permettre des prix compétitifs, une meilleure qualité de service et une offre commerciale adaptée aux besoins des populations locales.

3. Ce dispositif est original, parce qu'il vient contrôler des opérations de croissance interne, qui ne relèvent pas habituellement du droit de la concurrence[3]. Il est partagé uniquement avec la Nouvelle-Calédonie, et peut trouver sa légitimation dans certaines caractéristiques spécifiques à ces territoires insulaires.

---

1 À tout le moins, il est important de ne s'interdire aucun questionnement *a priori*, y compris lorsque les réponses semblent évidentes pour un praticien du droit de la concurrence habitué au contexte des grandes économies continentales.

2 Sans pour autant en avoir la compétence technique, ou l'expertise – ce qui constitue une faiblesse importante du dispositif. S'il s'agit pour l'Autorité de tenir compte de l'aménagement du territoire polynésien dans ses décisions de contrôle des aménagements commerciaux, rien n'indique comment procéder ni quel critère mobiliser. À cet égard, l'Autorité pourrait songer à établir des lignes directrices en la matière, qui introduiraient de la prévisibilité pour les parties ou les tiers, tout en facilitant le travail des agents du service d'instruction de l'Autorité, qui sauraient alors comment remplir cette mission qui leur est assignée *ex officio* par le code de la concurrence. Notons toutefois, pour nuancer le propos, que cette prise en compte des impératifs d'aménagement du territoire est présentée comme une possibilité pour l'Autorité. Celle-ci peut tout à fait, au risque, certes, de se le voir reprocher par le commissaire du gouvernement, décider d'ignorer cette invitation, précisément pour ces raisons d'incompétence technique. C'est d'ailleurs plutôt la ligne qu'elle a suivie jusqu'alors.

3 Ou à tout le moins pas *d'abord*, les autorisations administratives relevant dans la plupart des cas (comme en France hexagonale, par exemple – quoique la configuration du marché y soit très différente de celle de la Polynésie française) de considérations relatives à l'urbanisme commercial.

B. *Spécificités de l'économie polynésienne*

4. L'économie polynésienne est marquée par des caractéristiques qui la différencient des marchés métropolitains ou continentaux. Parmi elles, il est possible de relever :

- une insularité exacerbée : la Polynésie française est composée de 118 îles réparties sur une superficie océanique équivalente à celle de l'Europe. Chaque île constitue un marché local isolé, où les échanges interinsulaires sont souvent complexes et coûteux. Ces barrières géographiques peuvent exacerber les déséquilibres commerciaux, favorisant la domination d'opérateurs déjà bien implantés. En particulier, la double insularité, que connaissent les îles autres que Tahiti, est un élément particulier et assez singulier. L'expression désigne le fait que la contrainte est double pour ces îles, qui subissent deux fois l'insularité dans la mesure où toutes les marchandises (ou presque) sont débarquées (ou produites) sur l'île de Tahiti, avant d'être ensuite acheminées vers les archipels ;
- une concentration économique importante : comme d'autres secteurs en Polynésie française, eu égard à l'étroitesse du marché en aval, le secteur de la distribution alimentaire et non alimentaire est dominé par quelques grands groupes, dont le groupe Wane (Carrefour, Champion, Carrefour Market, Easy Market…). Ces acteurs contrôlent non seulement la distribution, mais aussi des segments importants de la logistique et de l'approvisionnement, limitant la capacité des nouveaux entrants à concurrencer de manière efficace ;
- une rareté foncière : la disponibilité des terrains à usage commercial est restreinte. Cette contrainte augmente les coûts d'installation pour les nouveaux opérateurs et peut dissuader les initiatives locales. Par ailleurs, les groupes dominants, ayant déjà accès à des emplacements stratégiques, bénéficient d'un avantage concurrentiel décisif.

5. Ces spécificités imposent une vigilance particulière de l'Autorité pour garantir un fonctionnement concurrentiel du marché. En outre, au-delà de cet objectif purement concurrentiel, le contrôle *ex ante* tel qu'il est prévu permet également de prendre en compte les effets socio-économiques des projets, comme la création d'emplois ou les effets sur les infrastructures locales – même si l'analyse de l'Autorité ne porte pas en premier lieu sur ces éléments[4].

C. *La procédure d'autorisation*

6. Le contrôle des aménagements commerciaux suit une procédure rigoureuse, organisée en plusieurs étapes, chacune visant à garantir une évaluation complète et impartiale des projets soumis. Comme l'indique l'Autorité elle-même sur son site web :

> Afin de préserver un climat suffisamment concurrentiel dans le domaine du commerce de détail, l'Autorité polynésienne de la concurrence contrôle les créations et les modifications des surfaces commerciales. À cette fin, toute personne souhaitant créer, étendre ou transformer une surface commerciale supérieure à 300 mètres carrés est soumise aux dispositions du code de la

---

4 Dans le cadre de l'examen des projets par l'Autorité, ceux-ci peuvent au moins être pris en considération comme des gains d'efficacité, venant contrebalancer (au moins en partie) d'éventuels effets structurels anticoncurrentiels.

concurrence et du règlement intérieur de l'Autorité. Les opérations concernées par le contrôle des surfaces commerciales sont définies par l'article LP 320-1 du code de la concurrence[5].

1. Notification du projet

7. Tout porteur de projet souhaitant ouvrir, étendre ou transformer[6] une surface de vente dépassant 300 mètres carrés doit donc notifier son projet à l'Autorité polynésienne de la concurrence. Cette notification comprend un dossier détaillé, qui doit inclure :

- une description précise du projet, incluant la localisation, la surface de vente et les produits ou services proposés ;
- une analyse d'impact économique, décrivant les effets potentiels sur la concurrence locale, l'emploi et l'aménagement du territoire ;
- les engagements ou remèdes que le porteur de projet est prêt à mettre en œuvre pour limiter les risques concurrentiels éventuellement identifiés.

8. Comme pour le contrôle des opérations de concentration, qui est également un contrôle *ex ante* des structures, et avec lequel la mission de contrôle des aménagements commerciaux a de nombreuses similitudes, cette étape de la notification est essentielle pour permettre à l'Autorité de se préparer à examiner les enjeux spécifiques du projet.

9. Elle s'accompagne par conséquent souvent d'une phase préalable de prénotification, aux contours moins définis réglementairement, et qui permet précisément à la partie notifiante de calibrer et de détailler son dossier jusqu'à ce que celui-ci puisse être considéré comme notifiable formellement à l'Autorité. Cette phase consiste en une période d'échanges informels entre le porteur de projet et le rapporteur général (et plus généralement, le service d'instruction) de l'Autorité. Cette phase de prénotification n'est pas sans enjeu, puisqu'une fois le dossier notifié formellement, et déclaré complet par le service de la procédure après vérification par le service d'instruction, les délais (d'instruction et de décision) commencent officiellement à courir, laissant ensuite peu de marges de manœuvre en cas de dossier mal construit. Il serait toutefois possible de déclarer l'incomplétude du dossier, tant qu'il n'est pas conforme aux exigences du code de la concurrence, et en particulier de l'annexe idoine. En revanche, le code de la concurrence ne prévoit pas explicitement de possibilité de suspendre les délais d'instruction si une demande de renseignements adressée à la partie notifiante occasionne des délais de réponse trop longs de sa part, comme c'est par exemple le cas dans les contrôles approfondis des opérations de concentration[7].

---

5 En réalité LP 320-1-1.

6 Il est à noter que la loi a été légèrement réécrite afin de donner la plus grande clarté aux types d'opérations concernées. Un débat existait notamment sur le cas des agrandissements de magasins dont la surface de vente, telle que définie par le code de la concurrence, était inférieure à 300 mètres carrés avant l'opération et devenait supérieure à ce seuil à la faveur de l'opération. La formulation actuelle est désormais suffisamment explicite pour comprendre que ces projets entrent bien dans le cadre du contrôle *a priori*.

7 L'usage de ce dispositif est toutefois limité et ne peut servir de solution viable pour un dossier mal ficelé. La partie notifiante comme l'Autorité ont donc le plus grand intérêt à utiliser au mieux toutes les possibilités offertes par la phase de prénotification, d'autant que la grande liberté qui y est laissée aux échanges peut la rendre particulièrement efficace et en faire une véritable heuristique.

2. Analyse concurrentielle

10. Une fois le projet notifié, l'Autorité publie un communiqué de presse dans les cinq jours ouvrables (sur son site web et/ou au *Journal officiel*). Les tiers intéressés disposent alors d'un délai de sept jours pour faire part de leurs observations éventuelles. S'ouvre ensuite la phase de l'analyse concurrentielle ou, pour le dire autrement, de l'examen du dossier tel que notifié. Cet examen peut être simplifié ou approfondi.

11. Dans le premier cas, censé concerner les dossiers les plus simples, la décision de l'Autorité est très rapide puisqu'elle doit intervenir au plus tard 15 jours ouvrés après la date de notification du dossier complet. Le délai d'instruction est réduit, souvent limité à sept à dix jours ouvrés au maximum. En effet, une fois l'instruction achevée, il faut convoquer et tenir une séance du collège, qui statuera sur l'affaire, même en cas de procédure dite « simplifiée[8] ». Ensuite, la décision prise par le collège est notifiée à la partie porteuse du projet, qui dispose de 15 jours calendaires pour faire valoir son droit à la protection des secrets d'affaires. L'Autorité doit également publier le sens de la décision du collège dans les cinq jours ouvrables suivant ladite décision. Enfin, une fois la procédure de protection du secret des affaires achevée, l'Autorité assure la publication de la décision (sur son site web et/ou au *Journal officiel*), ainsi que sa transmission au président de la Polynésie française.

12. Dans le second cas, le délai de décision est allongé à 35 jours ouvrés à compter de la date de notification du dossier complet à l'Autorité. La procédure y est différente dans la mesure où elle est partiellement contradictoire : le service d'instruction, une fois la première phase d'instruction achevée, produit un rapport qu'il adresse à la partie notifiante et au commissaire du gouvernement. Ceux-ci disposent alors d'un délai de cinq jours ouvrés pour émettre leurs observations en réponse. La suite de la procédure est identique à celle de l'examen simplifié (délais mis à part), avec convocation et tenue d'une séance, publication du sens de la décision, notification de la décision, procédure de protection des secrets d'affaires et, enfin, publication de la décision. Une différence de taille toutefois : la séance du collège n'est pas ouverte à la partie notifiante ou à d'éventuels témoins dans le cadre de l'examen simplifié, alors qu'elle l'est dans le cadre de l'examen approfondi. Un schéma de procédure est présenté ci-dessous, tel que repris sur le site web de l'Autorité.

13. L'annexe relative au formulaire de notification d'une opération d'aménagement commercial renseigne davantage sur les critères permettant de bénéficier de l'examen simplifié. Cela peut être le cas « lorsque la partie notifiante peut démontrer qu'elle se trouve dans une situation dans laquelle il n'existe qu'une très faible probabilité d'effet sur la concurrence, sur le ou les marchés concernés ».

---

8 À l'inverse d'autres autorités qui peuvent se passer de la tenue d'une séance ou d'une audience du collège en cas de procédure simplifiée en matière de contrôle des concentrations par exemple (cf. p. ex., l'Autorité belge de la concurrence à ce sujet), le fait qu'une procédure soit simplifiée ou pas n'emporte pas de conséquence sur la tenue d'une séance du collège de l'Autorité polynésienne de la concurrence. Dans tous les cas de figure, le collège reste l'organe décisionnaire et prend toutes les décisions – la simplification n'est donc que partielle, l'organisation d'une séance devant toujours être réalisée.

La partie notifiante peut alors se dispenser de renseigner la section 4 du formulaire de notification et se limiter à une présentation des motifs pour lesquels l'opération n'est pas susceptible d'avoir un effet sur la concurrence [,] sur le ou les marchés concernés. Une telle situation peut notamment correspondre à :

1° Un changement d'enseigne par le même exploitant sans changement d'activité et sans autre changement de structure […] ;

2° Une reprise par un nouvel exploitant n'ayant aucun lien capitalistique avec une société existante en Polynésie française ;

3° Une extension de la surface de vente de moins de 10 % de la surface existante, en toute hypothèse limitée à 150 m^2.

14. L'instruction du dossier par l'Autorité vise à évaluer l'effet du projet sur le marché concerné. Cette évaluation peut comprendre :
   - des études quantitatives : des modèles économétriques peuvent être utilisés pour simuler les effets du projet sur les parts de marché, les prix et les conditions d'approvisionnement ;
   - des consultations avec les parties prenantes : le service d'instruction de l'Autorité peut recueillir les observations des acteurs concernés, qu'il s'agisse d'opérateurs économiques locaux, de collectivités territoriales ou d'associations de consommateurs.

15. Cette phase peut également inclure des demandes de compléments d'information ou de modifications du projet. Par exemple, le service d'instruction de l'Autorité peut demander au porteur de projet de réduire la surface de vente ou de proposer des engagements pour atténuer les risques concurrentiels identifiés, par exemple au stade du rapport dans le cadre de l'examen approfondi.

3. Décision de l'Autorité

16. À l'issue de la phase d'instruction, une séance du collège de l'Autorité se tient pour statuer sur le projet notifié. À cette occasion, l'Autorité peut prendre l'une des décisions suivantes :
   - autorisation sans condition : si le projet ne présente aucun risque concurrentiel ou territorial significatif, il est autorisé tel que notifié ;
   - autorisation sous conditions : si des risques modérés sont identifiés, l'Autorité peut accepter les engagements ou les modifications au projet (réduction de la surface de vente, restrictions sur certains produits, etc.) proposés par la partie notifiante durant la procédure. Elle peut aussi enjoindre à la partie notifiante de prendre toute mesure nécessaire pour assurer le maintien d'une concurrence suffisante à l'issue de l'opération ;
   - refus d'autorisation : si les risques concurrentiels sont jugés trop élevés et que les remèdes proposés sont insuffisants, le projet est interdit.

17. Pour prendre sa décision, l'Autorité applique l'article LP 320 du code de la concurrence, qui dispose que « [l]es opérations relatives à un aménagement commercial susceptibles de porter une atteinte substantielle à la concurrence sont prohibées ».

18. Les décisions prises par l'Autorité en matière de contrôle des aménagements commerciaux sont listées sur le site de l'Autorité[9]. À la date de rédaction de ce chapitre (septembre 2025), on en comptait 46. Cela représente une moyenne d'un peu plus de neuf décisions chaque année et constitue donc une source importante d'activité pour l'Autorité. Sur ces 46 décisions, une a donné lieu à une interdiction de l'opération notifiée : en 2022, pour le projet de création d'un magasin Carrefour à Moorea[10].

19. Les autres décisions ont donc pris la forme d'une autorisation de l'opération notifiée, qu'il s'agisse de la création d'un magasin, de l'extension d'un magasin existant ou du changement d'enseigne d'un magasin existant. Seule l'une d'entre elles a été annulée par la cour administrative d'appel de Paris : en 2021, la décision d'autorisation relative à la création d'un magasin Champion à Paea[11]. Plus de 98 % des décisions de contrôle des aménagements commerciaux prises par l'Autorité sont donc confirmées, ou à tout le moins, ne font pas l'objet d'une procédure d'appel.

9 APC, Liste des décisions – Aménagements commerciaux, https://autorite-concurrence.pf/amenagements-commerciaux-liste/.

10 La décision de refus : APC, déc. n° 2022-SC-09 du 23 juin 2022 relative à l'ouverture d'un magasin de commerce de détail sous l'enseigne « Carrefour » d'une surface de vente de 1 830 m² dans la commune de Paopao à Moorea, https://autorite-concurrence.pf/wp-content/uploads/2022/09/2022.08.04-CARREFOUR-MOOREA-VNC-vf-1.pdf.

11 La décision : APC, déc. n° 2021-SC-02 du 20 mai 2021 relative à l'ouverture d'un magasin de commerce de détail sous l'enseigne « Champion » d'une surface de vente de 780 m² situé dans la commune de Paea à Tahiti, https://autorite-concurrence.pf/wp-content/uploads/2021/10/DECISION_CHAMPION_PAEA_20.05.2021_VNC.pdf ; l'arrêt de la cour administrative d'appel de Paris : CAA Paris, 3e ch., 13 avril 2023, nos 21PA04221, 21PA04223, https://autorite-concurrence.pf/wp-content/uploads/2023/04/1124674237_SKM_28723041315121.pdf.

Schéma synthétique de la procédure de contrôle des opérations d'aménagement commercial par l'Autorité polynésienne de la concurrence[12]

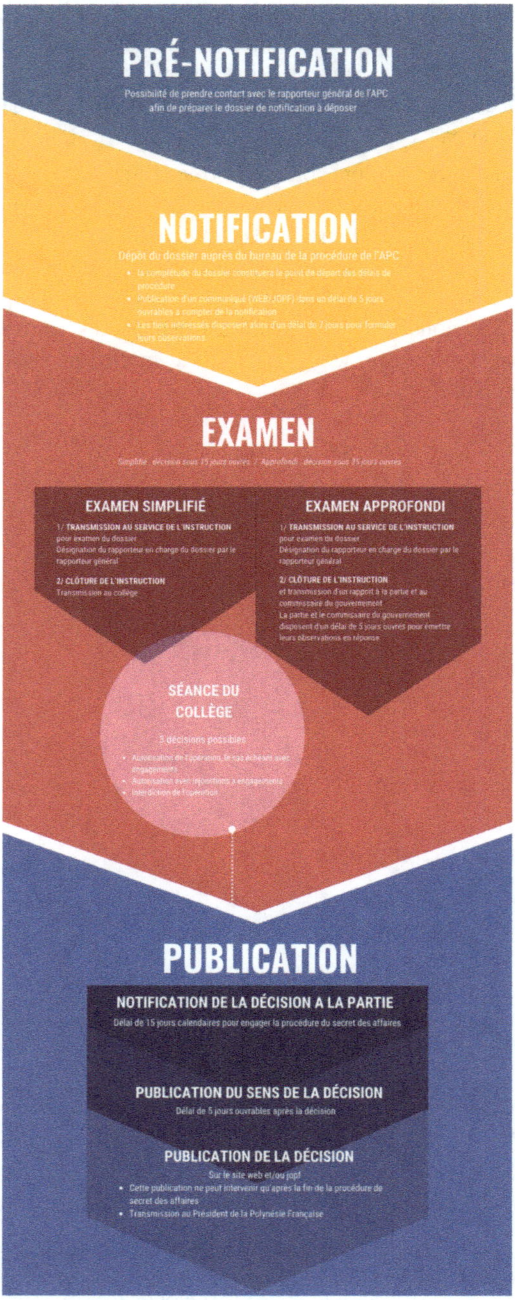

12 Source : https://autorite-concurrence.pf/procedure-et-schema-amenagements-commerciaux/

II. Bilan et perspectives : quel avenir pour la mission de contrôle préalable des projets d'aménagements commerciaux en Polynésie française ?

A. *Mise en perspective : le contrôle des aménagements commerciaux dans les outre-mer français (hors Polynésie française et Nouvelle-Calédonie)*

20. Dans les autres outre-mer français, le contrôle des opérations d'aménagements commerciaux est sensiblement différent. Ce n'est pas une compétence de l'Autorité de la concurrence (compétente par ailleurs pour la sanction des pratiques anti-concurrentielles et pour le contrôle des opérations de concentration ultramarines). En outre, l'objectif poursuivi n'y est pas d'abord de prohiber les opérations « susceptibles de porter une atteinte substantielle à la concurrence ». Il s'agit plutôt d'une régulation relative à l'urbanisme commercial, qui fait intervenir des acteurs comme la commission départementale d'aménagement commercial (CDAC) ou la Commission nationale d'aménagement commercial (CNAC). Chaque projet de création ou d'extension d'un aménagement commercial doit être préalablement soumis à la CDAC, composée de représentants de l'État, des collectivités locales et de personnalités qualifiées. Un recours contre la décision de la CDAC est possible devant la CNAC.

21. Certes, la loi Lurel du 20 novembre 2012 vient réaffirmer l'importance du jeu concurrentiel pour lutter contre la vie chère – thématique très spécifique aux outre-mer. Elle impose également une régulation des marges commerciales dans les secteurs stratégiques (notamment l'alimentaire et le carburant) et favorise l'émergence de nouveaux acteurs pour briser les situations de rente. Pour autant, l'Autorité de la concurrence ne dispose pas de la possibilité de prendre des décisions *ex ante* en matière d'aménagement commercial, de sorte que les préoccupations concurrentielles, si elles existent, ne sont pas les seules guides des décisions d'autorisation ou d'interdiction prises par les commissions. Les considérations environnementales (normes, effet sur le trafic automobile…), d'aménagement du territoire et relatives à l'emploi sont au moins tout aussi importantes – avec en particulier une très grande attention portée aux réseaux de distribution alimentaire, vus comme une variable clé pour réduire la cherté de la vie ultramarine.

22. S'agissant des projets d'aménagements commerciaux, l'Autorité de la concurrence ne peut que rendre des avis consultatifs éventuellement assortis de recommandations, ou traiter *ex post* des effets anticoncurrentiels des projets autorisés, ce qu'elle ne manque pas de faire le cas échéant.

B. *Forces et limites du dispositif polynésien*

23. Le contrôle des aménagements commerciaux est un outil essentiel pour préserver l'équilibre économique et concurrentiel dans une économie (doublement) insulaire comme la Polynésie française. Cependant, bien que ce dispositif ait prouvé son utilité dans des affaires emblématiques comme celle de *Carrefour Moorea* (2022), il présente des limites structurelles et opérationnelles qui réduisent parfois son efficacité.

1. Forces du dispositif

b) Protection des marchés locaux fragiles

24. La régulation permet de préserver une concurrence effective dans un environnement où les barrières géographiques et économiques favorisent la concentration. En empêchant les grands groupes d'être outrageusement dominants, elle garantit des opportunités pour les opérateurs locaux et, *in fine*, c'est la dynamique concurrentielle qui est préservée, au bénéfice du consommateur final, qui se voit proposer de meilleurs prix, une offre diversifiée et de meilleure qualité.

c) Réduction des déséquilibres territoriaux

25. À condition que l'Autorité fasse usage de ses prérogatives en matière de considérations relatives à l'aménagement du territoire, le contrôle des aménagements commerciaux peut limiter la concentration excessive des infrastructures commerciales dans certaines zones, contribuant ainsi à un développement plus harmonieux du territoire, là aussi au bénéfice du consommateur final et de son comportement de consommation.

d) Adaptation aux spécificités insulaires

26. Contrairement aux réglementations continentales, ce dispositif prend en compte les particularités économiques et géographiques des îles, ce qui en fait un outil sur mesure pour la Polynésie française.

2. Limites identifiées

a) Les seuils de contrôle sont peut-être trop bas

27. Actuellement fixé à 300 mètres carrés, ce seuil engendre une surcharge administrative, obligeant l'Autorité à examiner de nombreux dossiers peu significatifs, malgré l'introduction d'un examen simplifié à l'occasion d'une modification du code de la concurrence. Cette situation détourne des ressources précieuses qui pourraient être mieux employées sur des projets à fort impact économique. Après des années de pratique, il est sans doute désormais possible de trouver un consensus sur cette question, ce qu'il n'avait pas été possible de faire lors des réformes précédentes du code de la concurrence, le seuil de 300 mètres carrés ayant finalement été laissé inchangé[13].

b) Un risque de complexité procédurale

28. Bien que la procédure soit claire, les porteurs de projets, notamment les petits opérateurs, peuvent percevoir ce contrôle comme une contrainte administrative excessive, freinant ainsi l'innovation et l'initiative économique. À cet égard, si l'introduction d'un examen simplifié va dans le bon sens, il serait sans doute possible de réduire la complexité de la procédure pour la partie notifiante, tout comme pour le personnel de l'Autorité polynésienne de la concurrence.

---

13 Notons par exemple qu'en 2024, l'Autorité a consacré plus de la moitié de son activité à cette mission (14 décisions sur un total de 25).

En particulier, au risque de devoir modifier à nouveau la loi, il est possible de s'interroger sur la nécessité d'une séance du collège pour ce type de décision (à tout le moins pour ce qui concerne la procédure simplifiée).

c) Quelle justification pour un contrôle ex ante des opérations de croissance interne ?

29. C'est un débat qui agite beaucoup les économistes. Certains s'offusquent en particulier qu'une institution puisse mettre son nez dans des opérations de croissance interne (sans rachat d'un concurrent, donc sans disparition immédiate d'un acteur), celles-ci étant censées être neutres pour le jeu concurrentiel (de leur point de vue). Si le débat peut être pris au sérieux, et peut conduire à assouplir dans une certaine mesure les procédures relatives à ce type d'opérations particulières, il n'en reste pas moins que les dossiers d'envergure traités par l'Autorité ont démontré avec la plus grande clarté que ces opérations ont bel et bien des effets incontestables sur la concurrence actuelle et potentielle. La suppression pure et simple du dispositif au motif qu'il éloignerait l'Autorité du cœur et de l'essence du droit de la concurrence serait une mauvaise décision. La spécificité du territoire et de la dynamique concurrentielle polynésiens (avec des positions déjà très bien ancrées de la part de certains acteurs dans le secteur de la distribution à dominante alimentaire) donne à cet outil toute sa légitimité.

d) Comment prendre en considération la possibilité offerte à l'Autorité d'analyser les effets des opérations sur l'aménagement du territoire ?

30. Force est de constater en l'état que le service d'instruction de l'Autorité ne s'est pas jugé compétent pour traiter de cette question. C'est compréhensible, tant ces considérations sont éloignées du droit de la concurrence. Pour importantes qu'elles soient, elles nécessiteraient d'être abordées par des spécialistes.

3. Propositions de réforme

31. Pour maximiser l'efficacité et l'utilité du dispositif, plusieurs réformes peuvent être envisagées, notamment du point de vue procédural. Ces propositions visent à alléger la charge administrative, à renforcer la méthodologie et à optimiser l'impact de la régulation sur le développement économique local.

a) Augmenter le seuil de contrôle

32. Porter le seuil à *500 mètres carrés* permettrait de recentrer les efforts de l'Autorité sur des projets ayant un réel impact économique et concurrentiel. Ce relèvement contribuerait à :

- réduire le volume des notifications pour des dossiers mineurs, libérant ainsi des ressources ;
- encourager les petits opérateurs à développer leurs projets sans craindre des obstacles administratifs disproportionnés ;
- renforcer la légitimité des interventions de l'Autorité, en se concentrant sur les projets les plus stratégiques.

b) Accroître la coopération régionale

33. Renforcer le partenariat avec la Nouvelle-Calédonie (qui dispose de la même compétence), en partageant les retours d'expérience, en mutualisant certaines ressources (notamment pour la formation des rapporteurs et le développement d'outils économétriques ou de cartographie)[14], en alignant les procédures et les méthodes d'instruction – créant ainsi un cadre harmonisé qui permettrait aux acteurs d'avoir de la visibilité et de la prévisibilité à l'échelle régionale –, pourrait être bénéfique aux deux juridictions.

c) Renforcer la transparence et la consultation des acteurs économiques

34. Après de nombreuses années de pratique, il est sans doute temps pour l'Autorité de songer à élaborer et à publier des lignes directrices qui offriront une visibilité accrue sur la procédure et sur les critères d'évaluation des projets.

d) Proposer de faire analyser les effets sur l'aménagement du territoire en demandant systématiquement l'avis de la Direction de la construction et de l'aménagement (DAC) ou d'une autre autorité compétente

35. Dans ce cas, l'inscription dans la loi est recommandée, et le recours devrait être limité aux dossiers subissant un examen approfondi.

e) Évaluer l'opportunité d'introduire des décisions simplifiées, sans passage devant le collège

36. Pour les dossiers sans enjeu concurrentiel, il serait en effet possible d'alléger et de raccourcir les procédures en donnant la possibilité au rapporteur général de prendre directement la décision d'autorisation, sans convocation d'une séance du collège. Cette approche, adoptée par de nombreuses autorités pour les dossiers simplifiés de contrôle des concentrations, permet de désengorger le collège. Dans ce cas, la décision est ultra-simplifiée (moins d'une page) et ne contient que peu (voire pas) de motivation. Une telle orientation semble cohérente avec le principe de la bonne utilisation des ressources, en ce qu'elle permet d'affecter plus de ressources aux dossiers qui le nécessitent. À cet égard, le cas de l'Autorité polynésienne est frappant, avec de nombreuses décisions de contrôle *ex ante* et d'avis (tous d'origine externe), mais peu de décisions de pratiques anticoncurrentielles (essentiellement faute de temps).

f) Évaluer régulièrement l'efficacité du dispositif

37. Il s'agit de mettre en place un mécanisme d'évaluation périodique (tous les trois ou cinq ans, par exemple). Cela permettrait d'adapter, si besoin est, le dispositif aux évolutions économiques et sociales de la Polynésie française. Une telle évaluation

---

[14] L'assistance technique de l'Autorité de la concurrence hexagonale pourrait être sollicitée ici, celle-ci ayant développé une grande compétence en matière de cartographie commerciale et d'analyse des zones de chalandise (pour des projets de concentration).

périodique pourrait inclure, outre le suivi des effets des décisions (deux ans après, par exemple) sur la concurrence et l'économie locale, une consultation élargie des acteurs du secteur pour identifier les ajustements nécessaires.

Conclusion

38. Le contrôle des aménagements commerciaux en Polynésie française est un dispositif singulier. Il est issu d'une volonté politique claire, et l'Autorité polynésienne de la concurrence s'efforce de l'appliquer aussi bien que possible. Cet outil est efficace la plupart du temps, et il ne saurait être remis frontalement en question, étant donné les spécificités territoriales et concurrentielles de la Polynésie française, et en particulier les positions bien ancrées de certains grands acteurs dans le secteur de la distribution à dominante alimentaire. Toutefois, il nécessite des ajustements pour répondre aux défis actuels et futurs, qu'il s'agisse d'ajustements procéduraux ou d'autres types.

39. Pourquoi réformer ?

- Pour réduire la charge administrative et concentrer les efforts sur les projets ayant un impact significatif, l'Autorité étant submergée par des projets revêtant de faibles enjeux concurrentiels.
- Pour améliorer la qualité des analyses concurrentielles, garantissant des décisions toujours plus robustes et transparentes.
- Pour renforcer la coopération régionale et consolider les meilleures pratiques dans le Pacifique.

PARTIE V

Les régulations sectorielles et le secteur public

La régulation des télécommunications

Sylvain Justier
Avocat associé, Magenta

Lucas Verdet
Avocat, Magenta

Introduction

1. « La Polynésie française présente des spécificités géographiques et de répartition de sa population qui doivent être prises en compte dans l'objectif d'offrir à l'ensemble des Polynésiens des services de télécommunications de qualité, diversifiés, innovants et à des prix concurrentiels[1]. » Cet extrait de l'avis rendu par l'Autorité polynésienne de la concurrence (APC) en juillet 2023 suffit à résumer la complexité de la mission régulatrice dans ce territoire, qui nécessite de conjuguer, d'une part, les contraintes géographiques et démographiques qui rendent les déploiements coûteux et peu rentables dans certaines îles et, d'autre part, le développement de la concurrence là où elle est possible au bénéfice des utilisateurs. Dans le même temps, le secteur des télécommunications revêt un intérêt stratégique majeur, aussi bien sur les plans économique et culturel que pour la sécurité publique, notamment en matière d'accès aux services d'urgence. La poursuite de ces enjeux et les arbitrages qu'ils impliquent justifient la volonté des autorités polynésiennes de conserver un contrôle étroit sur les politiques publiques dans ce domaine, clé pour la souveraineté. Pour ces raisons, le marché polynésien est historiquement monopolistique, sous l'égide de l'Office des postes et télécommunications (OPT). Certains pans du secteur ont toutefois été progressivement ouverts à la concurrence à partir de 2003, en particulier la fourniture d'accès à internet et la téléphonie mobile. Pour ce dernier, il faudra cependant attendre juin 2013 pour que la concurrence s'exerce effectivement avec le lancement de l'activité de l'opérateur Pacific Mobile Télécom (PMT). Avant cette date, les seuls opérateurs de téléphonie mobile étaient des filiales de l'OPT (Tikiphone et Mana) et les tentatives d'entrée sur le marché d'opérateurs alternatifs, à savoir Mara en 2008

---

1 APC, avis n° 2023-A-02 du 24 juillet 2023 sur la détermination des conditions de déploiement et de financement des réseaux de télécommunication dans les îles peu denses de la Polynésie française, § 37.

et Digicel en 2010, s'étaient soldées par des échecs. Aujourd'hui encore, et sans l'affecter dans son fondement, les politiques publiques envisagent – au moment de la rédaction de cet article – d'assouplir le monopole de l'OPT, notamment en matière de télécommunications extérieures, afin de permettre à des opérateurs satellitaires de proposer leurs services d'accès à internet dans des zones actuellement non couvertes.

2. *Sources.* – En application de la loi organique n° 2004-192 du 27 février 2004 portant statut d'autonomie de la Polynésie française, les autorités polynésiennes disposent d'une compétence générale[2] en matière de télécommunications, à l'exception des liaisons et communications gouvernementales et de la réglementation des fréquences radioélectriques[3]. Or, du fait de son statut de pays et territoires d'outre-mer (PTOM), la Polynésie n'est, par principe, pas soumise à l'application des règles qui découlent du droit européen[4]. Ainsi, contrairement à la métropole, où la réglementation des télécommunications découle du code des communications électroniques européen, tel n'est pas le cas en Polynésie. Pour l'essentiel, le droit des télécommunications polynésien trouve sa source dans le code des postes et des télécommunications (CPT) institué en 1999[5], et complété des dispositions relatives aux télécommunications à compter de juin 2003[6]. Dans son livre II, le CPT fixe d'abord les règles générales relatives aux télécommunications, et notamment celles relatives à leur régime juridique et au service public des télécommunications, puis les règles particulières applicables aux différents services de télécommunications (télégraphique, télex, télécommunication au public, liaisons louées, kiosque télématique et téléphonique) et, enfin, les règles relatives à l'établissement des réseaux de communications électroniques. Le livre III du CPT fixe les règles d'organisation et de fonctionnement des organismes chargés des postes et télécommunications, à savoir l'OPT et la Direction générale de l'économie numérique (DGEN). Par ailleurs, la régulation des télécommunications fait l'objet d'une planification au travers d'un schéma directeur d'aménagement numérique (SDAN), approuvé par le Conseil des ministres. Le dernier en date a été approuvé en 2017[7].

3. En complément de la régulation sectorielle, le secteur est également soumis au droit polynésien de la concurrence, codifié au sein d'un code introduit en 2015[8] et qui permet d'appréhender les comportements autonomes des opérateurs du marché.

---

2 *JORF* n° 52 du 2 mars 2004, en particulier art. 13 et 14 ; v. pour un rappel TA Polynésie française, 17 juillet 2025, n° 2500030.

3 Étant précisé que la réglementation des fréquences n'inclut pas l'assignation ou la fixation des redevances des fréquences relevant de la compétence de la Polynésie française (art. 91 et 92 de la loi organique n° 2004-192 du 27 février 2004, préc.).

4 Les PTOM demeurent néanmoins soumis à certaines règles issues des art. 198 à 204 du TFUE et de la décision (UE) 2021/1764 du Conseil du 5 octobre 2021 relative à l'association des pays et territoires d'outre-mer à l'Union européenne, *JOUE* n° L 355 du 7 octobre 2021. p. 6. V. p. ex. pour une loi du pays considérée comme illégale en ce qu'elle limitait la possibilité d'exercer l'activité d'opérateur pour un motif tiré de la nationalité, constitutive d'une restriction au droit d'établissement et d'une discrimination : CE, 2 février 2011, n° 343991.

5 Délibération n° 99-90 APF du 27 mai 1999 portant dispositions relatives au code des postes et télécommunications en Polynésie française, *JOPF* n° 23 du 10 juin 1999.

6 Délibération n° 2003-85 APF du 12 juin 2003 portant dispositions relatives aux livres II et III du code des postes et télécommunications en Polynésie française, *JOPF* n° 5 NS du 27 juin 2003.

7 Délibération n° 2017-51 APF du 22 juin 2017 portant approbation du schéma directeur d'aménagement du numérique de la Polynésie française, *JOPF* n° 42 NS du 30 juin 2017.

8 Loi du pays n° 2015-2 du 23 février 2015 relative à la concurrence, *JOPF* n° 8 NS du 23 février 2015.

L'APC est également sollicitée par les pouvoirs publics pour son expertise en matière de concurrence afin de rendre son avis sur de nombreux textes relatifs à la régulation du secteur (comme ceux relatifs à la réglementation tarifaire[9], à la mise en place du statut d'opérateur privé de télécommunications extérieures[10] ou à l'octroi d'autorisations aux opérateurs[11]).

I. Les acteurs de la régulation

A. *Les acteurs régulateurs*

4. La régulation des télécommunications en Polynésie est essentiellement une prérogative gouvernementale. Elle associe également, de façon croissante et principalement dans un rôle consultatif, les acteurs du secteur et l'APC.

1. Les acteurs gouvernementaux

5. *Le Conseil des ministres.* – Il exerce un rôle central dans la régulation du secteur. Comme le rappelait l'APC, la « régulation de droit commun[12] » lui est attribuée par le CPT. C'est d'ailleurs à lui que revient la mission de délivrer les autorisations permettant l'exercice de l'activité d'opérateur sur le territoire polynésien (art. LP. 212-1, LP. 212-10 et A. 212-17-1). En outre, le Conseil des ministres est chargé de l'assignation des fréquences qui lui sont affectées en application du tableau national de répartition des bandes de fréquences fixé par le Premier ministre et de la fixation des redevances de gestion (art. A. 212-10-8)[13]. Il approuve les conventions d'interconnexion et a le pouvoir d'en fixer les termes en cas de non-conformité avec la réglementation (art. LP. 212-22 et A. 212-22). Il fixe également les modalités d'application et de définition des tarifs de référence d'interconnexion (TRI) (art. LP. 212-22-1 et LP. 212-25-1). Enfin, le Conseil des ministres est chargé d'approuver le plan national de numérotation (art. LP. 212-20).

6. *Le président de la Polynésie et les ministres.* – Ils disposent d'un rôle secondaire par rapport au Conseil des ministres. Ils sont ainsi chargés de délivrer les autorisations d'établissement et d'exploitation des réseaux indépendants lorsqu'une telle autorisation est nécessaire (art. D. 212-11 et D. 212-12)[14] et d'attribuer les ressources en numérotation (art. A. 212-20-33). Le ministre chargé du numérique a également la charge de notifier aux opérateurs autorisés les conditions de renouvellement ou les motifs d'un refus de renouvellement de leur autorisation (art. A. 212-10-7).

---

[9] V. APC, avis n° 2023-A-03 du 24 juillet 2023 sur un projet d'arrêté réglementant temporairement les tarifs et les conditions des offres fixes d'accès à internet dans les zones peu denses et APC, avis n° 2023-A-06 du 15 décembre 2023 relatif à la fixation des tarifs de référence d'interconnexion des terminaisons d'appels mobiles des opérateurs de téléphonie mobile Onati, PMT et Viti pour 2024 et 2025.

[10] APC, avis n° 2024-AO-03 du 29 avril 2024 portant sur un projet de loi du pays portant modification du code des postes et télécommunications en Polynésie française.

[11] APC, avis n° 2017-A-02 du 22 septembre 2017 relatif à l'octroi par le gouvernement d'autorisations de fournir des services de télécommunications aux sociétés Viti et Pacific Mobile Telecom.

[12] APC, avis n° 2023-A-03 du 24 juillet 2023, préc., § 5.

[13] V. égal. art. 91 de la loi n° 2004-192 du 27 février 2004, préc.

[14] Par délégation du président pour le ministre.

7. *La DGEN.* – La Direction générale de l'économie numérique est un service administratif, créé par l'arrêté n° 1167 du 23 août 2013, doté d'une compétence générale en matière d'économie numérique, incluant notamment le secteur des télécommunications (art. A. 321-1). Placée sous l'autorité du ministre chargé du numérique, elle apparaît à la fois comme le bras armé du Conseil des ministres, en l'assistant dans la mise en œuvre de ses compétences de régulateur, et comme un véritable service de régulation, en préparant les textes réglementant le secteur ainsi que les actes ou conventions y afférents (art. D. 321).

8. À ce titre, elle est notamment chargée, en matière d'économie numérique, de réaliser des études générales et de proposer les orientations nécessaires à la mise en œuvre des politiques publiques ou d'élaborer et de mettre en œuvre les réglementations et les procédures (art. A. 321-2). Plus spécifiquement, la DGEN assure l'instruction des différentes demandes d'autorisation qui sont délivrées aux opérateurs par le Conseil des ministres[15]. Elle instruit également les conventions d'interconnexion, en signifiant, le cas échéant, aux parties leur non-conformité, ainsi que les procédures de règlement de différends (art. D. 212-26 et A. 212-22). Enfin, elle est chargée de la préparation de l'établissement des TRI (art. A. 212-22-1 et s.).

9. Compte tenu de son large périmètre d'intervention et de l'importance de ses missions, l'APC a souligné la nécessité de renforcer ses moyens pour lui permettre d'exercer efficacement la plénitude de ses compétences et, partant, de limiter les recours contre ses décisions[16]. Il est vrai que la faculté pour les acteurs de régulation de disposer des ressources techniques, financières et humaines nécessaires à l'accomplissement de leurs tâches est une condition *sine qua non* de l'efficacité de leur mission, au point qu'elle est même imposée par le droit européen[17].

10. *Pouvoirs.* – Afin d'assurer l'effectivité de leurs missions, les autorités polynésiennes disposent de trois pouvoirs, qui sont caractéristiques des régulateurs :

- un *pouvoir de collecte de renseignements* qui leur permet de recueillir les informations ou documents nécessaires à l'exercice de leur mission, notamment en vue de s'assurer du respect des objectifs de régulation et des obligations auxquelles sont soumis les opérateurs (art. LP. 212-3). La DGEN peut également obtenir des opérateurs les informations qu'utilisent ces derniers pour élaborer leurs modèles de coûts et assurer leurs obligations de séparation comptable des activités soumises à interconnexion (art. LP. 212-25-2). En outre, d'autres dispositifs obligent les opérateurs à transmettre des données aux autorités polynésiennes (utilisation des fréquences, ressources en numérotation, débits sur les câbles sous-marins, indication de qualités de service…). Pour autant, faute de moyens suffisants, ce pouvoir n'apparaît pas complètement exploité, au point que la DGEN et l'APC appellent à la création d'un véritable observatoire pleinement déployé qui permettrait « de disposer de données de marché précises et actualisées » qui, à terme, auraient vocation à être publiées. Si une première

15 Art. A. 212-10-3 et s. (opérateur), A. 212-10-11 et s. (fréquences), A. 212-17-2 et s. (opérateur extérieur) du CPT.

16 V. APC, avis n° 2023-A-02 du 24 juillet 2023, préc., § 133 et s.

17 Art. 6 de la directive (UE) 2018/1972 du Parlement européen et du Conseil du 11 décembre 2018 établissant le code des communications électroniques européen ; étant rappelé que celui-ci n'est pas applicable en Polynésie française, *JOUE* n° L 321 du 17 décembre 2018, p. 36.

démarche en ce sens a été entreprise en vue de recueillir des indicateurs prioritaires, l'APC a rappelé que ces données n'avaient pu être exploitées en raison du manque de moyens. Si la marche vers la « régulation par la donnée » semble avoir été engagée, comme c'est le cas dans l'Hexagone, celle-ci n'en semble encore qu'à ses débuts. À terme, l'objectif est qu'elle permette « au régulateur de disposer des moyens de son contrôle et [de] garantir le développement d'une concurrence effective et loyale[18] » ;

- un *pouvoir de sanction* qui permet de sanctionner assez largement l'ensemble des manquements des opérateurs aux règles fixées par le CPT ou découlant des décisions prises pour en assurer la mise en œuvre, comme les obligations contenues dans le cahier des charges de leurs autorisations (art. LP. 212-4). L'exercice de ce pouvoir est conditionné à une mise en demeure préalable de l'opérateur, et ce n'est que si l'opérateur ne s'y conforme pas dans le délai fixé qu'il peut se voir notifier des griefs. L'opérateur doit ensuite être mis à même de consulter le dossier et de présenter des observations écrites et verbales. Devant être motivée et proportionnée à la gravité du manquement, la sanction peut conduire à la suspension, à la réduction de durée ou au retrait de l'autorisation d'exercer l'activité d'opérateur. Elle peut aussi prendre la forme d'une amende, dont le montant ne peut excéder 3 % du chiffre d'affaires du dernier exercice clos, voire 5 % en cas de nouvelle méconnaissance de la même obligation. Les décisions prises peuvent naturellement faire l'objet d'un recours devant le juge administratif, au titre de l'excès de pouvoir en cas de mises en demeure, et de pleine juridiction en cas de sanction[19]. Au-delà de ces sanctions administratives, le CPT punit également de six mois de prison et d'une amende de 8 900 000 francs CFP l'exercice de l'activité d'opérateur sans autorisation ou à la suite d'une décision de suspension ou de retrait de ladite autorisation (art. LP. 214-1) ;
- un *pouvoir de règlement de différend* qui permet de trancher les désaccords entre les opérateurs relatifs à la conclusion des conventions d'interconnexion (art. A. 212-22) ou d'itinérance (art. D. 212-26). La procédure prend d'abord la forme d'une médiation réalisée sous l'égide de la DGEN par laquelle celle-ci est chargée de requérir les positions des parties en vue de dégager les termes d'un accord amiable. À défaut d'un tel accord, le Conseil des ministres fixe par arrêté les termes de la convention, ce qui peut couvrir les stipulations financières. Toutefois, l'APC considère que le manque de moyens de la DGEN, qui est chargée de l'instruction de ces procédures, n'incite pas les opérateurs à y recourir ; de sorte qu'en pratique cette procédure n'a, jusqu'à présent, jamais été mise en œuvre[20].

11. *Objectifs assignés aux acteurs gouvernementaux.* – Dans l'exercice de leur compétence, les autorités polynésiennes, et en particulier le Conseil des ministres, sont tenues de poursuivre un certain nombre d'objectifs de régulation, listés

---

[18] V. dernièrement APC, avis n° 2023-A-06 du 15 décembre 2023, préc., § 143 et 144.

[19] V. resp. pour la métropole dans la même affaire CE, 21 avril 2023, n° 464349 et CE, 28 octobre 2024, n° 490686. Ces recours peuvent également être assortis d'un référé-suspension (v. CE, ord., 24 octobre 2022, n° 467931).

[20] APC, avis n° 2023-A-06 du 15 décembre 2023, préc., § 153.

à l'article D. 212-2 du CPT. Elles doivent ainsi veiller (i) à la fourniture du service public des télécommunications par l'opérateur public et au respect des services qui lui sont réservés ; (ii) à l'exercice d'une concurrence effective et loyale entre les opérateurs, sur les marchés ouverts à la concurrence, au bénéfice des utilisateurs ; (iii) à la définition des conditions d'accès aux réseaux ouverts au public et d'interconnexion garantissant la possibilité pour tous les utilisateurs de communiquer librement entre eux ; (iv) à l'égalité des conditions de concurrence dans le domaine du service de télécommunication mobile. Elles doivent aussi encourager l'utilisation partagée entre les opérateurs des installations de télécommunication. En cas de recours contentieux, le juge administratif peut être amené à s'assurer, dans le cadre d'un contrôle normal[21], du respect de ces objectifs[22].

2. Les acteurs extra-gouvernementaux

12. *Le CCT.* – Le comité consultatif des télécommunications a été créé en 2004 dans le but d'associer les acteurs du secteur à la politique sectorielle (art. LP. 212-5). Présidé par le ministre chargé des télécommunications ou son représentant, il est composé d'un représentant de l'OPT et de chaque opérateur autorisé, désigné par eux, ainsi que du chef de service chargé des affaires économiques (art. A. 212-6). Il dispose essentiellement d'un rôle consultatif. À ce titre, il est chargé d'émettre des avis sur les projets de textes, les perspectives d'évolution économique et technique du secteur des télécommunications et sur les TRI de l'OPT. Par ailleurs, il est informé préalablement à l'approbation des TRI des autres opérateurs mobiles et, dans ce cadre, lui sont communiqués les éléments nécessaires à la détermination de ces tarifs, sous réserve du respect du secret des affaires (art. A. 212-5). Ce comité s'inscrit ainsi dans une perspective d'autorégulation et de recherche, le cas échéant, de solutions équilibrées au regard des positionnements et des intérêts des différents acteurs qu'il réunit.

13. *L'APC.* – Créée par la loi de pays n° 2015-2 du 23 février 2015 relative à la concurrence[23] qui établit le code de la concurrence, l'APC est une autorité administrative indépendante chargée d'assurer le respect de la concurrence en Polynésie française, notamment l'absence d'entente et d'abus de position dominante.

14. Ce rôle la conduit ainsi à assurer la régulation dite « *ex post* » des télécommunications, c'est-à-dire celle qui vise à remédier à des difficultés concurrentielles déjà existantes en vue de les corriger. Au cours des dernières années, l'APC a adopté trois décisions portant sur le secteur des télécommunications :

   - une décision ayant conduit à l'acceptation d'engagements pris par Vini (ex-Onati) en lien avec le marché de détail de services de téléphonie mobile à destination des clients résidentiels[24] ;

---

21 Par analogie, s'agissant des objectifs de régulation assignés à l'Arcep, v. concl. C. Malverti, CE, 14 novembre 2024, *Société Celeste e.a.*, n° 491751, pt. 2.5.

22 V. CAA Paris, 7 août 2024, n° 22PA02955 : les juges ont considéré que les autorités polynésiennes n'avaient pas méconnu le principe de concurrence effective et loyale en excluant les achats de prestations d'itinérance de l'assiette des coûts pour calculer les tarifs de référence d'interconnexion (confirmé par CE, 23 juillet 2025, n° 498788).

23 *JOPF* n°8 NS du 23 février 2015.

24 APC, déc. n° 2018-PAC-01 du 6 juin 2018 relative à des pratiques mises en œuvre dans le secteur de la téléphonie mobile à destination de la clientèle résidentielle.

- une décision de rejet de mesures conservatoires sollicitées par PMT en lien avec les conditions d'accès aux prestations d'itinérance pour les données mobiles offertes par Onati sur certaines îles des archipels des Tuamotu et des Marquises[25] ;
- une décision prononçant des mesures conservatoires en lien avec les conditions tarifaires des prestations d'itinérance pour les services voix et SMS proposées par Onati à Viti dans les archipels éloignés[26].

15. L'absence de régulation sectorielle indépendante a assurément contribué à donner un rôle central à l'APC, y compris du point de vue de la régulation *ex ante*. Celle-ci a en effet rendu une dizaine d'avis portant sur le secteur des télécommunications au travers desquels elle a formulé un certain nombre de recommandations, notamment structurelles, pour en améliorer le fonctionnement concurrentiel et sa régulation.

16. *Le tribunal administratif.* – Bien qu'étant une juridiction non sectorielle, le tribunal administratif de la Polynésie française a joué un rôle important dans la régulation du secteur, puisqu'il est souvent saisi de la légalité de textes ou de décisions qui concernent directement la structure et le fonctionnement concurrentiel des marchés du secteur.

17. À plusieurs reprises, il a en effet été amené à rendre des décisions structurantes. En 2013, il a par exemple imposé l'extension du périmètre des prestations d'interconnexion (dont on sait qu'elles se définissent classiquement comme celles qui permettent en substance aux utilisateurs d'un opérateur de communiquer avec ceux d'un autre opérateur) aux prestations de liaisons louées fournies par l'opérateur public, alors que de telles prestations relèvent par principe de l'accès[27]. Cette décision a eu pour effet de soumettre ces prestations au régime de l'interconnexion, et aux obligations tarifaires qui lui sont associées, après modification du CPT en ce sens[28] (cf. *infra* § 45 à 57). De façon encore plus marquante, en 2018, sur la base des avis rendus par l'APC, il a procédé, dans le cadre de l'examen de la légalité du refus du pays d'octroyer à Viti l'agrément pour devenir opérateur mobile, à une véritable analyse concurrentielle du marché dont les conclusions contredisaient celles de la Polynésie française, selon laquelle « le marché des opérateurs de téléphonie mobile [était] déjà suffisamment animé ». Au terme de sa décision, le tribunal a enjoint au pays de délivrer ledit agrément[29] à la société Viti, contribuant ainsi directement à l'entrée du troisième opérateur mobile sur le marché. Encore récemment, tout en reconnaissant le monopole de l'OPT sur les télécommunications extérieures et

---

25 APC, déc. n° 2021-PAC-01 du 8 décembre 2021 relative à une demande de mesures conservatoires présentées par la société Pacific Mobile Télécom dans le secteur des télécommunications, en matière de prestation d'itinérance pour l'accès aux données mobiles.

26 APC, déc. n° 2023-PAC-01 du 31 mars 2023 relative à une demande de mesures conservatoires présentée par la société Viti pour des pratiques mises en œuvre dans le secteur des télécommunications, en matière de prestations d'itinérance dans les archipels éloignés.

27 TA Polynésie française, 3 juillet 2013, n° 1300083.

28 Arrêté n° 1871 CM du 15 décembre 2014 portant modification des dispositions des articles A. 212-22-1 et A. 212-22-2 du code des postes et télécommunications en Polynésie française, *JOPF* n° 65 NS du 17 décembre 2014.

29 TA Polynésie française, 12 juin 2018, n° 1700414. V. égal. dans la même veine, TA Polynésie française, 26 juin 2018, n° 1800002, enjoignant à la Polynésie d'autoriser PMT à exploiter un service de fourniture au public d'accès à internet.

l'impossibilité pour les opérateurs satellitaires de contracter directement avec des utilisateurs finals, il a jugé que la « simple importation en Polynésie française indépendamment de toute utilisation » de matériels Starlink était possible[30]. Bien que la Polynésie française ait, à la suite de ce jugement (frappé d'un appel au moment où sont écrites ces lignes), adapté le cadre juridique afin de maintenir temporairement l'interdiction d'importation[31], puis de l'assouplir – sous conditions – pour les zones dépourvues de connectivité[32], cette décision illustre le volontarisme du juge administratif dans l'accompagnement de l'évolution du secteur.

18. Cette position centrale s'explique, au moins en partie, à deux égards. D'une part, et comme le relevait Antoine Callot[33], le juge administratif polynésien ne se limite pas à sanctionner les atteintes au droit de la concurrence : il veille aussi à ce que la promotion de la concurrence, expressément prévue par le CPT, soit effectivement garantie. D'autre part, la célérité des instances engagées devant lui constitue un facteur incitatif pour les opérateurs, qui peuvent ainsi obtenir dans des délais brefs une première décision juridictionnelle.

19. *Vers une régulation indépendante ?* – Malgré l'ouverture à la concurrence de certaines activités, le cumul par la Polynésie française du rôle de régulateur et de celui d'acteur du secteur, en tant qu'autorité de tutelle de l'OPT, fait l'objet de critiques récurrentes de l'APC, qui milite pour une régulation indépendante. Un exemple concret a été souligné par celle-ci en matière de fixation des TRI. En effet, pour exercer cette mission, le Conseil des ministres a vocation à obtenir certaines informations comptables et stratégiques de la part des opérateurs. Or, le conseil d'administration de l'OPT étant composé de plusieurs ministres, sa filiale Onati serait susceptible, de façon indirecte, d'obtenir des informations sur le modèle technico-économique de ses concurrents dont il serait susceptible de tirer profit si l'étanchéité des données recueillies n'était pas assurée[34]. En toute hypothèse, l'établissement d'une autorité de régulation indépendante semble inéluctable tant elle est appelée des vœux réitérés de l'APC, du Conseil économique social environnemental et culturel (CESEC) ou encore de la chambre territoriale des comptes[35]. On relèvera que la Nouvelle-Calédonie vient, pour sa part, d'engager de premiers travaux en vue de la préfiguration d'une telle autorité.

---

30 TA Polynésie française, 17 juillet 2025, n° 2500030, § 8.

31 Arrêté n° 1296 CM du 23 juillet 2025 portant modification du CPT relatif à la justification conforme des équipements terminaux de télécommunication.

32 Arrêté n° 1890 CM du 2 octobre 2025 portant modification du code des postes et télécommunications relatif à la justification conforme des équipements terminaux de télécommunication, *JOPF* n° 230 du 6 octobre 2025.

33 A. Callot, « L'ouverture à la concurrence du secteur des télécommunications polynésien », dans *Le droit de la concurrence face aux défis des économies insulaires : regards sur la Polynésie française et la région du Pacifique*, J. Peyre, E. Silvestro, V. Terrien, T. Emen et Y. Lecornu (dir.), Concurrences, Paris, 2025, p. 143-161, § 31.

34 APC, avis n° 2020-A-02 du 17 juin 2020 sur un projet de loi du pays portant modification du code des postes et télécommunications (détermination du tarif de référence d'interconnexion des opérateurs de télécommunications mobiles et suppression du dispositif d'agrément des installateurs admis en télécommunications, § 132. L'APC recommandait ainsi à la DGEN, bien que placée sous la tutelle ministérielle, de ne transmettre au Conseil des ministres que les projets de tarifs résultant de ses analyses.

35 V. p. ex. : APC, avis n° 2024-AO-03 du 29 avril 2024, préc. ; CESEC, avis n° 21/2024 du 7 mai 2024 sur le projet de loi du pays portant modification du code des postes et télécommunications en Polynésie française ; chambre territoriale des comptes de Polynésie française, « Office des postes et télécommunications : exercices 2008 à 2014, Rapport d'observations définitives », 13 mai 2015.

B. *Les acteurs régulés*

1. L'opérateur public

20. *Organisation et fonctionnement.* – L'OPT, groupe public, est l'opérateur public (historique) polynésien (art. LP. 311-1), composé d'un établissement public industriel et commercial (art. A. 311) et de ses différentes filiales[36]. Le groupe public a notamment pour mission d'assurer l'exploitation du service des télécommunications et des technologies de l'information et de la communication et est surtout chargé de l'exécution du service public des télécommunications (art. LP. 311-1) (cf. *infra* § 22). Il dispose par ailleurs d'un monopole légal sur les activités liées aux réseaux fixes (art. D. 212-9), sur les liaisons avec l'extérieur (art. LP. 213-7) ainsi que d'un monopole de fait sur les infrastructures de téléphonie mobile hors des îles principales, dans lesquelles il est le seul à avoir déployé son réseau.

21. Depuis janvier 2019, l'exercice de toutes les activités de télécommunications, de gros comme de détail (commercialisées sous la marque Vini), dans le mobile comme dans le fixe, relève d'une filiale unique (Onati). L'OPT conserve néanmoins la propriété de ses infrastructures essentielles, mais n'est plus chargé de leur exploitation. Cette restructuration s'est concrétisée au moyen d'un traité d'apport partiel d'actifs, par lequel l'OPT a transféré à Onati l'ensemble de sa branche télécommunications, et d'une convention organisant les modalités de réalisation par Onati des missions de service public des télécommunications dévolues au groupe OPT par le CPT[37].

22. *Le service public des télécommunications.* – Le groupe public OPT est chargé du service public des télécommunications dans les conditions définies par le CPT et un cahier des charges associé. Cela signifie que le groupe OPT est tenu de fournir les prestations associées à ce service public. L'exécution de ce dernier, qui représente environ 43 % de l'activité d'Onati[38], vise à garantir le « respect des principes d'égalité d'accès des usagers […], de continuité et d'adaptabilité » (art. D. 213-1). Le service public des télécommunications est constitué de trois composantes.

23. En premier lieu, il comprend le *service de base* incluant les offres de service de téléphonie de qualité donnée à un prix abordable, l'acheminement gratuit des appels d'urgence, la fourniture de services de renseignements et d'annuaires et des offres de publiphone (art. D. 213-3). Comme le relève très justement l'APC[39], et contrairement aux autres composantes du service public, ce service de base constitue une

---

[36] Créé par la délibération n° 85-1023 AT du 8 mars 1985 portant création d'un établissement public territorial (Office des postes et télécommunications), *JOPF* n° 10 N du 1er avril 1985. Cette délibération a fait l'objet d'une validation par la loi organique n° 95-173 du 20 février 1995 modifiant la loi n° 88-1028 du 9 novembre 1988 portant dispositions statutaires et préparatoires à l'autodétermination de la Nouvelle-Calédonie en 1998 et portant dispositions diverses relatives aux territoires d'outre-mer, *JORF* n° 44 du 21 février 1995.

[37] La cour administrative d'appel de Paris a cependant considéré que cette délégation n'était en réalité qu'une convention se bornant à organiser les relations internes au sein du groupe OPT, dans la mesure où il résulte du CPT qu'Onati – en tant que composante du groupe public OPT – « participe à l'exploitation du service public des télécommunications » (CAA Paris, 27 janvier 2025, n° 23PA04683).

[38] APC, avis n° 2024-A-07 du 1er octobre 2024, relatif à trois projets de loi du pays portant modification de la loi du pays n° 2009-21 du 7 décembre 2009 relative au cadre réglementaire des délégations de service public de la Polynésie française et de ses établissements publics et du code des postes et télécommunications, § 85.

[39] V. APC, avis n° 2017-A-02 du 22 septembre 2017, préc., § 177.

forme de service universel, en ce qu'il impose à l'OPT des exigences d'intérêt général visant à assurer l'accès universel à des prestations essentielles, de qualité et à un prix abordable. À ce titre, le service de base prend notamment en compte les difficultés d'accès rencontrées par certaines catégories de personnes, notamment en raison de leur revenu, et permet le maintien pendant deux mois de ces services en cas de défaut de paiement. Les obligations tarifaires associées aux prestations du service de base sont également déclinées au sein du cahier des charges en vue de permettre l'accès aux services à toutes les catégories sociales de la population et pour éviter une discrimination fondée sur la localisation géographique.

24. En deuxième lieu, il comprend des *services obligatoires* qui incluent une offre d'accès à des liaisons louées, de télégraphie, de télex et de service de radiocommunication par bande latérale unique relié aux réseaux publics de télécommunication, étant précisé que l'opérateur public peut proposer des solutions alternatives lorsque cela est justifié par des contraintes géographiques (art. D. 213-6).

25. En dernier lieu, il comprend le *service public des télécommunications extérieures*, en vue de l'acheminement de signaux à destination ou en provenance de la Polynésie française pour permettre la fourniture au public de services (art. LP. 213-7). Concrètement, il comprend les « signaux de télécommunications, provenant à la fois des constellations satellites ainsi que des câbles sous-marins internationaux connectés à la Polynésie française[40] ».

26. Alors que les surcoûts engendrés par l'exécution des obligations de service public, notamment celles liées au service universel, sont généralement financés par la communauté des opérateurs ou par le budget gouvernemental, le CPT prévoit au contraire que l'opérateur public supporte l'ensemble des coûts afférents à l'exécution du service public des télécommunications (art. D. 213-8). Celui-ci reste néanmoins obligé de tenir une comptabilité faisant apparaître les coûts imputables à son exécution (art. D. 213-9). Cela est d'intérêt, car à sa demande et sous réserve de justifications ou d'une évaluation de l'administration, l'opérateur public peut bénéficier d'une compensation, décidée par le Conseil des ministres, de « l'accroissement des coûts afférents à l'exécution du service public », à condition que ces coûts mettent en cause de façon durable « la continuité et la qualité même du service public ». Cette compensation peut prendre une forme financière (aide à l'investissement, subvention d'équilibre) ou conduire à affecter la substance du service public (tarifs ou contenu), voire combiner ces éléments (art. D. 213-10). Ce cadre de compensation ne fait cependant pas obstacle à la possibilité pour Onati d'obtenir, en dehors du service public, des subventions distinctes, par exemple en vue d'assurer le financement du déploiement de la 4G dans les archipels éloignés[41].

27. *Obligations spécifiques.* – Du fait de sa situation sur le marché, Onati fait l'objet d'obligations tarifaires spécifiques. Ainsi, l'arrêté n° 1565 CM du 7 septembre 2023 contraint Onati à proposer dans les îles raccordées directement ou indirectement par le biais de faisceaux hertziens à un câble sous-marin des offres d'accès à internet filaire (cuivre ou fibre) équivalentes en termes de prix et de contenus aux

[40] APC, avis n° 2024-AO-03 du 29 avril 2024, préc., § 111.

[41] V. CAA Paris, 29 avril 2025, n° 23PA02943.

offres proposées dans la zone dense, au moins jusqu'à ce que l'un des opérateurs concurrents y propose à son tour des offres permettant de faire jouer la concurrence[42].

28. Cela vise à favoriser l'égalité numérique au sein du territoire, et ce, dans une logique de service public quand bien même les services d'accès à internet n'en relèvent pas.

2. Les autres opérateurs

29. *PMT.* – Deuxième acteur du secteur mobile avec une part de marché évaluée en 2023 entre 40 et 45 %[43], Pacific Mobile Telecom (PMT) est autorisée depuis le 23 novembre 2010 et a obtenu sa première autorisation d'utilisation de fréquences en février 2013. Elle a commencé la commercialisation de ses offres le 17 juin 2013 sous la marque Vodafone. Son réseau est déployé sur les principales îles et est complété par une itinérance sur le réseau d'Onati dans les autres îles. PMT est également devenue en 2018 fournisseur d'accès à internet.

30. *Viti.* – L'opérateur est autorisé depuis 2010, opérant à l'origine et depuis juillet 2011 en tant que fournisseur d'accès à internet en position fixe. Sur injonction du tribunal administratif[44], il a obtenu en juillet 2018[45] l'autorisation pour fournir un service de communications mobiles dont la commercialisation a débuté en 2020. À l'exception des îles de Tahiti et de Moorea, où le service est fourni par son propre réseau, il recourt à l'itinérance sur le réseau d'Onati dans les autres îles.

31. *L'arrivée de nouveaux opérateurs.* – Dans la lignée des initiatives lancées par Google en vue de la création de plusieurs câbles sous-marins dans le Pacifique et de l'arrivée potentielle de nouveaux câbles sous-marins, le CPT a été réformé en 2024 afin d'établir un statut d'opérateur de télécommunications extérieures. Ces nouveaux acteurs peuvent désormais être autorisés à établir et exploiter un réseau de télécommunications entre la Polynésie française et le reste du monde, sans toutefois être autorisés à fournir au public polynésien un service de télécommunications. Ces derniers devront ainsi nécessairement contractualiser avec l'opérateur public pour la fourniture de leurs services en Polynésie française. Dans cette même lignée, des évolutions réglementaires sont envisagées afin de permettre, sous certaines conditions, l'entrée sur le marché des opérateurs exploitant les constellations de satellites en orbite basse et ainsi permettre aux zones les plus isolées de disposer d'une connectivité à haut débit.

II. Le régime de la régulation

A. *L'accès au marché*

32. *Un marché partiellement ouvert à la concurrence.* – Comme indiqué, le CPT confère à l'opérateur public un monopole de droit sur plusieurs activités. En premier lieu, seul le groupe OPT est habilité à établir et exploiter les réseaux

---

42 *JOPF* n° 73 du 12 septembre 2023, L'arrêté était en vigueur jusqu'en septembre 2025, mais « pourra être renouvelé » (art. 4 de l'arrêté).

43 APC, déc. n° 2023-PAC-01, préc., § 70.

44 TA Polynésie française, 12 juin 2018, n° 1700414.

45 Arrêté n° 1185 CM du 5 juillet 2018 conférant à la société Viti la qualité d'opérateur de télécommunication et l'autorisation en conséquence à établir et à exploiter un réseau ouvert au public et à fournir au public des services de télécommunications mobiles, *JOPF* n° 55 NC du 10 juillet 2018.

de télécommunication permettant d'offrir au public des services de télécommunication fixe, c'est-à-dire la boucle locale filaire (cuivre ou fibre) permettant de proposer des services fixes (internet) aux usagers (art. D. 212-9). À l'inverse, les activités de fournisseur d'accès à internet (en recourant au réseau du groupe OPT) ou de téléphonie mobile peuvent être exercées par tout opérateur.

33. En second lieu, l'opérateur public est également le seul à assurer les services de télécommunications extérieures à travers son réseau (art. LP. 213-7). Dit simplement, les signaux qui arrivent ou qui partent de la Polynésie pour permettre aux populations locales de communiquer transitent obligatoirement par son réseau. Jusqu'à présent, l'OPT était ainsi seul chargé de l'exploitation des câbles sous-marins desservant la Polynésie française (c.-à-d. Honotua et Manatua) dans le cadre de consortiums internationaux. Toutefois, dans le contexte des projets annoncés par la société Google tendant à l'installation de plusieurs câbles sous-marins dans le Pacifique, le monopole de l'OPT sur les télécommunications extérieures a été légèrement assoupli sous l'effet de la loi du pays n° 2024-18 du 23 août 2024. Cette loi a en effet établi une nouvelle catégorie d'opérateur privé de télécommunications extérieures permettant justement à des opérateurs tiers d'établir et d'exploiter un réseau de télécommunications entre la Polynésie française et le reste du monde (art. LP. 211, 20°). Cela étant, les opérateurs privés de télécommunications extérieures ne sont pas autorisés à fournir directement des services de télécommunications en Polynésie française, à la différence de l'opérateur public. En pratique, ils fournissent donc un accès à leur infrastructure à l'opérateur public, à des conditions tarifaires orientées vers les coûts, en vue de lui permettre d'assurer la fourniture du service public des télécommunications extérieures. Autrement dit, les opérateurs privés pourront établir leurs réseaux, mais ne pourront – *pour la Polynésie française* – qu'en donner l'accès à l'opérateur public. Par suite, les autres opérateurs (PMT et Viti) ne pourront donc pas contracter directement des conventions d'accès aux réseaux établis par les opérateurs privés de télécommunications ; ils devront nécessairement conclure avec l'OPT. Pour l'avenir, l'émergence des nouvelles technologies de communication par constellations satellitaires en orbite basse (comme Starlink, OneWeb ou Kuiper), qui permettent d'offrir des services à haut débit dans des zones sans connectivité, a conduit les autorités polynésiennes à mener des réflexions en vue de réviser encore davantage le monopole de l'opérateur public. Un projet de loi du pays à ce sujet est d'ailleurs en cours de préparation. Pour préserver la rentabilité des infrastructures existantes et éviter une hausse des tarifs, l'accès à ces services pourrait cependant être restreint aux seules zones ou îles non desservies par les réseaux traditionnels.

34. *L'autorisation préalable.* – À la différence de l'Hexagone, où, sous l'effet des directives européennes successives, l'exercice de l'activité d'opérateur est libre et ne fait plus l'objet d'une déclaration auprès du régulateur, l'établissement et l'exploitation d'un réseau ouvert au public ou la fourniture au public d'un service de télécommunication sont soumis à autorisation (art. LP. 212-1 et LP. 212-10). Ces autorisations, qui portent sur la fourniture d'accès à internet, la fourniture de services de communications mobiles et l'établissement et l'exploitation de réseaux ouverts au public (art. A. 212-10-2), sont délivrées par le Conseil des

ministres après instruction de la DGEN (art. A. 212-10-3 et s.). De la même façon, l'activité d'opérateur de télécommunications extérieures est également soumise à la délivrance d'une autorisation préalable, délivrée dans les mêmes conditions (art. LP. 212-1 et A. 212-17-1 et s.). Si ce régime confie au Conseil des ministres un pouvoir important lui permettant d'apprécier l'opportunité de voir pénétrer de nouveaux acteurs sur le marché, sa marge d'appréciation demeure encadrée. En effet, les autorisations ne peuvent être refusées que pour des raisons liées à (i) des contraintes techniques inhérentes à la disponibilité des fréquences, (ii) la capacité technique ou financière du pétitionnaire de faire face durablement aux obligations résultant des conditions d'exercice de son activité, (iii) des causes d'incapacité, d'incompatibilité ou d'interdiction d'exercice (art. D. 214-5) ou (iv) des questions d'ordre public. Le Conseil des ministres dispose cependant de la faculté de limiter le nombre d'autorisations afin d'assurer des conditions de concurrence effective. Dans ce cas, la sélection des titulaires se fait, après consultation publique, par un appel à candidatures (art. LP. 212-10). Le Conseil des ministres dispose, en outre, de la possibilité de refuser une autorisation pour des motifs tirés de la concurrence existante (art. D. 212-2). Les autorisations, qui sont personnelles et incessibles (art. LP. 212-1), sont délivrées pour une durée de 12 ans et de 20 ans pour l'activité d'opérateur de télécommunications extérieures.

35. Elles sont assorties d'un cahier des charges qui impose à l'opérateur le respect d'un certain nombre de règles relevant de divers domaines, parmi lesquels figurent l'intérêt général et l'intérêt des consommateurs, mais également les conditions d'interconnexion et de concurrence entre opérateurs (art. D. 212-10). Ce cahier des charges comporte également des clauses particulières qui sont, notamment, relatives à la nature, aux caractéristiques et à la zone de couverture du service, et au calendrier de déploiement du réseau (art. LP. 212-10).

36. *Autres réseaux.* – Le CPT soumet également à autorisation certains réseaux indépendants, lesquels sont réservés à un usage privé ou partagé, non connectés à un réseau ouvert au public (art. LP. 211, 7°). Sont concernés par l'autorisation les réseaux filaires dont les points de terminaison sont distants de plus de 300 mètres, ceux utilisant des fréquences spécifiquement assignées et ceux utilisant d'autres technologies (art. D. 212-11). À l'inverse, les autres réseaux, en particulier les réseaux internes[46] ou les installations radioélectriques n'utilisant pas de fréquences spécifiquement assignées et composées d'appareils à faible puissance et faible portée peuvent être établis librement, sous réserve de leur conformité (art. D. 212-13).

37. *L'accès aux fréquences.* – L'exercice de l'activité d'opérateur peut nécessiter de disposer de la « matière première » que constituent les ressources en fréquences radioélectriques, en particulier pour la téléphonie mobile. La gestion de ces fréquences – composante du domaine public hertzien – relève en premier lieu du Premier ministre, qui, au travers du Tableau national de répartition des bandes de fréquences, les affecte entre les administrations de l'État et

[46] Le réseau interne est un réseau indépendant entièrement établi sur une même propriété, sans emprunter ni le domaine public – y compris hertzien – ni une propriété tierce.

désigne les services qui peuvent être utilisés dans les bandes[47]. Ainsi, pour les fréquences qui ne sont pas affectées aux administrations de l'État, leur utilisation nécessite par principe une autorisation administrative, sauf pour celles dans lesquelles l'usage est libre (art. A. 212-10-8). En pratique, il s'agit des fréquences qui ne sont pas spécifiquement assignées à leur utilisateur (Wifi, Bluetooth).

38. S'agissant des fréquences utilisées par les réseaux ouverts au public, la délivrance d'une autorisation d'utilisation de fréquence (AUF) est conditionnée à la détention préalable d'une autorisation d'établissement et d'exploitation d'un réseau ouvert au public (cf. *supra* § 34). Ici encore, le CPT prévoit que le Conseil des ministres peut limiter le nombre d'autorisations qu'il entend délivrer sur la base d'un bilan et dans la mesure où cela permet d'assurer des conditions de concurrence effective (art. A. 212-10-8).

39. Le CPT décrit une procédure de délivrance distincte entre les AUF demandées pour les réseaux indépendants (art. A. 212-16-1 à A. 212-16-3) et les fréquences utilisées par les opérateurs de téléphonie mobile (art. A. 212-10-9 à A. 212-10-14). Pour ces dernières, leur délivrance peut être réalisée soit au fil de l'eau, soit à l'issue d'une procédure de sélection lorsqu'une rareté de fréquences est avérée, c'est-à-dire lorsque la demande des opérateurs est supérieure aux fréquences disponibles (art. A. 212-10-12). Ces autorisations sont ensuite délivrées par le Conseil des ministres, après instruction de la DGEN. Elles peuvent cependant être refusées dans les mêmes conditions que les autorisations « opérateurs », en particulier en cas de contraintes techniques liées à la disponibilité des fréquences ou pour des raisons de concurrence. L'articulation entre l'obtention de l'autorisation « opérateur » et l'AUF a d'ailleurs donné lieu à certaines complexités. Le CPT prévoit en effet que, lorsque l'activité d'opérateur nécessite des fréquences, le pétitionnaire doit déposer, en plus de sa demande d'« autorisation opérateur », sa demande d'AUF (art. A. 212-10-2). Dans ce cas, l'autorisation « opérateur » ne devient effective que lorsque l'opérateur obtient son AUF dans un délai de 24 mois (art. A. 212-10-6, III). De plus, le cahier des charges de l'opérateur – *qui contient notamment les obligations de couverture imposées à l'opérateur* – est approuvé en Conseil des ministres et n'est communiqué à l'opérateur que postérieurement à la délivrance de sa licence d'opérateur[48] et concomitamment à la délivrance de l'AUF[49]. Les obligations de couverture contenues dans ces autorisations ont d'ailleurs fait l'objet de vives critiques de la part de l'APC, qui soulignait le décalage entre les obligations et la réalisation des déploiements sur le terrain[50]. Au point que le juge administratif a récemment annulé le refus de la Polynésie de modifier le calendrier de déploiement de PMT pour certaines îles éloignées en considérant que la duplication des réseaux engendrerait des coûts importants, alors même que l'itinérance sur le réseau d'Onati

47 Art. L. 41 du code des postes et des communications électroniques.

48 V. TA Polynésie française, 26 octobre 2010, n° 0900499.

49 TA Polynésie française, 25 janvier 2011, n° 1000441.

50 V. APC, avis n° 2023-A-03 du 24 juillet 2023, préc., § 44 à 47.

« apparaît manifestement plus adaptée[51] ». C'est une autre illustration du rôle de quasi-régulateur que le tribunal administratif est amené à jouer.

B. *L'accès et l'interconnexion*

1. L'itinérance

40. *Définitions.* – L'itinérance[52] désigne la prestation d'accès par laquelle un opérateur de téléphonie accueille sur le réseau qu'il exploite les clients d'un autre opérateur (art. LP. 211, 18°). Contrairement à d'autres formes de partage de réseau mobile, seuls les antennes, fréquences et équipements de l'opérateur accueillant sont utilisés.

41. En Polynésie française, l'itinérance revêt une importance singulière. En effet, si le déploiement de la boucle locale mobile, constituée des pylônes et des antennes nécessaires à la fourniture de services de téléphonie mobile, est libre, l'étendue du territoire et la dispersion de sa population peuvent contraindre la rentabilité des déploiements, appréciée à l'aune des seules zones en cause. À ce jour, Onati est ainsi le seul opérateur à avoir déployé son réseau sur la quasi-totalité des îles habitées de Polynésie, tandis que ceux de PMT et de Viti se limitent respectivement aux îles principales et aux îles de Tahiti et de Moorea. La duplication des infrastructures sur l'intégralité du territoire apparaît ainsi aujourd'hui illusoire, de sorte que les deux opérateurs concurrents doivent recourir à une itinérance asymétrique sur le seul réseau d'Onati, solution qualifiée de « manifestement plus adaptée pour une couverture des îles et archipels éloignés[53] ». Dans ces conditions, le réseau d'Onati pourrait dans certaines zones être assimilé à une « infrastructure essentielle », ce qui soulève des enjeux importants de régulation.

42. *Droit à l'itinérance.* – L'itinérance est une prestation qui n'est en principe pas réglementée. Elle relève ainsi avant tout de la liberté contractuelle des acteurs. Toutefois, en raison de l'enjeu stratégique qu'elle constitue pour la concurrence et l'aménagement du territoire, le Conseil des ministres peut imposer à un opérateur de faire droit à une demande d'itinérance, « dans un but d'intérêt général » (art. D. 212-26). Même si une telle condition laisse une large marge de manœuvre au gouvernement, la jurisprudence du Conseil d'État pourrait permettre de l'éclairer. Celui-ci avait en effet considéré, déjà à propos de territoires ultramarins, que l'Autorité de régulation des communications électroniques, des postes et de la distribution de la presse (Arcep) pouvait imposer une prestation d'itinérance « s'il ressort de l'analyse du fonctionnement du marché qu'une telle obligation est nécessaire pour assurer une concurrence efficace et loyale entre les différentes catégories d'opérateurs, et proportionnée à cet objectif[54] ». Le CPT prévoit ainsi que, dans l'hypothèse d'un désaccord sur la conclusion d'une convention d'itinérance, une médiation

---

[51] TA Polynésie française, 12 novembre 2024, n° 2400179, § 7.

[52] L'itinérance peut aussi concerner l'accueil d'opérateurs virtuels (MVNO) ou les usages en *roaming* international, étant précisé que le CPT ne régule pas l'itinérance effectuée par un opérateur à l'étranger (art. D. 212-26).

[53] TA Polynésie française, 12 novembre 2024, n° 2400179, § 7.

[54] CE, 2 avril 2010, *Société Mediaserv*, n° 319816.

peut être mise en œuvre par la DGEN « en vue de dégager les termes d'un accord amiable ». En cas de persistance du désaccord, le Conseil des ministres peut aller jusqu'à fixer les termes de l'itinérance, quand bien même cette prérogative n'a pas été mise en œuvre à ce jour[55].

43. *Tarifications.* – L'itinérance étant, avant tout, une prestation librement négociée entre les parties, sa tarification n'est pas réglementée et repose donc sur un principe de liberté tarifaire. Le prestataire dispose ainsi d'une « certaine marge de manœuvre pour fixer ses tarifs[56] ». Pour autant, la tarification est susceptible de faire l'objet d'un encadrement à deux égards. D'abord, comme il a été dit, par une éventuelle décision du Conseil des ministres qui fixerait les termes de la convention, en ce compris ses tarifs. Ensuite, par l'APC, qui a imposé, dans le cadre de mesures conservatoires, à Onati de proposer à Viti une offre tarifaire pour l'accès à l'itinérance voix/SMS (i) fondée sur les coûts réellement exposés par l'opérateur pour fournir la prestation (ce qui n'empêche toutefois pas « l'application d'une marge raisonnable[57] ») et (ii) qui tienne compte, comme l'a précisé la cour d'appel de Paris[58], de la taille de l'opérateur accueilli. Si cette injonction devait être confirmée puis reprise au fond, elle conduirait *de facto* à l'imposition d'une régulation tarifaire des prestations d'itinérance, proche de celle appliquée dans l'Hexagone pour l'accès au réseau FTTH.

44. *Vers une réforme de l'itinérance ?* – Depuis 2023, une large réflexion est engagée sur les conditions de déploiement et de financement des réseaux de télécommunications, et plus spécifiquement sur le sujet de l'itinérance. Dans le cadre de ces réflexions, l'APC a suggéré la création d'un cadre réglementaire spécifique, adapté en fonction des particularités des différentes zones du territoire[59]. À ce stade, les autorités polynésiennes envisagent d'établir un véritable cadre de régulation *ex ante.* Ainsi, les conditions tarifaires de l'itinérance seraient dorénavant encadrées au travers d'une obligation d'orientation des tarifs de gros vers les coûts, établis sur la base d'une méthodologie technico-économique, dans les zones non denses (à définir) du territoire. Enfin, il est envisagé la mise en place de règles plus générales afin d'encadrer l'exécution des prestations d'itinérance comme celles pour l'opérateur hôte d'assurer l'accès à son réseau dans des conditions non discriminatoires ou pour l'opérateur accueilli de restreindre l'usage de l'itinérance aux îles dans lesquelles il ne dispose pas déjà d'un réseau actif. Si une telle régulation de l'itinérance devait être mise en place, elle aboutirait à un changement profond de paradigme et à la mise en place assumée d'une régulation « asymétrique » des infrastructures de téléphonie mobile de l'opérateur public.

2. L'interconnexion

45. *Définitions.* – L'interconnexion désigne classiquement le raccordement de différents réseaux ouverts au public entre eux, afin que les utilisateurs de l'un puissent

---

55 APC, avis n° 2023-A-02 du 24 juillet 2023, préc., § 133.
56 CA Paris, 6 juillet 2023, RG 23/06177, § 14.
57 *Ibid.*, § 248.
58 *Ibid.*, § 242 à 244.
59 V. APC, avis n° 2023-A-02 du 24 juillet 2023, préc.

communiquer avec ceux de l'autre[60]. Aux termes du CPT, l'interconnexion recouvre les prestations réciproques fournies entre opérateurs de réseaux ouverts au public afin de permettre aux utilisateurs de communiquer entre eux, mais aussi les « prestations d'accès au réseau offertes dans le même objet par un opérateur de réseau ouvert au public à un prestataire de service de télécommunication » (art. LP. 211, 6°).

46. Les prestations de terminaisons d'appels qui permettent l'acheminement d'une communication (voix et SMS) jusqu'au destinataire final lorsqu'il n'est pas client du même opérateur relèvent ainsi par nature de l'interconnexion. Le tribunal administratif a également étendu le périmètre de l'interconnexion en considérant que les prestations de liaisons louées, qui relèvent traditionnellement de l'accès, fournies par Onati doivent être « regardée[s] comme confondue[s] avec l'opération d'interconnexion ». Pour arriver à une telle conclusion, le tribunal a retenu deux justifications : d'une part, la situation géographique particulière de la Polynésie, liée à son insularité et, d'autre part, le monopole de l'OPT pour l'accès au réseau internet dès lors que « les réseaux mis en place et utilisés par [ce dernier] permettent à [l'opérateur concurrent, en l'espèce Viti] non pas de répondre à ses besoins propres, mais de remplir sa mission auprès de ses clients, en s'interconnectant au réseau exploité par [l'OPT] et au réseau mondial[61] ». *A contrario*, ne relèvent pas de l'interconnexion l'accès en gros à la boucle locale cuivre ou fibre de l'OPT ainsi que les prestations d'itinérance (cf. *supra* § 40 à 44)[62], échappant ainsi aux obligations associées à ce régime. C'est la raison pour laquelle l'APC défend une extension du champ de l'interconnexion à l'ensemble des prestations monopolistiques[63].

47. *Droit à l'interconnexion.* – Le régime de l'interconnexion se caractérise d'abord par un droit des opérateurs autorisés à l'interconnexion, lequel ne concerne toutefois pas les opérateurs de télécommunications extérieures. Autrement dit, un opérateur exploitant un réseau ouvert au public ne peut pas s'opposer à la demande d'un autre exploitant de réseau ou fournisseur de services tendant à l'interconnexion avec son réseau (art. LP. 212-22). L'interconnexion doit, en outre, être fournie dans des conditions non discriminatoires (art. LP. 212-25).

48. *Les conventions d'interconnexion.* – Le CPT prescrit aux opérateurs de contractualiser les prestations d'interconnexion sous la forme d'une convention. Cette dernière, qui doit être conclue dans des conditions objectives, transparentes et non discriminatoires, doit préciser les modalités techniques, juridiques et financières de la relation et être conforme aux obligations prévues par le CPT, notamment celles établies en vue de garantir le respect des exigences essentielles applicables aux réseaux (sécurité, maintien de l'intégrité, interopérabilité, protection des données…) (art. LP. 212-22). Le CPT impose également aux

---

60 L'interconnexion constitue un type particulier d'accès, à savoir l'utilisation par un opérateur des moyens, matériels, logiciels ou services qui ne sont pas les siens pour lui permettre de fournir des services de télécommunications.

61 TA Polynésie française, 3 juillet 2013, n° 1300083.

62 V. APC, avis n° 2017-A-02 du 22 septembre 2017, préc., § 246 et 247.

63 *Ibid.*, § 248.

conventions de contenir un certain nombre de stipulations minimales portant notamment sur les relations commerciales et financières entre les opérateurs, les conditions d'accès aux services et les caractéristiques techniques des services d'interconnexion ou les modalités de mise en œuvre de l'interconnexion (art. D. 212-24).

49. Une fois conclue, la convention d'interconnexion est transmise sans délai à la DGEN, qui procède à l'analyse de sa conformité avec le CPT (art. A. 212-22). Deux situations peuvent alors émerger :
    - si l'instruction conclut à sa conformité, elle est approuvée par le Conseil des ministres ;
    - si l'instruction conclut à la non-conformité, la DGEN en informe les parties, qui disposent d'un mois pour la mettre en conformité et, à défaut, le Conseil des ministres en fixe les termes dans un délai de deux mois.

50. Afin de garantir l'effectivité du droit à l'interconnexion, les autorités polynésiennes disposent également d'un pouvoir de règlement de différend en cas de désaccord des parties sur la conclusion de la convention (cf. *supra* § 10).

51. *Tarification régulée.* – La tarification des prestations d'interconnexion fait l'objet d'un cadre de régulation symétrique particulièrement strict. Le CPT prévoit en effet qu'un TRI, des réseaux ouverts au public est établi par le Conseil des ministres pour chaque opérateur autorisé (art. LP. 212-22-1).

52. La fixation de ce tarif, pour des cycles de deux ans, est encadrée par des principes directeurs. Ainsi, les conditions tarifaires des conventions d'interconnexion doivent respecter les principes d'objectivité, de transparence, de non-discrimination et ne pas conduire à imposer des charges excessives aux opérateurs utilisateurs, lesquelles doivent d'ailleurs pouvoir être justifiées auprès de la DGEN (art. LP. 212-25). Surtout, le CPT prévoit que les tarifs d'interconnexion doivent être orientés vers les coûts. *De facto*, le nerf de la guerre réside donc dans la détermination de l'assiette des coûts à prendre en compte pour déterminer ce tarif.

53. Ainsi, le CPT établit un référentiel tarifaire et liste les coûts qui doivent être pris en compte pour la détermination du TRI. Ce référentiel tarifaire est distinct entre :
    - ce qui relève des *prestations réciproques offertes par deux opérateurs*, qui comprend les coûts de la prestation de terminaison d'appel, les coûts supplémentaires induits par l'interconnexion (équipements et liaisons) ; et
    - ce qui relève *des prestations d'accès offertes par l'OPT* (c.-à-d. les liaisons louées) (cf. *supra* § 45), qui comprend le coût de la fourniture de la liaison louée et les coûts supplémentaires induits par l'interconnexion, étant précisé que, pour ce dernier, l'OPT est tenu de fournir un référentiel tarifaire comprenant une offre technique et tarifaire de liaisons louées couvrant, d'une part, les liaisons intra-îles et inter-îles sur l'ensemble de la Polynésie et, d'autre part, les liaisons avec le reste du monde (art. A. 212-22-1).

54. Le CPT détaille ensuite la méthodologie à appliquer par les opérateurs en vue de la détermination de leurs coûts en distinguant entre l'opérateur public et les autres opérateurs de téléphonie mobile. Les principales différences résident, pour l'opérateur public, dans le fait, d'une part, que ses tarifs sont établis sur la base d'un modèle techno-économique préalablement approuvé par arrêté du Conseil

des ministres pris après avis du CCT (art. A. 212-22-2) et, d'autre part, que les tarifs des TRI sont eux-mêmes soumis à un avis du CCT (art. A. 212-22-3) (contre une simple information pour le TRI des autres opérateurs). Pour le reste, les procédures de fixation des TRI sont relativement proches ; la modélisation des tarifs est effectuée par l'opérateur, puis transmise à la DGEN avant la réalisation d'un audit indépendant. À la suite de cela, la DGEN propose la fixation des TRI au Conseil des ministres, qui se charge de leur approbation après avoir, le cas échéant, saisi l'APC.

55. La détermination des TRI est un point de crispation entre les opérateurs qui donne lieu à un contentieux nourri. Ces actions ont récemment conduit à l'annulation des arrêtés tarifaires pris par le Conseil des ministres au titre de l'année 2021 (pour Onati, au titre des prestations d'accès qu'elle offre sur l'archipel de la Société[64]), ceux pris au titre des années 2022-2023 (pour les trois opérateurs sur le SMS)[65] ou encore ceux au titre des années 2024-2025 (pour PMT)[66].

56. *Évolution de la tarification.* – À l'occasion de ses avis sur la fixation des TRI des opérateurs mobiles, l'APC[67] a fait le constat d'un certain nombre de difficultés associées à l'élaboration du modèle permettant de définir les coûts des opérateurs. En particulier, et outre la complexité liée à son élaboration, l'APC a souligné que le modèle actuel conduisait à des tarifs relativement élevés puisqu'il retient une large assiette de coûts. À ce titre, l'APC plaide pour l'utilisation d'un autre modèle qui permettrait de diminuer les coûts pris en compte et même, à moyen terme, pour la sortie du modèle de coût pour adopter une approche de réduction progressive des tarifs de terminaison d'appel, à l'image de ce qui s'est notamment produit en métropole. Dans l'intervalle, l'APC encourage les autorités polynésiennes à s'écarter davantage du tarif théorique résultant du modèle pour établir une asymétrie tarifaire afin de ne pas pénaliser de manière excessive les opérateurs présentant un solde déficitaire et de favoriser des offres d'abondance (c.-à-d. appels ou envois de SMS illimités pour un prix forfaitaire).

57. Ces considérations doivent cependant être mises en balance et conciliées avec celles tenant au déploiement et à l'entretien des réseaux dans les zones peu denses du territoire, leur financement reposant historiquement sur une logique de péréquation à l'échelle du pays qui est aujourd'hui remise en cause par la vive concurrence qui règne en zone dense. C'est ce que l'APC a d'ailleurs relevé dans l'avis qu'elle a rendu sur la détermination des conditions de déploiement et de financement des réseaux de télécommunications dans les îles peu denses de juillet 2023[68].

---

64 TA Polynésie française, 14 décembre 2021, n°s 2100101 et 2100108, confirmé par CAA Paris, 5 février 2024, n° 22PA00799.

65 TA Polynésie française, 22 novembre 2022, n° 2200067.

66 TA Polynésie française, 10 décembre 2024, n° 2400069.

67 V. APC, avis n° 2023-A-01 du 17 mai 2023 sur la fixation des tarifs de référence d'interconnexion des terminaisons d'appels mobiles SMS des opérateurs de téléphonie mobile ONATI, PMT et Viti pour 2022 et 2023.

68 APC, avis n° 2023-A-02 du 24 juillet 2023, préc., § 141.

La régulation du secteur de l'énergie

Vincent Jaunet
Avocat associé, Magenta

Benjamin Jothy
Avocat counsel, Magenta

Introduction

> La Polynésie française, à l'instar de nombreux pays ultra-marins et océaniens, présente un contexte énergétique complexe dû à son isolement géographique et à sa trop grande dépendance aux énergies fossiles. Les défis énergétiques auxquels nous sommes confrontés doivent par ailleurs s'appréhender dans un contexte climatique changeant qui s'impose désormais à toutes les nations du globe. Aujourd'hui, nous nous devons de concevoir autrement notre manière de produire et de consommer de l'énergie indispensable à l'essor de notre Pays, tout en veillant à émettre le moins possible de gaz à effet de serre.

1. Cet extrait de l'introduction du Plan Climat Énergie de la Polynésie française par Nuihau Laurey[1] synthétise l'ensemble des défis de la politique énergétique de la Polynésie, lesquels entraînent nécessairement des répercussions sur la régulation de ce secteur stratégique.

2. Dans ce contexte, une régulation efficace nécessite de concilier des contraintes fortes, notamment un morcellement géographique et démographique[2] avec la nécessité d'assurer un accès à l'énergie équitable et non discriminant à l'ensemble

---

[1] Plan Climat Énergie de la Polynésie française – 2015-2020, p. 3.

[2] La Polynésie compte 118 îles, dont près de 70 sont habitées, réparties sur un territoire de 25 millions de kilomètres carrés (taille de l'Europe), mais dont la surface terrestre est de seulement 3 600 kilomètres carrés, soit moins que la moitié de la Corse.

de la population, de relever les défis imposés par le changement climatique et d'assurer une stabilité d'approvisionnement indispensable au développement économique. En conséquence, les autorités polynésiennes exercent, historiquement, un contrôle étroit sur ce secteur, lequel est fortement réglementé, d'autant plus que, s'agissant du gaz, la Polynésie française est entièrement dépendante de ses partenaires commerciaux étrangers et que, si elle a pu acquérir une certaine autonomie en matière de production d'électricité, elle est confrontée à une intense pression monopolistique liée notamment à l'influence importante d'Électricité de Tahiti (EDT). L'organisation actuelle de la régulation n'est pas nécessairement adéquate dans la mesure où la Polynésie française joue un double rôle en étant à la fois le régulateur du secteur et en ayant des intérêts/participations dans les entreprises régulées actives en matière de transport d'électricité (la Polynésie détient 75 % du capital de la société de Transport d'Énergie électrique en Polynésie (TEP)) ou en matière de production d'électricité (à titre d'exemple, la Polynésie détient 35 % de Marama Nui, qui exploite l'intégralité des concessions hydroélectriques de Tahiti). En définitive, le secteur de l'énergie reste fortement encadré en Polynésie française, qu'il s'agisse de l'obtention des autorisations administratives nécessaires pour les installations de production d'électricité ou du régime de péréquation tarifaire en matière de distribution et de fourniture d'électricité.

3. *Sources.* – La Polynésie française est, conformément à l'article 74 de la Constitution, une collectivité d'outre-mer. L'autonomie dévolue à la Polynésie française est prévue par la loi organique n° 2004-192 du 27 février 2004 portant statut d'autonomie de la Polynésie française (la « loi organique »). La loi organique prévoit une modalité d'organisation selon laquelle la Polynésie française détient une compétence de droit commun et l'État ne conserve qu'une compétence d'attribution. Ainsi, la Polynésie française est compétente dans toutes les matières, à l'exception de celles expressément attribuées à l'État qui concernent les missions régaliennes[3]. Cette autonomie dévolue à la Polynésie française a des conséquences sur l'organisation du secteur de l'énergie. En effet, en matière de gaz, l'article 14 de la loi organique prévoit que la Polynésie française est bien compétente en matière d'hydrocarbures liquides et gazeux, et ce, alors que l'État reste compétent pour les autres « matières premières stratégiques ». S'agissant des compétences en matière d'électricité, l'article 45 de la loi organique mentionnait initialement que la Polynésie française disposait d'une compétence de principe pour l'organisation de la production et de la distribution de l'électricité tout en continuant à reconnaître cette compétence aux communes exerçant une telle activité avant la date de promulgation de la loi organique[4]. L'article 45 de la loi organique a été modifié par la loi organique n° 2019-706 du 5 juillet 2019 afin de donner aux communes le pouvoir de rétrocéder, avec l'accord préalable de l'Assemblée de la Polynésie française, leur compétence au pays pour l'organisation de la production

[3] Cf. art. 14 de la loi organique.

[4] L'art. 45 de la loi organique disposait ainsi : « La Polynésie française peut, sur demande des conseils municipaux, autoriser les communes à produire et distribuer l'électricité dans les limites de leur circonscription. Cette autorisation n'est pas nécessaire pour les communes qui, à la date de promulgation [de la] présente loi organique, produisent et distribuent l'électricité, dans les limites de leur circonscription. »

et de la distribution d'électricité, y compris pour les communes exerçant déjà une telle compétence à la date de promulgation de la loi organique[5]. Étant donné qu'un nombre important de communes exerçait déjà leur compétence en matière de production et de distribution d'électricité à la date de promulgation de la loi organique, il en résulte un fractionnement de l'exercice de la compétence sur le territoire de la Polynésie française entre les communes et le pays. Cette hétérogénéité des compétences en matière d'énergie se retrouve dans la diversité des sources du droit de l'énergie polynésien.

4. *Les marchés de l'électricité et du gaz en Polynésie française.* – En règle générale, les marchés de l'électricité et du gaz sont organisés *via* une distinction entre différentes activités : (i) la production d'électricité ou de gaz, (ii) le transport d'électricité ou de gaz, (iii) la distribution d'électricité ou de gaz et (iv) la fourniture/commercialisation d'électricité ou de gaz aux consommateurs finals. Au regard des investissements importants pour la construction, l'exploitation et la maintenance des réseaux de transport et distribution de gaz et d'électricité et du fait qu'il serait inutile et inefficace de dupliquer de tels réseaux, ces activités sont généralement dévolues à des acteurs monopolistiques (monopole légal) qui peuvent bénéficier de concessions[6]. Ce schéma organisationnel n'est pas reproduit en Polynésie française, et ce, pour des raisons liées notamment à la géographie du territoire. Ainsi, en matière d'électricité, si la production d'électricité est réalisée par différents acteurs et peut être assurée à partir de sources d'énergies fossiles ou renouvelables, on constate deux différences importantes par rapport au schéma organisationnel classique. En premier lieu, l'activité de transport d'électricité est uniquement présente sur l'île de Tahiti. Sur les autres îles, les installations de production sont directement raccordées au réseau de distribution. En second lieu, les activités de distribution et de fourniture ne sont pas séparées. En effet, si les activités de distribution d'électricité sont organisées sous la forme de concessions ou de régies municipales, l'exploitant du réseau de distribution est également chargé de la commercialisation/fourniture d'électricité. Il n'y a donc pas de concurrence sur ce dernier segment de marché.

5. Par ailleurs, en matière de gaz, il n'y a pas d'activité de production en Polynésie française ni même de réseaux de transport ou de distribution. L'approvisionnement de la Polynésie française est entièrement assuré par l'importation de gaz liquéfié

---

[5] L'art. 45 de la loi organique dispose désormais : « I. – La Polynésie française peut, sur demande des conseils municipaux, autoriser les communes à produire et distribuer l'électricité dans les limites de leur circonscription. Cette autorisation n'est pas nécessaire pour les communes qui, à la date de promulgation [de la] présente loi organique, produisent et distribuent l'électricité, dans les limites de leur circonscription. Les communes compétentes pour produire et distribuer l'électricité en application du premier alinéa du présent I peuvent transférer cette compétence à un établissement public de coopération intercommunale ou à un syndicat mixte. II. – Les communes qui, à la date de promulgation de la présente loi organique, produisaient et distribuaient l'électricité, dans les limites de leur circonscription, peuvent transférer à la Polynésie française cette compétence. Ce transfert de compétence ne peut intervenir qu'avec l'accord de l'assemblée de la Polynésie française. Une convention, approuvée par l'assemblée de la Polynésie française, fixe les modalités du transfert des moyens nécessaires à l'exercice de cette compétence. »

[6] À titre d'exemple, en France, près de 95 % de la distribution d'électricité est effectuée par Enedis, entreprise filiale d'EDF. Celle-ci bénéficie d'un monopole légal prévu par l'art. L. 111-52 du code de l'énergie et conclut des contrats de concession avec diverses autorités organisatrices de la distribution d'énergie, qui sont des collectivités ou des groupements de collectivités créés par les communes propriétaires des réseaux de distribution d'électricité. L'organisation pour la distribution du gaz est identique avec l'entreprise GRDF, filiale d'Engie.

par voie maritime, principalement du gaz de pétrole liquéfié (GPL)[7]. Ainsi que cela a été relevé par l'Autorité polynésienne de la concurrence (APC ou l'« Autorité »), la chaîne de valeur du gaz se décompose de la façon suivante : (i) l'acheminement du GPL par voie maritime, (ii) le stockage du GPL en terminal méthanier, (iii) le conditionnement du GPL en bouteille dans des centres d'emplissage et (iv) la vente au détail des bouteilles *via* les réseaux de distribution (stations-service et magasins d'alimentation) et la livraison de gaz en vrac par camion-citerne[8].

6. *Une codification en construction du droit de l'énergie.* – Alors qu'en métropole, les règles liées à l'organisation du secteur de l'énergie sont fortement influencées par le droit européen, la Polynésie française, en raison de son statut de pays et territoire d'outre-mer, n'est par principe pas soumise à l'application des règles qui découlent du droit européen. Le Plan de transition énergétique 2015-2030, qui a posé les jalons de la politique énergétique en Polynésie française, prévoyait plusieurs mesures et notamment la clarification de l'organisation juridique du secteur de l'énergie par l'instauration d'un code polynésien de l'énergie. Ce code polynésien de l'énergie a été créé par la loi du pays n° 2019-27 du 26 août 2019 et complété par la loi du pays n° 2021-6 du 28 janvier 2021, la loi du pays n° 2021-39 du 7 septembre 2021, la loi du pays n° 2022-7 du 24 janvier 2022 et la loi du pays n° 2024-3 du 26 janvier 2024. Le code de l'énergie contient actuellement uniquement des dispositions relevant de la catégorie des lois du pays subdivisées en quatre titres concernant : les principes généraux de la politique en matière d'énergie (titre Ier), l'organisation du secteur de l'énergie (titre II), la production d'électricité (titre III), le transport et la distribution d'électricité (titre IV). Les deux titres dévolus aux dispositions fiscales, douanières et tarifaires en matière d'électricité (titre V) et aux produits pétroliers (titre VI) ne contiennent, à ce jour, aucune disposition. Par ailleurs, au regard de la multiplicité des acteurs, l'appréhension du droit de l'énergie polynésien nécessite de prendre en compte d'autres textes, notamment la loi du pays n° 2009-21 du 7 décembre 2009 relative au cadre réglementaire des délégations de service public de la Polynésie française et de ses établissements publics ou encore la loi du pays n° 2021-5 du 28 janvier 2021 relative à l'institution d'un dispositif de solidarité dans le domaine de l'électricité ainsi que la loi du pays n° 2020-38 du 15 décembre 2020 portant instauration d'une contribution de solidarité sur l'électricité.

7. La plupart des textes ainsi adoptés concernent uniquement l'électricité. La lecture du code de l'énergie ne fait que confirmer ce constat : si le code inclut un titre dédié aux produits pétroliers, ce titre est pour l'heure vide de toute disposition. Par ailleurs, il n'inclut aucun titre relatif au gaz, et pour cause : si, aujourd'hui, à la différence de l'électricité, la concurrence existe dans le domaine de la fourniture de gaz avec l'existence de deux acteurs présents sur le marché du gaz butane en bouteille, la principale règle d'organisation du secteur se trouve dans le code de la concurrence. Dans ce dernier et en application de la loi du pays n° 2022-44 du 19 septembre 2022 relative aux conditions d'encadrement des prix de certains

---

7 Le GPL inclut le butane, le propane ou les mélanges butane/propane.

8 APC, avis n° 2024-A-04 du 30 mai 2024 portant sur un projet de loi du pays relatif à la régulation sectorielle en matière d'énergie.

produits ou services et portant modification de la partie législative du livre Ier du code de la concurrence, il est prévu que le Conseil des ministres peut déroger au principe de liberté des prix pour certains produits, dont les hydrocarbures et le gaz.

8. Ainsi, les prix du gaz et des hydrocarbures sont déterminés par arrêté du Conseil des ministres de la Polynésie française. Ces arrêtés fixent les prix maxima pouvant être pratiqués par les fournisseurs.

9. En complément de cet encadrement des prix du gaz, les pouvoirs publics ont mis en place un fonds de régulation des prix des hydrocarbures. Le rôle de ce fonds est de stabiliser les fluctuations à la hausse, comme à la baisse, du coût d'importation des hydrocarbures, en vue d'éviter leur répercussion immédiate et intégrale sur les utilisateurs professionnels et particuliers.

10. Ainsi, le fonds vient compenser auprès de l'importateur d'hydrocarbures la différence entre le coût d'importation et le prix de vente des hydrocarbures, fixé par le pays.

11. Ce fonds est principalement alimenté par le produit du montant de la stabilisation, décidé par le pays pour chaque type de consommateur d'hydrocarbures, et dans une moindre mesure par une taxe spécifique sur les équipements électriques importés (TEEI). Ce mécanisme peut générer des recettes pour le fonds lorsque la stabilisation est positive (prix de vente supérieur au prix de revient réel) ou au contraire se traduire par des dépenses lorsqu'elle est négative (prix de vente inférieur au prix de revient réel). Dans ce dernier cas, les ressources du fonds servent à compenser la différence entre le coût de revient réel et le prix de vente du produit.

12. La fourniture du gaz relève donc à l'heure actuelle d'un régime d'économie largement administré.

13. Compte tenu des éléments qui précèdent, le présent chapitre dédié à la régulation de l'énergie se concentrera au premier chef sur la régulation du secteur de l'électricité, dont on verra qu'elle compte de nombreux acteurs et s'articule autour d'une organisation complexe mais encore très largement à la main de la puissance étatique.

I. Les acteurs de la régulation

A. *Les acteurs régulateurs*

14. La régulation du secteur de l'énergie en Polynésie est essentiellement une prérogative du pays avec un rôle central dévolu au président et au ministre chargé de l'énergie. On constate cependant une influence croissante des acteurs non gouvernementaux.

1. Les acteurs gouvernementaux

15. *Le président.* – La loi organique confie au président de la Polynésie française des pouvoirs importants au titre desquels il « conduit la politique » de la collectivité, « dispose de l'administration » (ce qui inclut la Direction polynésienne de l'énergie ; cf. *infra*) et « dirige l'action du gouvernement » (art. 63 et 64 de la

loi organique). Il peut déléguer certains de ses pouvoirs au vice-président et aux ministres (art. 67 de la loi organique). Le code de l'énergie prévoit que le président est notamment chargé de délivrer les autorisations préalables pour l'exploitation d'installations de production d'électricité (art. LP. 312-1), d'imposer des sanctions en cas de méconnaissance des règles encadrant l'activité de production d'électricité ou les prescriptions des autorisations (art. LP. 313-4), d'accorder les autorisations pour les installations hydrauliques autorisées (art. LP. 333-1), de délivrer les autorisations de mise en service pour les installations hydrauliques autorisées ou concédées (art. LP. 334-2-2) et d'approuver les projets de réalisation d'ouvrages de transport d'électricité (art. LP. 413-2).

16. *Le ministre chargé de l'énergie.* – Les compétences dévolues au ministre chargé de l'énergie relèvent très majoritairement d'une délégation de compétences du président, laquelle est prévue par l'arrêté n° 1691 PR du 19 août 2024 relatif aux attributions du ministre de l'Économie, du Budget et des Finances, en charge des énergies, des postes et télécommunications (ci-après « l'arrêté 1691 »). À ce titre, le ministre chargé de l'énergie a autorité sur la Direction polynésienne de l'énergie (DPE) (art. 2 de l'arrêté 1691) et reçoit une délégation de pouvoirs très étendue pour la gestion des affaires en matière d'énergie, qui inclut notamment le contrôle des installations et la délivrance des autorisations de mise en service des concessions hydroélectriques, le contrôle de la qualité des hydrocarbures, le prononcé de sanctions administratives prévues par le code de l'énergie, le contrôle des délégations de service public conclues par le pays en matière d'énergie, la gestion des services publics de production et de distribution d'électricité exploités en régie par le pays, l'autorisation d'exploitation d'une installation de production d'électricité ou de stockage d'énergie à l'exception des moyens de stockage d'hydrocarbures, l'autorisation de création d'une unité de production d'énergie électrique, les autorisations relatives à certaines installations hydroélectriques et l'instruction des demandes initiales et de modifications des concessions hydroélectriques (art. 3, A § 1 de l'arrêté 1691).

17. Le ministre chargé de l'énergie est également chargé de la gestion du dispositif de solidarité dans le domaine de l'électricité et des pouvoirs en matière de régulation de l'électricité visant à saisir l'APC ; il peut solliciter des informations auprès des différents acteurs et régler des différends entre eux ou prononcer des mesures conservatoires (cf. *infra* § 22) (art. 3, A § 2° et 3° de l'arrêté 1691).

18. Le code de l'énergie prévoit également que le ministre chargé de l'énergie doit transmettre annuellement un rapport à l'Assemblée de la Polynésie française sur l'état d'avancement des objectifs de développement en matière de politique énergétique (art. LP. 111-10) et préside la commission des forces hydrauliques chargée d'émettre un avis provisoire puis un avis définitif sur les projets de concessions hydroélectriques ainsi que sur les projets de modifications de ces concessions (art. LP. 332-1-4).

19. *La DPE.* – La Direction polynésienne de l'énergie (anciennement dénommée « service de l'énergie et des mines ») est un service administratif sous la tutelle du ministère de l'Économie, du Budget et des Finances, chargé des énergies, des postes et télécommunications, créé par la délibération n° 87-82 du 10 septembre 1982. Ses missions ainsi que ses règles d'organisation et de fonctionnement sont

prévues par l'arrêté n° 1790 CM du 6 octobre 2023 relatif aux règles d'organisation et de fonctionnement de la Direction polynésienne de l'énergie (ci-après « l'arrêté 1790 »). À ce titre, la DPE dispose d'une compétence générale en matière de ressources énergétiques, de production, de transport, de distribution et de consommation d'énergie (art. 3 de l'arrêté 1790). La DPE s'assure notamment de l'exploitation et de la maintenance des services publics de transport et de distribution d'énergie électrique, ainsi que des installations de production nécessaires à leur fonctionnement, pour le compte de la Polynésie française, et exerce l'activité de régulation du secteur de l'énergie. Elle veille également au suivi des délégations de service public intervenant dans le secteur des énergies (art. 3 de l'arrêté 1790). La DPE est divisée en plusieurs bureaux, notamment le bureau réseaux et contrôles, hydrocarbures et électricité (art. 9 de l'arrêté 1790) et le bureau énergies renouvelables et maîtrise de l'énergie (art. 10). Au sein de ce dernier bureau, figure un Observatoire polynésien des énergies (OPE), créé en lien avec l'Agence de l'environnement et de la maîtrise de l'énergie (ADEME), chargé notamment de rassembler des informations et données relatives aux énergies et émissions de gaz à effet de serre et d'en informer le grand public. L'OPE publie depuis 2017 un bilan énergétique annuel de la Polynésie française[9].

20. *Le Conseil des ministres.* – En matière de régulation du secteur de l'énergie, le rôle du Conseil des ministres est surtout technique. En effet, le code de l'énergie prévoit que le Conseil des ministres peut notamment : définir par arrêtés les modalités de demandes d'autorisation et de déclaration des installations de production d'électricité (art. LP. 312-8), limiter la délivrance des autorisations administratives nécessaires aux installations de production d'électricité issues d'énergies renouvelables afin de garantir la stabilité du réseau électrique (art. LP. 321-1), fixer par arrêté les tarifs d'achat de l'électricité produite à partir d'énergies renouvelables (art. LP. 322-2), se prononcer sur demande des autorités délégantes (communes, syndicats mixtes) sur le choix d'un concessionnaire pressenti pour l'octroi d'une concession hydroélectrique ainsi que sur le choix du concessionnaire (art. LP. 332-1-1 et LP. 332-2) ou encore fixer le seuil de puissance au-delà duquel les installations de production d'électricité sont obligatoirement raccordées au réseau public de transport d'électricité (art. LP. 413-6). L'article LP. 2 de la loi du pays n° 2021-5 du 28 janvier 2021 relative à l'institution d'un dispositif de solidarité dans le domaine de l'électricité prévoit également que le Conseil des ministres arrête le prix moyen de référence de vente d'électricité devant être respecté (dans la limite de +/- 20 %) par les gestionnaires de réseau de distribution souhaitant bénéficier du mécanisme de péréquation tarifaire (cf. *infra* § 74).

21. *La commission de l'énergie.* – Le code de l'énergie prévoit qu'une commission de l'énergie est instituée afin de donner un avis consultatif pour : tout projet d'installation de production d'énergie électrique nécessitant une autorisation préalable d'exploiter ou une prolongation de ladite autorisation, à l'exception des autorisations de catégorie B, tout projet de délégation de service public de distribution d'électricité, tout projet de

---

9 Observatoire polynésien de l'énergie, https://www.service-public.pf/sde/lobservatoire-polynesien-de-lenergie-ope-3/#vct_demarches_text_container.

délégation de service public de transport d'énergie électrique, tout projet de concession d'exploitation de forces hydrauliques et tout projet d'installation de refroidissement utilisant de l'eau froide marine (art. LP. 221-1). La commission de l'énergie émet également un avis et entend les parties lors des procédures de règlement de différend concernant l'accès aux réseaux d'électricité (art. LP. 221-1 et LP. 231-4). La commission de l'énergie est composée : du ministre chargé de l'énergie ou de son représentant (président), du ministre chargé de l'équipement ou de son représentant, du ministre chargé de l'environnement ou de son représentant et d'un représentant désigné par l'Assemblée de la Polynésie française (art. 1er de l'arrêté n° 323 CM du 17 mars 2021 relatif à la composition, au fonctionnement, à la procédure de consultation de la commission de l'énergie et à la délivrance d'autorisations d'exploiter en application du titre III du code de l'énergie de la Polynésie française).

22. *Pouvoirs de régulation en matière d'électricité.* – Le chapitre III du titre II du code de l'énergie prévoit une section spécifique intitulée « régulation du secteur de l'énergie » qui incombe à l'autorité administrative (ministre chargé de l'énergie assisté de la DPE) et au président de la Polynésie. Le code de l'énergie définit ce qu'est l'activité de régulation dans le domaine de l'électricité comme visant à « mettre en place et à maintenir l'équilibre économique entre les différents acteurs du secteur, de manière transparente ». Cette activité de régulation doit ainsi permettre de veiller à la mise en œuvre des principes généraux de la politique énergétique, de participer à la tarification des prestations de production, de transport et de distribution d'énergie, d'assurer un contrôle comptable et financier sur les différents opérateurs, d'assurer une mission de surveillance et d'observation des marchés du secteur de l'énergie, de veiller à ce que les conditions d'accès aux réseaux de transport et de distribution d'électricité n'entravent pas le développement de la concurrence et d'arbitrer les litiges éventuels entre les différents opérateurs (art. LP. 231-1). Les autorités chargées de cette mission de régulation disposent de trois pouvoirs caractéristiques des régulateurs :

- un *pouvoir de collecte de renseignements* qui permet à l'autorité administrative de solliciter l'ensemble des acteurs du secteur de l'énergie (responsable d'équilibre, producteurs d'électricité, gestionnaires du réseau de transport ou de distribution) pour toute information qu'elle estime nécessaire afin de s'assurer du caractère non discriminatoire de l'accès aux réseaux de transport et de distribution d'électricité (art. LP. 231-4, I). Par ailleurs, les conventions entre les différents acteurs du secteur de l'énergie, lesquelles déterminent notamment les conditions techniques et financières de l'interconnexion ou de l'accès au réseau, lui sont transmises (art. LP. 232-1) ;
- un *pouvoir de règlement de différend et d'injonction* dans la mesure où l'autorité administrative peut être saisie par tout opérateur (responsable d'équilibre, producteurs d'électricité, gestionnaires du réseau de transport ou de distribution) ou se saisir d'office en cas de désaccord concernant les conventions d'accès aux réseaux de transport ou de distribution ou d'achat d'électricité et peut ordonner la cessation de tout manquement (notamment aux règles de placement des énergies fixées en Conseil des ministres) dans un délai de 15 jours *via* une mise en demeure (art. LP. 231-4, II). Plus encore, en cas d'atteinte grave et immédiate aux règles régissant l'accès aux

réseaux de transport et de distribution, la DPE peut, après avoir entendu les parties en cause, prononcer les mesures conservatoires nécessaires en vue d'assurer la continuité du fonctionnement de ces réseaux. Ces différends sont tranchés par une décision motivée après que les parties en cause ont été entendues par la commission de l'énergie (art. LP. 231-4, II) ;

- un *pouvoir de sanction* qui permet de sanctionner les manquements aux obligations imposées par le chapitre III du titre II du code de l'énergie. L'exercice de ce pouvoir est conditionné à une mise en demeure préalable de l'opérateur, et ce n'est que si l'opérateur ne s'y conforme pas dans le délai fixé qu'il peut se voir notifier des griefs. L'opérateur doit ensuite être mis à même de consulter le dossier et de présenter des observations écrites et verbales.

23. Devant être motivée et proportionnée à la gravité du manquement, la sanction, prononcée par le président de la Polynésie française, peut conduire à une interdiction temporaire d'accès aux réseaux de transport et de distribution d'une durée maximale d'un an. Elle peut aussi prendre la forme d'une amende, dont le montant ne peut excéder 3 % du chiffre d'affaires du dernier exercice clos, voire 5 % en cas de nouvelle méconnaissance de la même obligation. À défaut d'activité permettant de déterminer ce plafond, le montant de la sanction ne peut excéder 17 000 000 francs CFP, porté à 44 000 000 francs CFP en cas de violation de la même obligation (art. LP. 233-1 à LP. 233-3).

24. Au-delà de ces sanctions administratives, le code de l'énergie prévoit également d'autres sanctions administratives et pénales. Ainsi, le président de la Polynésie française peut imposer des sanctions financières en cas de manquement par un producteur d'électricité aux dispositions législatives ou réglementaires qui régissent son activité ou de manquement aux prescriptions du titre en vertu duquel il exerce son activité. Devant être motivée et proportionnée à la gravité du manquement, la sanction prononcée peut conduire à une amende dont le montant ne peut excéder 3 % du chiffre d'affaires du dernier exercice clos, voire 5 % en cas de nouvelle méconnaissance de la même obligation, et au retrait ou à la suspension, pour une durée n'excédant pas un an, de l'autorisation d'exploiter une installation de production d'électricité. Là encore, à défaut d'activité permettant de déterminer ce plafond, le montant de la sanction ne peut excéder 17 000 000 francs CFP, porté à 44 000 000 francs CFP en cas de violation de la même obligation. L'exercice de ce pouvoir est conditionné à une mise en demeure préalable de l'opérateur, et ce n'est que si l'opérateur ne s'y conforme pas dans le délai fixé qu'il peut se voir notifier des griefs. L'opérateur doit ensuite être mis à même de consulter le dossier et de présenter des observations écrites et verbales (art. LP. 313-4 à LP. 313-8).

25. Le code de l'énergie punit également d'un an d'emprisonnement et d'une amende de 17 800 000 francs CFP le fait d'exploiter une installation de production d'électricité sans être titulaire de l'autorisation idoine (art. LP. 313-1). Pour les personnes morales, le montant de l'amende est multiplié par cinq et elles encourent également la fermeture temporaire pour une durée de cinq ans au plus ou à titre définitif de leurs établissements, l'interdiction à titre définitif ou pour une période de cinq ans au plus d'exercer directement ou indirectement l'activité professionnelle ou sociale pour laquelle elles sont condamnées, et l'affichage ou la diffusion de la sanction prononcée (art. LP. 313-3).

2. Les acteurs extra-gouvernementaux

26. *L'APC.* – Créée par la loi du pays n° 2015-2 du 23 février 2015 relative à la concurrence, l'APC est une autorité administrative indépendante chargée d'assurer le respect de la concurrence en Polynésie française, notamment l'absence d'entente et d'abus de position dominante. L'APC a ainsi un rôle afin d'assurer la régulation *ex post* du secteur de l'énergie. À la date où nous écrivons ces lignes, l'Autorité n'a rendu aucune décision intéressant le secteur de l'énergie. La présence au sein de cette industrie de nombreux acteurs en situation de position dominante conduit à faire de l'énergie un domaine privilégié de vigilance et d'intervention pour l'Autorité.

27. En outre, le code de l'énergie prévoit expressément que l'APC peut être amenée à connaître des agissements anticoncurrentiels, notamment en matière d'accès aux réseaux de transport et de distribution (art. LP. 231-2) et qu'elle peut être saisie par le ministre chargé de l'économie des abus de position dominante et des pratiques entravant le libre exercice de la concurrence dont il a connaissance dans le secteur de l'énergie, une telle saisine pouvant être assortie d'une demande de mesures conservatoires ou pour avis de toute question relevant de sa compétence (art. LP. 231-3).

28. L'APC peut être consultée par le président de la Polynésie française et le président de l'Assemblée de la Polynésie française sur toute question portant sur la concurrence (art. LP. 620-1, I du code de la concurrence) et dans le cadre de la régulation d'un secteur où la concurrence est défaillante dans le but d'assurer l'ouverture et le bon fonctionnement des marchés concernés. L'APC est également obligatoirement saisie pour avis par le président de la Polynésie française sur tout projet de loi du pays ou par le président de l'Assemblée de la Polynésie française sur toute proposition de loi du pays ou de délibération qui institue un nouveau régime ayant pour effet de soumettre l'exercice d'une profession ou l'accès à un marché à des restrictions quantitatives et géographiques, d'établir des droits exclusifs dans certaines zones ou certains secteurs d'activité ou encore d'imposer des pratiques uniformes en matière de prix ou des conditions de vente (art. LP. 620-2 du code commerce). Sur ces fondements, l'APC a rendu de nombreux avis qui intéressent la régulation de l'énergie[10].

29. Par ailleurs, l'APC peut également se saisir d'office, comme elle l'a fait dans le cadre de l'avis n° 2022-A-01 du 21 avril 2022 relatif à la situation de la concurrence dans le secteur de l'approvisionnement en hydrocarbures de la Polynésie française. Certes, les pouvoirs publics ne sont pas liés par les avis de l'APC, mais il n'en demeure pas moins que ceux-ci jouissent d'une certaine autorité dans le cadre du processus décisionnel et les recommandations émises par l'Autorité peuvent conduire ultérieurement à l'adoption de nouveaux textes législatifs et réglementaires qui s'en inspirent.

---

10 On pourra citer, par exemple, l'avis n° 2018-AO-03 du 10 août 2018 sur le projet de loi du pays instituant un code de l'énergie de la Polynésie française, l'avis n° 2020-AO-02 du 3 septembre 2020 sur le projet de loi du pays précisant le contenu des titres III et IV du code de l'énergie de la Polynésie française, l'avis n° 2020-AO-03 du 24 septembre 2020 sur un projet de loi du pays instituant un dispositif de solidarité dans le domaine de l'électricité, l'avis n° 2021-A-01 du 15 octobre 2021 sur un projet de loi du pays relative aux procédures d'instruction des demandes de concessions et d'autorisations hydroélectriques, l'avis n° 2024-A-04 préc. ou encore l'avis n° 2025-AO-04 du 30 juin 2025 relatif à une demande d'avis sur un projet de loi du pays en faveur du développement de la production d'électricité à partir des sources renouvelables en modifiant le code de l'énergie.

30. *Le juge administratif.* – Le juge administratif peut être amené à jouer un rôle en matière de régulation de l'énergie, et ce, à plusieurs titres. Tout d'abord, les décisions prises en matière de sanction administrative par le président de la Polynésie au titre du code de l'énergie peuvent naturellement faire l'objet d'un recours devant le juge administratif, pour excès de pouvoir dans le cas des mises en demeure et de pleine juridiction dans le cas des sanctions[11].

31. Par ailleurs, étant donné que le régime de la distribution/fourniture d'électricité est organisé, en très grande majorité, dans le cadre de délégations de service public conclues par diverses autorités délégantes publiques (pays, communes, syndicats mixtes) (cf. *infra* § 36), il n'est pas exclu que le juge administratif puisse être saisi des conditions dans lesquelles de tels contrats sont conclus ou de leurs modalités d'exécution.

32. Enfin, on notera également que la majorité des textes organisant la réglementation même en matière d'énergie sont issus de lois du pays, lesquelles peuvent, dans les conditions fixées à l'article 176 de la loi organique, faire l'objet d'un recours devant le Conseil d'État. Ce dernier a ainsi jugé que l'article LP. 10 de la loi du pays n° 2012-26 du 6 décembre 2012 relative à la production d'énergie électrique, qui interdisait toute action pouvant conduire au contrôle par un même opérateur de plus de 50 % de la production d'électricité issue des énergies renouvelables en Polynésie, était contraire au principe de liberté du commerce et de l'industrie[12].

33. *La chambre territoriale des comptes.* – Elle peut, conformément aux dispositions du code des juridictions financières, examiner la gestion de la Polynésie française et des communes (ainsi que leurs établissements publics respectifs), ainsi que celle de toutes les entités (quel que soit leur statut juridique) pour lesquelles la Polynésie française ou les collectivités territoriales de Polynésie française (et leurs établissements publics) apportent un concours financier supérieur à 1 500 euros par an, ou dans lesquelles elles détiennent, séparément ou ensemble, plus de la moitié du capital ou des voix dans les organes délibérants, ou sur lesquelles elles exercent, directement ou indirectement, un pouvoir prépondérant de décision ou de gestion. La chambre territoriale des comptes de Polynésie française a ainsi été amenée à contrôler l'entreprise chargée du transport d'énergie électrique à Tahiti[13] ou, de façon plus générale, la politique énergétique mise en œuvre par le pays[14].

34. *Vers une régulation indépendante ?* – La régulation du secteur de l'énergie est mise en œuvre uniquement par le pays et sans que celle-ci soit dévolue à une autorité indépendante ou sectorielle, comme cela peut être le cas en métropole avec la Commission de régulation de l'énergie (CRE), et ce, alors que le pays détient par ailleurs des parts dans de nombreuses entreprises régulées, notamment le gestionnaire du réseau de transport à Tahiti (la TEP) ou le producteur chargé

---

[11] V. resp. pour la métropole dans la même affaire CE, 21 avril 2023, n° 464349 et CE, 28 octobre 2024, n° 490686. Ces recours peuvent également être assortis d'un référé-suspension (V. CE, ord., 24 octobre 2022, n° 467931).

[12] CE, 16 octobre 2013, *Société EDT*, n°s 365067 et 365068

[13] Chambre territoriale des comptes, « SEML Transport d'énergie électrique en Polynésie (TEP), exercices 2017 à 2021, Rapport d'observations définitives et sa réponse », 2023.

[14] Chambre territoriale des comptes, « Collectivité de la Polynésie française : politique énergie, exercices 2017 et suivants, Rapport d'observations définitives », 2023.

des concessions hydroélectriques de Tahiti, Marana Nui. Cette situation de conflits d'intérêts a été relevée par plusieurs autorités de contrôle, notamment l'APC et la chambre territoriale des comptes. On notera qu'un projet de loi du pays avait été préparé pour confier la régulation du secteur de l'énergie à l'APC (le lecteur curieux pourra d'ailleurs consulter avec intérêt l'avis que l'APC avait rendu sur ce projet de loi du pays[15]), mais celui-ci a finalement été retiré par le gouvernement.

B. *Les acteurs régulés du secteur de l'électricité*

35. *Le schéma de l'organisation.* – Alors qu'en métropole, sous l'influence du droit européen, les activités de production, de transport, de distribution et de fourniture/commercialisation d'électricité sont effectivement séparées, tel n'est pas le cas en Polynésie, et ce, dans la mesure où (i) l'activité de transport d'électricité n'est exercée que sur l'île de Tahiti et (ii) les activités de distribution et de fourniture/commercialisation ne sont pas séparées. La séparation des activités est d'autant plus floue, car de nombreuses concessions de distribution d'électricité comportent également des moyens de production d'électricité[16].

36. *Les acteurs de la distribution et de la fourniture d'électricité.* – Conformément au code de l'énergie, la distribution de l'électricité est un service public qui peut être organisé soit directement en régie par les personnes publiques disposant d'une telle compétence (pays, commune ou groupement de communes), soit par l'intermédiaire d'une concession de service public (art. LP. 431-1). La Polynésie compterait ainsi près de 65 réseaux de distribution répartis sur 58 îles, avec 22 réseaux exploités sous la forme de concession et 43 en régie[17]. EDT (ou ses filiales) est titulaire de l'intégralité des concessions de service public de distribution d'électricité.

37. Les concessions de distribution détenues par EDT ou ses filiales sont les suivantes[18] :

	Concessions			**Date de prise d'effet de la concession**	**Date de fin de la concession**
	Autorité concédante	*Entité délégataire*	*Périmètre*		
1	Polynésie française	EDT	Île de Tahiti nord	27/09/1960	30/09/2030
2	Commune de Tubuai	EDT	Toute la commune	01/10/1991	30/09/2030
3	Commune de Maupiti	EDT	Toute la commune	01/10/1991	30/09/2030
4	Commune de Bora-Bora	EDT	Toute la commune	01/10/1991	30/09/2030
5	Commune de Rimatara	EDT	Toute la commune	01/04/2000	30/09/2030

15 Cf. APC, avis n° 2024-A-04 préc.

16 Cf. APC, avis n° 2020-AO-03 préc., § 8.

17 OPE, « Bilan énergétique de la Polynésie française », édition 2023. L'OPE indique dans son bilan : « Les îles faiblement peuplées ou dont la population est non permanente ne disposent pas de service public d'électricité. Les moyens de production se résument alors à des groupes électrogènes ou des installations photovoltaïques isolées. Ces derniers, minoritaires, ne sont pas pris en compte dans ce bilan énergétique, faute de données », p. 20.

18 Cf. APC, avis n° 2025-AO-04 préc., § 30.

	Concessions			Date de prise d'effet de la concession	Date de fin de la concession
	Autorité concédante	*Entité délégataire*	*Périmètre*		
6	Commune de Hao	EDT	Île de Hao seule	01/08/2000	30/09/2030
7	Commune de Raivavae	EDT	Toute la commune	01/08/2000	30/09/2030
8	SECOSUD (syndicat intercommunal)	Tahiti Sud Énergie (TSE)	Île de Tahiti – territoire des 4 communes adhérentes	01/03/2017	28/02/2034
9	Commune de Rangiroa	Électricité de Polynésie (EDP)	Île de Rangiroa	01/10/2022	31/12/2040
			Île de Mataiva		
			Île de Tikehau		
			Île de Makatea		
10	Commune de Makemo	EDP	Île de Makemo seule	01/10/2023	30/09/2048
11	CODIM (Communauté de communes des Marquises)	Électricité des Marquises (EDM)	Île de Nuku Hiva	01/01/2024	31/12/2043
			Île de Ua Pou		
			Île de Ua Huka		
			Île de Hiva Oa		
			Île de Tahuata		
			Île de Fatu Iva		

38. Les autres réseaux de distribution d'électricité sont organisés sous la forme de :

- régies communales pour les communes de Manihi, Ahe, Arutua, Apataki, Kaukura, Rapa, Takaroa, Takapoto, Omoa, Hanavave, Faaite, Fakahina, Fangatau, Reao, Pukarua, Napuka, Tepoto Nord, Tatakoto, Fakarava, Niau, Raraka, Kauehi, Katiu, Raroia, Taenga, Tematangi, Tureia, Amanu, Nukutavake, Vairaatea, Vahitahi, Marokau, Hikueru, Pukapuka, Anaa, Uturoa et Mangareva (globalement, les îles de l'archipel des Tuamotu et de l'archipel des Gambier) ;
- établissement public industriel et commercial avec la gestion du réseau de l'île de Moorea-Maiao confié à l'EPIC Moorea-Maiao ;
- société publique locale (SPL) avec la création de la SPL Te Uira api no te mau motu, qui gère les cinq services publics de production et de distribution d'électricité des îles de Huahine, Tahaa, Taputapuatea, Tumaraa et Rurutu.

39. *L'acteur unique du transport d'électricité.* – La société TEP est le seul gestionnaire du réseau de transport d'électricité à Tahiti, lequel est qualifié d'activité de service public par le code de l'énergie (art. LP. 411-2). La TEP a été créée en 1985 à l'initiative de la Polynésie française et est titulaire d'une délégation de service public pour la gestion et l'exploitation du réseau de transport jusqu'en 2027. La TEP est, depuis sa création, une entreprise détenue majoritairement par des capitaux publics. Elle est actuellement détenue à 75 % par le pays

et à 25 % par RTE International, filiale de RTE[19]. Le code de l'énergie réglemente l'activité du gestionnaire des réseaux de transport et prévoit notamment que les producteurs et distributeurs d'électricité ne peuvent pas détenir directement ou indirectement une participation dans son capital ou exercer un contrôle sur celui-ci (art. LP. 412-2).

40. *Les autres producteurs d'électricité.* – Même si les gestionnaires de réseau de distribution d'électricité disposent d'installations de production, il existe également une multitude de producteurs d'électricité. Par exemple, sur l'île de Tahiti, si les centrales thermiques de Punaruu et Vairaatoa appartiennent à EDT et sont intégrées à la concession de Tahiti Nord, il y a de multiples producteurs d'électricité et notamment : la société Marama Nui, qui détient 6 concessions hydroélectriques et près de 1 407 producteurs détenant au total 1 727 installations photovoltaïques[20]. Ces différents producteurs d'électricité sont, en fonction de leur activité, soumis aux dispositions du code de l'énergie, en particulier celles relatives aux régimes d'autorisation et de déclaration des installations de production (art. LP. 311-1 à LP. 335-4).

II. Le régime de la régulation

41. Comme vu *supra*, si des réformes ont été engagées pour mettre en place une autorité de régulation sectorielle propre au secteur de l'énergie, ces dernières n'ont pour l'heure pas abouti. Partant, la régulation du secteur énergétique demeure essentiellement le fait de l'autorité administrative polynésienne. L'intervention publique recouvre un caractère d'autant plus essentiel en Polynésie que le prix de nombreux produits énergétiques y est toujours réglementé.

42. En conséquence, la régulation aujourd'hui ne vise pas tant la création et le maintien de conditions de marché visant à permettre le maintien et le développement de la concurrence entre différents acteurs, mais porte avant tout sur un encadrement tarifaire dont l'objectif est de garantir l'accès des Polynésiens à l'énergie et de limiter autant que faire se peut que certains opérateurs ne s'arrogent une rente indue ou excessive.

43. Le contenu de l'activité de régulation dans le domaine de l'énergie est déterminé par l'article LP. 231-1 du code de l'énergie. Si les principes fixés par ce dernier sont génériques et visent le secteur énergétique dans sa globalité, les règles spécifiques développées dans le code de l'énergie concernent uniquement le secteur de l'électricité (art. LP. 232-1 et s.). Il se concentre au premier chef sur l'électricité, les secteurs du gaz et des hydrocarbures étant traités à la marge.

---

19 Jusqu'en 2021, EDT détenait 39 % du capital social de la TEP et, jusqu'en 2022, OCI-Groupe Socredo et l'Agence française de développement possédaient également 5 % chacune du capital social. Cf. égal. arrêté n° 1049 CM du 15 juin 2021 relatif au rachat des parts détenues par la société EDT-Engie et Marama Nui au sein de la SEML TEP par le pays, *JOPF* n° 49 du 18 juin 2021.

20 Selon l'APC, ces 1 407 producteurs présentent « des profils variés, en raison d'une activité visant avant tout la satisfaction de leurs propres besoins (autoconsommation). Les 20 premiers producteurs produisent près de la moitié de l'énergie photovoltaïque (autoconsommation incluse). On note parmi eux Electra, société anonyme détenue par EDT à 81,53 % ; Eco Energy, société du groupe Louis Wane de production d'électricité par énergies renouvelables ; le groupe Somalu/Somatech ; le groupe Brasserie de Tahiti, etc. » (APC, avis n° 2018-AO-03 préc., § 12).

44. Compte tenu de cet état du droit, les développements qui suivent se concentreront uniquement sur le secteur électrique.

45. À cet égard, le régime de la régulation électrique est largement conditionné par les conditions d'organisation du système électrique polynésien.

46. Comme rappelé supra (cf. section A), seule l'activité de production est ouverte à la concurrence, mais elle demeure soumise à un contrôle administratif non négligeable.

47. L'activité de transport, présente uniquement sur l'île de Tahiti, est exercée en monopole et fait l'objet d'un encadrement spécifique. Il en va de même s'agissant des activités de distribution et de fourniture qui ne sont pas dissociées et sont exercées dans un cadre concessif.

48. Enfin, compte tenu de l'absence de concurrence sur le segment de la fourniture/commercialisation, la régulation des prix de détail constitue un élément essentiel du cadre régulatoire à l'heure actuelle en Polynésie.

A. *La régulation de la production d'électricité – entre liberté et contrôle administratif*

49. En 2023, à l'échelle de la Polynésie, 70,5 % de l'électricité est générée à partir d'hydrocarbures et seulement 29,5 % est d'origine renouvelable. Par ailleurs, le taux de dépendance énergétique de la Polynésie est de 93,3 %[21]. Le segment de la production d'électricité ne constitue pas une activité de service public. Sur ce segment, le principe est celui de la libre concurrence[22].

50. Toutefois, les encadrements et exceptions sont nombreux de sorte que la production d'électricité demeure une activité très contrôlée. Preuve de ce contrôle, tout projet de construction d'une nouvelle installation de production d'énergie électrique recourant aux énergies fossiles est normalement interdit[23], « sauf à démontrer que le recours à une installation utilisant une énergie renouvelable est impossible dans des conditions économiques ou techniques soutenables ». Cette interdiction ne joue pas non plus s'agissant des installations qui sont nécessaires au bon fonctionnement d'une installation productrice d'énergie électrique issue d'énergie renouvelable ainsi qu'aux installations de secours et aux installations provisoires.

51. En toute hypothèse, sauf exception, l'exploitation d'une installation de production d'électricité est soumise à la délivrance d'une autorisation préalable d'exploiter. C'est au président de la Polynésie française qu'il revient de délivrer cette

---

[21] OPE, « Bilan énergétique de la Polynésie française », préc.

[22] L'art. LP 311-1 du code de l'énergie prévoit en son deuxième alinéa : « Chacun est libre de produire de l'électricité, notamment destinée à sa consommation personnelle. »

[23] Art. LP. 111-3 du code de l'énergie. Les notions d'installations de production d'électricité de secours et provisoires sont définies par l'arrêté n° 671 CM du 5 juin 2020 portant définition des notions d'installations de production d'électricité de secours et provisoires, *JOPF* n° 46 NC du 9 juin 2020, qui prévoit que : (i) « On entend par "installation de production d'électricité de secours" toute installation complémentaire à un raccordement au réseau public, implantée à demeure, et fonctionnant moins de 500 heures par an » (art. 1er) et (ii) « On entend par "installation de production d'électricité provisoire" toute installation destinée à fonctionner moins d'un an sur un site défini » (art. 2).

autorisation. À ce stade, il convient de préciser que sont considérées comme des installations de production les installations de stockage d'énergie, à l'exclusion des installations de stockage d'hydrocarbure.

52. En outre, sont soumises à autorisation préalable :
   - de nouvelles installations qui remplacent celles déjà autorisées ;
   - de nouvelles installations qui augmentent la puissance installée par rapport à l'installation initiale ;
   - de nouvelles installations dont la source d'énergie primaire change.

53. Il faut souligner qu'à la différence du régime métropolitain, où certaines mesures de simplification et de concentration ont été mises en place, l'obtention de l'autorisation d'exploiter ne dispense pas l'exploitant d'obtenir les autres autorisations susceptibles d'être requises au titre d'autres législations. Ainsi, l'autorisation d'exploiter ne vaut notamment pas autorisation de travaux immobiliers, ni autorisation d'installations classées, ni autorisation d'occupation du domaine public ou privé. Elle ne vaut pas non plus autorisation de raccordement sur le réseau public de distribution ou de transport de l'électricité[24].

54. Les demandes d'autorisation sont à adresser au service chargé de l'énergie, c'est-à-dire la DPE.

55. *Les autorisations de catégorie A et B.* – Le code distingue ces deux types d'autorisation. Notons que le terme d'autorisation s'agissant des installations de catégorie B est impropre, car ces installations sont en réalité soumises à un simple régime de déclaration préalable. En effet, l'article LP. 312-17 du code de l'énergie indique que « [l]es autorisations de catégorie B sont réputées délivrées sur simple déclaration préalable adressée au service en charge de l'énergie, sous réserve de leur conformité avec les dispositions législatives et réglementaires en vigueur ».

56. La distinction entre catégorie A et catégorie B se fonde sur la puissance et la localisation de l'installation, étant précisé que les installations suivantes sont dispensées d'autorisation ou de déclaration :
   - les installations de production d'électricité provisoires ;
   - les installations de production d'électricité de secours ;
   - les groupes électrogènes dont la puissance est inférieure à 10 kilowatts (kW).

57. Il faut toutefois préciser que dans le cas d'installations de production d'électricité provisoires et de secours, dont la puissance est supérieure à 10 kW, leurs propriétaires sont tenus de transmettre tous les ans au service chargé de l'énergie une déclaration annuelle récapitulative desdites installations, au plus tard le 31 mars de l'année suivante.

58. Les installations relevant de la catégorie A sont les suivantes[25] :
   - les installations de production d'électricité d'une puissance égale ou supérieure à 500 kW à Tahiti et 50 kW dans les îles autres que Tahiti ;

---

24 Art. LP. 312-5 du code de l'énergie.
25 Art. LP. 312-9 du code de l'énergie.

- les installations de production d'électricité qui augmentent d'au moins 10 % la puissance d'une installation relevant d'une autorisation de catégorie A ;
- les installations de stockage d'énergie d'une puissance égale ou supérieure à 500 kW à Tahiti et 50 kW dans les îles autres que Tahiti ;
- les installations de stockage d'énergie qui augmentent d'au moins 10 % la puissance d'une installation de stockage d'énergie relevant d'une autorisation de catégorie A.

59. Les autorisations des installations de catégorie A sont délivrées après avis de la commission de l'énergie, étant précisé que cette dernière n'est saisie qu'après accord préalable sur le raccordement de l'installation par les gestionnaires des réseaux publics de transport et de distribution concernés. Ce point n'est pas sans soulever certaines questions. En effet, il n'y a pas nécessairement, à ce jour, de séparation entre gestionnaire de réseau de distribution et activité de production. Partant, cette procédure d'accord préalable soulève deux risques concurrentiels : un risque de discrimination au bénéfice des projets de production portés par le gestionnaire de distribution concerné (ou l'entité de son groupe active dans le domaine de la production) et un risque de captation, par ce même gestionnaire, des informations privilégiées (notamment techniques) des concurrents au profit de ses activités de production[26]. Il reste à souhaiter que ce point puisse être corrigé à l'avenir.

60. Les installations relevant de la catégorie B sont pour leur part les suivantes :
- les installations de production d'électricité dont la puissance installée est inférieure à 500 kW à Tahiti et 50 kW dans les îles autres que Tahiti ;
- les installations de production d'électricité qui augmentent la puissance d'une installation relevant d'une autorisation de catégorie B dès lors que ladite installation n'atteint pas le seuil fixé pour les autorisations de catégorie A ;
- les installations de production d'électricité qui augmentent de moins de 10 % la puissance d'une installation relevant d'une autorisation de catégorie A. Ce seuil de 10 % s'apprécie en tenant compte, le cas échéant, du cumul des précédentes augmentations réalisées ;
- les installations de stockage d'énergie dont la puissance est inférieure à 500 kW à Tahiti et 50 kW dans les îles autres que Tahiti ;
- les installations de stockage d'énergie qui augmentent la puissance d'une installation de stockage d'énergie de catégorie B dès lors que ledit moyen de stockage n'atteint pas le seuil fixé pour les autorisations de catégorie A ;
- les installations de stockage d'énergie qui augmentent de moins de 10 % la puissance d'une installation relevant d'une autorisation de catégorie A. Ce seuil de 10 % s'apprécie en tenant compte, le cas échéant, du cumul des précédentes augmentations réalisées.

---

26 La chambre territoriale des comptes, dans son rapport d'observations définitives du 4 juillet 2023 sur la gestion de la Polynésie française au titre de la politique de l'énergie, intègre de longs développements sur les manquements au principe d'égalité de traitement et de liberté d'accès constaté dans le cadre de la procédure d'appel à projets sur la réalisation et l'exploitation d'installations photovoltaïques avec stockage sur l'île de Tahiti.

61. Plus encore, les installations de production qui concourent à la puissance garantie font l'objet d'un encadrement encore plus strict, puisqu'elles sont nécessairement attribuées dans le cadre d'une délégation de service public ou d'une gestion en régie. Le terme de puissance garantie ne vise pas une énergie en particulier, puisqu'elle représente selon le code de l'énergie polynésien « l'obligation de répondre, dans toutes les situations et à chaque instant, hors cas de force majeure, à la demande en électricité des consommateurs raccordés au réseau public de distribution d'électricité, tant en puissance qu'en énergie. Elle contribue à assurer la sécurité d'approvisionnement en électricité[27] ».

62. Au vu de cette définition, pour le moins imprécise, il paraît rationnel de considérer que cette formule désigne, à tout le moins, les installations les plus importantes aptes à garantir la sécurité d'approvisionnement du territoire. Il est, en tout état de cause, acquis que les installations hydroélectriques les plus puissantes entrent effectivement dans le champ de ce dispositif, puisque, pour ces dernières (puissance de plus de 2 MW), le code de l'énergie prévoit expressément leur attribution au travers de concessions.

63. Ce régime de concession garantit normalement un égal accès des opérateurs pour exploiter le bien ou le service concédé. Néanmoins, pour que le système soit concurrentiellement vertueux, la durée de la concession doit être justement déterminée (il faut une durée suffisamment longue pour permettre l'amortissement des investissements tout en donnant des perspectives de renouvellements réguliers afin que les acteurs puissent maintenir effectives leurs activités et postuler le moment venu). En outre, la mise en place du dispositif ne doit pas créer de prime à l'opérateur en place/sortant en raison, par exemple, d'asymétrie d'informations. Sur ce dernier point, au travers de son avis n° 2021-A-01 sur les conditions d'octroi des concessions hydroélectriques, l'APC a considéré que les mécanismes d'information en place permettaient tant la bonne information des opérateurs intéressés sur les projets potentiels ou en cours (dossiers d'intention) que sur le potentiel hydrologique des bassins et leur exploitation actuelle, sans qu'il existe un risque de captation d'informations. L'Autorité est, en revanche, plus critique sur l'articulation entre procédures de concession et procédures d'autorisation et sur les durées qui peuvent être prévues dans ce cadre. Le point est d'autant plus important que les unités de production hydroélectrique constituent l'un des segments sur lesquels la concurrence pourrait se développer et où de nouvelles unités de production pourraient voir le jour. Or, le cadre juridique choisi pose, du point de vue de l'APC, certaines questions. D'une part, la durée maximale des autorisations a été revue à la hausse. Alors que la précédente durée maximale fixée à 30 ans était déjà jugée longue par l'Autorité[28], elle a été portée à 45 ans avec la possibilité de la porter à 60 ans (à titre de comparaison, en métropole, la durée maximale est de 75 ans, mais la plupart des autorisations délivrées aujourd'hui ont une durée ramenée à 30 ans). Cette question de durée se pose également dans le cadre des concessions, qu'il s'agisse de concessions hydroélectriques ou de concessions de distribution.

---

27 Art. LP. 311-2, al. 2 du code de l'énergie.

28 V. APC, avis n° 2020-AO-02 préc., § 87.

B. *La régulation du transport d'électricité à Tahiti – activité de service public*

64. L'activité de transport d'électricité à Tahiti est une activité de service public confiée par le pays à la TEP – gestionnaire du réseau de transport (GRT) – dans le cadre d'un monopole légal[29] et d'un contrat de concession signé le 9 juin 1989[30], qui arrivera à échéance le 31 décembre 2027.

65. Définition du transport d'électricité. – L'article LP. 411-1 du code de l'énergie définit le transport d'électricité comme l'activité consistant à « acheminer l'énergie électrique des centres de production vers les réseaux de distribution et entre les réseaux de distribution utilisant le réseau public de transport d'électricité, tel que défini à l'article LP 413-1 ». À ce titre, il est précisé par l'article LP. 413-1 du code de l'énergie que le réseau public de transport (RPT) est constitué par les ouvrages : (i) de haute tension de 90 kilovolts, (ii) de moyenne tension de 30 kilovolts et (iii) de moyenne tension de 20 kilovolts tels que définis dans le contrat de concession. Le RPT exploité par la TEP fait plus de 300 kilomètres, dont 89 % en souterrain[31].

66. *Missions confiées au gestionnaire du réseau de transport d'électricité.* – L'article LP. 412-1 du code de l'énergie prévoit les missions confiées au GRT, lesquelles concernent le développement, l'accès et l'exploitation du RPT ainsi que son rôle de responsable d'équilibre[32]. Le GRT est, entre autres, chargé de veiller au raccordement et à l'accès des producteurs d'électricité et des distributeurs d'électricité dans des conditions non discriminatoires, de garantir aux producteurs et distributeurs la disponibilité et la capacité suffisante du RPT, d'installer et de relever les compteurs et d'assurer l'exploitation et la conduite du RPT afin de favoriser l'écoulement des énergies renouvelables connectées au réseau et la qualité de distribution au moindre coût.

67. Par ailleurs, conformément à l'article L. 322-1 du code de l'énergie, le GRT est obligé d'acheter l'électricité produite par les producteurs renouvelables raccordés à son réseau, et ce, sous peine de sanctions prévues aux articles LP. 313-4 et LP. 313-5 du code (cf. *supra* § 22 et *infra* sous-section D).

68. *Rémunération du gestionnaire du réseau de transport d'électricité.* – La rémunération de la TEP est prévue dans son contrat de concession[33]. À ce titre, l'article 15

---

29 L'art. LP. 414-1 du code de l'énergie dispose que « [l]a gestion du réseau public de transport d'électricité sur l'île de Tahiti est confiée à un gestionnaire unique qui exerce ses missions sur l'île de Tahiti, y compris sur le territoire des communes de l'île de Tahiti qui produisent et/ou distribuent l'électricité dans les limites de leur circonscription ».

30 Le contrat de concession entre la Polynésie et la TEP est, à l'instar, par exemple, des contrats de concession en matière d'autoroutes en métropole, constitué d'une convention (rédigée de façon succincte) et d'un cahier des charges associé (qui précise les obligations des parties), les deux formant la « loi des parties » selon l'art. 1er de la convention. Le cahier des charges de la concession a été modifié par trois avenants (approuvés par (i) l'arrêté n° 2240 CM du 21 décembre 2016 s'agissant de l'avenant n° 1, (ii) l'arrêté n° 790 CM du 27 mai 2019 s'agissant de l'avenant n° 2 et (iii) l'arrêté n° 222 CM du 3 mars 2022 s'agissant de l'avenant n° 3).

31 OPE, « Bilan énergétique de la Polynésie française », préc.

32 Le rôle de responsable d'équilibre consiste à assurer la stabilité et le bon fonctionnement du RPT, notamment en assurant la gestion de l'équilibre entre l'offre et la demande d'électricité (art. LP. 121-3 du code de l'énergie).

33 Il convient de noter que la rémunération de la TEP a été profondément modifiée par l'avenant n° 3 au contrat de concession (conclu en 2022) avec la création d'une nouvelle formule tarifaire, et ce, au regard des nouvelles missions confiées au GRT en raison de l'entrée en vigueur du code de l'énergie. Il est précisé en introduction de l'avenant que cette nouvelle formule tarifaire « permet enfin d'asseoir le tarif du service public

du cahier des charges prévoit le mécanisme suivant de rémunération, lequel doit permettre « d'assurer aux actionnaires, sur la durée de la concession, une juste rémunération » :

- la rémunération de la TEP est fixée dans le cadre de périodes tarifaires de trois ou quatre années civiles et au début de chaque période ; la TEP transmet à la DPE un « dossier tarifaire » qui détaille ses charges prévisionnelles et sur la base duquel sont calculés les montants prévisionnels de « revenu autorisé » et de « redevance transport » ;
- pour chaque année civile « N », la TEP est rémunérée par un « revenu autorisé final » calculé en fonction d'un « revenu autorisé prévisionnel » qui est couvert par une « redevance transport » payée par les utilisateurs finals du réseau ;
- le calcul du « revenu autorisé prévisionnel » est déterminé au début de chaque période tarifaire pour toutes les années civiles N de la période concernée à partir des données fournies dans le « dossier tarifaire ». Le « revenu autorisé prévisionnel » d'une année N est déterminé selon une formule mathématique correspondant aux charges d'exploitation prévisionnelles de la TEP multipliées par un coefficient de marge (fixé à 1) auquel est additionnée la rémunération prévisionnelle du capital de la TEP ;
- le « revenu autorisé prévisionnel » est régularisé en année N + 2 en « revenu autorisé final », étant précisé qu'à la fin de chaque année civile N, la TEP doit transmettre à la DPE « les documents comptables explicitant les montants réels des composantes de rémunération de la prestation de transport de l'énergie, pour contrôle et suivi des écarts, par rapport au Revenu Autorisé » ;
- la « redevance transport » de chaque année N est calculée en divisant le « revenu prévisionnel autorisé » d'une année N par le volume prévisionnel de consommation d'électricité des clients redevables pendant l'année N tel qu'il a été évalué par le concessionnaire dans le « dossier tarifaire[34] ».

C. *La régulation de la distribution et de la fourniture d'électricité – activité de service public*

69. L'activité de distribution d'électricité à Tahiti est une activité de service public confiée par le pays, des communes ou un groupement de communes à un concessionnaire de service public ou exercée directement en régie (cf. *supra* § 28).

---

de transport d'électricité sur des critères objectifs et rationnels, clairement établis. Elle a été élaborée d'un commun accord entre le gestionnaire du réseau de transport et l'autorité concédante, avec l'aide d'un cabinet parisien, d'expérience notable dans ce domaine, prestataire habituel de la commission de régulation de l'énergie (CRE). Pour permettre d'éprouver son efficacité, il a été décidé de la pratique à blanc durant les premières années, la formule n'entrant réellement en vigueur qu'au 1er janvier 2024 ».

34 Le montant de la redevance de transport acquittée par les usagers ne peut pas être modifié rétroactivement. Si en année N + 2, il y a une différence entre le « revenu autorisé final » et la « redevance transport » acquittée par les usagers, le contrat prévoit soit une « compensation directe entre l'autorité concédante et le concessionnaire », soit une modification du calcul de la redevance transport N + 2. Par ailleurs, la redevance transport ne permet pas de couvrir le coût de raccordement au RPT des nouveaux producteurs/distributeurs d'énergie et qui est facturé directement aux opérateurs concernés, soit en application d'un coefficient de majoration de 15 %, soit selon un tarif fixé par arrêté pris en Conseil des ministres (cf. art. 15-1 du cahier des charges de la concession de la TEP).

70. *Définition de la distribution d'électricité.* – L'article LP. 421-1 du code de l'énergie définit la distribution d'électricité comme l'activité consistant à « desservir les consommateurs finals et les producteurs d'électricité raccordés en moyenne et basse tension ».

71. *Missions confiées au gestionnaire d'un réseau de distribution d'électricité.* – L'article LP. 422-1 du code de l'énergie prévoit les missions confiées au gestionnaire d'un réseau public de distribution (GRD), lesquelles concernent le développement, l'accès et l'exploitation du réseau public de distribution (RPD). Le GRD est, entre autres, chargé d'assurer la continuité et la qualité de l'acheminement du courant électrique vers les consommateurs finals, d'assurer le développement de solutions permettant d'admettre un maximum de production d'énergies renouvelables sur son réseau, de veiller au raccordement et à l'accès des producteurs d'électricité et des consommateurs finals d'électricité dans des conditions non discriminatoires, de s'assurer de la qualité de l'alimentation et de la disponibilité de la puissance livrée, d'installer et de relever les compteurs et d'assurer l'exploitation et la conduite du RPD afin de favoriser l'écoulement des énergies renouvelables connectées au réseau et la qualité de distribution au moindre coût.

72. Par ailleurs, conformément à l'article LP. 322-1 du code de l'énergie, le GRD est obligé d'acheter l'électricité produite par les producteurs renouvelables raccordés à son réseau, et ce, sous peine de sanctions prévues aux articles LP. 313-4 et LP. 313-5 du code (cf. *supra* § 20 et *infra* sous-section D).

73. *Rémunération du gestionnaire du réseau de transport d'électricité.* – Les tarifs liés à l'utilisation du GRD et à la vente d'électricité relèvent de la compétence des communes ou groupements de communes compétents pour organiser le service public de distribution de l'électricité et du Conseil des ministres lorsque le pays est l'autorité compétente.

74. *Péréquation tarifaire.* – Les prix de l'électricité facturés avaient tendance à varier fortement en fonction des coûts d'utilisation de chaque réseau de distribution. Le pays a donc mis en place, *via* la loi du pays n° 2021-5 du 28 janvier 2021 relative à l'institution d'un dispositif de solidarité dans le domaine de l'électricité, un mécanisme de péréquation tarifaire auquel chaque GRD est libre d'adhérer[35]. Pour bénéficier de ce dispositif de péréquation tarifaire :

- chaque GRD doit s'engager à pratiquer des tarifs ne pouvant pas différer, à la hausse ou à la baisse, de plus de 20 % par rapport à un prix de référence fixé par le Conseil des ministres, lequel s'élève à 35,25290351 francs CFP/kWh pour 2026[36] et s'élevait à 35,2529035 francs CFP/kWh pour 2025[37], à 35,25290351 francs CFP/kWh pour 2024[38], à 33,802191 francs CFP/kWh

[35] En pratique, tous les GRD de Polynésie française y ont adhéré (cf. OPE, « Bilan énergétique de la Polynésie française », préc., p. 58). Par ailleurs, avant la mise en œuvre de ce dispositif de péréquation tarifaire, EDT pratiquait déjà une péréquation tarifaire interne pour toutes les concessions dont elle est titulaire.

[36] Arrêté n° 2043 CM du 20 octobre 2025 portant détermination du prix de référence du dispositif de solidarité dans le domaine de l'électricité au titre de l'année 2026, *JOPF* n° 242 du 21 octobre 2025.

[37] Arrêté n° 2066 CM du 6 novembre 2024 portant détermination du prix de référence du dispositif de solidarité dans le domaine de l'électricité au titre de l'année 2025, *JOPF* n° 128 du 8 novembre 2024.

[38] Arrêté n° 1811 CM du 12 octobre 2023 portant détermination du prix de référence du dispositif de solidarité dans le domaine de l'électricité au titre de l'année 2024, *JOPF* n° 83 du 17 octobre 2023.

pour 2023[39] et à 30,98931739 francs CFP/kWh pour 2022[40], étant précisé que ce prix de référence est apprécié réseau par réseau sauf lorsqu'une même autorité compétente gère plusieurs réseaux selon un même mode de gestion[41] ;

- chaque GRD doit s'engager à veiller à la maîtrise de ses coûts, à l'amélioration de la qualité du service public afin de garantir son efficience et doit transmettre les éléments de comptabilité appropriés le démontrant à la DPE[42] ;
- chaque GRD doit signer une convention avec le pays, laquelle est approuvée en Conseil des ministres[43].

75. Le montant de la compensation de péréquation attribué à chaque GRD est approuvé par arrêté en Conseil des ministres et fixé en fonction de la taille de chaque RPD[44]. Cette compensation « couvre certaines charges permettant d'assurer la gestion du réseau public de distribution d'électricité, s'agissant des réseaux pour lesquels l'application du prix de référence ne permet pas de dégager une juste rémunération, malgré une gestion efficiente du service public[45] ». Les charges prises en compte sont les suivantes :

- les charges liées à l'éloignement de l'île de Tahiti et à l'accessibilité ;
- les charges liées à la faible taille des réseaux ;
- les charges liées aux caractéristiques du réseau, notamment la dissémination géographique des consommateurs ;
- les surcoûts d'achat ou de production de l'électricité, notamment ceux liés à l'achat des énergies renouvelables[46].

76. La compensation de péréquation est soit versée annuellement pour les petits RPD, soit annuellement pour les grands RPD par le « fonds de solidarité dans le domaine de l'électricité ».

77. Pour assurer le financement de ce mécanisme de péréquation tarifaire, une contribution de solidarité sur l'électricité a été créée par la loi du pays n° 2020-38 du 15 décembre 2020, qui modifie le code des impôts. Cette contribution est facturée par les GRD directement aux consommateurs finals d'électricité au prorata des kilowattheures qu'ils consomment et reversée sur un compte d'affectation spéciale

---

39 Arrêté n° 2253 CM du 28 octobre 2022 portant détermination du prix de référence du dispositif de solidarité dans le domaine de l'électricité au titre de l'année 2023, *JOPF* n° 88 du 4 novembre 2022.

40 Arrêté n° 2482 CM du 4 novembre 2021 portant détermination du prix de référence du dispositif de solidarité dans le domaine de l'électricité au titre de l'année 2022, *JOPF* n° 91 du 12 novembre 2021.

41 Art. LP. 2 de la loi du pays n° 2021-5 du 28 janvier 2021 relative à l'institution d'un dispositif de solidarité dans le domaine de l'électricité, *JOPF* n° 8 NS du 28 janvier 2021.

42 Art. LP. 7 et 8 de la loi du pays n° 2021-5 du 28 janvier 2021, préc.

43 Art. LP. 9 de la loi du pays n° 2021-5 du 28 janvier 2021, préc.

44 Art. LP. 10 et 11 de la loi du pays n° 2021-5 du 28 janvier 2021, préc. et arrêté n° 1440 CM du 30 juillet 2021 portant détermination des montants de compensation de péréquation des réseaux publics de distribution d'électricité, *JOPF* n° 63 du 6 août 2021. Le réseau de Tahiti Nord (concédé par le pays à EDT) est le seul à ne pas bénéficier d'une compensation de péréquation ; il représente 66 % de la consommation électrique de la Polynésie française en 2023 (cf. OPE, « Bilan énergétique de la Polynésie française », préc., p. 58 et 59).

45 Art. LP. 4 de la loi du pays n° 2021-5 du 28 janvier 2021, préc.

46 *Ibid.*

dénommé « fonds de solidarité dans le domaine de l'électricité[47] ». Son montant ne peut pas être supérieur à 10 francs CFP/kWh[48] et est actuellement fixé à 6,3 francs CFP/kWh[49].

D. *La régulation des prix de rachat des énergies nouvelles et renouvelables par le GRT et les GRD*

78. Outre l'encadrement du prix facturé au consommateur final *via* l'encadrement de l'activité de distribution, le régime régulatoire polynésien réglemente également le prix de rachat de l'électricité produite à partir des énergies nouvelles et renouvelables (ENR)[50].

79. Le GRT (la TEP) et les GRD ont, conformément à l'article LP. 322-1 du code de l'énergie, l'obligation d'acheter l'électricité d'origine renouvelable injectée sur leurs réseaux par les producteurs qui en font la demande. Les articles LP. 322-2 et LP. 111-7 précisent que ces tarifs d'achat doivent être fixés selon les critères suivants : (i) l'impact sur le prix public de l'électricité, (ii) le coût de revient de l'énergie, (iii) la qualité de service rendu (garantie de puissance et participation à la stabilité du réseau électrique) et (iv) les spécificités du site d'exploitation et les caractéristiques intrinsèques du projet.

80. *Prix de l'électricité d'origine photovoltaïque.* – Les prix des tarifs d'achat sont fixés en fonction de la puissance des installations et de leur localisation géographique. À titre illustratif et sans préjudice des futures évolutions, à la date de l'écriture de ces lignes, les tarifs applicables sont les suivants :

- pour les installations situées à Tahiti dont la puissance est inférieure à 500 kilowatts-crête (kWc), le tarif de rachat est de 15,98 francs CFP/kWh hors taxes, étant précisé que la durée du contrat d'achat est limitée à 25 ans[51] ;
- pour les installations situées dans les autres îles que Tahiti dont la puissance est inférieure à 500 kWc, le tarif de rachat est de 23,64 francs CFP/kWh hors taxes, étant précisé que la durée du contrat d'achat est limitée à 25 ans[52] ;

---

47 Délibération n° 2020-77 APF du 10 décembre 2020 portant création d'un compte d'affectation spéciale dénommé « fonds de solidarité dans le domaine de l'électricité », *JOPF* n° 101 N du 18 décembre 2020.

48 Art. LP. 339-52 du code des impôts.

49 Arrêté n° 2686 CM du 9 décembre 2021 portant fixation du montant applicable à la contribution de solidarité sur l'électricité, *JOPF* n° 100 du 14 décembre 2021.

50 À noter que les prix de rachat de l'énergie éolienne ne sont pas présentés dans la mesure où : « La production éolienne a toujours été marginale en Polynésie française, n'excédant pas les 0,04 % de la production d'électricité sur l'ensemble du territoire. Suite à l'arrêt des éoliennes de Rurutu en 2006 (EDT Engie), puis celles de Makemo en 2011 (SEM Te Mau Ito Api), la production d'origine éolienne restante est issue de petites éoliennes de faible puissance installées chez des particuliers, notamment dans les îles du Vent et aux Tuamotu. Cette production marginale n'est pas comptabilisée en 2023 par manque de données » (cf. OPE, « Bilan énergétique de la Polynésie française », préc., p. 26).

51 Art. 3 de l'arrêté n° 865 CM du 28 juin 2011 fixant les prix hors taxe et les conditions d'achat de l'énergie électrique issue de générateurs d'énergies nouvelles et renouvelables (EnR) installées à compter du 1er juillet 2011, *JOPF* n° 38 NS du 1er juillet 2011.

52 *Ibid.*

- pour les installations dont la puissance est supérieure à 500 kWc, le tarif de rachat du kilowattheure est déterminé par un arrêté du Conseil des ministres spécifique à chaque projet ;
- pour les installations photovoltaïques attribuées dans le cadre de la procédure d'appel à projets prévue par les articles LP. 323-1 à LP. 323-3 du code de l'énergie, le tarif de rachat est fixé de façon *ad hoc*. Par exemple, dans le cadre de l'appel à projets pour la réalisation et l'exploitation d'installations photovoltaïques avec stockage sur l'île de Tahiti, les candidats devaient proposer un tarif de rachat maximum de 20 francs CFP/kWh hors taxes[53].

81. *Prix de l'électricité d'origine hydroélectrique.* – Pour ces installations également, différents tarifs existent. Le tarif applicable pourra être différent selon la date de mise en service de l'installation et sa localisation :
- pour les installations mises en service à partir de juillet 2011 : 12,06 francs CFP/kWh hors taxes, étant précisé que la durée du contrat d'achat est limitée à 35 ans ;
- pour les installations de la vallée de Aakapa à Nuku Hiva, un prix d'achat maximal dérogatoire de 40 francs CFP/kWh hors taxes est prévu ;
- pour les installations de Marama Nui à Tahiti, des tarifs spécifiques sont prévus dans les contrats de chaque concession.

---

53 Arrêté n° 1286 CM du 27 juillet 2023 relatif au plafonnement du prix de vente de l'électricité produite dans le cadre de l'appel à projets portant sur la réalisation et l'exploitation d'installations photovoltaïques avec stockage sur l'île de Tahiti (tranche 2), *JOPF* n° 61 du 1er août 2023.

La régulation des transports insulaires

Yannick Lecornu*
Secrétaire général, Institute for Small Markets in Law and Economics (ISLE)

Henri Piffaut**
Conseiller, Direction générale de la concurrence, Commission européenne

1. Les transports constituent le système circulatoire de l'économie polynésienne. Ils sont clés pour l'approvisionnement en marchandises, la mobilité des populations, la cohésion sociale et l'attractivité touristique. Mais dans un système archipélagique éclaté, l'économie des transports n'obéit pas aux mêmes logiques que dans les grands marchés continentaux. Les distances, la dispersion, les coûts fixes élevés et les contraintes physiques rendent la concurrence rare, souvent imparfaite et parfois impossible.
2. Cet article s'inscrit dans la continuité du chapitre « Transports : Analyse des infrastructures, barrières et régulations dans les marchés insulaires » du livre

---

* Yannick Lecornu est fonctionnaire, ancien directeur de cabinet du ministère de l'Économie et des Finances, et ancien directeur général de la chambre de commerce et d'industrie de la Polynésie française. Il est également secrétaire général de l'Institute for Small Markets in Law and Economics (ISLE), membre du conseil stratégique de CNRS Science4Reefs, et auditeur de l'Institut des hautes études de défense nationale (IHEDN).

** Henri Piffaut est conseiller auprès de la Commission européenne – Direction générale de la concurrence à Bruxelles, spécialisé dans les subventions étrangères. Il est également membre du collège de l'Autorité polynésienne de la concurrence (APC) et membre du comité de prospective de l'Autorité de la concurrence de la Nouvelle-Calédonie (ACNC). Auparavant, il a été vice-président de l'Autorité de la concurrence en France et occupé divers postes à la Direction générale de la concurrence, de la consommation et de la répression des fraudes (DGCCRF). Les propos tenus sont personnels et n'engagent pas ces institutions.

publié à l'occasion des dix ans de l'introduction d'un régime de concurrence en Polynésie française[1]. Il propose une lecture pragmatique et contextualisée des enjeux de concurrence dans le secteur des transports. Il s'adresse autant aux pouvoirs publics (régulateurs, acheteurs, décideurs) qu'aux entreprises et aux avocats impliqués dans la conception, l'exploitation ou la défense d'activités de transport. Son ambition est de traduire les analyses théoriques en outils opérationnels, directement utilisables dans la conduite de politiques publiques, la gestion des infrastructures et la structuration de contrats de service public et le comportement des entreprises.

I. Les transports, une clé du développement économique polynésien

A. *Une dépendance géographique structurelle*

3. La Polynésie française est composée de 118 îles réparties sur une surface maritime équivalente à celle de l'Europe. Dans ce territoire fragmenté, la continuité territoriale n'est pas un concept abstrait : c'est une condition de survie économique et sociale. Chaque tonne de ciment, chaque conteneur de denrées alimentaires, chaque vol médical ou touristique dépend d'un système de transport fragile, coûteux et vulnérable aux aléas.

4. Le coût d'approche – qui inclut le fret, la manutention et le transport intérieur – représente en moyenne 8 % du prix final d'un produit à la consommation[2]. Ce seul chiffre illustre à quel point la performance logistique influence directement la cherté de la vie.

B. *Des infrastructures vitales mais sous contrainte*

5. Les ports et aéroports polynésiens constituent à la fois les poumons économiques et les goulets d'étranglement du système économique insulaire. Leur rôle dépasse la simple logistique : ils conditionnent l'approvisionnement des ménages, la compétitivité des entreprises locales, la fluidité du tourisme et même la continuité des services publics.

6. À Tahiti, le port autonome de Papeete concentre l'essentiel des flux de marchandises de la Polynésie française. Il assure à la fois les importations de biens de consommation, les exportations, et le transit des conteneurs à destination des archipels. Cette centralisation, si elle permet des économies d'échelle, crée aussi une vulnérabilité systémique : toute perturbation (grève, intempérie, avarie technique, saturation) se répercute instantanément sur l'ensemble du territoire.

---

1. H. Piffaut, « Transports : Analyse des infrastructures, barrières et régulations dans les marchés insulaires », dans *Le droit de la concurrence face aux défis des économies insulaires : regards sur la Polynésie française et la région du Pacifique*, J. Peyre, E. Silvestro, V. Terrien, T. Emen et Y. Lecornu (dir.), Concurrences, Paris, 2025, p. 163-183.
2. APC, avis n° 2019-A-02 du 19 septembre 2019 relatif aux mécanismes d'importation et de distribution en Polynésie française.

7. De la même manière, l'aéroport international de Tahiti-Faa'a, unique porte d'entrée aérienne intercontinentale, joue un rôle critique dans l'économie touristique et le transport de fret à haute valeur ajoutée. Autour de cet aéroport gravite un réseau d'aérodromes secondaires, assurant la desserte interinsulaire. Toutefois, ces plateformes présentent souvent des contraintes d'infrastructure (pistes courtes, équipements limités, absence de fret dédié) qui freinent le développement du trafic. La faible rentabilité économique de certaines liaisons locales rend en outre leur pérennité dépendante de subventions publiques ou de mécanismes d'obligation de service public (OSP).

8. Ces infrastructures, financées en grande partie par la puissance publique, cumulent ainsi trois caractéristiques : un rôle vital pour la continuité territoriale, une dépendance structurelle aux aides publiques et une tendance naturelle à la concentration. Ce triptyque explique des risques de congestion, d'inefficience et de rente économique, souvent observés. En effet, les redevances d'usage, souvent fixées administrativement, ne couvrent pas toujours les coûts d'entretien ou d'investissement, tandis que les opérateurs historiques, lorsqu'ils bénéficient d'une position dominante, peuvent être tentés de capturer une partie de la valeur publique au détriment de la collectivité. Les réseaux routiers, pour leur part, ne permettent souvent pas d'absorber des volumes croissants de circulation. Leur tracé est contraint par la topographie et par la rareté du foncier disponible, notamment dans les zones urbaines et littorales. Sur les îles montagneuses comme Tahiti, les routes côtières constituent des axes uniques, vulnérables aux intempéries et aux embouteillages. Leur faible extensibilité limite la fluidité du trafic, en particulier autour des zones portuaires et aéroportuaires où se concentrent les activités économiques.

9. Enfin, l'absence d'interconnexions terrestres entre les îles renforce mécaniquement la dépendance à la mer et à l'air. Chaque déplacement interinsulaire, qu'il s'agisse du transport de marchandises ou de personnes, implique une rupture de charge, une coordination logistique et un coût supplémentaire. Cette réalité justifie un encadrement public étroit, à travers des politiques de régulation, de planification et de soutien ciblé. L'enjeu n'est pas de substituer la puissance publique au marché, mais de garantir l'équilibre entre efficacité économique et équité territoriale, en veillant à ce que chaque île, quels que soient sa taille ou son isolement, reste connectée au reste de la collectivité.

En pratique

Comment diagnostiquer rapidement un marché insulaire ?

- Identifier les *chaînes logistiques clés* : import, manutention, stockage, distribution.
- Évaluer la *capacité* et la *résilience des infrastructures* (ports, aéroports, routes).
- Mesurer le *taux de dépendance* d'un territoire à un mode unique de transport.
- Identifier les *opérateurs intégrés verticalement* et les risques de verrouillage.

II. Défaillances de marché et justifications de l'intervention publique

A. *Des coûts fixes lourds et des marchés étroits*

10. Les infrastructures de transport relèvent très souvent du monopole naturel : leur duplication serait économiquement inefficiente. Construire deux ports en eau profonde, deux aéroports internationaux ou deux réseaux routiers parallèles sur une même île n'aurait aucun sens économique dans des marchés de petite taille et sous contrainte topographique. Ces contraintes imposent donc, dans la plupart des cas, l'existence d'un seul opérateur d'infrastructure, souvent public ou sous concession.

11. Cette situation de monopole, bien que rationnelle du point de vue de l'efficacité économique, peut engendrer des dérives. L'opérateur détient une ressource essentielle – l'accès au port, à la piste, au quai, ou au terminal – sans laquelle aucun autre acteur ne peut exercer d'activité de transport ou de logistique. Les conditions de cet accès deviennent dès lors un levier de contrôle économique, voire de verrouillage concurrentiel, susceptible d'affecter tout un pan de l'économie locale.

12. Ainsi, en l'absence de régulation, l'opérateur peut : fixer des redevances excessives, appliquer des tarifs discriminatoires selon les usagers, réserver les meilleures conditions d'accès à ses propres filiales ou partenaires privilégiés, etc. Ces comportements, souvent subtils, peuvent prendre plusieurs formes : des écarts de tarifs d'accostage ou de manutention entre opérateurs concurrents sans justification technique, des délais d'accès aux quais ou aux créneaux aériens plus longs pour certains acteurs, des contrats d'exclusivité limitant l'arrivée de nouveaux entrants ou encore des pratiques de « sabotage économique doux », telles que la priorisation de certains trafics au détriment d'autres.

13. Ces dérives ne sont pas théoriques : elles ont été observées dans de nombreux marchés insulaires, où la faible contestation du marché favorise la capture de la rente par le détenteur de l'infrastructure. L'exemple des terminaux portuaires de Tahiti est souvent cité : la rareté des emplacements disponibles et la dépendance des importateurs à un seul point d'entrée créent une asymétrie informationnelle et de pouvoir considérable. Dans le domaine aérien, la gestion des redevances aéroportuaires peut également soulever des tensions, notamment lorsqu'un exploitant favorise, volontairement ou non, un transporteur avec lequel il entretient des liens capitalistiques, institutionnels, voire tout simplement historiques.

14. C'est précisément pour encadrer ces risques que la régulation économique des infrastructures a été introduite comme complément indispensable au droit de la concurrence. La logique n'est plus seulement de sanctionner les abus, mais d'anticiper les déséquilibres structurels et d'instaurer des mécanismes de transparence et de contrôle sur le pouvoir de marché de l'opérateur : publication des barèmes, justification des coûts, accès non discriminatoire, audits périodiques, consultation des usagers, etc.

15. En Polynésie française, la majorité des infrastructures stratégiques sont financées, exploitées ou garanties par la puissance publique. La régulation de ces infrastructures doit être pensée comme un instrument de politique économique. Elle vise

à garantir la neutralité de gestion, à préserver la compétitivité des opérateurs de transport et à éviter la captation de valeur publique par des positions dominantes. Le régulateur, en contrôlant les conditions d'accès et la structure des tarifs, joue donc un rôle d'arbitre essentiel entre l'intérêt général et les intérêts particuliers, assurant que le monopole naturel reste au service de la collectivité et non d'un acteur isolé.

B. *Des externalités positives et négatives*

16. Les transports dans les économies insulaires comme la Polynésie française ne se limitent pas à leur dimension strictement commerciale. Ils génèrent en effet des externalités, c'est-à-dire des effets indirects – tant bénéfiques que préjudiciables – qui dépassent la simple relation d'offre et de demande. Ces effets réclament une attention particulière du régulateur, qui doit arbitrer entre les coûts et les bénéfices sociaux afin d'assurer un équilibre durable au sein du territoire.

17. Les activités de transport produisent d'importants effets positifs sur :

- l'emploi et l'activité économique : le secteur du transport représente une source majeure d'emplois directs et indirects en Polynésie française, depuis les personnels portuaires jusqu'aux agents de bord des compagnies aériennes, et stimule l'ensemble des filières économiques dépendantes de la mobilité. Par exemple, la continuité des dessertes inter-îles facilite l'acheminement des produits frais et des biens de première nécessité vers les îles les plus isolées, soutenant ainsi l'économie locale et la vie quotidienne ;
- la mobilité et la cohésion territoriale : les transports publics jouent un rôle essentiel pour garantir l'égalité d'accès aux équipements publics, aux écoles, aux services de santé et aux emplois, notamment dans les zones à faible densité ou difficiles d'accès. Ils sont un vecteur d'inclusion sociale, permettant aux populations les plus vulnérables de sortir de l'isolement ;
- la réduction des congestions et des émissions : une politique efficace favorisant les modes de transport collectifs, combinée à des infrastructures adaptées, réduit la dépendance à la voiture particulière dans les grands pôles urbains de Tahiti. Cela se traduit par un regain de qualité de l'air et une diminution des pollutions sonores, ainsi qu'une meilleure sécurité routière.

18. Cependant, ces effets bénéfiques sont contrebalancés par des impacts négatifs non négligeables, tels que :

- la pollution et les émissions de gaz à effet de serre : le transport est l'un des plus gros contributeurs à la pollution locale et au changement climatique, notamment du fait de la dépendance aux carburants fossiles pour le fret maritime et aérien. La complexité maritime et les distances imposent des émissions encore plus élevées qu'en milieu continental ;
- le bruit et les nuisances environnementales : les opérations portuaires, les activités aériennes ainsi que le trafic routier contribuent à des nuisances sonores souvent mal supportées par les résidents, conduisant à des conflits d'usage majeurs dans certains secteurs urbains ;
- des coûts économiques et sociaux non pris en charge par le marché : ces externalités négatives entraînent des coûts pour la collectivité, qu'il s'agisse

des dépenses liées à la santé publique, à l'entretien des infrastructures ou à la protection de l'environnement. Elles ne sont généralement pas intégrées dans les prix du service, provoquant des distorsions dans les décisions individuelles d'utilisation.

C. *Myopie temporelle et sous-investissement*

19. Le secteur des transports souffre d'un horizon d'investissement structurellement trop court. Les opérateurs privés raisonnent à l'échelle de cycles économiques de trois à cinq ans, cherchant à rentabiliser rapidement leurs actifs. Cette logique est incompatible avec la nature même des infrastructures portuaires et aéroportuaires, dont la durée de vie s'étend sur vingt à trente ans, voire davantage. Un quai, une piste ou un terminal exigent des investissements lourds, des études préalables longues, et un amortissement qui ne peut s'envisager qu'à l'échelle d'une génération.

20. En Polynésie française, cette tension entre temps économique et temps d'aménagement est particulièrement visible. Le coût élevé du capital, la dépendance à la défiscalisation, la volatilité du trafic touristique et les aléas climatiques rendent les projets d'infrastructures risqués. Les investisseurs privés hésitent donc à s'engager sans visibilité sur la stabilité du cadre réglementaire, sur les règles d'accès ou sur la politique tarifaire future. De leur côté, les autorités publiques, confrontées à des contraintes budgétaires, tendent à fractionner les projets en tranches ou à privilégier des partenariats à court terme, ce qui compromet la cohérence globale du système.

21. C'est pourquoi la planification publique à long terme devient essentielle. Elle doit s'appuyer sur une vision intégrée de la connectivité maritime, aérienne et terrestre, adossée à des outils économiques et juridiques stables : contrats de concession de longue durée, cadres tarifaires prévisibles, mécanismes de partage du risque et de garantie de rentabilité minimale. L'objectif n'est pas d'exclure les acteurs privés, mais de leur offrir une visibilité suffisante pour qu'ils puissent investir de manière durable, sans surestimer le risque ou exiger des rendements excessifs.

22. À terme, cette planification doit permettre de passer d'une logique de projet isolé à une logique de réseau structuré, où chaque investissement s'inscrit dans un schéma directeur cohérent et les infrastructures publiques deviennent des leviers d'équité territoriale et de croissance durable.

En quelques mots

Un monopole naturel n'est pas un mal en soi. Il devient problématique lorsqu'il échappe au contrôle économique ou qu'il capture la valeur publique au détriment de la collectivité. Poser ces questions en amont, avant même la mise en place d'un cadre formel de régulation, permet d'identifier les signaux faibles de déséquilibre et d'adopter les bons leviers d'action.

En pratique

Comment évaluer la régulation d'un monopole naturel ?

– Le niveau des redevances est-il économiquement justifié en termes d'efficacité et d'investissement ?

– Tous les utilisateurs bénéficient-ils de conditions d'accès non discriminatoires ? (C.-à-d. certains sont-ils favorisés ?)

– La gouvernance du monopole est-elle suffisamment transparente et inclusive ?

III. Articulation entre concurrence et service public

A. *La spécificité polynésienne*

23. Des aides mal calibrées peuvent créer des situations de rente, renforcer des positions dominantes et, au bout du compte, gaspiller l'argent public au détriment des citoyens et au profit de quelques-uns.

24. Contrairement à l'Union européenne, la Polynésie française ne dispose pas d'un régime de contrôle formel des aides publiques. Aucun mécanisme institutionnalisé n'impose l'examen préalable des subventions, défiscalisations ou compensations versées aux entreprises. Pourtant, ces aides peuvent avoir des effets puissants sur la concurrence locale : elles peuvent fausser le jeu du marché, créer des rentes ou freiner l'innovation.

25. Dans le cadre d'avis, l'Autorité polynésienne de la concurrence (APC ou l'« Autorité ») peut éclairer le décideur public en transposant les grands principes issus du droit européen des aides d'État : proportionnalité, transparence, nécessité économique et effet incitatif. Dans ses avis, l'APC invite les autorités locales à vérifier que toute intervention publique répond à une défaillance de marché clairement identifiée et qu'elle ne va pas au-delà du strict nécessaire pour y remédier.

26. Ainsi, une aide à l'investissement spécifique à un opérateur (subvention, défiscalisation, exonération fiscale) ne devrait être octroyée que si l'initiative privée seule ne peut couvrir le besoin identifié, par exemple en raison d'un coût d'accès prohibitif, d'un manque de rentabilité immédiate ou d'une contrainte géographique insulaire. De même, lorsqu'une OSP est mise en place pour garantir la continuité des dessertes interinsulaires, le transport scolaire ou l'acheminement du fret, sa compensation doit être calculée au plus juste, c'est-à-dire à hauteur du coût net supporté par l'opérateur, déduction faite des recettes générées et assortie d'une marge raisonnable. Ce principe de proportionnalité est essentiel : une surcompensation revient à subventionner une rente, faussant ainsi la concurrence sur d'autres marchés connexes (par exemple entre compagnies maritimes, ou entre transporteurs aériens et opérateurs touristiques). L'APC recommande également d'assurer une transparence comptable : les activités soumises à une OSP doivent être séparées des activités concurrentielles, pour éviter toute confusion des flux financiers et prévenir les effets de subvention croisée.

27. L'application rigoureuse de ces principes permet d'instaurer une culture de la discipline économique dans l'action publique : les aides et OSP cessent d'être des instruments politiques ou sectoriels pour devenir des leviers d'efficacité collective, soutenant la continuité territoriale sans déstabiliser le marché.

En quelques mots

Une aide publique n'est pas un privilège, mais un instrument d'équilibre économique. Sa légitimité repose sur trois piliers : nécessité, proportionnalité, transparence. Ce sont les conditions minimales pour garantir que chaque franc public dépensé crée de la valeur, sans étouffer la concurrence.

En pratique

Dans quels cas accorder une aide ?

- Quelle défaillance de marché est identifiée (monopole naturel, absence de rentabilité, désenclavement, externalités sociales) ?
- Existe-t-il une évaluation *ex ante* démontrant que l'aide est nécessaire et proportionnée ?
- L'aide produit-elle un effet incitatif, c'est-à-dire un changement réel de comportement de l'entreprise bénéficiaire ?
- Les activités aidées font-elles l'objet d'une comptabilité analytique séparée ?
- Le bénéficiaire est-il tenu de publier un rapport annuel d'exécution précisant l'utilisation des fonds publics ?
- L'autorité publique dispose-t-elle des outils de contrôle *ex post* nécessaires (audit, clause de réexamen, observatoire sectoriel) ?

B. *Les OSP : la méthode des autorités locales*

28. L'APC et l'Autorité de la concurrence de la Nouvelle-Calédonie (ACNC) partagent une philosophie commune : réguler avec discernement, sans entraver inutilement l'activité économique. Dans des marchés aussi étroits que ceux des archipels du Pacifique, où chaque opérateur compte et où la concurrence est par nature limitée, l'objectif n'est pas de multiplier les contraintes, mais de garantir un cadre équitable, transparent et prévisible pour tous les acteurs.

29. Leur approche repose sur quatre principes directeurs.

- Éviter les subventions croisées non justifiées : les autorités insistent sur la nécessité de distinguer clairement les activités rentables de celles qui relèvent du service public. Lorsqu'un opérateur intervient sur plusieurs segments (par exemple fret et passagers, ou transport et manutention), il ne doit pas utiliser les bénéfices d'une activité en situation de monopole pour en financer artificiellement une autre. Ce type de subvention croisée peut fausser la concurrence, créer des effets d'éviction ou dissuader de nouveaux entrants. Cependant, les autorités ne prônent pas une interdiction de principe : dans certains cas, une mutualisation des moyens ou une compensation interne peut améliorer l'efficacité économique globale. L'important est que ces transferts soient justifiés, mesurés et encadrés, en s'appuyant sur une comptabilité analytique fiable.

- Introduire des critères objectifs d'octroi de licences : l'attribution de licences d'exploitation, qu'il s'agisse de dessertes maritimes, aériennes ou terrestres, doit reposer sur des critères objectifs et transparents (sécurité, capacité technique, expérience, solidité financière) et non sur des considérations politiques ou historiques. L'APC et l'ACNC encouragent la mise en place de procédures ouvertes et périodiques d'attribution, permettant à de nouveaux acteurs de proposer des services innovants ou mieux adaptés à la demande.
- Garantir la séparation comptable entre activités concurrentielles et régulées : les opérateurs bénéficiant d'aides publiques ou d'OSP doivent disposer d'une comptabilité analytique séparée entre leurs activités subventionnées et leurs activités concurrentielles. Cette exigence, déjà appliquée dans plusieurs secteurs européens (énergie, télécoms, transport ferroviaire), vise à prévenir les subventions croisées et à permettre un contrôle *ex post* des coûts et recettes. En Polynésie française comme en Nouvelle-Calédonie, cette transparence comptable constitue un prérequis pour toute politique de compensation crédible.
- Assurer la transparence tarifaire : la fixation des tarifs – qu'il s'agisse des billets, des redevances portuaires ou des frais de fret – doit obéir à des règles claires, publiées et justifiables. Les autorités recommandent la mise en place d'un référentiel tarifaire public, qui garantisse l'égalité d'accès pour tous les utilisateurs et permette aux concurrents de se positionner sur des bases comparables. Cette transparence profite également aux consommateurs, qui peuvent ainsi comparer les prix et évaluer la qualité du service rendu.

30. L'ensemble de ces principes vise à prévenir les distorsions structurelles tout en laissant aux entreprises la flexibilité nécessaire pour s'adapter à un environnement insulaire complexe. Il s'agit d'une régulation intelligente, fondée sur la responsabilité, la proportionnalité et la publication des informations essentielles.

En quelques mots

En Polynésie française comme en Nouvelle-Calédonie, la régulation des transports repose sur un principe de bon sens : faire simple, mais juste. La transparence, la proportionnalité et la responsabilité économique constituent les trois piliers d'un modèle de gouvernance équilibré, garantissant à la fois la continuité des services et l'ouverture des marchés.

En pratique

Comment évaluer une desserte déficitaire ?

– Identifier la *population desservie* et les *services essentiels* concernés (santé, éducation, approvisionnement).

– Mesurer la *valeur sociale* de la desserte : équité, inclusion, développement local.

– Quantifier les *coûts évitables* et les *recettes attendues*.

– Calibrer l'obligation de service public à la différence entre *coût évitable* et *bénéfice collectif*.

– Le montant de la compensation couvre-t-il uniquement le coût net évitable de la mission de service public ?

– Une marge raisonnable a-t-elle été définie selon des critères objectifs ?

– Des mécanismes de révision ou de restitution sont-ils prévus en cas de surcompensation ?

C. *Achats publics et clauses de concurrence loyale*

31. Les marchés publics et les contrats de concession constituent des leviers essentiels pour préserver la concurrence dans les secteurs de transport insulaires. Dans des économies où la taille des marchés est limitée et les acteurs peu nombreux, les procédures d'achat public sont souvent l'unique moyen d'introduire de la rivalité, d'assurer la transparence et de garantir la bonne utilisation des fonds publics.

32. Pour être efficaces, ces contrats doivent intégrer des clauses explicites de loyauté concurrentielle, qui encadrent à la fois la sélection des opérateurs, les conditions d'exécution et le suivi des performances. Ces clauses ont un double objectif : prévenir les distorsions de concurrence pendant la durée du contrat et favoriser la transparence économique entre opérateurs, régulateurs et usagers.

33. Les barèmes tarifaires appliqués aux utilisateurs (droits d'escale, frais portuaires, tarifs de fret ou de manutention) doivent être objectivement déterminés, non discriminatoires et publiés et accessibles à tous. Cette transparence empêche toute discrimination entre opérateurs, notamment lorsque le titulaire du contrat gère une infrastructure ouverte à plusieurs concurrents.

34. Les contrats doivent prévoir des obligations d'accès équitable et non discriminatoire aux installations (quais, hangars, pistes, stations, dépôts, zones logistiques). L'objectif est d'éviter qu'un concessionnaire ne favorise ses propres filiales ou partenaires commerciaux. Les conditions d'utilisation doivent être définies selon des règles publiques et vérifiables : horaires d'accès, priorités de traitement, redevances, obligations de service.

35. Un audit annuel conduit par un tiers indépendant permet de vérifier le respect des engagements économiques, techniques et sociaux du contrat. Cet audit constitue

un outil de prévention des abus de position dominante et des dérives financières (surcompensations, coûts surfacturés, sous-investissement). Il renforce la crédibilité du régulateur et la confiance des opérateurs.

36. Les contrats modernes de transport intègrent de plus en plus des mécanismes incitatifs : un bonus récompense la performance (ponctualité, qualité, satisfaction client), tandis qu'un malus sanctionne les manquements (retards, pannes, non-respect des obligations de service). Ces dispositifs encouragent les titulaires à rechercher l'efficacité sans nuire à la qualité.

37. Ces quatre leviers constituent les fondations d'une commande publique équitable et efficace. Ils traduisent, dans la pratique, le passage d'une logique de simple délégation à une logique de partenariat régulé, où la transparence et la responsabilité deviennent les garants d'une concurrence loyale.

En quelques mots

Dans les marchés insulaires, la commande publique est souvent le principal moteur de la concurrence. La transparence, la neutralité et la performance doivent être inscrites dans les contrats dès leur conception. C'est à ce prix que la puissance publique peut concilier continuité du service et stimulation du marché.

En pratique

Exemple de clause contractuelle : « Les tarifs d'usage sont publiés et identiques pour tous les opérateurs. Toute dérogation doit être justifiée par des coûts objectifs et notifiée au régulateur. »

D. *Licences, observatoires et régulation dynamique*

38. Les licences d'exploitation sont un levier central de la régulation dans les marchés insulaires. Elles permettent d'articuler la liberté d'entreprendre et la continuité du service public, en adaptant les conditions d'accès à la réalité économique de chaque ligne.

39. Pour être légitimes et efficaces, ces licences doivent être attribuées selon des critères objectifs, transparents et révisables. Cela suppose un équilibre entre les zones ouvertes à la concurrence et celles nécessitant une intervention publique. Ainsi, les lignes à fort trafic – comme Tahiti–Moorea ou Tahiti–Bora Bora – peuvent être exploitées librement, la demande étant suffisante pour garantir un équilibre économique sans aide publique. À l'inverse, les liaisons vers les îles isolées ou faiblement peuplées justifient la mise en place d'obligations d'OSP, assorties d'une compensation financière encadrée.

40. Le défi, pour les autorités, est d'adapter en permanence ce cadre à l'évolution du marché (croissance du tourisme, nouvelles technologies de transport, fluctuations

du coût du carburant, ou encore besoins spécifiques des populations locales), d'où la nécessité d'un suivi régulier des données économiques et opérationnelles, confié à un observatoire interinsulaire du transport.

41. Cet observatoire jouerait un rôle à la fois statistique, stratégique et régulatoire. Il centraliserait les informations essentielles comme (i) les volumes de passagers et de fret, pour suivre la dynamique des flux, la ponctualité et la régularité des dessertes, indicateurs de performance opérationnelle ; (ii) les tarifs moyens, pour détecter les hausses anormales ou les effets de rente ; voire (iii) les indicateurs de satisfaction et de sécurité, afin d'évaluer la qualité du service rendu aux usagers.

42. Ces données, consolidées dans un tableau de bord public, permettraient d'objectiver les débats économiques, d'orienter les politiques publiques et de renforcer la redevabilité des opérateurs. À terme, un tel observatoire deviendrait l'outil de référence pour ajuster les licences, calibrer les OSP et garantir une concurrence saine, éclairée et adaptée aux réalités insulaires.

En quelques mots

Dans les économies insulaires, la régulation efficace ne passe pas uniquement par des règles, mais aussi par la maîtrise de l'information. La transparence des licences et la collecte de données fiables *via* un observatoire public sont les conditions de base d'une concurrence équilibrée, d'un service régulier et d'une gouvernance crédible.

En pratique

Sur quelles données objectives attribuer une licence ?

– Les critères d'octroi (sécurité, capacité, expérience, couverture géographique) sont-ils publics et mesurables ?

– Le nombre de licences délivrées par ligne repose-t-il sur une évaluation économique réelle de la demande ?

– Le régime de licence prévoit-il des révisions périodiques pour intégrer l'évolution du marché et des besoins ?

– Les opérateurs sont-ils soumis à une obligation de publication de leurs données de performance (trafic, tarifs, régularité) ?

IV. Barrières à l'entrée et structuration des marchés

43. Les barrières à l'entrée dans le secteur des transports polynésiens sont particulièrement élevées. Obtenir une licence d'exploitation, satisfaire aux normes de sécurité, mobiliser les capitaux nécessaires à l'acquisition de navires, d'avions ou d'équipements logistiques représente un effort financier et administratif colossal. Les contraintes techniques, les délais d'amortissement et la rareté des

infrastructures disponibles renforcent encore cette difficulté. Les terrains portuaires et aéroportuaires, ressources stratégiques et limitées, sont souvent déjà concédés, ce qui bloque l'accès des nouveaux entrants.

44. À ces barrières s'ajoutent des obstacles à la sortie tout aussi puissants. Les actifs immobilisés – quais, hangars, avions, bateaux – sont très spécifiques et difficilement réutilisables dans d'autres secteurs. Leur revente est souvent impossible ou très dépréciée, d'autant que les infrastructures doivent être démantelées ou remises en état selon des exigences environnementales strictes. Les entreprises du secteur sont également liées par des contrats de long terme (concessions ou délégations de service public, licences, emprunts garantis, contrats de maintenance) qui rendent tout retrait du marché extrêmement coûteux.

45. Ce double verrou, à l'entrée et à la sortie, explique que la plupart des marchés de transport en Polynésie française prennent une forme oligopolistique, voire de monopole naturel. Quelques opérateurs, souvent historiquement implantés, concentrent l'essentiel de l'activité. Ces acteurs disposent d'un avantage cumulatif : effets d'échelle, maîtrise des infrastructures, réputation et expérience réglementaire. Ils tendent à s'intégrer verticalement, en contrôlant non seulement le transport (fret ou passagers), mais aussi la manutention, le transit, voire la distribution finale. Cette intégration peut améliorer la fluidité logistique, mais elle présente aussi des risques d'éviction pour les concurrents potentiels et de dépendance accrue vis-à-vis d'un nombre restreint d'opérateurs.

46. Face à ce constat, la régulation doit rechercher un équilibre entre efficacité économique et ouverture du marché. L'objectif n'est pas de fragmenter artificiellement des activités qui nécessitent une masse critique, mais de prévenir les abus de concentration et de position dominante : refus d'accès, prix excessifs, priorités tarifaires ou subventions croisées. La puissance publique, en tant que concédant ou régulateur, doit donc veiller à ce que chaque autorisation ou contrat public comporte des garde-fous adaptés à la structure du marché.

V. Pratiques anticoncurrentielles dans les marchés insulaires

A. *Ententes : le spectre de la collusion dans les petits marchés insulaires*

47. Les ententes tarifaires ou de partage de capacité constituent l'une des menaces les plus sérieuses pour la concurrence dans les économies insulaires. Sur des marchés où la demande est limitée et les coûts fixes très élevés, la tentation de se coordonner entre concurrents pour sécuriser les revenus est forte. Dans les faits, il suffit souvent d'un accord tacite sur les prix, les horaires ou la répartition des routes pour neutraliser toute dynamique concurrentielle.

48. Une telle coordination peut sembler « raisonnable » du point de vue des opérateurs, surtout lorsque les volumes sont faibles et que la saisonnalité accroît l'incertitude. Pourtant, ses effets économiques et sociaux sont redoutables : prix artificiellement stabilisés, disparition de la rivalité par l'innovation (horaires, services, offres tarifaires) et hausse du coût de la vie pour les entreprises et usagers dépendants du transport.

49. L'exemple récent de la décision de l'Autorité de la concurrence hexagonale (ADLC) du 4 décembre 2024 illustre ce phénomène[3]. Deux compagnies aériennes opérant dans les Caraïbes françaises – Air Caraïbes et Air Antilles – ont été sanctionnées pour s'être entendues sur les prix et les fréquences de vol sur plusieurs liaisons inter-îles, notamment entre Pointe-à-Pitre et Fort-de-France. L'enquête avait révélé une augmentation simultanée et injustifiée des tarifs à l'automne 2017, ainsi qu'un « accord de non-agression » par lequel les deux compagnies s'engageaient à ne pas se concurrencer directement sur certaines plages horaires.

50. Cette coordination, bien que limitée géographiquement, avait eu des effets notables : elle avait réduit la flexibilité des usagers, empêché toute guerre des prix et permis aux deux compagnies de maintenir un niveau de rentabilité élevé, au détriment du consommateur final. La décision a également montré que, dans les petits marchés insulaires, une collusion même partielle peut suffire à neutraliser la concurrence. Quelques échanges informels ou ajustements coordonnés entre opérateurs peuvent transformer un marché fragile en oligopole verrouillé.

51. Cette affaire constitue un avertissement utile pour les territoires ultramarins et la Polynésie française : les « coopérations commerciales » (*codeshare*, mutualisation de flotte, coordination d'horaires, partage de coûts logistiques) peuvent être économiquement rationnelles, mais elles doivent être strictement encadrées pour éviter toute dérive anticoncurrentielle.

52. C'est pourquoi l'APC encourage les opérateurs à réaliser une autoévaluation régulière de leurs accords. Chaque entreprise doit vérifier si ses pratiques de coordination ne dépassent pas le seuil de la coopération légitime pour basculer dans la concertation illicite. Cette vigilance proactive protège à la fois les entreprises (contre le risque de sanction) et les consommateurs (contre les effets de rente).

En quelques mots

Dans les petits marchés insulaires, une coordination minimale peut suffire à neutraliser la concurrence. La vigilance des entreprises et la transparence des autorités sont les meilleurs remparts contre les effets pervers de la collusion. Mieux vaut formaliser et contrôler une coopération utile que tolérer une entente tacite.

En pratique

Comment prévenir les ententes négatives pour la concurrence ?

– L'accord ou la coordination envisagés ont-ils pour but de partager des informations sensibles (prix, coûts, capacités, parts de marché) ?

[3] ADLC, déc. n° 24-D-10 du 4 décembre 2024 relative à des pratiques mises en œuvre dans le secteur du transport aérien de passagers inter-îles.

– Les échanges entre concurrents portent-ils sur des données futures ou stratégiques (prévisions, tarifs à venir) ?

– Existe-t-il une alternative contractuelle claire (*joint-venture*, consortium, alliance) permettant de formaliser la coopération sans concertation illicite ?

– L'accord risque-t-il de réduire la liberté tarifaire ou la flexibilité commerciale de chaque opérateur ?

– Le consommateur bénéficie-t-il réellement d'une amélioration du service (plus de fréquence, meilleurs horaires, tarifs combinés) ?

– L'entrée d'un nouvel opérateur serait-elle encore possible dans ces conditions ?

– Les dirigeants et responsables commerciaux ont-ils reçu une formation en droit de la concurrence ?

– Un audit de conformité a-t-il été mené avant la signature de l'accord ?

– Des clauses de sortie ou de révision existent-elles pour mettre fin à la coopération en cas de risque anticoncurrentiel ?

B. *Abus de position dominante, de la recherche d'efficacité à l'exclusion*

53. Dans les économies insulaires, les situations de position dominante sont fréquentes, voire inévitables. La taille réduite des marchés, les coûts fixes élevés et la dépendance à des infrastructures uniques créent mécaniquement des structures concentrées. Le rôle du droit de la concurrence n'est pas de punir la domination, mais d'en encadrer l'usage : une entreprise peut être dominante sans être fautive, mais elle devient sanctionnable dès lors qu'elle exploite sa position pour fausser le jeu du marché.

54. Les formes les plus courantes d'abus de position dominante dans le secteur des transports polynésiens sont bien identifiées et documentées.

- Les redevances discriminatoires, lorsque le gestionnaire d'une infrastructure (port, aéroport, terminal) applique des conditions tarifaires ou d'accès différentes selon les opérateurs, favorisant ses propres filiales ou partenaires.
- Le refus d'accès à une infrastructure essentielle, lorsqu'un acteur contrôle un équipement indispensable à l'activité de ses concurrents (quai, hangar, zone d'avitaillement, piste, créneau horaire) et leur en interdit ou en limite l'usage sans justification objective.
- Les prix prédateurs, lorsqu'une entreprise dominante propose des tarifs inférieurs à ses coûts pour évincer un concurrent, avant d'augmenter ses prix une fois celui-ci éliminé.

55. L'avis n° 2016-A-01 de l'APC relatif à la situation de la concurrence sur la desserte maritime entre Tahiti et Moorea constitue un exemple éclairant. Ce dernier est analysé plus loin dans cet article (C. Cas emblématiques).

56. Cette affaire illustre un point essentiel pour les opérateurs et les décideurs publics : dans un marché insulaire, la frontière entre synergie et abus est souvent ténue. Une intégration verticale peut générer des gains d'efficacité, mais elle devient

problématique lorsqu'elle fausse la concurrence sur les segments ouverts. La régulation doit donc viser à préserver la liberté d'accès et la transparence des coûts, sans pénaliser les économies d'échelle indispensables à la viabilité des opérateurs.

En quelques mots

La domination n'est pas un crime, mais une responsabilité. Une entreprise en position dominante doit démontrer que ses pratiques sont justifiées par l'efficacité économique et non par une volonté d'éviction.

En pratique

Comment détecter un abus de position dominante ?

La dominance

– L'entreprise concernée détient-elle une position incontournable sur un segment clé ?

– Des concurrents crédibles peuvent-ils entrer sur le marché à court ou moyen terme ?

– Les parts de marché dépassent-elles 50 % sur une période prolongée ?

Les pratiques

– Les tarifs pratiqués sont-ils inférieurs aux coûts variables ou au coût moyen évitable ?

– Des conditions d'accès ou des tarifs différents sont-ils appliqués à des clients ou concurrents comparables ?

– L'entreprise a-t-elle refusé ou limité l'accès à une ressource essentielle sans justification technique ou de sécurité ?

– Des liens capitalistiques ou contractuels existent-ils entre le gestionnaire d'infrastructure et un transporteur favorisé ?

– Le comportement constaté empêche-t-il durablement un concurrent d'opérer ou de s'établir ?

– Les usagers subissent-ils une hausse des prix ou une baisse de qualité à moyen terme ?

– La stratégie de l'entreprise a-t-elle pour effet de verrouiller la chaîne logistique (fret, manutention, transport, distribution) ?

C. *Cas emblématiques*

57. Des décisions récentes dans le secteur des transports permettent d'illustrer concrètement ce propos.

58. Dans son avis n° 2016-A-01 du 31 août 2016, l'APC a examiné la desserte maritime entre Tahiti et Moorea, l'une des plus stratégiques de l'archipel. Elle concentre à

la fois un trafic quotidien de passagers et un volume important de fret, constituant une artère vitale de l'économie locale. À la date de l'avis, le groupe Degage, exploitant à la fois des navires de fret et de transport de passagers, détenait une position dominante sur les deux segments.

59. L'Autorité a été saisie d'une suspicion de subvention croisée : les profits dégagés de l'activité de fret – exercée en monopole – auraient pu être utilisés pour financer une politique de prix particulièrement bas dans le transport de passagers, dans le but d'évincer un concurrent potentiel. Après examen détaillé des données économiques, l'APC a conclu qu'aucune preuve tangible ne permettait de démontrer un effet d'éviction durable, condition nécessaire pour qualifier l'abus de position dominante. Elle a toutefois souligné la nécessité d'un suivi comptable rigoureux et d'une transparence accrue dans la répartition des coûts et recettes entre activités.

60. Cet avis, au-delà de son résultat, a posé des principes structurants :

- une subvention croisée n'est pas illicite en soi, mais elle le devient si elle fausse durablement la concurrence ;
- l'analyse doit s'appuyer sur une comptabilité analytique fiable permettant d'identifier les coûts évitables par activité ;
- les autorités doivent être en mesure de vérifier périodiquement la cohérence des marges et des tarifs pratiqués.

61. Cette décision a aussi eu une portée institutionnelle : elle a incité la Polynésie française à renforcer la régulation économique du secteur maritime, en préfigurant la création d'un observatoire interinsulaire des transports, outil destiné à collecter et analyser les données sur les flux, les coûts et les tarifs, dans une logique de transparence et de gouvernance équilibrée.

62. Enfin, en 2024, l'ADLC a sanctionné deux compagnies aériennes régionales, Air Caraïbes et Air Antilles, pour entente anticoncurrentielle sur les liaisons inter-îles reliant la Guadeloupe, la Martinique et la Guyane[4]. Ces liaisons, vitales pour la continuité territoriale et le désenclavement économique, étaient exploitées par un nombre très limité d'acteurs, dans un marché à faible dimension géographique et à forte interdépendance opérationnelle.

63. À la suite d'une période de guerre des prix, les deux compagnies avaient conclu un accord de non-agression visant à stabiliser les tarifs et à se répartir les créneaux horaires. L'enquête de l'ADLC a révélé des échanges d'informations sensibles, une hausse simultanée et injustifiée des prix des billets ainsi qu'une coordination sur les fréquences de vol. Cette stratégie concertée avait pour effet de réduire la concurrence effective, de maintenir des prix artificiellement élevés et de limiter le choix offert aux consommateurs ultramarins.

64. L'ADLC a considéré que, compte tenu de la taille réduite du marché, une telle entente avait eu un impact économique disproportionné, affectant directement la mobilité quotidienne des populations et la compétitivité touristique de la région.

---

[4] ADLC, déc. n° 24-D-10 du 4 décembre 2024 relative à des pratiques mises en œuvre dans le secteur du transport aérien de passagers inter-îles ; v. aussi, A. Ronzano, « Secteur aérien : L'Autorité de la concurrence sanctionne quatre ententes d'une particulière gravité dans le transport aérien inter-îles aux Caraïbes (*Air Antilles ; Air Caraïbes ; Miles Plus*) », *Concurrences* n° 4-2025, art. n° 122269.

Cette décision a également souligné l'importance d'une vigilance accrue dans les marchés insulaires, où la connivence tacite ou explicite entre deux acteurs dominants peut suffire à neutraliser toute dynamique concurrentielle.

65. Au-delà de la sanction, l'affaire a constitué un signal fort pour les autorités locales : la nécessité d'encourager la transparence tarifaire, de prévenir les comportements parallèles et de promouvoir l'entrée d'opérateurs alternatifs, y compris étrangers, pour garantir la résilience du marché et la protection du consommateur insulaire.

VI. Le contrôle des concentrations : anticiper et documenter

A. *Les principes*

66. Dans les économies insulaires, les opérations de fusion, d'acquisition ou de partenariat capitalistique peuvent profondément remodeler un marché. Compte tenu de la taille réduite de la demande et du faible nombre d'acteurs, une seule opération peut suffire à créer un monopole de fait, c'est-à-dire une situation où la concurrence n'existe plus que théoriquement.

67. Dans le secteur des transports polynésiens, deux risques majeurs justifient une attention particulière : la réduction du nombre d'opérateurs sur une même ligne ou dans une même zone géographique, et l'intégration verticale, lorsque le même groupe contrôle plusieurs maillons de la chaîne logistique, par exemple un transporteur maritime qui détient aussi une société de manutention portuaire ou un transitaire. Ce type de configuration peut conférer à l'opérateur intégré une capacité de verrouillage du marché, en réservant les meilleures conditions à ses propres filiales et en restreignant l'accès des concurrents aux infrastructures essentielles.

68. L'ACNC a été confrontée à ce type de situation dans l'affaire *Transiles*[5]. L'opération visait la prise de participation d'une société privée dans une entreprise de transport maritime, avec la particularité que cette dernière bénéficiait aussi de soutiens financiers de la province des îles Loyauté, actionnaire minoritaire. L'ACNC a estimé que cette configuration présentait un risque de distorsion de concurrence : l'entreprise financée par la collectivité aurait pu bénéficier d'avantages exclusifs (accès privilégié aux infrastructures portuaires, subventions ciblées, marchés publics réservés). Pour éviter tout déséquilibre, l'ACNC a autorisé la transaction sous conditions : l'entreprise s'est engagée à ne pas bénéficier de traitements préférentiels, à soumettre toute aide future à l'agrément préalable de l'Autorité, et à garantir une égalité d'accès aux infrastructures pour l'ensemble des opérateurs.

69. Ce type de décision illustre la logique du contrôle des concentrations dans les petits marchés : il ne s'agit pas d'empêcher la consolidation d'acteurs locaux, souvent nécessaire pour atteindre une taille critique, mais d'en maîtriser les effets sur la concurrence et la neutralité des aides publiques.

70. En cas de détection d'une opération présentant un risque concurrentiel, les autorités peuvent imposer deux catégories de remèdes : les remèdes structurels, qui modifient directement la structure du marché (cession d'activités, désinvestissement, ouverture

---

[5] Décision n° 2023-DCC-09 du 11 décembre 2023 relative à l'acquisition du contrôle exclusif des sociétés Transiles SARL, Marifret SARL et Compagnie Maritime des Iles SARL par la Société d'Exploitation Financière SARL.

de créneaux horaires ou de capacités à des tiers), et les remèdes comportementaux, qui encadrent le comportement de l'entreprise dominante (obligations de tarification non discriminatoire, quotas d'accès à des tiers, séparation fonctionnelle ou comptable, audits réguliers, publication d'indicateurs de performance).

71. Ces obligations, lorsqu'elles sont bien calibrées, permettent de préserver la concurrence potentielle sans freiner l'investissement ou la mutualisation des ressources. Dans le contexte polynésien, où la taille critique des opérateurs est un enjeu stratégique, l'enjeu est de trouver le point d'équilibre entre consolidation économique et pluralité effective d'acteurs.

En quelques mots

Dans les marchés insulaires, chaque fusion compte double. Une concentration peut renforcer la solidité d'un opérateur local, mais aussi affaiblir durablement la concurrence. L'enjeu n'est pas d'interdire la consolidation, mais de l'encadrer intelligemment, en anticipant ses effets et en documentant précisément les remèdes nécessaires.

En pratique

Une concentration fausse-t-elle la concurrence ?

Le changement apporté par la concentration

– Le marché concerné est-il déjà très concentré (moins de trois acteurs significatifs) ?

– L'opération conduit-elle à la disparition d'un concurrent direct ou potentiel sur une ligne ou un segment clé ?

– L'opération crée-t-elle une intégration verticale susceptible de verrouiller l'accès à certaines infrastructures ?

– Les clients disposent-ils encore d'alternatives crédibles après l'opération ?

– Le nouvel ensemble aura-t-il la capacité d'évincer les concurrents, et sera-t-il incité à le faire?

– L'opération peut-elle conduire à une augmentation des tarifs ou à une baisse de la qualité de service ?

Quelles solutions ?

– Des engagements de non-discrimination ou de transparence tarifaire peuvent-ils être intégrés dans le contrat ?

– Une cession d'actifs ou d'activités est-elle envisageable pour restaurer la concurrence ?

– Des audits indépendants peuvent-ils être prévus pour suivre le respect des engagements ?

– Ou, faut-il interdire ?

B. *Cas emblématique*

72. L'affaire *CMA CGM/Bolloré Logistics* (2023)[6] a marqué un tournant pour la régulation des marchés maritimes ultramarins. Cette opération de concentration, analysée simultanément par la Commission européenne, l'ACNC et l'APC, soulevait des risques d'intégration verticale entre le transport maritime de conteneurs (amont) et les activités de commissionnement et logistique (aval). Les autorités ont constaté que CMA CGM détenait des parts de marché supérieures à 60 % sur les routes Europe–Pacifique, atteignant même 90 % sur certains flux vers la Polynésie. L'intégration de Bolloré Logistics risquait de verrouiller l'accès des transitaires concurrents aux capacités de transport maritime.

73. Pour préserver la concurrence, des remèdes mixtes ont été imposés :
   - engagement de CMA CGM à réserver au moins 65 % des volumes à des transitaires indépendants ;
   - tarification non discriminatoire et transparente ;
   - cession partielle des activités de commissionnement ;
   - suivi par un mandataire indépendant sur 15 ans.

74. Cette décision a valeur de modèle pour les petits marchés : elle démontre qu'un contrôle local coordonné avec les autorités européennes peut préserver la concurrence tout en maintenant la continuité économique.

VII. Recommandations pour une politique de concurrence adaptée aux enjeux du transport en Polynésie française

75. Au vu de son rôle central pour l'économie, la régulation des transports en Polynésie française ne peut se limiter à un contrôle ponctuel des pratiques : elle doit s'inscrire dans une politique économique structurée, cohérente et durable. Dans un archipel où les infrastructures, les flux et les acteurs sont interdépendants, la concurrence ne se décrète pas : elle se construit. Cela suppose une mobilisation des élus et des administrations pour densifier le corpus normatif existant, combler les lacunes de régulation et doter les institutions d'outils adaptés à la réalité insulaire.

76. L'enjeu est double : garantir la soutenabilité économique des services essentiels (transport interinsulaire, fret, liaisons touristiques), tout en assurant une ouverture maîtrisée à la concurrence, afin d'éviter les rentes et de stimuler la qualité de service.

77. Cinq orientations prioritaires peuvent guider cette démarche.
   - Instaurer un mécanisme local de contrôle des aides publiques : la Polynésie française ne dispose pas d'un système institutionnalisé d'examen préalable

---

[6] APC, déc. n° 2024-CC-01 du 31 janvier 2024 relative au contrôle de concentration sur la prise de contrôle exclusif de la société Bolloré Logistics SE et ses filiales par la société CMA CGM S.A. ; ACNC,déc. n° 2023-DCC-11 du 27 décembre 2023 relative à l'acquisition du contrôle exclusif de la SE Bolloré Logistics par la SA CMA CGM ; Comm. eur., *CMA CGM/Bolloré Logistics*, aff. M.11143, telle que résumée dans : A. Jussiaux, M. Romano Colaço, C. Ellwanger et J. Barreiros, « *CMA CGM/Bolloré Logistics*: One-way trade to structural remedies in vertical shipping mergers? », *Competition Merger Brief* n° 2/2024, art. 4.

des aides publiques. La création d'un tel mécanisme permettrait de sécuriser juridiquement les subventions et d'éviter les distorsions entre opérateurs. Ce contrôle garantirait que chaque aide répond à une défaillance de marché clairement identifiée et respecte les principes de proportionnalité et de transparence.

- Renforcer la fonction d'observatoire économique et social des transports : un observatoire interinsulaire du transport doit devenir le cœur de la régulation. En publiant chaque année des indicateurs clés – volumes de passagers et de fret, tarifs moyens, régularité des dessertes, satisfaction des usagers –, il permettrait de documenter les décisions publiques, de détecter les déséquilibres tarifaires et d'évaluer la performance des opérateurs. L'objectif est de passer d'une régulation fondée sur la perception à une régulation fondée sur les faits économiques.
- Favoriser les accords de coopération encadrés : dans les petits marchés, la coopération entre transporteurs (partage de flotte, interconnexion des horaires, mutualisation logistique) peut être source d'efficacité collective. Les autorités doivent encourager ces formes de coopération dès lors qu'elles améliorent le service aux usagers sans restreindre la concurrence. Cela suppose un encadrement contractuel précis et une évaluation *ex ante* des effets sur les prix, l'accès et la qualité.
- Diffuser la culture de la concurrence et de la donnée : la qualité d'une régulation dépend autant du cadre juridique que de la compétence des acteurs qui l'appliquent. Il est donc nécessaire de former les décideurs publics, les élus, les entreprises et les juristes à la lecture économique des marchés, à la gestion des données et aux principes fondamentaux du droit de la concurrence. Une telle démarche renforcerait la capacité collective à anticiper les risques et à concevoir des politiques basées sur l'analyse plutôt que sur la réaction.
- Construire une politique intégrée des transports : la régulation concurrentielle ne peut être dissociée de la planification des infrastructures et des objectifs sociaux. Il s'agit d'articuler les logiques économiques (efficacité, productivité) avec les impératifs de cohésion territoriale, d'environnement et de développement durable. Une politique de transport intégrée doit relier les dimensions maritime, aérienne et terrestre, en assurant la complémentarité des réseaux et la cohérence des investissements publics.

En quelques mots

La concurrence dans les marchés insulaires ne se résume pas à un contrôle des prix : elle repose sur la construction patiente d'un écosystème institutionnel fondé sur la transparence, la compétence et la confiance. Une politique adaptée combine droit, économie et vision stratégique pour transformer la régulation en outil de développement durable et de cohésion territoriale.

Conclusion

78. Le droit de la concurrence appliqué aux transports insulaires ne peut être ni une simple transposition des modèles continentaux ni un espace d'exception dénué de règles. Il doit être souple, proportionné et pragmatique, capable d'épouser la réalité géographique, économique et sociale de la Polynésie française. Dans un archipel où la mer relie autant qu'elle sépare, où chaque île vit en équilibre entre autonomie et interdépendance, la régulation ne doit pas chercher à imposer artificiellement la rivalité, mais à organiser intelligemment la complémentarité.

79. La concurrence, dans ce contexte, n'est pas une fin en soi : elle est un instrument de progrès collectif. Bien encadrée, elle stimule l'efficacité, incite à l'innovation et empêche les rentes de situation. Mal appliquée, elle peut au contraire fragiliser les équilibres économiques et sociaux des territoires isolés. D'où la nécessité d'un pilotage public éclairé, capable de distinguer les secteurs où la concurrence peut jouer pleinement et ceux où elle doit être compensée par des obligations de service public clairement définies.

80. L'enjeu, pour la Polynésie française, n'est donc pas de choisir entre le marché et la puissance publique, mais d'inventer une régulation hybride, adaptée à sa géographie et à ses contraintes structurelles. Cette approche, à la fois protectrice des usagers et propice à l'investissement, suppose la construction d'un cadre durable où les opérateurs bénéficient de visibilité, les autorités de contrôle disposent de données fiables, et les citoyens peuvent accéder à un service de qualité à coût maîtrisé.

81. En définitive, la concurrence doit être comprise comme un outil de cohésion et de développement, au service d'un objectif supérieur : l'intégration économique, sociale et territoriale de l'archipel. Elle devient alors un vecteur de modernisation, d'équité et de durabilité, un moyen de garantir que, même dans les confins océaniques, la règle du jeu économique demeure équitable, transparente et orientée vers l'intérêt général.

La régulation du secteur public

Veronica Botnari
Collaboratrice, Mayer Brown

Nathalie Jalabert-Doury
Associée, Mayer Brown

1. Depuis sa création par la loi du pays n° 2015-2 du 23 février 2015, l'Autorité polynésienne de la concurrence (APC) a rendu plusieurs décisions d'application des règles de concurrence concernant des entités publiques, en l'occurrence trois décisions concernant toutes le secteur des télécommunications et l'établissement public OPT (l'Office des postes et télécommunications) et ses filiales, les sociétés Onati et Vini.
2. L'APC a également rendu plus de cinquante avis sur des projets de loi du pays ou d'arrêtés sur des propositions variées d'interventions publiques, qu'il s'agisse de réglementations pouvant avoir un effet sur l'accès aux marchés ou la concurrence sur les marchés (pour la plupart des avis), ou d'interventions d'entités publiques ou privées détenant des positions historiques sur les marchés (pour une dizaine d'entre eux).
3. Plusieurs décisions des juridictions administratives peuvent également être relevées sur les conditions d'application des principes de libre concurrence, de liberté du commerce et de l'industrie ou encore d'égalité au profit des entreprises polynésiennes par rapport au secteur public polynésien.
4. Ces décisions et avis ont été rendus au regard du code de la concurrence polynésien, des principes et libertés économiques dégagés de longue date par les juridictions administratives ou encore sur la base de la jurisprudence de la Cour de justice de l'Union européenne. En effet, si les règles de droit de l'Union concernant le secteur public ne s'appliquent pas directement en Polynésie, le Conseil d'État

applique des principes largement convergents qui conduisent l'APC et les juridictions compétentes à se référer aussi au droit de l'Union.

5. Au travers de ces décisions et avis, les conditions d'intervention du « pays régulateur du marché » (II) et du « pays opérateur de marché » (III) ont été précisées dans le contexte des marchés polynésiens et elles permettent aux entreprises de mesurer leurs moyens d'action et, le cas échéant, de contestation de ces modalités d'intervention. Au préalable, il convient de préciser les règles applicables en la matière, entre textes nationaux, lois de pays, principes fondamentaux et règles issues du droit de l'Union (I).

I. Règles applicables en Polynésie

6. *Les règles de concurrence relèvent de la compétence du pays.* La Polynésie fait partie des collectivités d'outre-mer régies par l'article 74 de la Constitution française. Son organisation institutionnelle repose sur la loi organique n° 2004-192 du 27 février 2004 portant statut d'autonomie de la Polynésie française (LOPF), ayant opéré un certain nombre de transferts de compétences au profit des institutions polynésiennes. L'article 13 de la LOPF prévoit que la Polynésie intervient dans toutes les matières qui ne sont pas dévolues à l'État.

7. La réglementation économique et notamment les règles de concurrence ne font pas partie des compétences réservées à l'État[1]. Elles relèvent donc de la sphère d'autonomie du pays[2].

8. Ce n'est qu'en 2015 que l'Assemblée de Polynésie a posé les bases du régime de concurrence polynésien, par une loi du pays n° 2015-2 du 23 février 2015, complétée par une loi du pays n° 2015-4 du 14 avril 2015, modifiées à plusieurs reprises depuis. Lorsque les nécessités de la lutte contre la vie chère sont apparues, il a en effet été décidé de promouvoir la concurrence afin de favoriser l'efficacité du fonctionnement de l'économie polynésienne[3].

9. *Des règles locales applicables aux activités économiques, y compris publiques.* Le législateur local a fait le choix d'adopter des dispositions très proches de celles qui s'appliquent en métropole. L'article LP 100-1 du code de la concurrence reprend ainsi la même définition du champ d'application des règles de concurrence que l'article L. 410-1 du code de commerce métropolitain. En vertu de cet article, « [l]es règles définies dans le présent code s'appliquent à toutes les activités de production, de distribution et de services, qu'elles soient le fait de personnes publiques, ou exercées pour leur compte, ou de personnes privées ».

---

1 Toutefois, certaines dispositions, indispensables à l'exercice des missions confiées à l'APC, ont été identifiées comme relevant de la compétence de l'État en matière de droit pénal, de procédure pénale, de procédure administrative contentieuse et d'organisation judiciaire en vertu des dispositions de l'art. 14-2° de la loi organique 2004-192 du 27 février 2004 portant statut d'autonomie de la Polynésie française, *JORF* n° 52 du 2 mars 2004 ; cf. Rapport au Président de la République relatif à l'ordonnance n° 2017-157 du 9 février 2017 étendant et adaptant à la Polynésie française certaines dispositions du livre IV du code de commerce relatives aux contrôles et aux sanctions en matière de concurrence, *JORF* n° 0035 du 10 février 2017.

2 CE, 19 décembre 2014, n° 383318.

3 Préambule de la loi du pays n° 2015-2 du 23 février 2015 relative à la concurrence, *JOPF* n° 8 NS du 23 février 2015.

10. L'interdiction des ententes comme celle des abus de position dominante s'appliquent donc dans les mêmes termes aux activités publiques comme privées.

11. *Absence de règles locales dédiées aux autres interventions des pouvoirs publics dans l'économie.* La Polynésie n'a pas adopté de règles dédiées aux autres interventions des pouvoirs publics dans l'économie. Notamment, il n'existe pas, dans le régime polynésien, de règles relatives aux aides d'État ou de règles applicables aux conditions dans lesquelles le pays accorde des droits exclusifs ou spéciaux aux entreprises publiques comme privées chargées de missions d'intérêt général. Le droit polynésien de la concurrence n'est guère différent du droit national à cet égard, mais en métropole, de telles règles existent bel et bien sur la base du droit de l'Union européenne.

12. Notamment, tout un régime de contrôle des aides d'État a été déployé sur la base des articles 107 et suivants du traité sur le fonctionnement de l'Union européenne (TFUE) : compte tenu du risque que des avantages accordés par certains États à certaines entreprises affectent la concurrence, un principe d'interdiction des aides d'État a été posé, sauf à ce que ces aides aient été notifiées et approuvées par la Commission européenne ou qu'elles soient exemptées par un règlement d'exemption. À défaut, les juridictions nationales peuvent être saisies et annuler toute aide illicite[4].

13. Le TFUE fait encore obligation aux États membres de ne pas édicter de mesures contraires aux règles du traité s'agissant des entreprises publiques et des entreprises auxquelles ils accordent des droits spéciaux ou exclusifs. Même lorsqu'elles sont chargées de la gestion d'un service d'intérêt économique général, ces entreprises sont soumises aux règles de concurrence dans la mesure où ces règles ne font pas échec à leur mission (art. 106 TFUE).

14. *Inapplicabilité directe du droit de l'Union européenne relatif aux interventions de l'État dans l'économie.* Le droit de l'Union européenne ne s'applique pas directement en Polynésie, qui est un territoire « associé » à l'Union européenne, en tant que pays et territoire d'outre-mer (PTOM)[5]. Cela étant, la quatrième partie du TFUE prévoit ainsi que ces territoires font l'objet d'une association à l'Union, dont l'objectif est « la promotion du développement économique et social des pays et territoires, et l'établissement de relations économiques étroites entre eux et l'Union dans son ensemble[6] ».

15. Dans ce cadre, l'Union européenne a adopté plusieurs décisions d'association successives. La dernière en date impose, dans son article 60, l'élimination au sein des PTOM des distorsions de concurrence résultant d'accords restrictifs de concurrence et d'abus de position dominante[7]. Les règles et principes liés aux abus de position dominante concernant les entreprises publiques et/ou auxquelles le pays accorde des

---

4 CE, 27 février 2006, *Société Ryanair*, n° 264406.

5 En ce sens, CE, 19 décembre 2014, n° 383318, adopté ceci étant avant la décision d'association de 2021.

6 Art. 198 TFUE.

7 Art. 60 de la déc. (UE) 2021/1764 du Conseil du 5 octobre 2021 relative à l'association des pays et territoires d'outre-mer à l'Union européenne, y compris les relations entre l'Union européenne, d'une part, et le Groenland et le Royaume de Danemark, d'autre part (décision d'association outre-mer, y compris le Groenland), *JOUE* n° L 355 du 7 octobre 2021, p. 6.

droits exclusifs ou spéciaux s'appliquent donc en Polynésie française tant au titre des règles locales (art. LP 200-2 du code de la concurrence) que des obligations d'effectivité des règles locales imposées par l'article 60 de la décision d'association précitée.

16. Les règles relatives aux aides d'État ainsi qu'aux services d'intérêt économique général ne sont pas directement visées à ce titre. Une mention a certes été récemment intégrée à l'article 60 pour imposer désormais aux PTOM d'assurer aussi « la transparence des subventions concernant des marchandises, accordées par les PTOM, qui ont une incidence négative importante sur les échanges ou les investissements entre l'Union et un PTOM[8] », mais la référence intégrée demeure limitée et n'embarque pas la totalité de l'acquis communautaire en la matière.

17. Il n'est toutefois pas exclu que la Cour de justice puisse considérer qu'afin d'assurer l'effet utile du traité, une interprétation large de cette nouvelle disposition s'impose. Certains arrêts de la Cour de justice ont ainsi pu appliquer aux PTOM les mêmes règles que s'ils appartenaient pleinement à l'Union européenne[9]. La qualification d'un PTOM comme État membre ou pays tiers est une question dont la réponse ne peut pas être catégorique, mais adaptée, au cas par cas, en fonction du cadre juridique pertinent.

18. *Applicabilité, en toutes hypothèses, des principes dégagés par le Conseil constitutionnel et le Conseil d'État.* Les interventions du pays dans le champ de l'économie doivent en toutes hypothèses se conformer aux principes dégagés par le Conseil d'État et le Conseil constitutionnel sur la base des principes fondamentaux, notamment de la liberté du commerce et de l'industrie, la libre concurrence et l'égalité. Il en va de même lorsque ces interventions s'effectuent sur la base des lois du pays soumises au contrôle du Conseil d'État au regard de la Constitution, des lois organiques, des engagements internationaux et des principes généraux du droit[10]. Ce contrôle doit s'effectuer d'autant plus strictement que le régime issu du droit de l'Union ne s'applique pas directement du point de vue du Conseil d'État.

19. Le juge administratif s'assure notamment que les interventions publiques n'apportent pas d'atteinte injustifiée aux principes fondamentaux. La liberté d'entreprendre, principe à valeur constitutionnelle[11], comme le principe de liberté du commerce qui en découle[12], protège les entreprises contre les restrictions excessives que pourraient leur imposer les pouvoirs publics, en garantissant la possibilité d'exercer une activité économique dans des conditions équitables[13]. Le principe de libre concurrence[14] poursuit un objectif plus large puisqu'il vise à préserver

---

8 *Ibid.*

9 Concl. AG Cruz Villalón, 9 décembre 2010, *Prunus SARL c/ Directeur des services fiscaux*, aff. C-384/09, EU:C:2010:759, § 31.

10 Loi organique n° 2004-192 du 27 février 2004, préc., art. 176, III.

11 Cons. const., déc. n° 81-132 DC du 16 janvier 1982, *Loi de nationalisation* ; Cons. const., déc. n° 2014-692 DC du 27 mars 2014, *Loi visant à reconquérir l'économie réelle.*

12 CE, 22 mai 2013, *Association syndicale libre des résidences du port de Mandelieu-la-Napoule*, n° 366750.

13 TA Nouvelle-Calédonie, 20 mars 2008, n°s 0781, 07112.

14 Si en droit français le principe de libre concurrence n'a pas une valeur constitutionnelle autonome (CE, 2 mars 2011, *Société Manirys*, n° 345288), le Conseil constitutionnel a néanmoins reconnu à celle-ci la qualité d'objectif d'intérêt général. Cette qualification permet de justifier des limitations aux libertés économiques

le bon fonctionnement général du marché et à maintenir une concurrence effective, indépendamment des intérêts particuliers des opérateurs. À ces principes s'ajoute également le principe à valeur constitutionnelle d'égalité[15], qui impose aux autorités publiques de traiter de manière identique les opérateurs se trouvant dans une situation comparable[16].

II. Le pays régulateur : justification d'intérêt général et respect de la libre concurrence

20. Lorsque le pays réglemente certaines activités économiques, son action peut produire un effet d'ouverture ou au contraire de limitation de la concurrence. Le juge administratif a dès lors encadré les conditions dans lesquelles la puissance publique peut ainsi réguler des activités économiques privées ou sur lesquelles opèrent des entreprises privées et publiques.

21. Avant de détailler ces conditions, il peut être utilement rappelé qu'à titre préventif, le code de la concurrence prévoit différents cas dans lesquels le président de la Polynésie ou le président de l'Assemblée de la Polynésie peuvent ou doivent saisir l'APC pour avis (art. LP 620-1 et 2).

22. *Avis de l'APC sur les propositions de régulation.* Dans le cadre de ces avis, l'APC rappelle volontiers qu'un marché dont le fonctionnement est concurrentiel « alloue en principe de manière optimale les ressources disponibles, maximise le bien-être des consommateurs et stimule la compétitivité du secteur concerné », mais que la concurrence n'est pas une fin en soi et que des préoccupations d'intérêt général peuvent justifier une intervention des pouvoirs publics. Elle s'attache dans ses avis à informer le gouvernement des effets sur la concurrence de l'intervention publique envisagée et à recommander, le cas échéant, les mesures à prendre pour parvenir à concilier les objectifs d'intérêt général et l'efficacité économique[17].

23. Les risques pour la concurrence sont maximaux lorsque cette activité réglementaire concerne des secteurs où opèrent des entreprises que le pays contrôle. Dans ce cas s'ajoute le risque de conflit d'intérêts et d'« emprise réglementaire » au risque d'influence politique, qui existe dans tous les cas. Ainsi que l'a expliqué l'APC dans un de ses avis « [l]e cumul par les pouvoirs publics des fonctions de régulateur et de propriétaire de l'opérateur est fortement susceptible de créer des situations de conflits d'intérêts, voire une "emprise règlementaire" », qu'elle définit comme une situation lors de laquelle une institution publique de régulation, bien que destinée à agir en faveur de la collectivité, finit par servir des intérêts commerciaux et/ou privés[18].

---

constitutionnellement garanties, telles que la liberté contractuelle (Cons. const., déc. n° 2010-102 QPC du 11 février 2011, *Monopole des courtiers interprètes et conducteurs de navires*, cons. 5).

15 Cons. const., déc. n° 2007-556 DC du 16 août 2007, *Loi sur le dialogue social et la continuité du service public dans les transports terrestres réguliers de voyageurs*.

16 Cons. const., déc. n° 73-51 DC du 27 décembre 1973, *Loi de finances pour 1974*.

17 APC, avis n° 2025-AO-05 du 26 août 2025 portant sur un projet de loi du pays relatif aux conditions d'exercice des activités relatives à l'organisation de voyages et de séjours touristiques, et sur l'évaluation incidente d'un niveau de garantie financière adapté, § 74 et 75.

18 APC, avis n° 2024-AO-03 du 29 avril 2024 portant sur un projet de loi du pays portant modification du code des postes et télécommunications en Polynésie française, § 92.

24. Dans tous les cas, l'avis de l'APC ne lie pas le saisissant et les recommandations formulées par l'APC ne sont donc pas nécessairement suivies, mais son avis reste utile pour guider le pays sur le long terme. Ces avis sont également utiles aux entreprises pour mesurer les conditions d'application des règles de concurrence à ces questions complexes.

A. *La régulation de l'accès au marché*

25. Aux termes de l'article LP 620-2 du code de la concurrence, tout projet de régulation soumettant l'exercice d'une profession ou l'accès à un marché à des restrictions quantitatives et géographiques doit faire l'objet d'une consultation obligatoire de l'APC.

26. *Conditions de légalité.* La jurisprudence du Conseil d'État impose le respect des libertés économiques en la matière[19]. L'instauration de régimes restrictifs par les lois de pays doit respecter la liberté du commerce et de l'industrie, ce qui suppose tout d'abord un objectif d'intérêt général (santé publique, ordre économique, développement durable, continuité des services essentiels, etc.)[20]. Toute restriction apportée aux activités économiques doit également être justifiée au regard de cet intérêt général et proportionnée par rapport à l'objectif poursuivi[21]. Les principes de libre concurrence et d'égalité doivent encore être respectés dans les modalités fixées pour l'accès au marché[22].

27. Le droit de l'Union, dont on rappelle qu'il n'est pas ici directement applicable mais constitue une source utile (cf. section I ci-dessus), déduit la liberté d'accès au marché du principe de libre concurrence et établit cinq libertés économiques particulières : liberté de circulation des marchandises, des capitaux et des personnes, liberté d'établissement et liberté de prestation de services. En conséquence, toute restriction à l'accès au marché doit être justifiée et organisée sur la base du principe de non-discrimination[23].

28. *Avis rendus par l'APC sur les restrictions à l'accès aux professions et activités.* L'APC a notamment souligné que, du point de vue des autorités de concurrence, la réglementation de l'accès à une profession par un régime de licences soulève généralement diverses problématiques clairement identifiées comme pouvant porter atteinte au fonctionnement concurrentiel des marchés : un tel régime restreint par nature l'accès au marché et peut s'accompagner d'effets anticoncurrentiels en limitant les incitations à la compétitivité. Il est dès lors nécessaire que de telles atteintes soient justifiées par des objectifs d'intérêts généraux plus larges et que ces atteintes soient nécessaires et proportionnées aux objectifs énoncés : « La réglementation d'une activité par un régime de licence doit assurer un équilibre entre protection légitime des consommateurs et préservation d'une

---

19 CE, fiches n°s 18 et 19, « Encadrement des activités économiques ».

20 CE, 29 avril 2011, *Département de la Corrèze*, n° 306911.

21 CE, 16 octobre 2013, *Électricité de Tahiti*, n° 365067.

22 CE, 25 juin 1948, *Société du journal l'Aurore*, n° 94511 ; CE, 16 juin 1978, *Ville de Clermont-Ferrand*, n° 04193 ; CE, 23 février 1979, *Ville de Strasbourg*, n° 10230 ; APC, avis n° 2025-AO-05 du 26 août 2025, préc., § 87.

23 CE, fiche n° 18, préc.

concurrence effective, en évitant les restrictions disproportionnées ou détournées de leur objectif initial[24]. »

29. L'APC examine par ailleurs les conditions requises pour exercer et n'hésite pas à signaler celles qui lui paraissent les moins justifiées ou les plus risquées du point de vue de la concurrence. L'APC rappelle notamment que les modalités d'instruction des dossiers doivent reposer sur des dispositions transparentes, objectives et non discriminatoires[25].

30. L'APC a aussi évoqué les dangers de conflits d'intérêts dans les interventions du pays dans des secteurs où opèrent des entreprises sous son contrôle, comme en matière de télécommunications[26], ou encore lorsque des professionnels du même secteur sont associés à la prise de décision[27].

B. *La régulation de la structure du marché*

31. Le pays peut également réguler la structure de la concurrence en réservant l'activité économique en question à un seul acteur, auquel il accorde un droit exclusif. L'établissement de tels droits suppose une saisine préalable de l'APC pour avis (art. LP 620-2).

32. *Conditions de légalité.* Le respect des libertés économiques contrôlé par le Conseil d'État suppose notamment de vérifier que l'instauration de tels droits n'apporte pas une atteinte excessive à la liberté d'entreprendre ou à la liberté du commerce et de l'industrie[28]. Ceci suppose que le monopole soit indispensable pour répondre à des contraintes structurelles ou à des impératifs d'intérêt général, comme la continuité territoriale, la sécurité des approvisionnements[29], ou pour répondre plus généralement à des nécessités d'ordre public ou de missions de service public clairement identifiées[30].

33. En droit de l'Union européenne, ce contrôle repose principalement sur les articles 37 et 106 TFUE, aux termes desquels l'attribution de monopoles ou de droits exclusifs ne peut en principe être justifiée que par des raisons impérieuses d'intérêt général compte tenu de l'atteinte qu'elle porte aux libertés économiques reconnues par le traité. Les entreprises chargées de la gestion de services d'intérêt économique général peuvent également se voir confier de tels droits dans la mesure où cela s'impose pour leur permettre d'exercer leur mission[31].

34. Dans son arrêt *Million et Marais*, le Conseil d'État a également posé le principe selon lequel l'attribution d'un droit exclusif ne doit pas avoir légalement pour effet de placer l'entreprise concernée dans une situation d'abus de position dominante

---

24 APC, avis n° 2025-AO-05 du 26 août 2025, préc., § 83 et s.

25 *Ibid.*, § 111 et s. V. égal. APC, avis n° 2025-AO-03 du 26 mai 2025 portant sur le projet de loi du pays relative à la lutte contre le tabagisme.

26 APC, avis n° 2024-AO-03 du 29 avril 2024, préc., § 92.

27 APC, avis n° 2025-AO-05 du 26 août 2025, préc.

28 CE, 26 janvier 2007, *Syndicat professionnel de la géomatique*, n° 276928.

29 CE, 9 avril 1999, *Interbrew*, n° 191654.

30 CE, 29 janvier 1932, *Société des autobus antibois*, n° 99532.

31 CJCE, 23 avril 1991, *Höfner et Elser*, aff. C-41/90, EU:C:1991:161.

automatique[32]. Tel est en particulier le cas lorsque les droits exclusifs accordés couvrent des produits ou services non liés à la mission particulière qui est impartie à l'organisme concerné[33].

35. *Précédents polynésiens.* C'est ainsi que le Conseil d'État a par exemple jugé que la création d'un monopole légal d'importation de ciment en Polynésie pour réduire les coûts n'était pas justifiée par un intérêt général suffisant pour justifier l'atteinte au principe de liberté de commerce et de l'industrie[34].

36. L'APC a récemment critiqué le maintien du monopole légal de l'OPT en ce qui concerne le marché des télécommunications extérieures par liaisons satellitaires[35]. En effet, le projet de loi visait à ouvrir partiellement le marché en prévoyant la création d'une catégorie d'« opérateur privé de télécommunications extérieures », tout en maintenant l'OPT comme interlocuteur exclusif et détenteur du monopole de mise sur le marché (gros) des capacités satellitaires[36]. L'APC reconnaît que le choix d'un opérateur unique peut se justifier au stade de la mise en place des infrastructures et pour des motifs de stabilité/financement. Mais, pour le satellite, l'APC ne voit pas de contrainte technique justifiant une exclusivité durable une fois les services disponibles. Dans ce contexte de profonde évolution technologique (constellations LEO type Starlink/OneWeb/Kuiper offrant du haut débit à faible latence), l'APC considère que le maintien d'un monopole rigide est économiquement inadapté et risque d'entraver l'émergence d'offres efficaces et abordables[37].

37. De même, l'APC s'est également déclarée non favorable à la création d'un monopole légal concernant l'activité de transport de l'électricité de la Société de transport d'énergie électrique en Polynésie (ci-après, « TEP »). Après avoir constaté que la TEP bénéficiait d'une délégation de service public régulièrement renouvelée, l'APC a estimé qu'il convenait de « maintenir une concurrence régulière "pour le marché"[38] ». L'APC a ainsi estimé qu'« un monopole sans limitation de durée serait la solution la plus restrictive de concurrence et une source potentielle d'inefficacité[39] ».

38. L'APC rappelle en effet régulièrement que les mesures de régulation, telles que la limitation du nombre d'opérateurs, « doivent demeurer l'exception, en cas de défaillance de marché manifeste, notamment en situation de monopole naturel et de très faible élasticité de la demande par rapport au prix[40] ». Ainsi, pour l'APC, la création de monopoles ou oligopoles légaux doit être « compensée par une concurrence pour le marché », c'est-à-dire que ces monopoles ou oligopoles soient régulièrement remis en concurrence. Elle recommande à ce titre l'organisation d'appels d'offres ou la mise en place de contrats de délégation de service public pour une durée limitée.

---

32 CE, 3 novembre 1997, *Million et Marais*, n° 169907.

33 CE, 8 novembre 1996, *Fédération française des sociétés d'assurances*, n° 122644.

34 CE, 9 novembre 1988, n°s 83670, 84516.

35 APC, avis n° 2024-AO-03 du 29 avril 2024, préc.

36 *Ibid.*, § 44 et s.

37 *Ibid.*, § 169 et s.

38 APC, avis n° 2020-AO-02 du 3 septembre 2020 sur le projet de loi du Pays précisant le contenu des titres III et IV du code de l'énergie de la Polynésie française, § 102.

39 *Ibid.*

40 APC, avis n° 2019-A-02 du 19 septembre 2019 relatif aux mécanismes d'importation et de distribution en Polynésie française, § 374 et s.

C. *La régulation des conditions d'exercice des activités*

39. La puissance publique peut encore réguler les conditions mêmes de l'exercice de l'activité à plusieurs titres (réglementation des prix, imposition d'autres conditions de vente). Toute nouvelle réglementation de cette nature doit d'ailleurs obligatoirement faire l'objet d'un avis de l'APC au titre de l'article LP 620-2.

40. *La réglementation des prix en Polynésie.* Comme en métropole, l'article LP 110-1 du code de la concurrence prévoit un principe de libre détermination des prix des biens et des services par le jeu de la concurrence. Les exceptions générales qu'il est possible d'apporter à ce principe ont été légèrement adaptées en Polynésie. Ainsi, il est tout d'abord possible pour le pays de réguler les prix, après avis de l'APC, non seulement dans les secteurs ou les zones où la concurrence est réduite en raison de monopoles et de difficultés durables d'approvisionnement, mais aussi dans les secteurs où il existe des oligopoles et un sous-équipement commercial. L'article LP 110-1 prévoit par ailleurs, comme en métropole, que le pays peut encore réguler les prix de manière temporaire, toujours après avis de l'APC, notamment en cas de crise ou de situation anormale de marché.

41. Surtout, le code de la concurrence prévoit une série considérable de dispositions, tout à fait spécifiques à la Polynésie, par lesquelles les prix d'un grand nombre de produits ou services sont fixés réglementairement : produits de première nécessité, produits ou services de grande consommation ou encore produits ou services nécessaires au développement économique et social du pays (art. LP 110-2). Un régime de liberté encadrée est également prévu en cas de nécessité pour la protection du pouvoir d'achat, le développement économique du pays, ou encore la correction des disparités liées à l'éloignement des archipels (art. LP 110-3).

42. Les dispositions détaillées aux articles LP 111-1 à 113-5 de ces différents régimes ont été revues étroitement par le Conseil d'État[41] et les interventions qu'elles permettent sont évidemment elles-mêmes soumises à un contrôle étroit des juridictions compétentes pour vérifier qu'elles entrent dans le champ des dispositions concernées et, à nouveau, contrôler le respect des principes fondamentaux de libre concurrence et de non-discrimination[42].

43. Dans plusieurs avis, l'APC a souligné la difficulté pour la puissance publique de se substituer aux mécanismes du marché pour réguler les prix et le fait qu'en conséquence, les autorités de concurrence considèrent traditionnellement le recours à la réglementation des prix comme une mesure exceptionnelle, décidée pour des secteurs clairement identifiés et visant des problèmes de tarification ou d'approvisionnement précis[43]. L'APC préconise encore que les mesures de régulation économique qui portent atteinte au principe de la liberté des prix soient revues régulièrement et fassent l'objet d'une étude publique afin d'examiner si elles répondent aux objectifs fixés[44].

---

[41] CE, 9 décembre 2022, *Fédération générale du commerce de Polynésie française*, n° 466687.

[42] CE, 3 mars 1993, *Cofiroute*, n° 105461.

[43] APC, avis n° 2024-AO-05 du 29 juillet 2024 sur un projet de loi du pays portant modification du livre Ier du code de la concurrence et relatif à l'encadrement des prix de certains produits et services bénéficiant d'un régime fiscal ou douanier particulier, § 60 et s.

[44] APC, avis n° 2022-AO-01 du 30 mars 2022 relatif aux conditions d'encadrement des prix de certains produits et services portant modification de la partie législative du livre premier du code de la concurrence, § 197.

44. Par exemple, dans l'avis portant sur le mécanisme de « panier de produits à prix bloqués[45] », selon lequel chaque enseigne devait choisir pour trois mois renouvelables une liste de 15 à 60 produits, pour fixer des prix plafonds et les bloquer sur le trimestre, le pays s'engageant en contrepartie à organiser une campagne de communication sur le mécanisme, l'APC a émis plusieurs réserves quant aux risques concurrentiels[46]. L'APC a notamment alerté le gouvernement sur le risque de « rattrapage des marges » sur les produits hors panier et sur des hausses brutales en « sortie » de dispositif, faute d'encadrement de la période post-blocage[47], ou encore les risques d'alignement ou d'ententes tacites sur les prix[48].

45. *Autres conditions d'exercice.* L'APC est également intervenue pour évaluer la proportionnalité de limitation des zones ou modalités de vente et pour suggérer des modalités d'application de ces limitations pour réduire leur impact sur la concurrence, comme, par exemple, sur les limitations en matière de vente de tabac[49].

D. *Le soutien de certains acteurs du marché*

46. *Les formes d'aide aux entreprises.* Le soutien public à certaines entreprises privées ou publiques peut prendre des formes très variées : subventions directes, allègements fiscaux, garanties, prêts, etc. La notion d'aide publique englobe ces différentes formes et s'entend comme toute mesure favorable accordée par une collectivité publique à une entreprise afin de soutenir son activité, encourager l'innovation ou corriger des déséquilibres sectoriels. Mais à partir du moment où de telles aides ne sont pas accessibles à tous les acteurs sur une base équitable, elles favorisent certains opérateurs au détriment d'autres, ce qui est de nature à conduire à des distorsions de concurrence.

47. *Le contrôle du soutien public en droit de l'Union européenne.* En droit de l'Union européenne, un principe d'interdiction des aides est posé par l'article 107, paragraphe 1, TFUE dès lors que la mesure est bien qualifiable d'aide. Tel est le cas lorsque l'intervention (i) est imputable à l'État et financée par des ressources publiques, (ii) constitue un avantage quelconque pour l'entreprise bénéficiaire, (iii) est sélective et, (iv) a des effets, au moins potentiels, sur la concurrence et les échanges intracommunautaires. Dès lors, les États membres doivent notifier préalablement leurs projets d'aide à la Commission, qui en évalue la compatibilité avec le marché intérieur. Les aides octroyées sans autorisation sont illégales et doivent faire l'objet d'un remboursement.

48. *L'absence de régime spécifique de contrôle des aides d'État en Polynésie française.* Comme rappelé dans la section I, la réglementation des aides de l'Union européenne n'est pas directement applicable en Polynésie française et l'article 60 de la décision d'association de 2021 impose uniquement aux PTOM d'assurer « la transparence des subventions concernant des marchandises, accordées par

---

[45] APC, avis n° 2022-A-05 du 5 décembre 2022 sur un projet d'arrêté portant approbation d'une convention de blocage volontaire des prix de certains produits par les commerces de détail à dominante alimentaire (ou « panier de produits à prix bloqués »).

[46] *Ibid.*, § 23.

[47] *Ibid.*, § 48.

[48] *Ibid.*, § 71.

[49] APC, avis n° 2025-AO-03 du 26 mai 2025, préc., § 79.

les PTOM, qui ont une incidence négative importante sur les échanges ou les investissements entre l'Union et un PTOM[50] ».

49. *L'encadrement par les principes de droit public économique.* La capacité d'action des autorités publiques polynésiennes en la matière est encadrée par les principes rappelés ci-dessus, qui interdisent également des aides faussant la concurrence entre les acteurs sur le marché. Si l'essentiel de la jurisprudence est rendu en métropole sur la base du droit de l'Union, les mêmes principes s'imposent pleinement en droit public économique. Deux jugements récents de tribunaux administratifs, dont celui de la Polynésie française, peuvent notamment être exploités.

50. Le tribunal administratif de la Guadeloupe a ainsi jugé en 2023 que le versement d'une subvention de fonctionnement et d'équilibre manifestement en deçà des seuils européens (150 000 euros) à un opérateur de transport maritime local « entraîne nécessairement des effets sur le marché » sur lequel il opère en concurrence avec d'autres[51] et, partant, est susceptible de porter atteinte à la concurrence.

51. De la même manière, le tribunal administratif de la Polynésie française, dans sa décision du 25 avril 2023, a examiné la légalité d'une subvention accordée à la société Onati pour le déploiement d'antennes 4G dans les archipels éloignés[52] au regard des conditions imposées par la loi du pays applicable aux aides financières et il a également répondu aux arguments du demandeur au titre des obligations de veiller à une concurrence effective et loyale du pays. Ce n'est qu'après avoir vérifié que l'aide était destinée à financer des installations dans des zones où Onati était le seul opérateur à investir et que le demandeur n'envisageait pas de le faire que le tribunal a pu rejeter le moyen selon lequel l'attribution de l'aide portait atteinte à la concurrence.

52. *Avis de l'APC soulignant l'importance d'un contrôle étroit des aides en Polynésie.* L'APC elle-même a souligné dans ses avis les risques pour la libre concurrence d'aides apportées par le pays à certaines entreprises. Ainsi, s'appuyant sur les textes européens, l'APC recommandé que les modalités de rémunération d'obligations de service public soient strictement encadrées pour éviter toute aide indirecte sur des marchés étroitement liés et ouverts à la concurrence[53]. Ainsi, l'APC retient, par exemple, que les aides publiques doivent couvrir « strictement » le déficit lorsqu'elles sont accordées dans le cadre de contrats de service public pour les zones de carence de l'initiative privée[54].

53. De même, dans un avis récent[55], l'APC s'est prononcée sur un projet de loi visant à élargir la compétence du Centre de formation professionnelle pour adultes (CFPA)

---

50 Art. 60 de la déc. (UE) 2021/1764, préc.

51 TA Guadeloupe, 23 novembre 2023, n° 2200681, § 2.

52 TA Polynésie française, 25 avril 2023, n° 2200387.

53 APC, avis n° 2025-A-02 du 28 avril 2025 relatif à une demande d'avis sur la conformité du programme de fidélisation Kaveka de la société Air Tahiti dans le cadre des délégations de service public dont elle bénéficie, au regard des dispositions du code de la concurrence, § 60 et 61.

54 APC, avis n° 2023-A-03 du 24 juillet 2023 sur un projet d'arrêté réglementant temporairement les tarifs et les conditions des offres fixes d'accès à internet dans les zones peu denses, § 132.

55 APC, n° 2025-A-06 du 16 septembre 2025 portant sur un projet de loi du pays relatif aux modifications des dispositions de l'article LP 144-16 de la délibération n° 85-1050/AT du 24 juin 1985 portant réglementation générale sur la police de la circulation routière.

pour assurer l'enseignement théorique et pratique, à titre onéreux, des catégories B et D des permis de conduire. L'APC a souligné que les dispositions de la loi du pays pourraient conduire à un effet de « trappe de subventions », se caractérisant par le fait que le secteur « devient structurellement dépendant d'aides publiques de telle sorte que l'aide n'a plus pour effet de corriger une défaillance de marché, mais devient un soutien permanent, sans lequel l'activité n'est plus viable[56] ». Cependant, l'APC a pris en compte les justifications avancées par le gouvernement pour l'adoption desdites mesures, notamment la carence de l'initiative privée, et recommandé de préserver le caractère transitoire du nouveau régime juridique et d'envisager une « solution alternative [...] favorisant l'intégration, voire l'initiative, du secteur privé : délégation de service public, marché public de prestation ou partenariat public-privé[57] ».

54. La même vigilance qu'en métropole – et même une vigilance accrue compte tenu de l'étroitesse des marchés en Polynésie – doit dès lors être exercée par le pays, lorsqu'il envisage d'octroyer des aides à certaines entreprises.

III. Le pays acteur du marché : quand la puissance publique entre dans l'arène concurrentielle

55. Les personnes publiques peuvent également conduire des activités économiques. Toutefois, le principe de la liberté du commerce et de l'industrie requiert la justification d'un intérêt public ainsi que le respect des règles de concurrence dans le cadre de l'exercice de telles activités économiques.

A. *Conditions de l'intervention publique sur un marché*

56. *Satisfaction de ses propres besoins et activité sur les marchés.* Il a tout d'abord été admis qu'une personne publique puisse directement satisfaire ses propres besoins plutôt que de faire appel à une société privée[58]. La personne publique peut également exercer cette activité à l'égard de tiers, ce qui suppose tout d'abord (i) qu'elle agisse dans la limite de ses compétences et (ii) qu'elle justifie d'un intérêt public, lequel peut résulter notamment de la carence de l'initiative privée[59]. La carence de l'initiative privée est en effet entendue largement et il a pu être jugé que la création d'un service de téléassistance aux personnes âgées et handicapées, ouvert à tous indépendamment de leurs ressources, satisfaisait cette condition même si des sociétés privées offraient déjà des prestations de téléassistance sur le marché[60].

57. En toutes hypothèses, une fois admise dans son principe, l'intervention d'une personne publique sur un marché concurrentiel ne doit pas se réaliser suivant des modalités telles qu'en raison de la situation particulière dans laquelle elle se

---

56 *Ibid.*, § 140.

57 *Ibid.*, § 149.

58 CE, 26 octobre 2011, *Association pour la promotion de l'image et autres*, n° 317827.

59 CE, 31 mai 2006, *Ordre des avocats au barreau de Paris*, n° 275531.

60 CE, 29 avril 2011, *Département de la Corrèze*, n° 306911.

trouve par rapport aux autres opérateurs agissant sur le marché, elle fausserait le libre jeu de la concurrence sur celui-ci[61]. Notamment, elle ne doit pas fausser la concurrence par des pratiques tarifaires comme des prix prédateurs, grâce notamment à des subventions croisées dont elle profiterait par ailleurs[62].

B. *La soumission de l'entreprise publique au droit de la concurrence*

58. Les personnes publiques agissant sur un marché concurrentiel sont pleinement soumises aux règles de concurrence, notamment à celles prohibant les ententes et les abus de position dominante. Elles sont particulièrement exposées à ce dernier risque compte tenu de leur proximité par rapport à la puissance publique et de leur accès facilité à des ressources publiques.

59. Lorsqu'un opérateur public occupe une position dominante, une responsabilité particulière lui incombe[63] de ne pas fausser le jeu normal de la concurrence par l'usage de ses prérogatives. L'article LP 200-2 du code de la concurrence polynésien énumère plusieurs comportements constitutifs d'abus. La jurisprudence métropolitaine et européenne constitue également une source privilégiée d'inspiration pour l'APC lorsqu'il s'agit d'analyser ce type de pratiques.

1. Les pratiques tarifaires

60. *Diversité des pratiques en cause.* De nombreuses entreprises publiques, bénéficiant d'un monopole légal, ou ayant historiquement bénéficié d'un tel monopole, ont été condamnées en métropole pour diverses pratiques tarifaires, telles que des tarifs excessifs[64], des prix prédateurs[65], discriminatoires[66] ou encore des pratiques de ciseaux tarifaires[67]. Ces pratiques sont considérées comme très graves compte tenu du fait qu'elles retardent l'ouverture effective d'un marché à la concurrence.

61. *Les prix prédateurs.* Il s'agit de la pratique par laquelle une entreprise en position dominante fixe ses prix à un niveau tel qu'elle subit des pertes ou renonce à des bénéfices à court terme de façon à évincer un ou plusieurs concurrents, en vue de renforcer ou de maintenir son pouvoir de marché[68]. La preuve de la prédation repose sur une analyse économique de la politique tarifaire de l'entreprise

---

[61] CE, 31 mai 2006, *Ordre des avocats au barreau de Paris*, n° 275531.

[62] CE, 8 novembre 2000, *Société Jean-Louis Bernard Consultants*, n° 222208.

[63] APC, déc. n° 2021-APC-01 du 8 décembre 2021 relative à une demande de mesures conservatoires présentées par la société Pacific Mobile Télécom dans le secteur des télécommunications, en matière de prestation d'itinérance pour l'accès aux données mobiles.

[64] Aut. conc., déc. n° 09-D-24 du 28 juillet 2009 relative à des pratiques mises en œuvre par France Télécom sur différents marchés de services de communications électroniques fixes dans les DOM.

[65] Aut. conc., déc. n° 17-D-16 du 7 septembre 2017 relative à des pratiques mises en œuvre par la société Engie dans le secteur de l'énergie.

[66] Cons. conc., déc. n° 09-D-06 du 5 février 2009 relative à des pratiques mises en œuvre par la SNCF et Expedia Inc. dans le secteur de la vente de voyages en ligne.

[67] Aut. conc., déc. n° 15-D-10 du 11 juin 2015 relative à des pratiques mises en œuvre par TDF sur le site de la Tour Eiffel.

[68] Aut. conc., avis n° 14-A-18 du 16 décembre 2014 rendu à la cour d'appel de Paris concernant un litige opposant la société Bottin Cartographes SAS aux sociétés Google Inc. et Google France, § 30.

dominante, fondée sur un test de coûts dégagé par la jurisprudence européenne et nationale[69], repris par l'APC[70]. Ainsi, lorsque les prix pratiqués sont inférieurs à la moyenne des coûts variables, ils doivent être présumés abusifs, car une entreprise dominante n'a aucun intérêt économique à vendre à perte, sauf dans le but d'éliminer ses concurrents pour ensuite relever ses prix. En revanche, lorsque les prix sont inférieurs à la moyenne des coûts totaux mais supérieurs à la moyenne des coûts variables, ils ne sont abusifs que s'ils s'inscrivent dans une stratégie d'éviction délibérée d'un concurrent.

62. Si l'APC n'a pas encore eu l'occasion de rendre une décision sanctionnant de telles pratiques, elle applique la grille d'analyse décrite ci-dessus dans ses avis[71].

63. *Les prix excessifs.* S'inspirant de la jurisprudence européenne[72] et métropolitaine[73], l'APC définit les prix excessifs comme ceux n'ayant « pas de rapport raisonnable avec la valeur économique du produit fourni[74] ». Le test appliqué par l'APC consiste à déterminer dans un premier temps un prix de référence[75], puis à vérifier si la différence entre le prix de référence et le prix pratiqué par l'entreprise dominante est non équitable, c'est-à-dire si « la différence de prix est uniquement le résultat d'une utilisation abusive de la puissance sur le marché par l'entreprise dominante ou la conséquence de motifs autres et légitimes[76] ».

64. De plus, dans ses avis, l'APC a souligné à plusieurs reprises la nécessité de protéger les consommateurs contre les prix excessifs[77], notamment en période de crise. À ce titre, des dispositifs de « prix maximum » ont parfois été adoptés par le pays. Cependant, l'APC a pu également souligner le danger de telles mesures, qui portent une atteinte directe à la concurrence sur les prix[78].

65. *La discrimination tarifaire.* C'est la pratique consistant en l'application de conditions différentes à des clients placés dans une situation comparable[79], ou à traiter de manière identique des situations objectivement non similaires. Elle est expressément visée par l'article LP 200-2 du code de la concurrence, qui la cite au

---

69 Cass. com., 9 juin 2021, n° 19-10.943.

70 APC, avis n° 2016-A-01 du 31 août 2016 relatif à la situation de la concurrence sur la desserte maritime entre Tahiti et Moorea.

71 *Ibid.*

72 CJCE, 14 février 1978, *United Brands Continental/Commission*, aff. 27/76, EU:C:1978:22.

73 CA Paris, 14 novembre 2019, *Sanicorse*, RG 18/23992.

74 APC, déc. n° 2019-PAC-01 du 22 août 2019 relative à des pratiques du groupe Wane mises en œuvre dans la commercialisation de boissons, § 220.

75 Le prix de référence peut être déterminé selon plusieurs méthodes : une comparaison peut être effectuée entre (i) le prix de vente et le coût de revient, (ii) les prix facturés pour le produit en question par l'entreprise dominante et les prix facturés sur le même marché par des entreprises non dominantes, (iii) les prix facturés par l'entreprise dominante à différents moments (comparaison dans le temps), ou (iv) les prix facturés sur d'autres marchés géographiques par la même entreprise dominante ou par d'autres entreprises (comparaison géographique).

76 APC, déc. n° 2019-PAC-01 du 22 août 2019, préc., § 223.

77 APC, avis n° 2022-AO-01 du 30 mars 2022, préc. ; APC, avis n° 2021-A-04 du 23 décembre 2021 sur le fonctionnement concurrentiel du secteur de la réparation et du commerce de pièces détachées pour véhicules motorisés (automobiles).

78 APC, avis n° 2017-AO-3 du 4 juillet 2017 sur les projets de loi du pays portant réglementation de la profession de médiateur foncier et de l'activité d'agent de transcription en Polynésie française.

79 APC, déc. n° 2019-PAC-01 du 22 août 2019, préc.

nombre des cas possibles d'abus de position dominante, et elle peut notamment avoir un impact important sur la concurrence que ces clients se livrent sur un marché aval – en particulier lorsque l'entreprise publique ou une de ses filiales y exerce mais pas seulement.

66. Dans une décision récente, l'APC a ainsi prononcé des mesures conservatoires contre, l'opérateur télécom historique[80], qui appliquait des tarifs identiques à deux opérateurs (PMT et Viti), pour des prestations jugées non équivalentes. Si l'APC a reconnu que rien ne s'opposait à ce que l'opérateur historique pratique des prix différents à des clients placés dans une situation différente, elle a précisé que l'application des mêmes tarifs est au contraire « susceptible de déséquilibrer les chances de ses différents clients, privant le marché et les consommateurs des bénéfices de l'exercice d'une concurrence par les mérites[81] ».

67. *Les ciseaux tarifaires.* De telles pratiques sont sanctionnées de longue date dans la jurisprudence européenne[82] et nationale[83]. Il s'agit de pratiques mises en œuvre par une entreprise verticalement intégrée, dominante sur le marché amont, qui fixe un prix d'accès en amont et des prix de détail en aval tels que l'écart entre les deux est négatif ou insuffisant pour permettre à un concurrent au moins aussi efficace d'opérer de manière rentable en aval. La qualification repose sur un « test de ciseau » comparant le prix de détail de l'opérateur dominant, le prix de gros qu'il facture pour l'intrant indispensable et les coûts en aval de l'entreprise.

68. L'APC a déjà eu l'occasion d'analyser des pratiques de ciseaux tarifaires en matière de prestations d'itinérance pour l'accès aux données mobiles, mises en place par l'opérateur télécom historique. L'APC a, dans un premier temps, rappelé le test dégagé par la jurisprudence européenne et nationale et précisé qu'au-delà de l'effet de ciseau tarifaire, pour constituer un abus de position dominante, la pratique doit (i) être mise en œuvre par un opérateur disposant d'un fort pouvoir de marché en amont, (ii) le bien intermédiaire doit être objectivement nécessaire pour l'exercice de la concurrence en aval, (iii) il doit exister un degré suffisant de coordination entre les branches en amont et en aval de l'opérateur dominant, (iv) l'opérateur doit disposer d'une marge de manœuvre suffisante lorsque la loi contraint sa politique tarifaire[84]. Dans un second temps, l'APC a justifié l'adaptation du test des coûts en Polynésie compte tenu des spécificités du marché. Ainsi, pour le test de l'opérateur aussi efficace, l'APC n'a pas analysé le coût incrémental de long terme (CILT), mais le coût moyen incrémental de long terme (CMILT), notamment compte tenu de l'existence d'asymétries fortes sur le marché polynésien[85].

---

80 APC, déc. n° 2023-PAC-01 du 31 mars 2023 relative à une demande de mesures conservatoires présentée par la société Viti pour des pratiques mises en œuvre dans le secteur des télécommunications, en matière de prestations d'itinérance dans les archipels éloignés.

81 *Ibid.*, § 113.

82 CJUE, 17 février 2011, *TeliaSonera Sverige*, aff. C-52/09, EU:C:2011:83.

83 Cass. com., 3 mars 2009, *Tenor*, n°s 08-14.43, 08-14.464.

84 APC, déc. n° 2021-PAC-01 du 8 décembre 2021, relative à une demande de mesures conservatoires présentées par la société Pacific Mobile Télécom dans le secteur des télécommunications, en matière de prestation d'itinérance pour l'accès aux données mobiles, § 178.

85 *Ibid.*, § 194 et s.

2. L'accès aux infrastructures essentielles

69. Un abus de position dominante peut encore être caractérisé lorsqu'un opérateur public refuse l'accès à l'infrastructure essentielle qu'il gère ou impose des conditions discriminatoires pour y donner accès. Pour ce faire, l'APC peut s'appuyer sur les critères dégagés par la jurisprudence européenne[86] et la pratique nationale[87].

70. Dans la décision récente imposant des mesures conservatoires à Onati, l'APC a ainsi retenu que l'opérateur était tenu de garantir « l'accès à [l'infrastructure] dans des conditions transparentes, objectives et non discriminatoires[88] ».

71. Deux cas de figure peuvent se présenter. Dans le premier cas, l'entreprise chargée de la gestion d'une infrastructure dans le cadre d'un monopole légal, ou bénéficiant de l'avantage de cette infrastructure en tant que monopoleur historique, oppose un refus d'accès à une infrastructure essentielle à ses concurrents sur le marché libéralisé. Dans ce cas, la jurisprudence européenne et nationale reprise par l'APC impose la vérification des conditions suivantes afin d'identifier un abus :

> [...]
>
> l'infrastructure est possédée par une entreprise qui détient un monopole ou une position dominante ;
>
> l'accès à l'infrastructure est strictement nécessaire (ou indispensable) pour exercer une activité concurrente sur un marché amont, aval ou complémentaire de celui sur lequel le détenteur de l'infrastructure détient un monopole (ou une position dominante) ;
>
> l'infrastructure ne peut être reproduite dans des conditions économiques raisonnables par les concurrents de l'entreprise qui la gère ;
>
> l'accès à cette infrastructure est refusé ou autorisé dans des conditions restrictives injustifiées ;
>
> l'accès à cette infrastructure est possible[89].

72. La condition de stricte nécessité peut notamment conduire à déterminer l'absence d'alternative réaliste.

73. Dans le second cas, le gestionnaire de l'infrastructure conditionne l'accès à cette infrastructure à des critères discriminatoires ou non équitables. Dans ce cas, le critère du caractère indispensable de l'infrastructure n'est plus requis, la jurisprudence européenne et nationale estimant que le standard de preuve doit être allégé, compte tenu de l'atteinte moins importante au droit de propriété de l'entreprise dominante, qui, dans ce cas, n'a plus un usage exclusif de l'infrastructure[90].

---

86 CJCE, 26 novembre 1998, *Bronner*, aff. C-7/97, EU:C:1998:569 ; CJUE, 25 mars 2021, *Slovak Telekom*, aff. C-165/19 P, EU:C:2021:239.

87 Aut. conc., déc. n° 12-D-01 du 10 janvier 2012, relative à une demande de mesures conservatoires concernant des pratiques mises en œuvre par les sociétés Oracle Corporation et Oracle France.

88 APC, déc. n° 2023-PAC-01 du 31 mars 2023, préc., § 122.

89 *Ibid.*, § 78.

90 Concl. AG Medina, 10 juillet 2025, *Lukoil Bulgaria et Lukoil Neftohim Burgas*, aff. C-245/24, EU:C:2025:570.

3. Les subventions croisées et la confusion entre service public et marché concurrentiel

74. Les subventions croisées, telles que définies par la pratique décisionnelle européenne[91] et nationale[92], définition reprise par l'APC[93], correspondent à la pratique par laquelle une entreprise fait supporter tout ou partie des coûts d'une activité concurrentielle à une activité, exercée sur un marché distinct, par exemple sous monopole légal. Ses coûts sont donc allégés par rapport à ceux de ses concurrents, ce qui l'avantage indûment dans la concurrence.

75. L'APC, en s'appuyant sur la pratique décisionnelle métropolitaine, distingue trois cas de figure dans lesquels il existe un risque de subventions croisées pour un monopole légal qui diversifie ses activités sur des marchés concurrentiels[94] :

- premièrement, lorsque des moyens tirés d'une activité réalisée sous monopole légal (soutien technique, commercial ou financier) sont mis à disposition pour le développement d'activités concurrentielles (i) sans contrepartie financière reflétant la réalité des coûts et (ii) que cela conduit soit à une pratique de prix prédateurs, soit à une perturbation durable du marché ;
- deuxièmement, lorsque l'opérateur historique utilise des moyens dont il dispose du fait de ses activités réservées au titre de son monopole légal, pour développer son activité concurrentielle, dans la mesure où ces moyens constituent des avantages non reproductibles par ses concurrents ;
- troisièmement, lorsque la mise à disposition de moyens, matériels et immatériels, par un monopole légal au bénéfice d'une de ses filiales conduit à une confusion entre une activité sous monopole et une activité concurrentielle, notamment si cette mise à disposition permet à la filiale d'utiliser l'image de marque et la notoriété du monopole pour opérer sur le marché concurrentiel.

4. Les abus automatiques

76. L'abus automatique désigne la situation dans laquelle une entreprise investie de droits exclusifs ou d'un monopole légal se trouve, du seul fait de l'exercice de ces prérogatives, conduite à exploiter abusivement sa position dominante, ou placée dans une situation la poussant nécessairement à le faire[95]. Tel est le cas, par exemple, lorsqu'une réglementation permet à une entreprise publique exploitant une source d'eau minérale de renouveler indéfiniment son titre sans mise en concurrence[96].

---

91 Communication de la Commission sur l'application des règles de concurrence au secteur postal et sur l'évaluation de certaines mesures d'État relatives aux services postaux, *JOCE* n° C 39 du 6 février 1998, p. 2.

92 Aut. conc., déc. n° 00-D-50 du 5 mars 2001 relative à des pratiques mises en œuvre par la société Française des Jeux dans les secteurs de la maintenance informatique et du mobilier de comptoir.

93 APC, avis n° 2016-A-01 du 31 août 2016, préc.

94 APC, déc. n° 2018-PAC-01 du 6 juin 2018, relative à des pratiques mises en œuvre dans le secteur de la téléphonie mobile à destination de la clientèle résidentielle.

95 CJUE, 17 juillet 2014, *Commission c/ DEI*, aff. C-553/12 P, EU:C:2014:2083.

96 CJUE, 21 septembre 2023, *Romaqua Group SA*, aff. C-510/22, EU:C:2023:694.

77. Consacrée tant en droit communautaire par l'arrêt *Fédération française des sociétés d'assurances*[97] qu'en droit interne par l'arrêt *Société Million et Marais*[98], la théorie de l'abus automatique autorise le juge administratif à contrôler la légalité d'un acte administratif au regard de ses effets concurrentiels, et à annuler toute mesure, ou à en constater l'illégalité qui placerait nécessairement son bénéficiaire en situation d'abuser de sa position dominante[99].

C. *Les mesures de prévention et de correction*

78. Pour répondre à ces préoccupations, l'APC est susceptible, dans ses procédures, d'enjoindre[100] ou d'obtenir des engagements[101] afin que soient mises en œuvre des mesures de prévention ou de correction visant principalement à distinguer clairement les activités concurrentielles des activités bénéficiant de droits exclusifs. Il peut aussi s'agir de mesures préventives suggérées par l'APC dans le cadre de ses avis[102].

79. La séparation entre activités concurrentielles et activités sous droits exclusifs peut être graduelle. Dans certains cas, une séparation comptable suffit, permettant de vérifier que les coûts sont correctement répartis entre les deux types d'activités afin de ne pas permettre de prix prédateurs. La séparation comptable implique généralement l'établissement d'une comptabilité analytique[103] qui permet de déterminer la part des coûts imputables à chaque produit, une gestion séparée des comptes tout au long de l'exercice, l'établissement des règles de suivi pour la dissociation des coûts et revenus, le suivi d'une méthode homogène permettant une délimitation fine et précise de chaque activité (concurrentielle versus bénéficiant de droits exclusifs), etc.

80. Cependant, dans certains secteurs, comme les industries de réseaux, une séparation « plus poussée » a pu être recommandée par l'APC. Elles peuvent aller jusqu'à une véritable séparation fonctionnelle impliquant la « création d'un département séparé et la mise en œuvre de règles de fonctionnement permettant d'ériger entre celui-ci et les autres services de l'opérateur historique des "murailles de Chine"[104] ». Dans certains cas, une séparation juridique, voire un transfert de propriété, peut constituer la seule solution adaptée pour éliminer tout risque de conflit entre les activités, tout en réduisant les coûts de contrôle[105].

81. À titre d'exemple, dans son avis n° 2024-AO-03, l'APC a ainsi recommandé la séparation des activités du groupe OPT en monopole de celles en concurrence par la réunion des activités de fourniture des services fixes et mobiles au public au sein

---

97 CE, 8 novembre 1996, *Fédération française des sociétés d'assurances*, n° 122644.

98 CE, 3 novembre 1997, *Million et Marais*, n° 169907.

99 CE, 2 octobre 2002, *SARL Even Média, SARL Copper Communication*, n° 231228.

100 Art. LP 620-7 du code de la concurrence de la Polynésie française.

101 Art. LP 641-2, I du code de la concurrence de la Polynésie française.

102 APC, avis n° 2024-AO-03 du 29 avril 2024, préc., § 73 et s.

103 Aut. conc., avis n° 14-A-12 du 31 juillet 2014 relatif à la situation de la concurrence dans le secteur de l'hébergement d'entreprises, § 68.

104 Aut. conc., avis n° 13-A-14 du 4 octobre 2013 relatif au projet de loi portant réforme ferroviaire, § 89.

105 Cons. conc., avis n° 94-A-15 du 10 mai 1994 relatif à une demande d'avis sur les problèmes soulevés par la diversification des activités d'EDF et de GDF au regard de la concurrence.

d'une même entité, distincte de celle exerçant les activités liées à l'établissement et à l'exploitation des réseaux (où sont réunis les monopoles et infrastructures essentielles). Cette solution a été considérée comme la plus efficace économiquement pour « i) assurer l'accès non discriminatoire des concurrents aux infrastructures ; ii) éviter tout risque de conflit entre les différentes activités (prévention des subventions croisées notamment) ; iii) réduire les risques d'utilisation des informations sensibles des concurrents ; et iv) réduire les coûts de ce contrôle pour le régulateur du secteur » (§ 151).

Conclusion

82. L'intervention publique dans l'économie doit poursuivre un objectif d'intérêt général clairement identifié, respecter la liberté du commerce et de l'industrie ainsi que la libre concurrence, et demeurer strictement proportionnée à cet objectif.

83. Par ses avis et décisions, l'APC cherche à concilier efficacité économique, protection des consommateurs et continuité des services essentiels, tout en tenant compte des contraintes locales afin de trouver un équilibre entre ouverture des marchés et impératifs d'intérêt général. Le tribunal administratif et, de manière ultime, le Conseil d'État ont également un rôle important à jouer en la matière, notamment sur tous les sujets sur lesquels l'APC n'a pas de compétence, afin de préserver la concurrence sur un territoire où tout déséquilibre au profit de l'un des acteurs est susceptible de produire très rapidement des effets d'éviction.

PARTIE VI

Enjeux et défis

Le développement du *private enforcement*

Jacqueline Riffault-Silk
Doyen honoraire, Chambre commerciale, Cour de cassation
Présidente honoraire, Association des juges européens
en droit de la concurrence (AECLJ)

Une appréhension contrastée des règles de concurrence en Polynésie française – vers une réforme de la régulation de la concurrence par la sphère privée ?

1. Comme on l'a vu dans les chapitres précédents, la Polynésie française n'a pas hésité à s'inscrire dans le profond mouvement de réformes de l'action publique – *public enforcement* – qu'a connu la régulation de la concurrence en France tant métropolitaine qu'ultramarine, ainsi que dans les États membres de l'Union européenne et au-delà.

2. Le contraste n'en est que plus frappant, dans ce territoire autonome de la République française, entre un droit de la régulation modernisé et un droit de la réparation « *private enforcement* » inchangé – auquel répond l'inexistence concrète de ces actions.

3. Pourtant, l'enjeu, pour l'économie polynésienne, d'un développement satisfaisant des actions privées à fins de réparation des dommages concurrentiels n'est plus à démontrer. Ainsi que le relevait déjà un représentant de la Commission européenne en 2012[1], la mise en œuvre du droit de la concurrence par les autorités publiques de concurrence va de pair avec celle qui résulte des actions en réparation engagées

---

[1] « *Public and private enforcement must go together* », observait Alexander Italianer, alors directeur général de la concurrence, lors d'une conférence tenue à Bruxelles.

devant les juridictions nationales civiles, commerciales, voire administratives[2], par les victimes des pratiques anticoncurrentielles, de sorte que l'absence *concrète* de la seconde ne peut qu'altérer l'efficacité du système antitrust dans son entier.

4. *Pour ce qui est de l'Union européenne*, ce constat éclaire l'originalité et la continuité de l'évolution du droit européen de la concurrence en Europe, dès les années 2000, pour parvenir à un exercice *effectif* des droits subjectifs détenus par les ressortissants de l'Union européenne, consommateurs et entreprises, démarche entreprise par la Commission européenne (ci-après la « Commission ») et soutenue avec vigueur tant par la Cour de justice de l'Union européenne (CJUE) que par le Parlement européen.

5. Ainsi que l'avaient mis en lumière plusieurs rapports commandés par la Commission, les actions en réparation devant les juridictions nationales, partout en Europe, étaient alors pratiquement inexistantes, en raison d'un faisceau de difficultés commun aux États membres, tenant essentiellement au caractère inadapté, dans ces affaires, de règles nationales de droit civil et de procédure civile similaires dans chacun des États membres : outre la complexité de ces affaires qui requièrent une analyse tant économique que juridique, outre le coût des procédures et la situation inégale des parties, se dressaient en effet les obstacles, souvent dirimants, tenant à la charge de la preuve, qu'il s'agisse de la faute imputée aux auteurs de pratiques anticoncurrentielles, du préjudice subi à titre individuel ou du lien de causalité entre les deux, mais aussi aux pouvoirs souvent limités des juges civils dans l'instruction de ces affaires.

6. Les mêmes constats peuvent être faits, s'agissant de la Polynésie française.

Comment résoudre ces défis ?

7. *À l'échelle européenne*, il revenait à la Cour de justice de l'Union européenne de tracer la voie de ces réformes nécessaires. Par son arrêt *Courage*[3], la CJUE a posé les principes essentiels d'efficience et d'équivalence du droit européen de la concurrence, et affirmé leur préséance dans des domaines du droit civil et de la procédure civile qui relevaient jusqu'alors de la souveraineté nationale. Elle a rappelé, aussi, la responsabilité partagée des juridictions nationales et des autorités de concurrence dans l'application de ces règles. C'est elle, encore, qui a défini dans sa décision *Manfredi*[4] des standards communs pour la détermination des préjudices résultant de pratiques anticoncurrentielles, en tout premier lieu celui de la compensation intégrale du préjudice, laissant de côté les dommages « punitifs » plus familiers aux juristes anglo-saxons.

8. Et c'est encore la CJUE qui a su, dans ses décisions *Pfleiderer*[5] et *Donau Chemie*[6], ménager un équilibre délicat entre les exigences d'ordre public de la répression des pratiques anticoncurrentielles – qu'accompagne la nécessaire protection accordée à

---

[2] C'est le cas en France métropolitaine dans les conditions prévues par les textes, la directive 2014/104/EU consacrée aux actions en réparation ayant fait l'objet d'une transposition en deux volets symétriques.

[3] CJCE, 20 septembre 2001, *Courage*, aff. C-453/99, EU:C:2001:465.

[4] CJCE, 13 juillet 2006, *Manfredi*, aff. jtes C-295/04 à C-298/04, EU:C:2006:461.

[5] CJUE, 14 juin 2011, *Pfleiderer*, aff. C-360/09, EU:C:2011:389.

[6] CJUE, 6 juin 2013, *Donau Chemie*, aff. C-536/11, EU:C:2013:366.

ceux qui révèlent leur existence contre la promesse de bénéficier d'une mesure de clémence – et la garantie, non moins exigeante, pour les victimes, d'un meilleur accès aux preuves qui leur sont indispensables pour le succès de leurs demandes en réparation.

9. Dans une première étape, le règlement (CE) n° 1/2003 du Conseil[7] a affirmé la complémentarité des actions de *public* et de *private enforcement*, instauré un effet liant, pour les juridictions civiles nationales, des décisions de sanction prises par la Commission – et elle seule – et mis en place un système de consultation et d'avis entre les juridictions et la Commission. Mais ces réformes ne pouvaient suffire.

10. La directive 2014/104[8] (ci-après la « directive Dommages » – DD) a posé des règles nouvelles et parfois révolutionnaires au nom, à nouveau, des impératifs d'effectivité et d'équivalence du droit européen de la concurrence : généralisation de l'effet liant pour les juridictions civiles, commerciales, administratives, des décisions des autorités de concurrence nationales constatant l'existence de pratiques anticoncurrentielles, et ce, en dépit de leur nature administrative ; instauration de présomptions multiples propres à alléger le fardeau de la preuve ; pouvoirs étendus conférés au juge civil pour l'instruction du procès… tout en préservant un équilibre nécessaire entre des impératifs parfois contraires tenant à la protection d'intérêts publics et privés. Les dispositions de la directive ont été transposées en droit interne français par l'ordonnance n° 2017-303 et le décret n° 2017-305 du 9 mars 2017.

11. Ainsi, le recours à de nouveaux concepts – les principes d'efficience et d'équivalence posés par la CJUE – a permis, en Europe, de franchir les obstacles liés à la souveraineté des États membres et d'imposer des changements radicaux dans les règles de droit civil et de procédure civile des États membres, règles harmonisées dans tout l'espace européen.

Qu'en est-il du territoire autonome de la République française que constitue la Polynésie française ?

12. À rebours des évolutions majeures retracées ci-dessus, la mise en œuvre du droit de la concurrence par la sphère privée, en Polynésie française, est restée régie par les principes et les textes existants applicables à la responsabilité civile extracontractuelle et à l'organisation du procès devant les juridictions civiles du pays, sous le contrôle ultime de la Cour de cassation de la République. Il en est ainsi de la qualité à agir, de l'imputabilité, de la charge de la preuve, en particulier de la portée des décisions de nature administrative prises par le régulateur sur l'action de droit privé portée devant la juridiction judiciaire, également des pouvoirs du juge pour instruire l'affaire…

13. Pour autant, le territoire autonome que constitue la Polynésie française est-il dans l'impossibilité de se doter de telles normes ? Le transfert à ce territoire de la compétence de l'État en matière commerciale, qui a permis l'instauration en Polynésie française

---

[7] Règlement (CE) n° 1/2003 du Conseil du 16 décembre 2002 relatif à la mise en œuvre des règles de concurrence prévues aux articles 81 et 82 [devenus 101 et 102] du traité, JOCE n° L 1 du 4 janvier 2003, p. 1.

[8] Directive 2014/104/UE du Parlement européen et du Conseil du 26 novembre 2014 relative à certaines règles régissant les actions en dommages et intérêts en droit national pour les infractions aux dispositions du droit de la concurrence des États membres et de l'Union européenne, *JOUE* n° L 349 du 5 décembre 2014, p. 1.

d'un droit autonome de la concurrence et la création d'une autorité administrative indépendante, ne pourrait-il fonder de telles réformes par le législateur local, au nom de « l'ordre public économique » dont le Conseil constitutionnel a reconnu la légitimité dans de nombreux domaines touchant notamment au droit de la concurrence ?

14. Il n'est pas sans intérêt de relever ici qu'un an seulement après l'entrée en vigueur, le 1er mai 2004, du règlement 1/2003 instaurant une présomption irréfragable attachée uniquement aux décisions de sanction de la Commission européenne vis-à-vis des juridictions des États membres saisies d'actions en réparation de dommages concurrentiels, l'Allemagne, État membre de l'Union européenne, a « devancé » l'élargissement à venir par la directive Dommages – de l'effet liant des décisions de nature administrative prises par une autorité de concurrence à l'égard des juridictions civiles statuant sur des demandes de réparation de dommages résultant de pratiques anticoncurrentielles.

15. L'État allemand a décidé en effet, par une huitième réforme de son droit contre les entraves à la concurrence[9], qu'une même présomption irréfragable, opposable aux juridictions civiles allemandes, résulterait dorénavant des décisions de sanction définitives prises par l'autorité de concurrence nationale, ainsi que par les autorités de concurrence des autres États membres.

16. La directive Dommages elle-même n'irait pas aussi loin, dès lors qu'elle limite le champ de la présomption irréfragable attachée aux décisions de sanction prises par l'autorité de concurrence d'un État membre aux juridictions civiles du même État membre, cependant qu'elle confère seulement une force probante « *prima facie* », donc devant être accompagnée d'éléments complémentaires, aux décisions de sanction d'une autorité de concurrence d'un État membre vis-à-vis des juridictions civiles des autres États membres.

17. En tout état de cause, et même si les textes et principes européens – particulièrement les principes d'effectivité et d'équivalence énoncés par la CJUE, pierre angulaire des réformes concernant l'application du droit européen de la concurrence dans les États membres – sont étrangers en tant que tels à la Polynésie française, les constats sur lesquels reposent ces règles nouvelles sont les mêmes : ce sont, d'une part, le parallélisme entre les deux modes de régulation, publique et privée, de la concurrence, d'autre part, la complémentarité du rôle assuré par les victimes de pratiques anticoncurrentielles – et par les juges – dans la détection de ces pratiques et le prononcé de sanctions civiles propres à dissuader leurs auteurs ainsi qu'à indemniser leurs victimes, *private* et *public enforcement* contribuant ainsi, l'un et l'autre, au rétablissement d'un fonctionnement concurrentiel des marchés.

18. En effet, et ainsi que le rappelle la CJUE[10], le droit pour toute personne de demander réparation du préjudice causé par une entente ou un abus de domination « renforce le caractère opérationnel des règles de concurrence [de l'Union] », de sorte que « les actions en dommages et intérêts pour violation des règles de

---

[9] Gesetz gegen Wettbewerbsbeschränkungen (GWB), loi du 16 juin 2005, entrée en vigueur le 1er juillet suivant.

[10] CJUE, 14 mars 2019, Skanska, aff. C-724/17, EU:C:2019:204, analyse encore reprise par la CJUE dans de récents arrêts : CJUE, 10 novembre 2022, Paccar, aff. C-163/21, EU:C:2022:863 ; CJUE, 16 février 2023, *Tráficos Manuel Ferrer*, aff. C-312/21, EU:C:2023:99.

concurrence [de l'Union] font partie intégrante du système de mise en œuvre de ces règles, qui vise à réprimer les comportements anticoncurrentiels des entreprises et à dissuader celles-ci de se livrer à de tels comportements ».

19. Cette analyse, qui souligne la double fonction, compensatoire et dissuasive, assurée par les actions en réparation, apparaît pleinement transposable aux actions privées qui peuvent être engagées par les victimes de pratiques anticoncurrentielles sur le territoire autonome de la Polynésie française.

20. Plus encore, l'obligation faite aux juges d'apporter, lors de l'instruction des affaires, prévisibilité et sécurité aux actions en réparation portées devant eux, par une mise en balance rigoureuse des intérêts publics et privés à protéger, et par une prise en compte attentive des principes de nécessité et de proportionnalité dans le contrôle des demandes de communication de pièces, transcende ces frontières institutionnelles et temporelles, de sorte que ces exigences, rappelées par la Cour de cassation, paraissent concerner tout autant les juridictions civiles du pays.

21. Il faut enfin citer, pour leur richesse informationnelle et documentaire, les documents non contraignants élaborés au niveau tant européen que national :
   - d'une part, les guides et recommandations rédigés par la Commission européenne à l'intention des juridictions des États membres pour faciliter la tâche des juges dans l'instruction des affaires et l'évaluation des préjudices[11] ;
   - d'autre part, les fiches méthodologiques concernant les actions en réparation et l'analyse du préjudice économique, diffusées aux mêmes fins par des juridictions nationales telle la cour d'appel de Paris[12] à l'intention des praticiens exerçant sur le territoire national.

22. Il s'agit là de véritables « *boîtes à outils* » de nature à aider non seulement les juges, mais aussi ceux qui les saisissent, consommateurs et entreprises, comme leurs conseils, en leur fournissant les éléments d'un langage commun.

23. Rédigés à la suite de consultations intensives auprès de cabinets spécialisés, de communications et d'échanges auprès des praticiens – régulateurs, juges et juristes, économistes, acteurs économiques –, et fondés sur le principe de la réparation intégrale du préjudice, ces textes, qui contribuent à la convergence des méthodes et font bénéficier le lecteur de l'expérience acquise par ces professionnels – notamment en matière d'évaluation du préjudice et d'analyse de la répercussion des surcoûts – se sont révélés constituer des « *guides d'analyse utiles* » auxquels se réfèrent aujourd'hui couramment les praticiens et les juridictions nationales en Europe (v. *infra*, III. La réparation).

---

[11] Guide pratique concernant la quantification du préjudice dans les actions en dommages-intérêts fondées sur des infractions à l'article 101 ou 102 du TFUE, publié en 2013, https://ec.europa.eu/competition/antitrust/actionsdamages/quantification_en.html ; *Quantifying Antitrust Damages: Towards Non-Binding Guidance for Courts*, étude préparée pour la Commission européenne lors des travaux préparatoires au guide pratique, décembre 2009, Office des publications de l'Union européenne, Luxembourg, 2009 ; communication de la Commission, « Orientations à l'intention des juridictions nationales sur la façon d'estimer la part du surcoût répercutée sur les acheteurs indirects », *JOUE* n° C 267 du 9 août 2019, p. 4, https://eur-lex.europa.eu/legal-content/FR/TXT/PDF/?uri=CELEX:52019XC0809(01)&from=EN.

[12] CA Paris, « La réparation du préjudice économique », fiches méthodologiques et glossaire, 3e éd., 2024, https://www.cours-appel.justice.fr/paris/publications-de-la-cour.

24. L'intérêt pratique, pour les acteurs économiques, les juristes et les juges polynésiens, de ces « *outils opérationnels partagés* », ne saurait être négligé.

25. Le plan de ce chapitre s'articulera ainsi qu'il suit :

- I. Les éléments constitutifs de la responsabilité civile dans les actions en réparation de préjudices concurrentiels en Polynésie française
- II. L'engagement et l'instruction des actions en réparation de préjudices concurrentiels devant les juridictions polynésiennes, les actions consécutives (follow-on), ou d'initiative (stand-alone), la prescription, les pouvoirs d'instruction du juge
- III. La réparation
- IV. La nullité
- V. Les procédures alternatives : arbitrage, résolution amiable des litiges, actions collectives

I. Les éléments constitutifs de la responsabilité civile dans les actions en réparation de préjudices concurrentiels en Polynésie française

26. La responsabilité civile non contractuelle, en France métropolitaine comme en Polynésie française, est constituée de trois éléments dont le demandeur doit apporter la preuve : une faute, un préjudice et un lien de causalité entre les deux.

A. *Une faute personnelle*

27. La faute invoquée au soutien des actions en réparation de préjudices concurrentiels est de nature extracontractuelle. C'est donc une faute personnelle définie par l'article 1382 du code civil polynésien – dans les mêmes termes que l'article 1240 du code civil métropolitain (anc. art. 1382 C. civ.).

28. *La preuve de cette faute incombe au demandeur*, et les présomptions instituées au fil des réformes du droit européen de la concurrence sont inapplicables dans les actions privées portées devant les juridictions civiles polynésiennes et ne peuvent être invoquées devant elles.

29. Pour mémoire, ces présomptions sont nombreuses, et puissantes :

- dans les affaires dites « consécutives » ou « de suivi » (*follow-on*), présomption irréfragable attachée à la constatation d'infraction dans une décision définitive de la Commission européenne (règlement 1/2003) ou de l'autorité de concurrence de l'État membre dans lequel est engagée l'instance (art. 9 DD), dans les actions en dommages-intérêts introduites devant les juridictions nationales ;
- dans ces mêmes affaires, valeur de preuve *prima facie* attachée à la constatation d'infraction dans une décision définitive d'une autorité de concurrence d'un État membre, dans les actions en réparation portées devant les juridictions nationales d'un autre État membre, cette constatation devant être complétée par d'autres éléments de preuve apportés par les parties (art. 9 DD) ;

- en matière d'entente, présomption simple (susceptible de preuve contraire) d'existence d'un préjudice résultant de telles pratiques (art. 17 DD) ;
- renversement de la charge de la preuve en matière de répercussion des surcoûts (v. *infra*), à deux égards, (i) cette preuve étant mise à la charge du défendeur lorsqu'il invoque ce moyen de défense, et (ii) l'acheteur indirect étant réputé apporter la preuve de cette répercussion s'il forme une action en réparation (art. 13 et 14 DD).

30. Quelle valeur apporter alors aux constatations mentionnées dans les décisions définitives de l'autorité de concurrence polynésienne ?

31. Les règles et les solutions jurisprudentielles dégagées par la Cour de cassation sur le fondement de l'article 1382 du code civil (devenu l'art. 1240 du même code), antérieurement à l'entrée en vigueur des présomptions instaurées par la directive Dommages, ont été expressément maintenues par la Haute Juridiction dans les affaires concernant des faits survenus avant l'entrée en vigueur des réformes. Elles paraissent directement transposables à la Polynésie française.

32. Une première réponse est apportée par un arrêt rendu le 14 décembre 2014 par la cour d'appel de Paris[13] : « [U]ne condamnation par l'Autorité de la concurrence, qui constitue une décision administrative et ne lie pas le juge, n'établit pas nécessairement l'existence d'une faute civile [...] »

33. On doit relever toutefois que, peu après, la Cour de cassation n'a pas hésité à nuancer cette position stricte dans une affaire où les dispositions de la directive Dommages n'étaient pas applicables, et ce, sans aucune ambiguïté : « [L]'arrêt [de la cour d'appel] retient à bon droit que ces pratiques [pour lesquelles la société Orange avait été sanctionnée par l'Autorité de la concurrence et son recours rejeté, la décision étant devenue irrévocable ainsi que le souligne la Cour de cassation] constituent des fautes civiles[14]. »

34. Il peut ainsi arriver que les constatations de l'autorité de concurrence permettent au juge civil d'en conclure que les pratiques relevées, qualifiées d'infractions au droit de la concurrence et sanctionnées en tant que telles par l'autorité administrative, suffisent à constituer une faute civile.

35. Il convient de rappeler enfin que les droits de la défense, dans le procès civil, ne doivent pas être méconnus : le juge saisi d'une demande en réparation devra s'assurer que les défendeurs – qu'ils aient ou non reçu une notification de griefs de la part de l'autorité de concurrence dans l'affaire en cause, et qu'ils aient ou non été sanctionnés – ont pu exercer leurs droits – le cas échéant lors du procès civil, postérieurement à la procédure administrative menée par le régulateur – à propos des faits constatés par ce dernier et repris dans le jugement civil. Telle a été la solution retenue par la Cour de cassation, dans une affaire où seule une société mère avait été notifiée et sanctionnée par le régulateur, cependant que deux de ses filiales étaient également attraites devant la juridiction civile[15].

---

13 CA Paris, 14 décembre 2014, *Sncf c/ Pellegrini, liquidateur de la société Switch*, RG 13/08975.

14 CA Paris, 27 mai 2015, RG 14/14758 ; Cass. com., 13 septembre 2017, *Orange c/ Lectiel Bes Ravise*, n° 15-22.320.

15 Cass. com., 6 octobre 2015, *JCB c/ Central Parts*, n° 13-24.854.

B. *Dommage et lien de causalité*

36. Dans ces domaines, la rigueur de la jurisprudence française doit être soulignée.

1. Pas de présomption de préjudice analogue à celle instaurée par la Cour de cassation en matière de concurrence déloyale, mais une jurisprudence nuancée… et contrastée

37. En effet, la Cour de cassation rejette fermement l'extension aux pratiques anticoncurrentielles de la présomption de dommage qu'elle a créée en matière de concurrence déloyale, position affirmée dans l'affaire du cartel des câbles[16], également dans l'affaire *Orange c/ Lectiel* précitée[17] : « [I]l incombe à la société Lectiel, qui souhaite obtenir une indemnisation, de démontrer le préjudice en résultant pour elle et le lien de causalité entre ces fautes et le préjudice […] »

38. Il n'est pas sans intérêt de relever que les juridictions administratives métropolitaines, également compétentes en matière d'actions en réparation dans les conditions prévues par les textes, et non soumises au principe de spécialisation, ne partagent pas cette rigueur. En témoigne une série de décisions concernant des actions consécutives (*follow-on*) portées devant les juridictions administratives à la suite des sanctions prononcées par l'autorité de concurrence dans l'affaire du cartel des signaux, dont avaient été victimes diverses collectivités publiques.

39. Les juges administratifs avaient estimé que les constatations contenues dans la décision de sanction constituaient une présomption *de facto* non seulement de l'existence d'une faute civile, mais aussi d'un préjudice et d'un lien de causalité, et conclu que la charge de la preuve, pour les demandeurs, se limitait au calcul du montant de leurs dommages. Les cours administratives d'appel saisies des recours ont décidé que les jugements établissaient à suffisance chacun de ces éléments[18].

2. La répercussion des surcoûts (*passing-on*) : l'analyse rigoureuse de la Cour de cassation

40. La question du *passing-on*, soit la répercussion des surcoûts résultant d'une entente anticoncurrentielle par l'acheteur intermédiaire ayant revendu en l'état ou incorporé dans sa propre production les produits objet du cartel, est souvent invoquée par le cartelliste comme un moyen de défense pour nier l'existence même du préjudice subi par son acheteur.

41. Les auteurs s'accordent pour considérer que le fait d'imposer au demandeur la preuve de la non-répercussion constitue un obstacle majeur à l'indemnisation[19]. La présomption de non-répercussion instaurée par la directive Dommages a mis fin à cette difficulté, mais seulement dans les affaires (nouvelles) où les dispositions nationales de transposition du texte européen sont applicables.

---

16 Cass. com., 13 septembre 2017, *EDF et ERDF c/ Nexans*, n°s 15-22.837 et 15-23.070.

17 Cf. note 14.

18 V. p. ex. CAA Nancy, 21 mars 2017, *Département de la Meuse c/ Signaux Girod*, n° 15NC02367 ; CAA Nantes, 10 mai 2017, *Département du Morbihan c/ Signalisation France*, n° 16TN01778.

19 Cf. not. M. Chagny, *L'actu-concurrence Hebdo* n° 44/2022.

42. En Polynésie française, ce sont évidemment les règles anciennes qui restent applicables.

43. Sur ce point, la jurisprudence de la Cour de cassation, affirmée initialement dans l'affaire du cartel de la lysine, tient en quelques mots : la preuve du préjudice incombe au demandeur, et le principe de la réparation intégrale du dommage exclut tout enrichissement à son bénéfice[20], solution réaffirmée avec éclat par la chambre commerciale de la Cour de cassation plus récemment, dès lors que l'action avait été introduite avant la transposition de la directive en droit national, bien que le délai de transposition fût expiré à cette date[21].

44. Ainsi, l'assujettissement au droit positif « ancien » des conditions propres à établir la responsabilité civile des auteurs de pratiques anticoncurrentielles, en Polynésie française comme en Nouvelle-Calédonie, ne paraît guère favorable aux victimes de ces pratiques.

45. Qu'en est-il des textes et des principes énoncés par la Cour de cassation pour l'introduction et l'instruction de ces affaires ?

II. L'engagement et l'instruction des actions en réparation de préjudices concurrentiels devant les juridictions polynésiennes, les actions consécutives (*follow-on*), ou d'initiative (*stand-alone*), la prescription, les pouvoirs d'instruction du juge

A. *L'introduction de l'action en réparation : l'action en responsabilité personnelle pour faute restée soumise à la prescription trentenaire en droit civil polynésien ?*

46. En vertu du principe de spécialité législative et du statut d'autonomie de la Polynésie française, les lois prises dans les domaines relevant de la compétence de l'État français doivent, pour s'y appliquer, comporter une mention expresse à cette fin.

47. Conformément à ces principes, la loi n° 2008-561 du 17 juin 2008 portant réforme des délais de prescription, et dont l'article 1er réduit à cinq ans le délai de prescription des actions personnelles ou mobilières (à compter du jour où le demandeur a connu ou aurait dû connaître les faits lui permettant d'exercer son action), précise dans son article 25 les territoires concernés pour l'application notamment de cet article. Or, s'agissant de la Polynésie française, l'article 25 de la loi ne mentionne pas ce texte, pas plus qu'il ne mentionne l'article 2224 du code civil[22] issu de la réforme.

---

20 Cass. com., 15 juin 2010, *Doux Aliments c/ Ajinomoto*, n° 09-15.816 ; Cass. com., 15 mai 2012, *Coopérative Le Gouessant c/ Ajinomoto*, n° 11-18.495.

21 Cass. com., 19 octobre 2022, *Carrefour c/ Johnson & Johnson*, n° 21-19.197.

22 L'art. 2224 C. civ. issu de la réforme du 17 juin 2008 prévoyait un délai de cinq ans à partir du jour où le titulaire d'un droit a connu ou devait connaître les faits lui permettant de l'exercer. Il a été applicable aux actions en réparation de préjudices concurrentiels en France métropolitaine jusqu'à l'entrée en vigueur de l'ordonnance du 9 mars 2017 de transposition de la directive Dommages.

48. Telle est la constatation faite par la cour d'appel de Papeete dans un arrêt rendu le 27 juin 2024[23] concernant une affaire de rupture abusive de contrat de sous-traitance. La cour d'appel en tire les conséquences en rejetant la fin de non-recevoir tirée de la prescription de l'action en responsabilité formée par le sous-traitant, retenant également que l'article 2270-1 du code civil[24] n'a été rendu applicable en Polynésie française que pour l'indemnisation des victimes d'accidents de la circulation, de sorte que c'est l'article 2262 du code civil dans sa rédaction antérieure issue de la loi n° 1804-03-15 promulguée le 25 mars 1804 qui s'applique. Aux termes de cet article, « toutes les actions, tant réelles que personnelles, sont prescrites par trente ans ».

49. À titre de renseignement, on notera que si le délai de prescription des actions en réparation de préjudices concurrentiels a été maintenu à cinq ans par l'ordonnance du 9 mars 2017 de transposition de la directive Dommages, entrée en vigueur le 11 mars 2017, les critères concernant le point de départ du délai sont plus exigeants, ce délai ne pouvant courir avant que l'infraction ait cessé, et son point de départ étant fixé au jour où le plaignant a connu ou pouvait raisonnablement connaître, de manière cumulative, (i) les faits constituant l'infraction aux règles de concurrence, (ii) l'existence de son préjudice, (iii) l'identité de l'auteur ou des auteurs de l'infraction[25].

1. L'absence d'effet interruptif ou suspensif de l'action *administrative* du régulateur sur l'action en réparation des victimes de pratiques anticoncurrentielles portée devant les juridictions *judiciaires,* sauf dispositions spécifiques telle la loi Hamon ou la directive Dommages – inapplicables en tant que telles à la Polynésie française

50. En droit, la conduite d'une enquête administrative par une autorité de concurrence nationale, pas plus que la décision prise par cette dernière, fût-elle européenne, à l'issue de cette enquête, ne peut interrompre ni suspendre le cours de la prescription de l'action judiciaire en réparation devant les juridictions civiles de l'État, les dispositions de l'article 2241 du code civil[26] étant dans ce cas inapplicables. La réponse négative apportée à cette question récurrente par les juridictions nationales françaises paraît transposable aux juridictions judiciaires polynésiennes.

51. À l'échelle nationale, ces difficultés ont pu être résolues par la réforme Hamon de 2014[27] et par la directive Dommages[28]. L'article L. 462-7 du code de commerce métropolitain, modifié par la réforme Hamon, a prévu en effet que toute décision d'enquête ou de sanction d'une infraction au droit de la concurrence, prise par l'autorité de concurrence nationale, par celle d'un État membre de l'Union européenne, ou par la

---

[23] CA Papeete, 27 juin 2024, *SAS Normacadre International c/ M. W., ès-qualités de liquidateur judiciaire de la sarl Blues Alu Tahiti*, RG 20/00271.

[24] L'art. 2270-1 C. civ., applicable en France métropolitaine aux actions en responsabilité personnelle et mobilière jusqu'à la réforme du 17 juin 2008, prévoyait un délai de prescription de dix ans à partir de la révélation ou de la manifestation du préjudice.

[25] Art. 10 DD, transposé à l'art. L. 482-1 du code de commerce métropolitain.

[26] Prévoyant que l'introduction d'une action devant un tribunal interrompt le délai de prescription.

[27] Loi n° 2014-344 du 17 mars 2014 relative à la consommation, *JORF* n° 0065 du 18 mars 2014 (dite loi « Hamon »).

[28] Art. 10, § 4 DD.

Commission européenne, interrompt le cours de la prescription civile, et précise que cette interruption sera effective jusqu'à ce que la décision prise par ces autorités ou, en cas d'appel, par la cour d'appel saisie du recours, ait acquis un caractère définitif.

52. Mais ces dispositions dérogatoires restent inapplicables en tant que telles à la Polynésie française.

53. Il convient de relever à nouveau, cependant, qu'une approche plus pragmatique a été mise en œuvre par les juridictions administratives métropolitaines, avec l'approbation du Conseil d'État. Elles ont développé en effet une analyse *in concreto* plus favorable aux victimes de pratiques anticoncurrentielles, en décidant que, sauf circonstances exceptionnelles, le point de départ de la prescription – la connaissance par la victime des faits lui permettant d'exercer son action – ne peut être antérieur à la décision de l'autorité administrative[29].

B. *La qualité à agir et à défendre*

54. L'arrêt *Skanska*[30], par lequel la CJUE a décidé d'étendre à la responsabilité civile personnelle le principe de la continuité économique spécifique au droit de la concurrence, constitue un changement majeur dans les règles de la responsabilité civile – et du droit des sociétés commerciales – pour ce qui est du *private enforcement* du droit de la concurrence.

55. Une telle percée aurait été difficilement concevable en France métropolitaine.

56. Il n'est pas sans intérêt de rappeler que la Cour de cassation a été invitée dans les années 1990[31] à se prononcer sur un sujet très comparable, dans une affaire d'infraction aux règles du marché boursier, dans laquelle, au cours de la procédure d'enquête, la société initialement visée par la notification de griefs avait cessé d'exister, ses activités ayant été transférées à une série de nouvelles entités. Ces dernières pouvaient-elles être tenues responsables des infractions commises ?

57. Approuvant l'arrêt d'annulation de la décision du régulateur boursier, rendu par la cour d'appel de Paris, la Cour de cassation a répondu très fermement par la négative : sauf fraude, laquelle n'était pas alléguée en l'espèce, le principe de la responsabilité personnelle s'impose à toute autre considération de nature économique.

58. De même, la Cour de cassation rappelle qu'une société mère ne peut obtenir la réparation du préjudice subi par sa filiale, et vice versa, puisque chaque société d'un groupe est une entité juridique autonome :

> Mais attendu que c'est à bon droit et sans dénaturer les termes du litige, que l'arrêt retient, par motifs propres et adoptés, que, sauf à méconnaître

---

29 V. p. ex. CE, 22 novembre 2019, *SNCF Mobilités*, n° 418645, dans une affaire où l'action en réparation avait été engagée près de quinze ans après la cessation de l'infraction, l'art. 2270-1 C. civ. prévoyant un délai de dix ans étant alors applicable. Le CE écarte le moyen selon lequel le plaignant, qui était partie au procès pénal engagé par le parquet contre les cartellistes, avait « nécessairement » connaissance de l'infraction, en estimant que cette motivation est inadéquate en ce que l'intervention de la victime au procès pénal ne pouvait refléter que des « soupçons », contrairement aux certitudes résultant de la décision de l'Autorité de la concurrence, laquelle était intervenue beaucoup plus tard.

30 CJUE, 14 mars 2019, *Skanska*, aff. C-724/17, EU:C:2019:204 ; v. égal. CJUE, 6 octobre 2021, *Sumal*, aff. C-882/19, EU:C:2021:800.

31 Cass. com., 15 juin 1999, *Société CIP & autres*, n° 97-16.439, *Bull.* 127.

la règle que « nul ne plaide par procureur », une société-mère ne peut se substituer à sa filiale pour intenter à ses lieu et place une action judiciaire visant à la réparation d'un préjudice personnel prenant sa source dans le préjudice subi par cette seule filiale et que la seule relation de contrôle de la société […] ne [lui] confère pas […] un intérêt à agir[32] […]

C. *L'instruction du procès en réparation*

1. Les pouvoirs généraux d'instruction du procès

59. Les dispositions du code de procédure civile polynésien (CPCP) consacrées à l'administration judiciaire de la preuve (art. 70 et s. CPCP) donnent de larges pouvoirs d'instruction au juge civil, comparables à ceux de ses homologues métropolitains.

60. S'agissant de la communication de pièces, il est prévu que :

- la partie qui fait état d'une pièce s'oblige à la communiquer spontanément (art. 72 CPCP) ;
- si la communication n'est pas faite, il peut être demandé sans forme au juge d'enjoindre cette communication, étant précisé que le juge fixe, au besoin à peine d'astreinte, le délai et, s'il y a lieu, les formes de cette communication (art. 73 CPCP) ;
- si, dans le cours d'une instance, une partie entend faire état d'un acte ou d'une pièce détenue par un tiers, y compris les administrations publiques, elle peut demander au juge saisi de l'affaire d'ordonner la production de l'acte ou de la pièce ; le juge, s'il estime cette demande fondée, ordonne la délivrance ou la production de l'acte ou de la pièce, en copie ou en extrait, selon le cas, dans les conditions et sous les garanties qu'il fixe, au besoin à peine d'astreinte ; sa décision est exécutoire à titre provisoire ; en cas de difficulté ou s'il est invoqué quelque empêchement légitime, le juge peut rétracter ou modifier sa décision (art. 77 à 80 CPCP).

61. Ces mesures peuvent être ordonnées à la demande des parties, ou d'office, en tout état de cause, dès lors que le juge ne dispose pas d'éléments suffisants pour statuer (art. 82 et 83 CPCP).

62. De même, l'article 84 CPCP donne au juge civil des pouvoirs d'instruction *in futurum*, à l'instar des dispositions de l'article 145 du code de procédure civile métropolitain. Il prévoit en effet que « s'il existe un motif légitime de conserver ou d'établir avant tout procès la preuve de faits dont pourrait dépendre la solution d'un litige, les mesures d'instruction légalement admissibles peuvent être ordonnées en référé à la demande de tout intéressé ».

63. Enfin, la règle selon laquelle une mesure d'instruction ne peut en aucun cas être ordonnée en vue de suppléer la carence d'une partie dans l'administration de la preuve est énoncée à l'article 85 CPCP.

---

32 Cass. com., 18 mai 1999, n° 96-19.235.

2. La protection des secrets d'affaires

64. Il paraît utile de mentionner, à cet égard, les pratiques mises en œuvre devant les juridictions commerciales métropolitaines, particulièrement le tribunal de commerce de Paris, visant à assurer la protection des secrets d'affaires. Ainsi sont aménagées des *data rooms* qui permettent aux avocats des parties d'avoir accès aux pièces sans pouvoir en obtenir copie. De la même manière, les experts éventuellement désignés sont invités à produire un engagement de confidentialité.

65. Pour l'application de l'article 145 du code de procédure civile en France métropolitaine (art. 84 CPCP), ces juridictions ont mis en place des procédures de mise sous séquestre grâce auxquelles les secrets d'affaires sont présentés à une audience tenue par le juge, lequel peut examiner ces documents confidentiels. Plusieurs décisions du tribunal de commerce de Paris se font l'écho de ces procédures innovantes[33].

66. Ces dispositions générales permettent sans aucun doute aux juridictions civiles polynésiennes d'intervenir activement dans l'instruction des actions en réparation de dommages concurrentiels.

67. Mais qu'en est-il de l'accès aux pièces détenues par le régulateur dans le cadre des enquêtes ? Il s'agit là d'un facteur essentiel au succès de ces actions.

g) La protection du secret des enquêtes menées par l'autorité de concurrence polynésienne : les assouplissements apportés par la jurisprudence de la Cour de cassation – le test de nécessité

68. L'article 820-3 du code de la concurrence polynésien (CCP) permet aux juridictions de consulter l'autorité de concurrence polynésienne et de lui demander communication de pièces que ne détiendrait pas une partie à l'instance, mais il exclut les pièces élaborées ou recueillies dans le cadre de l'enquête. Et l'article 630-4-1 CCP, reproduisant les dispositions du code de commerce métropolitain (art. L. 463-6 C. com.), punit des peines prévues pour la violation du secret professionnel (art. 226-13 C. pén.) la divulgation par l'une des parties des informations concernant une autre partie ou un tiers, et dont elle n'a pu avoir connaissance qu'à la suite des communications ou consultations auxquelles il a été procédé.

69. Mais ces dispositions très strictes font l'objet d'une jurisprudence ancienne développée à propos des enquêtes pénales par la chambre criminelle de la Cour de cassation, qui en a modifié la portée au profit des parties au procès pénal. Jurisprudence dont s'est emparée la chambre commerciale de la Haute Juridiction.

70. En effet, l'arrêt *Semavem*[34] a été l'occasion pour la chambre commerciale de transposer aux investigations devant l'autorité de concurrence le régime du secret de l'enquête pénale, cette fois au profit de l'auteur de pratiques anticoncurrentielles sanctionné

---

33 T. com. Paris, 28 janvier 2019, *Norma c/ Novandie Andros*, RG 2017025084 ; CA Paris, 25 octobre 2019, *Société XY c/ Renault Trucks*, RG 19/05356, partiellement cassé par Cass. com., 8 juillet 2020, *Renault Trucks*, n° 19-25.065, au motif que la cour d'appel n'avait pas vérifié si la production de documents attachés à la notification de griefs, autorisée par la cour d'appel, était proportionnée, à la fois, à leur utilité et à leur caractère confidentiel.

34 Cass. com., 19 janvier 2010, n° 08-19.761, *Bull.* 8.

par l'autorité de concurrence. Ainsi, « le principe du respect des droits de la défense ne justifie la divulgation, dans un procès civil, d'informations couvertes par le secret de l'instruction devant […] l'Autorité de la concurrence, que si cette divulgation, incriminée par l'article L. 463-6 du code de commerce, est nécessaire à l'exercice de ces droits ». C'est à la partie désireuse de produire les pièces d'en justifier. Et c'est au juge de décider si les conditions de cette communication sont remplies.

71. La cour d'appel de Paris n'a pas été longue à « bilatéraliser » cette jurisprudence, en appliquant le test de nécessité à la demande de communication de pièces formée non par un auteur, mais par une victime de pratiques anticoncurrentielles[35].

h) Les obligations faites au juge dans le contrôle de la collecte des preuves – les principes de nécessité et de proportionnalité – la mise en balance des intérêts protégés

72. La chambre commerciale a énoncé[36], certes dans une affaire postérieure à la directive Dommages, mais dans des termes transposables aux juridictions civiles du pays (cf. cette introduction), quel devait être le contrôle effectué par le juge saisi d'une action en réparation, sur les demandes de communication de pièces, et ce, au regard de l'obligation qui lui est faite de préserver les exigences d'ordre public concernant la répression des pratiques anticoncurrentielles, sans pour autant sacrifier le droit à réparation des victimes de ces pratiques.

73. La Haute Juridiction a rappelé à cet égard l'obligation faite aux juges d'apporter prévisibilité et sécurité aux actions en réparation lors de l'instruction de l'affaire et de la collecte des preuves, non seulement dans les relations entre demandeurs et défendeurs par l'application rigoureuse des principes de nécessité et de proportionnalité, mais aussi, en ce qui concerne les demandes d'accès aux dossiers du régulateur, par une mise en balance *motivée* des impératifs propres aux intérêts protégés de la sphère publique, comme à ceux de la sphère privée, cette décision annonçant un contrôle exigeant sur l'accomplissement de ces obligations par les juridictions.

74. Ces premiers obstacles ayant été surmontés, l'existence d'une faute, d'un préjudice et d'un lien de causalité ayant pu être établie à la satisfaction des juges du fond, qu'en est-il de l'évaluation des préjudices et de leur réparation ?

III. La réparation

A. *Les principes généraux applicables à la détermination des dommages non contractuels*

75. La règle générale dans ce domaine est la compensation intégrale du préjudice, et les juges disposent d'un pouvoir souverain pour apprécier l'existence et l'étendue des dommages invoqués, de même que le lien de causalité entre la faute et le dommage, à partir des éléments de preuve produits par les parties.

---

[35] CA Paris, 24 septembre 2014, *Eco-emballages et Valorplast c/ DKT*, RG 12/06864.

[36] Cass. com., 8 juillet 2020, *Renault Trucks*, n° 19-25.065.

76. Ces principes, exclusifs de l'allocation de tous dommages dits « punitifs » excédant le montant du préjudice[37], sont énoncés à l'article 1383 du code civil polynésien, dispositions du reste inchangées à l'article 1241 du code civil métropolitain modifié par l'ordonnance n° 2016-131 du 10 février 2016.

77. Il s'agit d'un pouvoir souverain, sur lequel la Cour de cassation n'exerce pas de contrôle. Sa jurisprudence est constante : « [A]yant apprécié souverainement le montant du préjudice dont elle a justifié l'existence par l'évaluation qu'elle en a faite, sans être tenue d'en préciser les divers éléments, la cour d'appel [...] a légalement justifié sa décision[38] [...] »

78. Elle exige toutefois qu'un certain nombre de principes soient respectés.

79. Ainsi :

- le préjudice doit être personnel, direct et certain ;
- *la réparation du dommage, qui doit être intégrale, ne peut excéder le montant du préjudice*[39] ;
- l'indemnisation ne doit pas être fixée de manière forfaitaire ;
- lorsque le dommage subi relève de la perte d'une chance de bénéficier d'un événement favorable sous certaines conditions (conclure un contrat, réaliser un gain supplémentaire), alors que, par définition, la réalisation d'une chance n'est jamais certaine, c'est la perte de la chance qui doit être certaine et définitive[40] ;
- le juge doit évaluer le montant d'un dommage dont il a reconnu l'existence, même lorsqu'il estime que le demandeur ne fournit pas suffisamment d'éléments pour en justifier l'étendue[41] ;
- le juge qui reconnaît l'existence d'un préjudice ne peut se prononcer au-delà des conclusions des parties[42] ;
- le montant du préjudice survenu dans le passé est actualisé à la date de la décision du juge[43].

B. *L'évaluation du préjudice économique, la répercussion des surcoûts (*passing-on*)*

80. L'article L. 481-3 du code de commerce métropolitain, créé lors de la transposition de la directive Dommages – qui se fonde elle-même sur les principes posés par la CJUE dans son arrêt *Manfredi*[44] –, précise que le préjudice subi par le demandeur

---

37 Ils sont prévus notamment dans le droit civil des États-Unis.

38 Cass. com., 16 janvier 2007, n° 05-16.222.

39 Cass. 1re civ., 22 novembre 2007, n° 06-14.174.

40 Cass. 1re civ., 21 novembre 2006, n° 05-15.674 : « [*S*]*eule constitue une perte de chance réparable, la disparition actuelle et certaine d'une éventualité favorable* [...] »

41 Cass. crim., 24 octobre 2006, n° 05-85.995 : « [*I*]*l appartient aux juridictions du fond de réparer, dans les limites des conclusions des parties, le préjudice dont elles reconnaissent le principe* [...] » Il appartient au juge du fond, « *dans l'exercice de son pouvoir souverain d'appréciation, d'en rechercher l'étendue pour le réparer dans son intégralité* ».

42 Cass. 2e civ., 5 juillet 2001, n° 99-18.712.

43 Cass. 1re civ. 6 octobre 1998, pourvoi n° 96-19.575 : « [E]n statuant ainsi, sans réévaluer ce préjudice à la date de sa décision, ou s'expliquer sur les motifs justifiant une absence de revalorisation à cette date, la cour d'appel a violé le texte susvisé [...] »

44 Préc. note 4.

du fait d'une pratique anticoncurrentielle comprend, notamment (i) la perte faite (*lucrum cessans*), résultant du surcoût payé sous réserve de la répercussion totale ou partielle de ce surcoût (*passing-on*) opérée sur un cocontractant ultérieur, ou de la minoration résultant d'un prix plus bas que lui a payé l'auteur de l'infraction ; (ii) le gain manqué (*damnum emergens*) résultant notamment de la diminution du volume des ventes ou de la prolongation des effets de la minoration des prix ; (iii) la perte de chance ; (iv) le préjudice moral ; (v) les intérêts.

81. Certes, ces dispositions, reprises de la directive, ne sont pas en elles-mêmes applicables, en tant que telles, au territoire de la Polynésie française. Mais elles correspondent en tout point à la jurisprudence développée de longue date par la Cour de cassation, tant en ce qui concerne la nécessité d'une analyse contrefactuelle en matière de dommages non contractuels que l'identification des différents postes de dommage réparable.

82. Comme l'observe en effet la cour d'appel de Paris en préambule aux fiches méthodologiques qu'elle propose[45], cette jurisprudence est ancienne et constante : « Le propre de la responsabilité civile est de rétablir aussi exactement que possible l'équilibre détruit par le dommage, et de replacer la victime, aux dépens du responsable, dans la situation où elle se serait trouvée si l'acte dommageable n'avait pas eu lieu[46]. »

83. Autrement dit, le principe général de l'évaluation d'un préjudice économique consiste à comparer la situation observée (ou scénario réel) avec la situation qui aurait été celle du demandeur en l'absence du fait générateur de responsabilité (situation dite « contrefactuelle »).

84. La cour d'appel ajoute que cette méthodologie vaut, quelle que soit la nature du fait générateur : perte d'exploitation, rupture brutale des relations contractuelles, acte de concurrence déloyale aussi bien que pratique anticoncurrentielle, par exemple.

85. Les guides, recommandations et orientations diffusés par la Commission européenne[47] à l'intention des praticiens et des juges, plus développés et assortis de nombreux exemples, se fondent sur les mêmes principes. Il s'y ajoute des méthodes alternatives dans le cas où la méthode comparative du scénario contrefactuel se révélerait incomplète ou inapplicable : méthodes économétriques pour la prise en compte de facteurs exogènes, modélisation économique permettant d'évaluer quels auraient été les résultats sur un marché d'une entreprise empêchée d'y accéder par suite d'un abus de domination ou de pratiques d'éviction[48]...

86. Il faut enfin citer, s'agissant de l'actualisation du préjudice, la jurisprudence récente de la Cour de cassation concernant la prise en compte de l'écoulement du temps : outre les intérêts *moratoires* prévus aux articles 1231-6 et 1231-7 du

---

45 Préc. note 9.

46 Cass. 2e civ., 28 octobre 1954, *Cie Générale Française des Tramways c/ Braun*, n° 1767, *Bull.* 328 ; *JCP* 1955, II, 8765, note du doyen René Savatier.

47 Cf. références en note 10.

48 Sur tous ces points, cf. R. Amaro et J.-F. Laborde, *La réparation des préjudices causés par les pratiques anticoncurrentielles : recueil de décisions commentées*, 2e éd., Concurrences, Paris, 2020, ch. 5 « Évaluation du préjudice ».

code civil métropolitain (art. 1153 et 1153-1 du code civil polynésien) traditionnellement alloués pour compenser l'érosion monétaire intervenue depuis la condamnation, est admise la légitimité d'intérêts *compensatoires* pour réparer le préjudice complémentaire tenant à la privation de trésorerie subie pendant la durée qui s'étend de la naissance du dommage jusqu'au jour du jugement de réparation.

87. Ainsi, sous réserve de démontrer le caractère direct et certain de ce préjudice complémentaire, la victime de pratiques anticoncurrentielles peut désormais obtenir réparation du préjudice additionnel né de la perte de chance de réemployer, avec rémunération, les sommes dont elle a été privée[49].

IV. La nullité

88. Il s'agit de la seule sanction civile explicitement mentionnée dans les textes du droit national et européen de la concurrence[50].

89. La nullité des accords contraires au droit de la concurrence est une nullité de plein droit qui peut être invoquée par quiconque, y compris par l'autre partie au contrat[51]. Un accord frappé de nullité est sans effet entre les parties et ne peut être invoqué à l'encontre de tiers[52]. Cette nullité est automatique et affecte tous les effets, passés ou futurs, de l'accord ou de la décision[53]. Toutefois, l'annulation peut se limiter aux dispositions affectées par l'interdiction, les autres dispositions du contrat restant valides sauf si les clauses annulées ne peuvent être distinguées du contrat tout entier[54].

V. Les procédures alternatives : arbitrage, résolution amiable des litiges, actions collectives

A. *La résolution amiable des litiges (médiation)*

90. Outre le recours à l'arbitrage également mentionné par la directive Dommages[55], la médiation permet de confier à un juge, qui n'est pas celui saisi du litige, la mission d'amener les parties à trouver une solution au conflit qui les oppose dans un cadre confidentiel. Elle peut se dérouler à la demande de l'une des parties ou être décidée d'office par le juge.

91. La directive Dommages, qui consacre le chapitre VI de ses dispositions au règlement consensuel des litiges[56], en souligne l'utilité et l'efficacité.

---

49 Cass. com. 1er mars 2023, *Orange c/ Digicel*, n° 20-18.356 ; Cass. com., *Groupe Canal + c/ Parabole et Mediacom Ltd*, 1er mars 2023, nos 22-16.329, 22-16.881.

50 Art. 101(2) TFUE, L. 420-3 C. com. Pour une analyse d'ensemble de la jurisprudence, v. C. Cauffman, « Nullity/Voidness: An overview of EU and national case law », *e-Competitions Nullity/Voidness*, art. n° 91987.

51 *Courage*, § 22.

52 CJCE, 25 novembre 1971, *Béguelin*, aff. 22-71, EU:C:1971:113, § 25-30.

53 CJCE, 6 février 1973, *Brasserie de Haecht*, aff. 48-72, EU:C:1973:11, § 26.

54 CJCE, 30 juin 1966, *Société Technique Minière*, aff. 56-65, EU:C:1966:38 ; CJCE, 13 juillet 1966, *Consten et Grundig*, aff. jtes 56 et 58-64, EU:C:1966:41.

55 Art. 18 DD.

56 Art. 18 et 19 DD.

B. *Les actions collectives*

92. Dès 2013, une première communication de la Commission européenne[57], concomitante à l'élaboration de la directive Dommages, et assortie d'une recommandation relative aux principes communs applicables aux mécanismes de recours collectif[58], suggérait l'introduction dans les États membres de tels mécanismes, notamment en droit de la concurrence.

93. La directive européenne du 25 novembre 2020 relative aux actions représentatives[59] prévoit la création dans les États membres d'**actions intentées par des entités qualifiées** devant des juridictions ou des autorités administratives nationales pour le compte de groupes de consommateurs en vue d'obtenir des **mesures de cessation** (c'est-à-dire en vue de mettre fin aux pratiques illégales d'un professionnel), des **mesures de réparation** (telles que le remboursement, le remplacement ou la réparation) ou à la fois des mesures de cessation et de réparation.

94. Elles peuvent consister en un mécanisme de participation (*opt-in*) nécessitant l'accord préalable des participants au groupe ou de non-participation (*opt-out*), où **tous les consommateurs pour le compte desquels l'entité qualifiée a décidé d'intenter l'action seront représentés et liés par l'issue de cette action, à moins qu'ils n'expriment explicitement leur volonté d'être exclus de l'action**. Elles peuvent être financées par des tiers bailleurs de fonds.

95. Tous les États membres de l'Union européenne se sont dotés de ces nouveaux instruments juridiques[60].

Conclusion

96. Le succès des réformes déjà entreprises en Polynésie française pour l'instauration d'une véritable régulation de la concurrence, par la sphère publique, ne peut qu'être salué.

97. La modernisation de la mise en œuvre de ce droit par les acteurs privés constituerait une nouvelle étape, indispensable pour assurer une protection concrète des acteurs économiques polynésiens et incontournable pour l'ouverture complète du territoire autonome de la République qu'est la Polynésie française à la culture de marché.

---

57 Communication de la Commission, « Vers un cadre horizontal européen pour les recours collectifs », COM (2013) 401 final.

58 Recommandation de la Commission du 11 juin 2013 relative à des principes communs applicables aux mécanismes de recours collectif en cessation et en réparation dans les États membres en cas de violation de droits conférés par le droit de l'Union, *JOUE* n° L 201 du 26 juillet 2013, p. 60.

59 Directive (UE) 2020/1828 du Parlement européen et du Conseil du 25 novembre 2020 relative aux actions représentatives visant à protéger les intérêts collectifs des consommateurs, *JOUE* n° L 409 du 4 décembre 2020, p. 1.

60 Elle a été instituée en France par la loi « Hamon ».

L'injonction structurelle

Mélissandre Talon
Docteure en droit public qualifiée aux fonctions de maître de conférences (Section 02)

1. L'injonction structurelle est un instrument « hors norme[1] » qui permet à l'autorité chargée d'appliquer les règles de concurrence d'imposer à une entreprise ou à un groupe d'entreprises, sous certaines conditions, de modifier, de compléter ou de résilier les accords ou les actes par lesquels elle s'est constituée en puissance économique et/ou de céder ses actifs[2]. Introduite en droit français dans le commerce de détail avec la loi LME n° 2008-776 du 4 août 2008, elle a depuis lors fait l'objet d'une extension. Alors que l'activation du pouvoir d'injonction structurelle de l'Autorité de la concurrence (ADLC) était conditionnée à la persistance de l'exploitation abusive d'une position dominante ou d'un état de dépendance économique dans ce secteur[3], la loi Lurel n° 2012-1270 du 20 novembre 2012 a élargi son champ d'application et facilité sa mise en œuvre. Suivant les suggestions de l'ADLC, le législateur lui a octroyé un pouvoir d'injonction structurelle dans les collectivités d'outre-mer en matière de commerce en gros et de détail[4]. Les déficits concurrentiels des économies ultramarines ont en effet été maintes fois pointés du doigt[5]. Cependant, le dispositif

---

[1] Dossier « Injonction structurelle : Un instrument hors norme », *Concurrences* n° 2-2013, art. n° 51486, p. 12-31.

[2] La présente contribution ne traite pas des remèdes structurels dont disposent les autorités de concurrence dans le cadre du contrôle des concentrations. Pour un exemple en droit polynésien de la concurrence : APC, déc. n° 2017-CC-01 du 9 mars 2017 relative à la prise de contrôle exclusif des sociétés Compagnie française maritime de Tahiti et Vaipihaa par la société Emar.

[3] Ex-art. L. 752-26 C. com.

[4] À l'exclusion de la Nouvelle-Calédonie et de la Polynésie française. L'ordonnance n° 2014-487 du 15 mai 2014 a étendu le dispositif à Wallis-et-Futuna.

[5] P. ex. ADLC, *Outre-mer : dynamiser la concurrence, au service de tous*, La Documentation française, Paris, 2011 ; *Rapport relatif aux structures de contrôle en matière de concurrence en Nouvelle-Calédonie*, 2012 ; avis n° 20-A-11 du 17 novembre 2020 relatif au niveau de concentration des marchés en Corse et son impact sur la concurrence locale.

introduit par la loi Lurel a conditionné l'activation du pouvoir d'injonction structurelle à l'existence d'une position dominante qui soulève des « préoccupations de concurrence du fait de prix ou de marges élevés »[6] Un glissement a eu lieu : l'injonction structurelle en outre-mer n'a pas été subordonnée à un abus ou à une pratique illégale[7]. Depuis, l'ADLC n'a cessé de réclamer de faciliter encore sa mise en œuvre[8], et son régime a été progressivement assoupli[9], non sans subir les foudres du Conseil constitutionnel[10]. Au niveau communautaire, une réflexion a été engagée par la Commission européenne à propos du New Competition Tool[11], que le rapport Draghi et le rapport annuel sur la politique de concurrence de 2024 encouragent[12].

2. En s'inspirant du dispositif créé par la loi Lurel, les droits calédonien et polynésien de la concurrence ont introduit l'injonction structurelle dans les territoires français du Pacifique Sud, avec une différence notable. Celle-ci n'a pas été cantonnée au secteur du commerce de détail : elle a été étendue à tous les secteurs des économies calédonienne et polynésienne. Sur le Caillou, le pouvoir d'injonction structurelle de l'Autorité de la concurrence de Nouvelle-Calédonie (ACNC) introduit par la loi du pays n° 2013-8 du 24 octobre 2013 relative à la concurrence en Nouvelle-Calédonie est inscrit à l'article Lp. 422-1 du code de commerce applicable en Nouvelle-Calédonie. Au Fenua, la loi du pays n° 2014-2 du 23 février 2015 relative à la concurrence a inscrit le pouvoir d'injonction structurelle de l'Autorité polynésienne de la concurrence (APC) à l'article LP 641-3 du code de la concurrence.

3. Dans sa version initiale, l'article LP 641-3 du code de la concurrence polynésien intégrait en son premier paragraphe le dispositif national qui subordonne la mise en œuvre du pouvoir d'injonction structurelle de l'APC à l'exploitation abusive d'une position dominante ou d'un état de dépendance économique dans le secteur du commerce de détail. En son second paragraphe, l'article reprenait quasiment à l'identique le texte calédonien qui subordonne sa mise en œuvre à l'« existence d'une position dominante » qui « soulève des préoccupations de concurrence du fait de prix ou de marges élevés », tous secteurs confondus. Les droits calédonien et polynésien de la concurrence ont donc considérablement élargi le champ d'application de l'injonction structurelle en

---

6 Art. L. 752-27 C. com.

7 T. Picot, « Injonctions structurelles et position dominante : les "glissements progressifs" de l'abus », *LPA* 2012, n° 230, p. 5.

8 P. ex. ADLC, avis n° 12-A-01 du 11 janvier 2012 relatif à la situation concurrentielle dans le secteur de la distribution alimentaire à Paris, § 194 et s. ; avis n° 19-A-12 du 4 juillet 2019 concernant le fonctionnement de la concurrence en Outre-Mer, recommandation n° 6 ; avis n° 20-A-11 du 17 novembre 2020 relatif au niveau de concentration des marchés en Corse et son impact sur la concurrence locale, § 191 et s.

9 V. not. la loi n° 2020-1508 du 3 décembre 2020 portant diverses dispositions d'adaptation au droit de l'Union européenne en matière économique et financière, *JORF* n° 0293 du 4 décembre 2020, dite « DDADUE ».

10 Cons. const., déc. n° 2015-715 DC du 5 août 2015, *Loi pour la croissance, l'activité et l'égalité des chances économiques*, v. *infra*.

11 V. not. la consultation publique lancée le 2 juin 2020 au sujet du nouvel outil complémentaire visant à renforcer l'application des règles de concurrence.

12 M. Draghi, *The future of European competitiveness*, rapport remis à la Commission européenne, Office des publications de l'Union européenne, Luxembourg, 2025 ; Parlement européen, « Rapport annuel sur la politique de concurrence 2024 », 2024/2079(INI), § 13 et 37.

offrant aux autorités régionales le soin d'en faire usage dans tous les secteurs de l'économie, en l'absence de pratique illégale. La particularité du droit polynésien tenait à ce qu'il combinait les deux dispositifs, à la fois dans le secteur du commerce de détail (avec une condition d'abus) et dans tous les autres secteurs (pour lesquels des « préoccupations de concurrence » suffisaient). Cette « maladresse »[13] a conduit à une incohérence logique entre les deux dispositifs, le pouvoir d'injonction structurelle de l'APC pouvant être activé dans tous les secteurs, *a fortiori* dans le secteur du commerce de détail dans le cas d'un abus persistant.

4. En 2018, faisant suite aux propositions formulées lors d'un colloque universitaire[14] et à rebours du mouvement général qui tend depuis plusieurs années à élargir le pouvoir d'injonction structurelle des autorités de concurrence et à en faciliter la mise en œuvre, le droit polynésien de la concurrence a fait machine arrière. Le législateur local a souhaité resserrer le champ d'application de cet instrument et encadrer davantage sa mise en œuvre. La loi du pays n° 2018-31 du 9 août 2018 a doublement restreint le pouvoir d'injonction structurelle de l'APC : il ne s'applique désormais plus qu'au secteur du commerce de détail, et son activation est subordonnée à un abus persistant ou réitéré ou au constat d'une nouvelle infraction[15]. Saisi d'un recours, le Conseil d'État a jugé que le législateur polynésien n'avait pas porté atteinte aux missions essentielles de l'APC en supprimant son pouvoir d'injonction lorsque les situations de position dominante de fait ne sont pas constitutives de pratiques anticoncurrentielles[16].

5. Le recul de l'injonction structurelle en droit polynésien de la concurrence peut s'avérer problématique, car il prive le régulateur local d'une arme dissuasive et redoutable afin de remédier aux déficits concurrentiels (I). Cependant, l'effectivité de cet instrument demeure incertaine et invite à rechercher d'autres solutions pour la protection de la concurrence et des consommateurs sur les marchés polynésiens (II).

---

13 F. Venayre, « Les modalités du pouvoir d'injonction structurelle en Polynésie française », *in Le droit de la concurrence en Polynésie française et dans les petites économies insulaires du Pacifique : bilan et perspectives*, S.-M. Cabon, C. Montet et F. Venayre (dir.), LexisNexis, Paris, 2018, p. 181-195.

14 Les débats à l'Assemblée de la Polynésie française se réfèrent à plusieurs reprises au colloque de novembre 2017 (*JOPF* du 24 mai 2018, p. 377 et s.) cité *ibid.*

15 L'article LP 641-3 du code de la concurrence polynésien dispose désormais : « En cas d'exploitation abusive d'une position dominante de la part d'une entreprise ou d'un groupe d'entreprises exploitant un ou plusieurs magasins de commerce de détail, l'Autorité peut procéder aux injonctions et aux sanctions pécuniaires prévues au I de l'article LP. 641-2. Si les injonctions prononcées et les sanctions pécuniaires appliquées n'ont pas permis de mettre fin à l'abus de position dominante, ou ont conduit à constater un nouvel abus de position dominante, l'Autorité peut, par une décision motivée prise après réception des observations de l'entreprise ou du groupe d'entreprises en cause, lui enjoindre de modifier, de compléter ou de résilier, dans un délai déterminé, tous accords et tous actes par lesquels s'est constituée la puissance économique qui a permis ces abus. Elle peut, dans les mêmes conditions, lui enjoindre de procéder à la cession de surfaces pour faire cesser l'abus de position dominante si cette cession constitue le seul moyen permettant de garantir une concurrence effective dans la zone de chalandise considérée. »
Sur la réforme de 2018 : F. Venayre, « Polynésie française : Révision du code de la concurrence – Vers une meilleure prise en compte de l'analyse économique », *Concurrences* n° 2-2019, art. n° 89876.

16 CE, 26 juillet 2018, *Union des importateurs de Polynésie française*, n° 420112.

I. Un recul problématique

6. Sans nier les atteintes que le mécanisme d'injonction structurelle est susceptible de porter aux droits et libertés des acteurs économiques présents sur les marchés polynésiens, les restrictions dont il a fait l'objet peuvent paraître problématiques.

7. L'injonction structurelle est un outil de dernière chance, qui a vocation à être utilisé par le régulateur en dernier recours, lorsque ses pouvoirs et les sanctions prononcées n'ont « pas permis de mettre fin à l'abus de position dominante ». En encadrant plus strictement cette arme redoutable entre les mains de l'APC, le législateur polynésien rend sa mise en œuvre quasi impossible[17]. D'ailleurs, la circonscription du pouvoir d'injonction structurelle au commerce de détail ne laisse pas d'interroger, tant les déficits concurrentiels sur les marchés polynésiens grèvent d'autres secteurs. Par exemple, le secteur du transport aérien international, qui représente un mode de transport incontournable pour les territoires insulaires, enregistre des prix élevés[18]. Le secteur de la téléphonie mobile rencontre également des déficits concurrentiels structurels[19]. Les économies insulaires ultramarines sont globalement déficitaires sur le plan concurrentiel[20] et les marchés polynésiens ne font pas exception. Ils enregistrent d'ailleurs dans la grande distribution des prix en moyenne plus élevés que d'autres territoires ultramarins[21]. Ainsi, les déficits structurels que rencontrent les marchés polynésiens justifient de doter l'autorité chargée d'appliquer le droit polynésien de la concurrence de pouvoirs exceptionnels, forts et adaptés aux difficultés du marché insulaire, lesquelles s'expliquent par des facteurs notamment historiques, juridiques et géographiques.

8. Ce sont précisément les déficits concurrentiels des marchés des territoires français du Pacifique Sud qui justifient le caractère exceptionnel des pouvoirs attribués aux régulateurs. En 2013, alors qu'il était amené à examiner la loi du pays calédonienne qui confie à l'ACNC un pouvoir d'injonction structurelle, le Conseil constitutionnel a précisé que le législateur du pays avait entendu tenir compte de « la situation particulière de la concurrence dans certains secteurs économiques en Nouvelle-Calédonie » et qu'ainsi, « dans ces conditions », il n'avait pas porté à la liberté d'entreprendre une atteinte disproportionnée[22]. Par conséquent, dans le cadre du contrôle de la constitutionnalité des lois, moins le marché est concurrentiel, plus les atteintes portées aux droits et libertés des opérateurs économiques sont admises dès lors que les pouvoirs confiés aux autorités de régulation poursuivent

---

17 V. not. Conseil économique, social, environnemental et culturel de la Polynésie, avis n° 106 du 19 janvier 2018 sur le projet de loi du pays portant modification de la partie législative du code de la concurrence.

18 Sur cette question : APC, avis n° 2018-A-01 du 14 mai 2018 relatif au transport aérien international.

19 APC, avis n° 2023-A-02 du 24 juillet 2023 sur la détermination des conditions de déploiement et de financement des réseaux de télécommunications dans les îles peu denses de la Polynésie française.

20 Sur cette question : J. Peyre, E. Silvestro, V. Terrien, T. Emen et Y. Lecornu (dir.), *Le droit de la concurrence face aux défis des économies insulaires : regards sur la Polynésie française et la région du Pacifique*, Concurrences, Paris, 2025.

21 V. not. A. Callot, « Concurrence et mécanismes d'importation et de distribution en Polynésie française », *in Le droit de la concurrence face aux défis des économies insulaires*, préc., p. 45-56.

22 Cons. const., déc. n° 2013-3 LP du 1er octobre 2013, *Loi du pays relative à la concurrence en Nouvelle-Calédonie*.

un objectif d'ordre public économique[23]. En 2012, alors qu'il était saisi de dispositions qui attribuaient un monopole d'importation des viandes à un établissement public industriel et commercial en Nouvelle-Calédonie, le Conseil constitutionnel avait précisé que la restriction portée à la liberté d'entreprendre poursuivait un objectif d'intérêt général et qu'elle était justifiée « eu égard aux particularités de la Nouvelle-Calédonie et aux besoins d'approvisionnement du marché local »[24]. Le juge constitutionnel s'est par ailleurs référé aux « particularités économiques de la Nouvelle-Calédonie et aux insuffisances de la concurrence sur de nombreux marchés » pour examiner les dispositions locales relatives à l'encadrement des marges et des prix[25]. Les « difficultés particulières » en matière d'approvisionnement justifient encore le régime de l'octroi de mer aux Antilles[26], tout comme les caractéristiques géographiques et économiques de la Corse justifient ses particularités fiscales[27].

9. Le régime de l'injonction structurelle ménage une conciliation entre, d'une part, les droits et libertés des entreprises et, d'autre part, les pouvoirs du régulateur qui visent à préserver l'ordre public économique et à protéger les consommateurs. En l'absence de circonstances particulières, un tel pouvoir d'injonction structurelle porte une atteinte disproportionnée à la liberté d'entreprendre et au droit de propriété. Ce fut le cas de la loi Macron, qui introduisait le pouvoir d'injonction structurelle de l'ADLC dans le commerce de détail en métropole. Les saisissants du Conseil constitutionnel estimaient que cette disposition était inconstitutionnelle, car il n'existait pas de « situation particulière de la concurrence » en France métropolitaine qui justifiait d'élargir les pouvoirs d'injonction structurelle de l'ADLC. Ils estimaient également que ces pouvoirs étaient susceptibles d'intervenir « dans la vie de l'entreprise, dans sa stratégie économique voire son existence même » alors que l'abus de position dominante n'était pas caractérisé[28]. Rejoignant cet argumentaire, le Conseil constitutionnel indique en l'espèce que le législateur a certes entendu poursuivre un objectif de préservation de l'ordre public économique, mais que la disposition peut remettre en cause les prix et les marges de l'entreprise et, le cas échéant, l'obliger à céder ou à modifier ses accords ou actes « même [lorsque] la position dominante de l'entreprise ou du groupe d'entreprises a pu être acquise par les mérites et qu'aucun abus n'a été constaté ». Sur ce motif, il juge que le législateur a porté à la liberté d'entreprendre et au droit de propriété une atteinte manifestement disproportionnée[29]. Le commentaire officiel de

---

23 Sur cette question, qu'il nous soit permis de renvoyer à M. Talon, *Le droit constitutionnel de la concurrence : étude du cas français*, thèse, dir. J. Bonnet, Université de Montpellier, 2024.

24 Cons. const., déc. n° 2012-258 QPC du 22 juin 2012, *Établissements Bargibant S.A.* [Nouvelle-Calédonie – Validation – Monopole d'importation des viandes].

25 Cons. const., déc. n° 2019-774 QPC du 12 avril 2019, *Société Magenta Discount et autre* [Contrôle des prix et des marges en Nouvelle-Calédonie].

26 Cons. const., déc. n° 2018-750/751 QPC du 7 décembre 2018, *Société Long Horn International et autre* [Régime juridique de l'octroi de mer].

27 Cons. const., déc. n° 94-350 DC du 20 décembre 1994, *Loi relative au statut fiscal de la Corse.*

28 Cons. const., déc. n° 2015-715 DC du 5 août 2015 – Saisine par 60 députés, *Loi pour la croissance, l'activité et l'égalité des chances économiques.*

29 Cons. const., déc. n° 2015-715 DC, préc.

la décision indique clairement que si « des considérations particulières [...] avaient pu justifier l'appréciation du Conseil constitutionnel s'agissant de la Nouvelle-Calédonie, des considérations semblables étaient absentes s'agissant de la France métropolitaine ».

10. Le pouvoir d'injonction structurelle de l'APC est donc admis par les sources supérieures du droit, car il est justifié par les mêmes arguments que ceux exposés ci-dessus. Le juge administratif se réfère d'ailleurs à la « situation économique particulière »[30], aux « caractéristiques propres aux marchés polynésiens »[31] ainsi qu'aux « particularités économiques et géographiques de la Polynésie française et aux insuffisances de la concurrence sur de nombreux marchés »[32] lorsqu'il examine et applique le droit polynésien du marché. Concernant l'injonction structurelle précisément, ce sont les « caractéristiques propres à [l'] économie » polynésienne qui justifient de doter le régulateur de tels pouvoirs, lesquels visent à garantir une concurrence effective sur les marchés locaux et à assurer le « bon fonctionnement de l'économie locale », dans l'intérêt du consommateur[33]. L'Autorité polynésienne poursuit à ce titre une mission de protection de l'ordre public économique. L'institution s'est d'ailleurs émue de la réforme de 2018 et des restrictions dont son pouvoir d'injonction structurelle a fait l'objet. Dans un avis n° 2019-A-02 du 19 septembre 2019, elle estime à charge contre le gouvernement polynésien que le nouveau régime de l'injonction ne laisse « pratiquement aucune chance d'agir sur la structure actuelle des marchés pour les rendre plus concurrentiels »[34]. L'APC soutient également que l'injonction structurelle est un précieux outil de lutte contre la vie chère[35]. Dans cette perspective, son durcissement paraît difficilement justifiable alors que cette problématique continue de nourrir l'actualité législative[36]. Le Conseil d'État n'a cependant rien trouvé à redire à propos de la restriction du champ d'application et de l'encadrement des conditions de mise en œuvre du pouvoir d'injonction du régulateur polynésien[37].

11. Et si un doute devait subsister quant aux garanties – notamment procédurales – qui entourent l'injonction structurelle, il faut préciser que les autorités de concurrence en font un usage très prudent, pour ne pas dire timoré. À ce jour en effet, elle n'a jamais été activée par les autorités nationale et régionales de concurrence.

---

30 CE, 12 avril 2023, *Avis sur un projet de loi ratifiant les ordonnances relatives à la partie législative du livre VII du code monétaire et financier et portant diverses dispositions relatives à l'outre-mer*, n° 406876.

31 CE, 16 octobre 2013, *Électricité de Tahiti*, n° 365067.

32 CE, 9 décembre 2022, *Fédération générale du commerce de la Polynésie française*, n° 466687.

33 CE, 19 décembre 2014, *Fédération générale du commerce et Société d'étude et de gestion commerciale*, n° 383318.

34 APC, Avis n° 2019-A-02 du 19 septembre 2019 relatif aux mécanismes d'importation et de distribution en Polynésie française, p. 7. V. la réponse de la présidence de la Polynésie française : « Le Gouvernement n'a jamais porté atteinte aux missions essentielles de l'APC », communiqué du 26 septembre 2019.

35 Notes de l'APC du 16 janvier 2018 adressées au Conseil économique, social et culturel de la Polynésie française. V. égal. les observations du président de l'APC retranscrites par la chambre territoriale des comptes de Polynésie française, « Autorité polynésienne de la concurrence : exercices 2015 à 2020, Rapport d'observations définitives et ses réponses », 2021, p. 15.

36 V. le projet de loi relatif à la lutte contre la vie chère dans les outre-mer et l'avis du Conseil d'État du 23 juillet 2025, n° 409774.

37 CE, 19 décembre 2014, n° 383318, préc.

C'est peut-être là que le bât blesse : l'inutilisation de cet outil pourtant réputé indispensable au rétablissement d'une concurrence sur les marchés insulaires invite à s'interroger sur son effectivité et, par là, son utilité.

II. Une effectivité incertaine

12. L'injonction structurelle est un instrument de régulation – certains auteurs parlent même de « dirigisme[38] » – critiqué et controversé[39] pour plusieurs raisons.

13. L'injonction structurelle porterait une atteinte excessive au droit de propriété, à la liberté d'entreprendre et à la liberté contractuelle des entreprises. En ne subordonnant pas sa mise en œuvre au constat d'un abus ou d'une pratique illégale persistante ou réitérée, elle sanctionnerait une entreprise qui a légitimement acquis une position dominante et contredirait alors les fondements mêmes du droit de la concurrence. La possibilité de mettre en œuvre les pouvoirs d'injonction structurelle en l'absence d'abus s'écarte en effet de l'un des piliers sur lesquels repose le droit de la concurrence : la concurrence par les mérites. Cette question a fait l'objet d'un avis unanime des membres de l'Assemblée de Polynésie lors des débats de la réforme de 2018[40]. En ce sens, lorsqu'en 2015 le Conseil constitutionnel censure l'extension du pouvoir d'injonction structurelle dans le commerce de détail sur les marchés métropolitains, il indique que l'atteinte portée à la liberté d'entreprendre et au droit de propriété est disproportionnée dans la mesure où cet instrument pourrait être utilisé « même [lorsque] la position dominante de l'entreprise ou du groupe d'entreprises a pu être acquise par les mérites et qu'aucun abus n'a été constaté »[41]. Si, dans sa version initiale, le dispositif pouvait être mis en œuvre dans tous les secteurs de l'économie en présence d'une position dominante qui soulève des préoccupations de concurrence du fait des prix pratiqués ou des marges élevées, dans sa version actuellement en vigueur, le code de la concurrence polynésien subordonne son activation à l'exploitation abusive d'une position dominante dans le commerce de détail qui n'a pas pu être réglée par les injonctions et sanctions prononcées. Le Conseil d'État avait d'ailleurs indiqué en 2014 qu'il « ne peut être mis en œuvre ni au seul motif qu'une entreprise ou qu'un groupe d'entreprise[s] détiendrait une position dominante, ni au regard du seul critère de la part de marché détenue par cette entreprise ou ce groupe »[42]. En 2018, la juridiction administrative a jugé que le législateur polynésien n'avait commis aucune erreur de droit en subordonnant le pouvoir d'injonction structurelle au constat d'une position dominante constitutive d'une

---

[38] D. Bosco, « Dernière étape du dirigisme concurrentiel : l'injonction structurelle », *Contrats, conc. consom.* 2012, n° 3, repère 3.

[39] Not. D. Bosco, « Une nouvelle injonction structurelle décomplexée », *Contrats, conc. consom.* 2013, n° 1, repère 1 ; E. Claudel, « L'injonction structurelle en Outre-mer : où le droit de la concurrence porte une atteinte difficilement justifiable au droit de propriété », *LPA* 2013, n° 216, p. 10 ; R. Saint-Esteben, « L'injonction structurelle : Rencontre du troisième type du droit de la concurrence », *in* « Injonction structurelle : Un instrument hors norme », préc., p. 14-16 ; M. Behar-Touchais, « L'injonction structurelle sans faute ou les excès de la régulation », *RDC* 2015, n° 3, p. 536.

[40] Débats à l'Assemblée de Polynésie française, *JOPF* du 24 mai 2018, p. 377 et s.

[41] Cons. const., déc. n° 2015-715 DC, préc.

[42] CE, 19 décembre 2014, n° 383318, préc.

pratique anticoncurrentielle[43]. Le seul constat d'une position dominante – acquise par les mérites – n'est donc pas susceptible de justifier l'application de son pouvoir d'injonction structurelle par l'APC.

14. Par ailleurs, des auteurs ont pu s'alarmer de l'effet désincitatif que l'injonction structurelle pourrait produire sur les entreprises présentes sur les marchés polynésiens[44]. Cet outil présenterait des risques contreproductifs du point de vue économique en n'incitant pas la croissance interne et l'investissement des entreprises. Le rapport sur le projet de loi portant modification du code de la concurrence en 2018 évoque explicitement les risques que l'injonction structurelle est susceptible de représenter à l'égard des investissements privés et des stratégies de développement des entreprises[45]. Aux États-Unis, l'introduction d'un outil structurel avait d'ailleurs été abandonnée pour ces raisons[46], bien qu'il existe dans d'autres pays comme le Royaume-Uni ou la Grèce. Dans ses arrêts de 2014 et 2018, le Conseil d'État n'a cependant pas fait état des risques que l'injonction structurelle (dans sa version initiale) était susceptible de produire sur l'économie locale, alors qu'il s'était autrefois inquiété des effets que les dispositifs locaux en matière énergétique pourraient avoir sur les investissements des opérateurs économiques sur les marchés polynésiens[47].

15. L'ADLC, quant à elle, justifie son pouvoir d'injonction par la possibilité qu'il offre d'accroître rapidement la pression concurrentielle sur les acteurs de la grande distribution et de modifier ainsi les comportements de prix[48]. Outre la question des risques et/ou des bénéfices économiques de cet outil, il paraît indispensable de rappeler qu'à ce jour, l'injonction structurelle n'a jamais fait l'objet d'aucune activation par les régulateurs, ce que n'a pas manqué de soulever le gouvernement polynésien[49]. Dès lors, son utilité peut être sérieusement mise en doute. Elle peut certes présenter un caractère dissuasif[50], mais il faudrait alors s'interroger sur l'effectivité réelle et concrète de cet outil. Les entreprises concernées par l'injonction structurelle dans le commerce de détail ont-elles été découragées de contrevenir au droit polynésien de la concurrence depuis lors ? Les prix élevés et les marges excessives ont-ils diminué, notamment dans le secteur de la grande distribution à dominante alimentaire ? Les marchés polynésiens sont assurément plus concurrentiels aujourd'hui qu'hier, mais l'injonction structurelle n'est pas au cœur de l'action du régulateur. D'ailleurs, en ce qui concerne les biens de consommation courante, il n'existe pas d'écart de prix particulier entre la Polynésie française et

---

43 CE, 26 juillet 2018, n° 420112, préc.

44 P. ex. : F. Venayre, « L'efficacité du pouvoir ultramarin d'injonction structurelle en question », document de travail GREDEG, n° 2015-50.

45 V. Bruant et A. Merceron, « Rapport n° 35-2018 sur le projet de loi du pays portant modification de la partie législative du code de la concurrence », présenté au nom de la commission de l'économie, des finances, du budget et de la fonction publique, Assemblée de la Polynésie française, 2 mars 2018, p. 7.

46 V. les références citées par Vogel & Vogel, « Plaidoyer contre le dangereux projet d'injonction structurelle de la Commission », 1er juillet 2020, https://www.vogel-vogel.com/plaidoyer-contre-le-dangereux-projet-dinjonction-structurelle-de-la-commission/.

47 CE, 16 octobre 2013, n° 365067, préc.

48 ADLC, avis n° 12-A-01 du 11 janvier 2012, préc., § 195.

49 Communiqué du 26 septembre 2019, préc.

50 V. not. APC, avis n° 2019-A-02 du 19 septembre 2019, préc., § 404.

la Nouvelle-Calédonie, alors que le régime calédonien d'injonction structurelle est considérablement plus étendu[51]. Dans les autres territoires ultramarins qui relèvent de la compétence de l'ADLC, les problématiques de vie chère se sont aggravées ces dernières années[52]. L'intérêt de conserver dans le droit positif un instrument dissuasif qui n'est jamais mis en œuvre, et donc qui demeure largement hypothétique, nous paraît limité. Mais la solution retenue par le législateur polynésien en 2018 d'en restreindre le champ d'application et d'en encadrer encore davantage les conditions d'utilisation ne nous paraît pas davantage satisfaisante. Il aurait été préférable, à notre avis, d'amorcer une réflexion d'ensemble sur l'efficacité des pouvoirs de l'APC et d'approfondir encore les outils de concertation et de compliance qui offrent une certaine souplesse et qui associent volontairement les opérateurs économiques.

---

51 ISEE-NC, « Comparaison spatiale des prix », synthèse n° 70, 2022.

52 B. Cœuré, « 10 ans de droit de la concurrence en Polynésie française », discours, Tahiti Competition Days 2025, Tahiti, 18 mars 2025.

Les accords exclusifs d'importation

Walid Chaiehloudj
Agrégé des facultés de droit
Professeur, Université Côte d'Azur
Chercheur affilié à SAFIR, Sorbonne University Abu Dhabi
Vice-président, Autorité de la concurrence de la Nouvelle-Calédonie
Membre du collège de l'Autorité de la concurrence

1. *L'exception polynésienne.* Le débat doctrinal autour de la prohibition des accords exclusifs d'importation demeure intense. D'aucuns estiment que la suppression de l'ancien article LP 200-3 du code de la concurrence, qui disposait que « sont prohibés les accords ou pratiques concertées ayant pour objet ou pour effet *d'accorder des droits exclusifs d'importation* à une entreprise ou un groupe d'entreprises », était justifiée[1]. D'autres considèrent au contraire que la loi du pays n° 2018-31 du 9 août 2018 portant modification de la partie législative du code de la concurrence est un mauvais coup porté à la protection de la concurrence au Fenua et au bien-être du consommateur polynésien[2], et ce, pour au moins trois raisons.

- D'abord, parce que le texte n'a jamais été appliqué. Entre l'entrée en vigueur de la prohibition des accords exclusifs d'importation et l'adoption de la loi du

[1] Pour des études récentes, v. L. Vogel et J. Vogel, « Interdiction des droitsexclusifs d'importation dans les DROM-COM : Quels risques ? Quelles solutions ? », *BRDA* 2024, n° 4, p. 24 ; C. Montet et F. Venayre, « Interdiction *per se* des exclusivités d'importation dans les outre-mer : Une singularité française peu efficace », *Concurrences* n° 9-2025, art. n° 128621.

[2] W. Chaiehloudj, « La prohibition des accords exclusifs d'importation en Polynésie : Plaidoyer pour le retour d'un texte disparu », dans *Le droit de la concurrence face aux défis des économies insulaires : regards sur la Polynésie française et la région du Pacifique*, J. Peyre, E. Silvestro, V. Terrien, T. Emen et Y. Lecornu (dir.), Concurrences, Paris, 2025, p. 333-343. V. égal. M. Carniama, « La lutte contre la vie chère dans les outre-mer », *AJDA* 2025, p. 1790, qui considère que la prohibition des accords exclusifs d'importation participe à un combat plus large : celui de la lutte contre la vie chère.

pays, il s'était seulement écoulé 18 petits mois… Or, il faut le rappeler, cette période particulièrement courte n'a pas permis d'évaluer réellement les effets du dispositif. Cette prohibition avait été motivée par un important avis de l'Autorité de la concurrence de 2009[3] insistant tant sur l'importance de la concurrence « intramarque[4] » dans les territoires domiens que sur l'objectif de stimuler la concurrence entre les grossistes-importateurs. Cet avis avait notamment permis de mettre en exergue le circuit d'approvisionnement privilégié par les fournisseurs dans ces territoires, à savoir le « circuit long[5] », révélateur d'un pouvoir de marché important des importateurs-grossistes dans les outre-mer.

– Ensuite, parce que la prohibition des accords exclusifs d'importation existe dans tous les territoires ultramarins[6], y compris la Nouvelle-Calédonie[7], et que les affaires traitées par les deux autorités de concurrence, métropolitaine et calédonienne, sont nombreuses et variées. Contrairement à ce que l'on pourrait penser, la prohibition ne s'applique pas qu'au secteur de la grande distribution. La prohibition des accords exclusifs d'importation a un caractère universel, de sorte que son champ d'application n'est pas limité à un secteur particulier. Le secteur pharmaceutique[8] et médical[9], le secteur

---

3 Aut. conc., avis n° 09-A-45 du 8 septembre 2009 relatif aux mécanismes d'importation et de distribution des produits de grande consommation dans les départements d'outre-mer.

4 La concurrence « intramarque » se réfère à la concurrence existante sur un produit de la même marque. La concurrence « intermarques » renvoie quant à elle à la concurrence sur une même catégorie de produit mais entre marques différentes. À titre d'exemple, lorsqu'un même parfum de luxe est vendu par plusieurs distributeurs, il existe une concurrence intramarque et les consommateurs peuvent se rendre chez le distributeur proposant le meilleur prix ou le meilleur service. Lorsque des parfums de luxe différents sont vendus par plusieurs distributeurs, il existe une concurrence intermarques et les consommateurs peuvent décider d'acheter le parfum de leur choix en raison du prix ou du service fourni par les distributeurs se livrant concurrence. C'est dire qu'une exclusivité d'importation prive le consommateur d'une concurrence sur les prix et la qualité des services des distributeurs, car il ne peut acheter le produit qu'auprès du distributeur bénéficiant de l'exclusivité d'importation.

5 Dans la grande distribution, trois modèles de distribution existent. D'abord, le « *circuit intégré* ». Il s'agit de la situation où le fournisseur implante une structure logistique sur le territoire ultramarin. Autrement dit, c'est le fournisseur qui se charge du transport et de la manutention des produits et qui approvisionne les points de vente. Ensuite, le « *circuit court* » ou le « circuit désintermédié ». Il s'agit de la situation où les produits du fournisseur sont livrés sur les plateformes de stockage du détaillant, qui peuvent se trouver soit en métropole, soit sur le territoire ultramarin. Enfin, le « *circuit long* » ou le « circuit intermédié ». Il s'agit de recourir à un intermédiaire, à savoir un importateur-grossiste. Ce dernier importe et stocke les produits et les revend aux distributeurs finaux en prenant en charge certaines actions commerciales telles que les promotions. V. Aut. conc., avis n° 09-A-45, préc., § 96.

6 Depuis loi Lurel n° 2012-1270 du 20 novembre 2012 relative à la régulation économique outre-mer et portant diverses dispositions relatives aux outre-mer, *JORF* n° 0271 du 21 novembre 2012, l'art. L. 420-2-1 du code de commerce métropolitain dispose que « [s]ont prohibés, dans les collectivités relevant de l'article 73 de la Constitution et dans les collectivités d'outre-mer de Saint-Barthélemy, de Saint-Martin, de Saint-Pierre-et-Miquelon et de Wallis-et-Futuna, les accords ou pratiques concertées ayant pour objet ou pour effet *d'accorder des droits exclusifs d'importation* à une entreprise ou à un groupe d'entreprises ».

7 L'art. Lp. 421-2-1 du code de commerce calédonien prohibe « les accords ou pratiques concertées ayant pour objet ou pour effet d'accorder des droits exclusifs d'importation à une entreprise ou à un groupe d'entreprises ». Cette disposition constitue la transposition en Nouvelle-Calédonie de l'art. L. 420-2-1 du code de commerce métropolitain, issu de la loi Lurel.

8 ACNC, déc. n° 2022-PAC-06 du 29 août 2022 (rect) relative à des pratiques mises en œuvre dans le secteur des dispositifs médicaux en Nouvelle-Calédonie.

9 Aut. conc., déc. n° 19-D-11 du 29 mai 2019 relative à des pratiques mises en œuvre dans le secteur de la commercialisation de réactifs et consommables pour laboratoires hospitaliers sur le territoire de la Guyane.

des télécommunications[10], celui des parfums cosmétiques[11] ou encore celui du champagne[12], pour ne prendre que quelques exemples, ont fait l'objet d'une application particulièrement rigoureuse de cette interdiction. Sous ce prisme, la Polynésie française constitue ainsi une exception difficilement justifiable au regard des objectifs de régulation économique.

– Enfin, parce qu'une bonne politique de concurrence implique de trouver le juste équilibre en minimisant, d'une part, le risque d'interdire des pratiques en réalité proconcurrentielles (faux positifs) et, d'autre part, la probabilité de laisser passer des pratiques qui sont anticoncurrentielles (faux négatifs)[13]. À cette aune, les économistes confessent eux-mêmes que la tâche est ardue. Ils admettent leur impuissance à empêcher l'éclosion de faux positifs. Des auteurs ont récemment soutenu que « la science économique peut être utile en apportant un éclairage sur les effets probables des pratiques, mais même les économistes ne peuvent pas déterminer pleinement s'il existe une surapplication (*over-enforcement*) ou une sous-application (*under-enforcement*) [du droit de la concurrence]. Tracer la limite relève d'un choix de politique publique. En pratique, cela dépendra du degré de confiance que les décideurs accordent à la capacité des marchés à s'autoréguler (une confiance traditionnellement plus faible en Europe qu'aux États-Unis), ainsi que du degré de confiance qu'ils accordent à la capacité de l'intervention publique à améliorer les résultats du marché (une confiance qui semble, cette fois, plus faible aux États-Unis qu'en Europe)[14] ». Or, l'autorégulation du marché est une fiction[15]. L'expérience internationale montre que les marchés concentrés ne s'autorégulent jamais spontanément, ce qui justifie l'intervention des autorités. L'histoire du droit antitrust le démontre aisément.

---

10 ACNC, déc. n° 2024-PAC-04 du 24 décembre 2024 (rect) relative à des pratiques mises en œuvre dans le secteur des équipementspour réseaux de télécommunications en Nouvelle-Calédonie.

11 Aut. conc., déc. n° 19-D-20 du 8 octobre 2019 relative à des pratiques mises en œuvre dans le secteur de la distribution de produits de parfumerie et cosmétiques aux Antilles, en Guyane et à La Réunion.

12 Aut. conc., déc. n° 23-D-02 du 8 mars 2023 relative à des pratiques mises en œuvre dans le secteur de la commercialisation du champagne Canard-Duchêne aux Antilles et en Guyane.

13 Pour les faux positifs, on parle également d'« erreur de type I », tandis que, pour les faux négatifs, on utilise l'expression « erreur de type II ».

14 G. Niels, H. Jenkins et J. Kavanagh, *Economics for Competition Lawyers*, 3e éd., Oxford University Press, 2023, 1.32 : « *Economics can help by providing insight into the likely effects of practices, but even economists cannot fully measure whether there is over-enforcement or underenforcement. Drawing the line requires policy judgement. In practice this will depend on the degree to which decision-makers have confidence that markets can sort themselves out (a confidence that has traditionally been weaker in Europe than in the United States), and the degree to which they have confidence that government intervention can improve market outcomes (a confidence that seems to be weaker in the United States than in Europe)* » (trad. libre).

15 V. p. ex. A. Bernard, « Le marché autorégulé, "une idée folle" ? », *D.* 2009, p. 2289. Le scandale de la viande de cheval dans les hamburgers, connu sous le nom du « *horsegate scandal* », montre également combien il faut se méfier du mythe de l'autorégulation. V. M. E. Stucke et A. Ezrachi, *Competition Overdose: How Free Market Mythology Transformed Us from Citizen Kings to Market Servants*, Harper Business, New York, 2020, p. 41 et s. Un autre exemple plus récent permet également d'expliquer pourquoi l'autorégulation ne fonctionne pas, cette fois-ci dans un contexte où le non-respect des engagements a limité le choix des consommateurs martiniquais dans le secteur de la distribution alimentaire. V. Aut. conc., déc. n° 25-D-05 du 3 novembre 2025 relative au respect des engagements annexés à la décision n° 22-DCC-254 du 22 décembre 2022 relative à la prise de contrôle exclusif de l'hypermarché Géant Casino La Batelière et de la société H Immobilier par le groupe Parfait.

Ce dernier n'est-il pas né aux États-Unis en réaction au pouvoir incontrôlé des grands conglomérats industriels à une époque où le rôle de l'État était infime par rapport aux standards actuels[16] ? Autrement dit, c'est, en premier lieu, aux pouvoirs publics de faire un choix en adoptant la norme qu'ils souhaitent voir appliquer sur le marché et, en second lieu, aux autorités de concurrence d'établir leur politique de concurrence en fixant des priorités qui dépendront en partie de la confiance que ces dernières auront envers le marché et du contexte économique et social du territoire dans lequel elles sont compétentes. Pour le cas polynésien, la concentration du marché[17] est telle que se passer d'un texte prohibant *per se* les accords exclusifs d'importation paraît, sinon luxueux, du moins pernicieux, car, comme l'ont souligné de brillantes études doctrinales, les marchés monopolistiques et oligopolistiques, qui caractérisent les marchés polynésiens, sont dangereux tant pour le libre jeu de la concurrence que pour la protection des valeurs démocratiques[18]. C'est dire que « l'exception polynésienne » devrait être révisée, non seulement pour prendre acte de la faillite de la science économique[19] en promouvant une « approche plus juridique », mais également pour permettre à l'Autorité polynésienne de la concurrence (APC)[20] de répondre

16 P. Ibañez Colomo, « Law and technocracy to protect democracy », *Journal of European Competition Law & Practice*, vol. 16, n° 6, 2025, p. 341-342.

17 Une récente commission d'enquête, dans laquelle nous avons été auditionnés, relève qu'« [e]n Polynésie française, quatre groupes d'enseignes de la grande distribution possèdent la quasi-totalité du marché : les enseignes Carrefour (Carrefour, Champion et Easy Market) sont gérées par le groupe Wane, acteur majeur de la grande distribution, qui détient 52 % du marché, les enseignes U (Hyper U, Super U et U Express) représentent 34 % du marché suivies par l'enseigne LS Proxi (presque 8 %) et l'enseigne nouvellement créée Happy Market partenaire d'Intermarché à 5,6 % ». V. G. Vuilletet et J. Hajjar, Rapport n° 1549 fait au nom de la commission d'enquête sur le coût de la vie dans les collectivités territoriales régies par les articles 73 et 74 de la Constitution, déposé le 20 juillet 2023, p. 380.

18 À cet égard, un auteur a pu montrer qu'un droit de la concurrence uniquement tournée vers l'efficience économique ne protège pas les valeurs démocratiques : N. Petersen, « Antitrust Law and the Promotion of Democracy and Economic Growth », *Journal of Competition Law & Economics*, vol. 9, n° 3, 2013, p. 593-636. Plus généralement, v. A. Ezrachi et V. H. S. E. Robertson, « Can competition law save democracy? Reflection on democracy's tech-driven decline and how to stop it », *Journal of Antitrust Enforcement*, vol. 13, n° 2, 2025, p. 315-327 et Ibáñez Colomo, « Law and technocracy to protect democracy », préc., qui relève un phénomène de recul démocratique dans de nombreux États auquel des acteurs privés ont contribué et qui s'inquiète de l'essor d'une oligarchie composée de personnes puissantes, en passe de se substituer aux institutions démocratiques.

19 De nombreux auteurs, comme la professeure Prieto, relèvent cette faillite. Dans un article sur les sources économiques du droit de la concurrence, elle synthétise sa pensée et celle d'autres auteurs de la manière suivante : « [L]a complexification de l'analyse économique est présentée comme un risque pour les économistes eux-mêmes, mais encore *pour l'intérêt général*. Une analyse sociologique est proposée par Wouter Wils. La nouvelle approche économique servirait avant tout *les intérêts des grandes entreprises qui nourrissent la recherche académique et les praticiens en vue de trouver des échappatoires par des analyses de plus en plus raffinées et subtiles*. Cela alourdit la tâche des autorités et des institutions en charge du contrôle juridictionnel et rend les règles de concurrence hors de portée des petites et moyennes entreprises en termes de coût et de difficultés de la preuve économique. En contrepoint de ce qu'il dénonce comme la "pseudo-approche fondée sur les effets", il fait valoir que *l'évidence* doit être pleinement reconnue sans recours à des analyses sophistiquées » (nous soulignons). C. Prieto, « Source économique du droit de la concurrence : quelle efficacité ? », *Contrats, conc., consom.* 2020, n° 6, dossier 3.

20 L'APC a indiqué, dans un avis de 2019, les raisons pour lesquelles la réintégration des accords exclusifs d'importation dans l'ordre juridique polynésien était importante : V. APC, avis n° 2019-A-02 du 19 septembre 2019 relatif aux mécanismes d'importation et de distribution en Polynésie française, § 391 et s.

efficacement à l'urgence concurrentielle[21] détectée sur les marchés du Fenua. Une réintroduction maîtrisée de la prohibition *per se* constituerait un outil cohérent avec les réalités du marché polynésien.

2. *La « pratique » d'accords exclusifs d'importation.* Si les accords d'exclusivité d'importation ne sont pas sanctionnés *per se* en Polynésie, il serait bien malvenu d'affirmer qu'ils sont pour cette raison à l'abri de la condamnation. L'APC pourrait utiliser d'autres outils, quoique bien plus difficiles à manipuler, pour casser les verrous formés par les cadenas de l'exclusivité. Pour cerner la pratique des accords exclusifs d'importation, il sera proposé de répondre à trois questions :
   - Qu'est-ce qu'un accord exclusif d'importation ? (I)
   - Comment sont-ils contrôlés en dehors de la Polynésie française ? (II)
   - Comment pourraient-ils être contrôlés en Polynésie française en l'absence d'un texte qui leur est dédié ? (III)

I. Qu'est-ce qu'un accord exclusif d'importation ?

3. *Définition.* Un accord exclusif d'importation est un accord par lequel une entreprise (un fabricant ou un fournisseur) s'engage à accorder une exclusivité à une autre entreprise (un grossiste-importateur ou un détaillant) qui sera la seule sur le marché à pouvoir proposer le produit à ses clients.

4. Dans le secteur de la grande distribution, et selon le modèle de distribution choisi, le bénéficiaire de l'exclusivité est très souvent un grossiste-importateur ou un détaillant. Dans le contexte d'un circuit « long », cela signifie que le fournisseur confie exclusivement à un grossiste-importateur la distribution de ses produits, tant et si bien que les détaillants doivent nécessairement négocier les prix avec ce dernier pour pouvoir les acquérir et les proposer ensuite à la vente auprès de leurs clients. Cela étant dit, les accords exclusifs d'importation ne se limitent pas à la grande distribution et à ce modèle de distribution. Ils peuvent également s'inscrire dans des circuits courts, où le fournisseur confie la totalité du marché à un seul détaillant. Dans cette situation, le fabricant vend *directement* au détaillant son produit, lequel sera par la suite le seul à pouvoir le proposer à ses clients sur le marché local[22].

5. *Intérêt de l'accord pour les parties.* En principe, l'accord a un intérêt double. D'une part, *pour les fournisseurs*, ils n'ont ni à gérer une myriade d'accords conclus avec une multitude d'entreprises ni à se préoccuper de la distribution de leurs produits sur le territoire domien. Dans le contexte de la grande distribution, lorsque le circuit est long, l'exclusivité d'importation peut entraîner des avantages logistiques tels qu'une meilleure réactivité des grossistes-importateurs face aux variations de

---

21 Nous empruntons cette expression à notre collègue, la professeure Behar-Touchais : v. M. Behar-Touchais, « La Nouvelle-Calédonie au cœur de la concurrence : De l'urgence concurrentielle au traitement de choc », *Concurrences* n° 1-2014, art. n° 62296, p. 43-52.

22 Ce fut le cas dans l'affaire dite des « cigarettes électroniques », où un détaillant calédonien avait bénéficié d'une exclusivité d'importation directement auprès d'un fabricant de cigarettes électroniques chinois notoirement plébiscité par les consommateurs. V. ACNC, déc. n° 2023-PAC-01 du 1er mars 2023 relative à des pratiques mises en œuvre dans le secteur de l'importation et de la distribution de cigarettes électroniques en Nouvelle-Calédonie.

la demande locale, une meilleure gestion des coûts des transports et de stockage ou encore des réductions des délais d'approvisionnement. D'autre part, *pour les grossistes-importateurs*, l'obligation d'exclusivité leur assure une protection contre la concurrence, concurrence que pourrait théoriquement exercer un autre grossiste-importateur. En d'autres termes, les bénéficiaires de l'exclusivité d'importation ne sont ni exposés à une concurrence *actuelle*, dans l'hypothèse où un concurrent grossiste-importateur serait présent sur le territoire, ni à une concurrence *potentielle*[23], dans la mesure où un grossiste-importateur, nouvel entrant sur le marché, verrait les portes du marché fermées par l'accord exclusif d'importation.

6. *Les conséquences pour le consommateur.* Dans le contexte d'un « circuit long », le grossiste-importateur se trouve dans une situation confortable, car il a le monopole de la distribution. Il est un « *price maker* » à l'égard des détaillants qui souhaiteraient s'approvisionner et qui se retrouvent en réalité sans alternative. Certes, en théorie, le détaillant pourrait directement s'approvisionner auprès du fournisseur. Cependant, en pratique, il est très difficile de contourner le grossiste-importateur, soit parce que le fournisseur renvoie le détaillant vers le distributeur local, soit parce que ce fournisseur ne répond pas aux sollicitations, et ce, sans raison objective[24]. En conséquence, sur le marché local, la concurrence intramarque est sclérosée. Les détaillants ne peuvent profiter d'une pression concurrentielle qu'exercerait un autre grossiste-importateur. Ils ne peuvent pas plus bénéficier directement de la négociation avec le fournisseur. Dans le « circuit court », l'atteinte au bien-être du consommateur est exacerbée, surtout lorsque le fournisseur refuse des ventes directes tant aux consommateurs finaux qu'aux concurrents du détaillant bénéficiant de l'exclusivité d'importation. La suppression totale de la concurrence intramarque conduit mécaniquement à un niveau de prix durablement élevé. Cette situation ne peut conduire qu'à un renchérissement des prix, les consommateurs ne profitant dans les deux situations d'aucune dynamique concurrentielle sur le marché. Soit il y a un monopole de la distribution en amont. Ce cas de figure se présente lorsqu'il y a un grossiste-importateur. Soit il y a un monopole en aval. Dans ce cas de figure, le détaillant est le seul sur le marché, si bien qu'il peut librement fixer les prix à des niveaux supra-concurrentiels.

7. *Taxonomie des accords exclusifs d'importation.* Comme en droit des ententes[25], la forme de l'accord est libre. Autrement dit, la qualification « d'accord » au sens du droit de la concurrence n'est pas dépendante de l'« expression de la volonté » des parties[26]. Il s'agit d'« une notion juridique autonome qui va au-delà de la notion de contrat avec ses effets juridiquement contraignants[27] ». Aussi, n'est-il pas nécessaire que l'accord prenne la forme d'un écrit, qu'il s'agisse d'un contrat ou de tout autre

---

23 Au sens de la jurisprudence européenne, « une entreprise ne saurait être qualifiée de concurrent potentiel si son entrée sur le marché ne correspond pas à une stratégie économique viable ». Trib. UE, 14 avril 2011, *Visa c/ Commission*, aff. T-461/07, EU:T:2011:181, § 167 ; Trib. UE, 29 juin 2012, *E.ON c/ Commission*, aff. T-360/09, EU:T:2012:332, § 86.

24 V. p. ex. ACNC, déc. n° 2022-PAC-06, préc., § 320.

25 V. Chapitre 1 *Les ententes* de la partie II dans cet ouvrage.

26 M.-A. Frison-Roche et J.-C. Roda, *Droit de la concurrence*, 2e éd., Dalloz, Paris, 2022, § 389.

27 D. Bosco et C. Prieto, *Traité de droit européen de la concurrence : ententes et abus de position dominante, concentrations*, Bruylant, Bruxelles, 2025, § 559.

support. Même sans *instrumentum*, une autorité de concurrence peut qualifier un accord exclusif d'importation et le sanctionner. Deux types d'accords exclusifs d'importation peuvent être identifiés en pratique. Il y a, d'une part, des *accords formalisés*. Leur existence est coulée dans le marbre du contrat par des clauses d'exclusivité d'importation. D'autre part, il y a des accords *non formalisés*. Il s'agit des exclusivités de fait. Cette existence d'une exclusivité de fait peut se matérialiser de différentes manières, telles que des échanges de courriels, des refus de vente[28], des non-réponses à des sollicitations, voire des appels téléphoniques[29] ou la confiance. En d'autres termes, la notion d'accord est une notion autonome, indépendante de toute exigence de formalisation. Dans l'affaire dite des « cigarettes électroniques », les sociétés avaient reconnu que l'accord était basé sur la bonne foi des parties : « there is no official contract, the agreement is based *on confidence*[30] ».

En pratique

Un accord n'est pas forcément un *écrit*. Cependant, le premier réflexe demeure de réaliser un audit contractuel pour vérifier si des clauses d'exclusivité d'importation ont été prévues dans les contrats de distribution.

Les accords pouvant être qualifiés d'anticoncurrentiels par tous moyens, indépendamment de la présence d'un écrit ou non, les parties devraient mettre en place des bonnes pratiques pour contrôler les échanges des agents commerciaux et du personnel chargé des négociations. L'instauration d'un *programme de conformité* constitue un outil essentiel pour prévenir les risques concurrentiels. En revanche, il ne sera pas possible d'obtenir une réduction de la sanction par cette voie au stade de la décision[31].

II. Comment les accords exclusifs d'importation sont-ils contrôlés en dehors de la Polynésie française ?

8. *Les enquêtes.* Pour détecter les accords exclusifs d'importation, l'arme principale des autorités de concurrence demeure les enquêtes. Ces dernières peuvent prendre plusieurs formes. Soit il s'agira d'enquêtes simples. Dans cette circonstance, les entreprises reçoivent des demandes d'information et doivent coopérer avec les agents de l'autorité de concurrence en transmettant les documents demandés. Soit il s'agira d'enquêtes lourdes. Dans cette circonstance, il s'agira d'une opération de visite et

---

28 V. p. ex. Aut. conc., déc. n° 23-D-02, préc.

29 ACNC, déc. n° 2023-PAC-01, préc., § 73.

30 *Ibid.*, § 74 (nous soulignons).

31 Aut. conc., Document-cadre du 24 mai 2022 sur les programmes de conformité aux règles de concurrence. Dans une décision du 18 octobre 2017, elle avait jugé que « [l]es engagements portant sur la mise en œuvre de […] programmes de conformité n'ont […] pas vocation, de façon générale, *à justifier une atténuation des sanctions* encourues au titre des infractions au droit de la concurrence, tout spécialement s'agissant d'infractions d'une particulière gravité telles que les ententes et échanges d'informations sur les prix futurs et la politique commerciale ». V. Aut. conc., 18 octobre 2017, déc. n° 17-D-20 relative à des pratiques mises en œuvre dans le secteur des revêtements de sols résilients, § 464 (nous soulignons).

saisie (OVS). On parle également d'enquêtes inopinées. Pour qu'une OVS puisse légalement avoir lieu, l'autorité de concurrence doit obtenir une ordonnance du juge des libertés et de la détention. Pour l'obtenir, l'autorité doit produire des « indices suffisamment sérieux[32] » permettant de croire qu'un accord exclusif d'importation existe, étant précisé que l'autorité concernée « n'est pas tenue d'indiquer à l'entreprise inspectée, dans la décision d'inspection ou au cours de l'inspection, les indices ayant justifié ladite inspection[33] ». En d'autres termes, à ce stade, la preuve définitive de l'infraction n'est pas nécessaire. Quoi qu'il en soit, les entreprises faisant l'objet d'une OVS doivent pleinement coopérer[34]. Par exemple, elles ne peuvent pas faire obstruction à l'instruction en brisant des scellés[35], en supprimant des échanges sur les messageries telles que WhatsApp[36] ou en fournissant des informations inexactes[37]. Dans le cas contraire, une sanction pourrait être prononcée[38].

9. *Les preuves de la pratique.* S'agissant des preuves, la jurisprudence nationale a précisé le régime. D'une part, il n'est pas nécessaire de démontrer les effets anticoncurrentiels de l'accord. Comme l'a récemment relevé la cour d'appel de Paris, la conclusion d'un accord exclusif d'importation « constitue *une infraction en soi*, indépendamment de son impact présumé, potentiel réel, sur le fonctionnement de la concurrence[39] ». D'autre part, la Cour de cassation a indiqué que toutes les exclusivités de fait ne violaient pas nécessairement l'article L. 420-2-1 du code de commerce, notamment dans l'hypothèse où le bénéficiaire de l'exclusivité n'a réalisé aucun acte positif. Néanmoins, l'infraction peut être démontrée de plusieurs manières. Selon la chambre commerciale, elle « peut résulter *de preuves documentaires directes*, ou, à défaut, *de preuves comportementales indirectes* et que, dans cette dernière hypothèse, la démonstration du concours de volontés repose sur un *faisceau d'indices graves, précis et concordants*, dont le caractère probant est apprécié globalement, chacun de ses éléments n'ayant pas à répondre au critère de preuve précise, grave et concordante de l'accord d'exclusivité, dès lors que le faisceau répond à cette exigence[40] ».

---

32 Ces indices peuvent être variés. Il peut s'agir de déclaration publique ; v. Trib. UE, 9 juillet 2025, *Michelin c/ Commission*, aff. T-188/24, EU:T:2025:686. Il peut s'agir également d'une plainte d'un concurrent corroborée par d'autres documents ; v. Trib. UE, 15 octobre 2025, *Red Bull*, aff. T-306/23, EU:T:2025:959.

33 Trib. UE, 15 octobre 2025, *Red Bull e.a. c/ Commission*, aff. T-306/23, ECLI:EU:T:2025:959, § 69. -

34 Pour des explications exhaustives : v. F. Bronner et C. Frascoli, « Obstruction During Antitrust Dawn Raids: Enforcement Trends in the European Union and France », *CoRe*, vol. 9, n° 3, 2025, p. 227-240.

35 Aut. conc., déc. n° 19-D-09 du 22 mai 2019 relative à des pratiques d'obstruction mises en œuvre par le groupe Akka.

36 Comm. eur., déc. n° C(2024) 4256 final du 24 juin 2024, *IFF*, aff. AT.40882.

37 Aut. conc., déc. n° 24-D-08 du 24 septembre 2024 relative à des pratiques d'obstruction mises en œuvre par le groupe Loste.

38 En Polynésie, la sanction est prévue par l'article LP. 641-2 du code de la concurrence. Le texte dispose que « [l]orsqu'une entreprise, une personne ou un organisme a fait obstruction à la demande d'informations, aux investigations ou à l'instruction, notamment en ne fournissant pas des éléments de toute nature requis, en fournissant des renseignements incomplets ou inexacts, ou en communiquant des pièces incomplètes ou dénaturées, l'Autorité peut, à la demande du rapporteur général, et après avoir entendu l'entreprise en cause, décider de lui infliger une sanction pécuniaire. Le montant maximum de cette dernière *ne peut excéder 1 % du montant du chiffre d'affaires hors taxes réalisé en Polynésie française* le plus élevé réalisé au cours d'un des exercices clos depuis l'exercice précédant celui au cours duquel les pratiques ont été mises en œuvre ».

39 CA Paris, 9 juin 2022, *Distillerie Dillon*, RG 20/16288, § 58.

40 Cass. com., 26 janvier 2022, n° 20-14.000.

10. La démonstration peut donc reposer sur un faisceau d'indices convergents sans qu'aucun ne soit décisif isolément.

Pratique

Quel pourrait être ce faisceau d'indices ?

L'affaire du champagne Canard-Duchêne aux Antilles et en Guyane[41] est un bon exemple pour identifier les preuves permettant de qualifier une exclusivité de fait. Ce faisceau peut comporter :

– des déclarations écrites ;

– des documents tarifaires ;

– plusieurs factures démontrant des remises ;

– la mention « d'exclusivité » dans la plupart des documents tarifaires échangés ;

– des refus de vente.

11. *Diminuer la sanction.* Si les entreprises veulent coopérer avec l'autorité de concurrence, elles pourront toujours tenter de mettre en œuvre la procédure d'engagements[42]. Celle-ci pourra être efficace, comme le révèlent certaines affaires calédoniennes, à condition que les engagements soient crédibles, substantiels et vérifiables, ce qui fut notamment le cas dans l'affaire *Sodimas*[43]. En l'espèce, les entreprises ayant conclu un accord exclusif d'importation s'étaient engagées à :

– dénoncer le contrat de distribution exclusive qui les lie et à transmettre une copie de cette dénonciation à l'Autorité dans les quinze jours de la notification de sa décision ;
– garantir la conformité à la loi des futurs contrats qu'elles seraient amenées à conclure entre elles ou chacune avec d'autres fournisseurs ou opérateurs ;
– transmettre à l'Autorité leur projet de nouveau contrat huit jours avant la séance du collège dédiée à la présente affaire ;
– transmettre à l'Autorité tout nouveau contrat qu'elles seraient amenées à conclure avec d'autres fournisseurs ou opérateurs, dans les quinze jours suivant sa signature ;
– informer leurs clients de la fin de leur relation commerciale exclusive et de la possibilité désormais offerte à tout distributeur de s'approvisionner directement auprès du fabricant de matériels d'ascenseurs ou d'un autre fournisseur par courriel à destination de ses clients et à travers la publication d'une annonce dans la presse.

---

41 Aut. conc., déc. n° 23-D-02, préc., § 117 et s.

42 V. Chapitre 2 *les engagements et la procédure* de la partie III dans cet ouvrage.

43 ACNC, déc. n° 2019-PAC-04 du 11 décembre 2019 relative à des pratiques mises en œuvre par les sociétés Sodimas SA et Intec SARL dans le secteur des ascenseurs en Nouvelle-Calédonie.

12. *Les limites.* Toutefois, la procédure d'engagements ne sera parfois d'aucun secours pour les entreprises, notamment dans les cas où les entreprises auraient poursuivi des pratiques d'exclusivité d'importation *après l'entrée* en vigueur de la loi, et ce, malgré les nombreuses actions de communication et de formation menées par l'autorité de concurrence auprès des entreprises en général, et des grossistes-importateurs, en particulier[44]. Cependant, les autorités de concurrence ne sont pas sourdes aux difficultés économiques rencontrées par les entreprises. Même dans l'hypothèse où la démonstration d'un accord exclusif d'importation est acquise, une entreprise en difficulté pourra obtenir une réfaction de l'amende, pouvant parfois être substantielle[45].

13. *L'exemption.* Quoiqu'il s'agisse d'une infraction *per se*, les entreprises peuvent néanmoins justifier un accord exclusif d'importation et empêcher sa prohibition. Jusqu'alors, aucune entreprise n'a cependant réussi à remplir les conditions de l'exemption et à démontrer que l'accord conclu avait davantage d'effets proconcurrentiels qu'anticoncurrentiels. En métropole, la cour d'appel de Paris a récemment rappelé qu'« [i]l résulte de [l'article L. 420-4 du code de commerce] que c'est aux auteurs des pratiques visées par l'article L. 420-2-1 du même code qu'il incombe d'établir qu'ils sont éligibles au bénéfice de l'exemption. Pour ce faire, ils doivent *"justifier"* que l'accord ou la pratique concertée, d'[une] part, *est fondé sur des "motifs objectifs tirés de l'efficacité économique"*, d'autre part, *"réservent aux consommateurs une partie équitable du profit qui en résulte". Ces deux conditions sont cumulatives*[46] ». Cependant, les entreprises ne doivent pas se contenter de déclarations. Elles doivent démontrer les gains d'efficience qu'elles avancent. Ainsi, dans l'affaire du champagne Canard-Duchêne aux Antilles et en Guyane, l'Autorité de la concurrence a considéré qu'aucune preuve documentaire ou d'éléments quantitatifs ne permettait d'étayer les efficiences avancées. Précisément, « aucun élément susceptible d'établir *que l'exclusivité d'importation serait plus efficace pour assurer des prix compétitifs au profit des consommateurs qu'un système d'importation ouvert et non exclusif*[47] » n'avait été rapporté. Or, si un système ouvert, c'est-à-dire sans exclusivité d'importation, pouvait engendrer davantage de coûts logistiques – ce qui n'était nullement démontré par l'entreprise mise en cause –, il permettrait d'intensifier la concurrence entre importateurs-grossistes présents sur place et « d'éviter que l'importateur puisse pratiquer des marges importantes *sans pression concurrentielle*[48] ». En Nouvelle-Calédonie, la possibilité d'obtenir une exemption existe également, à condition de démontrer des gains d'efficacité et de ne pas s'abriter derrière une prétendue technicité liée à l'activité de l'entreprise. Comme l'a jugé l'Autorité calédonienne

---

44 C'est dire que si la prohibition des accords exclusifs d'importation intégrait de nouveau l'ordre juridique polynésien, les entreprises seraient bien avisées d'adopter une attitude proactive et de conformité aux fins d'éviter une sanction. Il est quasi certain qu'une demande de diminution de l'amende pour défaut de connaissance de la loi nouvelle serait rejetée après la période dite « pédagogique ».

45 Dans l'affaire des produits alimentaires asiatiques, l'ACNC avait accordé une réfaction de 40 % de l'amende. V. ACNC, déc. n° 2023-PAC-02 du 20 juillet 2023 relative à des pratiques mises en œuvre dans le secteur de l'importation et de la distribution de produits alimentaires d'origine asiatique en Nouvelle-Calédonie.

46 *Distillerie Dillon*, préc., § 170 (nous soulignons).

47 Aut. conc., déc. n° 23-D-02, préc., § 146 (nous soulignons).

48 *Ibid.* (nous soulignons).

dans une affaire *Ericsson*, « la technicité élevée d'un secteur d'activités ne saurait constituer une justification suffisante pour les entreprises mises en cause pour revendiquer le bénéfice de l'exemption prévue à l'article Lp. 421-4 du code de commerce des accords exclusifs d'importation, celle-ci ne constituant pas l'un des critères cumulatifs prévus par cet article[49] ». Les entreprises doivent donc fournir des éléments chiffrés, objectifs et documentés, et non de simples affirmations.

III. Comment les accords exclusifs d'importation ils être contrôlés en Polynésie française ?

14. *Absence de texte, mais pas absence de fondement.* Si la Polynésie française n'accueille pour l'heure aucun texte sanctionnant *per se* les accords exclusifs d'importation, les entreprises seraient dans l'erreur de penser que la conclusion de tels accords les met à l'abri d'une potentielle condamnation.

15. *La qualification d'entente.* D'abord, l'accord pourrait être qualifié d'entente anti-concurrentielle. En effet, l'article LP 200-1 du code de la concurrence énonce :

> Sont prohibées, même par l'intermédiaire direct ou indirect d'une société implantée hors de la Polynésie française, lorsqu'elles ont pour objet ou peuvent avoir pour effet d'empêcher, de restreindre ou de fausser le jeu de la concurrence sur un marché de la Polynésie française, les actions concertées, conventions, ententes expresses ou tacites ou coalitions.

16. Or, un accord exclusif d'importation pourrait bien être qualifié de pratique concertée ayant pour effet de restreindre la concurrence. À vrai dire, l'absence de texte spécial prohibant ce type d'accord a seulement pour effet d'alourdir la charge de la preuve pour l'APC, non d'immuniser les pratiques en cause. Cette dernière doit désormais démontrer les effets anticoncurrentiels des accords et ne peut sanctionner automatiquement un tel accord provoquant des restrictions verticales[50]. Si la charge probatoire est lourde, elle n'est pas infranchissable. L'absence de concurrence intramarque pourrait être un premier élément constitutif de l'infraction. La neutralisation totale de la concurrence potentielle constitue un deuxième indice déterminant. Autrement dit, il conviendrait de traiter l'accord comme un accord d'exclusivité dans un contrat de distribution[51], voire comme une exclusivité territoriale accordée à un distributeur[52]. Par exemple, si l'exclusivité

---

49 ACNC, déc. n° 2024-PAC-04, préc., § 155.

50 Force est de relever que la tâche est ardue, car en matière de restriction verticale, il y a peut-être une tendance à une « rééconomisation » de la matière, notamment depuis l'arrêt *Super Bock Bebidas* de la Cour de justice s'agissant des prix de revente imposés. Cela étant dit, il ne s'agit pas d'exclusivité, ce qui exige donc une extrême prudence dans l'analyse. V. CJUE, 29 juin 2023, *Super Bock Bebidas*, aff. C-211/22, EU:C:2023:529. Pour des explications exhaustives : v. M. Mayr, « Resale price maintenance is not necessarily a restriction of competition 'by object': Case C-211/22 *Super Bock Bebidas* », *Journal of European Competition Law & Practice*, 2025, lpaf047 ; I. Luc, « La répression des prix imposés : Une interdiction à reconsidérer ? », dans « La liberté des prix à l'épreuve du droit de la concurrence », W. Chaiehloudj (dir.), *Concurrences* n° 2-2026 (à paraître).

51 V. p. ex. : J.-P. Gunter, A. Perrot et J. Lubek, « Relations verticales et contrats d'exclusivité », *Concurrences* n° 4-2010, art. n° 32737.

52 V. p. ex. : J. Holzwarth et M. Vischi, *Vertical Restrictions: An overview of EU and national case law*, 17 octobre 2025, *e-Competitions Vertical restrictions*, art. n° 128610.

conduit également à bloquer les ventes passives, ce qui est le cas lorsque le détaillant sollicite le fournisseur et que cette sollicitation reste sans réponse, la preuve du verrouillage du marché sera peut-être rapportée.

17. *L'abus de position dominante collective.* Ensuite, une autre voie potentiellement féconde pourrait être celle de l'abus de position dominante. Il ne s'agirait pas d'un abus réalisé par un seul acteur, mais d'un abus réalisé par une « entité collective ». La démonstration d'une entité collective peut être envisagée lorsque des liens capitalistiques ou structurels permettent une coordination stable du comportement sur le marché ; elle permettrait de sanctionner les entreprises ayant conclu un accord exclusif d'importation pour « abus de position dominante collective[53] ». Le cas le plus simple serait celui du refus de vente. Concrètement, soit un fournisseur, un grossiste-importateur détient une position dominante et, en ce cas, l'entreprise verra sa responsabilité engagée. Soit il pourrait être fait appel à cet abus de position dominante collective en se fondant sur l'article LP 200-2. On peut également imaginer des hypothèses où l'APC conditionnerait l'acceptation d'une concentration ou l'extension d'un aménagement commercial à l'engagement de ne pas conclure d'accords exclusifs d'importation. S'agissant de la position dominante collective, le tribunal de l'Union a donné une définition jurisprudentielle. Aux termes de l'arrêt *Irish Sugar,* « une position dominante collective consiste pour plusieurs entreprises à avoir, ensemble, notamment en raison des facteurs de corrélation existant entre elles, *le pouvoir d'adopter une même ligne d'action sur le marché et d'agir dans une mesure appréciable indépendamment* des autres concurrents, de leur clientèle et, finalement, des consommateurs[54] ». L'arrêt ajoute que « le seul *caractère indépendant* des entités économiques en cause ne saurait suffire à écarter la possibilité qu'elles occupaient une position dominante collective[55] ». Par la suite, la Cour de justice, dans l'arrêt *Compagnie maritime belge de transports*[56] a rappelé que la détention d'une position dominante n'était pas un problème en soi, mais qu'au regard de l'arrêt *Michelin*[57], une telle position confère une « responsabilité particulière » de ne pas porter atteinte par son comportement à une concurrence effective et non faussée sur le marché. Pour la Cour :

> Cette même conclusion s'impose s'agissant des entreprises qui *détiennent une position dominante collective.* La constatation que deux ou plusieurs entreprises détiennent une position dominante collective doit, en principe, procéder d'une appréciation économique de la position sur le marché pertinent des entreprises concernées, antérieurement à tout examen de la question de savoir si ces entreprises ont exploité de façon abusive leur position sur le marché.

---

53 L. Lovdahl Gormsen, « Collective Dominance », dans *Competition Law Dictionary*, D. Healey, W. Kovacic, P. Trevisán et R. Whish (dir.), Concurrences, New York, 2024, art. n° 85893.

54 TPICE, 7 octobre 1999, *Irish Sugar plc*, aff. T-228/97, EU:T:1999:246, § 46.

55 *Ibid.*, § 49.

56 CJCE, 16 mars 2000, *Compagnie maritime belge de transports*, aff. jtes C-395/96 P et C-396/96 P, EU:C:2000:132.

57 CJCE, 9 novembre1983, *Michelin*, aff. 322/81, EU:C:1983:313, § 57.

> Il est donc nécessaire, aux fins d'une analyse au titre de l'article [102] du traité, d'examiner si les entreprises concernées constituent ensemble *une entité collective* à l'égard de leurs concurrents, de leurs partenaires commerciaux et des consommateurs sur un marché déterminé. Ce n'est que dans le cas d'une réponse positive qu'il conviendrait d'examiner si cette entité collective détient effectivement une position dominante et si celle-ci se comporte de manière abusive[58].

18. Si la conclusion d'un accord exclusif d'importation par une entreprise dominante ou des entreprises en domination collective ne figure pas expressément dans les exemples donnés par l'article LP 200-2 du code de la concurrence[59], il convient néanmoins de relever que ce n'est guère un frein à la sanction d'un tel comportement par l'APC. En adoptant une approche par analogie, il est possible de se fonder sur la jurisprudence de la Cour de justice, qui, dès son célèbre arrêt *Continental Can*, a jugé que si l'article 102 du traité sur le fonctionnement de l'Union européenne (TFUE) énumère un certain nombre de pratiques abusives qu'il interdit, « il s'agit d'une énumération à titre d'exemple *qui n'épuise pas* les modes d'exploitation abusive de position dominante interdits par le traité[60] ». Si cette situation de position dominante collective est parfois difficile à prouver, la tâche n'est cependant pas impossible. Récemment, l'Autorité de la concurrence a réussi cette démonstration dans l'affaire de la DMLA. Partant, l'APC pourrait retenir une telle qualification lorsque, par exemple, des liens capitalistiques croisés et particulièrement significatifs existeraient entre les entreprises poursuivies[61].

Pratique

Que doit faire l'entreprise pour anticiper un grief d'entente verticale ?

L'entreprise doit démontrer que l'exclusivité est indispensable et proportionnée au but recherché. Si cette clause dégage peu d'efficience, l'accord tombera alors dans une zone grise. Les entreprises pourraient également réfléchir à l'argument écologique. L'exclusivité produit-elle des efficiences

---

58 *Compagnie maritime belge de transports*, préc., §§ 38-39.

59 Le texte énonce qu'« [e]st prohibée, dans la mesure où un marché situé sur le territoire de la Polynésie française est susceptible d'en être affecté, l'exploitation abusive d'une position dominante par une entreprise ou un groupe d'entreprises. Ces pratiques abusives peuvent *notamment* consister à : 1° Limiter artificiellement l'accès au marché ou le développement d'entreprises concurrentes ; 2° Refuser de vendre ou d'acheter dans des conditions portant atteinte au fonctionnement normal du marché ; 3° Appliquer à l'égard de partenaires commerciaux des conditions inégales à des prestations équivalentes, en leur infligeant de ce fait un désavantage dans la concurrence ; 4° Subordonner la conclusion de contrats à l'acceptation, par les partenaires, de prestations supplémentaires qui, par leur nature ou selon les usages commerciaux, n'ont pas de lien avec l'objet de ces contrats » (nous soulignons).

60 CJCE, 21 février 1973, *Continental Can*, aff. 6-72, EU:C:1973:22, § 26.

61 Pour un exemple : v. Aut. conc., déc. nº 20-D-11 du 9 septembre 2020 relative à des pratiques mises en œuvre dans le secteur du traitement de la dégénérescence maculaire liée à l'âge (DMLA). La cour d'appel de Paris n'avait pas été convaincue par la motivation de la décision de l'autorité : CA Paris, 16 février 2023, RG 20/14632. Cependant, la Cour de cassation a récemment cassé cet arrêt pour défaut de base légale. Cass. com., 25 juin 2025, nº 23-13.391.

en termes de durabilité[62] ? Permet-elle une amélioration du bien-être animal ? Contribue-t-elle à protéger l'environnement ? Par ailleurs, permet-elle une meilleure répartition des salaires ?

Que doit faire l'entreprise pour anticiper le grief d'abus de position dominante collective ?

Une analyse précise des liens capitalistiques et des parts de marché est nécessaire. Une fois encore, il faudra apprécier si l'exclusivité est indispensable au regard de l'objectif poursuivi.

19. *Imputabilité de l'infraction.* Enfin, les entreprises doivent être vigilantes au regard du risque de la sanction. Une société mère peut être sanctionnée si elle exerce une influence déterminante, présumée en cas de détention quasi intégrale du capital, même sans avoir pris part à l'entente, la notion d'entreprise désignant toute entité exerçant une activité économique, indépendamment du statut juridique de cette entité et de son mode de financement. La Cour de justice a jugé, depuis l'arrêt *Akzo*[63], que dans le cas particulier où une société mère détiendrait, directement ou indirectement, par l'intermédiaire d'une société interposée, la totalité ou la quasi-totalité du capital de sa filiale auteur de la pratique anticoncurrentielle, il existe une présomption simple selon laquelle une société mère exerce une « influence déterminante » sur le comportement de sa filiale. Partant, si l'APC rapporte la preuve de cette détention capitalistique ou de la majorité écrasante des droits de vote[64], le comportement de la filiale pourra être également imputé à la société mère. Le risque est à vrai dire doublé par une potentielle action en réparation dans le cadre du *private enforcement*[65].

20. *Conclusion.* Les accords exclusifs d'importation ne sont pas prohibés *per se* en Polynésie française, mais demeurent sanctionnables *via* d'autres fondements, notamment l'entente et l'abus de position dominante collective. En effet, dans certaines circonstances, ces qualifications pourraient permettre à l'APC d'entrer en voie de condamnation. Dans l'hypothèse où la prohibition intégrerait de nouveau l'ordre juridique polynésien, les entreprises pourraient s'appuyer sur l'expérience et la pratique décisionnelle métropolitaine et calédonienne pour élaborer des programmes de conformité aux fins de respecter la législation en vigueur et éviter les risques de sanction.

---

62 W. Chaiehloudj, S. Dupouy et J. Mestre (dir.), *Durabilité et droit économique*, LexisNexis, 2025.

63 CJCE, 10 septembre 2009, *Akzo Nobel e.a. c/ Commission*, aff. C-97/08 P, EU:C:2009:536.

64 CJUE, 27 janvier 2021, *The Goldman Sachs Group*, aff. C-595/18 P, EU:C:2021:73, § 35.

65 V. le chapitre 1 *le développement du private enforcement* de la partie VI dans cet ouvrage.

Regional Integration

Teresa Moreira, International Competition Expert[1]
Akari Yamamoto-Bonenfant, International Competition Expert

I. Regional Integration in Competition

1. Regional integration is the process through which countries collaborate to pursue common goals through economic, political, and social cooperation. This may also lead to the establishment of political institutions and the development of policies in the areas chosen by member countries. The economic cooperation pillar is usually about promoting free trade between member countries thanks to tariff reduction and the elimination of non-tariff measures, often accompanied by the harmonization of related national rules and regulations.

2. The multilateral trading system, as a rule-based framework comprised of the World Trade Organization (WTO) agreements,[2] established in 1995, has been complemented by many regional trade agreements (RTAs), which are useful instruments to promote economic growth and development among neighboring countries and economically like-minded countries.[3]

3. International trade and competition are closely linked: trade liberalization was achieved through the agreed reduction and elimination of public measures as barriers to the free flow of goods and services, and these obstacles should not be replaced by anticompetitive conduct of private companies.[4]

---

1 The findings, interpretations and conclusions expressed in this document are exclusively those of the authors and do not necessarily reflect the views of the United Nations or its officials or member states.

2 *Multilateral Trading System*, WTO, https://www.wto.org/english/thewto_e/minist_e/min98_e/slide_e/mts.htm.

3 Alisa DiCaprio, Amelia U. Santos Paulino & Maria V. Sokolova, *Regional Trade Agreements, Integration and Development* (UNCTAD Research Paper No. 1, UNCTAD/SER.RP/2017/1 Rev.1, July 2017), https://unctad.org/system/files/official-document/ser_rp2017d1_en.pdf.

4 *Interaction between Trade and Competition Policy*, WTO, https://www.wto.org/english/tratop_e/comp_e/comp_e.htm.

4. Even though the WTO does not include a specific agreement on competition (some of its agreements—the General Agreement on Trade in Services and the Trade-Related Intellectual Property Agreement—contain competition provisions) and has not been working on the interaction between trade and competition since 2004, the relation between trade and competition persists. Indeed, a growing number of RTAs include explicit provisions on competition. According to the WTO's Regional Trade Agreements Database, 378 agreements have been currently notified (November 2025), of which 257 contain competition-related clauses.[5]

5. Regional integration in competition law refers to the process by which jurisdictions within a geographic region decide to coordinate or harmonize their competition policies and enforcement frameworks, with a narrow or a wide scope. This occurs as part of broader regional economic integration, including trade liberalization and the creation of common markets, as mentioned. As markets increasingly extend beyond national borders and companies act at the global level, competition law, which was traditionally framed and enforced at the national level, is needed. Competition law and policy can be strengthened and made more effective through regional approaches.

6. Some RTAs serve as the legal foundation for establishing regional organizations entrusted with competence in competition matters, as well as for adopting regional competition laws. Indeed, inspired by the successful example of the European Union's[6] economic integration, where competition law and policy were instrumental in the establishment of a single market, regional organizations, particularly among developing countries, have been increasingly adopting or implementing regional competition rules and/or engaging in cooperation agreements for more effective competition law enforcement.[7] For example, the Common Market for Eastern and Southern Africa (COMESA) Treaty laid the groundwork for the COMESA Competition Regulations, and the creation of the COMESA Competition Commission in 2004,[8] which became operational in 2013.[9] Similar legal-institutional architectures have been developed in other regions, including the Andean Community (regional competition law and authority established in 2005[10]), the Caribbean Community (CARICOM, in 2008[11]), the Central African Economic and Monetary Community (CEMAC, in 1999[12]), the East African Community

---

5 *Regional Trade Agreements Database*, WTO, https://rtais.wto.org/UI/PublicMaintainRTAHome.aspx.

6 Treaty Establishing the European Economic Community, 1958.

7 Teresa Moreira, *International Cooperation in Competition Law Enforcement: Is Regional Cooperation the Best Option for Developing Countries?*, Concurrences no. 3-2021, art. no. 101384.

8 COMESA Competition Regulations, Dec. 2024, https://comesacourt.org/wp-content/uploads/2020/01/COMESA-Competition-Regulations-December-2004.pdf.

9 *Who We Are*, COMESA, https://comesacompetition.org/who-we-are/.

10 Ninetieth Ordinary Session of the Commission, Decision 608, Mar. 28, 2005 (in Spanish), https://www.comunidadandina.org/StaticFiles/DocOf/DEC608.pdf.

11 Revised Treaty of Chaguaramas, Chapter Eight: Competition Policy and Consumer Protection, CARICOM, https://treaty.caricom.org/chapter/chapter-eight-competition-policy-and-consumer-protection/.

12 Regulation 4/99/UEAC-CM-639, Aug. 18, 1999 (in French), https://www.africa-laws.org/Cameroon/Competition%20law/CEMAC-R%C3%A8glement%20N%C2%B01999-04%20pratique%20commerciales%20anticoncurrentielles.pdf.

(EAC—law in force since 2014[13] and authority operational as of 2018[14]), the Economic Community of West African States (ECOWAS, law adopted in 2008 and authority operational in 2019[15]), the Eurasian Economic Union (EAEU, in 2015[16]), and the West African Economic and Monetary Union (WAEMU, in 2002[17]). Also, the African Continental Free Trade Area (AfCFTA) adopted the Protocol on Competition Policy in 2023.[18]

7. Effective enforcement and implementation of competition law and policy increasingly require international cooperation. Cross-border cartels and mergers involving multinational firms, and the rise of digital platforms that operate seamlessly across jurisdictions all highlight the limits of purely national action. Beyond enforcement, structured cooperation in the framework of a regional organization also supports policy dialogue, promotes convergence of rules and procedures, strengthens institutional capacity, and facilitates joint initiatives such as market studies and advocacy efforts. In the sphere of the digital economy in particular, a small number of firms may exert market power across multiple jurisdictions without a significant physical presence, making it difficult for individual competition authorities, especially those with limited resources, to respond effectively.[19]

8. Compared to global coordination, regional cooperation is often easier to initiate because countries in the same region or like-minded tend to share similar legal traditions, economic structures and policy priorities. These shared foundations help foster mutual understanding, trust, and a sense of common purpose, which are essential for sustained and effective cooperation.[20] Such trust-based collaboration also facilitates the exchange of information under appropriate safeguards and supports more coordinated approaches to both enforcement and policy development. Enhanced regional cooperation can lead to more efficient investigations, reduce duplication of efforts, foster more coherent policy approaches, and build institutional capacity.

---

13 *About East African Community Competition Authority*, EACCA, https://www.eacompetition.org/about/category/overview.

14 Stephany Torres, *12 Years in the Making, East African Regional Competition-Law Enforcer Now Operational*, Afr. Antitrust & Competition L. (Apr. 16, 2018), https://africanantitrust.com/2018/04/16/eac-antitrust-enforcement-finally-a-reality-supra-national-body-carries-out-market-enquiries/.

15 *ECOWAS Regional Competition Authority*, ECOWAS, https://erca-arcc.org/overview/.

16 Treaty on the Eurasian Economic Union, 2014.

17 Regulation 2/2002/CM/UEMOA and Regulation 3/2002/CM/UEMOA.

18 *AfCFTA Protocol on Competition Policy: Factsheet*, Tralac (Oct. 5, 2023), https://www.tralac.org/resources/infographic/16150-afcfta-protocol-on-competition-policy-factsheet.html.

19 *Highly Concentrated Digital Markets Put Competition and Consumers at Risk*, UNCTAD Global Trade Update (July 2025) (UNCTAD/DITC/INF/2025/5), https://unctad.org/publication/global-trade-update-july-2025-global-trade-endures-policy-changes-and-geoeconomic-risks.

20 Studies and discussions within UNCTAD have repeatedly underlined that mutual trust and understanding are among the most important prerequisites for effective international cooperation among competition authorities. *See*, for example, UNCTAD Secretariat, Obstacles to International Cooperation in Specific Cases, Survey Report (July 11, 2018), https://unctad.org/system/files/non-official-document/ciclp17th_UNCTAD_rep_en.pdf. Building on these discussions and survey findings, UNCTAD developed a guidance document titled *Guiding Policies and Procedures under Section F of the UN Set on Competition*, to support and facilitate such cooperation, available at https://unctad.org/system/files/official-document/ditccplpmisc2021d2_en.pdf.

9. Not all regions adopt formal regional competition laws or decide to establish regional competition authorities, nor do all countries enter into formal external agreements: some national competition authorities adopt softer regional cooperation models, typically through bilateral or multilateral memoranda of understanding (MoUs) or agreements between them with a specific scope, which can offer more flexibility and be tailored to their specific institutional and legal contexts.

10. A prominent example of collaboration through a soft initiative is the African Competition Forum (ACF), established in 2011 as an informal network of national and regional competition authorities in Africa.[21] Although it is not based on a formal instrument, the ACF has played an important role in gathering experienced and young competition experts from different countries and establishing a network of experts across the continent. Its activities include capacity-building, peer learning, competition advocacy, and joint research initiatives. Membership has grown from 11 to 34 countries, including regional authorities such as EAC.[22] This illustrates how informal cooperation can help prepare the ground for more structured regional integration in the future.

11. In the Asia-Pacific region, the Association of Southeast Asian Nations (ASEAN) does not have a binding regional competition law or a supranational competition authority. Instead, it has pursued a soft law and coordination-based approach to regional integration in competition law and policy. A central vehicle for this cooperation is the ASEAN Experts Group on Competition (AEGC), established in 2007 to serve as a platform for coordination among national competition authorities.[23] Through the AEGC, member states have undertaken various soft law initiatives aimed at strengthening and aligning their competition regimes. These include: enhancing national competition laws and policies by developing the ASEAN Competition Action Plan,[24] which is the ASEAN-wide roadmap for the development of competition law and policy, compiling several ASEAN guidelines,[25] practical toolkits, such as the *Competition Enforcement Strategy Toolkit for ASEAN Competition Agencies*[26] and study reports,[27] as well as the *Case Study Manual for ASEAN Competition Agencies*,[28] and establishing the ASEAN Competition Enforcers' Network,[29]

---

[21] ACF, https://african-competition-forum.org/.

[22] *The African Competition Forum (ACF)*, Competition Commission, https://competitioncommission.mu/african-competition-forum-acf/.

[23] *ASEAN Experts Group on Competition (AEGC)*, ASEAN, https://asean-competition.org/aegc.

[24] *ASEAN Competition Action Plan (ACAP) 2016–2025*, ASEAN, https://asean-competition.org/about-aegc-asean-competition-action-plan-acap-2016-2025.

[25] e.g., ASEAN Regional Guidelines on Competition Policy and Law 2020 (2021), https://asean-competition.org/file/post_image/ENDORSED%20-%20Regional%20Guidelines.pdf.

[26] Available at https://asean-competition.org/read-publication-towards-effective-competition-law-enforcement-in-asean.

[27] e.g., ASEAN, Commonalities and Differences across Competition Laws in ASEAN and Areas Feasible for Regional Convergence (2nd ed. 2022), https://asean-competition.org/read-publication-the-second-edition-of-the-commonalities-and-differences-across-competition-laws-in-asean-and-areas-feasible-for-regional-convergence.

[28] Available at https://asean-competition.org/read-publication-case-study-manual-for-asean-competition-agencies.

[29] News, ASEAN, ASEAN Establishes Competition Enforcers' Network, Regional Cooperation Framework, and Virtual Research Centre (Oct. 10, 2018), https://www.asean-competition.org/read-news-asean-establishes-competition-enforcers-network-regional-cooperation-framework-and-virtual-research-centre.

which facilitates cooperation on competition cases and serves as a platform for addressing cross-border issues.

12. In some regions, informal cooperation frameworks have evolved into highly substantive operational collaboration. A notable example is the agreement on cooperation in competition cases between Nordic competition authorities.[30] Under this agreement, national competition authorities provide mutual assistance in applying their respective laws, exchange information, including confidential enforcement information, and cooperate on advocacy and policy initiatives. In 2017, this cooperation was deepened, enabling authorities to carry out dawn raids and issue information requests on behalf of one another in antitrust and merger cases.[31] This model demonstrates how trust-based cooperation among mature agencies can lead to operational enforcement collaboration, even in the absence of a supranational body.

13. This contribution examines whether, and if so, how regional integration in competition law and policy can promote their effective implementation in French Polynesia. After exploring the concept of regional integration and identifying its opportunities and benefits, it assesses the specific situation of French Polynesia and highlights the challenges and practical pathways for integrating competition law and policy regionally.

II. Opportunities and Benefits of Regional Integration

14. Regional integration in competition law and policy can generate tangible advantages for member jurisdictions, particularly for smaller or younger competition authorities. By coordinating enforcement and pooling resources within a regional framework, countries can address shared challenges more effectively than they could individually.[32] Experience from regional organizations across different regions demonstrates four main areas of benefit.

A. *Improved Convergence and Effective Enforcement*

15. Regional cooperation can improve the convergence of competition law and policy, bringing together competition authorities' understanding and interpretation. Through dialogue, competition authorities can discuss common and current challenges that they face in investigations and address them collectively, avoiding duplication of efforts. This will facilitate effective competition law

---

30 *Cooperation with Other Organisations*, Norwegian Competition Authority, https://konkurransetilsynet.no/norwegian-competition-authority/cooperation-with-other-organisations/?lang=en.

31 Agreement on Cooperation in Competition Cases, Sept. 7, 2017, https://www.samkeppni.is/media/skjol/nordic-agreement-on-cooperation-in-competition-cases.pdf.

32 UNCTAD Competition and Consumer Policies Branch has been analyzing competition in regional trade agreements, focusing on developing countries, since 2005. e.g., Competition Provisions in Regional Trade Agreements: How to Assure Development Gains (Philippe Brusick, Ana María Alvarez & Lucian Cernat, eds., UNCTAD/DITC/CLP/2005/1, 2005); UNCTAD, Implementing Competition-Related Provisions in Regional Trade Agreements: Is it Possible to obtain Development Gains (UNCTAD/DITC/CLP/2006/4, 2007); and UNCTAD, *Competition Policy and Regional Trade Agreements* (DITC Working Paper, May 2015).

enforcement, especially in addressing cross-border anticompetitive practices. National competition authorities do not necessarily have the same knowledge and experience and often face jurisdictional limitations when dealing with conduct that extends beyond their borders. A regional framework enables and encourages collaboration, leading to joint or coordinated enforcement, including information sharing and synchronized investigations, and may allow for the imposition of region-wide remedies or sanctions. This can enhance deterrence effects and lead to more coherent outcomes.

B. *Filling Gaps in National Frameworks*

16. Many developing countries have only recently adopted competition legislation or have young authorities with limited enforcement capacity. Regional competition frameworks can fill national gaps by addressing anticompetitive conduct at the regional level when national authorities are not able to act.

17. For example, COMESA and ECOWAS allow their respective regional authorities to intervene in their member states' jurisdictions when they do not yet have fully operational competition regimes. The regional authorities can do law enforcement, ensuring that anticompetitive conduct is addressed within the regions' scope. This provides a way to ensure a baseline level of competition enforcement, while allowing member states to build their own national capacities over time.

C. *Overcoming Resource Constraints*

18. Small or young competition authorities often face significant human and financial resource constraints. Regional integration can overcome this challenge by pooling technical expertise, sharing institutional functions, and spreading costs across multiple jurisdictions. Economies of scale can be achieved by creating shared investigation teams, launching joint market studies, or establishing regional expert rosters, instead of each authority making the same efforts at the national level.

19. This approach is particularly relevant in sectors where competition concerns are inherently regional in scope, such as food, energy, transport, telecommunications, or digital platforms, where joint action can be both more cost-efficient and more impactful.

D. *Promoting Capacity-building and Technical Assistance*

20. Regional organizations are better placed to invest in training, regularly providing opportunities for capacity-building among member states. These include joint training workshops, seminars on case-handling and investigative techniques, staff exchanges and peer learning. Over time, such cooperation can raise the overall level of technical expertise in the region, strengthen trust between authorities, and foster a culture of enforcement cooperation. For many countries, especially small or young authorities, these opportunities are more accessible and relevant at the regional level than at the global level.

III. Current Competition Frameworks in Polynesia

21. Since 2015, French Polynesia has a new competition law[33] and an independent competition authority, the Autorité polynésienne de la concurrence (APC),[34] which officially began operations in 2016.[35]

22. As a small economy, key markets are highly concentrated and marked by high barriers to entry, and essential services are frequently provided by state-owned enterprises (SOEs) or dominant companies,[36] increasing the risks of market power abuse and weakening competitive neutrality. Moreover, the strong dependence on imported goods and services further shapes the scope of competition law.[37] That means a significant share of market power lies outside the jurisdiction, in the hands of foreign suppliers, in some cases multinational firms. As a result, anticompetitive conduct may have cross-border dimensions that are difficult to address through national enforcement alone. It is also highly exposed to external shocks, including fluctuations in commodity prices, global supply chain disruptions, and climate-related events. This vulnerability underscores the value of coordinated regional responses and shared regulatory capacity. Geographic remoteness and dispersion across multiple islands also raise the cost and complexity of enforcement, especially for a young and relatively small competition authority.

23. In this context, regional integration in competition law could be a potentially powerful tool. By aligning regulatory frameworks and pooling resources, small economies can strengthen their enforcement capacity, enhance market contestability, and create a more predictable enabling business environment.

24. Regional integration in competition law and policy is already taking shape in the Pacific. At present, while a full-fledged regional competition law or authority does not exist in the Pacific, existing regional platforms, including the Pacific Islands Forum (PIF),[38] are used to coordinate approaches, share expertise, and build institutional capacity, moving towards deeper integration.

25. PIF is the political and economic organization for the region, bringing together 18 members, including French Polynesia, to pursue « a resilient Pacific region of peace, harmony, security, social inclusion and prosperity, that ensures all Pacific peoples can lead free, healthy and productive lives. »[39] This regional economic integration could be the political space and institutional networks necessary for further coordination between members in the area of competition.

---

33 Law no. 2015-2 of Feb. 23, 2015.

34 *Missions*, APC, https://autorite-concurrence.pf/missions/#.

35 OECD, From Globalisation to Regionalisation – Contribution from French Polynesia (Global Forum on Competition, DAF/COMP/GF/WD(2023)4, Dec. 4, 2023), https://one.oecd.org/document/DAF/COMP/GF/WD(2023)4/en/pdf.

36 *Id.*

37 For example, major import categories include cars, packaged medicaments and refined petroleum. *See French Polynesia Trade*, WITS, https://wits.worldbank.org/CountrySnapshot/en/PYF.

38 *Empowering the Pacific*, Pacific Islands Forum, https://forumsec.org/.

39 https://forumsec.org/pacific-islands-forum.

26. A major recent development is the establishment of the Pacific Island Network of Competition Consumer and Economic Regulators (PINCCER) in 2023.[40] PINCCER brings together competition authorities, consumer protection agencies, and economic regulators from across the Pacific to share information, exchange enforcement experiences, and strengthen institutional capacity. Notably, it is reported that PINCCER emerged from discussions held within the International Consumer Protection and Enforcement Network (ICPEN),[41] where Pacific regulators identified shared enforcement challenges and the need for a dedicated regional mechanism. This demonstrates how existing cooperation frameworks can serve as a foundation for deeper and more tailored regional integration arrangements.

27. The Pacific Private Sector Development Initiative (PSDI), led by the Asian Development Bank in partnership with the governments of Australia and New Zealand, also provides targeted technical assistance to Pacific Island countries.[42] This includes support for developing/reforming competition legislation, designing institutional frameworks, and strengthening capacity.[43]

IV. Challenges for Regional Integration in Polynesia

28. Regional integration can bring important benefits discussed in Section III to the Pacific and Polynesian jurisdictions, such as more effective enforcement, reduced resource constraints, and enhanced capacity-building. However, realizing these benefits will not be without challenges, some of which are general obstacles commonly encountered in regional cooperation among developing countries.

29. One of the main challenges stems from the diversity of legal systems across the Pacific. Polynesian jurisdictions operate under different legal traditions; for example, Commonwealth countries typically adopt a common law system,[44] whereas French Polynesia operates under a legal framework influenced by French civil law. Also, their competition laws are at quite distinct stages of development. While some have established legal regimes and competition authorities, others have limited or no formal competition legislation yet.[45] This diversity can complicate coordination efforts, including any potential harmonization of legal frameworks, joint handling of cases, and the alignment of investigative or enforcement approaches.

---

40 Press Release, Solomon Islands, Ministry of Commerce, Industry, Labor, and Immigration, New Regional Network formed to Promote and Address Competition, Consumer Protection and Economic Regulations Matters among Members (Nov. 6, 2023), https://solomons.gov.sb/new-regional-network-formed-to-promote-and-address-competition-consumer-protection-and-economic-regulations-matters-among-members/.

41 PNG ICCC Joins First Pacific Islands Network of Competition, Consumer, and Economic Regulators, Papua New Guinea Today (Aug. 7, 2024), https://news.pngfacts.com/2024/08/png-iccc-joins-first-pacific-islands.html.

42 *About PSDI*, PSDI, https://www.pacificpsdi.org/who-we-are/about-psdi/.

43 *Competition and Consumer Protection*, PSDI, https://www.pacificpsdi.org/what-we-do/competition-and-consumer-protection/.

44 Australia, the Cook Islands, Fiji, Kiribati, Nauru, New Zealand, Niue, Papua New Guinea, Samoa, Solomon Islands, Tonga, Tuvalu, and Vanuatu.

45 For example, while Australia and New Zealand have well-established competition laws with more than thirty years of history and case laws, Tuvalu and Vanuatu do not have comprehensive competition legislation yet.

30. Also, Pacific Island economies, including those in Polynesia, are heterogeneous in their economic structures, levels of development, and strategic interests.[46] Some economies are more trade dependent,[47] others rely heavily on SOEs,[48] and political priorities differ accordingly. These differences can lead to disagreements about which sectors or issues to prioritize, or misalignment between the objectives of regional competition frameworks and those of national frameworks. Moreover, a few competition authorities in the region are more advanced in terms of financial and human resources and enforcement capacity, while others are at a much earlier stage. This uneven capacity also affects coordination, as established authorities are often expected to provide leadership and technical support to younger or less-resourced authorities, which can create an uneven distribution of burdens and responsibilities. These different interests can slow down the establishment of common rules or institutions or create tensions within the regional framework.

31. Furthermore, the vast geographic dispersion of Pacific Island countries poses additional practical challenges. Coordination among competition authorities spread across wide distances, different time zones, and limited transport and communication infrastructure can increase transaction costs and complicate interaction and cooperation. The impact of this challenge can be significant in sustaining regional efforts over time.

32. Besides, while the Pacific is at an early stage of regional cooperation, experiences from other regions highlight the importance of clarity in the allocation of competences between national and regional bodies, as cooperation becomes more complex. In WAEMU, the United Nations Conference on Trade and Development (UNCTAD) voluntary peer reviews of competition law and policy in 2007[49] and 2020[50] showed that centralized regional enforcement powers can create coordination challenges and uncertainty for national competition authorities if the roles of the regional and national authorities are not clearly defined. The WAEMU experience demonstrates that regional integration requires gradual development of shared practices and trust, and that institutional arrangements have to evolve over time through learning and adjustment.

V. Suggestions – Practical Pathways

33. As discussed, regional integration in competition law and policy can be a lever to strengthen implementation capacity, particularly for small, inexperienced or more resource-constrained jurisdictions, whereas there are challenges. To achieve

---

46 e.g., World Bank Group, Pacific Economic Update March 2024: Back on Track? The Imperative of Investing in Education (2024). This document notes key differences among Pacific Island countries in growth performance, main economic drivers, and exposure to shocks.

47 *Id.* Some countries are categorized as tourism and remittance-reliant (e.g., Samoa, Tonga), while others depend on natural resources (e.g., Kiribati, Tuvalu).

48 For example, in Kiribati, the public sector plays a dominant role through SOEs across a wide range of industries, such as utilities, transportation, housing, and financial services. *See* Press Release, IMF, IMF Executive Board Concludes 2023 Article IV Consultation with Kiribati (PR23/314, Sept. 15, 2023), and IMF, Staff Report for the 2023 Article IV Consultation (Mar. 21, 2023), https://www.imf.org/en/publications/cr/issues/2023/09/15/kiribati-2023-article-iv-consultation-press-release-and-staff-report-539167.

49 UNCTAD, Voluntary peer review of competition policies of WAEMU, Benin and Senegal (2008), https://unctad.org/system/files/official-document/ditcclp20071_en.pdf.

50 UNCTAD, Preparatory report for the ex post review of the competition policy of the West African Economic and Monetary Union (2020), https://unctad.org/system/files/official-document/ditcclp2020d2_en.pdf.

the benefits while addressing the identified constraints, a gradual and pragmatic approach is advisable. For this, some suggestions are offered for a practical pathway toward regional integration in Polynesia.

A. *Soft Law Coordination*

34. The most realistic avenue for advancing regional integration in competition law and policy in Polynesia would be through a soft law approach. Soft law coordination refers to voluntary, non-binding cooperation arrangements among jurisdictions. It may be able to start with even general networking, informal information exchange, including the development of guidelines, common principles, or the conclusion of MoUs. Unlike formal treaties or the establishment of supranational authorities, soft law mechanisms allow countries to cooperate without changing or going beyond their legal frameworks, which is particularly important in regions characterized by diverse legal traditions and uneven institutional capacity.

35. This soft law approach is already taking place in the Pacific; PINCCER has been established and connects authorities to exchange information, coordinate approaches, and build capacity. It provides a flexible and inclusive platform for cooperation without requiring formality, or regional legislation or authority.

36. The ASEAN experience provides a useful precedent. When ASEAN member states began cooperating on competition in the mid-2000s, not all of them had competition laws, and their levels of capacity varied widely. Rather than creating a regional competition authority or imposing binding rules, they established the AEGC, which is a soft law cooperation platform. Through the AEGC, member states developed non-binding regional guidelines, an enforcers' network, and a forum gathering case studies from member states' jurisdictions. This flexible structure allowed countries to gradually increase their ability to work together on cross-border issues. The achievements are substantial; in 2021, the final member, Cambodia, adopted its competition law and authority, meaning that all ASEAN member states are now equipped with domestic competition frameworks. This experience shows that soft law arrangements can produce meaningful cooperation and capacity-building.

B. *Capacity-Building and Technical Assistance*

37. Addressing institutional capacity gaps is essential for effective regional cooperation in competition law and policy. Strengthening capacity at the national level is a critical foundation, but at the same time, regional collaboration can be leveraged to complement and reinforce national efforts. Such collaboration includes joint training workshops, peer-to-peer learning, and staff exchanges among competition authorities. Notably, these activities not only build technical skills but also foster mutual trust and understanding between officials and institutions, which facilitates possible practical cooperation in cross-border cases.

38. The PSDI already provides targeted technical assistance to Pacific Island countries, supporting legislative development and institutional strengthening. In addition, technical assistance from international partners, including UNCTAD, can further enhance the capacity of smaller authorities, enabling them to participate more actively and effectively in regional cooperation initiatives.

C. *UNCTAD's Role*

39. Partnerships with international organizations will be essential to overcoming structural challenges and unlocking the benefits. Among others, UNCTAD, as the largest platform in all areas under its wide mandate, including the competition field, can play an important and enabling role in addressing these challenges, complementing ongoing regional initiatives such as PINCCER. Its global mandate on competition, combined with decades of experience supporting developing countries and regional organizations of developing countries, allows it to provide both technical and institutional support tailored to the Pacific context.

40. Specifically, UNCTAD can deliver tailor-made and targeted technical assistance to help address these challenges, both by reinforcing capacities at the national level and by supporting regional initiatives. UNCTAD also plays a unique role in facilitating information exchange and trust building through its annual meetings of the Intergovernmental Group of Experts (IGE) on Competition Law and Policy, the global forum dedicated to competition issues within the UN system. The IGE brings together competition authorities from all regions to share experiences, discuss cross-border enforcement challenges and explore practical cooperation mechanisms, and informal working groups established by consensus provide regular opportunities for discussions. For Pacific jurisdictions, participation in these meetings can help build direct contacts with peer authorities, expose them to a wide range of institutional models and enforcement strategies, and strengthen their collective voice in global discussions. These exchanges also create opportunities to deepen horizontal cooperation among Pacific authorities themselves, supporting the kind of trust-based collaboration that underpins effective soft law integration.

41. Importantly, UNCTAD brings comparative experience from other regions; it has supported regional organizations such as COMESA, Eurasian Economic Commission (EEC), WAEMU and CARICOM, among others, contributing to the strengthening of regional competition provisions, peer-learning initiatives, and regional capacity-building programs. These experiences offer valuable lessons that can be adapted to the specific realities of Polynesia.

Quand l'investissement productif devient un vecteur de concurrence

Yannick Lecornu
Secrétaire général, Institute for Small Markets in Law and Economics (ISLE)

1. En Polynésie française, la structure économique repose sur quelques groupes et un tissu d'entreprises relevant de la définition européenne des petites et moyennes entreprises, opérant dans un environnement insulaire marqué par la petitesse du marché, la faible densité de la demande, des coûts fixes élevés et une forte dépendance aux importations. Ces caractéristiques structurelles produisent mécaniquement une concentration sectorielle, souvent nécessaire à la viabilité économique, mais qui réduit le champ de la concurrence effective. Dans un tel contexte, les mécanismes classiques de stimulation concurrentielle (ouverture des marchés, lutte contre les ententes ou contrôle des concentrations) ne suffisent pas à eux seuls à générer une dynamique vertueuse.

2. Car, sous nos latitudes, la concurrence ne se décrète pas : elle s'investit. Elle naît non pas de la confrontation immédiate des acteurs, mais de la capacité collective à investir dans la production, l'innovation et la montée en gamme. Chaque nouveau champ productif ouvert, chaque technologie maîtrisée, chaque filière locale structurée contribue à créer les conditions d'un marché plus ouvert, plus diversifié et donc plus concurrentiel. L'investissement devient ainsi un instrument de régulation par la productivité, au même titre que le droit de la concurrence par les comportements.

3. Dans les économies insulaires, où la taille critique limite la rivalité directe, la concurrence doit se concevoir comme un objectif structurel qui repose sur la densification du tissu productif, la réduction des dépendances logistiques et la diversification de l'offre. C'est pourquoi l'investissement productif, dès lors qu'il s'oriente vers des secteurs à fort effet d'entraînement (énergie, agrotransformation,

numérique, santé, transport), devient un levier de concurrence durable. Il favorise l'émergence de nouveaux entrants, stimule l'innovation et réduit la vulnérabilité aux importations, tout en consolidant l'autonomie économique du territoire.

I. L'investissement productif, moteur d'ouverture et d'efficience concurrentielle

4. L'investissement productif constitue le moteur silencieux de la concurrence. En créant de nouvelles capacités de production, il élargit le champ de l'offre et stimule la diversité des acteurs. Chaque équipement industriel, chaque infrastructure logistique, chaque usine de transformation ou plateforme numérique est une promesse de marché plus ouvert, où la rareté cesse d'alimenter la rente et où la compétitivité repose sur la performance et l'innovation.

5. Dans le contexte polynésien, cet effet structurant prend une dimension particulière. L'investissement dans la production agroalimentaire locale réduit la dépendance aux importations et renforce la sécurité alimentaire. Celui réalisé dans le BTP ou l'énergie contribue à moderniser les infrastructures, à abaisser les coûts unitaires et à créer des effets de diffusion technologique dans l'ensemble de l'économie. Les investissements dans le numérique ouvrent la voie à de nouvelles activités fondées sur la connectivité et l'innovation répondant à d'autres modèles de concurrence. Enfin, les investissements dans le secteur de la santé améliorent la qualité des services tout en réduisant la fuite des dépenses vers l'extérieur.

6. Mais le rôle de l'investissement dépasse la seule ouverture des marchés. L'investissement génère des externalités concurrentielles positives. Ainsi, les progrès réalisés par une entreprise en matière de productivité, de qualité ou de technologie se diffusent souvent au-delà de son propre périmètre. Ils incitent les concurrents à innover, renforcent les standards du secteur et élèvent le niveau de compétence global. Dans une économie de petite taille, cette dynamique d'imitation vertueuse est essentielle, car la réussite de l'un améliore la compétitivité de tous. En Polynésie française, nous en avons eu plusieurs démonstrations dans des secteurs essentiels, tels que le transport aérien international ou les télécommunications.

7. Ces effets ne concernent pas seulement les investissements matériels. L'investissement immatériel devient la forme moderne de la concurrence. Dans un territoire où la logistique limite les économies d'échelle, la valeur ajoutée se déplace vers la maîtrise du savoir et la rapidité d'adaptation. C'est là que se joue désormais la différenciation concurrentielle.

II. Fiscalité et concurrence : entre incitation et neutralité

8. Les outils mobilisables par la puissance publique pour stimuler l'investissement privé sont nombreux. La fiscalité n'en est qu'un parmi d'autres, et son efficacité dépend largement de son articulation avec les autres leviers de politique économique. Car si la puissance publique peut orienter les comportements économiques, elle doit le faire sans altérer l'équilibre concurrentiel ni créer de distorsions durables entre acteurs.

9. Ainsi, les subventions directes permettent de réduire le coût initial d'un projet sans altérer nécessairement la structure du marché. Les garanties publiques et les dispositifs de cofinancement favorisent la prise de risque des investisseurs privés tout en partageant la responsabilité économique du développement territorial. Des incitations réglementaires peuvent encourager la création de valeur locale sans recourir à la dépense fiscale. Sans oublier la politique d'aménagement et de planification, qui, en facilitant l'accès au foncier, à l'énergie ou aux infrastructures, peut jouer un rôle déterminant dans l'attractivité du territoire pour les investisseurs.

10. Dans cet ensemble, la fiscalité constitue à la fois un instrument d'incitation et un garant de neutralité.

11. Instrument privilégié des politiques de développement en outre-mer, la défiscalisation vise à encourager l'investissement en compensant les handicaps structurels liés à l'éloignement, à l'insularité et à la petitesse du marché. En Polynésie française comme au niveau national, sa logique originelle consiste à corriger la distance et le différentiel de coûts pour attirer le capital et soutenir l'investissement productif privé.

12. Ce mécanisme a permis, au fil des années, de financer des centaines de projets structurants et de maintenir une dynamique d'investissement dans des secteurs où les conditions de rentabilité intrinsèque sont fragiles. Sur le papier, la défiscalisation constitue donc un levier d'ouverture, puisqu'elle favorise l'entrée de capitaux et l'émergence de nouveaux acteurs, accélère la modernisation des équipements et soutient des filières productives balbutiantes.

13. Mais cette ambition économique se heurte parfois à des effets pervers bien connus des économistes comme des juristes. Dans certaines configurations, la défiscalisation a pu générer des phénomènes de capture, des opérateurs déjà dominants ayant bénéficié d'un avantage supplémentaire, consolidant leur position sans réel effet sur le développement économique et la contrepartie concurrentielle. D'autres projets, mal calibrés ou motivés par la seule optimisation fiscale, ont produit un surinvestissement peu soutenable, voire une distorsion de marché en faussant les signaux économiques au détriment de l'opérateur économique destinataire de l'aide. L'incitation devient alors rente, et la politique fiscale se transforme, malgré elle, en instrument d'inertie.

14. À l'inverse, lorsqu'elle est bien conçue et conditionnée à des objectifs mesurables de performance ou d'ouverture, la défiscalisation peut devenir un véritable catalyseur de concurrence. C'est le cas des programmes soutenant les filières productives locales, où l'incitation fiscale encourage la diversification et réduit la dépendance aux importations. Les investissements dans les énergies renouvelables ont également montré comment un soutien public bien calibré pouvait abaisser les barrières technologiques et favoriser l'émergence de nouveaux entrants. Enfin, dans le tourisme innovant, certaines opérations ont permis de renforcer la différenciation de l'offre et d'élever les standards de qualité, stimulant ainsi la rivalité vertueuse entre opérateurs.

15. La clé réside donc dans la conception du dispositif. La défiscalisation peut être un outil de concurrence ou un instrument de rente, selon qu'elle alimente la productivité ou la position acquise.

III. Vers une fiscalité proconcurrentielle

16. Face à ces constats, il devient nécessaire de repenser la fiscalité non comme un simple levier budgétaire, mais comme un outil au service du développement économique. Dans les économies insulaires, où le marché est étroit et les acteurs peu nombreux, la politique fiscale doit viser à encourager l'investissement productif sans fausser le jeu concurrentiel.

17. Le principe de neutralité fiscale en constitue le fondement. À niveau d'activité égal, l'impôt ne doit pas privilégier une forme d'organisation, un mode de financement ou un acteur au détriment d'un autre. Cela implique une vigilance particulière à l'égard des dispositifs ciblés, dont les effets d'aubaine ou de sélection peuvent être considérables. La fiscalité, loin d'être neutre par nature, devient ici un champ d'arbitrage stratégique entre efficacité économique et équité concurrentielle.

18. Une fiscalité proconcurrentielle suppose d'aller au-delà des logiques incitatives traditionnelles. Elle doit intégrer des conditionnalités sociales et environnementales, afin que le soutien public ne se limite pas à stimuler l'investissement, mais contribue aussi à la soutenabilité du modèle économique. Elle pourrait également introduire une prime la concurrence effective : par exemple, majorer l'avantage fiscal lorsque le projet favorise l'entrée d'un nouvel acteur sur un marché concentré, ou lorsqu'il permet de réduire un coût structurel (énergie, transport, connectivité) au bénéfice collectif.

19. Ainsi, la politique d'investissement public ou privé peut corriger les barrières à l'entrée naturelles qui limitent la concurrence dans les marchés insulaires. En soutenant la création d'infrastructures partagées (zones industrielles, plateformes portuaires, réseaux numériques, centres de formation), les pouvoirs publics jouent un rôle essentiel dans la réduction des coûts fixes et l'abaissement du seuil de rentabilité pour les nouveaux entrants. L'aide à l'investissement devient alors un outil de régulation économique au même titre que la norme ou la loi.

20. Par ailleurs, la contrainte d'échelle propre à la Polynésie appelle une approche plus coopérative de l'investissement. Là où la duplication des infrastructures serait économiquement ruineuse, la mutualisation devient le moyen le plus efficace de conjuguer performance et ouverture. Zones franches partagées, équipements collectifs, coopératives technologiques ou clusters d'innovation constituent autant de dispositifs qui permettent de concilier logique concurrentielle et rationalité économique. Dans cette perspective, investir ensemble n'est pas s'entendre pour exclure, mais s'unir pour exister.

21. Cet enjeu dépasse la seule économie d'entreprise. Il interroge la cohérence entre trois politiques publiques trop souvent juxtaposées :

   - la politique d'investissement, qui mobilise les ressources publiques et privées vers la production ;
   - la politique de concurrence, qui veille à la loyauté des échanges et à l'équité des positions ;
   - la politique fiscale, qui incite, oriente et parfois compense.

22. Faire converger ces trois leviers dans une logique de développement soutenable revient à promouvoir une conception intégrée de la régulation économique, non plus opposer la dépense à la productivité, ni la protection à la liberté, mais reconnaître

que l'investissement est la condition de la concurrence dans les petits marchés, et que la concurrence, à son tour, garantit la rentabilité et la pérennité des investissements.

23. Enfin, une telle approche nécessite la mise en place d'un dispositif d'évaluation *ex post* des effets concurrentiels de la dépense fiscale. Trop souvent, la performance d'un mécanisme de défiscalisation est mesurée en montants investis ou en emplois créés, sans prise en compte de son impact sur la structure du marché. Une évaluation systématique, qualitative et quantitative permettrait de réorienter les dispositifs vers les secteurs où la concurrence reste embryonnaire ou verrouillée.

24. En somme, même si elle n'est pas toujours l'outil le plus approprié, une fiscalité polynésienne moderne devrait s'inspirer d'une logique intégrée, incitative, équitable, sélective mais neutre, au service d'une croissance à la fois soutenable et concurrentielle. C'est à ce prix que la dépense fiscale cessera d'être un coût pour devenir, à nouveau, un investissement collectif dans la vitalité du marché.

IV. Régulation économique et investissement : un équilibre à construire

25. Dans une économie insulaire caractérisée par la rareté des ressources, la faiblesse des volumes et la prépondérance des infrastructures monopolistiques, la régulation économique joue un rôle déterminant dans la structuration du marché. Elle constitue le pont entre la liberté d'entreprendre et la stabilité des règles du jeu, entre l'attractivité des investissements et la protection de la concurrence.

26. En Polynésie française, plusieurs institutions contribuent à cet équilibre. Leur rôle ne se limite pas à la sanction ; il consiste aussi à sécuriser l'investissement en rendant le cadre économique prévisible, transparent et équitable. Pour un investisseur, local ou extérieur, la stabilité réglementaire et la clarté des règles de concurrence sont des conditions essentielles de la confiance. Une régulation claire, cohérente et accessible constitue donc, à sa manière, une garantie de bonne gouvernance économique.

27. Longtemps perçue comme une contrainte administrative, la régulation doit être pensée aujourd'hui comme un levier positif, à savoir une action publique qui protège les acteurs et encourage l'investissement. L'enjeu n'est plus seulement d'éviter les abus, mais de créer un environnement qui favorise l'émergence d'initiatives nouvelles, en conciliant protection et incitation.

28. Ainsi, l'encadrement des aides publiques, des concessions et des partenariats public-privé doit obéir à un double impératif : prévenir les distorsions de concurrence tout en assurant la rentabilité et la soutenabilité des projets.

29. Les exclusivités temporaires peuvent se justifier pour attirer un opérateur sur un marché peu rentable, mais elles doivent demeurer proportionnées, limitées dans le temps et soumises à évaluation périodique.

30. De même, les contrats de délégation de service public ou de concession doivent prévoir des clauses de réversibilité et d'ouverture, garantissant qu'à terme, l'accès au marché puisse être élargi.

31. Cette approche graduée et pragmatique repose sur la recherche d'un équilibre dynamique. Il s'agit d'encourager l'investissement initial, puis d'assurer la concurrence dans la durée.

32. L'un des piliers de cette régulation positive est la garantie d'un accès équitable aux infrastructures essentielles, ces équipements sans lesquels aucun acteur ne peut opérer efficacement (transport maritime et aérien, énergie, télécommunications, réseaux numériques). Dans ces secteurs, la régulation ne consiste pas à multiplier artificiellement les opérateurs, mais à assurer des conditions d'accès équitables et transparentes aux infrastructures de base. Cela passe par :
   - la transparence des coûts et la publication des tarifs d'accès ;
   - la non-discrimination entre utilisateurs ou prestataires ;
   - la portabilité des données et l'interopérabilité des systèmes ;
   - la promotion de standards ouverts, favorisant la circulation de l'innovation et la compatibilité des équipements ;
   - l'investissement public proportionné lorsque l'action privée ne peut réaliser l'objectif.

33. Ces principes, appliqués avec discernement, permettent d'éviter que les positions d'infrastructure ne se transforment en rentes de situation, tout en préservant la capacité d'investissement des opérateurs historiques.

V. Télécommunications, fret maritime, distribution énergétique

34. Les télécommunications illustrent parfaitement cette tension entre concurrence et investissement. L'ouverture progressive du marché polynésien, la régulation progressive (même si encore imparfaite) des tarifs de gros et la mise en concurrence des services ont permis une baisse sensible des prix et une amélioration de la qualité, tout en garantissant la rentabilité des infrastructures stratégiques.

35. Dans le fret maritime, la question est plus délicate : le volume limité du trafic justifie l'existence d'opérateurs dominants, mais la régulation doit y garantir la transparence des coûts, l'accès non discriminatoire aux quais et la possibilité d'une entrée potentielle.

36. Enfin, la distribution énergétique illustre le défi d'une régulation à double finalité : assurer la continuité du service public tout en stimulant l'efficacité économique et la diversification des sources. L'ouverture progressive à la production décentralisée d'énergie renouvelable montre qu'une concurrence bien encadrée peut être un levier d'innovation et de transition.

37. En définitive, loin de s'opposer à l'investissement, la régulation économique en constitue la condition de légitimité et de pérennité. Une régulation forte, juste et transparente n'est pas un frein à la croissance, mais une assurance contre la rente. Elle transforme la puissance publique en partenaire de la concurrence, et la concurrence en moteur d'un développement durablement investi.

VI. Pour une politique intégrée d'investissement concurrentiel

38. L'efficacité d'un modèle économique insulaire ne repose pas sur la juxtaposition de politiques sectorielles, mais sur leur cohérence. En Polynésie française, la politique d'investissement, la politique de concurrence et la politique

fiscale poursuivent souvent des objectifs convergents, mais leurs instruments demeurent fragmentés.

39. Or, dans un environnement restreint, la moindre incohérence peut produire des effets d'éviction ou de rente. Il devient donc essentiel d'articuler les leviers d'action publique dans une logique de compatibilité mutuelle, qu'il s'agisse des dispositifs de défiscalisation, des plans d'investissement, des stratégies de filières ou des outils de régulation.

40. Cette coordination suppose une gouvernance partagée, où l'État, le pays et les acteurs économiques œuvrent de concert. Les institutions mixtes jouent également un rôle de charnière : celui de relier les logiques administratives et entrepreneuriales, de favoriser la transparence et de contribuer à diffuser une culture de la régulation équilibrée. Le dialogue public-privé devient un outil de politique économique à part entière, à condition qu'il s'appuie sur une information symétrique et une évaluation rigoureuse des effets concurrentiels.

41. Afin d'institutionnaliser cette cohérence, on pourrait imaginer l'instauration d'un test de concurrence *ex ante* pour tout dispositif d'aide, d'exonération ou d'investissement public. Ce test, inspiré des pratiques européennes en matière d'aides d'État, viserait à vérifier en amont que la mesure envisagée ne crée pas de distorsion excessive, n'avantage pas indûment un opérateur et contribue effectivement à la productivité du territoire. Une telle démarche permettrait de passer d'une logique de dépense à une logique d'impact concurrentiel, mesurable et traçable.

42. Il s'agit d'ancrer dans la vie économique polynésienne la conviction que la concurrence n'est pas une menace pour l'entreprise, mais une stimulation de son excellence. La transparence des incitations fiscales, la traçabilité des effets économiques et la mesure de la performance réelle doivent devenir les nouveaux standards d'évaluation publique. En partageant l'information sur les coûts, les résultats et les externalités des dispositifs de soutien, les institutions créent les conditions d'une confiance renouvelée entre investisseurs, régulateurs et citoyens.

43. Promouvoir une concurrence constructive, fondée sur la compétence, l'innovation et la loyauté, revient à faire de l'investissement non plus une fin en soi, mais un moyen de transformation structurelle. Dans les territoires insulaires, où chaque ressource compte, la meilleure régulation n'est pas celle qui multiplie les interdits, mais celle qui dirige l'énergie économique vers la création de valeur partagée.

44. En définitive, une politique intégrée d'investissement concurrentiel relie l'ambition économique à la justice du marché. Elle invite à dépasser l'opposition entre puissance publique et initiative privée pour construire un modèle où l'État régule, l'entreprise innove et la société prospère, ensemble.

VII. Investir pour libérer la concurrence

45. Au terme de cette réflexion, une évidence s'impose : la concurrence ne se résume pas à une discipline du marché, mais devient un horizon d'investissement collectif. Dans les économies insulaires comme la Polynésie française, elle ne peut être réduite à la seule rivalité entre opérateurs. Elle s'enracine dans la capacité du territoire à investir, innover et produire localement.

46. Le veritable enjeu ne réside pas tant dans la multiplication des acteurs que dans la montée en capacité productive et l'autonomie stratégique. C'est à travers la diversification des filières, la modernisation des infrastructures, la mutualisation des savoir-faire et la transparence des dispositifs de soutien que la concurrence devient effective, durable et créatrice de valeur.

47. Ainsi comprise, la concurrence n'est ni l'antithèse de la régulation ni l'ennemie de la solidarité, mais bien sa prolongation économique. Elle transforme la dépense publique en levier de performance, la régulation en garantie d'équité, et la fiscalité en instrument de justice économique.

48. En définitive, investir pour libérer la concurrence, c'est investir dans la liberté de produire et d'innover, au bénéfice de tous.

ANNEXES

Comment mettre en œuvre une politique de conformité en droit de la concurrence ?

Angélique Herbez-Fontaine
Avocate à la Cour d'appel de Papeete, Tribunal administratif de Polynésie française (Papeete)

Introduction

1. Dans un contexte économique mondialisé, caractérisé par une intensification des échanges commerciaux et une complexification des chaînes de valeur, les règles du droit de la concurrence sont devenues un pilier fondamental de la régulation des marchés. Leur objectif principal est de garantir un jeu équitable entre les acteurs économiques, de favoriser l'innovation et de protéger les intérêts des consommateurs. Le droit de la concurrence, autrefois perçu comme une contrainte, est désormais reconnu comme un facteur essentiel de croissance et de compétitivité pour les entreprises.

2. En Polynésie française, territoire insulaire aux caractéristiques économiques marquées, l'application du droit de la concurrence revêt une importance particulière. Les spécificités des marchés locaux, telles que leur étroitesse, la concentration des acteurs dans certains secteurs clés et la proximité entre les opérateurs, créent un environnement propice aux pratiques anticoncurrentielles (abus de position dominante et ententes).

3. Pourtant, alors que le droit de la concurrence vient de fêter ses 10 ans, peu d'entreprises ont pris conscience que la mise en place d'une politique de conformité (ou compliance) est devenue une nécessité impérieuse pour toute entreprise souhaitant opérer durablement, de manière éthique, et éviter ainsi de s'exposer à de lourdes sanctions.

4. La conformité ne se limite plus à une simple adhésion ponctuelle à des règles, mais constitue un véritable impératif stratégique, une démarche proactive visant à anticiper les risques, à former les équipes et à instaurer une culture d'entreprise axée sur le respect des principes de la libre concurrence. Elle implique une connaissance des règles applicables, une identification précise des risques spécifiques à l'entreprise et la mise en œuvre de procédures internes efficaces pour prévenir et détecter les violations du droit de la concurrence.

5. Cette annexe a pour objectif de fournir un panorama complet et pratique des enjeux et des outils nécessaires à la compliance en Polynésie française. Il s'adresse aux dirigeants d'entreprise, aux responsables juridiques, aux directeurs commerciaux et à tous les acteurs économiques concernés par le respect des règles de la concurrence, en prenant en compte ses spécificités locales.

6. Outre le fait que le non-respect de ces règles peut entraîner des sanctions financières importantes, nuire à la réputation de l'entreprise et compromettre sa pérennité, la compliance est indispensable dans une économie dans laquelle la lutte contre la vie chère est le fil conducteur des politiques économiques gouvernementales. Par conséquent, la conformité doit être considérée comme un investissement stratégique, une assurance contre les risques et un facteur de succès à long terme.

I. Comprendre les enjeux spécifiques de la compliance en Polynésie française

7. Les spécificités de la situation géographique de la Polynésie ainsi que les particularités du droit local influencent la nature des risques anticoncurrentiels, et orientent donc nécessairement la structuration des programmes de conformité.

A. *L'étroitesse de notre économie insulaire*

8. L'économie de la Polynésie française, au regard de son insularité et d'un modèle économique caractérisé par une importation massive et une production locale limitée, implique une adaptation des pratiques et des procédures de compliance en entreprise, afin de tenir compte des réalités du marché local et d'assurer une application effective des règles de la concurrence.

9. Le marché polynésien est un marché de petite taille, caractérisé par un nombre limité d'acteurs économiques et un volume d'échanges relativement faible. Cette particularité entraîne plusieurs effets sur la concurrence.

10. Tout d'abord, cette taille limitée accroît le risque d'ententes anticoncurrentielles, car les acteurs, peu nombreux, sont plus susceptibles de se concerter pour fixer les prix, se partager les marchés ou limiter la production. La concertation peut être explicite (accords formels) ou implicite (échanges d'informations dans le cadre de négociations, au sein de syndicats professionnels, ou même lors de discussions organisées sous l'égide des institutions locales).

11. Cette proximité relationnelle favorise les échanges informels d'informations sensibles, telles que les prix, les coûts, les stratégies commerciales ou les intentions d'investissement.

12. Ces échanges, même non intentionnels, peuvent constituer une violation du droit de la concurrence s'ils conduisent à une coordination des comportements entre les concurrents. Dans tous les cas, elle a pour effet de réduire la concurrence et de nuire aux intérêts des consommateurs.

13. En outre, l'étroitesse du marché peut rendre plus difficile l'entrée de nouveaux concurrents, ce qui consolide la position des acteurs en place et réduit la pression concurrentielle. Les coûts d'entrée peuvent être plus élevés sur un marché de petite taille, en raison des économies d'échelle limitées et des difficultés d'accès aux infrastructures et aux réseaux de distribution (barrières à l'entrée). De plus, les acteurs en place peuvent utiliser leur pouvoir de marché pour décourager l'entrée de nouveaux concurrents, par exemple en pratiquant des prix prédateurs ou en concluant des accords d'exclusivité avec les fournisseurs. La concentration des acteurs est particulièrement marquée dans certains secteurs clés de l'économie polynésienne, tels que la distribution, le transport, l'énergie et les services. Dans ces secteurs, un petit nombre d'entreprises contrôlent une part significative du marché, ce qui leur confère un pouvoir de marché important et amplifie donc le risque d'abus de position dominante.

14. La vigilance des autorités de concurrence est nécessaire dans ces secteurs afin de garantir le respect des règles de la concurrence et de protéger les intérêts des consommateurs. Néanmoins, il est indispensable de rappeler que tous les marchés de produits, même réduits, sont concernés et que les plus petits acteurs et les secteurs de niche ne sont pas épargnés par ces risques, comme l'illustre la décision rendue par l'Autorité polynésienne de la concurrence (APC ou l'« Autorité ») dans le secteur des pompes funèbres.[1]

B. *Une méconnaissance persistante en matière de droit des concentrations et des autorisations relatives aux aménagements commerciaux*

15. En dépit d'une présence installée de l'APC dans le paysage économique du pays, certaines de ses compétences demeurent encore trop méconnues des entreprises, notamment en ce qui concerne le droit des concentrations et celui des aménagements commerciaux. Alors que le pouvoir de sanction de l'Autorité en matière de pratiques anticoncurrentielles est bien identifié par les entreprises, un nombre encore trop important d'entreprises ignore encore l'obligation de saisir cette dernière préalablement à leurs opérations de croissance externe ou interne. Les professionnels susceptibles de les alerter sur ce sujet (avocats, notaires, experts-comptables) restent également insuffisamment formés sur le sujet, et manquent ainsi à leur devoir de vérification et d'alerte sur ce sujet pourtant incontournable.

16. Par conséquent, l'APC a eu, notamment en matière d'aménagements commerciaux, plusieurs fois l'occasion de sanctionner des opérations n'ayant pas fait l'objet de notification préalable, la menant à prononcer des sanctions financières basées sur le chiffre d'affaires réalisé par l'entreprise concernée et la durée de l'infraction.

---

1 APC, déc. n° 2022-PAC-01 du 5 septembre 2022 relative à des pratiques mises en œuvre dans le secteur des pompes funèbres.

17. Ces sanctions, bien que tout à fait justifiées, restent néanmoins regrettables dans la mesure où la plupart des opérateurs concernés n'avaient pas pour intention de se soustraire volontairement à la réglementation, mais ont péché par simple ignorance.

18. À ce titre, il est nécessaire de rappeler que la réglementation sur les aménagements commerciaux est une spécificité des droits de la concurrence polynésien et calédonien. Par conséquent, la simple retranscription des pratiques métropolitaines en matière de complianc*e* ne permet pas de couvrir ce risque en entreprise.

19. La compréhension de ces enjeux bien particuliers au territoire et à la réglementation polynésienne est donc un préalable fondamental à la construction d'une politique de conformité adaptée aux entreprises locales. Elle n'est néanmoins pas suffisante dans la mesure où chaque entreprise possède ses propres particularités, qui doivent faire elles aussi l'objet d'une analyse avant le déploiement d'un dispositif de compliance.

II. Étapes du déploiement d'un programme de conformité

20. La mise en place d'un programme de conformité efficace est un processus complexe qui nécessite une approche structurée et adaptée aux spécificités de l'entreprise et du marché polynésien.

21. Ce processus comprend quatre étapes clés :

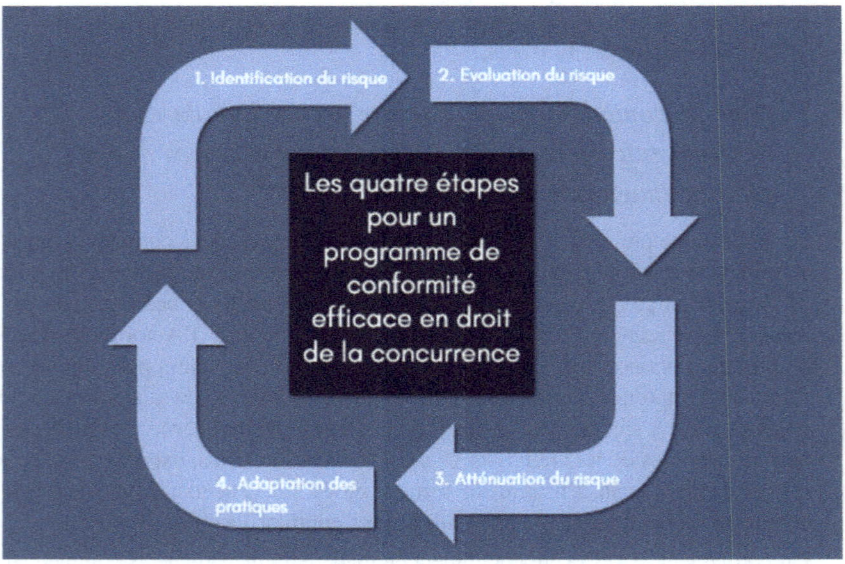

A. *L'identification des risques internes à l'entreprise*

22. La première étape consiste à cartographier les risques concurrentiels auxquels l'entreprise est exposée. Cette cartographie doit prendre en compte les spécificités du marché polynésien, telles que décrites dans le titre I, mais surtout celles propres à l'entreprise.

23. Parmi les terrains propices aux infractions au droit de la concurrence, les principaux sont les suivants :

1. Existence d'une position dominante

24. Bien que le fait d'être en position dominante ne soit pas en soi une infraction, l'entreprise qui bénéficie de ce statut endosse des responsabilités et des obligations qui l'obligent à une vigilance particulière.

25. Les entreprises de Polynésie française disposent de peu d'informations macroéconomiques sur les marchés locaux leur permettant d'évaluer facilement leur part de marché. Néanmoins, les opérateurs susceptibles d'être en position dominante ne peuvent se passer d'une analyse précise et circonstanciée de leur poids sur le marché qui les concerne. Une étude de leur part de marché, en chiffres d'affaires, mais aussi en surface de vente pour les commerces de détail, doit donc être réalisée afin de pouvoir ensuite exercer une surveillance accrue des pratiques de l'entreprise, et notamment de ses pratiques tarifaires (risque de prix prédateurs), de ses conditions de vente (risque de discrimination) ou encore de ses stratégies commerciales et de développement.

2. Contrôle exclusif ou privilégié d'infrastructures essentielles

26. En droit de la concurrence, le fait pour une entreprise de détenir un contrôle exclusif ou privilégié sur une infrastructure indispensable, ou essentielle, rendant difficile l'entrée de nouveaux concurrents, multiplie le risque de pratiques anticoncurrentielles. L'existence de ces infrastructures essentielles concerne généralement par nature les marchés suivants : télécommunications, énergie, transports, ou encore services postaux. Néanmoins, l'éloignement, l'étroitesse du marché géographique et les politiques d'économie administrée ont mené au développement de ce genre d'infrastructure dans d'autres secteurs en Polynésie française. Le contrôle de l'accès à ces infrastructures est donc un sujet particulièrement sensible localement.

3. Risques d'échanges d'informations sensibles ou d'ententes

27. En dehors des situations de monopole, le risque d'échanges d'informations sensibles entre opérateurs existe, quels que soient la taille de l'entreprise ou encore le marché sur lequel elle opère. Certaines circonstances facilitent néanmoins les échanges d'informations sensibles ou les ententes.

- L'existence d'oligopoles : La structure d'un oligopole, avec peu d'acteurs et une forte interdépendance, crée un contexte favorable à ces infractions, car il est plus simple, plus rentable et moins risqué pour les entreprises de collaborer que de rivaliser férocement, du fait des difficultés de différenciation ou encore du faible risque de contestation.
- La participation aux organisations professionnelles : La participation aux organisations professionnelles facilite la communication entre entreprises du même secteur, ce qui peut favoriser la concertation sur les prix ou

les quotas. Ces organismes peuvent servir de forum pour échanger des informations sensibles, créant un contexte propice à l'entente illégale. En regroupant les acteurs, ils peuvent également coordonner leurs stratégies, limitant la concurrence entre eux. La présence dans une organisation professionnelle donne par ailleurs une légitimité apparente à d'éventuels comportements concertés, augmentant ainsi significativement le risque de pratiques anticoncurrentielles.

4. L'existence d'opérations de croissance externe (concentration) ou encore d'un projet d'ouverture ou de modification de points de vente à court ou moyen terme

28. La croissance de l'entreprise et les projets qui l'accompagnent (fusion, acquisition, *joint-venture*, aménagements commerciaux) nécessitent un suivi accru, afin que celle-ci respecte de manière scrupuleuse les procédures d'autorisation préalable, ou encore les mesures d'engagement prises dans le cadre de celles-ci.

29. Une fois les risques cartographiés, la politique de conformité a pour objectif d'atténuer le risque à court terme, et de modifier les pratiques dans le moyen à long terme.

B. *Le choix des outils de compliance à la disposition des entreprises*

30. Au fil des ans, en Europe comme en France métropolitaine, de nombreux processus ont été progressivement mis en place dans les grandes entreprises afin de se prémunir contre le risque interne d'infraction au droit de la concurrence.

31. Ces outils peuvent être transposables à la Polynésie française, sous réserve de les adapter à la taille des entreprises locales et aux spécificités du droit polynésien. Ils ne nécessitent pas nécessairement d'importants moyens et résident principalement dans la circulation de l'information, la désignation de personnes-ressources et la mise à disposition de supports clairs et didactiques.

1. L'outil incontournable : la formation et la sensibilisation des opérationnels

32. Une fois les risques identifiés, la première mesure à mettre en œuvre est la sensibilisation et/ou la formation des équipes aux règles de la concurrence et aux conséquences de leur violation, en fonction des différents profils des salariés, et des fonctions et responsabilités de chacun.

33. La formation des équipes doit être régulièrement renouvelée, afin que les nouveaux membres du personnel puissent en bénéficier et que la formation puisse être actualisée en fonction de l'évolution des salariés, mais aussi de l'activité de l'entreprise. Un registre du personnel formé doit être tenu à jour.

34. L'intervention d'un tiers extérieur à l'entreprise pour ces formations, et notamment d'un ou de plusieurs avocats, peut permettre d'apporter formalisme et solennité à ces rencontres. De même, la présence d'un membre de la direction a

souvent pour avantage d'appuyer l'importance des propos tenus lors des sessions de sensibilisation.

35. Le contenu des sensibilisations et des formations nécessite une adaptation concrète aux besoins et à l'activité des opérationnels, mais voici à titre d'exemple trois formats qui peuvent être proposés dans le cadre du programme de compliance :

Proposition de sensibilisation et de formation en fonction des profils de l'entreprise

Type de formation	Profil	Programme
Information : 2 heures Il s'agit d'actions permettant la transmission de connaissances générales. Elles permettent de faire prendre conscience aux salariés des enjeux, sans entrer dans les connaissances techniques. Elles sont notamment fondamentales s'agissant des risques liés aux ententes, car celles-ci couvrent des comportements intentionnels et non intentionnels, et notamment les échanges d'informations sensibles.	Employés susceptibles de manipuler des informations sensibles Secrétariat de direction Employés comptables Etc.	1. Présentation de l'APC et de ses compétences 2. Rappel de l'importance de la confidentialité des données internes à l'entreprise et du respect des processus internes 3. Identification des données sensibles 4. Présentation des sanctions et conséquences pour l'entreprise en cas de condamnation de l'Autorité
Sensibilisation : 4 heures Sensibilisations destinées aux managers afin de leur permettre de bénéficier d'une vision transversale du droit de la concurrence dans l'entreprise, et de repérer les premiers signaux d'alerte en cas de violation manifeste du droit de la concurrence.	Managers Agents de maîtrise Responsables d'unité économique	1. Présentation de l'APC et de ses compétences 2. Présentation des pratiques anticoncurrentielles 3. Présentation du droit des concentrations et de celui des aménagements commerciaux 4. Présentation des sanctions et conséquences pour l'entreprise en cas de condamnation de l'Autorité 5. Présentation de la cartographie des risques internes à l'entreprise 6. Présentation des processus internes à l'entreprise en matière de conformité
Formation : *7 heures de formation théorique et mise en place d'ateliers pratiques sur des thèmes ciblés* Il s'agit d'actions plus approfondies, dont l'objectif est une amélioration des compétences du personnel identifié comme ressource ou à risque dans l'entreprise.	Cadres Dirigeants Juristes Direction commerciale	1. Présentation de l'APC et de ses compétences 2. Présentation des pratiques anticoncurrentielles 3. Présentation du droit des concentrations, de celui des aménagements commerciaux et des enquêtes de concurrence 4. Présentation des sanctions et conséquences pour l'entreprise en cas de condamnation de l'Autorité 5. Présentation de la cartographie des risques internes à l'entreprise 6. Travaux d'identification des pratiques à risque par services et proposition de mesures correctives 7. Présentation des processus internes à l'entreprise en matière de conformité 8. Présentation des mesures d'enquête et opérations de visite et saisie (OVS) 8. Description des actions à mener en cas d'échanges entre l'Autorité et les services internes à l'entreprise, en cas d'enquête ou d'OVS 9. Quizz et test, mises en situation

2. L'établissement de procédures internes

36. La mise en place de procédures internes, claires et lisibles est essentielle pour garantir le respect des règles de la concurrence. Il existe encore ici plusieurs dispositifs qui peuvent être internalisés ou externalisés, en fonction de la taille et des besoins de l'entreprise.

37. Ces procédures peuvent notamment prévoir :

i) La désignation d'un référent concurrence

38. Chargé de veiller au respect des règles de la concurrence au sein de l'entreprise et de répondre aux questions des salariés, le référent concurrence doit être un expert en droit de la concurrence, capable de conseiller les employés et de les aider à prendre les bonnes décisions. Il doit également être indépendant et avoir accès aux informations nécessaires pour exercer ses fonctions, à l'instar d'un délégué à la protection des données pour l'application du règlement général sur la protection des données (RGPD).

39. Ce référent peut être un juriste (interne) ou un avocat (externe), avec une bonne connaissance des besoins opérationnels et des contraintes d'exploitation de l'entreprise.

j) L'instauration d'audits réguliers des pratiques commerciales

40. Afin de détecter et de corriger les éventuelles violations du droit de la concurrence, le référent concurrence ou le service juridique peut organiser de manière régulière un audit d'échantillons des documents commerciaux ou encore une analyse des échanges d'informations avec les autres entreprises (concurrents, clients et fournisseurs).

k) Réalisation d'une simulation d'opération de visite et saisie de l'Autorité polynésienne de la concurrence

41. Ces exercices occasionnels sont organisés au profit des membres de la direction et du top management. L'objet de cette simulation est d'instaurer des automatismes au sein des équipes de direction, afin de garantir que ces opérations se déroulent dans le respect des droits de l'entreprise, et sans faire obstruction aux investigations de l'Autorité. Une procédure écrite récapitulant la marche à suivre en cas d'opération de visite et saisie doit également être mise à la disposition du personnel sur chacun des sites de l'entreprise.

l) Désignation d'une « clean team » lors d'opérations de concentration

42. Dans le cadre des opérations de concentration, afin d'évaluer la faisabilité de l'opération, de rédiger les actes ou encore de préparer le dossier de notification auprès de l'APC, il est admis que l'acquéreur accède à des informations lui permettant de valoriser la cible. Cet accès doit être restreint aux informations strictement nécessaires à l'opération, sous une forme anonymisée et agrégée.

43. Le risque serait, si l'opération n'aboutissait pas, que les « parties » se voient reprocher un échange d'informations anticoncurrentiel, sanctionné au titre de la prohibition des ententes.

44. Cet échange d'informations est également susceptible d'être sanctionné, lorsque l'opération est notifiable, sur le terrain de la mise en œuvre anticipée d'une transaction avant qu'elle ne soit autorisée (« *gun jumping* »).

45. De manière générale, les acquéreurs sont invités à recourir à des équipes d'audit restreintes pour l'examen des informations les plus sensibles (dites « *clean teams* »). Ces *clean teams* doivent être uniquement constituées de personnes soumises à une stricte confidentialité, disposant de connaissances solides en droit de la concurrence et n'exerçant aucune fonction opérationnelle.

46. Cette prestation peut également être externalisée auprès de cabinets de conseil ou d'avocats, qui sont habitués à cloisonner et à confidentialiser ce type d'information.

m) Communication et canaux de signalement

47. Des canaux de signalement permettant la communication entre les opérationnels et les juristes/avocats doivent être identifiés. Ils ont pour vocation d'inciter les opérationnels à transmettre TOUTES les informations à leur connaissance et à ne pas minimiser ou dissimuler les problématiques identifiées. Une connaissance la plus large et la plus transparente des faits dès leur apparition est indispensable à l'organisation d'une défense efficace ou à la mise en place de mesures correctives.

48. S'agissant de ces canaux, le seul canal sécurisé est le canal oral (entretien), au détriment de toute communication écrite (courrier électronique, réseaux d'entreprises). En effet, la mise en place de ces canaux peut constituer un véritable danger pour l'entreprise dans la mesure où toute trace écrite doit impérativement être évitée en cas de détection d'une problématique de concurrence dont l'entreprise est à l'origine, notamment en cas d'opérations de visite et saisie ultérieures.

49. À ce titre, il doit être rappelé qu'aucun écrit intra-entreprise n'est couvert par la confidentialité, même ceux adressés aux référents ou aux juristes. Seuls les échanges avocat/client sont couverts par le secret des correspondances.

3. La mise à disposition de supports pédagogiques écrits et/ou numériques

50. Les formations et les procédures internes sont généralement accompagnées de production de supports pédagogiques, destinés à rendre l'information facilement accessible. L'objectif est de créer une culture d'entreprise axée sur le respect des règles de la concurrence et de responsabiliser les employés quant à leurs comportements.

51. Ces derniers peuvent prendre plusieurs formes, en fonction des personnes et des sujets ciblés : *newsletters*, affiches, ou encore veille juridique concernant les décisions de l'Autorité dans des secteurs d'activité identiques ou voisins.

52. Néanmoins, le guide pratique reste le support le plus fréquemment publié en entreprise, et le plus exhaustif.

53. Outre le rappel des principes et des infractions au droit de la concurrence polynésien, le guide pratique permet avant tout de rappeler les bonnes conduites, mais aussi de récapituler les procédures mises en place dans l'entreprise, les personnes référentes ainsi que les supports mis à disposition.

54. Si l'entreprise ne dispose pas des moyens humains ou financiers pour la mise en place de supports personnalisés, le guide gratuit de l'APC constitue une excellente base à la disposition de toutes les entreprises de Polynésie.

4. Surveillance et suivi des projets de croissance interne et externe de l'entreprise

55. L'intégration du juriste ou de l'avocat dans les projets de développement ou de croissance doit être systématisée. Le droit polynésien attribue à l'Autorité locale deux modalités de contrôle sur ces opérations :

- le contrôle des opérations de concentration ;
- le contrôle des aménagements commerciaux.

56. Au même titre que l'intervention des équipes financières pour la mise en place et le suivi des prévisionnels et budgets, ou que les ressources humaines en matière de recrutement ou de réorganisation du personnel, les équipes juridiques doivent être associées dès les premières concertations.

57. En effet, il s'agit pour elles :

- d'identifier les opérations soumises à autorisation ;
- de rassembler les éléments nécessaires à la préparation des dossiers de demandes d'autorisation ;
- de rédiger les dossiers et de les notifier à l'Autorité.

58. Mais surtout, il s'agit de coordonner ces procédures avec l'ensemble des autres services opérationnels concernés (financement, structuration opérationnelle, travaux, logistique, ressources humaines...) et de permettre à la compliance d'être pourvoyeur de solutions et non un obstacle à la réalisation des objectifs de développement de l'entreprise.

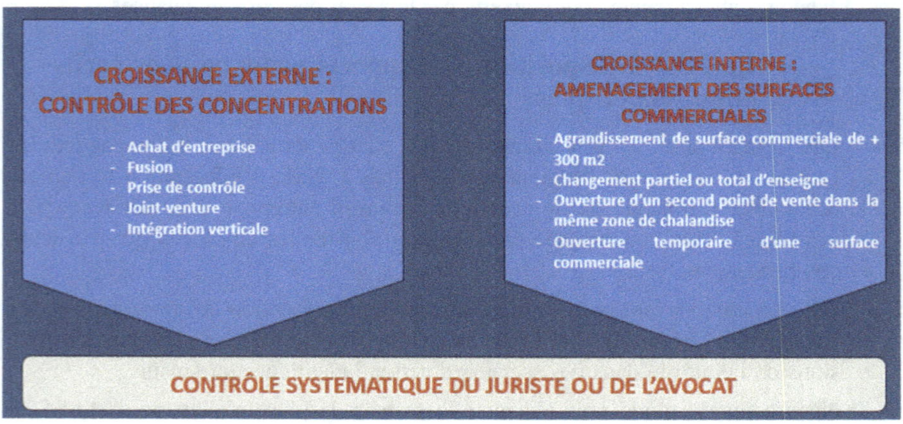

C. *Limites et précautions des programmes de conformité*

59. La mise en place d'un programme de conformité en droit de la concurrence n'est pas une solution miracle et ne garantit pas à elle seule le respect des règles de la concurrence. Elle comporte des limites et nécessite certaines précautions pour être efficace.

1. Surdocumentation ou risque de « *paper trail* »

60. L'excès de documentation peut parfois se retourner contre l'entreprise (traces écrites compromettantes). Il est donc important de veiller à ne pas conserver d'informations inutiles ou ambiguës.

2. Prioriser les actions

61. Identifier les activités de l'entreprise qui sont les plus susceptibles de poser des problèmes de concurrence et concentrer les efforts de conformité sur ces activités.

3. Taille et ressources

62. Les programmes doivent rester proportionnés à la taille de l'entreprise : il est préférable de mettre en place un programme simple et concentré sur les risques les plus importants, plutôt que de multiplier les procédures et les outils.

4. Soutien et investissement des équipes de direction

63. La mise en œuvre des différents dispositifs décrits préalablement ne peut être efficace qu'avec l'entier appui et l'investissement de la direction et du top management, qui doivent ériger la compliance en véritable valeur de l'entreprise et se montrer à ce titre exemplaires. Ils doivent donc être les premiers à adhérer aux programmes de compliance.

Conclusion

64. La mise en place d'un programme de conformité en droit de la concurrence n'est plus une simple option, mais bien une nécessité pour les entreprises locales structurées.

65. Bien que les textes polynésiens ne contiennent aucune obligation pour l'Autorité polynésienne de la concurrence de tenir compte de l'existence d'un programme de conformité dans l'entreprise pour réduire le montant des sanctions, la mise en place et le suivi rigoureux de ces programmes peuvent être pris en compte comme une circonstance atténuante en cas de pratique anticoncurrentielle, dans la phase d'instruction comme devant le collège.

66. À ce jour, les entreprises ayant déployé des politiques de conformité sont encore trop peu nombreuses, raison pour laquelle cet effort peut encore être salué par l'Autorité.

67. Néanmoins, les entreprises polynésiennes doivent d'ores et déjà anticiper une évolution de cette position, l'élaboration et la mise en œuvre de programmes de conformité tendant à devenir un volet de la gestion courante des entreprises, et donc un prérequis n'entraînant plus de tolérance particulière de la part de l'Autorité.

Comment réagir en cas de comportement anticoncurrentiel ?

Hina Le Calvic
Avocat au barreau de Papeete et au barreau de New York

Préambule

1. La présente annexe a pour objet de présenter les réflexes essentiels à adopter lorsqu'une entreprise établie en Polynésie française ou toute autre entité susceptible de saisir l'Autorité polynésienne de la concurrence (APC ou l'« Autorité ») constate ou soupçonne une pratique anticoncurrentielle au sens des articles LP 200-1 et suivants du code de la concurrence, qui visent autant les ententes illicites que les abus de position dominante (cf. titre I).

2. Lorsque ce sont les opérateurs économiques qui sont auteurs de ces comportements anticoncurrentiels, de nombreuses mesures peuvent être mises en œuvre par eux afin de mitiger leurs risques et de diminuer les sanctions (cf. titre II).

I. Réflexes de la victime d'un comportement anticoncurrentiel d'entente illicite ou d'abus de position dominante

3. Dès lors que des entreprises concurrentes fixent entre elles les prix dans le seul but de restreindre artificiellement la concurrence sur le marché ou dans l'hypothèse d'une exploitation abusive d'une position de force sur un marché local, les actions listées ci-après peuvent être entreprises par la victime de ces comportements.

   - *Conserver les documents* (courriels, notes, transcription d'échanges téléphoniques, compte rendus de réunions) faisant état directement ou indirectement du comportement anticoncurrentiel, sans les modifier, et informer la direction juridique, le responsable conformité ou l'avocat-conseil en charge, le cas échéant.

- *Rédiger une note d'incident interne* précisant les faits constatés, les personnes impliquées, la date, le lieu et les documents concernés sur le modèle proposé ci-après :

Fiche réflexe – Signalement interne

Date et heure de l'incident :
Personnes impliquées :
Nature du risque (entente/abus) :
Description des faits :
Documents concernés :
Actions immédiates prises :
Personne référente contactée (juridique/avocat/APC) :

- Dès que le comportement anticoncurrentiel semble pouvoir être établi (selon l'analyse d'une personne compétente), *procéder à la saisine de l'APC*.
- Dès lors que la victime veut protéger son anonymat, il est possible d'effectuer un simple signalement auprès de l'APC. Dans cette hypothèse, l'APC appréciera l'opportunité de lancer elle-même des opérations d'investigation, contrairement à la procédure de saisine, qui enclenche directement lesdites opérations.
- *Envisager une action en réparation* avec paiement de dommages et intérêts devant le tribunal compétent dès lors que la décision de l'APC est devenue définitive et constitue donc une preuve de la réalité des pratiques reprochées. En effet, toute sanction pécuniaire infligée par l'APC allant dans les caisses du Trésor public, la victime peut faire valoir son droit à indemnisation devant le juge.
- En cas d'atteinte grave et immédiate à l'économie générale, à celle du secteur intéressé, à l'intérêt des consommateurs ou à l'entreprise plaignante, *demander à l'APC la mise en place de mesures conservatoires* (cf. art. LP 641-1 du code de la concurrence). Elles seront appliquées d'urgence jusqu'à ce que la décision de l'APC soit rendue afin d'obtenir la suspension du comportement reproché et une injonction faite aux parties de revenir à l'état antérieur.

Exemples de décisions de l'APC en matière de mesures conservatoires

Dans la décision n° 2021-PAC-01 du 8 décembre 2021 relative à une demande de mesures conservatoires présentées par la société Pacific Mobile Télécom dans le secteur des télécommunications, en matière de prestation d'itinérance pour l'accès aux données mobiles, *l'APC a rejeté la demande de mesures conservatoires*, car « [s]i les pratiques de la société Onati sont susceptibles de porter une atteinte grave au fonctionnement de la concurrence sur le secteur et aux consommateurs, les éléments figurant au dossier ne permettent pas à l'Autorité d'établir le caractère quasi-irréversible de l'atteinte constatée. Partant, la situation d'urgence n'apparaît pas caractérisée » (§ 248). L'instruction s'est alors poursuivie au fond afin d'établir la réalité des pratiques anticoncurrentielles.

Dans la décision n° 2023-PAC-01 du 31 mars 2023 relative à une demande de mesures conservatoires présentée par la société Viti pour des pratiques mises en œuvre dans le secteur des télécommunications, en matière de prestations d'itinérance dans les archipels éloignés, *l'APC a enjoint à la société Onati, à titre conservatoire*, de proposer à la société Viti, dans un délai maximum de dix semaines à compter de la notification de la présente décision, une offre tarifaire pour l'accès à l'itinérance en matière de voix et SMS dans les îles des « archipels éloignés » dans lesquelles elle a déployé un réseau de téléphonie mobile permettant à la société Viti l'exercice d'une concurrence effective.

II. Réflexes de l'auteur d'un comportement anticoncurrentiel

A. *Le cas échéant, durant la phase d'enquête précédant la notification des griefs de l'Autorité polynésienne de la concurrence*

4. La phase précédant la notification des griefs de l'APC est une période de vigilance durant laquelle l'auteur présumé d'un comportement anticoncurrentiel peut encore maîtriser le risque juridique, préserver sa crédibilité et préparer efficacement sa défense sans entraver l'enquête de l'APC.

5. En effet, à ce stade, aucun grief n'est encore formellement retenu, ce qui doit inciter l'auteur à adopter une posture prudente et structurée de sorte à préserver les droits de la défense et à prévenir les aggravations de responsabilité en raison, par exemple, d'obstruction à l'enquête ou de destruction de preuves.

6. Il s'agirait donc de mettre en place les mesures suivantes :
   - la sécurisation des informations ayant trait aux pratiques anticoncurrentielles, qui consistera notamment à :
     (i) identifier et geler immédiatement les documents et échanges relatifs aux pratiques concernées,
     (ii) mettre en place un « *legal hold* » (instruction interne de conservation des données),
     (iii) interdire toute destruction, modification ou dissimulation de documents,
     (iv) en vue d'une perquisition, mentionner clairement le caractère confidentiel de certains documents relevant du secret des affaires (cf. *Annexe 3 – Que faire en cas d'enquête ou de perquisition de concurrence ?*,
     (v) centraliser la gestion de la correspondance avec l'APC en désignant un point de contact unique ;

- la préparation de la communication et de la documentation avec pour objectifs de :
  - (i) mobiliser une cellule de crise comprenant le service juridique, le service communication et la direction opérationnelle,
  - (ii) identifier les personnes clés susceptibles d'être entendues dans le cadre de l'enquête,
  - (iii) mandater un avocat pratiquant le droit de la concurrence polynésien et faire procéder à un audit interne de conformité afin d'identifier les éventuels risques et points sensibles avant qu'ils ne soient soulevés par l'APC (cf. *Annexe 1 – Mettre en œuvre une politique de conformité en droit de la concurrence en Polynésie française : Enjeux et spécificités).* Il évaluera également la pertinence d'une demande de clémence si son client est impliqué dans une entente (cf. B),
  - (iv) en cas de risque élevé de notification de griefs, anticiper les conséquences collatérales en termes de communication, réputation, contrats publics et partenaires financiers ;
- la prise d'engagements de nature à mettre un terme aux préoccupations de concurrence de l'APC relatives à des pratiques anticoncurrentielles (cf. art. LP 641-2, I et A. 640-2 du code de la concurrence). Attention, une sanction pécuniaire peut s'appliquer en cas de non-respect des engagements que l'APC a préalablement acceptés (cf. *Annexe 4 – Comment proposer des engagements dans le cadre du contrôle d'une opération de concentration ?*).

Exemple de décision de l'APC en matière d'engagements

Dans la décision n° 2018-PAC-01 du 6 juin 2018 relative à des pratiques mises en œuvre dans le secteur de la téléphonie mobile à destination de la clientèle résidentielle, il a été établi que les engagements de Vini constituaient « une solution proportionnée aux problèmes de concurrence identifiés par l'évaluation préliminaire et présentent un caractère substantiel, crédible et vérifiable. Il y a donc lieu [pour l'APC] de les accepter, de les rendre obligatoires et de clore les saisines 16/0007F et 17/0016M » (§ 299).

B. *Après la réception d'une notification des griefs de l'Autorité polynésienne de la concurrence*

7. Dans l'hypothèse d'une notification effective des griefs de l'APC, les mesures suivantes peuvent être prises :

- dans un premier temps, *s'abstenir de toute communication publique ou de tout contact avec des concurrents avant la réalisation d'une analyse juridique* permettant de déterminer, d'une part, les chances de succès d'une contestation des griefs et, d'autre part, le risque de sanctions. Les sanctions pécuniaires sont proportionnées à la durée et à la gravité des faits reprochés, et prennent notamment en compte la situation de l'organisme ou de l'entreprise sanctionnés ou du groupe auquel l'entreprise appartient et l'éventuelle réitération des pratiques prohibées (cf. art. LP 641-2, I du code de la concurrence) ;

- en cas de risque élevé de sanctions, deux moyens permettent de mitiger les risques :
  (i) *la diminution d'une sanction pécuniaire à la suite d'une transaction avec la victime :* en cours de procédure, si le destinataire de la notification des griefs décide de ne pas en contester le contenu, il peut conclure avec la victime des pratiques anticoncurrentielles une transaction au sens de l'article 2044 du code civil ; celle-ci sera prise en compte par l'APC, qui décidera de l'opportunité de réduire le montant de la sanction pécuniaire infligée en fonction de l'indemnité due en exécution de ladite transaction (cf. art. LP 641-2, I du code de la concurrence),
  (i) *la possibilité d'une démarche de clémence en cas d'entente illégale :* elle permet une réduction ou exonération totale de sanction pécuniaire en cas de coopération active en apportant des éléments d'information *dont l'APC ne disposait pas antérieurement* et portant sur la réalité des pratiques prohibées et/ou sur l'identité des auteurs (cf. art. LP 641-2, VI du code de la concurrence). La démarche consiste, pour son auteur, à s'adresser au rapporteur général de l'APC, donnant lieu à un procès-verbal de déclaration. Un rapporteur désigné élaborera des propositions d'exonération de sanctions et précisera les conditions auxquelles l'Autorité pourrait soumettre cette exonération dans son avis de clémence (cf. art. A. 640-4-1 du code de la concurrence). Attention, le fait de ne pas être le premier à révéler la pratique d'entente réduit considérablement les chances d'exonération totale de la sanction encourue, mais permet une réduction de sanction allant jusqu'à 50 % en fonction du rang d'arrivée et de la valeur ajoutée des informations apportées par rapport à ce dont l'APC disposait déjà.

Que faire en cas d'enquête ou perquisition de concurrence ?

Nathalie Jalabert-Doury
Associée, Mayer Brown

Veronica Botnari
Collaboratrice, Mayer Brown

DIFFÉRENTS RÉGIMES D'ENQUÊTE

Enquête simple

Les enquêteurs de l'Autorité polynésienne de la concurrence (« APC ») peuvent se présenter dans toute entreprise aux heures d'ouverture pour demander des informations et documents. Présenter les documents demandés est obligatoire.

art. 3 de l'ordonnance n° 2017-157

Opération de visite et saisie (« OVS »)

Lorsque la visite est autorisée par le juge des libertés, les enquêteurs de l'APC sont accompagnés d'un officier de police judiciaire et disposent de pouvoirs plus étendus (droit de fouille et de saisie, droit d'apposer des scellés, investigations informatiques).

art. LP 500-1 du code de la concurrence

Perquisition pénale

La perquisition pénale est réalisée par des officiers de police judiciaire. Les entreprises et les personnes disposent de droits procéduraux plus limités que dans les autres régimes.

art. 1 bis de l'ordonnance n° 2017-157

Les « bonnes pratiques » décrites ci-dessous concernent principalement les OVS, mais sont généralement pertinentes aussi dans les autres régimes.

QUE FAIRE À L'ARRIVÉE DES ENQUÊTEURS ?

1. **Recueillir les informations clés auprès du poste d'accueil**
   - Le nombre d'enquêteurs, l'autorité, l'objet de l'enquête, les sociétés et les sites concernés

2. **Transmettre l'information auprès des personnes concernées**
   - Informer la direction juridique, la direction générale de l'entreprise, le service informatique

3. **Prévenir les conseils externes**
   - Leur fournir les informations et documents collectés et organiser une liste de contacts
   - Le droit à l'avocat n'est pas établi en perquisition pénale (mais fréquemment toléré)

4. **Recevoir notification de l'enquête**
   - Lire et vérifier attentivement les documents présentés (OVS) avant de les signer (permet d'identifier le régime, l'objet, le champ de l'enquête, etc.)

5. **Constituer une équipe de réponse à l'enquête**
   - Désigner un responsable de l'entreprise pour l'enquête
   - Constituer des équipes pour accompagner les enquêteurs

GÉRER LE DÉROULEMENT DE L'ENQUÊTE

1. Respecter l'obligation de coopération, mais suivre les enquêteurs dans leurs déplacements, vérifier les limites de leurs pouvoirs (textes applicables, documents d'autorisation).
2. Effectuer des copies et assurer la traçabilité des documents saisis ou copiés (demander une copie de tous les documents saisis ou copiés et les numéroter de la même manière que les enquêteurs).
3. Ne pas répondre à des questions qui conduiraient à une reconnaissance de culpabilité. Vérifier la retranscription de la réponse apportée et formuler des réserves en cas de transposition incorrecte.

4. Assurer le traitement approprié des documents protégés par la loi (secret professionnel avocat/client et données personnelles notamment) : demander, le cas échéant, une procédure de scellés fermés provisoires (le temps de procéder à l'extraction des documents protégés).
5. En cas de désaccord, formuler des réserves écrites auprès des enquêteurs et officiers de police judiciaire.

COMMENT GÉRER LA POSE DES SCELLÉS

L'entreprise a une obligation de résultat quant à la préservation des scellés

- **Scellés sur les portes** : les enquêteurs de l'APC peuvent poser des scellés au démarrage de l'OVS afin de s'assurer de maintenir en l'état les pièces dans lesquelles ils souhaitent enquêter
  - Prendre les mesures pour les préserver (fermeture de la porte à clé, surveillance de la porte, etc.)
  - Informer les personnes dont les bureaux sont bloqués et les prestataires extérieurs (agents d'entretien, etc.)

- **Scellés informatiques** (blocage des messageries/ *legal holds*)
  - Donner les instructions nécessaires au service informatique (changement des mots de passe, etc.)
  - Informer les personnes dont les comptes sont bloqués et les prestataires informatiques extérieurs

- **Scellés fermés provisoires** : procédure permettant de protéger les documents que les enquêteurs ne peuvent pas valablement saisir (échanges avocat/client), le temps de convenir avec les enquêteurs des documents à extraire

ÉVITER L'OBSTRUCTION

Les entreprises et les personnes ont une obligation de coopération active et toute obstruction est passible de sanctions :

L'APC peut imposer une amende aux entreprises pouvant aller jusqu'à 1% du CA réalisé en Polynésie française en cas d'obstruction.

art. LP 641-2 du code de la concurrence

Le délit d'opposition aux opérations de visite et de saisie est puni d'une amende pouvant aller jusqu'à 35 millions F CFP et d'une peine d'emprisonnement pouvant aller jusqu'à 2 ans.

art. 9 de l'ordonnance n° 2017-157

Dans les perquisitions pénales, des amendes pouvant aller jusqu'à environ 5,5 millions francs CFP et une peine d'emprisonnement pouvant aller jusqu'à 3 ans sont encourues en cas de modification/destruction de documents ou de bris de scellés.

art. 434-4 et 434-22 du code pénal

Les réflexes clés

1. Ne pas refuser l'enquête
2. Ne pas s'opposer, ralentir ou contourner les éventuelles mesures de protection mises en place (scellés, blocage des comptes de messagerie, etc.)
3. Ne pas tenter de détruire, dissimuler ou retenir des documents

GÉRER LA FIN DE L'ENQUÊTE

1. Relire étroitement les procès-verbaux rédigés par les enquêteurs et faire toute demande de précision ou de correction utile. En cas de désaccord avec les enquêteurs quant à une mention figurant sur les procès-verbaux, formuler des réserves avant signature.

2. Consigner par écrit le déroulement des opérations, retraçant les lieux visités par les enquêteurs, les mesures prises, les documents consultés ou copiés, les questions posées et les réponses apportées, les difficultés ayant surgi, etc.

3. Lister les actions à poursuivre vis-à-vis de l'APC (documents additionnels demandés) ainsi que pour engager d'éventuels recours.

Comment proposer des engagements dans le cadre du contrôle d'une opération de concentration ?

Maxime Hebting

Rapporteur, Autorité polynésienne de la concurrence

1. Lorsqu'une opération de concentration examinée par l'Autorité polynésienne de la concurrence (APC ou l'« Autorité ») est de nature à créer des effets anticoncurrentiels qui ne peuvent être compensés par une contribution suffisante au progrès économique, elle ne peut autoriser l'opération que si celle-ci est accompagnée de mesures correctives permettant de remédier aux atteintes à la concurrence qu'elle a identifiées.

2. Dès l'intention de notifier une opération de concentration, il est essentiel pour les entreprises d'anticiper la question des engagements, qui peuvent conditionner l'autorisation de l'opération. Les engagements, qu'ils soient structurels ou comportementaux, sont au cœur de la procédure, car ils permettent de remédier aux effets anticoncurrentiels identifiés par le service d'instruction. Leur dépôt, leur contenu et leur exécution sont strictement encadrés par la loi et la pratique, et leur efficacité est soumise à une appréciation rigoureuse, sur le plan tant de la forme que du fond.

3. Les développements qui suivent visent à offrir aux entreprises une vision synthétique et opérationnelle de la manière de déposer des engagements dans le cadre d'une procédure de contrôle des concentrations devant l'APC.

4. Ce guide détaille les étapes, les exigences et les bonnes pratiques à suivre pour les entreprises afin de déposer des engagements efficaces et de leur permettre d'optimiser leurs chances d'obtenir une autorisation rapide et pérenne de leur opération de concentration.

I. Quels sont les outils à la disposition des entreprises ?

5. Les entreprises et leurs conseils peuvent s'appuyer sur les textes législatifs applicables[1], la pratique décisionnelle, la jurisprudence et les lignes directrices relatives aux opérations de concentration de l'APC[2], afin de garantir la sécurité juridique et l'efficacité de leurs démarches.

A. *Cadre législatif et réglementaire du dépôt d'engagements*

6. Le contrôle des concentrations en Polynésie française est régi par les articles LP 310-1 et suivants du code de la concurrence. Sa mise en œuvre est précisée par les articles A. 310-1 à A. 310-6 de la partie réglementaire du code de la concurrence et sa procédure par les articles 120-01 à 125-01 du règlement intérieur de l'APC.

7. L'APC dispose d'un pouvoir d'appréciation sur la compatibilité des opérations de concentration avec le maintien d'une concurrence suffisante sur les marchés affectés. Les engagements proposés par les parties sont un instrument central de cette appréciation, permettant d'obtenir une autorisation sous conditions ou d'éviter une interdiction de l'opération. Le non-respect des engagements peut entraîner des sanctions pécuniaires, le retrait de la décision d'autorisation et l'obligation de notifier à nouveau l'opération. Il est donc impératif pour les entreprises de veiller à la pertinence, à la crédibilité et à la faisabilité des engagements proposés.

B. *Les lignes directrices de l'Autorité polynésienne de la concurrence*

8. Les lignes directrices relatives aux opérations de concentration de l'APC, qui s'inscrivent dans une démarche de pédagogie et de sécurité juridique, constituent un support pratique et fiable pour les entreprises, en précisant les étapes à suivre et les méthodes d'analyse appliquées lors du dépôt d'engagements[3]. Il y est largement fait référence dans les développements qui suivent.

9. L'adoption de ces lignes directrices vise à clarifier les règles applicables, à accélérer l'examen des opérations et à homogénéiser la pratique des entreprises lors de la phase cruciale des engagements. Bien qu'elles ne soient pas contraignantes, l'APC s'engage à respecter ces lignes directrices pour tout examen d'une opération de concentration, sauf circonstances particulières ou considérations d'intérêt général justifiant une dérogation.

---

[1] L'application de ces textes est éclairée par la jurisprudence développée par le Conseil d'État en matière de contrôle métropolitain des concentrations, dont les dispositions sont très proches de celles des textes polynésiens. En pratique, l'APC se réfère également à la pratique décisionnelle de la Commission européenne et à la jurisprudence du Tribunal de l'Union européenne et de la Cour de justice de l'Union européenne.

[2] APC, Lignes directrices relatives au champ d'application et à la procédure de contrôle des concentrations, janvier 2019.

[3] S'agissant de la mise en œuvre d'engagements, v. en particulier les lignes directrices préc., § 240 et s.

II. Quelle procédure pour déposer des engagements ?

A. *Qui propose les engagements ?*

10. C'est la partie qui a notifié l'opération qui propose des engagements suffisants pour remédier aux problèmes de concurrence et fournit les informations nécessaires à l'appréciation de ces engagements.

11. Elle adresse à l'APC une lettre d'engagements comportant une liste détaillée et exhaustive adaptée à la nature des engagements proposés. Dans tous les cas, la lettre d'engagements doit explicitement faire référence aux moyens du suivi par l'APC de ces engagements.

12. L'APC ne peut pas imposer unilatéralement un « catalogue » de mesures, mais peut orienter, suggérer et négocier. En revanche, elle dispose du pouvoir de refuser des engagements jugés insuffisants ou imprécis.

B. *Quand proposer des engagements ?*

13. La résolution des problèmes de concurrence à l'aide d'engagements au cours d'une procédure nécessite avant tout une planification rigoureuse. Ainsi, les entreprises concernées doivent aborder les éventuels engagements nécessaires le plus tôt possible au cours de la procédure.

14. À cet égard, l'APC considère que le partage rapide du diagnostic concurrentiel et l'échange franc et constructif avec les parties, notamment lorsque des mesures correctives sont envisageables, constituent un gage de succès du contrôle des concentrations.

15. Les engagements peuvent être proposés par les parties à tout moment au cours de la procédure et peuvent être discutés avec le service d'instruction :
    - lors de la prénotification ;
    - lors du dépôt du dossier de notification ; ou
    - au cours de la phase 1 (examen initial) ou de la phase 2 (examen approfondi).

16. Pour rappel, la phase de prénotification, encouragée par l'APC, permet aux entreprises d'échanger de manière informelle avec le service d'instruction pour discuter des éventuels problèmes de concurrence soulevés par l'opération et des solutions envisageables. Cette phase informelle réduit le risque d'incomplétude du dossier et permet d'anticiper les attentes de l'APC en matière d'engagements.

17. En toute hypothèse, lorsque des engagements paraissent nécessaires, mais que les parties n'en ont pas proposé, l'APC les invite à le faire.

C. *Quels impacts sur les délais ?*

18. Le dépôt d'engagements suspend ou prolonge les délais d'instruction afin de permettre leur examen par l'APC. Il est donc nécessaire d'anticiper ce risque en adaptant le calendrier prévu par les parties pour la réalisation effective de l'opération.
    - *En phase 1 (examen initial) :* la proposition par les parties d'engagements à l'APC prolonge automatiquement le délai maximal (de 25 jours ouvrés) de 15 jours ouvrés, soit 40 jours au total.

Par ailleurs, les délais d'examen peuvent être suspendus, sur demande des parties, dans la limite de 15 jours ouvrés en cas de nécessité particulière, telle que la finalisation des engagements.

- *En phase 2 (examen approfondi) :* La phase 2 dure 65 jours ouvrés et son ouverture est matérialisée par une décision d'ouverture d'examen approfondi. Il convient de distinguer deux situations :
  (i) si les parties transmettent des engagements à l'APC plus de 20 jours ouvrés avant la fin du délai d'instruction, ce dernier reste inchangé ;
  (ii) si la partie notifiante transmet des engagements ou des modifications à des engagements déjà proposés moins de 20 jours ouvrés avant la fin du délai de phase 2, le délai de phase 2 expire 20 jours ouvrés après leur réception dans la limite de 85 jours ouvrés à compter de l'ouverture de l'examen approfondi.

III. Comment rédiger des engagements ?

19. Les engagements doivent être suffisamment certains et mesurables pour garantir que les effets anticoncurrentiels qu'ils visent à prévenir ne se produiront pas dans un avenir proche.

20. De façon plus précise, pour être acceptés, les engagements doivent répondre à plusieurs critères :
    - ils doivent être efficaces, c'est-à-dire qu'ils permettent de remédier pleinement aux atteintes à la concurrence identifiées ;
    - leur mise en œuvre ne doit pas soulever de doute, ce qui implique qu'ils soient rédigés de manière claire et précise, sans ambiguïté, et que les modalités opérationnelles pour les réaliser soient suffisamment détaillées ;
    - ils doivent être suffisamment certains et mesurables ;
    - leur mise en œuvre doit être rapide, la concurrence n'étant pas préservée tant qu'ils ne sont pas réalisés ;
    - ils doivent être contrôlables. Pour ce faire, les parties doivent prévoir un dispositif de contrôle permettant à l'APC de s'assurer de leur réalisation effective dans leur lettre d'engagement.

21. L'APC veille à ce que les mesures correctives soient neutres, nécessaires et proportionnées pour maintenir une concurrence suffisante.

IV. Quel type d'engagements proposer ?

22. Le choix du type de mesure corrective le plus adapté est fonction des effets de l'opération.

23. Lorsque l'opération porte atteinte à la concurrence essentiellement en raison du chevauchement horizontal des activités des parties, les remèdes structurels sont les plus efficaces. L'APC recherche donc des mesures qui visent à garantir des structures de marché compétitives par des cessions d'activités ou de certains actifs à un acquéreur approprié, susceptible d'exercer une concurrence réelle, ou l'élimination de liens capitalistiques entre des concurrents.

24. En revanche, lorsqu'il faut remédier à des risques de verrouillage de marchés en amont ou en aval, des remèdes comportementaux visant à garantir l'accès des concurrents aux intrants ou à la clientèle peuvent s'avérer suffisants tout en préservant les gains d'efficacité liés à l'intégration verticale.

25. *Attention :* quel que soit le type de mesure corrective retenu, les engagements doivent prévoir la nomination d'un mandataire indépendant chargé du suivi de leur mise en œuvre.

A. *Les engagements structurels*

- Objectif : modifier la structure du marché pour garantir une concurrence effective.
- Exemples :
  (i) cession d'activités ou d'actifs : vente d'une partie de l'entreprise à un acquéreur indépendant pour créer une nouvelle entité concurrentielle ou renforcer un concurrent existant. Le périmètre de cession doit inclure tous les éléments nécessaires à la viabilité de l'activité (actifs corporels et incorporels, personnel, contrats, licences) ;
  (ii) cession d'actifs alternatifs : proposition de céder d'autres actifs en cas d'incertitude sur la cessibilité ou la viabilité des actifs principaux ;
  (iii) cession de participations minoritaires : vente de parts dans une entreprise concurrente pour supprimer les effets d'un chevauchement de parts de marché.
- Repreneur de l'activité cédée : le repreneur doit être indépendant, compétent et financièrement capable de développer l'activité cédée.
- Délais de cession : les délais doivent être les plus brefs possibles, généralement inférieurs à un an.
- Mandataire : désignation d'un mandataire pour surveiller le maintien de la viabilité des actifs et mener à bien la cession.

26. L'identification de l'acquéreur peut se faire selon trois modalités : dans un délai fixé après l'adoption de la décision par l'APC et la réalisation de l'opération ; après l'adoption de la décision d'autorisation par l'APC mais avant la réalisation de l'opération (« *up-front buyer* ») ; avant l'adoption de la décision (« *fix-it-first* »).

1. Focus sur le rachat de Bolloré Logistics par CMA CGM[4]

- L'analyse concurrentielle a permis d'établir que la nouvelle entité aurait disposé d'une capacité élevée de verrouillage de l'accès au transport maritime de marchandises sur la route Europe–Polynésie française.
- De plus, l'intégration verticale permise par l'opération aurait en outre donné un avantage concurrentiel à la nouvelle entité *via* un accès privilégié à des

4 APC, déc. n° 2024-CC-01 du 31 janvier 2024 relative au contrôle de concentration sur la prise de contrôle exclusif de la société Bolloré Logistics SE et ses filiales par la société CMA CGM S.A.

informations confidentielles issues de la négociation entre les concurrents transitaires et CMA CGM concernant des cotations pour un client donné ou bien alternativement dans le cadre d'un appel d'offres.

- Afin de répondre aux préoccupations de concurrence soulevées, la partie notifiante s'est engagée à céder[5] :
  - (i) « l'activité maritime de Bolloré Logistics correspondant à l'ensemble de l'activité d'organisation du transport maritime de marchandises de Bolloré Logistics Polynésie » ;
  - (ii) « les activités de Bolloré Logistics France relatives à la Polynésie française qui se matérialisent par une liste de clients transférables au repreneur des activités cédées de Bolloré Logistics » (§ 156).
- Recours à deux mandataires distincts désignés pour assurer le suivi des engagements et le contrôle de la cession.

B. *Les engagements comportementaux*

- Objectif : préserver ou favoriser l'accès des concurrents au marché, notamment en cas de risques de verrouillage ou d'effets congloméraux.
- Exemples :
  - (i) accès aux infrastructures ou réseaux : octroi d'un accès non discriminatoire et transparent aux infrastructures essentielles ;
  - (ii) accès aux licences ou technologies : octroi de licences, brevets ou marques aux concurrents ;
  - (iii) modification de contrats : résiliation ou modification de contrats d'exclusivité ;
  - (iv) encadrement des pratiques commerciales : mesures pour éviter les comportements anticoncurrentiels, comme la communication d'informations stratégiques.
- Durée : les mesures comportementales sont prévues pour une durée déterminée, généralement d'au moins cinq ans.
- Mandataire : désignation d'un mandataire pour surveiller la réalisation des engagements et en rendre compte à l'APC.

1. Focus sur la prise de contrôle exclusif de la Société de distribution et d'exploitation commerciale (SDEC) par la Brasserie de Tahiti (BDT)[6]

- Le rachat de SDEC renforçait la position dominante de BDT sur le marché de la distribution des boissons, car :
  - (i) BDT est déjà le principal producteur et distributeur de boissons en Polynésie (bières, sodas, eaux) ;

---

[5] À noter que des remèdes comportementaux annexes visant à garantir le caractère effectif de l'engagement de cession et sa mise en œuvre sont venus renforcer l'engagement structurel.

[6] APC, déc. n° 2023-CC-03 du 24 octobre 2023 relative à la prise de contrôle exclusif de la Société de Distribution et d'Exploitation Commerciale par la société Brasserie de Tahiti.

(ii) SDEC disposait d'un réseau logistique (chambres froides, camions, stockage) et distribuait aussi des produits concurrents ;

(iii) en reprenant SDEC, BDT aurait pu verrouiller l'accès des concurrents au réseau de distribution (en refusant leurs produits, en limitant l'accès aux installations ou en appliquant des conditions discriminatoires).

- Les trois engagements proposés par BDT dans le cadre de son rachat de SDEC sont :

  (i) maintenir la mise à disposition des chambres froides et espaces de stockage de la SDEC à d'autres distributeurs concurrents, pour éviter tout verrouillage logistique ;

  (ii) conserver la diffusion et la vente des produits concurrents à travers le réseau SDEC, afin que les marques rivales continuent d'avoir accès au marché ;

  (iii) garantir la transparence et la non-discrimination tarifaire dans les prestations proposées aux tiers (location, logistique, distribution), pour empêcher un traitement préférentiel en faveur des produits du groupe BDT.

- Désignation d'un mandataire pour contrôler la bonne exécution des engagements pour une durée de 10 ans (accès aux chambres froides, maintien de la distribution de produits concurrents, transparence tarifaire).

V. La mise en œuvre et le suivi des engagements souscrits

27. L'Autorité veille au respect des engagements pris lors des contrôles de concentration en assurant un suivi rigoureux. Les entreprises concernées doivent rendre compte régulièrement de l'exécution de leurs obligations. L'Autorité peut aussi solliciter des informations auprès des parties ou de tiers, ces derniers étant favorisés par la publicité donnée aux engagements (totale pour les engagements comportementaux, limitée pour les engagements structurels).

28. Comme l'Autorité ne peut assurer un contrôle quotidien, les entreprises doivent désigner un mandataire chargé de vérifier le respect des engagements, notamment durant les périodes transitoires, les cessions d'actifs ou le suivi comportemental. La désignation, le rôle et les conditions de révocation de ce mandataire suivent des principes communs, même si le contenu des engagements varie selon leur nature.

    - *Engagements structurels :* le mandataire veille à la viabilité et à la compétitivité des actifs à céder, supervise leur gestion indépendante et contrôle le processus de cession. Si la partie notifiante ne trouve pas d'acquéreur, il peut être chargé de vendre directement les actifs.
    - *Engagements comportementaux :* un mandataire contrôle le respect des obligations contractuelles et organisationnelles, sur la base de rapports réguliers, en tenant également compte des informations venant du marché.
    - *Approbation du mandat :* les mandataires proposés par les entreprises doivent être agréés par l'APC, être indépendants, compétents et libres de tout conflit d'intérêts. Leur rémunération ne doit pas affecter leur objectivité.
    - *Réexamen :* une clause permet à l'APC d'adapter ou de modifier les engagements (prolongation de délais, remplacement ou suppression) dans des cas exceptionnels.

29. *Attention :* en cas de non-respect, l'APC peut retirer l'autorisation de concentration, imposer des injonctions sous astreinte ou infliger une sanction pécuniaire pouvant aller jusqu'à 1 % du chiffre d'affaires en Polynésie française. Les sanctions doivent être proportionnées à la gravité du manquement.

VI. Bonnes pratiques et points de vigilance

30. En synthèse, il est recommandé aux entreprises et à leurs conseils de :
   - anticiper la nécessité d'engagements dès la conception de l'opération, en identifiant les risques concurrentiels potentiels et les solutions envisageables ;
   - dialoguer en amont avec l'APC lors de la phase de prénotification pour valider la pertinence des engagements envisagés ;
   - privilégier les engagements structurels en particulier lorsqu'il existe un chevauchement horizontal des activités des parties, et réserver les engagements comportementaux aux situations où ils sont réellement adaptés ;
   - respecter scrupuleusement les délais et les modalités de dépôt des engagements ;
   - rédiger des engagements précis, crédibles, vérifiables et adaptés aux spécificités des marchés concernés ;
   - mettre en place un dispositif interne de suivi de l'exécution des engagements, avec des procédures de *reporting* et de contrôle ;
   - saisir l'APC en temps utile en cas de difficulté d'exécution ou de changement de circonstances affectant la pertinence des engagements.

Conclusion

31. Le dépôt d'engagements, lorsque nécessaire dans le cadre d'une procédure de concentration, est une étape stratégique et déterminante pour l'obtention d'une autorisation de l'APC. Les entreprises doivent anticiper, préparer et exécuter ces engagements avec rigueur, en s'appuyant sur les lignes directrices, la pratique décisionnelle et la jurisprudence. La qualité, la pertinence et la crédibilité des engagements proposés conditionnent non seulement l'issue de la procédure, mais aussi la sécurité juridique et la pérennité de l'opération de concentration.

32. *Bon à savoir !* La procédure d'engagements peut également constituer une alternative à la voie contentieuse en présence de pratiques susceptibles d'être qualifiées d'anticoncurrentielles. En recourant à cette procédure, l'entreprise évite le constat d'infraction et le risque d'une sanction :
   - après une évaluation préliminaire par le service d'instruction, l'entreprise peut présenter des propositions d'engagements de nature à mettre fin aux préoccupations de concurrence ;
   - un test de marché est réalisé (les propositions d'engagements sont publiées sur le site Internet de l'APC pour consultation et recueil d'observations de tiers intéressés) ;
   - l'APC peut, après obtention d'aménagements éventuels, accepter les engagements et clore l'affaire.

Modèle de saisine*

Sophie Bresny
Rapporteur général, Autorité polynésienne de la concurrence

POUR SAISINE « TYPE »DEVANT L'AUTORITÉ POLYNÉSIENNE DE LA CONCURRENCE RELATIVE À DES PRATIQUES ANTICONCURRENTIELLES MISES EN ŒUVRE PAR XXX DANS LE SECTEUR XXX

XXX, saisissant

Identité ou identification (pour les sociétés, n° RCS et n° TAHITI)

Le cas échéant, identité du représentant

Adresse géographique : XXX

Adresse postale : BP XXX

Adresse e-mail : XXX

N° de téléphone : XXX

Le cas échéant, estimation du chiffre d'affaires : XXX

CONTRE : *Identifier de façon détaillée les entreprises mises en cause.*

* Ce document, n'ayant pas pour objet de prévoir toutes les situations, ne constitue qu'une base de travail pour les saisissants.

La société (ou l'entreprise) YYY
La société YYY
Société YYY au capital de YYY
Immatriculée au RCS de YYY no YYY
N° TAHITI : YYY
Dont le siège est (adresse géographique) YYY
Dont l'adresse postale est YYY
Représentée par son président-directeur général/gérant : M./Mme YYY
Adresse e-mail : YYY
N° de téléphone : YYY
Estimation du chiffre d'affaires : YYY

La société (ou l'entreprise) ZZZ
La société ZZZ
Société ZZZ au capital de ZZZ
Immatriculée au RCS de ZZZ n° ZZZ
N° TAHITI : ZZZ
Dont le siège est (adresse géographique) ZZZ
Dont l'adresse postale est ZZZ
Représentée par son président-directeur général/gérant : M./Mme ZZZ
Adresse e-mail : ZZZ
N° de téléphone : ZZZ
Estimation du chiffre d'affaires : ZZZ

OBJET DE LA SAISINE :

Cette plainte est fondée sur les éléments de fait et de droit suivants :

I. LE SECTEUR CONCERNÉ

Procéder à une description détaillée du secteur, de sa chaîne de valeur, des produits et services concernés, des acteurs en présence, ainsi que des données économiques disponibles (chiffre d'affaires, volumes, évolution…), du contexte réglementaire et de son évolution.

Fournir en annexe tous les documents, études, textes… sur lesquels se fonde cette description.

II. LES FAITS

Procéder à une description chronologique et la plus détaillée et exhaustive possible des faits en fournissant en annexe à la saisine tous les documents à la disposition du saisissant susceptibles de confirmer ces faits.

Si plusieurs pratiques sont dénoncées, procéder à une description distincte des faits correspondant à chacune des pratiques.

III. LES PRATIQUES CONCERNÉES

A. Définition des marchés pertinents

La saisine doit comprendre une définition des marchés (de produits et géographique) ainsi qu'une description précise des arguments ayant conduit à la définition proposée, compte tenu notamment de la pratique décisionnelle antérieure de l'Autorité polynésienne de la concurrence. Il est également possible de s'appuyer sur d'autres pratiques décisionnelles, telles que celle de l'Autorité de la concurrence métropolitaine ou de la Commission européenne, en expliquant en quoi elles sont transposables en Polynésie française.

Si plusieurs marchés sont concernés, procéder à une définition de chacun des marchés.

1. Le marché de produits

Du point de vue du droit de la concurrence, un « marché pertinent de produits » comprend tous les produits ou services que le consommateur considère comme interchangeables ou substituables en raison de leurs caractéristiques, de leur prix et de l'usage auquel ils sont destinés. Des produits, sans être substituables au sens de la phrase précédente, peuvent être regardés comme relevant d'un même marché, dès lors qu'ils requièrent la même technologie pour leur fabrication et qu'ils font partie d'une gamme de produits de nature à caractériser ce marché.

2. Le marché géographique

Du point de vue du droit de la concurrence, un « marché pertinent géographique » est un territoire sur lequel sont offerts et demandés des produits/services, sur lequel les conditions de concurrence sont suffisamment homogènes et qui peut être distingué de zones géographiques voisines, dans la mesure, en particulier, où les conditions de concurrence (prix, schémas d'approvisionnement, préférences des consommateurs) y diffèrent de manière appréciable.

B. Qualification des pratiques

La saisine doit indiquer en quoi les faits décrits au II sont susceptibles de constituer des pratiques anticoncurrentielles au sens des articles LP 200-1 à LP 200-2 du code de la concurrence.

Pour faire cette démonstration (généralement en deux parties, l'une concernant les principes applicables, l'autre l'application au cas d'espèce), il est possible de faire référence à la pratique décisionnelle de l'Autorité polynésienne de la concurrence ou, à défaut, à celle de l'Autorité de la concurrence métropolitaine ou de la Commission européenne.

Selon le type de pratiques dénoncées, renseigner 1, 2 ou 3.

1. S'agissant d'une entente :

Le saisissant XXX dénonce une entente, au sens de l'article LP 200-1 du code de la concurrence, entre les sociétés YYY et ZZZ.

La saisine doit fournir des éléments susceptibles de démontrer que plusieurs entreprises se sont mises d'accord pour restreindre la concurrence.

a. Les entreprises à l'entente

Du point de vue du droit de la concurrence, la notion d'entreprise se définit comme toute entité qui exerce une activité économique indépendamment de son statut juridique et de son mode de financement. De ce fait, il ne peut, en principe, y avoir d'entente entre deux sociétés qui ne sont pas autonomes, sauf en matière de marchés publics.

b. L'accord de volontés

L'accord de volontés est constitué par un accord, par une pratique concertée ou par une décision d'association d'entreprises.

c. La restriction de concurrence

La restriction de concurrence est constituée par toute limitation à l'autonomie de comportement d'une entreprise. Celle-ci est due au fait que l'accord a un objet anticoncurrentiel ou un effet anticoncurrentiel, réel ou potentiel.

Exemples de restrictions de concurrence : accords sur les prix, répartition de volume, répartition de marchés, limitation de la production, interdiction d'exporter, boycott, entente sur des appels d'offres…

2. S'agissant d'un abus de position dominante :

Le saisissant XXX dénonce un abus de position dominante, au sens de l'article LP 200-2 du code de la concurrence, de la part de la société YYY.

En effet, la société YYY est en position dominante sur le marché XXX et abuse de cette position.

La saisine doit démontrer que l'entreprise mise en cause est en position dominante sur le ou les marchés définis au A, qu'elle a commis un abus et qu'il y a un lien de causalité entre l'abus et sa position dominante.

a. L'existence d'une position dominante sur les marchés

Du point de vue du droit de la concurrence, la position dominante se définit comme une situation de puissance économique détenue par une entreprise qui lui donne le pouvoir de faire obstacle au maintien d'une concurrence effective sur le marché en cause, en lui fournissant la possibilité de se comporter, dans une mesure appréciable, indépendamment de ses concurrents, de ses clients et finalement des consommateurs.

La détention d'une position dominante peut notamment s'illustrer par la détention d'un monopole (de fait ou de droit), ou par la détention d'une part de marché importante sur le marché XXX préalablement défini (la part de marché ne constitue pas l'unique indicateur de démonstration d'une position dominante ; parmi les autres indicateurs figurent des éléments d'ordre qualitatif, l'existence de barrières à l'entrée, de contre-pouvoir des acheteurs...).

b. L'existence d'un abus par l'entreprise en position dominante

La notion d'abus est une notion objective qui vise les comportements d'une entreprise en position dominante qui sont de nature à influencer la structure du marché, où le degré de concurrence est déjà affaibli, et qui a pour effet de faire obstacle, par le recours à des moyens différents de ceux mis en œuvre dans le cadre d'une compétition normale, au maintien du degré de concurrence existant encore sur le marché ou au développement de cette concurrence.

Il existe deux types d'abus : les abus d'exploitation (ex. : prix abusifs, pratiques discriminatoires) et les abus d'exclusion (ex. : prix prédateurs, ciseaux tarifaires, rabais, ventes liées, refus de ventes, dénigrement...).

L'article LP 200-2 du code de la concurrence contient une liste de pratiques pouvant être qualifiées d'abusives, mais cette liste n'est pas exhaustive.

c. L'existence d'un lien de causalité entre la position dominante et l'abus

L'existence d'un lien de causalité entre la position dominante et l'abus consiste à démontrer que l'abus est la conséquence de la position dominante et non d'autres éléments externes au comportement de l'entreprise mise en cause.

IV. CONCLUSION

La société XXX demande à l'Autorité polynésienne de la concurrence de [*voir les possibilités prévues à l'article LP 641-2 du code de la concurrence, notamment : infliger une sanction pécuniaire à la société YYY… ; ordonner à la société YYY de cesser la pratique…*]

Date :

Signature :

PIÈCES ANNEXES

La personne saisissante doit produire en annexe de la saisine tous les documents et éléments lui permettant de démontrer les faits allégués dans la saisine (par ordre de citation).

Annexe 1 : XXX

Annexe 2 : XXX

Annexe 3 : XXX

…

Concurrences

Antitrust Publications & Events

The Institute of Competition Law

The Institute of Competition Law is a publishing company, founded in 2004 by Dr. Nicolas Charbit, based in Paris, London and NewYork. The Institute cultivates scholarship and discussion about antitrust issues though publications and conferences. Each publication and event is supervised by editorial boards and scientific or steering committees to ensure independence, objectivity, and academic rigor. Thanks to this management, the Institute has become one of the few think tanks in Europe to have significant influence on antitrust policies.

AIM

The Institute focuses government, business and academic attention on a broad range of subjects which concern competition laws, regulations and related economics.

BOARDS

To maintain its unique focus, the Institute relies upon highly distinguished editors, all leading experts in national or international antitrust: Bill Kovacic, Mario Monti, Eleanor Fox, Laurence Idot, Frédéric Jenny, Ioannis Lianos, Richard Whish, etc.

AUTHORS

8,000 authors, from 85 jurisdictions.

PARTNERS

- Universities: University College London, King's College London, Queen Mary University, Paris Sorbonne Panthéon-Assas, etc.
- Law firms: Baker Botts, Cleary Gottlieb Steen & Hamilton, Baker McKenzie, Jones Day, Norton Rose Fulbright, Skadden Arps, White & Case, etc.

EVENTS

Beijing, Brussels, Dusseldorf, Hong Kong, London, Milan, New York, Oslo, Palo Alto, Paris, San Francisco, Singapore, Warsaw and Washington DC.

ONLINE VERSION

Concurrences website provides all articles published since its inception.

PUBLICATIONS

The Institute publishes Concurrences Review, a print and online quarterly peer-reviewed journal dedicated to EU and national competitions laws. e-Competitions is a bi-monthly antitrust news bulletin covering 85 countries. The e-Competitions database contains over 30,000 case summaries from 8,000 authors.

Concurrences
Competition Laws Review

Concurrences Review

Concurrences is a print and online quarterly peer reviewed journal dedicated to EU and national competitions laws. It has been launched in 2004 as the flagship of the Institute of Competition Law in order to provide a forum for academics, practitioners and enforcers. Concurrences' influence and expertise has garnered contributions or interviews with such figures as Christine Lagarde, Bill Kovacic, Emmanuel Macron, Antonin Scalia and Magrethe Vestager.

Contents

More than 15,000 articles, print and/or online. Quarterly issues provide current coverage with contributions from the EU or national or foreign countries thanks to more than 2,500 authors in Europe and abroad.

Format

In order to balance academic contributions with opinions or legal practice notes, Concurrences provides its insight and analysis in a number of formats:

- Forewords: Opinions by leading academics or enforcers
- Interviews: Interviews of antitrust experts
- On-Topics: 4 to 6 short papers on hot issues
- Law & Economics: Short papers written by economists for a legal audience
- Articles: Long academic papers
- Case Summaries: Case commentary on EU and French case law
- Legal Practice: Short papers for in-house counsels
- International: Medium size papers on international policies
- Books Review: Summaries of recent antitrust books
- Articles Review: Summaries of leading articles published in 45 antitrust journals

Boards

The Scientific Committee is headed by Laurence Idot, Professor at Panthéon Assas University. The International Committee is headed by Frederic Jenny, OECD Competition Comitteee Chairman. Boards members include Douglas Ginsburg, Benoît Cœuré, Howard Shelanski, Richard Whish, Wouter Wils, etc.

Online version

Concurrences website provides all articles published since its inception, in addition to selected articles published online only in the electronic supplement.

Write for Concurrences

Concurrences welcome spontaneous contributions. Except in rare circumstances, the journal accepts only unpublished articles, whatever the form and nature of the contribution. The Editorial Board checks the form of the proposals, and then submits these to the Scientific Committee. Selection of the papers is conditional to a peer review by at least two members of the Committee. Within a month, the Committee assesses whether the draft article can be published and notifies the author.

e-Competitions

Antitrust Case Laws e-Bulletin

e-Competitions Bulletin

Case law database

e-Competitions is the only online resource that provides consistent coverage of antitrust cases from 85 jurisdictions, organized into a searchable database structure. e-Competitions concentrates on cases summaries taking into account that in the context of a continuing growing number of sources there is a need for factual information, i.e., case law.

- 30,000 case summaries
- 4,000 authors
- 85 countries covered
- 60,000 subscribers

Sophisticated editorial and IT enrichment

e-Competitions is structured as a database. The editors make a sophisticated technical and legal work on all articles by tagging these with key words, drafting abstracts and writing html code to increase Google ranking. There is a team of antitrust lawyers – PhD and judges clerks – and a team of IT experts. e-Competitions makes comparative law possible. Thanks to this expert editorial work, it is possible to search and compare cases by jurisdiction, legal topics or business sectors.

Prestigious Boards

e-Competitions draws upon highly distinguished editors, all leading experts in national or international antitrust. Advisory Board Members include: Sir Christopher Bellamy, Ioanis Lianos (UCL), Eleanor Fox (NYU), Frédéric Jenny (OECD), Jacqueline Riffault-Silk (Cour de cassation), Wouter Wils (King's College London), etc.

Leading Partners

- Association of European Competition Law Judges: The AECLJ is a forum for judges of national Courts specializing in antitrust case law. Members timely feed e-Competitions with just released cases.
- Academics partners: Antitrust research centres from leading universities write regularly in e-Competitions: University College London, King's College London, Queen Mary University, etc.
- Law firms: Global law firms and antitrust niche firms write detailed cases summaries specifically for e-Competitions: Clifford Chance, Baker Botts, Baker McKenzie, Cleary Gottlieb Steen & Hamilton, Jones Day, Norton Rose Fulbright, Skadden, White & Case, etc.

Concurrences+

THE COMPETITION LAW PORTAL

21 years of archives 50,000 articles

4 DATABASES

Concurrences
Access to latest issue and archives

- 16,000 articles from 2004 to the present
- European and national doctrine and case law

e-Competitions
Access to latest issue and archives

- 30,000 case summaries from 1911 to the present
- Case law of 85 jurisdictions

Books
Access to all Concurrences books

- 85 e-Books available
- PDF version

Conferences
Access to the documentation of all Concurrences events

- 650 conferences (Brussels, Hong Kong, London, New York, Paris, Singapore and Washington, DC)
- 350 PowerPoint presentations, proceedings and syntheses
- 550 videos
- Verbatim reports

NEW

New search engine
Optimized results to save time

- Search results sorted by date, jurisdiction, keyword, economic sector, author, etc.

New modes of access
IP address recognition

- No need to enter codes: immediate access
- No need to change codes when your team changes: offers increased security and saves time

Mobility

- Responsive design: site optimized for tablets and smartphones

www.ingramcontent.com/pod-product-compliance
Lightning Source LLC
LaVergne TN
LVHW011105300926
849160LV00008B/281
* 9 7 8 1 9 5 4 7 5 0 3 5 7 *